普通高等教育"十一五"国家级规划教材
普通高等教育电子科学与技术特色专业系列教材

激光技术

（第三版）

蓝信钜 等 编著

科学出版社
北京

内 容 简 介

本书系统地介绍了各种主要激光技术的原理与实施方法，内容包括激光调制与偏转技术、调 Q 技术、超短脉冲技术、激光放大技术、模式选择技术、稳频技术、非线性光学技术和激光传输技术，并对各种激光技术的新进展进行了简要介绍。本书注重物理概念和基本原理的论述，并适当结合一定的实例，叙述深入浅出，便于自学。

本书可作为高等院校光电子技术、光信息技术、技术物理、光电仪器、应用物理等专业的本科生教材，也可作为物理电子学等专业研究生的教学参考书，并可供从事光电子技术的科技人员参考。

图书在版编目 CIP 数据

激光技术/蓝信钜等编著．—3 版．—北京：科学出版社，2009.9
(普通高等教育“十一五”国家级规划教材·普通高等教育电子科学与技术特色专业系列教材)
ISBN 978-7-03-025512-9

Ⅰ．激… Ⅱ．蓝… Ⅲ．激光技术-高等学校-教材 Ⅳ．TN24

中国版本图书馆 CIP 数据核字(2009)第 159146 号

责任编辑：潘斯斯 / 责任校对：朱光光
责任印制：张　伟 / 封面设计：黄华斌

科学出版社 出版
北京东黄城根北街 16 号
邮政编码：100717
http://www.sciencep.com
北京盛通数码印刷有限公司 印刷
科学出版社发行　各地新华书店经销
*
2000 年 8 月第 一 版　开本：787×1092 1/16
2005 年 1 月第 二 版　印张：22 1/2
2009 年 9 月第 三 版　字数：497 000
2024 年 1 月第十六次印刷
定价：79.00元
(如有印装质量问题，我社负责调换)

《普通高等教育电子科学与技术特色专业系列教材》
编 委 会

丛 书 序

材料、能源和信息是21世纪的三大支柱产业，电子科学与技术是电子工程和电子信息技术发展的基础学科。目前，许多发达国家，如美国、德国、日本、英国、法国等，都竞相将电子科学与技术相关领域纳入了国家发展计划.我国对微电子技术和光电子技术等方向的研究也给予了高度重视，在多项国家级战略性科技计划中，如“863计划”、“973计划”、国家科技攻关计划、国家重大科技专项等，都有大量立项。在近几年发布的国务院《2006—2020年国家信息化发展战略》、《国家中长期科学和技术发展规划纲要(2006—2020年)》中，对我国的集成电路(特别是中央处理器芯片)、新一代信息功能材料及器件、高清晰度大屏幕平板显示、激光技术等关键领域都提出了明确目标。

电子科学与技术主要研究制造电子、光电子的各种材料及元器件，以及集成电路、集成电子系统和光电子系统，并研究开发相应的设计和制造技术。它涵盖的学科范围很广，是多学科交叉的综合性学科。现在，教育部本科专业目录中，电子科学与技术专业涵盖了微电子技术、光电子技术、物理电子技术、电子材料与元器件及电磁场与微波等专业方向。随着学科的交叉发展和产业的整合，各专业方向已彼此渗透交融。如何拓宽专业方向如何体现专业特色是当前我国高校电子科学与技术专业在办学方面所迫切需要探讨的问题。教育部电子科学与技术专业教学指导分委员会起草的《普通高等学校电子科学与技术本科指导性专业规范》，对本专业的核心知识领域和知识单元的覆盖范围作了规定，旨在引导高等学校电子科学与技术专业在办学方向与人才培养方面探索新的模式，不断提高教学质量，增强高校教学的创新能力，更好地培养知识、能力、素质全面协调发展的，适合我国电子科学与技术各领域不同层次发展需求的有用人才。

教育部为了推进“质量工程”，自2007年10月开始，先后三批遴选了国家级特色专业建设点。目前，有三十余个院系被批准为电子科学与技术国家级特色专业建设点。在教材建设方面，2008年10月，教育部高教司在《关于加强“质量工程”本科特色专业建设的指导性意见》中指示：“教材建设要反映教学内容改革的成果，积极推进教材、教学参考资料和教学课件三位一体的立体化教材建设，选用高质量教材，编写新教材。”为了适应新形势下对电子科学与技术领域人才培养的需求，本届电子科学与技术教学指导分委员会经过广泛深入调研，依托电子科学与技术专业国家级、省级特色专业建设点，与科学出版社共同组织出版本套《普通高等教育电子科学与技术特色专业系列教材》，旨在贯彻专业规范和教学基本要求，总结和推广各特色专业建设点的教学经验和教学成果，以提高我国电子科学与技术专业本科教学的整体水平。

本套丛书在组织编写中，重点考虑了以下几方面的特色：

1. 体现专业特色，贯彻专业规范和教学基本要求。依托“国家级、省级特色专业建设点”，汇总优秀教学成果，将特色专业建设的内容、国内外科研教学的成果、电子科学与技术方向的专业规范与教学基本要求结合起来，教材内容安排围绕专业规范，体现核心知识单元与知识点。

2. 按照分类指导原则,满足多层面的需求。针对同一类课程,根据不同的教学层次(普通院校、重点院校或研究型大学、应用型大学)和学时要求(多学时、少学时),涵盖不同范围的拓展知识单元,编写适合不同层次需求的教材.注重与先修课程、后续课程的有机衔接,每本教材在重视系统性和完整性的基础上,尽量减少内容重复。

3. 传承精品,吐故纳新。本套丛书吸纳了科学出版社2004年出版的《高等院校电子科学与技术专业系列教材》中受到高校师生欢迎的精品教材。在保证前一版教材准确诠释基本概念、基本理论的基础上,新一版教材更新内容,注重反映本学科领域的最新成果和发展方向,真正使教材能够达到培养"厚基础、宽口径、会设计、可操作、能发展"人才的目的。

4. 拓宽专业基础,面向工程应用加强实践环节。适当拓宽专业基础知识的范围,以增强学生的适应性;面向工程应用,突出工科特色,反映新技术、新工艺;注重实践环节的设置,以促进学生的实际动手能力和创新能力的培养。

5. 注重立体化建设。本套丛书除了主教材外,还将逐步配套学习辅导书、教师参考书和多媒体课件等,为任课教师提供丰富的配套教学资源,方便教师教学,同时帮助学生复习与自学,使教材更加易教易学。

本套丛书的编写汇聚了全国高校的优势资源,突出了多层次与适应性、综合性与多样性、前沿性与先进性、理论与实践的结合。在教材的组织和出版过程中得到了相关高校教务处及学院的帮助,在此表示衷心的感谢。

根据电子科学与技术专业发展战略的要求,我们将对本套丛书不断更新,以保持教材的先进性和适用性。热忱欢迎全同同行以及关注电子科学与技术领域教育及发展前景的广大有识之士对我们的工作提出宝贵意见和建议!

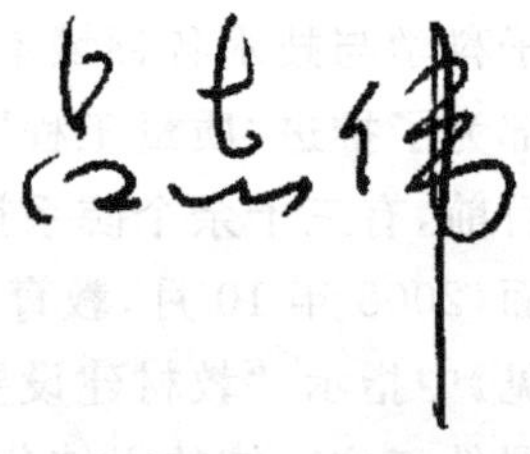

教育部高等学校电子科学与技术专业
教学指导分委员会主任
哈尔滨工业大学教授

前　言

本书第一版从 20 世纪 80 年代以来，先后为历届教学指导委员会审定、推荐出版，于 1997 年被原国家教委定为“九五”国家级重点教材。第二版于 2001 年被教育部定为普通高等教育“十五”国家级规划教材。第三版是在第二版的基础上修改而成，于 2006 年被教育部定为普通高等教育“十一五”国家级规划教材。

本书对应课程的参考学时数为 70 学时。全书共分 5 个部分(8 章)。第一部分(第 1 章)，激光调制与偏转技术，主要讨论电光与声光调制等技术的基本原理；第二部分(第 2 至 4 章)，激光调 Q、超短脉冲和放大技术，主要讨论提高激光脉冲的功率和能量的基本理论和实现方法；第三部分(第 5 至 6 章)，激光模式选择、稳频技术，着重讨论激光器实现单模(横、纵)输出和稳定振荡频率的物理原理和实现方法；第四部分(第 7 章)，非线性光学技术，首先阐述非线性光学的物理概念，然后讨论以倍频技术为重点的非线性光学技术的基本原理和实施方法；第五部分(第 8 章)，激光传输技术，着重讨论光纤传输理论和技术，简要介绍激光的大气和水下传输技术。

本书是按照全国高校工科电子信息类光电子信息专业的教学大纲编写的专业基础课教材，具有物理光学和激光原理基础知识的读者可以顺利阅读。本书适用于高等院校光电子技术、光信息技术、技术物理、光电仪器、应用物理等专业本科生作为教材，可作为物理电子学等专业研究生的主要教学参考书，也可供从事光电子技术的科技人员参考。本书各章的内容基本上是相对独立的，因此在阅读时有很大的灵活性，各校可从教学的实际情况出发，有所侧重地选择讲授的内容。另外，本书虽以介绍基本原理为主，但“激光技术”是实践性比较强的一门课程，所以有些章节仍编入了一定篇幅的技术方法和实例，以求能更好地做到理论与实际相结合。每章后面附有习题与思考题，供学生练习选用。

本书由华中科技大学蓝信钜担任主编，朱长虹担任副主编。其中，第 1、6 章由华中科技大学蓝信钜执笔，第 2、5 章由华中科技大学陈培锋执笔，第 3 章由天津大学姚建铨、宁继平执笔，第 4 章由华中科技大学刘劲松执笔，第 7 章由华中科技大学朱长虹执笔，第 8 章由西安电子科技大学安毓英执笔。蓝信钜负责统编全稿。在本书编写过程中，参阅了一些著作和文章，在参考文献中未能一一列出，在此谨向他们表示诚挚的感谢。此外，在本书的前期建设中，还有黄国标、张渝楠、李昱等参与过编写，做出了贡献，在此向他们表示衷心的感谢。

由于编者水平有限，书中难免还存在一些缺点和错误，殷切希望广大读者批评指正。

编　者

2009 年 5 月

目　录

绪　言

激光是20世纪的重大发明之一，由于激光器的发光机理不同于普通光源，所以它具有一些很突出的优异特性，即很好的方向性、高亮度以及良好的单色性和相干性。它的这些特点，在现代科学技术各个方面发挥了独特的作用，已经遍及工业、军事、通信、医学和科学研究等诸多领域。1960年第一台激光器问世，在随后的40多年中，陆续发明了多种不同类型的激光器，主要有固体激光器(Nd:YAG、Nd玻璃、红宝石等)、气体激光器(He-Ne、Ar^+、CO_2等)、半导体激光器(GaAs、InGaAsP/InP等)、准分子激光器(XeCl、KrF等)和自由电子激光器等，可以说激光器的品种繁多，性能各异。然而，各种激光器所具有的物理属性基本上是固定的，而且上述特性不可能同时都很好。从一台普通激光器输出的激光往往不一定能满足某些应用的要求，因此，为了能满足各方面实际应用的需要，这一期间，在研究开发激光器和研究激光与物质相互作用的同时，不断研究和发展了许多旨在改善和提高激光性能的激光单元技术。这些技术的应用大大开拓了激光应用的领域，甚至出现了一些崭新的物理现象，形成了一系列新的激光分支和应用技术领域，如激光物理学、非线性光学、激光光谱学、激光医学、信息光电子技术等。

一台普通的脉冲固体激光器，其输出光脉冲宽度是几百微秒甚至毫秒量级，峰值功率只有几十千瓦量级，显然满足不了诸如激光精密测距、激光雷达、高速摄影、高分辨率光谱学研究等的要求。正是在这些要求的推动下，人们研究和发展了激光调Q技术和锁模技术。早在1960年激光器问世不久，1961年就有科学家提出了调Q的概念，即设想采用一种方法能把全部光辐射能压缩到极窄的脉冲中发射，1962年Hellwarth和McClung制成了第一台调Q激光器，输出峰值功率为600kW，脉冲宽度为10^{-7}s量级。随后几年该领域发展得非常快，出现了多种调Q方法(如电光调Q、声光调Q、可饱和吸收调Q等)，输出功率几乎呈直线上升，脉宽压缩也取得了很大进展。到20世纪80年代，由调Q技术产生脉宽为纳秒(ns)量级、峰值功率为吉瓦(GW)量级的巨脉冲已并不困难。调Q技术的出现，是激光发展史上的一个重大突破，大大推动了上述一些应用技术的发展；但调Q技术压缩脉宽因受产生机制的制约，很难再进一步压窄。1964年，科学家们又研究、提出并实现了压缩脉宽、提高功率的新机制——锁模技术，由于它能使脉冲的持续时间缩短到皮秒(ps)量级($1ps=10^{-12}s$)，所以也称为超短脉冲技术。从20世纪60年代到70年代，超短脉冲技术(包括主动锁模、被动锁模、同步泵浦锁模等及相应的测量技术)得到了迅速发展。到20世纪80年代初，Fork等人又提出了碰撞锁模的理论，而且实现了碰撞锁模，得到了稳定的90fs光脉冲序列。锁模技术能产生脉宽为飞秒(fs，$1fs=10^{-15}s$)、峰值功率为太瓦(TW，$1TW=10^{12}W$)以上的超短脉冲，为物理学、化学、生物学和光谱学等学科对微观世界和超快过程的研究提供了重要手段。由于调Q和锁模技术使激光辐射在空间和时间上能高度集中,因而激光的单色亮度比普通激光提高了6～9个数量级,光源在亮度上又产生一个新的飞跃。像这样高亮度的激光与物质相互作用已引发出许多很有意义的新现象、新技术,因而成为科学技术研究的有力工具。例如,把激光调 Q 技术和多级放大技术组合运用,能产生超大功率的激光,可以在空间极小的范围内产生极高的光能密度,从而产生几千万度高温的等离子体,可能用激光点火实现可控热核聚变反应。

另外,激光的某些应用领域要求激光束具有很高的光束质量(即方向性和单色性极好),但一般激光器的工作状态往往是多模的(含有高阶横模和纵模),所以发散度比较大,单色性也不理想,显然满足不了诸如精密干涉计量、全息照相、精细加工等应用的要求。因此,人们为了改善激光光束质量,研究和发展了选模技术和稳频技术。选模技术就是从激光振荡的模式中选出单模(基横模和单纵模),多年来人们研究并实现了多种选模方法,选出基横模大大改善了光束的发散度;选出单纵模,则可以获得单频激光输出,从而改善激光的单色性。但是,由于激光器受到外界各种干扰的影响,实际上激光频率的稳定度比较差,即频率(波长)的变化是随机起伏的,因而就难以用于精密计量等方面的应用。多年来,科学家们不断在研究和寻找各种提高激光器频率稳定性和有实用价值的稳频技术。稳频技术的实质就是保持谐振腔光程长度的稳定性,即利用一种电子伺服控制系统把激光振荡频率始终锁定在标准频率上。在20世纪60年代中期,选择原子谱线的中心频率作为参考标准,例如,1965年利用兰姆凹陷作为参考频率对He-Ne激光器进行稳频,其频率稳定度为 10^{-9},但复现性仅有 10^{-7}。1966年以后,又发展了利用外界参考频率作为标准进行稳频,如饱和吸收稳频法,即利用一些分子气体的吸收线作为参考频率,这样就避免了放电扰动和压力展宽等影响,因而有利于提高频率稳定度。例如,1969年,Barger和Hell利用 CH_4 分子稳频He-Ne激光器的3.39μm波长,其频率稳定度达到 10^{-14},复现性达到 3×10^{-12};另外,碘也是常用的吸收分子,如用 $^{127}I_2$ 和 $^{129}I_2$ 稳频He-Ne激光器的633μm波长,也获得了很高的稳定性和复现性。近10年来,还陆续出现了其他激光器(如 Ar^+、CO_2 激光器等)的稳频技术。采用激光选模技术和稳频技术能获得频率稳定性极好、发散角极小的优质光束,不仅可以满足精密计量、全息术等应用的要求,而且随着先进的稳频技术的出现,已实现长度与时间频率基准的统一,即在国际计量标准中,将激光波长作为"米"定义的国际标准,而且也可以作为时间频率"秒"的基准。无疑,这对物理学各个领域将会产生极深刻的影响。

激光问世之后,人们立即开始了研究它在信息技术(信息的传输、存储、处理等)中的应用。因为激光是一种光频电磁波,它的传输速度极快、频率极高,故它作为载波的信息容量很大,可为光通信、光信息处理等应用提供极好的信息载波源,因而陆续出现了各种激光调制技术。随着各种光学晶体材料的不断出现,人们利用某些物理效应(电光、声光、磁光等),研制出了各种光调制器件和技术,实现了激光加载信息的目的。特别是从20世纪60年代末到70年代初,克雷歇尔(Kressel)和阿尔菲洛夫(Alferov)等提出了双异质结半导体激光器的新构思,并实现了室温下连续工作的器件;英国华裔科学家高锟和霍克海姆(Hockham)提出了基于光学全反射原理的光导纤维的新概念,并于4年后由美国康宁公司的凯普隆(Kapron)等人研制成功了实用光纤产品,从而揭开了光纤通信技术蓬勃发展的历史。另外,在近十几年来,多种空间光调制器研制成功。顾名思义,它是一种对光波的空间分布进行调制的器件，由于它具有可实时地在空间上调制光束的功能而成为实时光学信息处理、光计算、光存储和光学神经网络等系统的关键器件，从而大大推动了该领域应用技术的迅猛发展。

在激光出现之前，光与物质的相互作用呈现线性关系，而从激光出现之后，特别是利用了调 Q 和锁模技术，引发出许多很有意义的新现象、新效应——非线性光学效应，并伴随着产生若干非线性光学技术。1961 年，弗兰肯(Franken)等人将红宝石激光束聚焦到石英晶体上，观察到了红宝石激光的二次谐波辐射，这就是倍频现象。但弗兰肯等人的实验是非相位匹配的，因而二次谐波辐射的转换效率很低(约 10^{-8})。到 1962 年，克莱曼(Kleinman)、乔特迈(Giordmaine)、马克尔(Maker)等人提出了相位匹配技术，即利用晶体的双折射效应能够达到相速度匹配，从而实现了有效的倍频。1965 年，非线性光学理论日臻完善，陆续出现了许多重要的非线性光学现象，如光混频(和频、差频)的产生，光参量放大和振荡，多光子吸收、自聚焦、受激散射等。随着激光技术和非线性光学材料的发展，人们把上述非线性光学现象和效应广泛地应用于扩展激光波段(如激光频率转换器)，改变或控制激光器参数(如脉宽、功率、频率、稳定性等)，另外，还提供了研究物质(原子或分子)微观性质的手段，从而为激光应用开辟了广阔的前景。展望未来，光与物质的非线性互作用效应及其在各种非线性光学器件中的应用研究仍将是今后重要的研究方向之一，如光纤通信中的光纤非线性效应、光孤子的形成与传输等。总之，激光在诸多领域之所以能“大显神通”，是由于不同类型的激光器和相关激光技术进行组合运用的结果。

激光技术涉及多种学科的理论知识，而且种类繁多，发展日新月异，但从基本原理来看，它们大都是基于利用光和各种物质相互作用所产生的物理效应(主要有“电光效应”、“声光效应”、“磁光效应”、“非线性光学效应”等)和采用不同的运用形式来控制激光某参量(能量、功率、偏振、模式、线宽、脉宽等)而实现的。尽管各种激光技术器件功能各异，品种不断增多，但“万变不离其宗”，其基本物理规律是不变的。因此，只要很好地掌握了这些规律和知识，就能“举一反三”地运用这些基本理论知识去解决众多的技术问题。激光技术到 20 世纪 80 年代已发展到成熟阶段，其内容(包括基础理论和基本技术)也日益丰富，已经成为光电子技术和光电子信息学科建设的重要组成部分，因此，它是从事光电子技术及各相关方面应用的科技工作者必须掌握的基本知识。本书的主要目的是着重介绍各种主要激光单元技术(包括调制技术、调 Q 技术、超短脉冲技术、放大技术、模式选择技术、稳频技术、非线性光学技术和传输技术)的基本概念、基本理论，以及所利用的各物理效应在技术、器件中的作用原理和实施方法，使读者对各种激光技术的物理过程有比较清晰而系统的了解，为解决一些实际应用技术问题打下基础。

第1章 激光调制与偏转技术

1.1 调制的基本概念

激光是一种光频电磁波，具有良好的相干性，与无线电波相似，可以用来作为传递信息的载波。由于激光具有很高的频率（$10^{13}\sim10^{15}$ Hz），可供利用的频带很宽，故传递信息的容量大，光通信就是在此基础上迅猛发展起来的。再有，激光具有极短的波长和极快的传输速度，以及光波的独立传播特性，所以可以借助光学系统，实时、快速地把一个面上的二维信息以很高的分辨率传递到另一个面上，为二维并行光学信息处理和传输提供了可能性。当今迅速发展的光信息处理、光互连等技术就是以此为基础的。因此，激光是一种很理想的用于传递信息（包括语言、文字、图像、符号等）的光源。

要用激光作为信息的载体，就必须解决如何将信息加到激光上去的问题，例如激光电话，就需要将语言信息加载于激光，由激光"携带"信息通过一定的传输通道（大气、光纤等）送到接收器，再由光接收器鉴别并还原成原来的信息，从而完成通话的目的。这种将信息加载于激光的过程称为调制，完成这一过程的装置称为调制器。其中，激光称为载波，起控制作用的低频信号称为调制信号。

激光光波的瞬时电场可表示为

$$e_c(t)=A_c\cos(\omega_c t+\varphi_c) \tag{1.1-1}$$

式中，A_c 为振幅，ω_c 为角频率，φ_c 为相位角。既然激光具有振幅、频率、相位、强度、偏振等参量，如果能够利用某种物理方法改变光波的某一参量，使其按调制信号的规律变化，那么激光就受到了信号的调制，达到了"运载"信息的目的。实现激光调制的方法很多，根据调制器和激光器的相对关系，可以分为内调制和外调制两种。内调制是指加载调制信号是在激光振荡过程中进行的，即以调制信号去改变激光器的振荡参数，从而改变激光输出特性以实现调制。例如，注入式半导体激光器是用调制信号直接改变它的泵浦驱动电流，从而使输出的激光强度受到调制（这种方式也称为直接调制）。还有一种内调制方式是在激光谐振腔内放置调制元件，用调制信号控制元件的物理特性的变化，以改变谐振腔的参数，从而改变激光器输出特性，如第2章介绍的调 Q 技术实际上就属于这种调制。内调制目前主要用在光通信的注入式半导体光源中。外调制是指激光形成之后，在激光器外的光路上放置调制器，用调制信号改变调制器的物理特性，当激光通过调制器时，就会使光波的某参量受到调制。外调制的调整方便，而且对激光器没有影响；另外，外调制方式不受半导体器件工作速率的限制，故它比内调制的调制速率高（约高一个数量级），调制带宽要宽得多。因此，在未来的高速率、大容量的光通信中及光信息处理应用中，外调制方式更受人们的重视。

激光调制按其调制的性质可以分为调幅、调频、调相和强度调制等。下面简要地介绍一下这几种调制的概念。

1.1.1 振幅调制

振幅调制是载波的振幅随着调制信号的规律而变化的振荡，简称调幅。设激光载波的电场强度如式(1.1-1)所示，如果调制信号是一个时间的余弦函数，即

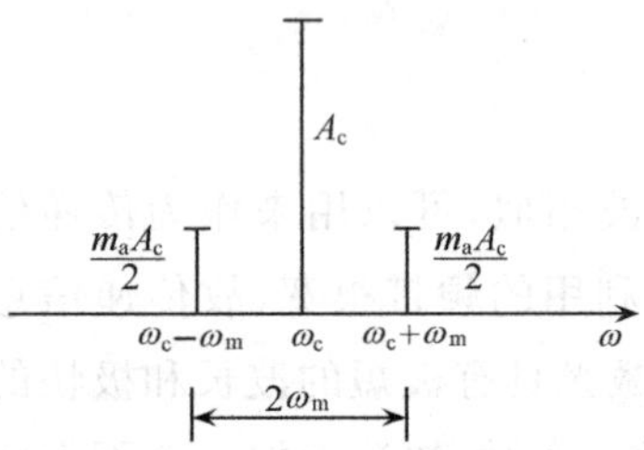

图 1.1-1 调幅波频谱

$$a(t) = A_m \cos\omega_m t \tag{1.1-2}$$

式中，A_m 是调制信号的振幅，ω_m 是调制信号的角频率。当进行激光振幅调制之后，式(1.1-1)中的激光振幅 A_c 不再是常量，而是与调制信号成正比的函数，其调幅波的表达式为

$$e(t) = A_c(1 + m_a \cos\omega_m t)\cos(\omega_c t + \varphi_c) \tag{1.1-3}$$

利用三角函数公式将式(1.1-3)展开，即得到调幅波的频谱公式，即

$$e(t) = A_c \cos(\omega_c t + \varphi_c) + \frac{m_a}{2} A_c \cos[(\omega_c + \omega_m)t + \varphi_c] + \frac{m_a}{2} A_c \cos[(\omega_c - \omega_m)t + \varphi_c] \tag{1.1-4}$$

式中，$m_a = A_m / A_c$，称为调幅系数。由式(1.1-4)可知，调幅波的频谱是由三个频率成分组成的。其中，第一项是载频分量，第二、三项是因调制而产生的新分量，称为边频分量，如图 1.1-1 所示。上述分析是单频余弦信号调制的情况，如果调制信号是一个复杂的周期性信号，则调幅波的频谱将由载频分量和两个边频带所组成。

1.1.2 频率调制和相位调制

调频或调相是光载波的频率或相位随着调制信号的变化规律而改变的振荡。因为这两种调制波都表现为总相角 $\varphi(t)$ 的变化，因此统称为角度调制。

对频率调制来说，式(1.1-1)中的角频率 ω_c 不再是常数，而是随调制信号而变化，即

$$\omega(t) = \omega_c + \Delta\omega(t) = \omega_c + k_f a(t) \tag{1.1-5}$$

式中，ω_c 是未调制时的角频率，$\Delta\omega(t)$ 是调制后的角频率增量，$a(t)$ 是调制信号，k_f 是比例系数。已调波的总相角为

$$\begin{aligned}\varphi(t) &= \int_0^t \omega(t)\mathrm{d}t + \varphi_c = \int_0^t [\omega_c + k_f a(t)]\mathrm{d}t + \varphi_c \\ &= \omega_c t + \int_0^t k_f a(t)\mathrm{d}t + \varphi_c\end{aligned} \tag{1.1-6}$$

将式(1.1-6)代入式(1.1-1)，并且令 $k_f A_m = \Delta\omega$，$\Delta\omega/\omega_m = m_f$，则得到调频波的表达式为

$$e(t) = A_c\cos(\omega_c t + m_f \sin\omega_m t + \varphi_c) \tag{1.1-7}$$

式中，m_f 称为调频系数。

同样，对于相位调制，式(1.1-1)中的相位角 φ_c 随调制信号的变化规律而变化，调相波的总相角为

$$\begin{aligned}\varphi(t) &= \omega_c t + \varphi_c + k_\varphi a(t) \\ &= \omega_c t + \varphi_c + k_\varphi A_m \cos(\omega_m t)\end{aligned} \tag{1.1-8}$$

则调相波的表达式为

$$e(t) = A_c\cos[\omega_c t + m_\varphi \cos(\omega_m t) + \varphi_c] \tag{1.1-9}$$

式中，$m_\varphi = k_\varphi A_m$，称为调相系数。

下面再简要分析一下调频和调相波的频谱。由于调频和调相实质上最终都是调制总相角，因此可写成统一的形式，即

$$e(t) = A_c\cos[\omega_c t + m\sin(\omega_m t) + \varphi_c] \tag{1.1-10}$$

利用三角公式展开式(1.1-10)，得

$$e(t) = A_c[\cos(\omega_c t + \varphi_c)\cos(m\sin\omega_m t) - \sin(\omega_c t + \varphi_c)\sin(m\sin\omega_m t)] \tag{1.1-11}$$

这个调角振荡是时间的周期函数，故可分解为傅里叶级数，将式中 $\cos(m\sin\omega_m t)$ 和 $\sin(m\sin\omega_m t)$ 两项展开为

$$\cos(m\sin\omega_m t) = \mathrm{J}_0(m) + 2\sum_{n=1}^{\infty}\mathrm{J}_{2n}(m)\cos(2n\omega_m t)$$

$$\sin(m\sin\omega_m t) = 2\sum_{n=1}^{\infty}\mathrm{J}_{2n-1}(m)\sin[(2n-1)\omega_m t]$$

式中，$\mathrm{J}_n(m)$ 是 m 的 n 阶第一类贝塞尔函数，利用这两个关系式，就可以将式(1.1-11)展开为

$$\begin{aligned}e(t) = A_c\{&\mathrm{J}_0(m)\cos(\omega_c t + \varphi_c) + \mathrm{J}_1(m)\cos[(\omega_c + \omega_m)t + \varphi_c] \\ &- \mathrm{J}_1(m)\cos[(\omega_c - \omega_m)t + \varphi_c] + \mathrm{J}_2(m)\cos[(\omega_c + 2\omega_m)t + \varphi_c] \\ &+ \mathrm{J}_2(m)\cos[(\omega_c - 2\omega_m)t + \varphi_c] + \cdots\}\end{aligned} \tag{1.1-12}$$

由此可见，在单频正弦波调制时，其角度调制波的频谱是由光载频与在它两边对称分布的无穷多对边频所组成的。各边频之间的频率间隔是 ω_m，各边频幅度的大小 $\mathrm{J}_n(m)$ 由贝塞尔函数决定。如 $m=1$，由贝塞尔函数表查得：$\mathrm{J}_0(m)=0.77$，$\mathrm{J}_1(m)=0.44$，$\mathrm{J}_2(m)=0.11$，$\mathrm{J}_3(m)=0.02$，…其频谱分布如图 1.1-2 所示。显然，若调制信号不是单频正弦波，则其频谱将更为复杂。另外，当角度调制系数较小(即 $m \ll 1$)时，其频谱与调幅波的频谱有着相同的形式。

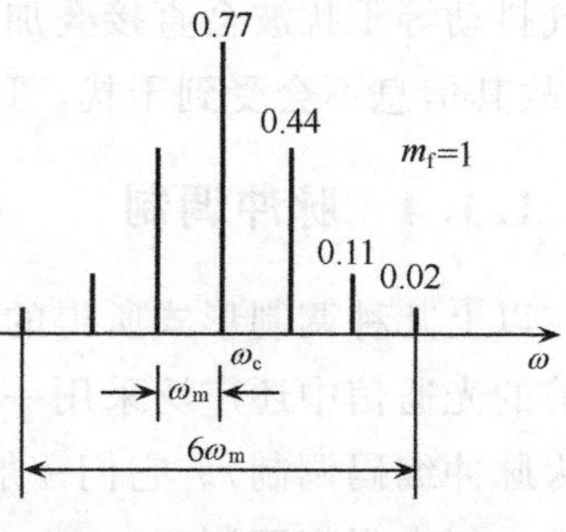

图 1.1-2　角度调制波的频谱

1.1.3 强度调制

强度调制是光载波的强度(光强)随调制信号规律而变化的激光振荡,如图1.1-3所示。激光调制通常多采用强度调制形式,这是因为接收器(探测器)一般都是直接地响应其所接收的光强度变化的缘故。

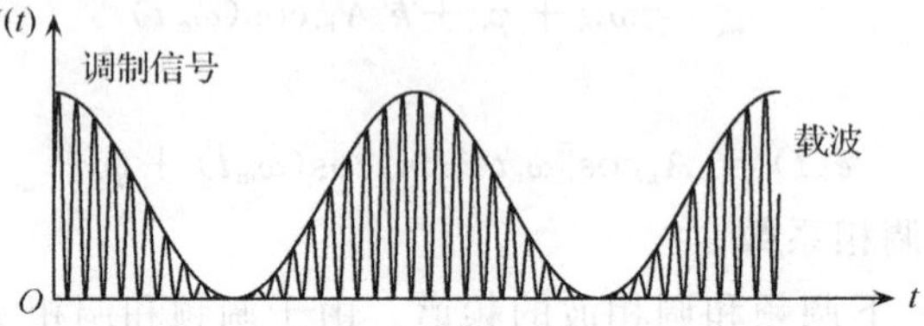

图 1.1-3 强度调制

激光的光强定义为光波电场的平方,其表示式为

$$I(t) = e^2(t) = A_c^2 \cos^2(\omega_c t + \varphi_c) \tag{1.1-13}$$

于是,强度调制的光强表示式可写为

$$I(t) = \frac{A_c^2}{2}[1 + k_p a(t)]\cos^2(\omega_c t + \varphi_c) \tag{1.1-14}$$

式中,k_p 为比例系数。设调制信号是单频余弦波 $a(t) = A_m \cos(\omega_m t)$,那么将其代入式(1.1-14),并令 $k_p A_m = m_p$(称为强度调制系数),则

$$I(t) = \frac{A_c^2}{2}[1 + m_p \cos(\omega_m t)]\cos^2(\omega_c t + \varphi_c) \tag{1.1-15}$$

这是当调制系数 $m_p \ll 1$ 时,比较理想的光强调制公式。光强调制波的频谱可用前面所述类似的方法求得;但其结果与调幅波的频谱略有不同,其频谱分布除了载频及对称分布的两边频之外,还有低频 ω_m 和直流分量。

在实际应用中,为了得到较强的抗干扰效果,往往利用二次调制方式,即先用低频信号对一高频副载波进行频率调制,然后再用这个已调频波对光载波进行强度调制(称为FM/IM调制),使光的强度按副载波信号的变化而变化。这是因为在传输过程中,尽管大气抖动等干扰波会直接叠加到光信号波上,但经解调后,其信息是包含在调频的副载波中,故其信息不会受到干扰,可以无失真地再现出原来的信息。

1.1.4 脉冲调制

以上几种调制形式所得的调制波都是一种连续振荡的波,称为模拟式调制。另外,在目前的光通信中还广泛采用一种在不连续状态下进行调制的脉冲调制和数字式调制(也称为脉冲编码调制)。它们一般是先进行电调制(模拟脉冲调制或数字脉冲调制),再对光载波进行光强度调制。

脉冲调制是用一种间歇的周期性脉冲序列作为载波,这种载波的某一参量按调制信号规律变化的调制方法,即先用模拟调制信号对一电脉冲序列的某参量(幅度、宽度、频率、位置等)进行电调制,使之按调制信号规律变化,如图1.1-4所示,成为已调脉冲序列,然后再用这已调电脉冲序列对光载波进行强度调制，就可以得到相应变化的光脉冲序列。例如，用调制信号改变电脉冲序列中每个脉冲产生的时间，则其每个脉冲的位置与未调制时的位置有一个与调制信号成比例的位移，这种调制称为脉冲位置调制(PPM)，如图 1.1-4(e)所示，进而再对光源发射的光载波进行强度调制，便可以得到相应的光脉冲位置调制波，其表达式为

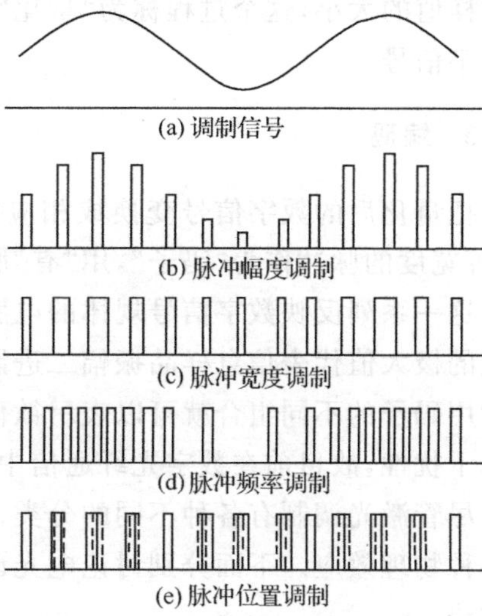

图 1.1-4　脉冲调制形式

$$
\begin{aligned}
e(t) &= A_c\cos(\omega_c t+\varphi_c) \\
&\quad (t_n+\tau_d \leqslant t \leqslant t_n+\tau_d+\tau) \\
\tau_d &= \frac{\tau_p}{2}[1+M(t_n)]
\end{aligned}
\tag{1.1-16}
$$

式中，$M(t_n)$是调制信号的振幅，τ_d 为载波脉冲前沿相对于取样时间 t_n 的延迟时间。为了防止脉冲重叠到相邻的样品周期上，脉冲的最大延迟必须小于样品周期 τ_p。

若调制信号使脉冲的重复频率发生变化，频移的幅度正比于调制信号电压的幅值，而与调制频率无关，则这种调制称为脉冲频率调制(PFM)，脉冲频率调制波的表达式为

$$
e(t) = A_c\cos\left(\omega_c t+\Delta\omega\int M(t_n)\mathrm{d}t+\varphi_c\right) \quad (t_n \leqslant t \leqslant t_n+\tau) \tag{1.1-17}
$$

脉冲位置调制与脉冲频率调制都可以采用宽度很窄的光脉冲，脉冲的形状不变，只是脉冲位置或重复频率随调制信号的变化而变化，这两种调制方法具有较强的抗干扰能力，故在光通信中得到较广泛的应用。

1.1.5　脉冲编码调制

这种调制先把模拟信号变换成电脉冲序列，进而变成代表信号信息的二进制编码(PCM 数字信号)，再对光载波进行强度调制来传递信息。

要实现脉冲编码调制，必须经过抽样、量化和编码三个过程。

1. 抽样

抽样就是把连续的信号波分割成不连续的脉冲波，用一定周期的脉冲列来表示信号波，且脉冲列(称为样值)的幅度是与信号波的幅度相对应的。也就是说，通过抽样之后，原来的模拟信号变成一脉冲幅度调制信号。按照抽样定理，只要抽样频率大于所传递信号最高频率的两倍，就能恢复原信号波形。

2. 量化

量化就是把抽样之后的脉冲幅度调制波做分级取“整”处理，用有限个数的代表值取

代抽样值的大小,这个过程称为“量化”。原始信号在抽样出来后再通过量化过程才能变成数字信号。

3. 编码

把量化后的数字信号变换成相应的二进制代码的过程称为“编码”。即用一组等幅度、等宽度的脉冲作为“码子”,用“有”脉冲和“无”脉冲分别表示二进制的数码“1”和“0”。再将这一系列反映数字信号规律的电脉冲加到一个调制器上,以控制激光的输出;用激光载波的极大值代表信息样品振幅二进制编码的“1”比特,用激光载波的零值代表“0”比特,这样用码子的不同组合就可以表示欲传递的信息。这种调制形式要求更宽的带宽并具有强抗干扰性,故目前在数字光纤通信中得到广泛应用。

尽管激光调制有各种不同的分类,但其调制的工作机理主要是基于电光、声光、磁光等各种物理效应。下面分别讨论电光调制、声光调制和磁光调制等方式的基本原理和调制方法。

1.2 电光调制

某些晶体或液体在外加电场的作用下,其折射率将发生变化,这种现象称为电光效应。当光波通过此介质时,其传播特性会受到影响而改变。电光效应已被广泛用来实现对光波(相位、频率、偏振态和强度等)的控制,根据电光效应可以做成各种光调制器件、光偏转器件和电光滤波器件等。

1.2.1 电光调制的物理基础

光波在介质中的传播规律受到介质折射率分布的制约,而折射率的分布又与其介电常量密切相关。理论和实验均证明:介质的介电常量与晶体中的电荷分布有关,当晶体上施加电场之后,将引起束缚电荷的重新分布,并可能导致离子晶格的微小形变,其结果将引起介电常量的变化,而且这种改变随电场的大小和方向的不同而变化(只有在弱电场的情况下,才可把介电常量近似视为与场强无关的物理常量),最终导致晶体折射率的变化。因此,折射率成为外加电场 E 的函数,这时晶体折射率可用外加电场 E 的幂级数表示,即

$$n = n_0 + \gamma E + hE^2 + \cdots \quad (1.2\text{-}1)$$

或写成

$$\Delta n = n - n_0 = \gamma E + hE^2 + \cdots \quad (1.2\text{-}2)$$

式中,γ、h 为常数,n_0 为未加电场时的折射率。在式(1.2-2)中,γE 是一次项,由该项引起的折射率变化,称为线性电光效应或泡克耳斯(Pockels)效应;由二次项 hE^2 引起的折射率变化,称为二次电光效应或克尔(Kerr)效应。对于大多数电光晶体材料,一次效应要比二次效应显著,可略去二次项(只有在具有对称中心的晶体中,因为不存在一次电光效应,所以二次电光效应才比较明显),故在此只讨论线性电光效应。

1. 电致折射率变化

对电光效应的分析和描述有两种方法:一种是电磁理论方法,但数学推导相当繁复;

另一种是用几何图形——折射率椭球体(又称光率体)的方法,这种方法直观、方便,故通常都采用这种方法。

当晶体未加外电场时,在主轴坐标系中,折射率椭球可描述为

$$\frac{x^2}{n_x^2}+\frac{y^2}{n_y^2}+\frac{z^2}{n_z^2}=1 \tag{1.2-3}$$

式中,x、y、z 为折射率椭球的主轴,即介质的主轴方向,也就是说,在晶体内沿着这些方向的电位移 D 和电场强度 E 是互相平行的;n_x、n_y、n_z 为介质的三个主折射率。按晶体的光学性质分类(光学均质体、单轴晶体、双轴晶体等),折射率椭球体具有不同的形状。例如,对于立方晶体,$n_x=n_y=n_z$,折射率椭球是一个球面;对于单轴晶体,$n_x=n_y\neq n_z$,折射率椭球是一个绕 z 轴旋转的旋转椭球面。若有一束光沿着垂直于晶体界面的方向入射晶体,那么其折射光会分成两束,其中一束仍沿着入射光路传播,称为寻常光(o 光),折射率用 n_o 表示,另一束偏离入射光路传播,称为非常光(e 光),折射率用 n_e 表示,o 光和 e 光都是偏振光,并且偏振方向互相垂直,这种现象称为光的双折射(详情请参阅相关书籍)。利用折射率椭球体可以描述光波在晶体中的传播特性。由此可以推论,晶体加了外电场之后对光波传播规律的影响,也可以借助于折射率椭球方程的系数$\frac{1}{n_x^2}$、$\frac{1}{n_y^2}$、$\frac{1}{n_z^2}$如何改变来进行分析。

当晶体施加电场后,其椭球就发生“变形”,相应的折射率椭球方程变为

$$\left(\frac{1}{n^2}\right)_1x^2+\left(\frac{1}{n^2}\right)_2y^2+\left(\frac{1}{n^2}\right)_3z^2+2\left(\frac{1}{n^2}\right)_4yz+2\left(\frac{1}{n^2}\right)_5xz+2\left(\frac{1}{n^2}\right)_6xy=1 \tag{1.2-4}$$

比较式(1.2-3)和式(1.2-4)可知,由于外电场的作用,折射率椭球各系数($1/n^2$)随之发生线性变化,其变化量可定义为

$$\Delta\left(\frac{1}{n^2}\right)_i=\sum_{j=1}^{3}\gamma_{ij}E_j \tag{1.2-5}$$

式中,γ_{ij} 称为线性电光系数,i 取值 1～6,j 取值 1～3。式(1.2-5)可以用张量的矩阵形式表示为

$$\begin{bmatrix}\Delta\left(\frac{1}{n^2}\right)_1\\ \Delta\left(\frac{1}{n^2}\right)_2\\ \Delta\left(\frac{1}{n^2}\right)_3\\ \Delta\left(\frac{1}{n^2}\right)_4\\ \Delta\left(\frac{1}{n^2}\right)_5\\ \Delta\left(\frac{1}{n^2}\right)_6\end{bmatrix}=\begin{bmatrix}\gamma_{11}&\gamma_{12}&\gamma_{13}\\ \gamma_{21}&\gamma_{22}&\gamma_{23}\\ \gamma_{31}&\gamma_{32}&\gamma_{33}\\ \gamma_{41}&\gamma_{42}&\gamma_{43}\\ \gamma_{51}&\gamma_{52}&\gamma_{53}\\ \gamma_{61}&\gamma_{62}&\gamma_{63}\end{bmatrix}\begin{bmatrix}E_x\\ E_y\\ E_z\end{bmatrix} \tag{1.2-6}$$

式中，E_x、E_y、E_z 是电场沿 x、y、z 方向的分量。具有 γ_{ij} 元素的 6×3 矩阵称为电光张量，每个元素的值由具体的晶体参数决定，它是表征感应极化强弱的量。下面以常用的 KDP 晶体为例进行分析。

KDP(KH_2PO_4)类晶体属于四方晶系，$\bar{4}2m$ 点群，是负单轴晶体，因此有 $n_x=n_y=n_o$，$n_z=n_e$，且 $n_o>n_e$，这类晶体的电光张量为

$$[\gamma_{ij}]=\begin{bmatrix}0&0&0\\0&0&0\\0&0&0\\\gamma_{41}&0&0\\0&\gamma_{52}&0\\0&0&\gamma_{63}\end{bmatrix}\tag{1.2-7}$$

而且 $\gamma_{41}=\gamma_{52}$，因此，这一类晶体独立的电光系数只有 γ_{41} 和 γ_{63} 两个。将式(1.2-7)代入式(1.2-6)，可得

$$\begin{aligned}\Delta\left(\frac{1}{n^2}\right)_1&=0,\quad \Delta\left(\frac{1}{n^2}\right)_4=\gamma_{41}E_x\\ \Delta\left(\frac{1}{n^2}\right)_2&=0,\quad \Delta\left(\frac{1}{n^2}\right)_5=\gamma_{41}E_y\\ \Delta\left(\frac{1}{n^2}\right)_3&=0,\quad \Delta\left(\frac{1}{n^2}\right)_6=\gamma_{63}E_z\end{aligned}\tag{1.2-8}$$

将式(1.2-8)代入式(1.2-4)，便得到晶体加外电场 E 后的新折射率椭球方程，表示为

$$\frac{x^2}{n_o^2}+\frac{y^2}{n_o^2}+\frac{z^2}{n_e^2}+2\gamma_{41}yzE_x+2\gamma_{41}xzE_y+2\gamma_{63}xyE_z=1\tag{1.2-9}$$

由式(1.2-9)可看出，外加电场导致了折射率椭球方程中“交叉”项的出现，这说明加电场后，椭球的主轴不再与 x、y、z 轴平行。因此，必须找出一个新的坐标系，使式(1.2-9)在该坐标系中主轴化，这样才可能确定电场对光传播的影响。为了简单起见，将外加电场的方向平行于 z 轴，即 $E_z=E$，$E_x=E_y=0$，于是式(1.2-9)变为

$$\frac{x^2}{n_o^2}+\frac{y^2}{n_o^2}+\frac{z^2}{n_e^2}+2\gamma_{63}xyE_z=1\tag{1.2-10}$$

为了寻找一个新的坐标系(x'，y'，z')，使椭球方程不含交叉项，即有

$$\frac{x'^2}{n_{x'}^2}+\frac{y'^2}{n_{y'}^2}+\frac{z'^2}{n_{z'}^2}=1\tag{1.2-11}$$

的形式。式中，x'、y'、z' 为加电场后椭球主轴的方向，通常称为感应主轴；$n_{x'}$、$n_{y'}$、$n_{z'}$ 是新坐标系中的主折射率。由于式(1.2-10)中的 x、y 是对称的，故可将 x、y 坐标绕 z 轴旋转 α 角，于是从旧坐标系到新坐标系的变换关系为

$$\begin{aligned}x&=x'\cos\alpha-y'\sin\alpha\\ y&=x'\sin\alpha+y'\cos\alpha\end{aligned}\tag{1.2-12}$$

将式(1.2-12)代入式(1.2-10)，可得

$$\left[\frac{1}{n_o^2}+\gamma_{63}E_z\sin(2\alpha)\right]x'^2+\left[\frac{1}{n_o^2}-\gamma_{63}E_z\sin(2\alpha)\right]y'^2$$
$$+\frac{1}{n_e^2}z'^2+2\gamma_{63}E_z\cos(2\alpha)x'y'=1 \tag{1.2-13}$$

令交叉项为零,即 $\cos(2\alpha)=0$,可得 $\alpha=45°$,则方程式变为

$$\left(\frac{1}{n_o^2}+\gamma_{63}E_z\right)x'^2+\left(\frac{1}{n_o^2}-\gamma_{63}E_z\right)y'^2+\frac{1}{n_e^2}z'^2=1 \tag{1.2-14}$$

这就是KDP类晶体沿 z 轴加电场之后的新椭球方程,折射率椭球的横截面(它与 xOy 平面的交线)由半径为 n_o 的圆变成了椭圆,如图1.2-1所示。将式(1.2-14)与式(1.2-11)相比较,得到

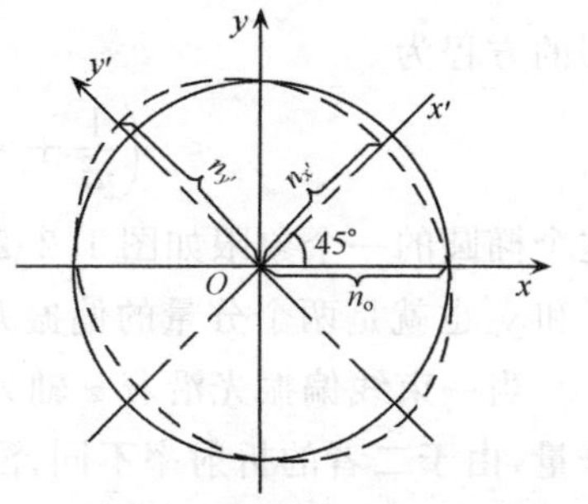

图1.2-1　加电场后椭球的形变

$$\left.\begin{aligned}\frac{1}{n_{x'}^2}&=\frac{1}{n_o^2}+\gamma_{63}E_z\\ \frac{1}{n_{y'}^2}&=\frac{1}{n_o^2}-\gamma_{63}E_z\\ \frac{1}{n_{z'}^2}&=\frac{1}{n_e^2}\end{aligned}\right\} \tag{1.2-15}$$

由于 γ_{63} 很小(约 10^{-10} m/V),所以一般有 $\gamma_{63}E_z\ll\frac{1}{n_o^2}$。利用微分式 $d\left(\frac{1}{n^2}\right)=-\frac{2}{n^3}dn$,即 $dn=-\frac{n^3}{2}d\left(\frac{1}{n^2}\right)$,得到

$$\left.\begin{aligned}\Delta n_x&=-\frac{1}{2}n_o^3\gamma_{63}E_z\\ \Delta n_y&=\frac{1}{2}n_o^3\gamma_{63}E_z\\ \Delta n_z&=0\end{aligned}\right\} \tag{1.2-16}$$

故

$$\left.\begin{aligned}n_{x'}&=n_o-\frac{1}{2}n_o^3\gamma_{63}E_z\\ n_{y'}&=n_o+\frac{1}{2}n_o^3\gamma_{63}E_z\\ n_{z'}&=n_e\end{aligned}\right\} \tag{1.2-17}$$

由此可见,KDP晶体沿 z 轴加电场时,由单轴晶体变成了双轴晶体,折射率椭球的主轴 x'、y' 相对于原来的 x、y 轴(绕 z 轴)旋转了45°,此转角与外加电场的大小无关,其折射率变化与电场成正比,式(1.2-16)中 Δn 的值称为电致折射率变化。这就是利用电光效应实现光调制、调 Q、锁模等技术的物理基础。

2. 电光相位延迟

下面分析一下电光效应引起的相位延迟。在实际应用中,电光晶体总是沿着相对于光轴的某些特殊方向切割而成的,而且外电场也是沿着某一主轴方向加到晶体上,常用的

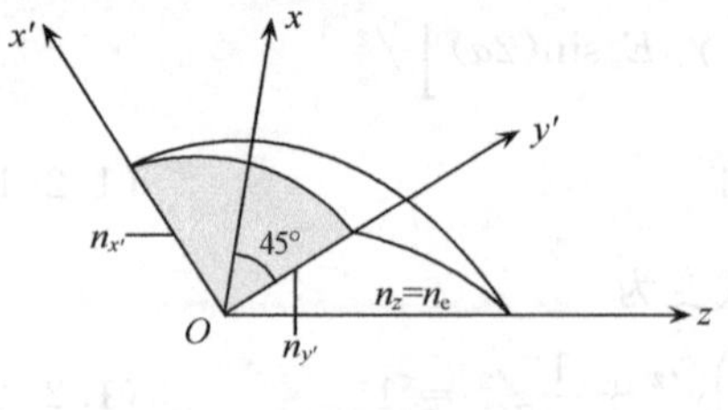

图 1.2-2 折射率椭球的截面

有两种方式:一种是电场方向与通光方向一致,称为纵向电光效应;另一种是电场与通光方向垂直,称为横向电光效应。仍以 KDP 类晶体为例进行分析,沿晶体 z 轴加电场后,其折射率椭球的截面如图 1.2-2 所示。如果光波沿 z 轴方向传播,则其双折射特性取决于椭球与垂直于 z 轴的平面相交所形成的椭圆。在式(1.2-14)中令 $z=0$,得到该椭圆的方程为

$$\left(\frac{1}{n_o^2}+\gamma_{63}E_z\right)x'^2+\left(\frac{1}{n_o^2}-\gamma_{63}E_z\right)y'^2=1 \tag{1.2-18}$$

这个椭圆的一个象限如图 1.2-2 中的阴影部分所示。它的长、短半轴分别与 x'、y'重合,x'和 y'也就是两个分量的偏振方向,相应的折射率 $n_{x'}$ 和 $n_{y'}$ 由式(1.2-17)决定。

当一束线偏振光沿着 z 轴方向入射晶体后,即分解为沿 x'和 y'方向的两个垂直偏振分量,由于二者的折射率不同,沿 x'方向振动的光传播速度快,而沿 y'方向振动的光传播速度慢,所以当它们经过长度 L 后所走的光程分别为 $n_{x'}L$ 和 $n_{y'}L$,这样两偏振分量的相位延迟分别为

$$\varphi_{n_{x'}}=\frac{2\pi}{\lambda}n_{x'}L=\frac{2\pi L}{\lambda}\left(n_o-\frac{1}{2}n_o^3\gamma_{63}E_z\right)$$

$$\varphi_{n_{y'}}=\frac{2\pi}{\lambda}n_{y'}L=\frac{2\pi L}{\lambda}\left(n_o+\frac{1}{2}n_o^3\gamma_{63}E_z\right)$$

因此,当这两束偏振光穿过晶体后将产生一个相位差

$$\Delta\varphi=\varphi_{n_{y'}}-\varphi_{n_{x'}}=\frac{2\pi}{\lambda}(n_{y'}-n_{x'})L=\frac{2\pi}{\lambda}Ln_o^3\gamma_{63}E_z=\frac{2\pi}{\lambda}n_o^3\gamma_{63}V \tag{1.2-19}$$

由以上分析可见,这个相位延迟完全是由电光效应造成的双折射引起的,所以称为电光相位延迟。式中的 $V=E_zL$ 是沿晶体 z 轴所加的电压;当电光晶体和通光波长确定后,相位差的变化仅取决于外加电压,它能与外加电压成比例地变化。

在式(1.2-19)中,当光波的两个垂直分量 $E_{x'}$、$E_{y'}$ 的光程差$(n_{y'}-n_{x'})L$ 为半个波长(相应的相位差为 π)时,所加的电压称为"半波电压",通常用 V_π 或 $V_{\lambda/2}$ 表示。由式(1.2-19)得到

$$V_{\lambda/2}=\frac{\lambda}{2n_o^3\gamma_{63}}=\frac{\pi c}{\omega n_o^3\gamma_{63}} \tag{1.2-20}$$

半波电压是表征电光晶体性能优劣的一个重要参数,这个电压越小越好,特别是在宽频带高频率情况下,半波电压小,需要的调制功率就小。半波电压通常可用静态法(加直流电压)测出①,再利用式(1.2-20)就可计算出晶体的电光系数。因此,精确地测定半波电压,对研究电光晶体材料极为重要。用静态法测定的 KDP 类晶体的半波电压和计算出的 γ_{63} 值(对 $\lambda=0.550\mu m$),列于表 1.2-1。

---

① 测量方法可参阅《晶体物理》,蒋民华编著,山东科技出版社,1978 年出版。

表 1.2-1　KDP 型($\bar{4}2m$ 晶类)晶体的半波电压和 γ_{63}(对 $\lambda=0.550\mu m$)

晶 体	化 学 式	n_o	V_π/kV	$\gamma_{63}\times10^{-10}$/(cm/V)
ADP	$NH_4H_2PO_4$	1.526	9.20	8.4
D-ADP	$NH_4D_2PO_4$	1.521	6.55	11.9
KDP	KH_2PO_4	1.512	7.45	10.6
D-KDP	KD_2PO_4	1.508	3.85	20.8
RbDP	RbH_2PO_4	1.510	5.15	15.5
ADA	$NH_4H_2AsO_4$	1.580	7.20	9.2
KDA	KH_2AsO_4	1.569	6.50	10.9
D-KDA	KD_2AsO_4	1.564	3.95	18.2
RbDA	RbH_2AsO_4	1.562	4.85	14.8
D-RbDA	RbD_2AsO_4	1.557	3.40	21.4
CsDA	CsH_2AsO_4	1.572	3.80	18.6
D-CsDA	CsD_2AsO_4	1.567	1.95	36.6

晶体的半波电压是波长的函数，图 1.2-3 所示为一些磷酸盐晶体的 $V_{\lambda/2}$ 与波长的关系。由图可见，在所测定的范围(400～700nm)内，这个关系是线性的。

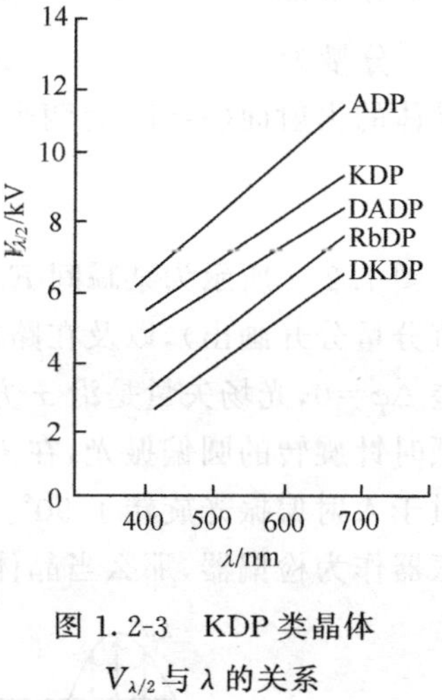

图 1.2-3　KDP 类晶体 $V_{\lambda/2}$ 与 λ 的关系

3. 光偏振态的变化

根据上述分析可知，两个偏振分量间相速度的差异，会使一个分量相对于另一个分量有一个相位差，而这个相位差作用就会改变出射光束的偏振态。从"物理光学"已经知道，"波片"可作为光波偏振态的变换器，它对入射光偏振态的改变是由波片的厚度决定的。在一般情况下，出射的合成振动是一个椭圆偏振光，用数学式表示为

$$\frac{E_{x'}^2}{A_1^2}+\frac{E_{y'}^2}{A_2^2}-\frac{2E_{x'}E_{y'}}{A_1A_2}\cos\Delta\varphi=\sin^2\Delta\varphi \tag{1.2-21}$$

因此，如果采用一个与外加电压成正比变化的"相位延迟"晶体(相当于一个可调的偏振态变换器)，那么就可能用电学方法将入射光波的偏振态变换成所需的偏振态。为了说明这一点，先考察几种特定情况下的偏振态变化。

(1) 当晶体上未加电场时，$\Delta\varphi=2n\pi(n=0,1,2,\cdots)$，则式(1.2-21)简化为

$$\left(\frac{E_{x'}}{A_1}-\frac{E_{y'}}{A_2}\right)^2=0$$

即

$$E_{y'}=(A_2/A_1)E_{x'}=E_{x'}\tan\theta \tag{1.2-22}$$

这是一个直线方程，说明通过晶体后的合成光仍然是线偏振光，且与入射光的偏振方向一

致,这种情况相当于一个“全波片”的作用。

(2) 当晶体上加了电场($V_{\lambda/4}$)使 $\Delta\varphi=\left(n+\frac{1}{2}\right)\pi$ 时,式(1.2-21)可简化为

$$\frac{E_{x'}^2}{A_1^2}+\frac{E_{y'}^2}{A_2^2}=1 \tag{1.2-23}$$

当 $E_{x'}$ 与 $E_{y'}$ 两分量的振幅相等,即 $A_1=A_2$ 时,其合成光就变成一个圆偏振光,这种情况相当于一个“四分之一波片”的作用。

(3) 当外加电场($V_{\lambda/2}$)使 $\Delta\varphi=(2n+1)\pi$ 时,式(1.2-21)可简化为

$$\left(\frac{E_{x'}}{A_1}+\frac{E_{y'}}{A_2}\right)^2=0$$

即

$$E_{y'}=-(A_2/A_1)E_{x'}=E_{x'}\tan(-\theta) \tag{1.2-24}$$

上式说明合成光又变成线偏振光,但偏振方向相对于入射光旋转了 2θ(若 $\theta=45°$,即旋转了 90°),晶体起到一个“半波片”的作用。

综上所述,设一束线偏振光垂直于 x'-y' 平面入射,且沿 x 轴方向振动,它刚进入晶体($z=0$)即分解为相互垂直的 x'、y' 两个偏振分量,经过距离 L 后

x' 分量为
$$E_{x'}=A\mathrm{e}^{\mathrm{i}\left[\omega_c t-\frac{\omega_c}{c}\left(n_o-\frac{1}{2}n_o^3\gamma_{63}E_z\right)L\right]} \tag{1.2-25}$$

y' 分量为
$$E_{y'}=A\mathrm{e}^{\mathrm{i}\left[\omega_c t-\frac{\omega_c}{c}\left(n_o+\frac{1}{2}n_o^3\gamma_{63}E_z\right)L\right]} \tag{1.2-26}$$

在晶体的出射面($z=L$)处两个分量间的相位差为

$$\Delta\varphi=\frac{\omega_c n_o^3\gamma_{63}V}{c} \tag{1.2-27}$$

图 1.2-4 所示为某瞬间 $E_{x'}(z)$ 和 $E_{y'}(z)$ 两个分量随 z 变化的曲线(为便于观察,将两垂直分量分开画出),以及在路径上不同点处光场矢量的顶端扫描的轨迹。在 $z=0$ 处,相位差 $\Delta\varphi=0$,光场矢量是沿 x 方向的线偏振光;在 e 点处,$\Delta\varphi=\pi/2$,则合成光场矢量变为一顺时针旋转的圆偏振光,在 i 点处,$\Delta\varphi=\pi$,则合成光矢量变为沿着 y 方向的线偏振光,相对于入射偏振光旋转了 90°。如果在晶体的输出端放置一个与入射光偏振方向垂直的偏振器作为检偏器,那么当晶体上所加的电压在 $0\sim V_{\lambda/2}$ 间变化时,从检偏器输出的光只

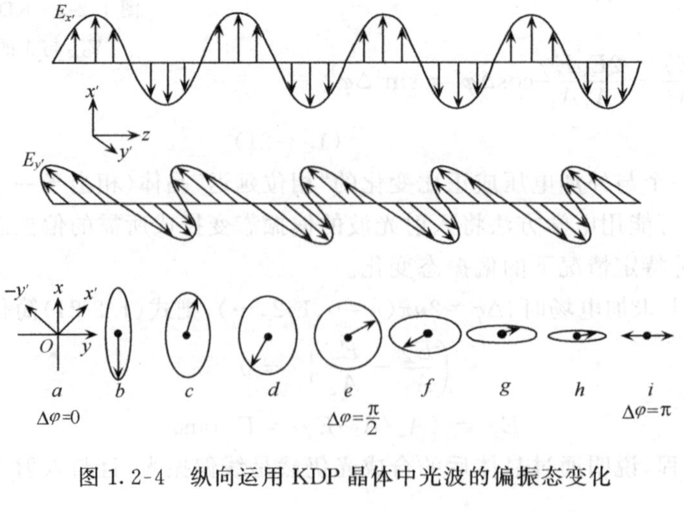

图 1.2-4 纵向运用 KDP 晶体中光波的偏振态变化

是椭圆偏振光的 y 向分量，因而可以把偏振态的变化（偏振调制）变换成光强度的变化（强度调制）。

1.2.2　电光强度调制

利用泡克耳斯效应实现电光调制可以分为两种情况。一种是施加在晶体上的电场在空间上基本是均匀的，但在时间上是变化的，当一束光通过晶体之后，可以使一个随时间变化的电信号转换成光信号，由光波的强度或相位变化来体现要传递的信息，这种情况主要应用于光通信、光开关等领域。另一种是施加在晶体上的电场在空间上有一定的分布，形成电场图像，即随 x 和 y 坐标变化的强度透过率或相位分布，但在时间上是不变或者缓慢变化，从而对通过的光波进行调制，后面介绍的空间光调制器就属于这种情况。本节先讨论前一种情况的电光强度调制。

1. 纵向电光调制

图 1.2-5 所示为一个纵向电光强度调制器的典型结构。电光晶体（KDP）置于两个成正交的偏振器之间，其中起偏器 P_1 的偏振方向平行于电光晶体的 x 轴，检偏器 P_2 的偏振方向平行于 y 轴，当沿晶体 z 轴方向加电场后，主轴 x、y 将旋转 45°变为感应主轴 x'、y'。因此，沿 z 轴入射的光束（可以是自然光）经起偏器变为平行于 x 轴的线偏振光，进入晶体后（$z=0$）分解为沿 x'、y' 方向振动的两个偏振分量，其振幅（等于入射光振幅的 $1/\sqrt{2}$）和相位都相等，分别为

$$E_{x'} = A\cos(\omega_c t)$$
$$E_{y'} = A\cos(\omega_c t)$$

或采用复数表示为

$$E_{x'}(0) = A$$
$$E_{y'}(0) = A$$

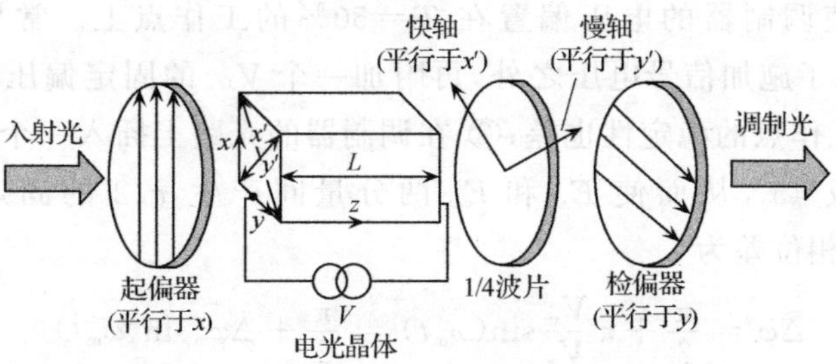

图 1.2-5　纵向电光强度调制器的典型结构

由于光强正比于电场的平方，因此入射光强度为

$$I_i \propto \boldsymbol{E} \cdot \boldsymbol{E}^* = |E_{x'}(0)|^2 + |E_{y'}(0)|^2 = 2A^2 \tag{1.2-28}$$

当光通过晶体长度 L 后，由于电光效应引起的双折射，$E_{x'}$ 和 $E_{y'}$ 两分量间就产生了相位差 $\Delta\varphi$，则

$$E_{x'}(L)=A$$

$$E_{y'}(L)=A\exp(-\mathrm{i}\Delta\varphi)$$

那么,通过检偏器后的总电场强度是 $E_{x'}(L)$ 和 $E_{y'}(L)$ 在 y 方向上的分量之和,即

$$(E_y)_o=\frac{A}{\sqrt{2}}[\exp(-\mathrm{i}\Delta\varphi)-1]$$

与之相应的输出光强为

$$I\propto(E_y)_o\cdot(E_y^*)_o=\frac{A^2}{2}\{[\exp(-\mathrm{i}\Delta\varphi)-1][\exp(\mathrm{i}\Delta\varphi)-1]\}$$

$$=2A^2\sin^2\left(\frac{\Delta\varphi}{2}\right) \tag{1.2-29}$$

将出射光强与入射光强相比,再考虑式(1.2-9)和式(1.2-20)的关系,可得

$$T=\frac{I}{I_\mathrm{i}}=\sin^2\left(\frac{\Delta\varphi}{2}\right)=\sin^2\left(\frac{\pi}{2}\frac{V}{V_\pi}\right) \tag{1.2-30}$$

式中,T 称为调制器的透过率。根据上述关系可以画出光强调制特性曲线,如图 1.2-6所示。由图可见,在一般情况下,调制器的输出特性与外加电压的关系是非线性的。若调制

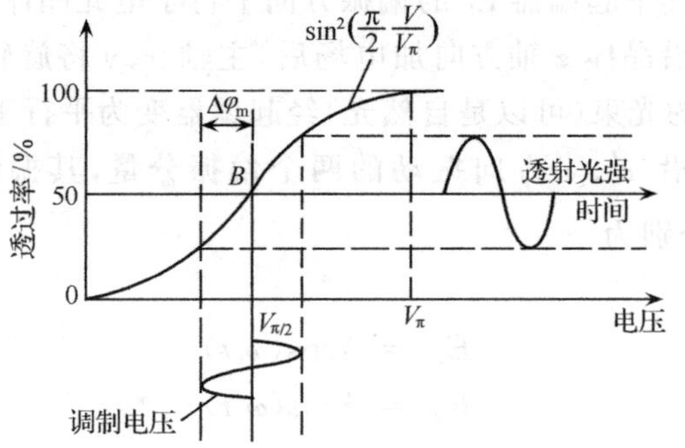

图 1.2-6　电光调制特性曲线

器工作在非线性部分,则调制光将发生畸变。为了获得线性调制,可以通过引入一个固定的 $\pi/2$ 相位延迟,使调制器的电压偏置在 $T=50\%$ 的工作点上。常用的办法有两种:① 在调制晶体上除了施加信号电压之外,再附加一个 $V_{\lambda/4}$ 的固定偏压,但此法会增加电路的复杂性,而且工作点的稳定性也差;② 在调制器的光路上插入一个 1/4 波片,其快慢轴与晶体主轴 x 成 45°,从而使 $E_{x'}$ 和 $E_{y'}$ 两分量间产生 $\pi/2$ 的固定相位差。于是,式(1.2-30)中的总相位差为

$$\Delta\varphi=\frac{\pi}{2}+\pi\frac{V_\mathrm{m}}{V_\pi}\sin(\omega_\mathrm{m}t)=\frac{\pi}{2}+\Delta\varphi_\mathrm{m}\sin(\omega_\mathrm{m}t)$$

式中,$\Delta\varphi_\mathrm{m}=\pi V_\mathrm{m}/V_\pi$,是相应于外加调制信号电压 V_m 的相位差。因此,调制器的透过率可表示为

$$T=\frac{I}{I_\mathrm{i}}=\sin^2\left(\frac{\pi}{4}+\frac{\Delta\varphi_\mathrm{m}}{2}\sin\omega_\mathrm{m}t\right)$$

$$=\frac{1}{2}[1+\sin(\Delta\varphi_\mathrm{m}\sin\omega_\mathrm{m}t)] \tag{1.2-31}$$

利用贝塞尔函数恒等式，将上式 $\sin(\Delta\varphi_m\sin\omega_m t)$ 展开后，得

$$T=\frac{I}{I_i}=\frac{1}{2}+\sum_{n=0}^{\infty}J_{2n+1}(\Delta\varphi_m)\sin[(2n+1)\omega_m t] \qquad (1.2\text{-}32)$$

由此可见，输出的调制光中含有高次谐波分量，使调制光发生畸变。为了获得线性调制，必须将高次谐波控制在允许的范围内。设基频波和高次谐波的幅值分别为 I_1 和 I_{2n+1}，则高次谐波与基频波成分的比值为

$$\frac{I_{2n+1}}{I_1}=\frac{J_{2n+1}(\Delta\varphi_m)}{J_1(\Delta\varphi_m)} \quad (n=0,1,2,\cdots) \qquad (1.2\text{-}33)$$

若取 $\Delta\varphi_m=1\text{rad}$，则 $J_1(1)=0.44$，$J_3(1)=0.02$，$I_3/I_1=0.045$，即三次谐波为基波的5%，在这个范围内可以获得近似线性调制，因而取

$$\Delta\varphi_m=\pi\frac{V_m}{V_\pi}\leqslant 1\text{rad} \qquad (1.2\text{-}34)$$

作为线性调制的判据。此时 $J_1(\Delta\varphi_m)\approx\frac{1}{2}\Delta\varphi_m$，代入式(1.2-32)得

$$T=\frac{I}{I_i}\approx\frac{1}{2}[1+\Delta\varphi_m\sin(\omega_m t)] \qquad (1.2\text{-}35)$$

因此，为了获得线性调制，要求调制信号不宜过大(小信号调制)，那么输出的光强调制波就是调制信号 $V=V_m\sin(\omega_m t)$ 的线性复现。如果 $\Delta\varphi_m\ll 1\text{rad}$ 的条件不能满足(大信号调制)，则光强调制波就要发生畸变。

以上讨论的纵向电光调制器具有结构简单、工作稳定、不存在自然双折射的影响等优点。其缺点是半波电压太高，特别在调制频率较高时，功率损耗比较大。

2. 横向电光调制

“物理光学”已经讲过，横向电光效应可以分为三种不同的运用方式：① 沿 z 轴方向加电场，通光方向垂直于 z 轴，并与 x 或 y 轴成45°夹角(晶体为45°-z 切割)；② 沿 x 方向加电场(即电场方向垂直于光轴)，通光方向垂直于 x 轴，并与 z 轴成45°夹角(晶体为45°-x 切割)；③ 沿 y 轴方向加电场，通光方向垂直于 y 轴，并与 z 轴成45°夹角(晶体为45°-y 切割)。在此仅以KDP类晶体的第一种运用方式为代表进行分析。

横向电光调制器的典型结构如图1.2-7所示。因为外加电场沿 z 轴方向，所以和纵向运用时一样，$E_x=E_y=0$，$E_z=E$，晶体的主轴 x、y 旋转45°至 x'、y'，相应的三个主折射率如式(1.2-17)所示。但此时的通光方向与 z 轴垂直，沿着 y' 方向传播(入射光偏振方向与 z 轴成45°)，进入晶体后将分解为沿 x' 和 z 方向振动的两个分量，其折射率分别为 $n_{x'}$ 和 n_z。若通光方向的晶体长度为 L，厚度(两电极间距离)为 d，外加电压 $V=E_z d$，则从晶体出射的两分量间的相位差为

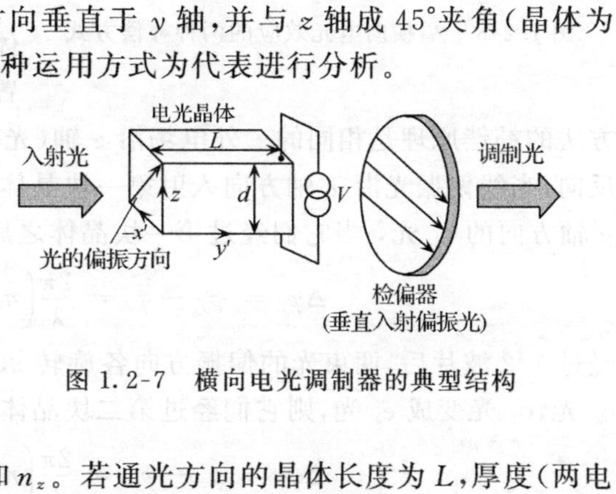

图1.2-7　横向电光调制器的典型结构

$$\Delta\varphi=\frac{2\pi}{\lambda}(n_{x'}-n_z)L=\frac{2\pi}{\lambda}\left[(n_o-n_e)L-\frac{1}{2}n_o^3\gamma_{63}\left(\frac{L}{d}\right)V\right] \qquad (1.2\text{-}36)$$

由此可知,KDP 晶体的 γ_{63} 横向电光效应使光波通过晶体后的相位差包括两项:第一项是与外加电场无关的晶体本身的自然双折射引起的相位差,这一项对调制器的工作没有贡献,而且当晶体温度变化时,还会带来不利的影响,因此应设法消除(补偿)掉;第二项是外加电场作用产生的相位差,它与外加电压 V 和晶体的尺寸(L/d)有关,若适当地选择晶体尺寸,则可以降低其半波电压。

KDP 晶体横向电光调制的主要缺点是存在着自然双折射引起的相位差,这意味着在没有外加电场时,进入晶体的线偏振光分解的两偏振分量就有相位差存在。当晶体的温度变化时,由于折射率 n_o 和 n_e 随温度的变化率不同,因而两分量的相位差会发生漂移。实验证明,KDP 晶体的两折射率之差随温度的变化率为$\Delta(n_o-n_e)/\Delta T\approx 1.1\times10^{-5}/℃$。如果长度 $L=30\text{mm}$ 的 KDP 晶体制成调制器,当通过波长为 632.8nm 的激光时,则由温度所引起的相位差变化为

$$\Delta\varphi=\frac{2\pi}{\lambda}\Delta nL=\frac{2\pi}{0.6328\times10^{-6}}\times1.1\times10^{-5}\times0.03\approx1.1\pi$$

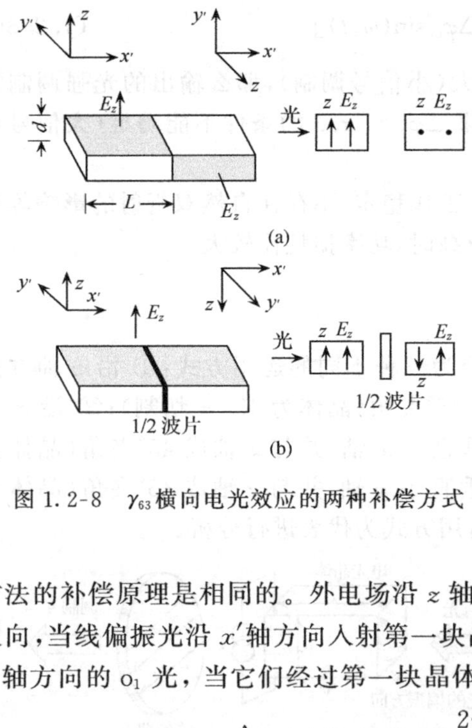

图 1.2-8　γ_{63} 横向电光效应的两种补偿方式

如果要求相位变化不超过 20mrad,则需要晶体的恒温精度保持在 0.005℃以内,这显然是不可能的。因此,在 KDP 晶体横向调制器中,自然双折射的影响会导致调制光发生畸变,甚至使调制器不能工作。所以在实际应用中,除了尽量采取一些措施(如散热、恒温等)以减小晶体温度的漂移之外,主要采用一种“组合调制器”的结构予以补偿。常用的补偿方法有两种:① 将两块几何尺寸几乎完全相同的晶体的光轴互成 90°串接排列,即一块晶体的 y'轴和 z 轴分别与另一块晶体的 z 轴和 y'轴平行(见图 1.2-8(a));② 两块晶体的 z 轴和 y'轴互相反向平行排列,中间放置一块 1/2 波片(见图 1.2-8(b))。这两种方法的补偿原理是相同的。外电场沿 z 轴(光轴)方向,但在两块晶体中电场相对于光轴反向,当线偏振光沿 x'轴方向入射第一块晶体时,电矢量分解为沿 z 轴方向的 e_1 光和沿 y'轴方向的 o_1 光,当它们经过第一块晶体之后,两束光的相位差为

$$\Delta\varphi_1=\varphi_{y'}-\varphi_z=\frac{2\pi}{\lambda}\left(n_o-n_e+\frac{1}{2}n_o^3\gamma_{63}E_z\right)L$$

经过 1/2 波片后,两束光的偏振方向各旋转 90°,经过第二块晶体后,原来的 e_1 光变成了 o_2 光,o_1 光变成 e_2 光,则它们经过第二块晶体后,其相位差为

$$\Delta\varphi_2=\varphi_z-\varphi_{y'}=\frac{2\pi}{\lambda}\left(n_e-n_o+\frac{1}{2}n_o^3\gamma_{63}E_z\right)L$$

于是,通过两块晶体之后的总相位差为

$$\Delta\varphi=\Delta\varphi_1+\Delta\varphi_2=\frac{2\pi}{\lambda}n_o^3\gamma_{63}V\left(\frac{L}{d}\right)\tag{1.2-37}$$

因此，若两块晶体的尺寸、性能及受外界影响完全相同，则自然双折射的影响即可得到补偿。根据式(1.2-37)，当 $\Delta\varphi=\pi$ 时，半波电压为 $V_{\lambda/2}=\left(\dfrac{\lambda}{2n_o^3\gamma_{63}}\right)\dfrac{d}{L}$，其中括号内就是纵向电光效应的半波电压，所以

$$(V_{\lambda/2})_{横} = (V_{\lambda/2})_{纵}\frac{d}{L}$$

可见，横向半波电压是纵向半波电压的 d/L，减小 d 增加 L 可以降低半波电压。但是，这种方法必须用两块晶体，所以结构复杂，而且其尺寸加工要求极高。对 KDP 晶体而言，若长度差 0.1mm，当温度变化 1℃时，相位变化为 0.6°(对 632.8nm 波长)，所以对 KDP 类晶体一般不采用横向调制方式。在实际应用中，由于 43m 族 GaAs 晶体($n_o=n_e$)和 3m 族 $LiNbO_3$ 晶体(x 方向加电场，z 方向通光)均无自然双折射的影响，故多采用横向电光调制。

1.2.3　电光相位调制

图 1.2-9 所示为电光相位调制原理图，它由起偏器和 KDP 电光晶体组成。起偏器的偏振轴平行于晶体的感应主轴 x'(或 y')，电场沿 z 轴方向加到晶体上，此时入射晶体的线偏振光不再分解成沿 x'、y' 两个分量，而是沿着 x'(或 y')轴一个方向偏振，故外加电场不改变出射光的偏振状态，仅改变其相位，相位的变化为

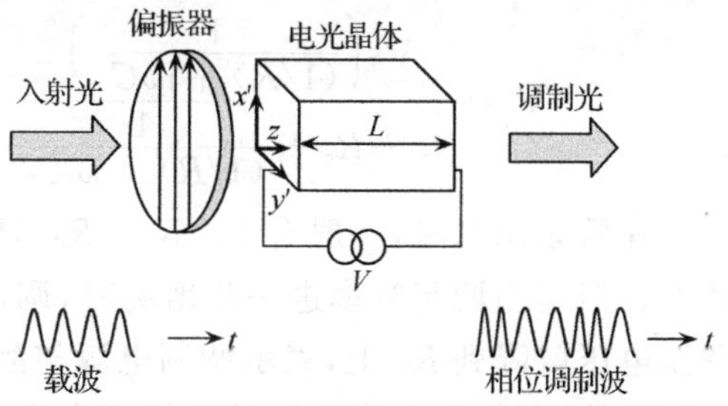

图 1.2-9　电光相位调制原理图

$$\Delta\varphi_{x'}=-\frac{\omega_c}{c}\Delta n_{x'}L \tag{1.2-38}$$

因为光波只沿 x' 方向偏振，相应的折射率为 $n_{x'}=n_o-\dfrac{1}{2}n_o^3\gamma_{63}E_z$，所以若外加电场是 $E_{in}=A_c\cos\omega_c t$，则输出光场($z=L$ 处)就变为 $E_{out}=A_c\cos\left[\omega_c t-\dfrac{\omega_c}{c}\left(n_o-\dfrac{1}{2}n_o^3\gamma_{63}E_m\sin\omega_m t\right)L\right]$。略去式中相角的常数项，因为它对调制结果没有影响，则上式可写为

$$E_{out}=A_c\cos(\omega_c t+m_\varphi\sin\omega_m t) \tag{1.2-39}$$

式中，$m_\varphi=\dfrac{\omega_c n_o^3\gamma_{63}E_m L}{2c}=\dfrac{\pi n_o^3\gamma_{63}E_m L}{\lambda}$，称为相位调制系数。利用贝塞尔函数展开上式，就得到式(1.1-12)的形式。

1.2.4　电光调制器的电学性能

对于电光调制器，总是希望获得高的调制效率并满足要求的调制带宽。下面分析电光调制器在不同调制频率情况下的工作特性。

前面对电光调制的分析，均认为调制信号频率远远低于光波频率(也就是调制信号波长 $\lambda_m\gg\lambda$)，并且 λ_m 远大于晶体的长度 L，因而在光波通过晶体 L 的渡越时间 $\left(\tau_d=\dfrac{1}{c/n}\right)$内，调制信号电场在晶体各处的分布是均匀的，光波在各部位所获得的相位延

迟也都相同,即光波在任一时刻不会受到不同强度或反向的调制电场的作用。在这种情况下,装有电极的调制晶体可以等效为一个电容,即可以看成是电路中的一个集总元件,通常称为集总参量调制器。集总参量调制器的频率特性主要受外电路参数的影响。

1. 外电路对调制带宽的限制

调制带宽是光调制器的一个重要参量,对于电光调制器,晶体的电光效应本身不会限制调制器的频率特性,因为晶格的谐振频率可以达到 10^{12} Hz,因此,调制器的调制带宽主要是受其外电路参数的限制。

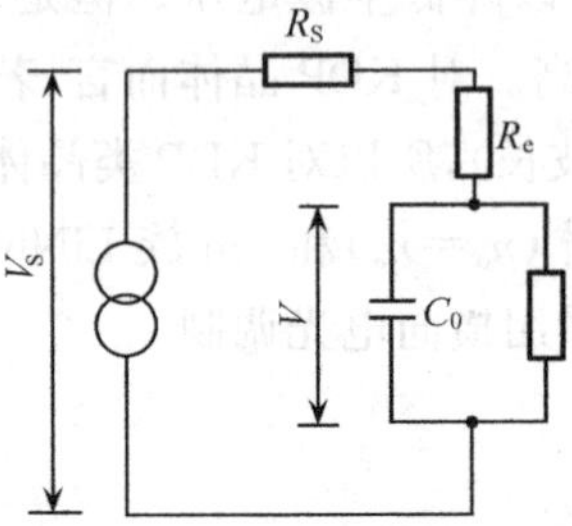

图 1.2-10　电光调制器的等效电路

电光调制器的等效电路如图 1.2-10 所示。其中,V_S 和 R_S 分别表示调制电压和调制电源内阻,C_0 为调制器的等效电容,R_e 和 R 分别为导线电阻和晶体的直流电阻。由图可知,作用到晶体上的实际电压为

$$V=\frac{V_S\left(\frac{1}{(1/R)+i\omega C_0}\right)}{R_S+R_e+\frac{1}{(1/R)+i\omega C_0}}=\frac{V_S R}{R_S+R_e+R+i\omega C_0(R_S R+R_e R)}$$

在低频调制时,一般有 $R\gg R_S+R_e$,且 $i\omega C_0$ 也较小,因此信号电压可以有效地加到晶体上。但是当调制频率进一步增高时,调制晶体的阻抗变小,当 $R_S>(\omega C_0)^{-1}$ 时,大部分调制电压就降到 R_S 上,表示调制电源与晶体负载电路之间阻抗不匹配,这时调制效率就要大大降低,甚至不能工作。实现阻抗匹配的办法是在晶体两端并联一电感 L,构成一个并联谐振回路,其谐振频率为 $\omega_0^2=(LC_0)^{-1}$,另外还并联一个分流电阻 R_L,其等效电路如图 1.2-11 所示。当调制信号频率 $\omega_m=\omega_0$ 时,此电路的阻抗就等于 R_L,若选择 $R_L\gg R_S$,就可使调制电压大部分加到晶体上。这种方法虽然能提高调制效率,但谐振回路的带宽是有限的。它的阻抗只在频率间隔 $\Delta\omega\approx(R_L C_0)^{-1}$ 的范围内才比较高。

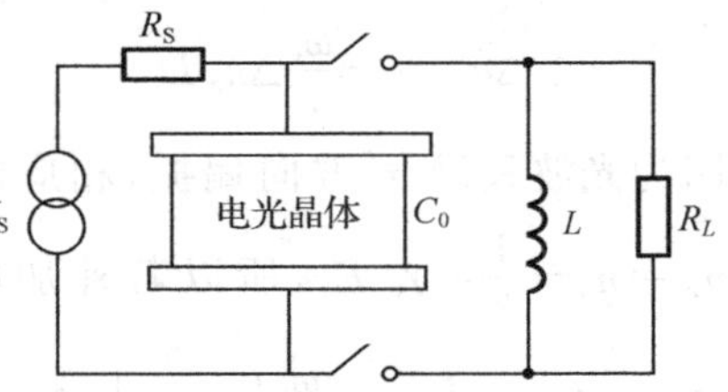

图 1.2-11　调制器的并联谐振回路

因此,欲使调制波不发生畸变,其最大调制带宽(即调制信号占据的频带宽度)必须小于

$$\Delta f_m=\frac{\Delta\omega}{2\pi}\approx\frac{1}{2\pi R_L C_0} \tag{1.2-40}$$

实际上,调制带宽 Δf_m 取决于具体的应用要求。此外,还要求有一定的峰值相位延迟 $\Delta\varphi_m$,与之相应的驱动峰值调制电压为

$$V_m=\frac{\lambda}{2\pi n_o^3\gamma_{63}}\Delta\varphi_m \tag{1.2-41}$$

对于 KDP 晶体,为得到最大的相位延迟所需要的驱动功率为

$$P=\frac{V_m^2}{2R_L} \tag{1.2-42}$$

利用式(1.2-40)、式(1.2-41)，可进一步写成

$$P = V_m^2 \pi C_0 \Delta f_m = V_m^2 \pi (\varepsilon A/L) \Delta f_m = \frac{\lambda^2 \varepsilon A \Delta\varphi_m^2}{4\pi L n_o^6 \gamma_{63}^2} \Delta f_m \tag{1.2-43}$$

式中，L 为晶体长度，A 为垂直于 L 的截面积，ε 为介电常量。由式(1.2-43)可知，当调制晶体的种类、尺寸、激光波长和所要求的相位延迟确定之后，其调制功率与调制带宽成正比关系。

2. 高频调制时渡越时间的影响

当调制频率极高时，在光波通过晶体的渡越时间内，电场可能发生较大的变化，即晶体中不同部位的调制电压不同，特别是当调制周期($2\pi/\omega_m$)与渡越时间 $\tau_d(=nL/c)$可以相比拟时，光波在晶体中各部位受到的调制电场是不同的，因此，上述的相位延迟的积累条件受到破坏。这时，总的相位延迟应采用积分形式表示为

$$\Delta\varphi(L) = \int_0^L aE(t')\mathrm{d}z \tag{1.2-44}$$

式中，$E(t')$为瞬时电场，$\alpha = \frac{2\pi}{\lambda} n_o^3 \gamma_{63}$。由于光波通过晶体的时间为 τ_d，且 $\mathrm{d}z = c\mathrm{d}t/n$，因此式(1.2-44)可改写为

$$\Delta\varphi(t) = \frac{ac}{n} \int_{t-\tau_d}^{t} E(t')\mathrm{d}t' \tag{1.2-45}$$

设外加电场是单频正弦信号，即 $E(t') = A_0 \exp(\mathrm{i}\omega_m t')$，于是

$$\Delta\varphi(t) = \frac{ac}{n} A_0 \int_{t-\tau_d}^{t} \exp(\mathrm{i}\omega_m t')\mathrm{d}t' = \Delta\varphi_0 \left[\frac{1-\exp(-\mathrm{i}\omega_m \tau_d)}{\mathrm{i}\omega_m \tau_d}\right] \exp(\mathrm{i}\omega_m t) \tag{1.2-46}$$

式中，$\Delta\varphi_0 = \frac{ac}{n} A_0 \tau_d$ 是当 $\omega_m \tau_d \ll 1$ 时的峰值相位延迟。因子

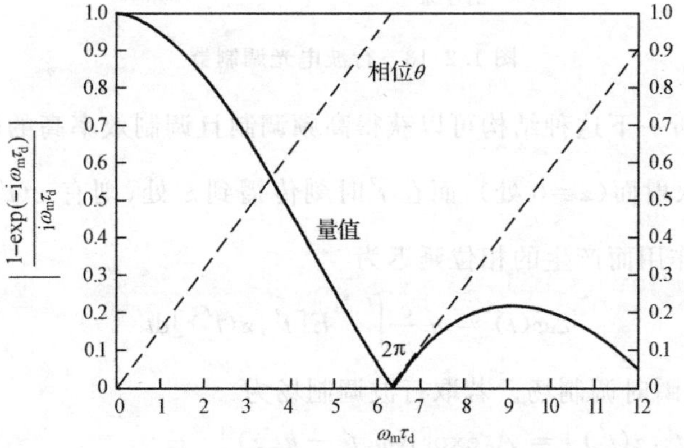

图 1.2-12　γ 与 $\omega_m \tau_d$ 的关系曲线

$$\gamma = \frac{1-\exp(-\mathrm{i}\omega_{\mathrm{m}}\tau_{\mathrm{d}})}{\mathrm{i}\omega_{\mathrm{m}}\tau_{\mathrm{d}}} \tag{1.2-47}$$

表征因渡越时间引起的峰值相位延迟的减小,故称为高频相位延迟缩减因子。γ 和 $\omega_{\mathrm{m}}\tau_{\mathrm{d}}$ 的关系曲线如图 1.2-12 所示。只有当 $\omega_{\mathrm{m}}\tau_{\mathrm{d}} \ll 1$,即 $\tau_{\mathrm{d}} \ll \frac{T_{\mathrm{m}}}{2\pi}$时,$\gamma=1$,即无缩减作用。这说明光波在晶体内的渡越时间必须远小于调制信号的周期,才能使调制效果不受影响。这也意味着对于电光调制器,存在一个最高调制频率的限制。例如,若取$|\gamma|=0.9$ 处为调制限度(对应的 $\omega_{\mathrm{m}}\tau_{\mathrm{d}}=\pi/2$),则调制频率的上限为

$$f_{\mathrm{m}} = \frac{\omega_{\mathrm{m}}}{2\pi} = \frac{1}{4\tau_{\mathrm{d}}} = \frac{c}{4nL} \tag{1.2-48}$$

对于 KDP 晶体,若取 $n=1.5$,长度 $L=1\mathrm{cm}$,则 $f_{\mathrm{m}}=5\times10^{9}\,\mathrm{Hz}$。

3. 行波调制器

为了能工作在更高的调制频率,同时又能克服渡越时间的影响,可采用一种所谓行波调制器的结构,如图 1.2-13 所示。其原理是将调制信号以行波的形式加到晶体上,使高频调制场以行波形式与光波场相互作用,并使光波与调制信号在晶体内始终具有相同的相速度。这样,光波波前在通过整个晶体过程中所经受的调制电压是相同的,故可消除渡越时间的影响。由于在大多数传输线中高频电场主要是横向分布的,所以行波调制器通常采用横向调制。

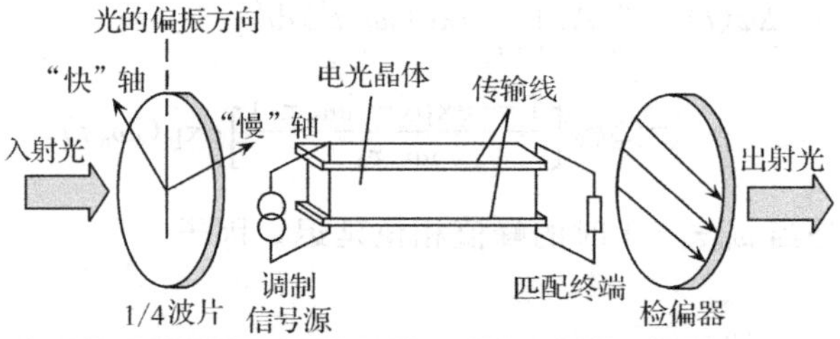

图 1.2-13 行波电光调制器

下面再简要分析一下这种结构可以获得高频调制且调制效率高的原理。设光波波前在 t 时刻进入晶体入射面($z=0$ 处),而在 t'时刻传播到 z 处,则有 $z(t')=\frac{c}{n}(t'-t)$。该光波由于调制场的作用而产生的相位延迟为

$$\Delta\varphi(t) = a\,\frac{c}{n}\int_{t}^{t+\tau_{\mathrm{d}}} E[t',z(t')]\,\mathrm{d}t' \tag{1.2-49}$$

式中,$E[t',z(t')]$是瞬时调制场。若取行波调制场为

$$\begin{aligned} E[t',z(t')] &= A_0\exp[\mathrm{i}(\omega_{\mathrm{m}}t'-k_{\mathrm{m}}z)] \\ &= A_0\exp\{\mathrm{i}[\omega_{\mathrm{m}}t'-k_{\mathrm{m}}(c/n)(t'-t)]\} \end{aligned} \tag{1.2-50}$$

式中,$k_{\mathrm{m}}=\omega_{\mathrm{m}}/c_{\mathrm{m}}$,$c_{\mathrm{m}}$ 是调制场的相速度。将式(1.2-50)代入式(1.2-49),积分后得到

$$\Delta\varphi(t) = \Delta\varphi_0 \exp(\mathrm{i}\omega_m t)\left\{\frac{\exp\{\mathrm{i}\omega_m\tau_d[1-c/(nc_m)]\}-1}{\mathrm{i}\omega_m\tau_d[1-c/(nc_m)]}\right\} \tag{1.2-51}$$

式中，$\Delta\varphi_0 = aLA_0 = a(c/n)\tau_d A_0$ 是与 A_0 相等的直流电场产生的相位延迟。令

$$\gamma = \frac{\exp\{\mathrm{i}\omega_m\tau_d[1-c/(nc_m)]\}-1}{\mathrm{i}\omega_m\tau_d[1-c/(nc_m)]} \tag{1.2-52}$$

为相位延迟的缩减因子。γ 与前面集总调制器的表达式(1.2-47)有相似的形式，只是这里用 $\tau_d[1-c/(nc_m)]$ 取代了 τ_d 而已。可见，只要晶体中光波场的相速与高频调制场的相速相等，即 $c=nc_m$，则 $\gamma=1$，这时无论晶体的长度如何，都可以获得最大的相位延迟。类似于式(1.2-48)的处理，可得调制频率上限为

$$f_{max} = \frac{c}{4nL[1-c/(nc_m)]} \tag{1.2-53}$$

将式(1.2-53)与式(1.2-48)比较可知，行波调制的频率上限是一般调制频率上限的 $[1-c/(nc_m)]^{-1}$ 倍。目前这种类型调制器的调制带宽已达到数十吉赫兹量级。

1.2.5 电光波导调制器

前面几节介绍的各种电光调制器，都是具有较大体积尺寸的分离器件，一般称为“体调制器”。它们共有的局限性就是几乎整个晶体材料都受到外加电场的作用，因此对器件必须施加强大的电场，以改变整个晶体的光学特性，从而使通过的光波受到调制。随着光通信、光学信息处理及光计算等应用技术的发展，伴随着出现了一门崭新的学科——集成光学。集成光学就是利用光波导把光波限制在微米量级波导区中沿一定方向传播的特性，来实现光学器件的平面化和光学系统集成化。具体地说，就是把激光器、调制器、探测器等有源器件“集成”在同一衬底上，并通过波导、耦合器等无源器件连接起来，构成一个完整的微型光学系统。显然，介质光波导是集成光学技术的基本组成部件，它主要可分为平面波导和矩形波导两类，而平面波导又分为平板波导和渐变折射率波导两种。平板波导是集成光路中结构最简单、最常用的波导，它的结构如图 1.2-14 所示。它由夹在低折射率的衬底和覆盖层之间的高折射率的薄膜波导构成。n_f、n_s、n_e 分别为波导层、衬底和覆盖层的折射率，$n_f > n_s \geqslant n_e$。如果覆盖层是空气，则 $n_e \approx 1$。薄膜波导层和衬底的折射率差一般在 $10^{-3} \sim 10^{-1}$ 范围内，波导层厚一般为微米量级(与光波长相比拟)。光波在薄膜上、下两界面上发生全反射，光被限制在薄膜层内，呈锯齿形光路传播。即被限制在横向尺寸仅为光波长量级的区域内，如果从外界输入信号对薄膜中传播的光波加以控制，就

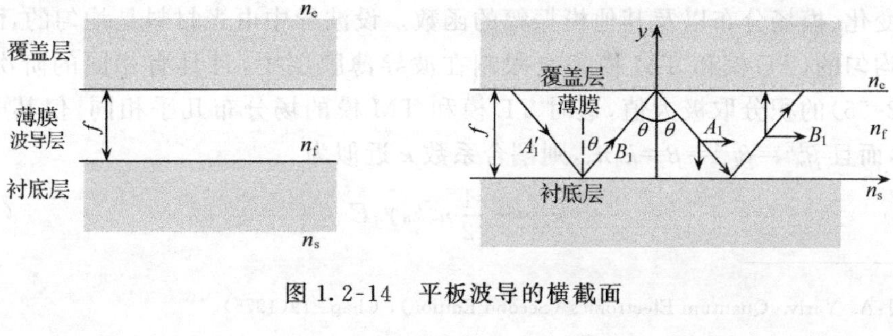

图 1.2-14 平板波导的横截面

构成了具有各种不同功能的光波导器件。这种从外部控制导光的器件就称为光波导调制器。由于光波导调制器基本上只是在含有光能的很小一部分波导区域才受到外电场的作用,把场限制在波导薄膜的附近,因此,它所需要的驱动功率比体调制器要减小一至两个数量级。最简单形式的波导调制器需要两种材料,其中至少有一种应能满足调制器的要求,同时这两种材料必须具有确定的相对固定的折射率。波导调制器不仅必须具有良好的有源性质,而且该材料还能够与另一种具有不同折射率的材料组合起来构成波导。

由介质构成的光波导调制器,其电光、声光等物理效应对光参数的控制过程,有与体调制器相同的一面,能使介质的介电张量产生微小的变化(即折射率变化),从而使两传播模间有一相位差;但是也有不同的一面,由于外场的作用会导致波导中本征模(如 TE 模和 TM 模)传播特性的变化以及两种不同模式之间的耦合转换(称为模耦合调制),所以光波导调制器的基本特性可用介质光波导耦合模理论来描述。

1. 电光波导调制器的调制原理

电光波导调制器实现调制的物理基础是晶体介质的泡克耳斯效应。当波导上加电场时,产生介电张量 ε(折射率)的微小变化,将引起波导中本征模传播的变化或不同模式之间功率的耦合转换。在波导坐标系中,电场引起介电张量变化的各个元素 $\Delta\varepsilon$ 与不同模之间的耦合具有一一的对应关系。例如,只含有对角线介电张量元素 $\Delta\varepsilon_{xx}$ 或 $\Delta\varepsilon_{yy}$ 则会引起 TE 模之间或 TM 模之间的自耦合,只改变其各自的相位,从而产生相对相位延迟,这种情况与体电光相位调制相似。但是,如果在波导坐标系中,介电张量的变化含有非对角线张量元素 $\Delta\varepsilon_{xy}$,则将引起 TE 模和 TM 模之间的互耦合,就会导致模式间功率的转换,即一个输入模 TE(或 TM)的功率会转换到输出模 TM(或 TE)上去。其相应耦合方程经过推证①,可得到简化形式,表示为

$$\frac{\mathrm{d}A_m^{\mathrm{TE}}}{\mathrm{d}z}=-\mathrm{i}\kappa A_l^{\mathrm{TM}}\exp[-\mathrm{i}(\beta_m^{\mathrm{TE}}-\beta_l^{\mathrm{TM}})z] \tag{1.2-54a}$$

$$\frac{\mathrm{d}A_l^{\mathrm{TM}}}{\mathrm{d}z}=-\mathrm{i}\kappa A_m^{\mathrm{TE}}\exp[\mathrm{i}(\beta_m^{\mathrm{TE}}-\beta_l^{\mathrm{TM}})z] \tag{1.2-54b}$$

式中,A_m^{TE}、A_l^{TM} 分别为第 m 阶和第 l 阶模的振幅,β_m^{TE}、β_l^{TM} 分别为两个模的传播常数;κ 为模耦合系数,表示为

$$\kappa=\frac{\omega}{4}\int_{-\infty}^{\infty}\Delta\varepsilon_{xy}(x)E_y^{(m)}(x)E_x^{(l)}(x)\mathrm{d}x \tag{1.2-55}$$

式(1.2-54)描述了 TE 模和 TM 模间的同向耦合,它表明:每个模的振幅变化是介电张量(折射率)变化、模场分布以及其他模振幅的函数。设波导中电光材料是均匀的,而且电场分布也是均匀的,TE 模和 TM 模完全限制在波导薄膜层中,且具有相同的阶次($m=l$)时,式(1.2-55)的积分取极大值,这时 TE 模和 TM 模的场分布几乎相同,仅其电矢量的方向不同,而且 $\beta_m^{\mathrm{TE}}=\beta_l^{\mathrm{TM}}=\beta=k_0n_o$,则耦合系数 κ 近似为

$$\kappa=-\frac{1}{2}n_o^3k_0\gamma_{ij}E \tag{1.2-56}$$

① 参阅:A. Yariv. Quantum Electronics (Second Edition), Chap. 19(1975)。

在相位匹配条件下，$\beta_m^{TE}=\beta_l^{TM}$，而且光波以单一模式输入，$A_m=A_o$，$A_l=0$，则式(1.2-54)的解为

$$A_m^{TE}(z)=-iA_o\sin\kappa z \tag{1.2-57a}$$

$$A_l^{TM}(z)=A_o\cos\kappa z \tag{1.2-57b}$$

从式(1.2-57)可见，在长度为 $L(z=L)$ 的波导中要获得完全的 TE→TM 功率转换，必须满足 $\kappa L=\pi/2$。此时，光波导的长度为

$$L=\pi/(2\kappa) \tag{1.2-58}$$

而功率转换为 0 时，对应的波导长度为

$$L=n\pi/\kappa \qquad (n=0,1,2,\cdots) \tag{1.2-59}$$

可见，这种情况与前面介绍的晶体电光调制器的“开”“关”所需的条件相同。但在一般情况下，耦合系数 κ 小于式(1.2-56)之值，因此为了达到完全的功率转换所需要的 EL 乘积应相应地增大。

例　有一个 GaAs 波导调制器，取 $\lambda=1\mu m$，$n_o=3.5$，$n_o^3\gamma=59\times10^{-12}$ m/V，外加电场 $E=10^6$ V/m，由式(1.2-56)求得耦合系数 $\kappa=1.85\text{cm}^{-1}$ 以及功率转换所需的长度 $L=\frac{\pi}{2\kappa}=0.85\text{cm}$。

波导调制器的输出光强(TM)与输入光强(TE)之比可由式(1.2-57)得出

$$\frac{I}{I_i}=\sin^2\left(\frac{\Delta\varphi}{2}\right) \tag{1.2-60}$$

而

$$\Delta\varphi=2\kappa L=\frac{2\pi n_o^3\gamma}{\lambda}\left(\frac{L}{d}\right)V$$

式中，d 为波导薄膜的厚度，其实验所得的透过率曲线如图 1.2-15 所示。

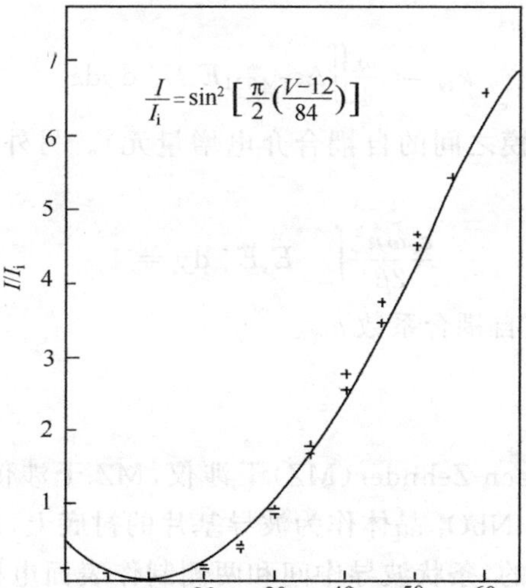

图 1.2-15　放置在交叉偏振器之间的波导的透射性

2. 电光波导相位调制

图 1.2-16 所示为一个电光波导相位调制器的结构示意图，以 $LiNbO_3$ 为衬底，Ti 扩散形成平面波导，用溅射的方法沉积上一对薄膜电极。图中 x、y、z 为波导坐标系，a、b、c 为 $LiNbO_3$ 晶体的晶轴取向。当电极上施加调制电压时，如果波导中传播的是 TM 模，电场矢量沿 z 轴(对应晶体的 c 轴)，主要电场分量是 E_z，由于波导折射率因电光效应发生变化，所以导波光通过电极区后其相位随调制电压而变化，即

$$\Delta\varphi = \pi n_o^3 \gamma_{33} E_z l/\lambda \tag{1.2-61}$$

式中，E_z 是平面电极在缝隙中产生的沿 c 轴方向的电场分量，l 为电极的长度，γ_{33} 为电光系数。

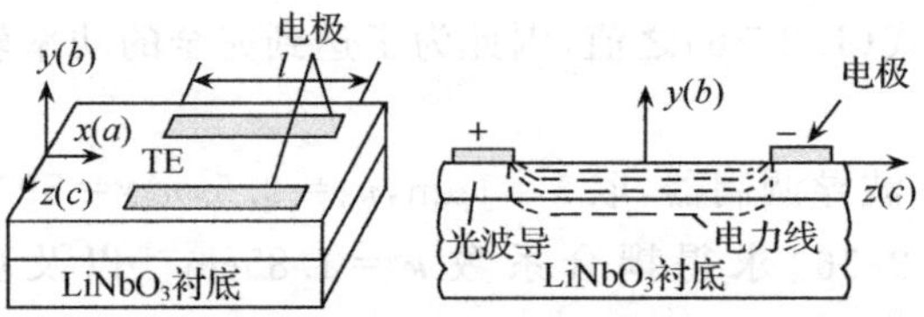

图 1.2-16 $LiNbO_3$ 电光波导相位调制器结构示意图

对于电光波导相位调制，不涉及不同模之间的互耦合，其模式的振幅方程为

$$\frac{dA_m(x)}{dx} = -i\kappa_{mm} A_m(x) \tag{1.2-62}$$

其解为 $A_m(x)=A_m(0)\exp(-i\kappa_{mm}x)$。如果 E_y 入射波对应于 TM 模，那么其模场可表示为

$$E_y(x,y,z) = A_y(0)E_y(y,z)\exp\{i[\omega t-(\kappa_{yy}+\beta_y)x]\} \tag{1.2-63}$$

式中，自耦合系数为

$$\kappa_{yy} = \frac{\omega}{4}\iint \Delta\varepsilon_{TM\text{-}TM} E_y E_y^* \,dydz \tag{1.2-64}$$

式中，$\Delta\varepsilon_{TM\text{-}TM}$ 为 $\Delta\varepsilon_{22}$(TM 模之间的自耦合介电增量元)。另外，引入平面波导 TM 模功率归一化表达式

$$\frac{\varepsilon_0 \omega n^2}{2\beta}\int_{-\infty}^{\infty} E_y E_y^* \,dy = 1$$

代入式(1.2-64)，即可确定自耦合系数 κ_{yy}。

3. 电光波导强度调制

这种调制器类似于 Mach-Zehnder(MZ)干涉仪，MZ 干涉仪型波导调制器示意图如图 1.2-17 所示。它是在 $LiNbO_3$ 晶体作为波导基片的衬底上，用射频溅射刻蚀法制造的 Ti 扩散分岔条状波导构成的，条状波导中间和两侧制作表面电极。两个分路的光在电光效应区受到相位调制，它们再相遇时，两个线偏振光相干合成从而实现强度调制。例如，在波导的输入端激励一 TE 模，在外加电场的作用下，在分岔波导中传输的导波模受到大小相等、符号相反的电场 E_c 的作用(因为两分支波导结构完全对称)，分别产生 $\Delta\varphi$ 和 $-\Delta\varphi$的相位变化。设电极长度为 l，两电极间距离为 d，则两导波模的相位差为 $2\Delta\varphi=$

$2\pi n_e^3 \gamma_{33} E_c l/\lambda$。在输出端的第二个分岔汇合处两束光相干合成的光强将随相位差的不同而异，从而得到强度调制。

在 MZ 干涉仪型强度调制器中，为了提高其调制深度及降低插入损耗，必须采取以下措施：① 分支张角不宜太大（一般为 1°左右），因为张角越大，辐射损耗越大；② 波导必须设计成单模，防止高阶模被激励；③ 波导和电极在结构上应严格对称，使两个调相波的固定相位差等于零。

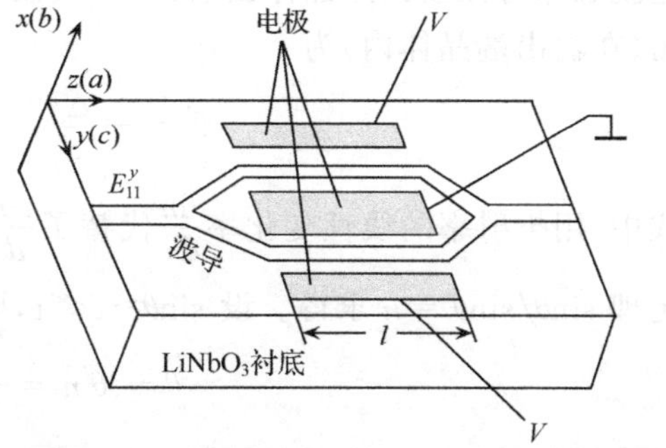

图 1.2-17　MZ 干涉仪型波导调制器示意图

用 Ti 扩散 $LiNbO_3$ 波导制成的 MZ 干涉型调制器，其调制深度可达 80%，半波电压约为 3.6V，功耗约为 35μW/MHz，调制带宽达到 17GHz。

此外，电光波导强度调制器还有定向耦合（PC）型调制器、电吸收（EA）型调制器、电光光栅调制器等形式，在此不一一介绍，可参阅有关光波导器件的书籍。

1.2.6　电光偏转

光束偏转技术是激光应用（如激光显示、传真和光存储等）的基本技术之一。它可以用机械转镜、电光效应和声光效应等来实现。根据应用的目的不同可分为两种类型：一种是光的偏转角连续变化的模拟式偏转，它能描述光束的连续位移；另一种是不连续的数字偏转，它是在选定空间的某些特定位置上使光束的空间位置“跳变”。前者主要用于各种显示，后者主要用于光存储。

1. 电光偏转的原理

电光偏转是利用电光效应来改变光束在空间的传播方向，其原理如图 1.2-18 所示。晶体的长度为 L，厚度为 d，光束沿 y 方向入射晶体，如果晶体的折射率是坐标 x 的线性函数，即

$$n(x) = n + \frac{\Delta n}{d}x \tag{1.2-65}$$

图 1.2-18　电光偏转原理图

式中，n 是 $x=0$（晶体下面）处的折射率，Δn 是在厚度 d 上折射率的变化量，那么在 $x=d$（晶体上面）处的折射率是 $n+\Delta n$。当一平面波经过晶体时，光波的上部（A 线）和下部（B 线）所“经受”的折射率不同，通过晶体所需的时间也就不同，分别为

$$T_A = \frac{L}{c}(n+\Delta n),\quad T_B = \frac{L}{c}n$$

由于通过晶体的时间不同而导致光线 A 相对于 B 要落后一段距离，即

$$\Delta y = \frac{c}{n}(T_A - T_B) = L\frac{\Delta n}{n}$$

这就意味着光波到达晶体出射面时,其波阵面相对于传播轴线偏转了一个小角度,其偏转角(在输出端晶体内)为

$$\theta' = -\frac{\Delta y}{d} = -L\frac{\Delta n}{nd} = -\frac{L}{n}\frac{\mathrm{d}n}{\mathrm{d}x}$$

式中,用折射率的线性变化率$\frac{\mathrm{d}n}{\mathrm{d}x}$代替了$\frac{\Delta n}{d}$,那么光束射出晶体后的偏转角 θ 可根据折射定理 $\sin\theta/\sin\theta' = n$ 求得。设 $\sin\theta \approx \theta \ll 1$,则

$$\theta = \theta' n = -L\frac{\Delta n}{d} = -L\frac{\mathrm{d}n}{\mathrm{d}x} \tag{1.2-66}$$

式中的负号是由坐标系引进的,即 θ 角由 y 转向 x 为负。由以上讨论可见,只要晶体在电场的作用下,沿某些方向的折射率发生变化,那么当光束沿着特定方向入射时,就可以使光束发生偏转。其偏转角的大小与晶体折射率的线性变化率成正比。

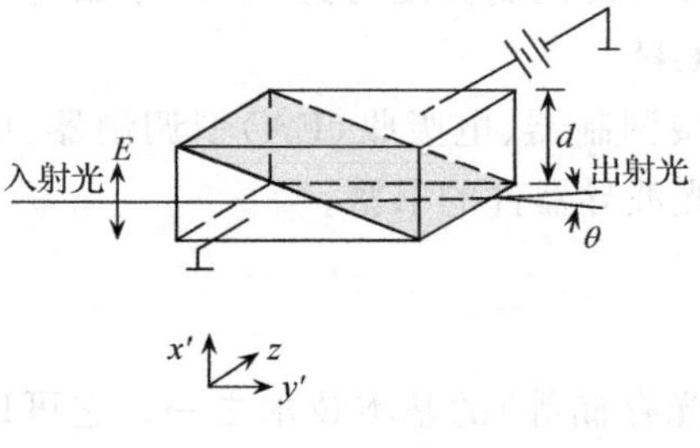

图 1.2-19 双 KDP 楔形棱镜偏转器

图 1.2-19 所示为根据这种原理做成的双 KDP 楔形棱镜偏转器。它由两块 KDP 直角棱镜组成,棱镜的三个边分别沿 x'、y'和 z 轴方向,但两块晶体的 z 轴反向平行,其他两个轴的取向均相同,电场沿 z 轴方向;光线沿 y'方向传播且沿 x'方向偏振。在这种情况下,上部的 A 线完全在上棱镜中传播,"经历"的折射率为

$$n_A = n_o - \frac{1}{2}n_o^3\gamma_{63}E_z$$

而在下棱镜中,因电场相对于 z 反向,故 B 线"经历"的折射率为

$$n_B = n_o + \frac{1}{2}n_o^3\gamma_{63}E_z$$

于是上下折射率之差($\Delta n = n_B - n_A$)为 $n_o^3\gamma_{63}E_z$,将其代入式(1.2-66),即得

$$\theta = \frac{L}{d}n_o^3\gamma_{63}E_z \tag{1.2-67}$$

例如,取 $L = d = h = 1\text{cm}$,$\gamma_{63} = 10.5\times10^{-12}\text{m/V}$,$n_o = 1.51$,$V = 1000\text{V}$,则得 $\theta = 35\times10^{-7}\text{rad}$。可见,电光偏转角是很小的,很难达到实用的要求。为了使偏转角加大,而电压又不致太高,常将若干个 KDP 棱镜在光路上串联起来,构成长为 mL、宽为 d、高为 h 的偏转器,如图 1.2-20 所示。两端的两块有一个角为 $\beta/2$,中间的几块是顶角为 β 的等腰三角棱镜,它们的 z 轴均垂直于图面,棱镜的宽度与 z 轴平行,前后相邻的两棱镜的 z 轴反向,电场沿 z 轴方向。各棱镜的感应主轴方向如图标

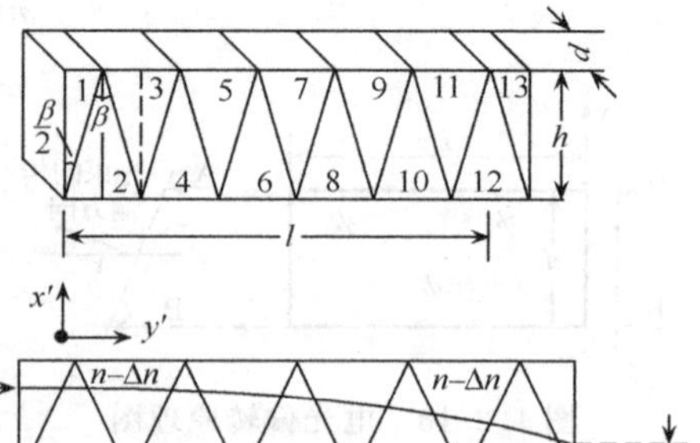

图 1.2-20 多级棱镜偏转器

示，各棱镜的折射率交替地为 $n_o-\Delta n$ 和 $n_o+\Delta n$，其中 $\Delta n=\frac{1}{2}n_o^3\gamma_{63}E_x$。故光束通过偏转器后，总的偏转角为每级（一对棱镜）偏转角的 m 倍，即

$$\theta_{总}=m\theta=\frac{mLn_o^3\gamma_{63}V}{dh} \tag{1.2-68}$$

一般地，m 为 4～10，$\theta_{总}$ 为几分。m 不能无限增加的主要原因是激光束有一定的尺寸，而 h 的大小有限，光束不能偏出 h 之外。

2. 电光数字式偏转

电光数字式偏转器是由电光晶体和双折射晶体组合而成的，其结构原理如图 1.2-21 所示。图中 S 为 KDP 晶体，B 为方解石（$CaCO_3$）或硝酸钠（$NaNO_3$）双折射晶体（分离棱镜），它能使线偏振光分成互相平行振动方向垂直的两束光，其间隔 b 为分裂度，ε 为分裂角（也称离散角），γ 为入射光法线方向与光轴间的夹角。KDP 电光晶体 S 的 x 轴（或 y 轴）应平行于双折射晶体 B 的光轴与晶面法线所组成的平面。若一束入射光的偏振方向平行于 S 的 x 轴（对 B 而言，相当于 o 光），当 S 上未加电压时，光波通过 S 之后偏振态不变，则它通过 B 时方向仍保持不变；当 S 上加了半波电压时，则入射光的偏振面将旋转 90°而变成了 e 光。不同偏振方向光波对光轴的取向不同，其传输的光路也是不同的，所以此时通过 B 的 e 光相对于入射方向就偏折了一个 ε 角，从 B 出射的 e 光与 o 光相距为 b。由物理光学已知，当 n_o 和 n_e 确定后，对应的最大分裂角为 $\varepsilon_{max}=\arctg\left(\frac{n_e^2-n_o^2}{2n_en_o}\right)$。以方解石为例，$\varepsilon_{max}\approx 6°$（在可见光和近红外光波段）。由上述电光晶体和双折射晶体就构成了一个一级数字偏转器，入射的线偏振光随电光晶体上加和不加半波电压而分别占据两个“地址”之一，分别代表“0”和“1”状态。若把 n 个这样的数字偏转器组合起来，就能做到 n 级数字式偏转。图 1.2-22 所示为一个三级数字式偏转器，以及使入射光分离为 2^3 个偏转点的情况。光路上的短竖线表示偏振面与纸面平行，黑点表示与纸面垂直。最后射出的光线中“1”表示某电光晶体上加了电压，“0”表示未加电压。

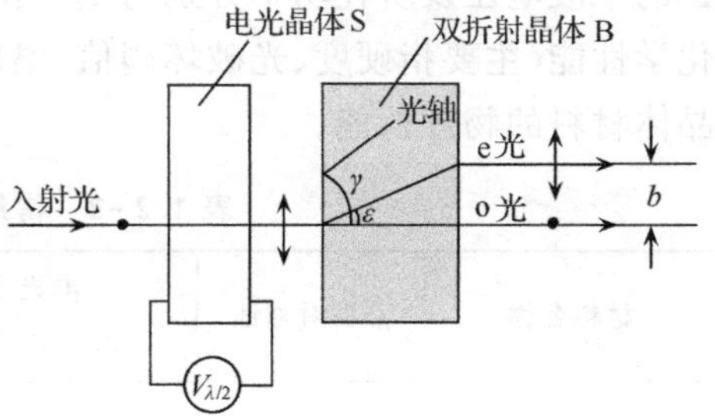

图 1.2-21　电光数字式偏转原理

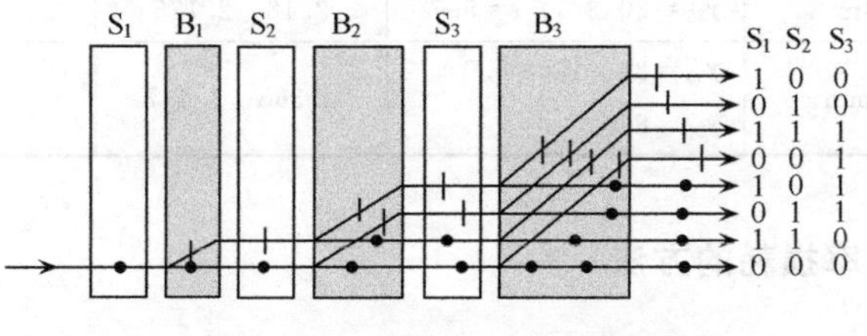

图 1.2-22　三级数字式光偏转器

要使可控位置分布在二维方向上，只要用两个彼此垂直的 n 级偏转器组合起来就可以实现。这样就可以得到 $2^n\times 2^n$ 个二维可控位置。

1.2.7 设计电光调制器应考虑的问题

一个高质量的电光调制器主要应满足以下几个方面的要求:① 调制器应有足够宽的调制带宽,以满足高效率无畸变地传输信息;② 调制器消耗的电功率小;③ 调制特性曲线的线性范围大;④ 工作稳定性好。

1. 电光晶体材料的选择

调制晶体材料对调制效果起着关键的作用,所以在选择晶体材料时,应着重考虑以下几个方面的因素。首先是光学性能好,对调制光波透明度高,吸收和散射损耗小,并且晶体的折射率均匀,其折射率的变化应满足 $\Delta n \leqslant 10^{-4}/\mathrm{cm}$;其次是电光系数要大,因为调制器的半波电压及所耗功率分别与 $1/\gamma_{63}$ 和 $1/\gamma_{63}^2$ 成正比;此外,调制晶体还要有较好的物理化学性能(主要指硬度、光破坏阈值、温度影响和潮解等)。表 1.2-2 给出了一些常用电光晶体材料的物理性能。

表 1.2-2 常用电光晶体材料的物理性能

材料名称	点群对称性	电光系数 γ_{ij} (10^{-12} m/V)	折射率 n_e n_o	相对介电常量 $\varepsilon/\varepsilon_0$
KDP(0.633μm)	$\bar{4}2m$	$\gamma_{41}=8.6$ $\gamma_{63}=10.6$	1.47 1.51	$\varepsilon /\!/ c=20$ $\varepsilon \perp c=45$
KD* P(0.633μm)	$\bar{4}2m$	$\gamma_{63}=23.6$	1.47 1.51	$\varepsilon /\!/ c \sim 50$(24℃)
ADP(0.633μm)	$\bar{4}2m$	$\gamma_{41}=28$ $\gamma_{63}=8.5$	1.48 1.52	$\varepsilon /\!/ c=12$
石英(0.633μm)	32m	$\gamma_{41}=0.2$ $\gamma_{63}=0.47$	1.55 1.54	$\varepsilon /\!/ c \sim 4.3$ $\varepsilon \perp c \sim 4.3$
CuCl	$\bar{4}3m$	$\gamma_{41}=6.1$	$n_o=1.97$	7.5
ZnS	$\bar{4}3m$	$\gamma_{41}=2.0$	$n_o=2.37$	~10
GaAs(10.6μm)	$\bar{4}3m$	$\gamma_{41}=1.6$	$n_o=3.34$	11.5
CdTe(10.6μm)	$\bar{4}3m$	$\gamma_{41}=6.8$	$n_o=2.60$	7.3
$LiNbO_3$(0.633μm)	3m	$\gamma_{33}=30.8$ $\gamma_{51}=28$ $\gamma_{13}=8.6$ $\gamma_{22}=3.4$	2.16 2.26	$\varepsilon /\!/ c=50$
$LiTaO_3$(30℃)	3m	$\gamma_{33}=30.3$ $\gamma_{13}=5.7$	2.18 2.175	$\varepsilon /\!/ c=43$
$BaTiO_3$(30℃)	4mm	$\gamma_{33}=23$ $\gamma_{13}=8.0$ $\gamma_{51}=820$	2.365 2.437	$\varepsilon \perp c=4300$ $\varepsilon /\!/ c=106$

2. 降低调制器功率损耗的方法

KDP 类电光晶体的半波电压较高,为了降低其功率损耗,可采用 n 级晶体串联的方式(即光路上串联、电路上并联)。图 1.2-23 所示为一个 4 块 KD* P 晶体串联的纵向调制晶体,把相同极性的电极连接在一起,为使四块晶体对入射偏振光的两个分量的相位延迟皆有相同的符号,把晶体的 x 轴和 y 轴逐块旋转 90°放置(例如,第二块晶体的 x、y 轴

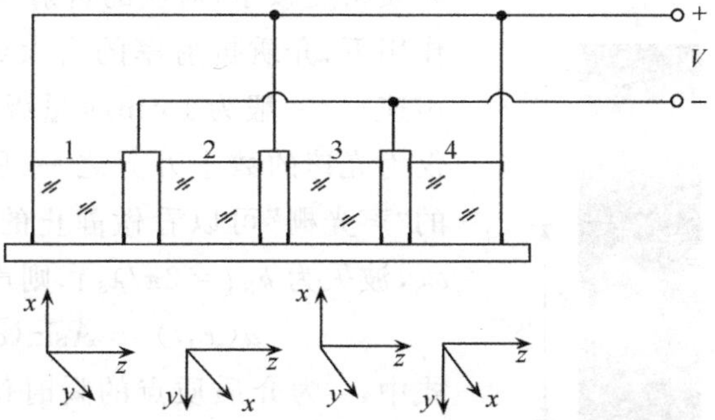

图 1.2-23　串联电光晶体

相对于第一、三块的 x、y 轴旋转 90°)，其结果使相位延迟相加，这相当于降低了半波电压。但串接晶体块数亦不宜过多，以免造成透过率太低或电容太大。

3. 调制电压的选择

从图 1.2-6 的调制特性曲线可以看出，调制器已工作在 B 点，但是当调制信号电压幅值太大时，仍会到达非线性部分，从而使调制光发生畸变。调制光畸变的程度与调制电压幅值的关系前面已有分析，为使畸变尽可能小，必须把高次谐波的幅值控制在允许的范围内，当 $\eta=100\%$，$I_{3\omega}/I_{\omega}\approx0.05$ 时，查得调制电压幅值 $V\approx0.383V_{\lambda/2}$，即可保证调制光不发生畸变。

4. 电光晶体尺寸的选择

电光晶体的尺寸是指其长度和横截面的大小。在 KDP 类晶体纵向运用中，虽然半波电压与晶体长度无关，但增加其长度却能减少调制器的电容(因为 $C_0=\varepsilon A/L$)，使频带展宽，可是长度越长对加工及装调精度要求越高；否则，晶体的光轴不可能完全平行于光波传播方向，会受到晶体自然双折射的影响，因而增加调制器的相位延迟的不稳定性，故 L 不能过长。横向截面的大小主要根据通光孔径的要求而定。

1.3　声光调制

1.3.1　声光调制的物理基础

声波是一种弹性波(纵向应力波)，在介质中传播时，它使介质产生相应的弹性形变，从而激起介质中各质点沿声波传播方向的振动，引起介质的密度呈疏密相间的交替变化，因此，介质的折射率也随着发生相应的周期性变化。超声场作用的这部分如同一个光学的“相位光栅”，该光栅间距(光栅常数)等于声波波长 λ_S。当光波通过此介质时，就会产生光的衍射。其衍射光的强度、频率、方向等都随着超声场的变化而变化。

声波在介质中传播分为行波和驻波两种形式。图 1.3-1 所示为某一瞬间超声行波的情况，其中深色部分表示介质受到压缩，密度增大，相应的折射率也增大，而浅色部分表示

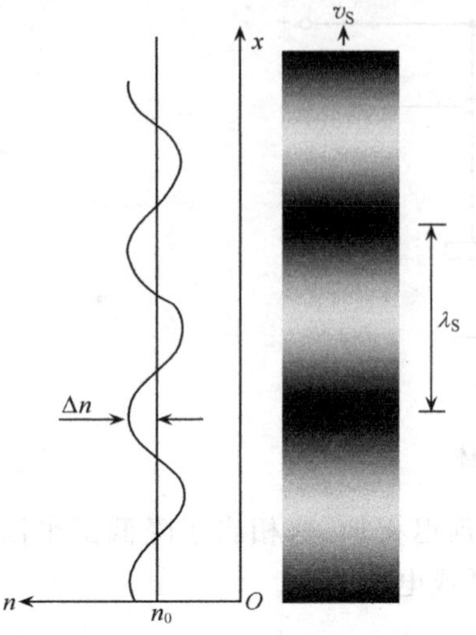

图 1.3-1 超声行波在介质中的传播

介质密度减小，对应的折射率也减小。在行波声场作用下，介质折射率的增大或减小交替变化，并以声速 v_S(一般为 10^3m/s 量级)向前推进。由于声速仅为光速的数十万分之一，所以对光波来说，运动的“声光栅”可以看做静止的。设声波的角频率为 ω_S，波矢为 $k_S(=2\pi/\lambda_S)$，则声波的方程为

$$a(x,t)=A\sin(\omega_S t-k_S x) \tag{1.3-1}$$

式中，a 为介质质点的瞬时位移，A 为质点位移的幅度。可近似地认为介质折射率的变化正比于介质质点沿 x 方向位移的变化率，即

$$\Delta n(x,t)\propto\frac{\mathrm{d}a}{\mathrm{d}x}=-k_S A\cos(\omega_S t-k_S x)$$

或

$$\Delta n(x,t)=\Delta n\cos(\omega_S t-k_S x) \tag{1.3-2}$$

则行波时的介质折射率为

$$\begin{aligned}n(x,t)&=n_0+\Delta n\cos(\omega_S t-k_S x)\\&=n_0-\frac{1}{2}n_0^3 PS\cos(\omega_S t-k_S x)\end{aligned} \tag{1.3-3}$$

式中，S 为超声波引起介质产生的应变，P 为材料的弹光系数。

声驻波是由波长、振幅和相位相同，传播方向相反的两束声波叠加而成的，如图 1.3-2所示。声驻波方程为

$$a(x,t)=2A\cos\left(2\pi\frac{x}{\lambda_S}\right)\sin\left(2\pi\frac{t}{T_S}\right) \tag{1.3-4}$$

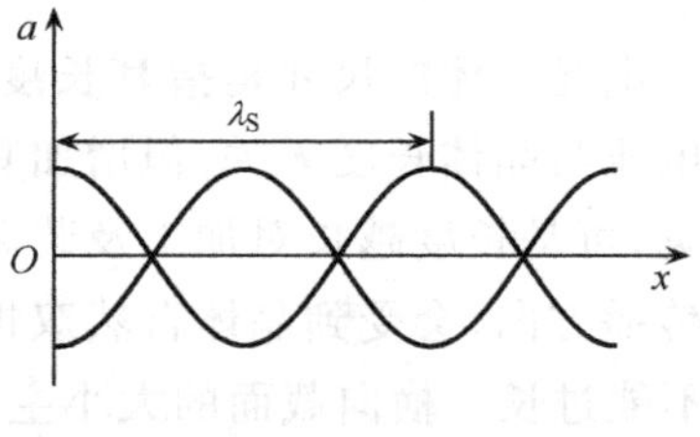

图 1.3-2 超声驻波

式(1.3-4)说明，声驻波的振幅为 $2A\cos(2\pi x/\lambda_S)$，它在 x 方向上各点不同，但相位$2\pi t/T_S$在各点均相同。同时，由上式还可看出，在 $x=2n\lambda_S/4(n=0,1,2,\cdots)$各点上驻波的振幅为极大(等于 2A)，这些点称为波腹，波腹间的距离为 $\lambda_S/2$。在 $x=(2n+1)\lambda_S/4$ 的各点上，驻波的振幅为零，这些点称为波节，波节之间的距离也是 $\lambda_S/2$。由于声驻波的波腹和波节在介质中的位置是固定的，所以它形成的光栅在空间也是固定的。声驻波形成的折射率变化为

$$\Delta n(x,t)=2\Delta n\sin(\omega_S t)\sin(k_S x) \tag{1.3-5}$$

声驻波在一个周期内，介质两次出现疏密层，且在波节处密度保持不变，因而折射率每隔半个周期($T_S/2$)就在波腹处变化一次，由极大(或极小)变为极小(或极大)。在两次变化的某一瞬间介质各部分的折射率相同，相当于一个没有声场作用的均匀介质。若超声频率为 f_S，那么光栅出现和消失的次数则为 $2f_S$，因而光波通过该介质后所得到的调制光的调制频率为超声波频率的 2 倍。

1.3.2　声光互作用的两种类型

按照声波频率的高低以及声波和光波作用长度的不同，声光互作用可以分为拉曼-奈斯(Raman-Nath)衍射和布拉格(Bragg)衍射两种类型。

1. 拉曼-奈斯衍射

当超声波频率较低，光波平行于声波面入射(即垂直于声场传播方向)，声光互作用长度 L 较短时，产生拉曼-奈斯衍射。由于声速比光速小得多，故声光介质可视为一个静止的平面相位光栅，而且声波波长 λ_S 比光波长 λ 大得多，当光波平行通过介质时，几乎不通过声波面，因此只受到相位调制，即通过光学稠密(折射率大)部分的光波波阵面将推迟，而通过光学疏松(折射率小)部分的光波波阵面将超前，于是通过声光介质的平面波波阵面出现凸凹现象，变成一个折皱曲面，如图 1.3-3 所示。由出射波阵面上各子波源发出的次波将发生相干作用，形成与入射方向对称分布的多级衍射光，这就是拉曼-奈斯衍射。

下面对光波的衍射方向及光强的分布进行简要分析。

设声光介质中的声波是一个宽度为 L、沿着 x 方向传播的平面纵波(声柱)，波长为 λ_S (角频率为 ω_S)，波矢量 k_S 指向 x 轴，入射光波矢量 k_i 指向 y 轴方向，如图1.3-4所示。声波在介质引起的弹性应变可表示为

$$S_1 = S_0 \sin(\omega_S t - k_S x)$$

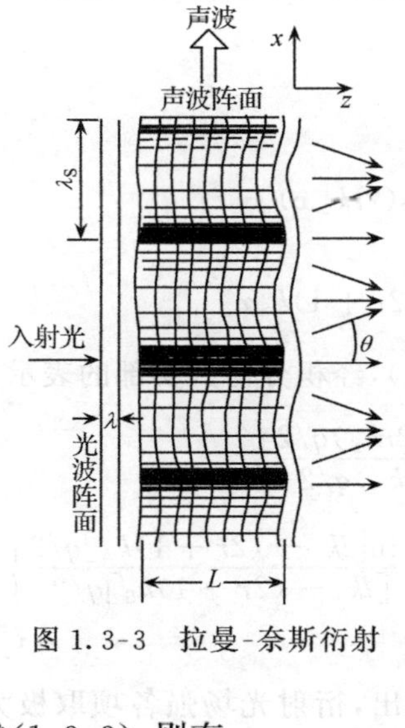

图 1.3-3　拉曼-奈斯衍射

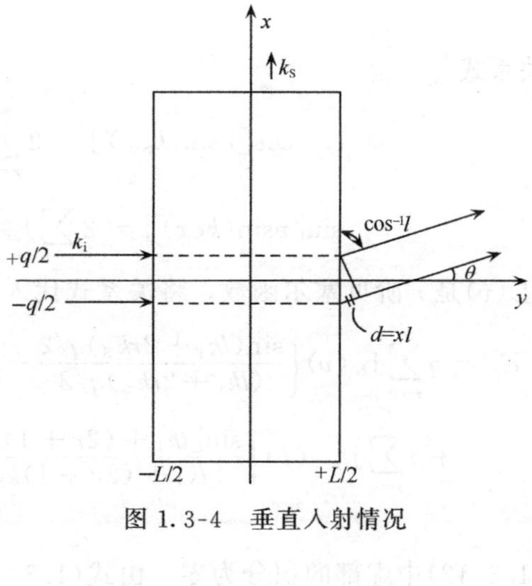

图 1.3-4　垂直入射情况

根据式(1.3-3)，则有

$$\Delta\left(\frac{1}{n^2}\right) = PS_0 \sin(\omega_S t - k_S x)$$

或

$$\Delta n = -\frac{1}{2} n^3 PS_0 \sin(\omega_S t - k_S x) \tag{1.3-6}$$

则

$$n(x,t) = n_0 + \Delta n \sin(\omega_S t - k_S x) \tag{1.3-7}$$

当把声行波近似视为不随时间变化的超声场时，可略去对时间的依赖关系，这样沿 x 方向的折射率分布可简化为

$$n(x) = n_0 + \Delta n \sin(k_S x) \tag{1.3-8}$$

式中，n_0 为平均折射率，Δn 为声致折射率变化。由于介质折射率发生了周期性的变化，所以会对入射光波的相位进行调制。如果考察的是一平面光波垂直入射的情况，它在声光介质的前表面 $y=-L/2$ 处入射，入射光波为

$$E_{in} = A\exp(i\omega_c t) \tag{1.3-9}$$

那么在 $y=L/2$ 处出射的光波不再是单色平面波，而是一个被调制了的光波，其等相面是由函数 $n(x)$ 决定的折皱曲面，其光场可写成

$$E_{out} = A\exp\{i[\omega_c(t - n(x)L/c)]\} \tag{1.3-10}$$

该出射波阵面可分成若干个子波源，则在很远的 P 点处总的衍射光场强表示为

$$E_p = \int_{-q/2}^{q/2} \exp\{ik_i[lx + L\Delta n \sin(k_S x)]\}dx \tag{1.3-11}$$

式中，$l=\sin\theta$，表示衍射方向的正弦；q 为入射光束宽度。将 $v=2\pi\Delta nL/\lambda=\Delta nk_i L$ 代入式(1.3-11)，并利用欧拉公式展开为

$$\begin{aligned} E_p &= \int_{-q/2}^{q/2} \{\cos[k_i lx + v\sin(k_S x)] + i\sin[k_i lx + v\sin(k_S x)]\}dx \\ &= \int_{-q/2}^{q/2} \{\cos(k_i lx)\cos[v\sin(k_S x)] - \sin(k_i lx)\sin[v\sin(k_S x)]\}dx \\ &\quad + i\int_{-q/2}^{q/2} \{\sin(k_i lx)\cos[v\sin(k_S x)] - \cos(k_i lx)\sin[v\sin(k_S x)]\}dx \end{aligned} \tag{1.3-12}$$

利用关系式

$$\cos[v\sin(k_S x)] = 2\sum_{r=0}^{\infty} J_{2r}(v)\cos(2rk_S x)$$

$$\sin[v\sin(k_S x)] = 2\sum_{r=0}^{\infty} J_{2r+1}(v)\sin[(2r+1)k_S x]$$

式中，$J_r(v)$ 是 r 阶贝塞尔函数。将关系式代入式(1.3-12)，经积分得到实部的表示式为

$$\begin{aligned} E_p &= q\sum_{r=0}^{\infty} J_{2r}(v)\left\{\frac{\sin(lk_i + 2rk_S)q/2}{(lk_i + 2rk_S)q/2} + \frac{\sin(lk_i - 2rk_S)q/2}{(lk_i - 2rk_S)q/2}\right\} \\ &\quad + q\sum_{r=0}^{\infty} J_{2r+1}(v)\left\{\frac{\sin[lk_i + (2r+1)k_S]q/2}{[lk_i + (2r+1)k_S]q/2} - \frac{\sin[lk_i - (2r+1)k_S]q/2}{[lk_i - (2r+1)k_S]q/2}\right\} \end{aligned} \tag{1.3-13}$$

而式(1.3-12)中虚部的积分为零。由式(1.3-13)可以看出，衍射光场强各项取极大值的条件为

$$lk_i \pm mk_S = 0 \quad (m = 整数 \geqslant 0) \tag{1.3-14}$$

当 θ 角和声波波矢 k_S 确定后，其中某一项为极大时，其他项的贡献几乎等于零，因而当 m 取不同值时，不同 θ 角方向的衍射光取极大值。式(1.3-14)确定了各级衍射极值的方位角

$$\sin\theta = \pm m\frac{k_S}{k_i} = \pm m\frac{\lambda}{\lambda_S} \quad (m = 0, \pm 1, \pm 2, \cdots) \tag{1.3-15}$$

式中，m 表示衍射极值的级次。各级衍射光的强度为

$$I_m \propto J_m^2(v), \quad v = \Delta n k_i L = \frac{2\pi}{\lambda}\Delta n L \tag{1.3-16}$$

综述以上分析，拉曼-奈斯声光衍射的结果，使光波在远场分成一组衍射光，它们分别对应于确定的衍射角 θ_m（即传播方向）和衍射强度，其中衍射角由式(1.3-15)决定，而衍射光强由式(1.3-16)决定，因此这一组衍射光是离散型的。由于$J_m^2(v) = J_{-m}^2(v)$，故各级衍射光对称地分布在零级衍射光两侧，且同级次衍射光的强度相等。这是拉曼-奈斯衍射的主要特征之一。另外，由于

$$J_0^2(v) + 2\sum_1^{\infty} J_m^2(v) = 1$$

所以无吸收时衍射光各级极值光强之和应等于入射光强，即光功率是守恒的。

以上分析略去了时间因素，采用比较简单的处理方法得到拉曼-奈斯声光作用的物理图像。但是，由于光波与声波场的作用，各级衍射光波将产生多普勒频移，根据能量守恒原理，应有

$$\omega = \omega_i \pm m\omega_S \tag{1.3-17}$$

而且各级衍射光强将受到角频率为 $2\omega_S$ 的调制。但由于超声波频率为 10^8 Hz 量级，而光波频率高达 10^{14} Hz 量级，故频移的影响可忽略不计。

2. 布拉格(Bragg)衍射

(1) 各向同性介质中的正常布拉格衍射

当声波频率较高，声光作用长度 L 较大，而且光束与声波波面间以一定的角度斜入射时，光波在介质中要穿过多个声波面，故介质具有“体光栅”的性质。当入射光与声波面间夹角满足一定条件时，介质内各级衍射光会相互干涉，各高级次衍射光将互相抵消，只出现 0 级和 +1 级（或 −1 级）（视入射光的方向而定）衍射光，即产生布拉格衍射，如图 1.3-5所示。因此，若能合理选择参数，且超声场足够强，那么可使入射光能量几乎全部转移到 +1 级（或 −1 级）衍射光上，从而光束能量可以得到充分利用。因此，利用布拉格衍射效应制成的声光器件可以获得较高的效率。

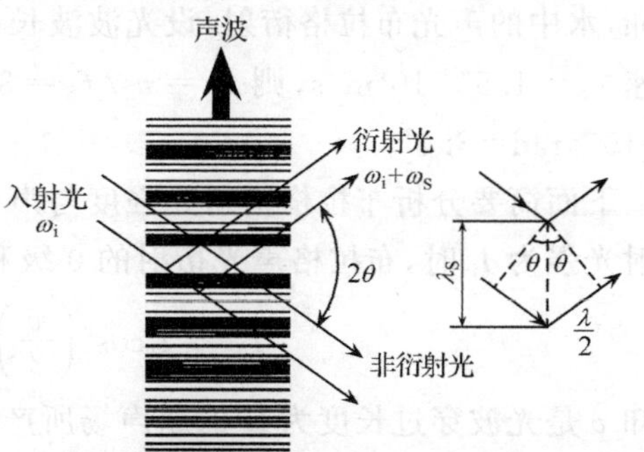

图 1.3-5　布拉格声光衍射

下面从波的干涉加强条件来推导布拉格方程。为此，可把声波通过的介质近似看做许多相距为 λ_S 的部分反射、部分透射的镜面。对于行波超声场，这些镜面将以速度 v_S沿 x 方向移动。因为声频比光频低得多，所以在某一瞬间，超声场可近似看成是静止的，因而对衍射光的强度分布没有影响。对于驻波超声场，则完全是不动的，如图 1.3-6

所示。当平面波1、2以角度 θ_i 入射至声波场，在 B、C、E 各点处部分反射，产生衍射光 $1'$、$2'$、$3'$。各衍射光相干增强的条件是它们之间的光程差应为其波长的整倍数，或者说它们必须同相位。图1.3-6(a)表示在同一镜面上的衍射情况，入射光1、2在 B、C 点反射的光 $1'$、$2'$ 同相位的条件，必须使光程差 $AC-BD$ 等于光波波长的整倍数，即

$$x(\cos\theta_i-\cos\theta_d)=m\frac{\lambda}{n}\quad(m=0,\pm1)\tag{1.3-18}$$

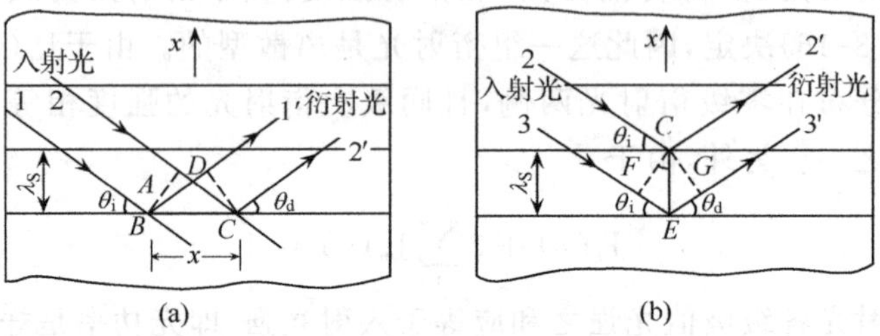

图1.3-6 产生布拉格衍射条件的模型

要使声波面上所有点同时满足这一条件，只有使

$$\theta_i=\theta_d\tag{1.3-19}$$

即入射角等于衍射角时才能实现。对于相距 λ_S 的两个不同镜面上的衍射情况，如图1.3-6(b)所示，由 C、E 点反射的光 $2'$、$3'$ 具有同相位的条件，其光程差 $FE+EG$ 必须等于光波波长的整数倍，即

$$\lambda_S(\sin\theta_i+\sin\theta_d)=\frac{\lambda}{n}\tag{1.3-20}$$

考虑到 $\theta_i=\theta_d$，所以

$$2\lambda_S\sin\theta_B=\frac{\lambda}{n}$$

或

$$\sin\theta_B=\frac{\lambda}{2n\lambda_S}=\frac{\lambda}{2nv_S}f_S\tag{1.3-21}$$

式中，$\theta_i=\theta_d=\theta_B$，$\theta_B$ 称为布拉格角。可见，只有入射角 θ_i 等于布拉格角 θ_B 时，在声波面上衍射的光波才具有同相位，满足相干加强的条件，得到衍射极值，上式称为布拉格方程。例如，水中的声光布拉格衍射，设光波波长 $\lambda=0.5\mu m$，$n=1.33$，声波频率 $f_S=500MHz$，声速 $v_S=1.5\times10^3 m/s$，则 $\lambda_S=v_S/f_S=3\times10^{-6}m$，从式(1.3-21)得到布拉格角 $\theta_B\approx6\times10^{-2}rad=3.4°$。

下面简要分析布拉格衍射光强度与声光材料特性和声场强度的关系。根据推证，当入射光强为 I_i 时，布拉格声光衍射的0级和1级衍射光强的表达式可分别写为

$$I_0=I_i\cos^2\left(\frac{v}{2}\right),\quad I_1=I_i\sin^2\left(\frac{v}{2}\right)\tag{1.3-22}$$

已知 v 是光波穿过长度为 L 的超声场所产生的附加相位延迟。v 可以用声致折射率的变化 Δn 来表示，即

$$v=\frac{2\pi}{\lambda}\Delta nL$$

则
$$\frac{I_1}{I_i} = \sin^2\left[\frac{1}{2}\left(\frac{2\pi}{\lambda}\Delta nL\right)\right] \tag{1.3-23}$$

设介质是各向同性的，由晶体光学可知，当光波和声波沿某些对称方向传播时，Δn 由介质的弹光系数 P 和介质在声场作用下的弹性应变幅值 S 所决定，即

$$\Delta n = -\frac{1}{2}n^3 PS \tag{1.3-24}$$

式中，S 与超声驱动功率 P_S 有关，而超声功率与换能器的面积（H 为换能器的宽度，L 为换能器的长度）、声速 v_S 和能量密度 $\frac{1}{2}\rho v_S^2 S^2$（$\rho$ 是介质密度）有关，即

$$P_S = (HL)v_S\left(\frac{1}{2}\rho v_S^2 S^2\right) = \frac{1}{2}\rho v_S^3 S^2 HL$$

因此
$$S = \sqrt{\frac{2P_S}{HL\rho v_S^3}}$$

于是
$$\Delta n = -\frac{1}{2}n^3 P\sqrt{\frac{2P_S}{HL\rho v_S^3}} = -\frac{1}{2}n^3 P\sqrt{\frac{2I_S}{\rho v_S^3}} \tag{1.3-25}$$

式中，$I_S = P_S/(HL)$，称为超声强度。将式(1.3-25)代入式(1.3-23)，可得

$$\eta_S = \frac{I_1}{I_i} = \sin^2\left[\frac{\pi L}{\sqrt{2}\lambda}\sqrt{\left(\frac{n^6 P^2}{\rho v_S^3}\right)I_S}\right] = \sin^2\left(\frac{\pi L}{\sqrt{2}\lambda}\sqrt{M_2 I_S}\right) \tag{1.3-26}$$

或
$$\eta_S = \frac{I_1}{I_i} = \sin^2\left[\frac{\pi}{\sqrt{2}\lambda}\sqrt{\left(\frac{L}{H}\right)M_2 P_S}\right] \tag{1.3-27}$$

式中，$M_2 = n^6 P^2/(\rho v_S^3)$ 是声光介质的物理参数组合，是由介质本身性质决定的量，称为声光材料的品质因数（或声光优质指标），是选择声光介质的主要指标之一。从式(1.3-27)可见：① 若在超声功率 P_S 一定的情况下，欲使衍射光强尽量大，则要求选择 M_2 大的材料，并且把换能器做成长而窄（即 L 大、H 小）的形式；② 当 P_S 足够大，使 $\frac{\pi}{\sqrt{2}\lambda}\sqrt{\left(\frac{L}{H}\right)M_2 P_S}$ 达到 $\frac{\pi}{2}$ 时，$I_1/I_i = 100\%$；③ 当 P_S 改变时，I_1/I_i 也随之改变，因而通过控制 P_S（即控制加在电声换能器上的电功率）就可以达到控制衍射光强的目的，实现声光调制。

(2) 布拉格声光衍射的粒子模型

上面是从光波的相干叠加来说明布拉格声光互作用原理的，也可以从光和声的量子特性得出声光布拉格衍射条件。光束可以看成是能量为 $\hbar\omega_i$、动量为 $\hbar\boldsymbol{k}_i$ 的光子（粒子）流，其中 ω_i 和 $\boldsymbol{k}_i$ 为光波的角频率和波矢。同样，声波也可以看成是能量为 $\hbar\omega_S$、动量为 $\hbar\boldsymbol{k}_S$ 的声子流，声光互作用可以看成光子和声子的一系列碰撞，每一次碰撞都导致一个入射光子（ω_i）和一个声子（ω_S）的湮没，同时产生一个频率为 $\omega_d = \omega_i + \omega_S$ 的新（衍射）光子。这些新的衍射光子流沿着衍射方向传播。根据碰撞前后动量守恒原理，应有

$$\hbar\boldsymbol{k}_i \pm \hbar\boldsymbol{k}_S = \hbar\boldsymbol{k}_d$$

即
$$\boldsymbol{k}_i \pm \boldsymbol{k}_S = \boldsymbol{k}_d \tag{1.3-28}$$

同样根据能量守恒，应有

$$\hbar\omega_i \pm \hbar\omega_S = \hbar\omega_d$$

即

$$\omega_i \pm \omega_S = \omega_d \tag{1.3-29}$$

式中,“+”表示吸收声子,“-”表示放出声子。它取决于光子和声子碰撞时 $\boldsymbol{k}_i$ 和 $\boldsymbol{k}_S$ 的相对方向,即若衍射光子是由碰撞中消失的光子和吸收声子所产生的,则公式中取“+”号,其频率为 $\omega_d=\omega_i+\omega_S$;若碰撞中由一个入射光子的消失,同时产生一个声子和衍射光子,则公式中取“-”号,其频率为 $\omega_d=\omega_i-\omega_S$。

由于光波频率(ω_i)远远高于声波频率(ω_S),故由式(1.3-29)可近似地认为

$$\omega_d = \omega_i \pm \omega_S \approx \omega_i \tag{1.3-30}$$

因此

$$|\boldsymbol{k}_d| = |\boldsymbol{k}_i| \tag{1.3-31}$$

故布拉格衍射的波矢图为一等腰三角形,如图 1.3-7所示。由图可直接导出 $k_i\sin\theta_i+k_d\sin\theta_d=2k_i\sin\theta_B=k_S$,于是有

$$\sin\theta_B = \frac{k_S}{2k_i} = \frac{\lambda}{2n\lambda_S} \tag{1.3-32}$$

$$\theta_i = \theta_d = \theta_B$$

这就是前面所得到的布拉格方程。

(3) 异常布拉格衍射

上面对布拉格衍射的讨论是在入射光和衍射光的波矢相等(即$|\boldsymbol{k}_i|=|\boldsymbol{k}_d|$)的条件下得到的,即假定入射光和衍射光的偏振方向相同,所以其相应的折射率相等($n_i=n_d$)。这些性质只有在各向同性介质(玻璃、液体、立方晶系的晶体)中才能满足。如果声光介质是各向异性晶体,光束的折射率一般与传播方向有关。由于衍射光沿着与入射光的不同方向传播,所以入射光和衍射光的偏振状态不同,与它们相应的折射率也不相等($n_i\neq n_d$),因而$|\boldsymbol{k}_i|\neq|\boldsymbol{k}_d|$。这种发生于各向异性介质中的布拉格衍射,称为异常布拉格衍射。

异常布拉格衍射不再有 $n_i=n_d$ 的条件,相应的几何关系比正常布拉格衍射复杂,其动量三角形闭合条件 $\boldsymbol{k}_d=\boldsymbol{k}_i\pm\boldsymbol{k}_S$ 如图 1.3-8 所示(对应于式中取“+”的情况)。式中 $\boldsymbol{k}_i$、$\boldsymbol{k}_d$ 和 $\boldsymbol{k}_S$ 的模分别为

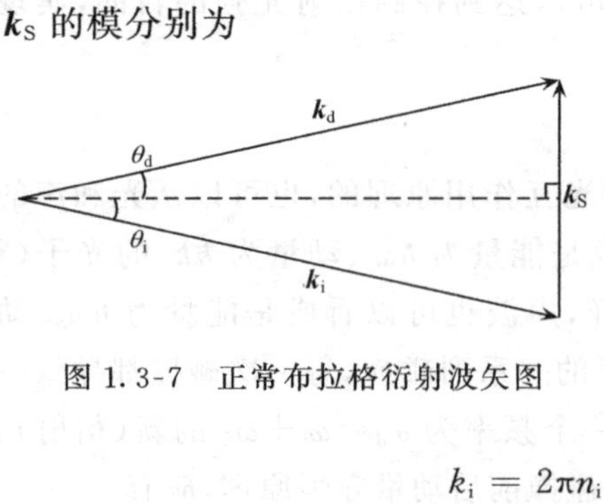

图 1.3-7 正常布拉格衍射波矢图

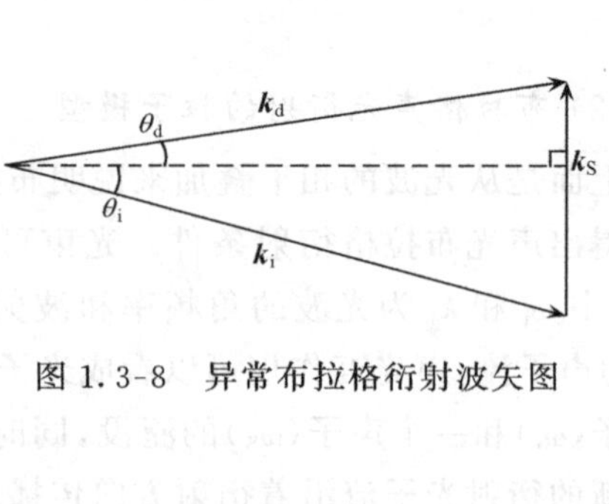

图 1.3-8 异常布拉格衍射波矢图

$$\begin{aligned} k_i &= 2\pi n_i(\theta_i)/\lambda \\ k_d &= 2\pi n_d(\theta_d)/\lambda \\ k_S &= 2\pi/\lambda_S = 2\pi f_S(\theta) \end{aligned} \tag{1.3-33}$$

由图 1.3-8,根据余弦定律,可得

$$k_d^2 = k_S^2 + k_i^2 - 2k_S k_i \cos\left(\frac{\pi}{2} - \theta_i\right) = k_S^2 + k_i^2 - 2k_S k_i \sin\theta_i$$

$$k_i^2 = k_S^2 + k_d^2 - 2k_S k_d \sin\theta_d$$

由此可解出 $\sin\theta_i$ 和 $\sin\theta_d$，再将式(1.3-33)代入上式，即得

$$\left.\begin{aligned}\sin\theta_i &= \frac{\lambda}{2n_i(\theta_i)v_S}\left\{f_S + \frac{v_S^2}{\lambda^2 f_S}\left[n_i^2(\theta_i) - n_d^2(\theta_d)\right]\right\}\\ \sin\theta_d &= \frac{\lambda}{2n_d(\theta_d)v_S}\left\{f_S - \frac{v_S^2}{\lambda^2 f_S}\left[n_i^2(\theta_i) - n_d^2(\theta_d)\right]\right\}\end{aligned}\right\} \tag{1.3-34}$$

式(1.3-34)称为狄克逊(R. W. Dixon)方程。式中 n_i 和 n_d 是角度 θ_i 和 θ_d 的函数，因而只有在对一定介质确定了 n_i 和 n_d 随角度变化的函数关系之后，才能由狄克逊方程解出 θ_i-f_S 和 θ_d-f_S 的关系，从而确定异常布拉格衍射的几何关系。分析式(1.3-34)可得到下述特点。

① 式中第一项 $\frac{\lambda}{2nv_S}f_S$ 就是正常布拉格衍射条件，而第二项只有在各向异性介质中才存在，它随晶体不同而异。当 $f_S = f_o = \frac{v_S}{\lambda}\sqrt{n_{io}^2 - n_{do}^2}$ 时，θ_i 达到极值，且 $\theta_d = 0$，其中 f_o 称为异常布拉格衍射的极值频率，$n_{io} = n_i(\theta_{io})$，$n_{do} = n_d(\theta_{do})$，而 θ_{io} 和 θ_{do} 为对应于 f_o 的 θ_i 和 θ_d 值。当 $f_S = f_o$ 时，式(1.3-34)右边两项相等，而当 $f_S \geqslant f_o$ 时，右边第二项很小，可以忽略，此时，狄克逊方程就可简化为

$$\sin\theta_i = \sin\theta_d = \frac{\lambda}{2nv_S}f_S \tag{1.3-35}$$

即成为正常布拉格衍射方程。但当 f_S 接近或小于 f_o 时，就具有与正常布拉格衍射完全不同的几何关系。

② 如果将式(1.3-34)的两式相加，则式子右边的第二项即可消去(忽略分母上 n_i 和 n_d 的差别)，于是得到

$$\sin\theta_i + \sin\theta_d \approx \frac{\lambda}{2nv_S}f_S$$

如果进一步考虑到 θ_i 和 θ_d 均很小，则有

$$\alpha = \theta_i + \theta_d \approx \frac{\lambda}{2nv_S}f_S \tag{1.3-36}$$

这说明，虽然 θ_i-f_S 关系与正常布拉格衍射不同，但是 α 和 f_S 的关系与正常布拉格衍射完全相同。

③ 由于异常布拉格衍射 $|\boldsymbol{k}_i| \neq |\boldsymbol{k}_d|$，因此可存在同向互作用，即 $\boldsymbol{k}_i$、$\boldsymbol{k}_d$ 和 $\boldsymbol{k}_S$ 均在同一方向上。显然，动量三角形的闭合条件可以简化为标量形式：$k_d = k_i \pm k_S$。若将 $k_i = \frac{2\pi}{\lambda}n_i$，$k_d = \frac{2\pi}{\lambda}n_d$ 和 $k_S = \frac{2\pi}{\lambda_S} = \frac{\pi}{v_S}f_S$ 代入，即可得到

$$\lambda = \pm v_S(n_d - n_i)/f_S \tag{1.3-37}$$

这说明对确定的声光介质和传播方向，式子右边的分子部分是一常数，这时，当白光(或具有复杂光谱成分的光)入射时，对某一确定的声频 f_S，只有满足式(1.3-37)的波长 λ 才能

被衍射。如果改变 f_S,则对应的衍射光波长也要改变,利用这一特性可制成声光可调谐滤波器。

3. 区分拉曼-奈斯衍射和布拉格衍射的定量标准

从理论上说,拉曼-奈斯衍射和布拉格衍射是在改变声光衍射参数时出现的两种极端情况。影响出现两种衍射情况的主要参数是声波长 λ_S、光束入射角 θ_i 及声光作用距离 L。为了给出区分两种衍射的定量标准,特引入参数 G 来表征,表示为

$$G = \frac{k_S^2 L}{k_i \cos\theta_i} = \frac{2\pi\lambda L}{\lambda_S^2 \cos\theta_i} \tag{1.3-38}$$

当 L 小且 λ_S 大($G \ll 1$)时,为拉曼-奈斯衍射;而当 L 大且 λ_S 小($G \gg 1$)时,为布拉格衍射。需要寻求一个实用的标准,即当参数 G 大到一定值后,除 0 级和 1 级外,其他各级衍射光的强度都很小,可以忽略不计。达到这种情况时即可认为已进入布拉格衍射区。经过多年的实践,现已普遍采用下列定量标准:

$$\begin{cases} G \geqslant 4\pi(\text{为布拉格衍射区}) \\ G < \pi(\text{为拉曼-奈斯衍射区}) \end{cases} \tag{1.3-39}$$

为了便于应用,又引入量

$$L_0 = \lambda_S^2 \cos\theta_i / \lambda \approx \lambda_S^2/\lambda$$

则

$$G = 2\pi L/L_0 \tag{1.3-40}$$

因此,上面的定量标准可以写为

$$\begin{cases} L \geqslant 2L_0(\text{为布拉格衍射区}) \\ L \leqslant \dfrac{1}{2}L_0(\text{为拉曼-奈斯衍射区}) \end{cases} \tag{1.3-41}$$

式中,L_0 称为声光器件的特征长度。引入了参数 L_0 可使器件的设计工作十分简便。由于 $\lambda_S = v_S/f_S$ 和 $\lambda = \lambda_0/n$,故 L_0 不仅与介质的性质(v_S 和 n)有关,而且与工作条件(f_S 和 λ_0)有关。事实上,L_0 反映了声光互作用的主要特性。

4. 布拉格衍射的理论分析——耦合波理论

声光互作用可看成参量互作用的过程,即首先由于声场的扰动,引起介质电极化率在时间和空间上的周期变化,使入射光波和介质中超声波耦合而产生了一系列具有复合频率的极化波,其角频率和波矢量分别为

$$\omega_d = \omega_i \pm m\omega_S \qquad (m = \pm 1, \pm 2, \cdots)$$

$$\boldsymbol{k}_d = \boldsymbol{k}_i \pm m\boldsymbol{k}_S \qquad (m = \pm 1, \pm 2, \cdots) \tag{1.3-42}$$

这些极化波的再辐射具有上述复合频率的次波,相应的次波的辐射相干增强而形成各级衍射光。介质中的弹性波引起折射率的变化为

$$\Delta n(x,t) = \Delta n \cos(\omega_S t - k_S x) \tag{1.3-43}$$

这种变化与 ω_i 和 ω_d 的光场发生互作用,在介质中引起附加的电极化,表示为

$$\Delta\boldsymbol{P}(x,t) = 2\sqrt{\varepsilon\varepsilon_0}\,\Delta n(x,t)\boldsymbol{E}(x,t) \tag{1.3-44}$$

式中,$\boldsymbol{E}(x,t)$是频率分别为 ω_i 和 ω_d 的电场之和。由 $\Delta n\boldsymbol{E}$ 所形成的介质极化引起 ω_i 和 ω_d

二光波间的能量交换。为了建立声光互作用的耦合方程，从波动方程

$$\nabla^2 \boldsymbol{E} = \mu\sigma \frac{\partial \boldsymbol{E}}{\partial t} + \mu\varepsilon \frac{\partial^2 \boldsymbol{E}}{\partial t^2} + \mu \frac{\partial^2}{\partial t^2}\boldsymbol{P}^{(\mathrm{NL})} \tag{1.3-45}$$

出发，设介质是无损耗的，即 $\sigma=0$。式(1.3-45)是参量互作用的基本方程，也就是光波在折射率变化的介质中传播的波动方程。它对频率为 ω_i 和 w_d 的光场都是满足的。设入射光场和衍射光场皆为线偏振光，对频率为 ω_i 的入射光场来说，式(1.3-45)可写为

$$\nabla^2 \boldsymbol{E}_i = \mu\varepsilon \frac{\partial^2 \boldsymbol{E}_i}{\partial t^2} + \mu \frac{\partial^2}{\partial t^2}(\Delta \boldsymbol{P})_i \tag{1.3-46}$$

式中，$(\Delta\boldsymbol{P})_i$ 是附加的电极化在平行于 E_i 方向上的分量，其频率为 ω_i。其他频率的分量与 E_i 不同步，故对 E_i 的贡献平均值为零，则介质极化的总电场为下列两个行波之和：

$$\begin{aligned} E_i(x,t) &= \frac{1}{2}E_i(x_i)\exp[i(\omega_i t - k_i x)] + \text{c.c.} \\ E_d(x,t) &= \frac{1}{2}E_d(x_d)\exp[i(\omega_d t - k_d x)] + \text{c.c.} \end{aligned} \tag{1.3-47}$$

式中，c. c. 表示复共轭项，k_i 和 k_d 分别平行于入射光和衍射光的传播方向。对式(1.3-47)进行两次微分，得

$$\nabla^2 E_i(x,t) = -\frac{1}{2}\left(k_i^2 E_i + 2ik_i \frac{dE_i}{dx_i} + \nabla^2 E_i\right)\exp[i(\omega_i t - k_i x)]$$

假设 $E_i(x_i)$ 变化缓慢，致使 $\nabla^2 E_i \ll k_i dE_i/dx_i$，将上式与式(1.3-46)联合，并利用关系式 $k_i=\omega_i\sqrt{\mu\varepsilon_i}$，则得

$$k_i \frac{dE_i}{dx_i} - i\mu\left[\frac{\partial^2}{\partial t^2}(\Delta P)_i\right]\exp[i(\omega_i t - k_i x)] \tag{1.3-48}$$

利用关系式 $\Delta P = 2\sqrt{\varepsilon\varepsilon_0}\Delta n(x,t)[E_i(x,t)+E_d(x,t)]$，则

$$(\Delta P)_i = \frac{1}{2}\sqrt{\varepsilon\varepsilon_0}\Delta n E_d \exp\{i[(\omega_S+\omega_d)t-(k_S+k_d)x]\} + \text{c.c.} \tag{1.3-49}$$

将式(1.3-49)代入式(1.3-48)，得

$$\frac{dE_i}{dx_i} = -i\eta_i E_d \exp[-i(k_i - k_d - k_S)x]$$

同样有

$$\frac{dE_d}{dx_d} = -i\eta_d E_i \exp[-i(k_i - k_d - k_S)x] \tag{1.3-50}$$

式中，$\eta_{i,d} = \frac{1}{2}\omega_{i,d}\sqrt{\mu\varepsilon_0}\Delta n = \frac{\omega_{i,d}\Delta n}{2c} = \frac{\pi n^3}{2\lambda}PS$，称为耦合系数。它表征了声光互作用的强弱。式(1.3-50)表明，在确定的声场作用下，入射光场 E_i 和衍射光场 E_d 之间得到最大能量耦合的条件为

$$\boldsymbol{k}_i = \boldsymbol{k}_S + \boldsymbol{k}_d \tag{1.3-51}$$

若此布拉格条件得到满足，而且因声频 ω_S 较光频 $\omega_{i,d}$ 小得多，$\omega_i \approx \omega_d$，故取 $\eta_i = \eta_d = \eta$，则式(1.3-50)变为

$$\begin{aligned} \frac{dE_i}{dx_i} &= -i\eta E_d \\ \frac{dE_d}{dx_d} &= -i\eta E_i \end{aligned} \tag{1.3-52}$$

为了求解上式，将 x_i 和 x_d 两个不同的空间坐标变换到一新坐标 ξ 上($\boldsymbol{k}_i$ 和 $\boldsymbol{k}_d$ 两个方向的角平分线)，如图 1.3-9 所示，则有

$$x_i = \xi\cos\theta$$
$$x_d = \xi\cos\theta$$

因此，式(1.3-52)变成

$$\begin{aligned}\frac{dE_i}{d\xi} &= \frac{dE_i}{dx_i}\cos\theta = -i\eta E_d\cos\theta \\ \frac{dE_d}{d\xi} &= \frac{dE_d}{dx_d}\cos\theta = -i\eta E_i\cos\theta\end{aligned} \tag{1.3-53}$$

上式的解为

$$E_i(\xi) = E_i(0)\cos(\eta\xi\cos\theta) - iE_d(0)\sin(\eta\xi\cos\theta)$$
$$E_d(\xi) = E_d(0)\cos(\eta\xi\cos\theta) - iE_i(0)\sin(\eta\xi\cos\theta)$$

利用 ξ 和 x_i、x_d 间的关系，上式可写成

$$\left.\begin{aligned}E_i(x_i) &= E_i(0)\cos(\eta x_i) - iE_d(0)\sin(\eta x_i) \\ E_d(x_d) &= E_d(0)\cos(\eta x_d) - iE_i(0)\sin(\eta x_d)\end{aligned}\right\} \tag{1.3-54}$$

式(1.3-54)就是描述各向同性介质中两束满足布拉格条件的耦合波方程。当入射光振幅为 $E_i(0)$、频率为 ω_i 时，$E_d(0)=0$，式(1.3-54)变为

$$\left.\begin{aligned}E_i(x_i) &= E_i(0)\cos(\eta x_i) \\ E_d(x_d) &= -iE_i(0)\sin(\eta x_d)\end{aligned}\right\} \tag{1.3-55}$$

并有

$$|E_i(x_i)|^2 + |E_d(x_d)|^2 = |E_i(0)|^2 \tag{1.3-56}$$

式(1.3-56)说明两种光波在声光相互作用的过程中总光功率是守恒的。由前面的耦合系数 $\eta_{i,d} = \frac{\omega_{i,d}\Delta n}{2c} = \frac{1}{2}\left(\frac{2\pi}{\lambda}\Delta n\right)$，并考虑 $x_i = x_d = L/\cos\theta_B$，可定义一个新量

$$v = \frac{2\pi}{\lambda}\Delta n\frac{L}{\cos\theta_B}$$

因此，以光强表示式(1.3-55)，可写为

$$\left.\begin{aligned}I_i &= I_i(0)\cos^2\left(\frac{v}{2}\right) \\ I_d &= I_i(0)\sin^2\left(\frac{v}{2}\right)\end{aligned}\right\} \tag{1.3-57}$$

I_i 和 I_d 随 v 的变化曲线如图 1.3-10 所示。声光衍射效率定义为输出衍射光强与输入光强之比，即

$$\eta_S = \frac{I_d(L)}{I_i(0)} = \sin^2\left(\frac{v}{2}\right) \tag{1.3-58}$$

由式(1.3-57)可见，当 $v/2=\pi/2$ 时，$I_i=0$，而 $I_d=I_i(0)$，入射光的全部能量将转移到 1 级衍射光，即理想的布拉格衍射效率可达到 100%，故在声光器件中多采用布拉格衍射效应。

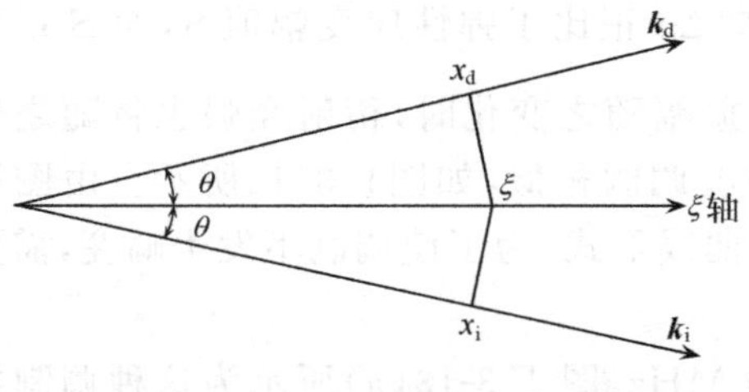

图 1.3-9 $x_{i,d}$与坐标ξ间的关系

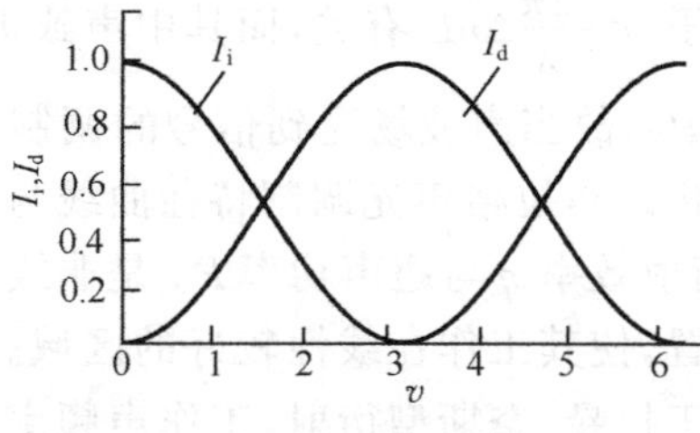

图 1.3-10 I_i和I_d随v的变化曲线

1.3.3 声光体调制器

1. 声光体调制器的组成

声光体调制器是由声光介质、电-声换能器、吸声(或反射)装置和驱动电源等所组成,如图 1.3-11 所示。

(1) 声光介质。声光介质是声光互作用的场所。当一束光通过变化的超声场时,由于光和超声场的互作用,其出射光就具有随时间而变化的各级衍射光,利用衍射光的强度随超声波强度的变化而变化的性质,就可以制成光强度调制器。

(2) 电-声换能器(又称超声发生器)。它是利用某些压电晶体(石英、$LiNbO_3$等)或压电半导体(CdS、ZnO 等)的反压电效应,在外加电场作用下产生机械振动而形成超声波,所以它起着将调制的电功率转换成声功率的作用。

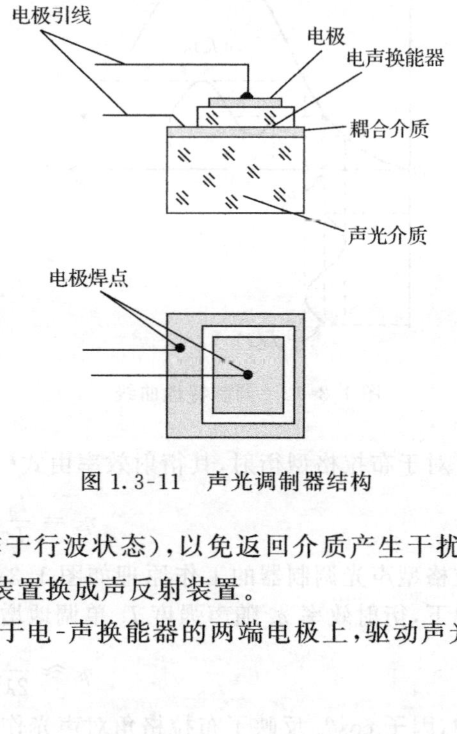

图 1.3-11 声光调制器结构

(3) 吸声(或反射)装置。它放置在超声源的对面,用以吸收已通过介质的声波(工作于行波状态),以免返回介质产生干扰,但若要使超声场工作在驻波状态,则需要将吸声装置换成声反射装置。

(4) 驱动电源。用以产生调制电信号施加于电-声换能器的两端电极上,驱动声光调制器(换能器)工作。

2. 声光调制的工作原理

声光调制是利用声光效应将信息加载于光频载波上的一种物理过程。调制信号是以电信号(调幅)形式作用于电声换能器上产生射频超声波,耦合至声光介质,形成超声光栅。当光波通过声光介质时,由于声光作用,光载波受到调制而成为"携带"信息的强度调制波。

由前面分析可知,无论拉曼-奈斯衍射,还是布拉格衍射,其衍射效率均与附加相位

延迟因子 $v=\frac{2\pi}{\lambda}\Delta nL$ 有关,而其中声致折射率差 Δn 正比于弹性应变幅值 S,而 S 正比于声功率 P_S,故当声波场受到信号的调制使声波振幅随之变化时,衍射光强也将随之做相应的变化。布拉格声光调制特性曲线与电光强度调制相似,如图1.3-12所示。由图可以看出:衍射效率 η 与超声功率 P_S 是非线性调制曲线形式,为了使调制不发生畸变,需要加超声偏置,使其工作在线性较好的区域。

对于拉曼-奈斯型衍射,工作声频率低于 10MHz,图 1.3-13(a)所示为这种调制器的工作原理,其各级衍射光强与 $J_n^2(v)$ 成比例,若取某一级衍射光作为输出,可利用光阑将其他级的衍射光遮挡,则从光阑孔出射的光束就是一个随 v 变化的调制光。拉曼-奈斯型衍射效率低,光能利用率也低,根据前面判据式(1.3-38)所确定的相互作用长度 L 小;当工作频率较高时,最大允许长度太小,则要求的声功率很高。因此,拉曼-奈斯型声光调制器只限于低频工作,只具有有限的带宽。

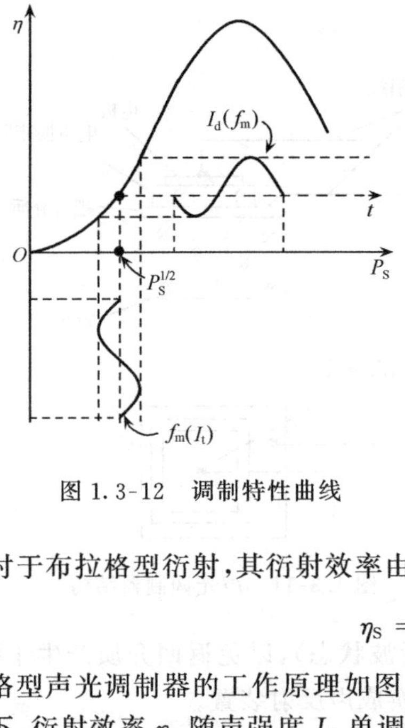

图 1.3-12 调制特性曲线

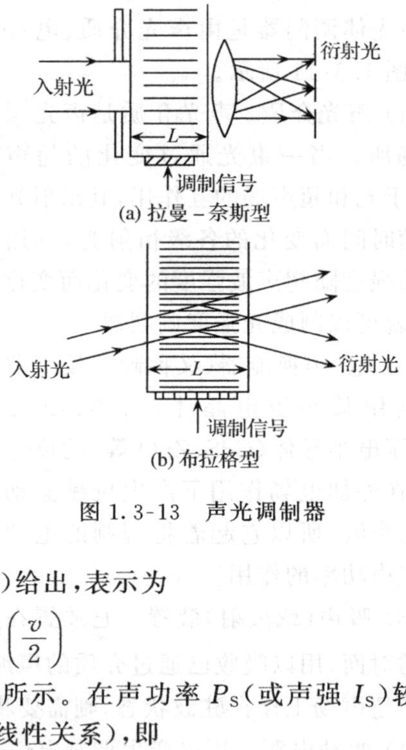

图 1.3-13 声光调制器

对于布拉格型衍射,其衍射效率由式(1.3-58)给出,表示为

$$\eta_S=\frac{I_d}{I_i}=\sin^2\left(\frac{v}{2}\right)$$

布拉格型声光调制器的工作原理如图 1.3-13(b)所示。在声功率 P_S(或声强 I_S)较小的情况下,衍射效率 η_S 随声强度 I_S 单调地增加(呈线性关系),即

$$\eta_S\approx\frac{\pi^2L^2}{2\lambda^2\cos^2\theta_B}M_2I_S \tag{1.3-59}$$

式中,因子 $\cos\theta_B$ 反映了布拉格角对声光作用的影响。由式(1.3-59)可见,若对声强加以调制,衍射光强也就受到调制了。布拉格衍射必须使入射光束以布拉格角 θ_B 入射,同时在相对于声波阵面对称方向接收衍射光束时,才能得到满意的结果。由于布拉格衍射效率高,且调制带宽较宽,故多被采用。

3. 调制带宽

调制带宽是声光调制器的一个重要参量,它是衡量能否无畸变地传输信息的一个技术指标，它受到布拉格带宽的限制。对于布拉格型声光调制器而言，在理想的平面光波和声波情况下，波矢量是确定的，因此对一给定入射角和波长的光波，只能有一个确定频率和波矢的声波才能满足布拉格条件。当采用有限的发散光束和声波场时，波束的有限角将会扩展，所以只允许在一个有限的声频范围内才能产生布拉格衍射。根据布拉格衍射方程式(1.3-21)，得到允许的声频带宽 Δf_S 与布拉格角的可能变化量 $\Delta\theta_B$ 之间的关系为

$$\Delta f_S = \frac{2nv_S\cos\theta_B}{\lambda}\Delta\theta_B \tag{1.3-60}$$

式中，$\Delta\theta_B$ 是由于光束和声束的发散所引起的入射角和衍射角的变化量，也就是布拉格角允许的变化量。设入射光束的发散角为 $\delta\theta_i$，声波束的发散角为 $\delta\phi$，对于衍射受限制的波束，这些束发散角与波长、束宽的关系分别近似为

$$\delta\theta_i \approx \frac{2\lambda}{\pi n w_o}, \quad \delta\phi \approx \frac{\lambda_S}{L} \tag{1.3-61}$$

式中，w_o 为入射光束束腰半径，n 为介质的折射率，L 为声束宽度。显然，入射角(光波矢 $\boldsymbol{k}_i$ 与声波矢 $\boldsymbol{k}_S$ 之间的夹角)覆盖范围应为

$$\Delta\theta = \delta\theta_i + \delta\phi \tag{1.3-62}$$

若将 $\delta\theta_i$ 角内传播的入射(发散)光束分解为若干不同方向的平面波(即不同的波矢 $\boldsymbol{k}_i$)，对于光束的每个特定方向的分量，在 $\delta\phi$ 范围内就有一个适当的频率和波矢的声波可以满足布拉格条件。因为声波束受信号的调制而包含许多中心频率的声载波的傅里叶频率谱分量，所以对每个声频率，具有许多波矢方向不同的声波分量都能引起光波的衍射。于是，相应于每一确定角度的入射光，就有一束发散角为 $2\delta\phi$ 的衍射光，如图1.3-14所示。每一衍射方向对应不同的频移，所以为了恢复衍射光束的强度调制，必须使不同频移的衍射光分量在平方律探测器中混频。因此，要求两束最边界的衍射光(见图中的 OA' 和 OB')有一定的重叠，这就要求 $\delta\phi \approx \delta\theta_i$。若取 $\delta\phi \approx \delta\theta_i = \dfrac{\lambda}{\pi n w_o}$，则由式(1.3-60)和式(1.3-62)得到调制带宽为

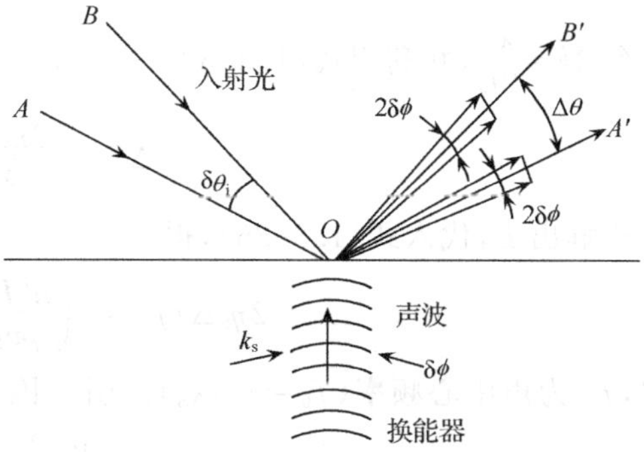

图1.3-14　具有波束发散的布拉格衍射

$$\Delta f_m = \frac{1}{2}\Delta f_S = \frac{2nv_S}{\pi w_o}\cos\theta_B \tag{1.3-63}$$

式(1.3-63)表明，声光调制器的带宽与声波穿过光束的渡越时间(w_o/v_S)成反比，即与光束直径成反比，用宽度小的光束可得到大的调制带宽。但是光束发散角不能太大，否则，0级和1级衍射光束将有部分重叠，会降低调制器的效果。因此，要求 $\delta\theta_i < \theta_B$，由式(1.3-21)、式(1.3-60)及 $\theta_i = \theta_B$，可得

续表

材料	$\lambda/\mu m$	n	$\rho/(g/cm^3)$	声波偏振和方向	v_S $/(10^3 m/s)$	光波偏振和方向	品质因数 $M_1=n^7p^2/(\rho v_S)$	$M_2=n^6p^2/(\rho v_S^3)$	$M_3=n^7p^2/(\rho v_S^2)$
H_2O	0.63	1.33	1.00	纵	1.50		4.36	160.00	29.10
Te	10.60	4.80	6.24	纵.[11 20]	2.20	‖[0001]	10.2000	4400.00	4640.00
TeO_2	0.63		5.99	纵.[100]	2.98	[100]或[010]	0.097	0.048	
				纵.[100]		[001]或[010]	22.90	10.60	
				纵.[100]	4.26	[100]或[010]	142.00	34.50	
				纵.[001]		[001]或[010]	113.00	25.60	
				[010]或[100]	3.04	任意.[001]	3.70	1.76	
				纵.[110]	4.12	[110]或[110]	323.00	0.802	
				纵.[110]		[001]或[110]	16.20	3.77	
				纵.[101]	3.64	[010]或[101]	101.00	33.40	
				纵.[010]	2.98	[101]或[$\bar{1}$01]	42.60	20.40	
				[$\bar{1}$10]或[110]	0.617	任意.[001]	68.60	793.00	
				[$\bar{1}$01]或[101]	2.08	[100]或[010]	76.40	77.00	
$PbMoO_4$	0.63		6.95	纵.[100]	3.98	[001]或[010]		7.50	
				纵.[100]	3.98	[100]或[010]		24.00	
				纵.[100]	3.98	[010]或[001]		24.00	
				[100]或[010]	2.20	[100]或[001]		12.80	
				[100]或[001]	1.99				
				纵.[001]	3.75	[100]沿[010]			35.60
				纵.[001]	3.75	[001]沿[010]			35.60
	0.52			纵.[001]	3.75	[001]沿[010]		43.40	
	0.49			纵.[001]	3.75	[100]沿[010]		56.10	
$Bi_{12}GeO_{20}$ (BGO)	0.63	2.55	9.20	纵.[110]	3.42	任意.偏振	29.50	9.91	8.64

续表

材料	$\lambda/\mu m$	n	$\rho/(g/cm^3)$	声波偏振和方向	v_S /(10^3m/s)	光波偏振和方向	品质因数		
							$M_1=n^7p^2/(\rho v_S)$	$M_2=n^6p^2/(\rho v_S^3)$	$M_3=n^7p^2/(\rho v_S^2)$
$Bi_{12}SiO_{20}$ (BSO)	0.63			纵.[100]	3.83	任意.偏振	33.80	9.02	8.83
$Sr_{0.75}Ba_{0.25}Nb_2O_5$ (SBN)	0.63	2.30		纵.[001]		[001]偏振	26.80	38.60	48.80
		2.31		纵.[100]		[100]偏振	26.90	2.66	4.08
		2.27		纵.[001]		[001]偏振	59.30	8.62	10.80
		2.31		纵.[001]		[100]偏振	36.40	5.19	6.62
$Ge_{33}As_{12}Se_{55}$玻璃	1.06	2.55	4.00	纵.	2.50			246.00	
透明铅玻璃	0.63	1.72	4.80	纵.	3.80	⊥		10.00	
				纵.		∥		8.00	
黄色铅玻璃	0.63	1.96	6.30	纵.	3.10	⊥		16.00	
				纵.		∥		20.00	
人造树脂	0.63	1.55	1.18	纵.	2.68	⊥		50.00	
				纵.		∥		56.00	
聚苯乙烯	0.63	1.59	1.06	纵.	2.35	⊥		127.00	
				纵.		∥		113.00	
KRS-5	0.63	2.60	7.37	纵.	2.11	⊥		180.00	
				纵.		∥		254.00	
$PbNO_3$	0.63	1.78	4.70	纵.	2.62	⊥		26.00	
				纵.		∥		16.00	
二甲苯	0.63	1.50	0.86	纵.	1.30	⊥或∥		40.00	

式中,w 为入射光束的宽度;R 为常数,其值决定于所用光束的性质(均匀光束或高斯光束)和可分辨判据(瑞利判据或可分辨判据)。例如,显示或记录用偏转器采用瑞利判据,$R=1.0\sim1.3$;光存储器用偏转器,采用可分辨判据,$R=1.8\sim2.5$。扫描可分辨点数为

$$N=\frac{\Delta\theta}{\Delta\phi}=\frac{w}{v_S}\frac{\Delta f_S}{R} \tag{1.3-75}$$

式中,w/v_S 为超声波渡越时间,记为 τ,也就是偏转器的偏转时间。故式(1.3-75)可以写成

$$N\frac{1}{\tau}=\frac{1}{R}\Delta f_S \tag{1.3-76}$$

$N\dfrac{1}{\tau}$称为声光偏转器的容量-速度积,它表征单位时间内光束可以指向的可分辨位置的数目。上式表明,它仅取决于工作带宽 Δf_S,而与介质的性质无关。因而当光束宽度和声速决定后,参数 τ 就确定了,只有增加带宽才能提高偏转器的分辨率。例如,入射光束直径 $w=1\text{cm}$,声速 $v_S=4\times10^5\text{cm/s}$,则 $\tau=2.5\mu\text{s}$,若要求 $N=200$,则 Δf_S 为 100～200MHz。

声光偏转器带宽受两种因素的限制,即受换能器带宽和布拉格带宽的限制。因为声频改变时,相应的布拉格角也要改变,其变化量为

$$\Delta\theta_B=\frac{\lambda}{2nv_S}\Delta f_S \tag{1.3-77}$$

所以要求声束和光束具有匹配的发散角。声光偏转器一般采用准直的平行光束,其发散角很小,所以要求声波的发散角 $\delta\phi\geqslant\Delta\theta_B$。取 $\delta\phi=\lambda_S/L$,再考虑到式(1.3-77),就得到

$$\frac{\Delta f_S}{f_S}\leqslant\frac{2n\lambda_S^2}{\lambda L} \tag{1.3-78}$$

实际上工作带宽的选取是由给定的指标 N 和 τ 确定的,此时工作频带的中心频率也已决定。因为正常布拉格器件的 Q 值一般不容易做得很大,故总存在一些剩余的高级衍射,以及各种非线性因素和驱动电源谐波分量的影响。为了避免在工作频带内出现假点,根据推算,要求工作带宽的中心频率满足

$$f_{S0}\geqslant\frac{3}{2}\Delta f_S=1.5\Delta f_S$$

或

$$\frac{\Delta f_S}{f_{S0}}\leqslant\frac{2}{3}=0.667 \tag{1.3-79}$$

式(1.3-79)是设计布拉格声光偏转器带宽的基本关系式。

要使布拉格声光偏转器有良好的带宽特性,即为了能在比较大的频率范围内产生布拉格衍射,尽量减小对布拉格条件的偏离,就要求在较宽的角度范围内提供方向合适的超声波。也就是说,要设法使超声波的波面随频率的变化发生相应的倾斜转动,使超声波的传播主方向始终平分入射光方向和衍射光方向,使超声方向自动跟踪布拉格角(称为超声跟踪)。实现超声跟踪的方法一般是采用一种所谓"列阵换能器",即将换能器分成数片,使进入声光介质的超声波是各换能器发出的超声波叠加的合成,形成一个倾斜的波面,合成超声波的主方向是随声波频率的改变而改变的。这种结构就可以保证布拉格条件在较大频率范围内得以满足。列阵换能器的形式分为阶梯式和平面式两种。阶梯式结构如图 1.3-17(a)所示,它是把声光介质磨成一系列阶梯,各阶梯的高差为 $\lambda_S/2$,阶梯的宽度

为 S，各片换能器粘接在各个阶梯上，相邻两换能器间的相位差为 π，因而每个换能器所产生的超声波波面间也有 π 弧度的相位差，使在介质中传播的声波等相面随之发生倾斜转动，其转动的角度是随频率而改变的。这样就相当于改变了入射光束的角度，使之满足布拉格条件。另一种是平面式结构，如图 1.3-17(b)所示。它的工作情况和前者基本相同，不再赘述。

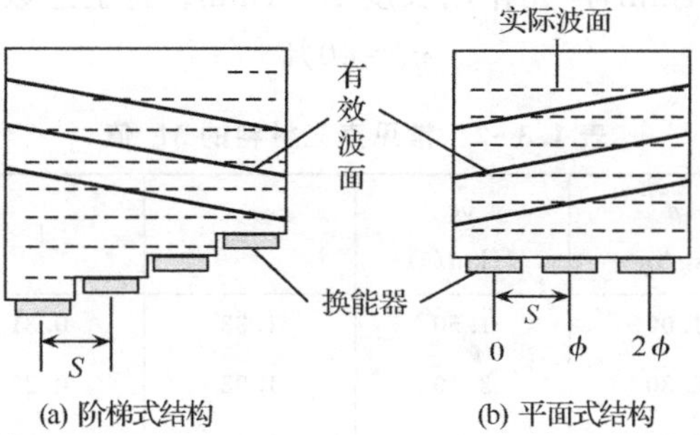

图 1.3-17 列阵换能器结构示意图

1.3.6 声光调制器设计应考虑的事项

声光调制器的工作过程，首先由电-声换能器把电振荡转换成超声振动，再通过换能器和声光介质间的粘合层把振动传到介质中形成超声场。因此，必须考虑如何能有效地把驱动电源所提供的电功率转换成声光介质中的超声波功率。在声光介质中，通过声光互作用，超声场将引起入射光束的布拉格衍射而得到衍射光，因此必须考虑如何提高其衍射效率，考虑能够在多大频率范围内无失真地进行调制。也就是说，怎样设计才能在较大的频率范围内提供方向合适的超声波，使入射光方向和超声波波面间的夹角 θ_i 在该频率范围内均能满足布拉格条件，即怎样设计才能提高布拉格带宽。本节就是根据声光调制器的要求，对声光介质材料的选择和电-声换能器的设计等问题进行分析。

1. 声光介质材料的选择

介质材料的性能对调制器的质量有直接的影响，因此合理选择声光材料是很重要的。设计时主要应考虑以下几方面的因素。

(1) 应使调制器的调制效率高，而需要的声功率尽量小。调制器的调制效率是用调制后的光强(即衍射光强)与入射光强的比值表征的，即 $\eta_S=\dfrac{I_1}{I_i}=\sin^2\left(\dfrac{v}{2}\right)$，其中 $v\propto M_2$，即 M_2 越大，v 越大，调制效率就高。当选择声光材料时，在综合考虑材料的物理、化学性能的条件下，应选用 M_2 值大的材料。

例如，用水作为声光介质，其特性参数为 $n=1.33$，$P=0.31$，$v_S=1.5\times10^3\,\text{m/s}$，$\rho=1000\text{kg/m}^3$，并取入射光波长 $\lambda=0.6328\mu\text{m}$，将这些值代入式(1.3-26)，即得

$$(\eta_S)_{水}=\sin^2(1.4L\sqrt{I_S}) \tag{1.3-80}$$

对于其他材料和其他波长，为了计算方便，可以将介质的 M_2 表示为相对于水的品质因

数,记做 $M_\omega = M_{2(材料)}/M_{2(水)}$,则式(1.3-26)表示为适用任意波长的形式,即

$$\eta_S = \sin^2\left(1.4\frac{0.6328}{\lambda}L\sqrt{M_\omega I_S}\right) \tag{1.3-81}$$

表 1.3-2 列出了一些常见声光材料的 M_ω 值。

以钼酸铅($PbMoO_4$)为例,从表查得 $M_\omega = 0.22$,设声功率 $P_S = 1W(I_S = 1W/mm^2)$,声束的截面积为 1mm×1mm,声光作用长度 $L = 1mm$。将上述数据代入式(1.3-81),得

$$\eta_S = 40\%$$

表 1.3-2 常见声光材料的 M_ω 值

材 料	ρ /(kg/m^3)	v_S /(km/s)	n	P	M_ω
水	1.00	1.50	1.33	0.31	1.00
重火石玻璃	6.30	3.10	1.92	0.25	0.12
熔凝石英(SiO_2)	2.20	5.97	1.46	0.20	0.006
聚苯乙烯	1.06	2.35	1.59	0.31	0.80
KRS-5	7.40	2.11	2.60	0.21	1.60
铌酸锂($LiNbO_3$)	4.70	7.40	2.25	0.15	0.012
氟化锂(LiF)	2.60	6.00	1.39	0.13	0.001
二氧化钛(TiO_2)	4.26	10.30	2.60	0.05	0.001
蓝宝石(Al_2O_3)	4.00	11.00	1.76	0.17	0.001
钼酸铅($PbMoO_4$)	6.95	3.75	2.30	0.28	0.22
α 碘酸(HIO_3)	4.63	2.44	1.90	0.41	0.50
二氧化碲(TeO_2)(慢切变波)	5.99	0.617	2.35	0.09	5.00

(2) 应使调制器有较大的调制带宽。布拉格条件是 $\sin\theta_B = \frac{\lambda}{2\lambda_S}$,所以当光波和声波波长变化时,将引起布拉格角的变化。实际上,光波具有一定的频谱宽度,当调制器在宽的频带范围内工作时,声频相对于中心频率的偏离,就要引起衍射角偏离布拉格角,当超过一定值时,将使调制器的工作状态不满足布拉格条件,因而 1 级衍射光强变小。当 1 级衍射光强下降到相对于在中心频率时的衍射光强的一半时,将此时对应的频率变化 Δf_S 定义为布拉格带宽。根据推证,近似有 $\Delta f_S = 1.8\frac{nv_S^2\cos\theta_B}{\lambda L f_S}$,故声光材料的 nv_S^2(即 $M_1 = nv_S^2 M_2$)越大,其布拉格带宽就越宽。为了调制器能有较宽的带宽,应选品质因数 M_1 值大的材料。

为了获得宽带调制,除了对声光材料的要求之外,在设计声光调制器时,还应采用透镜聚焦的细高斯光束,使声波渡越时间尽可能小。然而,当光束发射角 $\Delta\theta_i$ 大于超声发散角 $\Delta\phi$ 时,边缘光线因没有满足布拉格条件的声波而不能被衍射,从而影响调制器的性能。

在评价声光介质的性能时，经常需要综合考虑带宽和衍射效率两个指标，因此引入效率带宽积($\eta_S \Delta f_S$)参数，即

$$\eta_S \Delta f_S \approx \frac{9 n v_S^2 M_2}{\lambda^3 f_S H} P_s = \frac{9 M_1}{\lambda^3 f_S H} P_s \tag{1.3-82}$$

所以在选用材料时，应视声光器件的具体要求，综合考虑各种因素，以确定合适的材料。

2. 电-声换能器

电-声换能器的作用是将电功率转变为声功率，以在声光介质中建立起超声场。一般是利用某种材料的反压电效应，在外加电场作用下产生机械振动，所以它既是一个机械振动系统，又是一个与外加调制电源有联系的电振荡系统。在这里，主要分析电-声换能器的工作机理、电特性以及机械振动和电振荡回路的匹配等问题。

(1) 换能器晶体的振动方程。换能器一般采用 x-0°切割的石英晶片，在石英片上加一交变电场，当电场的方向与压电轴一致时，晶片将在厚度方向上激起弹性机械振动，如图 1.3-18 所示。当电场的频率等于晶体的固有机械振动频率时，弹性振动的幅值便达到最大值。

如果忽略由横向压缩而引起的横向振动，即认为晶片是无限大的，则石英晶片厚度振动的固有谐振频率为

$$f_d = \frac{1}{2d}\sqrt{\frac{C_{11}}{\rho}} \tag{1.3-83}$$

式中，d 为晶片的厚度(cm)，ρ 为密度(g/cm^3)，C_{11} 为该种振动形式和取向的弹性模量(N/m^2)。对于石英晶体，ρ=2.65g/cm^3，C_{11}=86.05×10^{3}N/m^2，则 $f_d = \frac{285}{d}$kHz(d 以 cm 计)。由实验证明，对石英晶片在厚度上的振动，宜表示为

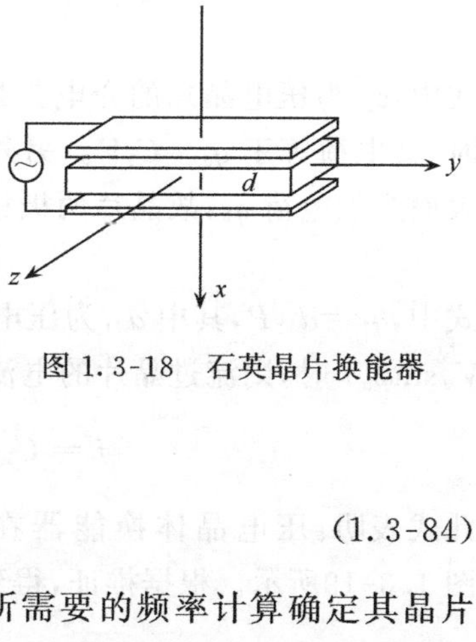

图 1.3-18　石英晶片换能器

$$f_d = \frac{2880}{d}\ (\text{kHz}) \tag{1.3-84}$$

式中，d 的单位为 mm。这样，在实际应用中，就可以根据所需要的频率计算确定其晶片的厚度。例如，要求石英换能器的谐振频率为 30MHz，则晶片厚度 d = 2880/(30×10^3)mm=0.096mm。

压电石英能获得的最高频率约为 50MHz，工作在这样高的频率，垂直于 x 轴取向的石英片，其厚度仅有 0.05mm，因而在工艺制作上比较困难，而且强烈激发时，晶片会由于电击穿而破裂。因此，欲使换能器获得更高频率，可以将换能器工作于高次谐波状态来实现，实际证明石英晶片工作于奇次谐振频率是可以满足谐振条件的。这样，虽然换能器的振荡输出减小了，但是这种激发方法可以确保在增大输入电功率的情况下，不致有击穿的危险。特别在某些要求功率不很大的应用中，这种方法最为合适。石英晶片的 k 次谐振动的频率为

$$f_k = kf$$

式中，f 为基本振动的固有频率。表 1.3-3 列出了由图 1.3-18 所示取向的石英片(L=

$H=19.96\text{mm}$，$d=9.99\text{mm}$)测得的高次谐振频率 f_k 以及按公式计算的 $f_{k'}$ 值，二者相差 $\Delta f=(f_k-f_{k'})/f_k$ 是很小的。

表 1.3-3　石英片谐振频率的测定值与计算值的比较

k	f_k/kHz	$f_{k'}$/kHz	Δf/‰
11	3170	3170	0.00
21	6061	6052	+1.43
31	8926	8934	−0.90
41	11816	11816	0.00
51	14713	14697	+1.09
61	20422	17579	+0.34

(2) 换能器晶片的电特性。电-声换能器虽为机械振动，但它由电振荡能驱动，作为电源的负载，它在振荡电路中相当于一个支路，所以有必要分析一下它的等效电路及特性。压电晶片 x 轴向的两表面的电极(见图 1.3-18)在电源作用下，相当于一个电容，表示为

$$C_1=\frac{\varepsilon_{11}A}{d}$$

式中，ε_{11} 为压电晶片的介电张量分量，A 为晶片面积，d 为厚度。这个电容充电到电压 V 时，其电荷等于 $q_0=C_1V$。另外，压电晶体在电场作用下会产生正压电效应，而引起晶片表面产生电荷 q_1，故晶片两极板上的总电荷为

$$q=C_1V+q_1 \tag{1.3-85}$$

式中，$q_1=d_{11}P$，其中 d_{11} 为压电模量，P 为电场作用在石英片上的力。当驱动电压为 $V=V_0\sin\omega_m t$ 时，则流过晶片的电流

$$i=C_1\frac{\mathrm{d}V}{\mathrm{d}t}+\frac{\mathrm{d}q_1}{\mathrm{d}t}=\omega_m C_1V_0\cos(\omega_m t)+i_1 \tag{1.3-86}$$

此式表明：压电晶体换能器在电路中可用电容 C_1 和一个并联等效电路来代替，如图 1.3-19所示。根据推证，得到晶体的等效电参数

$$L=\frac{\rho d^3}{8HLe_{11}^2},\quad R=\frac{\pi^2}{8}\frac{\rho\eta d}{HLe_{11}^2}$$

$$C=\frac{8e_{11}^2HL}{\pi^2C_{11}d},\quad C_1=\frac{\varepsilon_{11}HL}{4\pi d}$$

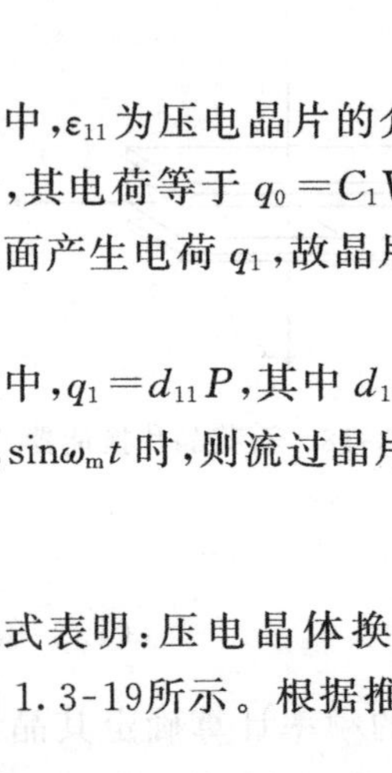

图 1.3-19　压电晶体的等效电路

式中，e_{11} 为压电常数，η 为介质的机械损耗常数，C_{11} 为 x 轴方向的弹性模量。

当在晶体上施加电压时，在晶体中就存储了一定的电能，由于晶体的压电性能，一部分电能消耗为晶体中产生弹性应力而转变成弹性形变的机械能，这两种能量的比值就是换能器效率的量度，此比值称为机电耦合系数，记为 k。在厚度方向振动的情况下，每单位晶体体积的机械能等于$\frac{1}{2}C_{11}d_{11}^2E_x^2$，而每单位体

积的电能为$\frac{\varepsilon E_x^2}{8\pi}$，因此

$$k^2 = \frac{4\pi C_{11} d_{11}^2}{\varepsilon} \text{或} k = d_{11}\sqrt{\frac{4\pi C_{11}}{\varepsilon}} \tag{1.3-87}$$

对于石英晶体，$k=10\%$。机电耦合系数是表征换能器特性的重要参数，其值随晶体而异，因此在应用中总是希望采用k值大的压电晶体。

为了能无损耗地或较小损耗地将超声能量传递到声光介质中去，换能器的声阻抗应尽可能接近于介质的声阻抗，这样可以减小二者接触界面的反射损耗。实际上，调制器都是在两者之间加一过渡层耦合介质(可以是金属或非金属)，它可以起到三个作用：一是能较小损耗地将超声能量传递到介质中；二是能把换能器可靠地粘接在介质上；三是能起到换能器电极的作用(如果是用非金属作耦合介质，则必须另加电极)。要求耦合介质的声阻抗能很好地与声光介质和换能器匹配。一般在工作频率较低时，采用环氧树脂作为耦合粘接介质；当工作频率较高时，因环氧树脂的厚度可能接近声波波长，会影响声光介质对换能器发出超声波的响应，所以这时采用金属材料为宜。实验中多采用铟或铟锡合金，可以得到较好的耦合效果。如果把铟、锡交替镀制，不仅可以提高超声波的发射强度，而且还可以提高调制器的稳定性。

3. 声束和光束的匹配

由于入射光束具有一定宽度，并且声波在介质中是以有限的速度传播的，所以声波穿过光束需要一定的渡越时间，光束的强度变化对于声波强度变化的响应就不可能是瞬时的。为了缩短渡越时间以提高响应速度，调制器工作时用透镜将光束聚集到声光介质中心，光束成为极细的高斯光束，从而减小其渡越时间。事实上，为了充分利用声能和光能，认为声光调制器比较合理的情况是工作于声束和光束的发散角比$\alpha\approx 1\left(\alpha=\frac{\Delta\theta_i(\text{光束发散角})}{\Delta\phi(\text{声束发散角})}\right)$。这是因为声束发散角大于光束发散角时，其边缘的超声能量就浪费了；反之，如果光发散角大于声发散角，则边缘光线因为已没有方向合适的(即满足布拉格条件的)超声波而不能被衍射。所以在设计声光调制器时，应比较精确地确定二者的比值。一般的光束发散角取$\Delta\theta_i=4\lambda/(\pi d_0)$，式中$d_0$为聚焦在声光介质中的高斯光束腰部直径。超声波束发散角为$\Delta\phi=\lambda_S/L$，式中L为换能器长度。于是，得到比值

$$\alpha = \frac{\Delta\theta_i}{\Delta\phi} = \frac{4}{\pi}\cdot\frac{\lambda L}{\lambda_S d_0} \tag{1.3-88}$$

根据实验证明，调制器在$\alpha=1.5$时性能最好。

此外，对于声光调制器，为了提高衍射光的消光比，希望衍射光尽量与0级光分开，调制器还必须采用严格可分离条件，即要求衍射光中心和0级光中心间的夹角大于$2\Delta\phi$，即大于$8\lambda/(\pi d)$。由于衍射光和0级光之间的夹角(即偏转角)等于$\frac{\lambda}{v_S}f_S$，所以可分离条件为

$$f_S \geqslant \frac{8v_S}{\pi d_0} = \frac{8}{\pi\tau} \approx \frac{2.55}{\tau} \tag{1.3-89}$$

或者,因为 $f_S=v_S/\lambda_S$,亦可写成

$$\frac{1}{d_0}\leqslant\frac{\pi}{8\lambda_S} \tag{1.3-90}$$

把式(1.3-90)代入式(1.3-88)得

$$\alpha=\frac{\lambda L}{2\lambda_S^2}\approx\frac{L}{2L_0}$$

当调制器为最佳性能条件 $\alpha=1.5$ 时,有

$$L=3L_0 \tag{1.3-91}$$

由此确定换能器长度 L_0,再利用式(1.3-89)可求出聚焦在介质中激光束的腰部直径为

$$d_0=v_S\tau=\frac{2.55v_S}{f_S} \tag{1.3-92}$$

由此可以选择透镜的焦距。

1.4 磁光调制

1.4.1 磁光效应

磁光效应是磁光调制的物理基础,有些物质,如顺磁性、铁磁性和亚铁磁性材料等,其内部组成的原子或离子都具有一定的磁矩,由这些磁性原子或离子组成的化合物具有很强的磁性,称为磁性物质。人们发现,在磁性物质内部有很多个小区,在每个小区域内,所有的原子或离子的磁矩都互相平行地排列着,把这种小区域称为磁畴;因为各个磁畴的磁矩方向不相同,因而其作用互相抵消,所以宏观上并不显示出磁性。若沿物体的某一方向施加一外磁场,那么物体内各磁畴的磁矩就会从各个不同的方向转到磁场方向上来,这样对外就显示出磁性,从而引起物质的光学各向异性,这种现象称为磁光效应。当光波通过一种磁化的物质时,其传播特性发生变化。

磁光效应包括法拉第旋转效应、克尔效应、磁致双折射(Cotton-Mouton)效应等。其中,最主要的是法拉第旋转效应,当一束线偏振光在外加磁场作用下的介质中传播时,其偏振方向发生旋转,其旋转角度 θ 的大小与沿光束方向的磁场强度 H 和光在介质中传播的长度 L 成正比,即

$$\theta=VHL \tag{1.4-1}$$

式中,V 称为韦尔代(Verdet)常数,它表示在单位磁场强度下线偏振光通过单位长度的磁光介质后偏振方向旋转的角度。表 1.4-1 列出了一些磁光材料的韦尔代常数。

表 1.4-1 不同材料的韦尔代常数 (单位:(′)/(cm · T)×10^{-4})

材料名称	冕玻璃	火石玻璃	氯化钠	金刚石	水
V	0.015~0.025	0.03~0.05	0.036	0.012	0.013

对于旋光现象的物理原因,可解释为外加磁场使介质分子的磁矩定向排列,当一束线偏振光通过它时,分解为两个频率相同、初相位相同的两个圆偏振光,其中一个圆偏振光的电矢量是顺时针方向旋转的,称为右旋圆偏振光,而另一个圆偏振光是逆时针方向旋转

的，称为左旋圆偏振光。这两个圆偏振光无相互作用地以两种略有不同的速度 $v_+=c/n_R$ 和 $v_-=c/n_L$ 传播，它们通过厚度为 L 的介质之后产生的相位延迟分别为

$$\varphi_1=\frac{2\pi}{\lambda}n_R L \qquad \varphi_2=\frac{2\pi}{\lambda}n_L L$$

所以，两圆偏振光间存在一相位差

$$\Delta\varphi=\varphi_1-\varphi_2=\frac{2\pi}{\lambda}(n_R-n_L)L \tag{1.4-2}$$

当它们通过介质之后，又合成为一线偏振光，其偏振方向相对于入射光旋转了一个角度。图 1.4-1 中 YZ 表示入射介质的线偏振光的振动方向，将振幅 A 分解为左旋和右旋两矢量 A_L 和 A_R，假设介质的长度 L 使右旋矢量 A_R 刚转回到原来的位置，此时左旋光矢量（由于 $v_L\neq v_R$）转到 A_L'，于是合成的线偏振光 A' 相对于入射光的偏振方向转了一个角度 θ，此值等于 δ 的一半，即

$$\theta=\frac{\delta}{2}=\frac{\pi}{\lambda}(n_R-n_L)L \tag{1.4-3}$$

可以看出，A' 的偏振方向将随着光波的传播向右旋转，这称为右旋光效应。

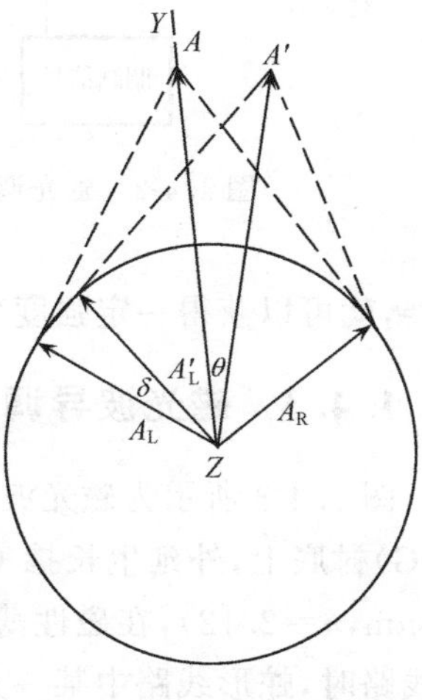

图 1.4-1　光通过介质时偏振方向旋转

磁致旋光效应的旋转方向仅与磁场方向有关，而与光线传播方向的正逆无关，这是磁致旋光现象与晶体的自然旋光现象不同之处。光束往返通过自然旋光物质时，因旋转角相等方向相反而相互抵消，但通过磁光介质时，只要磁场方向不变，旋转角都朝一个方向增加。此现象表明磁致旋光效应是一个不可逆的光学过程，因而可利用来制成光学隔离器或单通光闸等器件。

目前最常用的磁光材料主要是钇铁石榴石（YIG）晶体，它在波长 1.2～4.5μm 之间的吸收系数很低（$\alpha\leqslant 0.03\text{cm}^{-1}$），而且有较大的法拉第旋转角。这个波长范围包括了光纤传输的最佳范围（1.1～1.5μm）和某些固体激光器的频率范围，所以有可能制成调制器、隔离器、开关、环行器等磁光器件。由于磁光晶体的物理性能随温度变化不大，因而不易潮解，调制电压低，这是它比电光、声光器件优越之处。但是，当工作波长超出上述范围时，吸收系数急剧增大，致使器件不能工作。这表明它在可见光区域一般是不透明的，而只能用于近红外区和红外区。因此，它的应用受到很大的局限。

1.4.2　磁光体调制器

磁光调制与电光调制、声光调制一样，也是把欲传递的信息转换成光载波的强度（振幅）等参量随时间的变化，所不同的是，磁光调制是将电信号先转换成与之对应的交变磁场，由磁光效应改变在介质中传输的光波的偏振态，从而达到改变光强等参量的目的。磁光体调制器的组成如图 1.4-2 所示。工作物质（YIG 或掺 Ga 的 YIG 棒）放在沿轴线方向的光路上，它的两端放置有起、检偏器，高频螺旋形线圈环绕在 YIG 棒上，受驱动电源的控制。为了获得线性调制，在垂直于光传播方向上加一恒定磁场 H_{dc}，其强度足以使晶体饱和磁化。当工作时，高频信号电流通过线圈就会感生出平行于光传播方向的磁场；入射光通过 YIG 晶体时，由于法拉第旋转效应，其偏振面发生旋转，旋转角与磁场强度 H 成

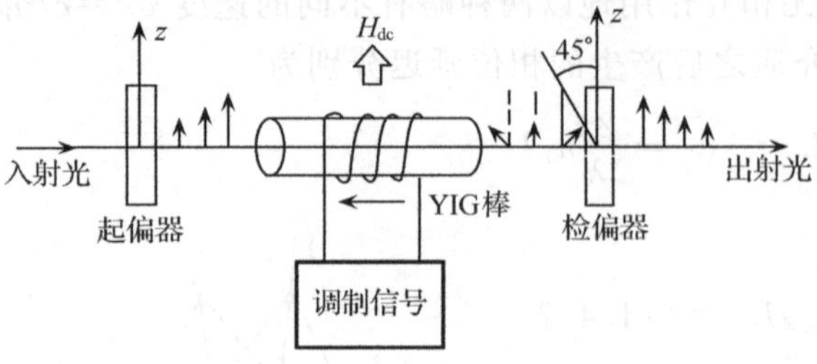

图 1.4-2 磁光调制示意图

正比。因此,只要用调制信号控制磁场强度的变化,就会使光的偏振面发生相应的变化。但这里因加有恒定磁场 H_{dc},且与通光方向垂直,故旋转角与 H_{dc} 成反比,于是

$$\theta = \theta_S \frac{H_0 \sin(\omega_H t)}{H_{dc}} L_0 \quad (1.4\text{-}4)$$

式中,θ_S 是单位长度饱和法拉第旋转角,$H_0 \sin(\omega_H t)$ 是调制磁场。如果再通过检偏器,就可以获得一定强度变化的调制光。

1.4.3 磁光波导调制器

图 1.4-3 所示为磁光波导模式转换调制器结构图,圆盘形的钆镓石榴石($Gd_3Ga_5O_{12}$-GGG)衬底上,外延生长掺 Ga、Se 的钇铁石榴石(YIG)磁性薄膜作为波导层(厚度 $d=3.5\mu m$,$n=2.12$),在磁性薄膜表面上用光刻技术制作一条金属蛇形线路,当电流通过蛇形线路时,蛇形线路中某一条通道中的电流沿 y 方向,则相邻通道中的电流就沿 $-y$ 方向,此电流可产生沿 z 轴方向周期变化的磁场,磁性薄膜内便可出现沿 z 轴方向交替饱和磁化的情况,通过磁光效应可实现模式转换。

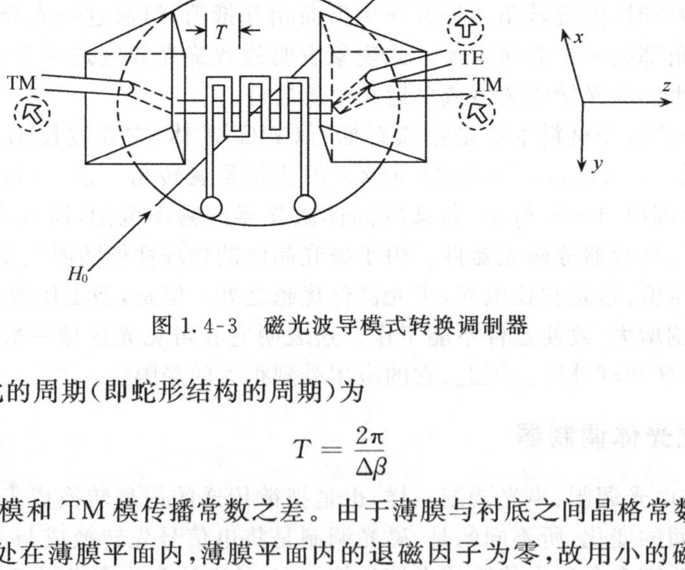

图 1.4-3 磁光波导模式转换调制器

设磁场变化的周期(即蛇形结构的周期)为

$$T = \frac{2\pi}{\Delta\beta}$$

式中,$\Delta\beta$ 为 TE 模和 TM 模传播常数之差。由于薄膜与衬底之间晶格常数和热膨胀的失配,易磁化方向处在薄膜平面内,薄膜平面内的退磁因子为零,故用小的磁化场就可使磁化强度 M 在薄膜平面内自由转动。若激光($\lambda=1.152\mu m$)由两个棱镜耦合器输入和输出,入射的是 TM 模,由于法拉第磁光旋转效应,随着光波在波导薄膜中沿 z 方向(磁化方向)传输,原来处于薄膜平面内的电场矢量(x 方向)就转向薄膜的法线方向(y 方向),即 TM 模转换成 TE 模。由于磁光效应与磁化强度 M 在传播方向 z 上的分量 M_z 成正比,故在 z 轴和 y 轴之间 45°方向上加一直流磁场 H_{dc} 后,改变输入蛇形线路中的电流,就

可改变 M_z，从而改变其转换效率。当输入的电流大到使 M 沿 z 方向饱和时，则转换效率达到最大。若器件的 $T=2.5\mu m$，蛇形线路中输入 0.5A 直流电流，磁光互作用长度 $L=6mm$，则可将输入的 TM 模（$\lambda=1.152\mu m$）52%的功率转换到 TE 模。磁光波导模式转换调制器的输出耦合器是一个具有高双折射的金红石棱镜。使输出的 TE 和 TM 模分成 20°11′张角的两条光束，输入蛇形线路的电流频率为 0～80MHz，均可观察到两个模式的光强度被调制的情况。

1.5　直接调制

直接调制是把要传递的信息转变为电流信号注入半导体光源（激光二极管 LD 或半导体二极管 LED），从而获得已调制信号。由于它是在光源内部进行的，所以又称为内调制，这种直接调制简便高效率，还能够高速调制，是目前光纤通信系统普遍使用的实用化调制方法。根据调制信号的类型，直接调制又可以分为模拟调制和数字调制两种，前者是用连续的模拟信号（如电视、话音等信号）直接对光源进行光强度调制，后者是用脉冲编码调制（PCM）的数字信号对光源进行强度调制。下面简要介绍这两种调制方法。

1.5.1　半导体激光器（LD）直接调制的原理

半导体激光器是电子与光子相互作用并进行能量直接转换的器件。图 1.5-1 所示为砷镓铝双异质结注入式半导体激光器的输出光功率与驱动电流的关系曲线。半导体激光器有一个阈值电流 I_t，当驱动电流密度小于 I_t 时，激光器基本上不发光或只发很弱的谱线宽度很宽、方向性较差的荧光；当驱动电流密度大于 I_t 时，开始发射激光，此时谱线宽度、辐射方向显著变窄，强度大幅度增加，而且随电流的增加，呈线性增长，如图 1.5-2 所示。由图 1.5-1 可以看出，发射激光的强弱直接与驱动电流的大小有关。若把调制信号加到激光器（电源）上，就可以直接改变（调制）激光器输出光信号的强度。由于这种调制方式简单，且能在高频工作，并能保证有良好的线性工作区和带宽，所以在光纤通信、光盘和光复印等方面得到了广泛的应用。

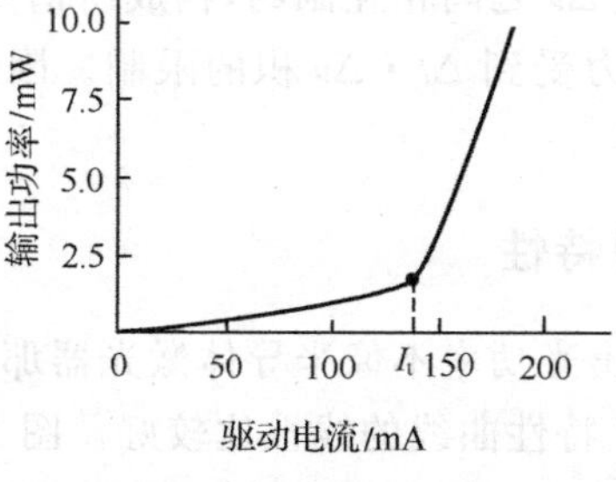

图 1.5-1　半导体激光器的输出特性

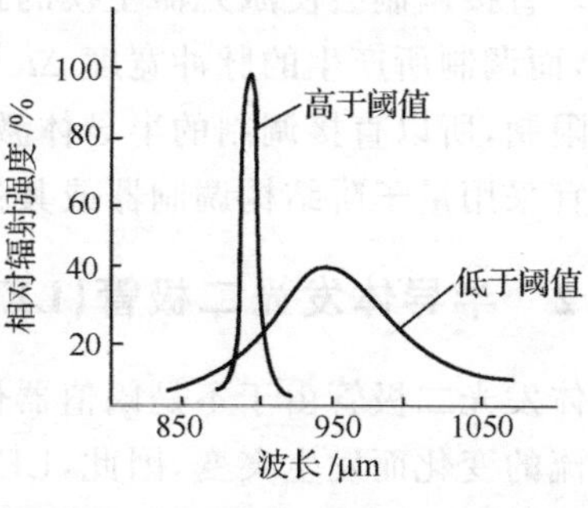

图 1.5-2　半导体激光器的光谱特性

图 1.5-3 所示为半导体激光器调制原理的示意图，其中图（a）所示为电原理示意图，图（b）所示为输出光功率与调制信号的关系曲线。为了获得线性调制，使工作点处于输

出特性曲线的直线部分,必须在加调制信号电流的同时加一适当的偏置电流 I_b,这样就可以使输出的光信号不失真。但是必须注意,把调制信号源与直流偏置相隔离,避免直流偏置源对调制信号源产生影响。当频率较低时,可用电容和电感线圈串接来实现,当频率很高(>50MHz)时,则必须采用高通滤波电路。另外,偏置电流直接影响 LD 的调制性能,通常应选择 I_b 在阈值电流附近而且略低于 I_t,以使 LD 获得较高的调制速率。因为在这种情况下,LD 连续发射光信号不需要准备时间(即延迟时间很小),其调制速率不受激光器中载流子平均寿命的限制;同时,弛豫振荡也会得到一定的抑制。但 I_b 选得太大,又会使激光器的消光比变坏,所以在选择偏置电流时,要综合考虑其影响。

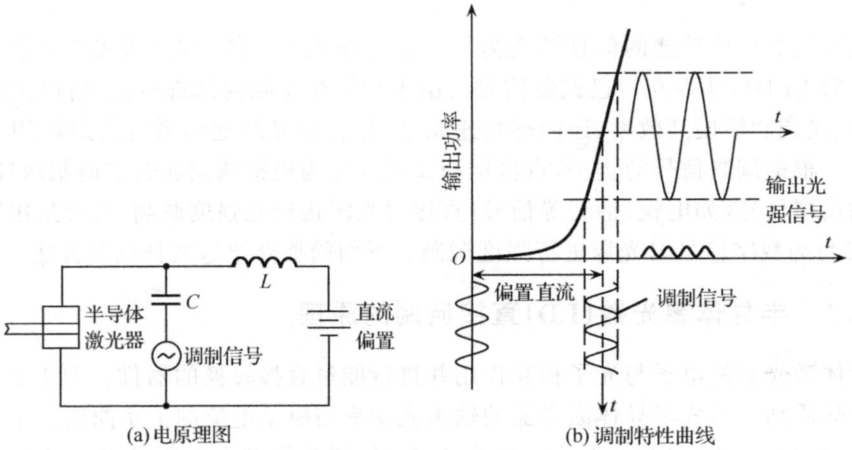

图 1.5-3 半导体激光器调制原理示意图

半导体激光器处于连续调制工作状态时,无论有无调制信号,由于有直流偏置,所以功耗较大,从而引起温升,会影响或破坏器件的正常工作。现在,双异质结激光器的出现,使激光器的阈值电流密度比同质结大大降低,可以满意地在室温下以连续调制方式工作。

要使半导体激光器在高频调制下不产生调制畸变,最基本的要求是输出功率要与阈值以上的电流呈良好的线性关系;另外,为了尽量不出现弛豫振荡,应采用条宽较窄的激光器结构。直接调制会使激光器主模的强度下降,而次模的强度相对增加,从而使激光器谱线加宽,而调制所产生的脉冲宽度 Δt 与谱线宽度 $\Delta\nu$ 之间相互制约,构成所谓傅里叶变换的带宽限制,所以直接调制的半导体激光器的能力受到 $\Delta t \cdot \Delta\nu$ 积的限制。因此,在高频调制下宜采用量子阱结构调制器或其他外调制器。

1.5.2 半导体发光二极管(LED)的调制特性

半导体发光二极管由于不是阈值器件,它的输出光功率不像半导体激光器那样,会随着注入电流的变化而发生突变,因此,LED 的 P_{out}-I 特性曲线的线性比较好。图 1.5-4 所示为 LED 与 LD 的 P_{out}-I 特性曲线的比较。其中,LED_1 和 LED_2 是正面发光型发光二极管的 P-I 特性曲线,LED_3 和 LED_4 是端面发光型发光二极管的 P-I 特性曲线。由图可见,发光二极管的 P-I 特性曲线明显优于半导体激光器,所以它在模拟光纤通信系统中得到广泛应用;但在数字光纤通信系统中,因为它不可能获得很高的调制速率(最高只能达到 100Mb/s)，所以应用受到限制。

1.5.3　半导体光源的模拟调制

无论使用 LD 还是 LED 作为光源，都要施加偏置电流 I_b，使其工作点处于 LD 或 LED 的 P-I 特性曲线的直线段，如图 1.5-3(b)和图 1.5-5(b)所示。其调制线性好坏与调制深度 m 有关。

$$\text{LD:}\quad m=\frac{\text{调制电流幅度}}{\text{偏置电流}-\text{阈值电流}}$$

$$\text{LED:}\quad m=\frac{\text{调制电流幅度}}{\text{偏置电流}}$$

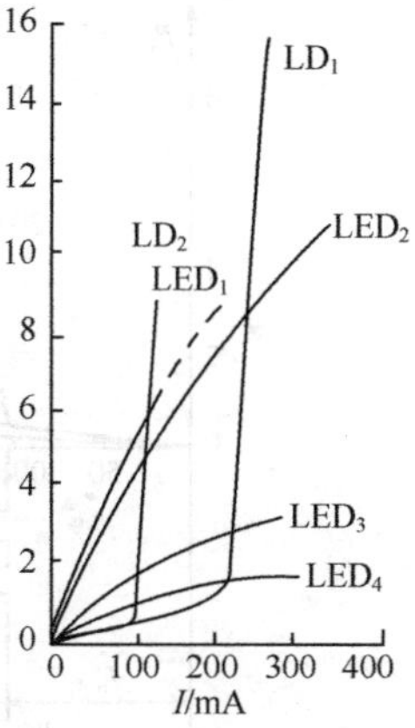

图 1.5-4　LED 与 LD 的 P_{out}-I 曲线比较

由图可见，当 m 大时，调制信号幅度大，则线性较差；当 m 小时，虽然线性较好，但调制信号幅度小。因此，应选择合适的 m 值。另外，在模拟调制中，光源器件本身的线性特性是决定模拟调制好坏的主要因素，所以在线性度要求较高的应用中，需要进行非线性补偿，即用电子技术校正光源引起的非线性失真。

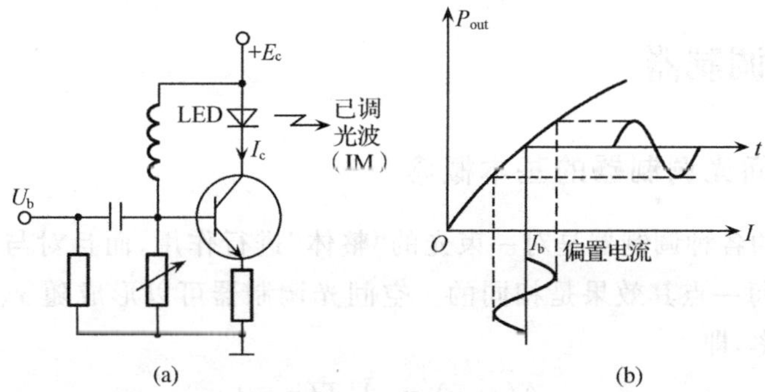

图 1.5-5　模拟信号驱动电路及光强度调制

1.5.4　半导体光源的 PCM 数字调制

数字调制是用二进制数字信号“1”码和“0”码对光源发出的光载波进行调制。数字信号大都采用脉冲编码调制(PCM)，即先将连续的模拟信号通过“抽样”变换成一组调幅的脉冲序列，再通过“量化”和“编码”过程，形成一组等幅度、等宽度的矩形脉冲作为“码元”，如用“有脉冲”和“无脉冲”的不同组合(有一定位数脉冲码元)代表抽样值的幅度。将连续的模拟信号变成 PCM 数字信号，称为“模/数”(或 A/D)变换(具体过程可参考有关光纤通信的书籍)。然后，再将 PCM 数字信号对光源进行强度调制，其调制特性曲线如图 1.5-6所示。

由于数字光通信的优点突出，所以其应用有很好的前景。首先，因为数字光信号在信道传输过程中引进的噪声和失真，可采用间接中继器的方式去掉，故抗干扰能力强；其次，对数字光纤通信系统的线性要求不高，可充分利用光源(LD)的发光功率；第三，数字光通

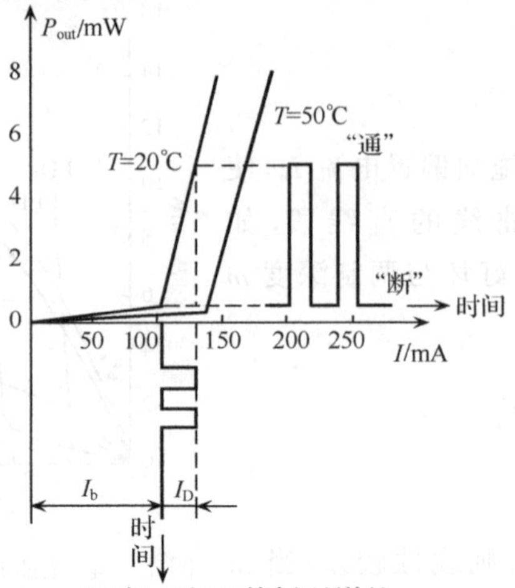

(a) 加I_b后LD数字调制特性

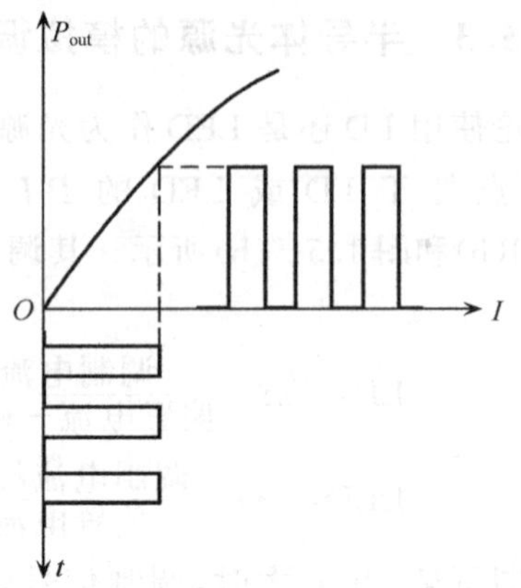

(b) LED数字调制特性

图 1.5-6 数字调制特性

信设备便于和PCM电话终端、PCM数字彩色电视终端和电子计算机终端相连接,从而组成既能传输电话、彩色电视,又能传输计算机数据的综合性通信系统。

1.6 空间光调制器

1.6.1 空间光调制器的基本概念

前面所介绍的各种调制器是对一束光的"整体"进行作用,而且对与光传播方向垂直的 x-y 平面上的每一点其效果是相同的。空间光调制器可以形成随 x、y 坐标变化的振幅(或强度)透过率,即

$$A(x,y) = A_0 T(x,y)$$

或者是形成随坐标变化的相位分布,即

$$A(x,y) = A_0 T\exp[\mathrm{i}\theta(x,y)]$$

或者是形成随坐标变化的不同的散射状态。顾名思义,这是一种对光波的空间分布进行调制的器件。空间光调制器(Spatial Light Modulator,SLM)含有许多独立单元(称为像素),它们在空间排列成一维或二维阵列,每个像素都可以独立地接受光信号或电信号的控制,并按此信号改变自身的光学性质(透过率、反射率、折射率等),从而对通过它的光波进行调制。控制这些像素光学性质的信号称为"写入信号"(W),写入信号可以是光信号也可以是电信号,射入器件并被调制的光波称为"读出光"(I_R),经过空间光调制器后的输出光波称为"输出光"(I_O),三者间的关系如图 1.6-1 所示。

写入信号应含有控制调制器各像素的信息,并把这些信息分别传送到调制器相应的各像素位置上,改变其光学性质。当写入信号是光学信号时,通常表现为一个二维的光强分布的图像,通过一光学系统成像在空间光调制器的像素平面上,使入射光的像素与空间光调制器的像素一一对应,这个过程称为"寻址"。这种方式称为"光学寻址"。因为在时

间上所有像素的寻址是同时完成的，所以光学寻址是一种“并行寻址”方式。当读出光通过调制器时，其光学参量（振幅、强度、相位或偏振态）就受到空间光调制器各像素的调制，结果变成了一束具有新的光学参量空间分布的输出光，这种方式主要用于光-光转换器件。这种器件可以应用于光学信息处理和光计算机中进行图像转换、显示、存储和滤波，特别是为显示出光学信息处理的优点，在进行实时的二维并行处理时就更需要实时的空间光调制器。当写入信号是电信号时，需采用“电学寻址”方式。因为电信号是一个时间序列，原则上只能依次地输出到调制器的各个像素上，所以电学寻址是一种“串行寻址”方式。这种方式主要用做电-光实时接口器件。它的优点是能够直接用电信号来控制输出光的振幅或相位，便于和计算机连接，也便于和电视摄像机信号等电子模拟信号连接。在写入信号的作用下，空间光调制器各像素的光学性质（透过率、折射率、反射率、旋光性和表面变形等）将发生相应的变化。引起光学性质变化的机制主要有：各种晶体、液晶、有机聚合物等材料的电光效应、声光效应、磁光效应和电吸收等效应（其原理如前面所述）。

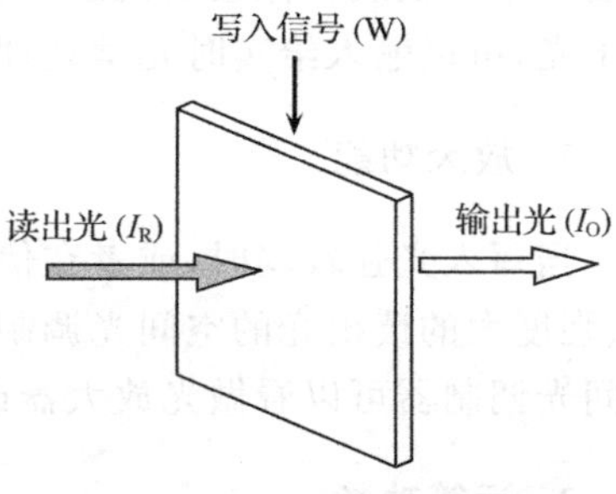

图 1.6-1 空间光调制器示意图

1.6.2 空间光调制器的基本功能

空间光调制器的基本功能，就是提供实时或准实时的一维或二维光学传感器件和运算器件。各种不同类型的空间光调制器有各自的特点，但它们具有一些共同的或相似的性能和功能，概括起来主要有以下几种。

1. 变换器功能

(1) 电-光转换和串行-并行转换。在电光混合处理器中，可以把写入的串行电信号转变成输出光信号，而且这种输出可以是按所需格式排列的一维或二维的数据组，也可以是二维的图像。例如，待处理的信息来自摄像机或计算机的模拟信号，它往往是一个随时间变化的电信号；为了把该信号输入到光学处理系统中去，就要用空间光调制器，一方面把按时间先后串行的电信号，转换成一个在空间以一维或二维阵列形式排列的控制信号，另一方面又把阵列中每个像素上的控制信号转换成能调制读出光的光学性质的变化。

(2) 非相干光-相干光转换。在实时处理系统中，可以把写入的非相干光信号转换成输出的相干光信号。因为实时处理系统的处理对象往往是一个实际的物体，一般的光学系统只能使它形成一个非相干的图像，但是处理系统却要求一个相干图像，以便进行频域处理或者进行基于光干涉的处理等。例如，在图 1.6-2 中，写入信号 I_W 是一个由非相干光组成的二维图像，读出光 I_R 是一束振幅均匀的相干光，则当空间光调制器采用光学寻址方式，把写入光的

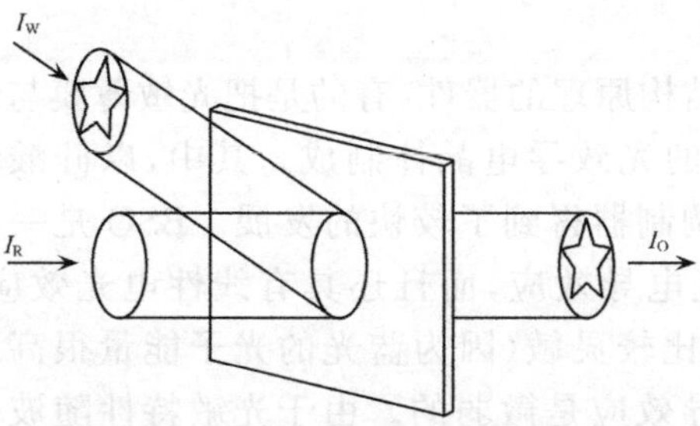

图 1.6-2 光学寻址空间光调制原理

照度分布转换成各像素的光强透射系数时，其输出光 I_O 便是一束携带有写入图像信息的相干光，可以输入给实时光学处理系统。

2. 放大功能

当写入光强较弱时，或者在信息处理过程中图像信号变弱时，可以采用空间均匀分布的、强度大的读出光的空间光调制器予以增强，即可得到放大了的输出相干光信号。这时空间光调制器可以看做光放大器或图像增强器。

3. 运算功能

对大多数空间光调制器来说，信号倍乘是其固有的性能。如图 1.6-1 所示，读出光 I_R 携带有一幅二维图像信息，用写入信号 W 去控制空间光调制器各像素的透过率，则输出光信号 I_O 在空间光调制器表面上的光强分布便等于 I_R 和信号 W 的乘积。如果写入信号代表一个矩阵，读出光代表另一个矩阵，则利用空间光调制器可以实现数字的矩阵与矩阵之间的乘法。另外，还可以进行一些与基本相乘功能有关的操作，例如，可编程匹配滤波，用计算机控制的可重建的光学互连，等等。

4. 阈值操作功能

利用器件的阈值特性，可以把连续变化的写入信号变换成若干分立的"值"输出，最简单的操作是把写入信号量化为 0 和 1 两种输出。给定一个阈值，当写入信号超过此阈值时，输出为"1"，当写入信号小于此阈值时，则输出为"0"(即无输出光)，这种操作称为阈值操作。利用这种特性，可以实现二进制逻辑运算及模/数转换。呈现阈值特性的空间光调制器可以看做非线性光开关的二维阵列。它在数字计算、数字图像处理中特别需要，它可使处理后的信号减小失真。

空间光调制器除了以上功能外，还有短时存储(记忆)、光学限幅、波面恢复等功能，不再一一介绍。

1.6.3 几种典型的空间光调制器

1. 泡克耳斯读出光调制器

泡克耳斯读出光调制器(Pockels Readout Optical Modulator，PROM)是一种利用电光效应制成的光学寻址型空间光调制器，其性能比较好，目前已得到实际的应用。

(1) 泡克耳斯读出光调制器的结构

为了满足实时处理的要求，陆续出现了多种结构原理的器件，有的是把光敏薄膜与铁电晶体结合起来，有的则利用本身具有光敏性能的光致导电晶体制成。其中，以硅酸铋($Bi_{12}SiO_{20}$，简写为 BSO)晶体材料制成的空间光调制器得到了较快的发展。BSO 是一种非中心对称的立方晶体(23 点群)，它不但具有光电导效应，而且还具有线性电光效应。它的半波电压比较低，对 $\lambda=400\sim450$nm 的蓝光比较灵敏(因为蓝光的光子能量很高)，而对 600nm 的红光(红光的光子能量弱)的光电导效应是微弱的。由于光敏特性随波长的不同剧烈变化，材料对蓝光敏感，对红光不敏感，所以可用蓝光作为写入光，用红光作为读出光，从而可减少读出光和写入光之间的互相干扰。

BSO-PROM 空间光调制器的结构示意图如图 1.6-3 所示。在 BSO 晶体的两侧涂 3μm 厚的绝缘层(聚氯代对苯二甲酸)最外层镀上透明电极就成为透射式的器件；如果在写入侧镀上双色反射层用以反射红光而透射蓝光，则构成反射式的器件。反射式结构不但降低了半波电压，而且消除了晶体本身旋光性的影响。

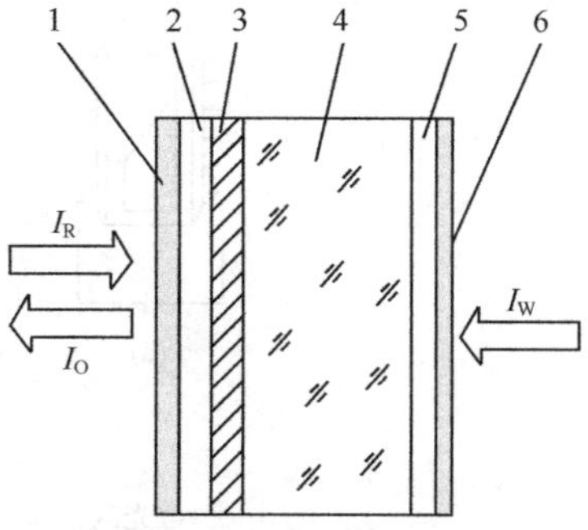

图 1.6-3　反射式硅酸铋空间光调制器结构示意图

1,6-透明电极　2,5-绝缘层　3-双色反射层　4-硅酸铋晶体

(2) BSO-PROM 空间光调制器的工作原理

它是把图像的光强分布转化为加在 BSO 晶体上电压的空间分布，从而把图像传递到读出光束上。前者是利用晶体的光电导性质，后者是利用晶体的泡克耳斯电光效应。具体的工作过程是：当在透明电极上加上工作电压而无光照时，晶体的光学性质并不发生变化，因为此时光敏层电阻的阻值很大，大部分电压降到光敏层上。如果用较强的蓝光照射光敏层，光子被激发，使电子获得足够的能量越过禁带而跃入导带，就会有大量自由电子和空穴参与导电，于是光敏层的电阻就减到很小(称为光电导效应)，绝大部分电压就加到了 BSO 晶体上。由于光敏层的电阻值是随外界入射光的强弱发生变化的，故晶体的电光效应也随入射光的强弱做相对应的变化。例如，用一束激光携带图像信息作为写入信号 I_W 从图的右方射向器件，通过透镜照射到 BSO 晶体上，由于光电效应在晶体内激发电子-空穴对，电子被拉向正极，而空穴按写入光的图像形状分布引起电位的空间变化，这样，写入光的照度分布通过光电效应转化成 BSO 晶体内的电场分布，将图像存储下来。在读取图像时，用长波光，如 633nm 的红光作为读出光 I_R，通过起偏器(x 方向)从图的左方照射器件。由于电光效应而变成椭圆偏振光，其椭圆率取决于晶体中电压的空间变化，因此从检偏器(图的左方，与起偏器正交放置)输出的光 I_O 的光强分布将正比于图像的明暗分布，即实现了光的空间调制。

上述电光空间光调制器的工作程序如图 1.6-4 所示。图 1.6-4(a)、(b)、(c)所示为写入前的准备阶段。图 1.6-4(a)所示为在晶体的两个电极间加电压 V_0，图 1.6-4(b)所示为用脉冲氙灯均匀照射光敏层，使之产生电子-空穴对，并在外电场作用下向晶体的电极界面漂移，使晶体中形成一个均匀的内电场，即清除了原来存储的图像(因为 BSO 的暗电阻很大，存储的图像可以保持很长时间)。图 1.6-4(c)所示为将外接电压反转，使晶体上的电压升高为 $2V_0$。图 1.6-4(d)所示为写入阶段的情况，用较短波长的蓝光携带图像信息作为写入光 I_W 成像在 BSO 晶片的表面上，通过光电效应转变成 BSO 晶体内的电场分布，再通过电光效应又进而转变成双折射率分布。图 1.6-4(e)所示为读出时的情况，用长波长的线偏振红光作为读出光 I_R。选择长波长红光作为读出光是因为它基本不能对 BSO 晶体产生光电效应，不会破坏蓝光写入的电场图像。红光入射晶体后，由于 BSO 晶体的双折射而分解成两个互相垂直的偏振分量，两者之间有一相位差，故其合成光的偏振态随之发生变化，即 I_O 波面各处的偏振态受到按写入图像形成的电场分布的调制，因此从检偏器输出的光 I_O 就是强度受到调制的光。在记录屏上的

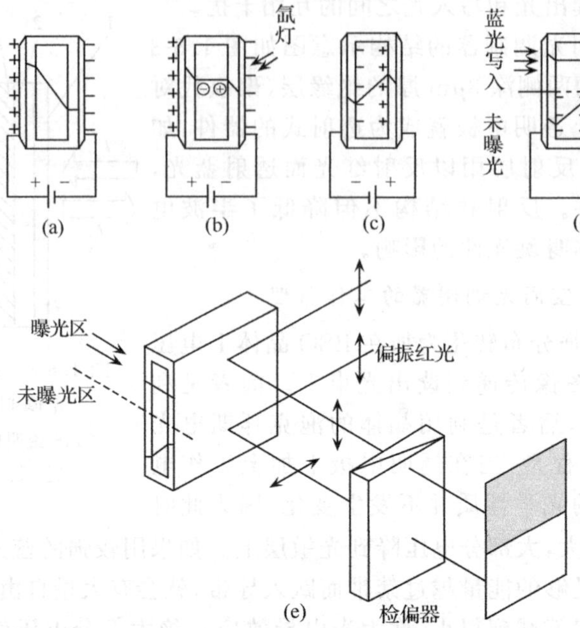

图 1.6-4　BSO-PROM 空间光调制器

亮区，因为是 BSO 晶体未曝光区，故晶体的双折射效应很弱，光束在这个区域的偏振态几乎没有改变，故无图像显示。

2. 液晶空间光调制器

普通的晶体从固态转变为液态有一定的熔点。在熔点以下是固态，熔点以上是液态，并且失去了晶体的性质。但是有些物质不是直接由固态变为液态，而是经过一个过渡相态。这时，它一方面具有液体的流动性质，同时又有晶体的特性(如光学、力学、热学的各向异性)，这种过渡相态称为“液晶”。

液晶是一种有机化合物，一般由棒状柱形对称的分子构成，具有很强的电偶极矩和容易极化的化学团。由于液晶分子在形状、介电常量、折射率及电导率等方面具有各向异性的特点，所以当对这种物质施加外场(电、热、磁等)时，液晶分子的排列方向和液晶分子的流动位置就会发生变化，即改变液晶的物理状态。如果对液晶施加电场，它的光学性质就发生变化，这就是液晶的电光效应。液晶的电光效应主要包括扭曲效应、动态散射效应、电控双折射效应、相变效应、宾主效应等。

液晶空间光调制器比较典型的应用器件是硫化镉(CdS)液晶光阀，其结构示意图如图 1.6-5 所示。其中，平板玻璃是为保持器件的固定形状，透明电极材料为氧化铟(In_2O_3)和氧化锡(SnO_2)的混合材料——铟锡氧化物(ITO)，液晶分子取向膜层的材料是 SiO_2，它使与之接触的液晶分子薄层按沿面排列；多层介质膜反射镜的反射率约为 90%，它同时还用做两透明电极之间的电绝缘体，以防止直流电流流经液晶层；隔光层的材料是 CdTe，它使自右侧入射的写入光 I_W 不能射向隔光层左侧，同时也阻挡了反射膜漏出的光射向右面的光导层，使写入光与读出光隔离；光导层的材料是 CdS，其作用下面介绍。

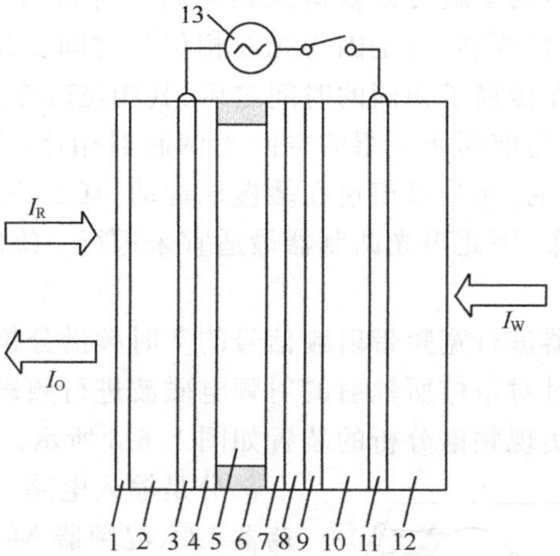

图 1.6-5 硫化镉液晶光阀结构

1-介质膜 2,12-平板玻璃 3,11-透明电极 4,7-液晶分子取向膜层(SiO_2) 5-液晶 6-隔圈 8-多层介质膜反射镜 9-隔光层 10-光导层(CdS) 13-电源

这种液晶光阀的主要功能是实现图像的非相干-相干转换。其工作过程是,将待转换的非相干图像通过一光学系统(作为写入光 I_W)从器件右侧成像到光导层上,同时有一束线偏振相干光(作为读出光 I_R)从器件左侧射向液晶层,其偏振方向与液晶层左端的分子长轴方向一致;由于高反射膜的作用,这束光将两次通过液晶层,最后从左方出射,通过一个偏振轴方向与 I_R 偏振方向垂直的检偏器,得到输出光 I_O。

电源通过两个透明电极把电压加在液晶层、高反射膜、隔光层和光导层相串联的整体上,因隔光层和高反射膜层都很薄,交流阻抗比较小,故电压主要降落在液晶层和光导层上。显然,这两层上的电压分配比例取决于光导层受光照的情况。对于入射光图像上暗的地方,光导层没有受到光照,则电导率很低(即电阻很大),故电压主要分配在光导层上,液晶层获得的电压较小,不足以产生明显的电光效应,因此在相应的位置上,液晶仍然处于原有状态(即具有扭曲 45°的排列结构),读出光通过该处后,其输出光强 I_O 为零。对于入射光图像上照度最大的像素位置,由于内光电效应,光导层的阻抗急剧变小。电压的大部分都降落在液晶层的相应位置上,于是产生明显的电光效应,读出光通过该处时,输出光 I_O 最大。对于入射光图像上其他照度的像素位置,相应的 I_O 值在零和极大值之间。这样,输出光强度的空间分布便被写入光图像的空间分布所调制,实现了图像的非相干-相干转换。

3. 其他类型的空间光调制器

(1) 声光空间光调制器

声光空间光调制器是利用声光效应来进行光调制的器件。在声光调制器中(其结构见本章 1.3 节),把电学写入信号通过电声换能器转换成载有写入信息的超声波,这个声波作用于声光介质,产生内应力场分布,通过光弹效应,又转化成介质折射率的变化分布,构成一种"相位光栅",读出光通过时因受到这种"光栅"的作用而被调制。由前面声-光互作用原理得知,其衍射光强度可以由超声波的功率,或者说由电-声换能器的电驱动功率来控制,因而通过改变超声功率就可以获得光强调制。若利用声光器件的频率调制功能又可以实现对读出光的相位调制,这是因为光波相位随时间变化的速率与角频率 ω 成正比,因此不同频率的光波在传播了相同的时间之后,其相位改变量是不一样的。

但声光空间光调制器与前面所介绍的空间光调制器相比,有两个不同点:其一,写入信息的空间分布不是固定的,而是以声速在缓慢地运动;其二,写入信息只沿一维空间(平行于声波的传播方向)分布,因此声光调制器最适宜来进行一维的图像(或信息)的光学并行处理。

例如,利用声光调制器进行宽频带射频信号的实时频谱分析。

在射电天文学中,通过对星体所辐射的射频电磁波进行频谱分析,可以了解星体的组成情况,利用声光调制器实现频谱分析的装置如图 1.6-6 所示。该装置由两部分组成,第一部分是输入电路,包括接收天线 A、本地振荡器 LO、混频器 M 和功率放大器 AMP。射频信号 RF 与本地振荡信号混频后,其频率从射频区降到超声区,放大后的超声信号用来驱动电-声换能器 T。装置的第二部分是一个集成光学器件 D,它是在 $LiNbO_3$ 基底表面上进行 Ti 扩散形成一个波导和换能器 T,换能器在该波导中激发的声波形成声光栅 G。在波导层中还制作 L_1 和 L_2 两个透镜,在波导的一侧有一个激光二极管 LD,在波导的另一侧有一个光电探测器阵列 DA。

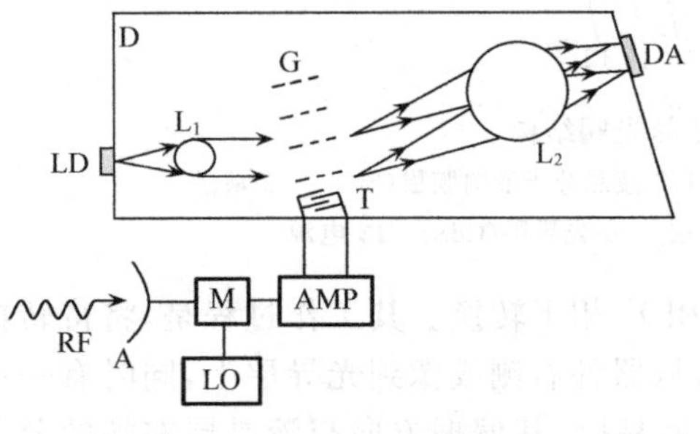

图 1.6-6 声光频谱分析装置

该频谱分析装置的工作原理是,由 LD 发出的光束经过 L_1 准直后作为入射光(读出光),这个光束在含有多种频率成分的光栅上发生布拉格衍射,同时产生了多个方向的衍射光束。各个衍射光束的强度取决于各频率成分的平均功率,当探测器阵列 DA 测出这些衍射光束的位置和强度之后,便能求出被测信号的频率成分和它们的相对强度,完成信号的频谱分析。

(2) *磁光空间光调制器*

磁光空间光调制器是利用对铁磁材料的诱导磁化来记录写入信息,利用磁光效应来实现对读出光的调制。

① 写入信息的记录。有些磁性材料在外磁场的诱导下即被磁化,当撤去外磁场后,材料的磁感应强度并不恢复为零,而仍有一个"剩磁强度"。这时,即使有一个反方向的外磁场,只要其强度不超过临界值,上述剩磁强度方向仍不会改变。只有当反向外磁场的大小超过临界值之后,剩磁强度方向才会随之改变。因此,可以利用磁性材料稳定的剩磁强度的方向"记忆"原来的外磁场方向;若要使它发生变化,则必须施加足够大的反向磁场才行。由于稳定的剩磁方向有两个,所以记录的信息是二元的,如果把磁性材料做成薄膜形状,并分成大量互相独立的像素(被刻蚀成矩形像素阵列),在各像素之间制作正交的寻址电极,那么便可以记录一个以二进制数字表示的二维数据阵列。

具体进行数据记录的方法是利用一种所谓矩阵寻址方法,通过在行、列电极上施加电流,在某个需要改变剩磁方向的像素处产生较强的局部反向磁场,达到使指定像素发生剩磁方向反转的效果。当电流通过两正交方向的寻址电极时，电极交叉处的像素即被寻址(究竟是交叉点周围的四个像素中哪个像素被寻址，由磁光薄膜的设计及电极中电流的方向决定)，薄膜的磁化状态随寻址磁场而发生变化。这样，利用逐行写入的方式，便能把二元的电子写入信号转变成按二维阵列排列的以剩磁方向表征的信息阵列。

② 信息的读出。在磁光调制器中，对读出光的调制是通过磁光效应来实现的。即当一束线偏振光通过磁光介质时，如果存在着沿光传播方向的磁场，则由于法拉第效应，入射光的偏振方向将随着光的传播而发生旋转，旋转的方向取决于磁场的方向，这样，就可以把记录在上述磁性薄膜中的剩磁方向分布的信息转换成输出光的偏振态的不同分布。若再通过一检偏器，便可完成二元的振幅调制或相位调制。

具体调制过程可用图 1.6-7 来说明。调制器的两个像素“1”和“2”已被写入信号调制成具有相反方向的剩磁强度(图中箭头方向表示，其中“1”表示薄膜磁化方向与光束方向相同，“2”相反)，由于法拉第效应，沿 y 轴方向偏振的线偏光 P 通过这两个像素后，其偏振方向将分别旋转 θ 和 $-\theta$，得到 P_1 和 P_2 两个出射光(一个顺时针旋转 θ，一个逆时针旋转 θ)；再在器件后面设置一个检偏器 A，其透光方向与 y 轴成 φ 角，则 P_1 通过 A 之后，光强正比于 $\cos^2(\varphi-\theta)$，而 P_2 通过 A 之后，光强正比于 $\cos^2(\varphi+\theta)$，实现了二元的振幅调制。若适当选取 φ 角，使 $\varphi-\theta=\pm 90°$，便能得到全对比输出，即一个像素处于“关态”无光通过，而另一像素的光则可部分或全部透过，即处于“开态”。磁光空间光调制器可以达到很高的画幅速率，具有稳定的存储特性，调制对比度也很高，可制作成大阵列器件(如 512×512 像素的器件)。这种空间光调制器已广泛应用于光学模式识别、光学信息处理、图像编码、光学互连等方面。

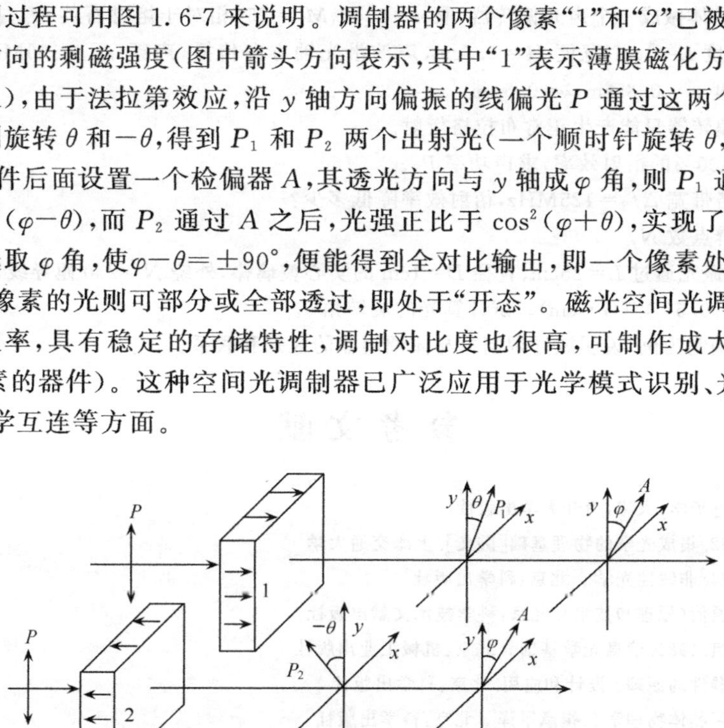

图 1.6-7　磁光调制器的信息读出

以上介绍的是基于电光、声光和磁光效应的空间光调制器。此外，近几年还出现有铁电陶瓷(PLZT)调制器、微通道板空间光调制器(MSLM)和多量子阱调制器等多种空间光调制器，在此就不一一介绍了。

习题与思考题

1. 一纵向运用的 KDP 电光调制器，长为 2cm，折射率 $n=1.5$。若工作频率为 1GHz(1000kHz)，试求此时光在晶体中的渡越时间及引起的衰减因子。

2. 在电光调制器中为了得到线性调制，在调制器中插入一个 1/4 波片，它的轴向应如何放置为佳？

若旋转 1/4 波片,它所提供的直流偏置有何变化?

3. 为了降低电光调制器的半波电压,采用 4 块 z 切割的 KD^*P 晶体连接(光路串联、电路并联)成纵向串联式结构。试问:(1)为了使 4 块晶体的电光效应逐块叠加,各晶体的 x、y 轴取向应如何放置?(2)若 $\lambda=0.628\mu m$,$n_o=1.51$,$\gamma_{63}=23.6\times10^{-12}m/V$,计算其半波电压,并与单块晶体调制器进行比较。

4. 试设计一种实验装置,如何检验出入射光的偏振态(线偏振光、椭圆偏振光和自然光),并指出是根据什么现象。如果一个纵向电光调制器没有起偏器,入射的自然光能否得到光强调制,为什么?

5. 一钼酸铅($PbMoO_4$)声光调制器,对 He-Ne 激光进行调制。已知声功率 $P_S=1W$,声光互作用长度 $L=1.8mm$,换能器宽度 $H=0.8mm$,$M_2=36.3\times10^{-15}s^3/kg$,试求钼酸铅声光调制器的布拉格衍射效率。

6. 一个驻波超声场对布拉格衍射光会发生什么反应?给出它所造成的频移及衍射方向。

7. 用钼酸铅晶体做成一个声光偏转器,取 $n=2.48$,$M_2=25$(相对于熔融石英 $M_{2石英}=1.51\times10^{-15}s^3/kg$),换能器长度 $L=1cm$,宽度 $H=0.5cm$,声波沿光轴方向传播,声频 $f_{S0}=150MHz$,$v_S=3.66\times10^5cm/s$,光束宽度 $w=0.85cm$,$\lambda=0.5\mu m$。

(1) 证明该偏转器只能产生正常布拉格衍射。

(2) 为获得 100% 的衍射效率,求声功率 P_S。

(3) 取布拉格带宽 $\Delta f_S=125MHz$,衍射效率降低多少?

(4) 求可分辨点数 N。

8. 一束线偏振光通过 $L=25cm$、直径 $D=1cm$ 的实心玻璃棒,外绕 $N=250$ 匝导线,通电流 $I=5A$。取韦尔代常数 $V=0.5(')/(G\cdot cm)$。试计算光的旋转角 θ。

9. 试以电光调制为例,说明波导调制器与体调制器的区别和联系。

参考文献

董孝义. 1985. 光波电子学. 天津:南开大学出版社

方俊鑫,盛虞琴. 1982. 集成光学的物理基础[讲义]. 上海交通大学

李荫远,杨顺华. 1974. 非线性光学. 北京:科学出版社

李泽民. 1992. 光纤通信(原理和技术). 北京:科学技术文献出版社

清华大学光仪教研组. 1985. 信息光学基础. 北京:机械工业出版社

徐介平. 1982. 声光器件的原理、设计和应用. 北京:科学出版社

小川智哉. 1985. 应用晶体物理学. 崔承甲译. 北京:科学出版社

佐佐木昭夫等. 1985. 液晶电子学基础和应用. 赵静安等译. 北京:科学出版社

赵达尊,张怀玉. 1992. 空间光调制器. 北京:北京理工大学出版社

Arechi F T, Schulz-Dubois E O. 1972. Laser Handbook (Volume 1). North-Holland Publishing Company

Auld B A. 1973. Acoustic Fields and Waves in Solids. John Wiley & Sons, Inc

Armitage D, et al. 1985. High-speed spatial light modulator. IEEE Trans, QE-21:1241-1247

Casaseut D. 1977. Spatial light modulators. Proc. IEEE, 65(1):143-157

Chang I C. 1976. Acoustooptic devices and applications. IEEE Trans. Sonics and Ultrasonics, SU-23:2-22

Ghatak A K, Thyagarajan K. 1989. Optical Electronics. New York: Cambridge University Press

Holler F, et al. 1986. A spatial light modulator using BSO crystals. Opt. Commum, 58(1):20-24

Ross W E, et al. 1982. ZD Magneto-optic spatial light modulator for signal processing. Proc. SPIE, 341:191-198

Waksberg A. 1975. Electro-optic modulators for laser. Opt. and Laser Techn., 7:209-212

Yariv A. 1976. Introduction to Optical Electronics. 2nd ed. New York: Holt, Reinhart and Winston

Yariv A, Yeh P. 1984. Optical Waves in Crystals. John Wiley & Sons, Inc

第2章 调Q(Q开关)技术

2.1 概述

激光是一种光频段的电磁波，它的频率远远高于一般的电磁波，这使得光波可以用于以往不可能应用的领域，例如，宽频带的高速通信和需要单光子能量足够大的光与物质相互作用等。

根据量子力学测不准原理和电动力学的波包理论，电磁波的脉冲宽度 $\Delta\tau$ 与其谱线宽度 $\Delta\nu$ 成反比，即

$$\Delta\tau \propto \frac{1}{\Delta\nu}$$

由此可见，$\Delta\nu$ 越大，可能获得的脉冲宽度越窄。因为固体激光工作物质的谱线宽度比较宽，所以可以进一步压缩脉冲宽度。获得短脉冲技术已经成为激光技术最重要的组成部分之一，并且已经形成了以调 Q 技术、锁模技术和啁啾技术为代表的一个独特的学科领域。

调 Q 技术是将一般输出的连续或脉冲激光能量压缩到宽度极窄的脉冲中发射，从而使光源的峰值功率可提高几个数量级的一种技术。现在，获得峰值功率在兆瓦级(10^6 W)以上，脉宽为纳秒级(10^{-9} s)的激光脉冲已并不困难。调 Q 技术的出现在两方面极大地推动了激光技术的应用。一方面，高峰值功率的调 Q 激光脉冲与物质相互作用，会产生一系列具有重大意义的新现象和新技术，直接推动了非线性光学的发展；另一方面，极窄脉宽的调 Q 激光脉冲推动了诸如脉冲激光测距、激光雷达、高速全息照相等应用技术的发展。可以说，激光调 Q 技术已经成为许多应用领域不可取代的重要技术。调 Q 技术的出现和发展，是激光发展史上的一个重要突破。

2.1.1 脉冲固体激光器的输出特性

将普通脉冲固体激光器输出的脉冲，用示波器进行观察、记录，发现其波形并非一个平滑的光脉冲，而是由许多振幅、脉宽和脉冲间隔作随机变化的尖峰脉冲组成的，如图 2.1-1(a)所示。每个尖峰的宽度为 0.1～1μs，脉冲间隔为数微秒，脉冲序列的长度大致与闪光灯泵浦持续时间相等。图 2.1-1(b)所示为观察到的红宝石激光器输出的尖峰。这种现象称为激光器弛豫振荡。

产生弛豫振荡的主要原因是：当激光器的工作物质被泵浦，上能级的反转粒子数超过阈值条件时，即产生激光振荡，腔内光子数密度增加，并发射激光。随着激光的发射，上能

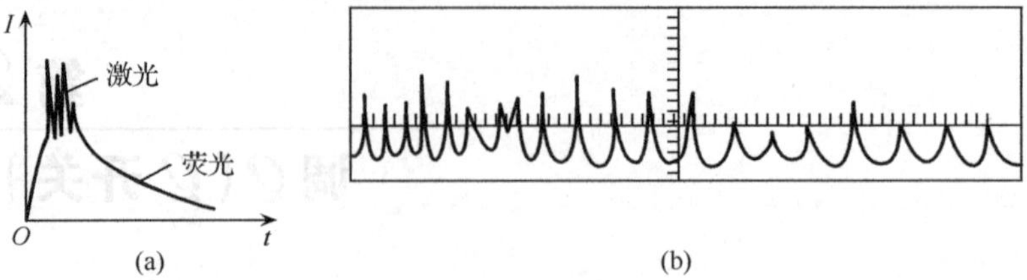

图 2.1-1 脉冲激光器输出的尖峰结构

级粒子数大量被消耗,导致反转粒子数降低,当低于阈值时,激光振荡就停止。这时,由于泵浦光的继续抽运,上能级反转粒子数重新积累,当超过阈值时,又产生第二个脉冲,如此不断重复上述过程,直到泵浦停止才结束。可见,每个尖峰脉冲都是在阈值附近产生的,因此脉冲的峰值功率水平较低。同时,从这个作用过程可以看出,增大泵浦能量也无助于峰值功率的提高,而只会使小尖峰的个数增加。

弛豫振荡产生的物理过程,可以用图 2.1-2 来描述。它表示出了在弛豫振荡过程中单位体积反转粒子数 Δn 和腔内光子数 ϕ 的变化,每个尖峰可以分为四个阶段(在 t_1 时刻之前,由于泵浦作用,反转粒子数 Δn 增长,但尚未到达阈值 Δn_t,因而不能形成激光振荡)。

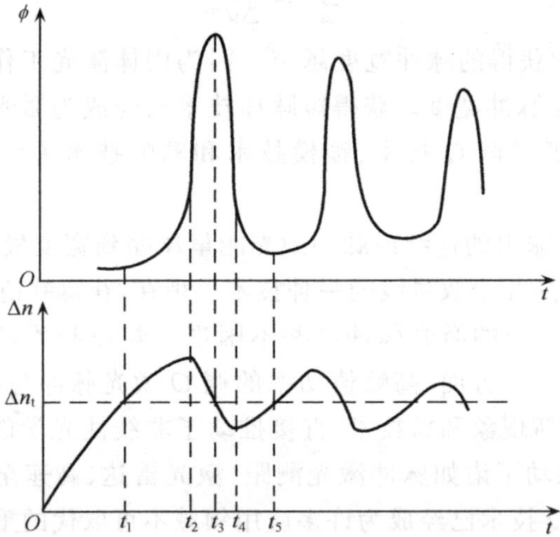

图 2.1-2 腔内光子数和反转粒子数随时间的变化

第一阶段($t_1 \sim t_2$):激光振荡刚开始时,$\Delta n = \Delta n_t$,$\phi = 0$。由于光泵作用,Δn 继续增加,与此同时,腔内光子数密度 ϕ 也开始增加,由于 ϕ 的增长而使 Δn 减小的速率小于泵浦使 Δn 增加的速率,因此 Δn 一直增加到最大值。

第二阶段($t_2 \sim t_3$):Δn 到达最大值后开始下降,但仍然大于 Δn_t,因此 ϕ 继续增长,而且增长非常迅速,达到最大值。

第三阶段($t_3 \sim t_4$):$\Delta n < \Delta n_t$,增益小于损耗,光子数密度 ϕ 减少并急剧下降。

第四阶段($t_4 \sim t_5$):光子数减少到一定程度,泵浦又起主要作用,于是 Δn 又开始回升,到 t_5 时刻 Δn 又达到阈值 Δn_t,于是又开始产生第二个尖峰脉冲。因为泵浦的抽运过程的持续时间要比每个尖峰脉冲宽度大很多，于是上述过程周而复始，产生一系列尖峰脉冲。泵浦功率越大，尖峰脉冲形成越快，因而尖峰的时间间隔越小。

2.1.2　调 Q 的基本原理

脉冲激光器的输出是由若干无规则的尖峰脉冲构成，每一个尖峰脉冲都在阈值附近发生，而且脉宽又非常短(只有微秒量级)，激光器输出的能量分散在这样一串脉冲中，因而不可能有很高的峰值功率。通常的激光器谐振腔的损耗是不变的，一旦光泵浦使反转粒子数达到或略超过阈值时，激光器便开始振荡，于是激光上能级的粒子数因受激辐射而减少，致使上能级不能积累很大的反转粒子数，只能被限制在阈值反转数附近。这就是普通激光器峰值功率不能提高的原因。

既然激光上能级最大反转粒子数受到激光器阈值的限制，那么，要使上能级积累大量的反转粒子，可以设法通过改变激光器的阈值来实现。具体地说，就是在开始泵浦初期，设法将激光器的振荡阈值调得很高，抑制激光振荡的产生，这样激光上能级的反转粒子数便可积累得很多。当反转粒子数积累到最大时，再突然把阈值调到很低，此时，积累在上能级的大量反转粒子便雪崩式地跃迁到低能级，于是在极短的时间内将能量释放出来，从而获得峰值功率极高的巨脉冲激光输出。

由此可见，改变激光器的阈值是提高激光上能级粒子数积累的有效方法。那么改变什么参数可以改变阈值呢？从"激光原理"课程可知，激光器振荡的阈值条件可表示为

$$\Delta n_t \geqslant \frac{g}{A_{21}} \cdot \frac{1}{\tau_c} \tag{2.1-1}$$

而

$$\tau_c = \frac{Q}{2\pi\nu}$$

所以

$$\Delta n_t \geqslant \frac{g}{A_{21}} \cdot \frac{2\pi\nu}{Q} \tag{2.1-2}$$

式中，g 是模式数目，A_{21} 是自发辐射几率，τ_c 是光子在腔内的寿命，Q 值称为品质因数，它定义为

$$Q = 2\pi\nu_0 \left(\frac{\text{腔内存储的能量}}{\text{每秒损耗的能量}}\right)$$

式中，ν_0 为激光的中心频率。用 W 表示腔内存储的能量，δ 表示光在腔内传播单程能量的损耗率，那么光在一个单程中的能量损耗则为 δW。设 L 为谐振腔腔长，n 为介质折射率，c 为光速，则光在腔内走一单程所需的时间为 nL/c。由此，光在腔内每秒损耗的能量为 $\frac{\delta W}{nL/c}$。这样，Q 值可表示为

$$Q = 2\pi\nu_0 \frac{W}{\delta W c/(nL)} = \frac{2\pi nL}{\delta\lambda_0} \tag{2.1-3}$$

式中，λ_0 为真空中激光中心波长。由式(2.1-2)和式(2.1-3)可见，当 λ 和 L 一定时，Q 值与谐振腔的损耗 δ 成反比，即损耗 δ 大，Q 值就低，阈值高，不易起振；当损耗 δ 小，Q 值就高，则阈值低，易于起振。由此可见，要改变激光器的阈值，可以通过突变谐振腔的 Q 值(或损耗 δ)来实现，这是有效而简便的方法。

调 Q 技术就是通过某种方法使腔的 Q 值随时间按一定程序变化的技术。在泵浦开始时,使腔处于低 Q 值状态,即提高振荡阈值使振荡不能形成,上能级的反转粒子数就可以大量积累,能量可以储存的时间决定于激光上能级的寿命;当积累到最大值(饱和值)时,突然使腔的损耗减小,Q 值突增,激光振荡迅速建立起来,在极短的时间内上能级的反转粒子数被消耗,转变为腔内的光能量,从腔的输出端以单一脉冲形式释放出来,于是就获得峰值功率很高的巨脉冲。

调 Q 激光脉冲的建立过程中,各参量随时间的变化情况如图 2.1-3 所示。图(a)表示泵浦速率 W_p 随时间的变化,图(b)表示腔的 Q 值是时间的阶跃函数,图(c)表示反转粒子数 Δn 的变化,图(d)表示腔内光子数 ϕ 随时间的变化。

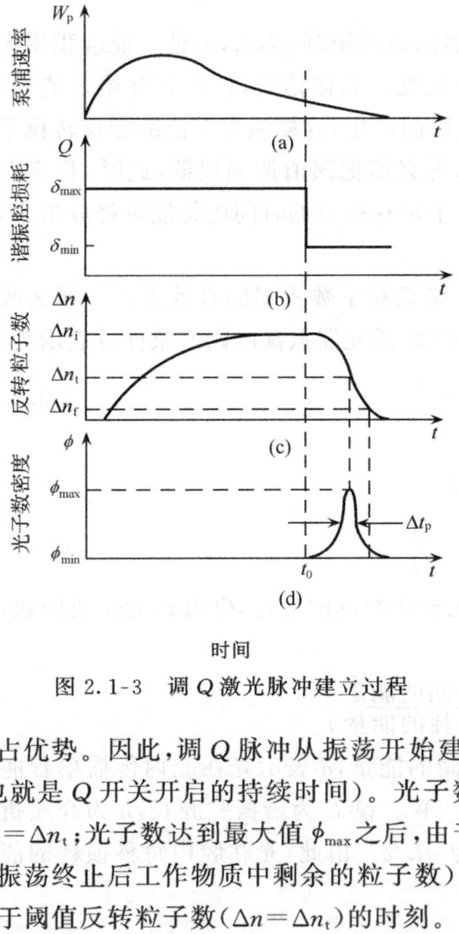

图 2.1-3 调 Q 激光脉冲建立过程

在泵浦过程的大部分时间里谐振腔处于低 Q 值(Q_0)状态,故阈值很高不能起振,从而激光上能级的粒子数不断积累,直至 t_0 时刻,粒子数反转达到最大值 Δn_i。在这一时刻,Q 值突然升高(损耗 δ 下降),振荡阈值随之降低,于是激光振荡开始建立。由于 $\Delta n_i \gg \Delta n_t$(阈值反转粒子数),因此受激辐射增强非常迅速,激光介质存储的能量在极短的时间内转变为受激辐射场的能量,结果产生了一个峰值功率很高的窄脉冲。

由图 2.1-3 还可看出,调 Q 脉冲的建立有个过程。当 Q 值阶跃上升时开始振荡,在 $t=t_0$ 振荡开始建立以后一个较长的时间过程中,光子数 ϕ 增长十分缓慢,如图 2.1-4 所示,其值始终很小($\phi \approx \phi_i$),受激辐射几率很小,此时仍是自发辐射占优势。只有振荡持续到 $t=t_D$ 时,ϕ 增长到了 ϕ_D,雪崩过程才形成,ϕ 迅速增大,受激辐射迅速超过自发辐射而占优势。因此,调 Q 脉冲从振荡开始建立到巨脉冲激光形成需要一定的延迟时间 Δt(也就是 Q 开关开启的持续时间)。光子数的迅速增长,使 Δn 迅速减少,到 $t=t_p$ 时刻,$\Delta n=\Delta n_t$;光子数达到最大值 ϕ_{max} 之后,由于 $\Delta n<\Delta n_t$,则 ϕ 迅速减少,此时 $\Delta n=\Delta n_f$,(Δn_f 为振荡终止后工作物质中剩余的粒子数)。可见,调 Q 脉冲的峰值是发生在反转粒子数等于阈值反转粒子数($\Delta n=\Delta n_t$)的时刻。

因为谐振腔的 Q 值与 δ 成反比,所以改变谐振腔的 δ 值,就可以使 Q 值发生相应的变化。谐振腔的损耗一般包括反射损耗、衍射损耗、吸收损耗等。用不同的方法控制不同类型的损耗变化,就可以形成不同的调 Q 技术。例如,控制反射损耗的变化有机械转镜调 Q、电光调 Q 技术,控制衍射损耗的变化有声光调 Q 技术,控制吸收损耗的变化有染料调 Q 技术等。其中,机械转镜调 Q 虽然是最早发展起来的调 Q 技术,但目前已经很少使用,故下面主要讨论后面三种调 Q 技术和实施方法,机械转镜调 Q 作为一种典型的调 Q

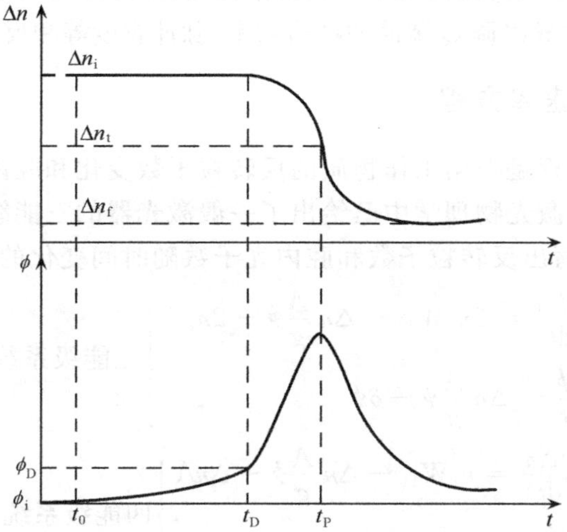

图 2.1-4　从开始振荡到脉冲形成的过程

方法，只做简单介绍。

2.1.3　实现调 Q 对激光器的基本要求

(1) 由于调 Q 是把能量以激活粒子的形式存储在激光工作物质的高能态上，然后集中在一个极短的时间内释放出来，因此，要求工作物质必须能在强泵浦下工作，即抗损伤阈值要高。其次，要求工作物质上能级必须有较长的寿命，若激光工作物质的上能级寿命为 τ_2，则上能级的反转粒子数 n_2 因自发辐射而减少的速度为 n_2/τ_2。这样，当泵浦速率为 W_p 时，在达到平衡情况下，满足

$$\frac{n_3}{\tau_2} = W_p$$

则上能级达到最大反转粒子数取决于

$$n_2 = W_p\tau_2$$

因此，为了能使激光工作物质的上能级积累尽可能多的粒子数，则要求 $W_p\tau_2$ 的值应大一些，但 τ_2 也不宜太大，否则会影响能量的释放速度。根据上述要求，一切固体激光器的工作物质都可以满足，液体激光器也比较适合；但对有些气体激光器，如 He-Ne 激光器，因只能在低电离情况下运转，泵浦速率不能太大，故无法实现调 Q 运转。

(2) 光泵的泵浦速率必须快于激光上能级的自发辐射速率，即泵浦的持续时间(波形的半宽度)必须小于激光介质的上能级寿命；否则，不能实现足够多的粒子数反转。

(3) 谐振腔的 Q 值改变要快，一般应与谐振腔建立激光振荡的时间相比拟。如果 Q 开关时间太慢，会使脉冲变宽，甚至会产生多脉冲现象。

2.2　调 Q 激光器的基本理论

对于调 Q 脉冲的形成过程以及各种参量对激光脉冲的影响，可以采用速率方程来进行

分析。速率方程组是描述腔内振荡光子数和工作物质的反转粒子数随时间变化规律的方程组。根据这些规律,可推导出调 Q 脉冲的峰值功率、脉冲宽度等和反转粒子数之间的关系。

2.2.1 调 Q 的速率方程

激光形成的速率方程是根据工作物质的反转粒子数变化和腔内光子数变化之间的内在关系建立起来的。在激光物理学中已给出了一般激光器的三能级系统和四能级系统的速率方程,从而可直接写出反转粒子数和腔内光子数随时间变化的方程:

$$\left.\begin{aligned} \frac{\mathrm{d}\Delta n}{\mathrm{d}t} &= 2n_1 W_{13} - \Delta n\frac{A}{g}\phi - 2n_2 A \\ \frac{\mathrm{d}\phi}{\mathrm{d}t} &= \Delta n\frac{A}{g}\phi - \delta\phi \end{aligned}\right\}\text{三能级系统} \tag{2.2-1}$$

$$\left.\begin{aligned} \frac{\mathrm{d}\Delta n}{\mathrm{d}t} &= n_1 W_{14} - \Delta n\frac{A}{g}\phi - \Delta n A \\ \frac{\mathrm{d}\phi}{\mathrm{d}t} &= \Delta n\frac{A}{g}\phi - \delta\phi \end{aligned}\right\}\text{四能级系统} \tag{2.2-2}$$

式中,Δn 为单位体积反转粒子数,ϕ 为单位体积腔内光子数,g 为腔内自发辐射波型数,W_{13} 和 W_{14} 为受激跃迁几率,A 为自发辐射几率。

从上述两组速率方程组可以看出它们是等价的,因为粒子受到外界激励在能级间跃迁的过程中,主要集中在两个能级之间实现粒子数反转。因此,为了便于分析,用一个二能级系统的模型取代实际的三能级和四能级系统。

调 Q 激光器的速率方程是激光(振荡)器的一种特例。在 Q 值突变过程中,由于在激光振荡处于急剧变化的瞬态过程中起主导作用的是受激辐射,所以泵浦激励和自发辐射两种过程的影响可以忽略。同时,为简单起见,在下面的分析中,认为 Q 值是阶跃式突变的,则式(2.2-1)和式(2.2-2)可以简化为

$$\begin{aligned} \frac{\mathrm{d}\Delta n}{\mathrm{d}t} &= -2\Delta n\frac{A}{g}\phi \\ \frac{\mathrm{d}\phi}{\mathrm{d}t} &= \left(\Delta n\frac{A}{g} - \delta\right)\phi \end{aligned} \tag{2.2-3}$$

式中,令 $\frac{\mathrm{d}\phi}{\mathrm{d}t}=0$(腔内增益等于损耗的阈值条件),可求得稳态振荡时阈值反转粒子数 Δn_{t},有

$$\Delta n_{\mathrm{t}} = \frac{\delta}{A}g$$

将上式代入式(2.2-3),得

$$\begin{aligned} \frac{\mathrm{d}\Delta n}{\mathrm{d}t} &= -2\Delta n\frac{\Delta n}{\Delta n_{\mathrm{t}}}\delta\phi \\ \frac{\mathrm{d}\phi}{\mathrm{d}t} &= \left(\frac{\Delta n}{\Delta n_{\mathrm{t}}} - 1\right)\delta\phi \end{aligned} \tag{2.2-4}$$

式 (2.2-4)即为调 Q 激光振荡的速率方程。

2.2.2 速率方程的求解

对上述一阶微分方程组,一般用数值方法求解就可以求得调 Q 脉冲的诸参数。为了

求解调 Q 的速率方程，必须给出 Q 开关函数的具体形式。一般为了求解方便，都是预先假定几种典型的 Q 开关函数(阶跃开关函数、线性开关函数和抛物线开关函数)。而实际的 Q 开关函数往往是比较复杂的，甚至很难用一种简单形式予以表达。在此，着重讨论理想的阶跃式开关函数。

假定腔内损耗 δ 在时间上有一突变，阶跃函数如图 2.2-1所示，表示为

$$\delta=\begin{cases}A & (t<0)\\ B & (t>0)\end{cases}$$

对 $t=0$ 以前的过程由初始反转粒子数密度 Δn_{i} 这个初始条件表示，故对 Δn_{i} 的积累过程可不涉及，可只考虑 $t=0$ 以后的变化过程。

在方程组(2.2-4)中，将上式除以下式，消去时间 t，得

$$\frac{\mathrm{d}\phi}{\mathrm{d}\Delta n}=\frac{1}{2}\left(\frac{\Delta n_{\mathrm{t}}}{\Delta n}-1\right) \tag{2.2-5}$$

在 $t=0$ 时刻，Δn 到达最大值 Δn_{i}，而受激辐射光子数为零，即 $\phi=\phi_{\mathrm{i}}=0$。之后，ϕ 开始增加，到 t_0 时雪崩过程形成(见图 2.1-4)，ϕ 急剧增长，Δn 也开始剧减，这一过程一直持续到 t_{p} 时刻，这时 $\Delta n=\Delta n_{\mathrm{t}}$，腔内光子数达到极大值 ϕ_{m}。将式(2.2-5)积分，并考虑到 Δn 的积分限为从 Δn_{i} 到 Δn_{t}，有

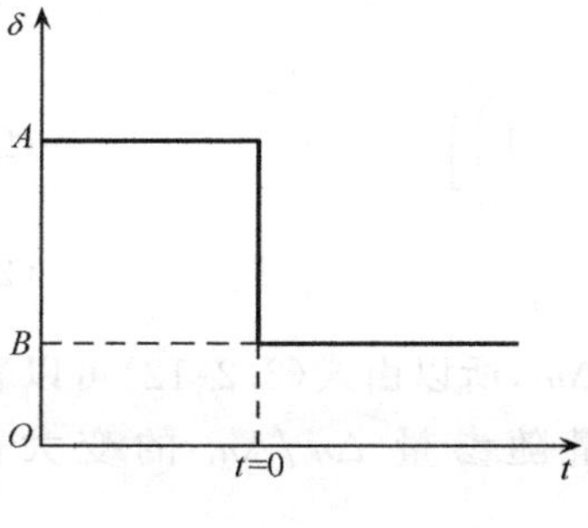

图 2.2-1　损耗 δ 的阶跃变化

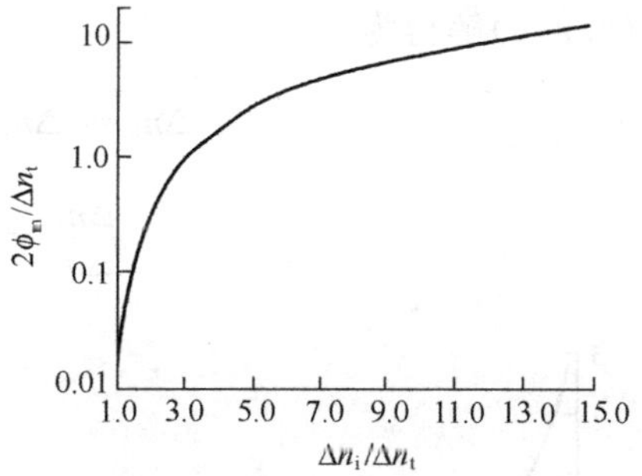

图 2.2-2　ϕ_{m} 与 $\dfrac{\Delta n_{\mathrm{i}}}{\Delta n_{\mathrm{t}}}$ 的关系

$$\int_0^{\phi_{\mathrm{m}}}\mathrm{d}\phi=\frac{1}{2}\int_{\Delta n_{\mathrm{i}}}^{\Delta n_{\mathrm{t}}}\left(\frac{\Delta n_{\mathrm{t}}}{\Delta n}-1\right)\mathrm{d}\Delta n \tag{2.2-6}$$

积分后得出

$$\phi_{\mathrm{m}}=\frac{1}{2}\left[\Delta n_{\mathrm{i}}-\Delta n_{\mathrm{t}}+\Delta n_{\mathrm{t}}\ln\left(\frac{\Delta n_{\mathrm{t}}}{\Delta n_{\mathrm{i}}}\right)\right] \tag{2.2-7}$$

利用台劳级数展开后，得近似式

$$\phi_{\mathrm{m}}=\frac{\Delta n_{\mathrm{t}}}{4}\left(\frac{\Delta n_{\mathrm{i}}}{\Delta n_{\mathrm{t}}}-1\right)^2 \tag{2.2-8}$$

可见，ϕ_{m} 与参量($\Delta n_{\mathrm{i}}/\Delta n_{\mathrm{t}}$)存在二次方的关系，其变化曲线如图 2.2-2 所示。因此，提高初始反转粒子数 Δn_{i} 与阈值反转粒子数 Δn_{t} 之比，有利于腔内最大光子数 ϕ_{m} 的提高。

1. 调 Q 脉冲的峰值功率

可近似地认为，这些光子在腔内的寿命 t_{c} 内逸出，每个光子的能量为 $h\nu$，则激光的瞬

时功率$P=\phi h\nu/t_c$，利用式(2.2-7)可得

$$P=\frac{h\nu}{2t_c}\left(\Delta n_i-\Delta n+\Delta n_t\ln\frac{\Delta n}{\Delta n_i}\right) \tag{2.2-9}$$

当$\Delta n=\Delta n_t$时，输出功率达到极大值，即峰值功率为

$$P_m=\frac{h\nu}{2t_c}\left(\Delta n_i-\Delta n_t+\Delta n_t\ln\frac{\Delta n_t}{\Delta n_i}\right) \tag{2.2-10}$$

如果初始反转粒子数Δn_i大大超过阈值反转粒子数Δn_t(高Q值情况)，则得

$$P\approx\frac{1}{2}\frac{\Delta n_i}{t_c}h\nu \tag{2.2-11}$$

2. 调Q脉冲的能量及能量利用率

激光脉冲的能量是由消耗反转粒子数的受激辐射过程提供的，若以光子数从极大值ϕ_m下降到ϕ_f的时刻作为脉冲结束，则ϕ_f对应的反转粒子数为Δn_f。因此，调Q脉冲的总能量可表示为

$$E=\frac{1}{2}(\Delta n_i-\Delta n_f)h\nu V \tag{2.2-12}$$

式中，V为腔内激活介质的体积；Δn_f为激光振荡终止时的反转粒子数密度，它可由积分方程(2.2-6)解得为

$$\Delta n_f=\Delta n_i\exp\left[\frac{\Delta n_i}{\Delta n_t}\left(\frac{\Delta n_f}{\Delta n_i}-1\right)\right] \tag{2.2-13}$$

$$\frac{\Delta n_f}{\Delta n_i}=\exp\left(\frac{\Delta n_f-\Delta n_i}{\Delta n_t}\right) \tag{2.2-14}$$

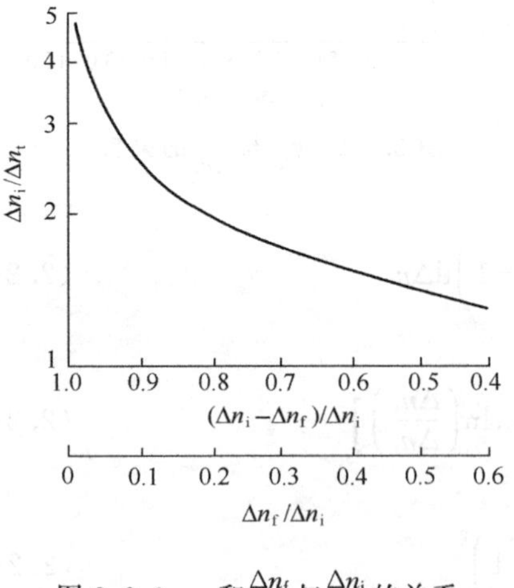

图 2.2-3 η和$\frac{\Delta n_f}{\Delta n_i}$与$\frac{\Delta n_i}{\Delta n_t}$的关系

通常$\Delta n_i\gg\Delta n_f$，所以由式(2.2-12)可以看出，调Q脉冲能量随参量$\Delta n_i/\Delta n_t$的变大而线性增加。

通过上面分析可以求得一个调Q脉冲从激活介质的储能中提取多大比率的能量。Δn_f是没有贡献的，这些剩余的反转粒子在巨脉冲结束后，以荧光形式消散掉了，因此，用$(\Delta n_i-\Delta n_f)/\Delta n_i$来表示调$Q$脉冲可以从介质中提取能量的效率，称为单脉冲的能量利用率，以η表示。

图2.2-3所示为η和$\Delta n_i/\Delta n_f$与$\Delta n_i/\Delta n_t$的关系。从图可以看出，η随$\Delta n_i/\Delta n_t$的增加而增大，这说明能量利用率高，而$\Delta n_f/\Delta n_i$随之减小。当$\Delta n_i/\Delta n_t>3$时，大约有90%以上的能量被脉冲提取，当$\Delta n_i/\Delta n_t=1.5$时，则能量利用率只有60%。因此，对于调$Q$激光器，应尽量使$Q$开关函数阶跃变化大些，达到$\Delta n_i/\Delta n_t>3$以上，才能保证有较高的工作效率。

3. 调 Q 脉冲的时间特性

下面再讨论一下调 Q 脉冲的脉宽和波形问题。由式(2.2-4)可得

$$\mathrm{d}t = -\frac{\Delta n_t}{2\Delta n\delta\phi}\mathrm{d}\Delta n \tag{2.2-15}$$

将式(2.2-7)的 ϕ 代入,积分后得到

$$\Delta t = -\int_{\Delta n_i}^{\Delta n}\frac{\mathrm{d}\Delta n'}{2\Delta n'\delta\left[\frac{\phi_0}{\Delta n_t}+\frac{1}{2}\left(\frac{\Delta n_i}{\Delta n_t}-\frac{\Delta n'}{\Delta n_t}+\ln\frac{\Delta n'}{\Delta n_i}\right)\right]} \tag{2.2-16}$$

如果所讨论的时间 Δt 仅指激光脉冲的宽度这一段时间,那么在该时间内,初始光子数密度 ϕ_0 可忽略,则式(2.2-16)可写为

$$\Delta t\delta = -\int_{\Delta n_i}^{\Delta n}\frac{\mathrm{d}\Delta n}{\Delta n\left(\frac{\Delta n_i}{\Delta n_t}-\frac{\Delta n}{\Delta n_t}+\ln\frac{\Delta n}{\Delta n_i}\right)} \tag{2.2-17}$$

这个积分方程不易直接得出解析解,但可以根据已给的初始值$\frac{\Delta n_i}{\Delta n_t}$,利用数值积分来求得 Δt 的数值解,其结果列于表 2.2-1。表中,Δt_1 为光子数从半极大值上升到峰值所需的时间(脉冲上升时间);Δt_2 为光子数从峰值下降到半极大值处所需的时间(脉冲下降时间),而 $\Delta t_1+\Delta t_2$ 即为脉宽 Δt。

表 2.2-1　脉冲宽度 Δt 与参量$\frac{\Delta n_i}{\Delta n_t}$的关系

$\frac{\Delta n_i}{\Delta n_t}$	$\frac{2\phi_m}{\Delta n_t}$	Δt_1	Δt_2	$\frac{\Delta n_i}{\Delta n_t}$	$\frac{2\phi_m}{\Delta n_t}$	Δt_1	Δt_2
1.105	0.0052	12.291	12.632	4.055	1.655	0.782	1.263
1.221	0.0214	7.960	8.437	4.482	1.982	0.702	1.186
1.350	0.0499	5.335	5.803	4.953	2.353	0.633	1.120
1.492	0.0918	3.892	4.356	5.474	2.774	0.572	1.064
1.649	0.149	3.016	3.480	6.050	3.250	0.518	1.015
1.822	0.222	2.432	2.896	6.686	3.786	0.471	0.973
2.014	0.314	2.016	2.481	7.389	4.389	0.429	0.936
2.226	0.426	1.704	2.171	8.166	5.066	0.391	0.905
2.460	0.560	1.463	1.931	9.025	5.825	0.357	0.877
2.718	0.718	1.271	1.741	9.974	6.674	0.327	0.854
3.004	0.904	1.114	1.586	11.023	7.623	0.300	0.833
3.320	1.120	0.984	1.459	12.182	8.683	0.275	0.816
3.669	1.396	0.875	1.352				

图 2.2-4 给出了几种不同初始值时的计算结果。图中,纵坐标为归一化光子数密度

$2\phi_m/\Delta n_t$，横坐标表示以腔内光子寿命为单位的时间参量 t/t_c（其中 t_c 为光子在腔内的寿命）。当 $\Delta n_i/\Delta n_t$ 值增大时，峰值光子数增加，脉冲的上升时间（前沿）和下降时间（后沿）同时缩短，脉冲变窄，只是后沿变化较缓慢些，这是因为受激辐射的过程在脉冲的峰值处基本上已经完结，只是腔内光子自由衰减的结果。从上述速率方程的解可以看出，在调 Q 激光器中，$\Delta n_i/\Delta n_t$ 是一个极为重要的参量，它直接影响到输出功率和脉冲宽度，即影响到总体效率。

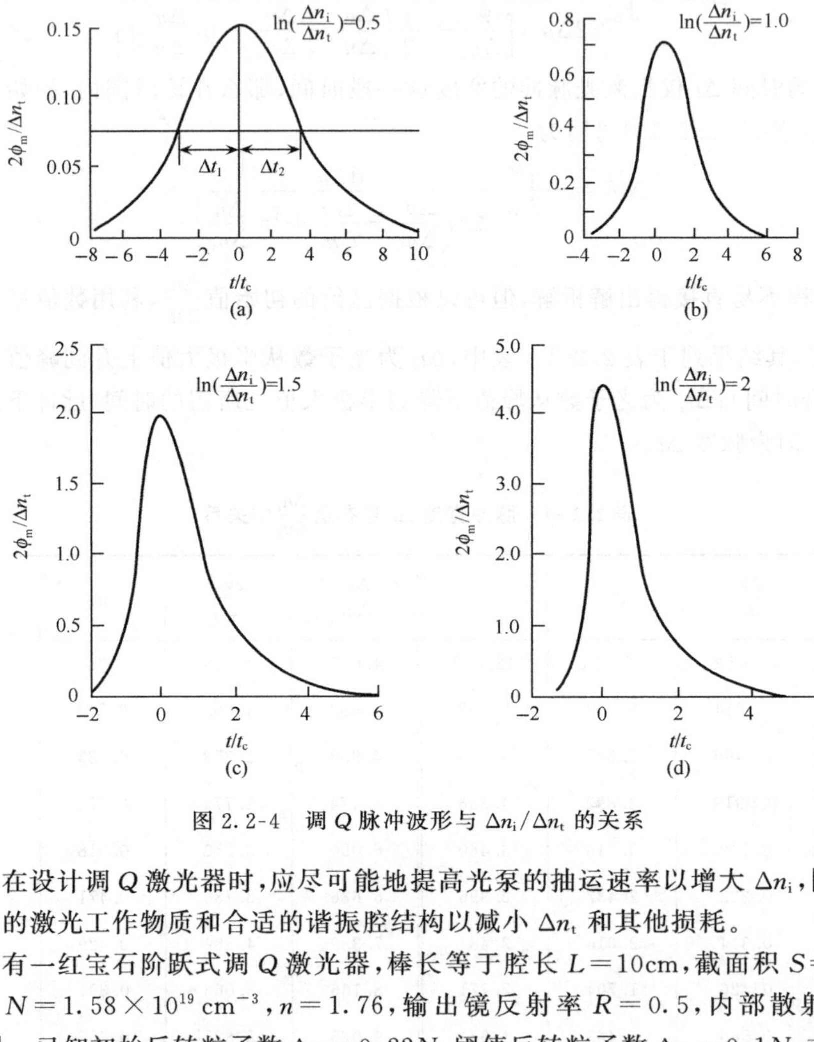

图 2.2-4 调 Q 脉冲波形与 $\Delta n_i/\Delta n_t$ 的关系

所以在设计调 Q 激光器时，应尽可能地提高光泵的抽运速率以增大 Δn_i，同时要选择效率较高的激光工作物质和合适的谐振腔结构以减小 Δn_t 和其他损耗。

例 有一红宝石阶跃式调 Q 激光器，棒长等于腔长 $L=10\text{cm}$，截面积 $S=0.75\text{cm}^2$，Cr^+ 浓度 $N=1.58\times10^{19}\ \text{cm}^{-3}$，$n=1.76$，输出镜反射率 $R=0.5$，内部散射损耗 $\delta_i=0.01\text{cm}^{-1}$。已知初始反转粒子数 $\Delta n_i=0.22N$，阈值反转粒子数 $\Delta n_t=0.1N$，求调 Q 巨脉冲的峰值功率 P_m、脉冲能量 E、脉宽 Δt。

解 由题意可得

$$\frac{\Delta n_i}{\Delta n_t}=\frac{0.22}{0.1}=2.2$$

$$\Delta n_i=0.22N=0.22\times1.58\times10^{19}=3.45\times10^{18}(\text{cm}^{-3})$$

$$\Delta n_t=0.1N=0.1\times1.58\times10^{19}=1.58\times10^{18}(\text{cm}^{-3})$$

由此可以算出峰值光子数密度为

$$\phi_m = \frac{1}{2}\left[\Delta n_i - \Delta n_t + \Delta n_t \ln\left(\frac{\Delta n_i}{\Delta n_t}\right)\right]$$

$$= \frac{1}{2}[(3.45 - 1.58) \times 10^{18} + 1.58 \times 10^{18} \times \ln 2.2]$$

$$= 3.25 \times 10^{17} (\mathrm{cm}^{-3})$$

巨脉冲峰值功率为

$$P_m = h\nu\phi_m V\delta = h\nu\phi_m VSL\left(\frac{1}{2}\ln\frac{1}{R}\right)c/(Ln)$$

$$= \frac{1}{2}h\nu\phi_m VS\ln\left(\frac{1}{R}\right)\frac{c}{n}$$

$$= \frac{1}{2} \times 6.626 \times 10^{-34} \times 3.25 \times 10^{17} \times 0.75 \times \ln\left(\frac{1}{0.5}\right)$$

$$\times \frac{(3 \times 10^{10})^2}{0.6943 \times 10^{-4} \times 1.76} = 412(\mathrm{MW})$$

巨脉冲的能量为

$$E = \frac{1}{2}(\Delta n_i - \Delta n_t)h\nu V$$

$$= \frac{1}{2}(3.45 - 0.54) \times 10^{18} \times 6.626 \times 10^{-34}$$

$$\times \frac{3 \times 10^8}{0.6943 \times 10^{-6}} \times 0.75 \times 10 = 2.2(\mathrm{J})$$

巨脉冲的宽度为

$$\Delta t \approx E/P_m = 2.2/(412 \times 10^6) = 5.3(\mathrm{ns})$$

以上讨论的是理想的阶跃式 Q 开关函数的情况。若腔内损耗与时间呈线性函数的关系，如图 2.2-5 所示，理论分析与实验研究表明：设临界振荡点定为 $t=0$ 的点，那么 $t=t_s$ 就可理解为腔损耗从最大(A 点)减到最小(B 点)所需的时间。显然，线性开关函数与理想的阶跃开关函数之间的差异在于 t_s 的不同。当 $t_s=0$ 时，即为阶跃开关函数的情况。因此，为了研究线性开关函数调 Q 与阶跃开关函数调 Q 之间的联系，就要研究不同 t_s 值对激光脉冲的影响(t_s 为 Q 开关开启时间)。中国科学技术大学激光室采用一组典型激光参数：腔长 $L=50\mathrm{cm}$，激活介质长 $l=6\mathrm{cm}$，受激发射截面 $\sigma_0=8.8\times10^{-19}\mathrm{cm}^2$，总的激活粒子密度 $n_0=6\times10^{19}\mathrm{cm}^{-3}$，$R_1=8\%$，$R_2=5\times10^{-3}$，初始光子数密度 $\phi_i=10^{-14}$，初始反转粒子数密度 $\Delta n_i=2.48\times10^{-2}n_0$，在取不同的 t_s 值时，对速率方程进行数值求解，其结果如图 2.2-6 所示。图中 ϕ_m 为峰值光子数密度，Δt 为脉冲半宽度，t_D 为激光脉冲建立所需的延迟时间。由图可以看出，ϕ_m 与 Δt 随 Q 开关时间 t_s 变化的规律有两个特点：① 存在一个特征点 $t_s=t_D$，当 Q 开关的 t_s 小于或等于这个特征时间($t_s\leqslant t_D$)时，巨脉冲的 ϕ_m、Δt 与 Q 开关的 t_s 无关；② 当 $t_s\leqslant t_D$ 时，线性开关函数的解与阶跃式开关函数的解没有本质的差别，不同之处只在于脉冲建立时的延迟时间，前者比后者多了开关时间 t_s。

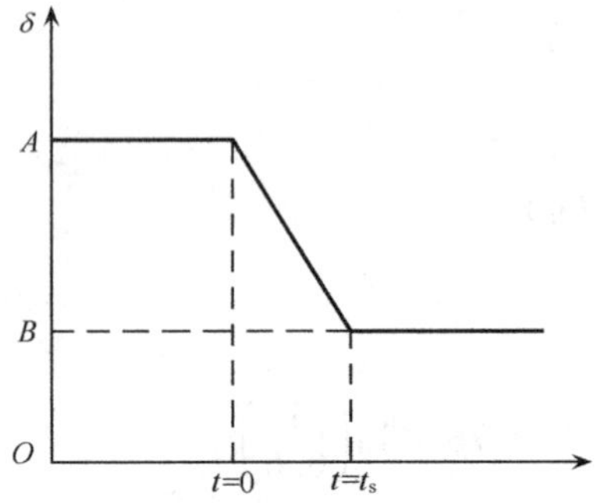

图 2.2-5 线性 Q 开关函数

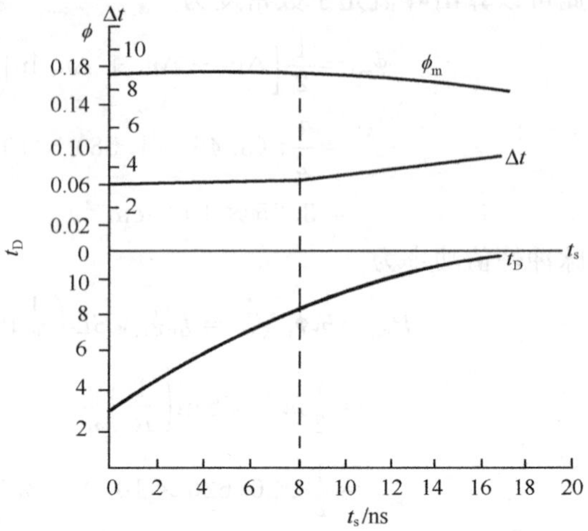

图 2.2-6 ϕ_m、Δt 与 t_s 的关系

另外,还有一种稳变非线性(抛物线)开关函数,如图 2.2-7 所示。用上述的典型激光参数,并取 $t_s=5$ns,计算稳变抛物线开关与线性开关函数调 Q 脉冲特性,其结果如图 2.2-8所示。由图可以看出,在 $t_s \leqslant t_D$ 的条件下,抛物线开关调 Q 与线性开关调 Q 情况完全相同。

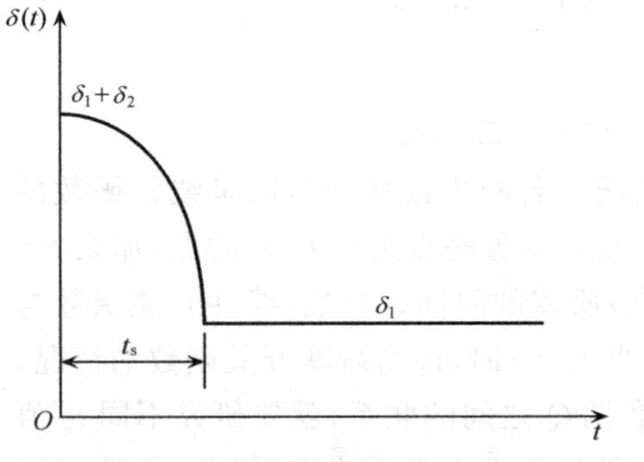

图 2.2-7 抛物线 Q 开关函数

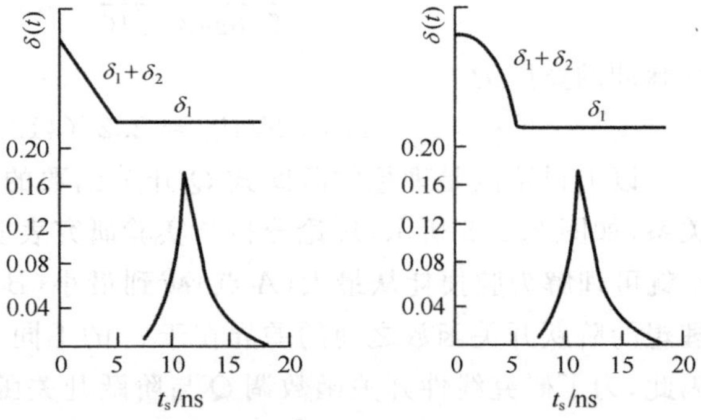

图 2.2-8 抛物线开关与线性开关调 Q 对比

总之,根据中国科学技术大学激光组的研究结果,Q 开关可以分为两类。①当 $t_s \leqslant t_D$ 时,调 Q 脉冲的性能与 Q 开关函数的形式无关,与 Q 开关时间 t_s 无关,而与理想的阶跃开关调 Q 结果相同,这称为“快开关”。②当 $t_s > t_D$ 时,调 Q 脉冲的性能与 Q 开关函数及 Q 开关时间 t_s 有关,这称为“慢开关”。

2.3 电光调 Q

利用某些晶体的电光效应可以做成电光 Q 开关器件。电光调 Q 具有开关时间短(约 10^{-9}s),效率高,调 Q 时刻可以精确控制,输出脉冲宽度窄(10~20ns),峰值功率高(几十

MW 以上)等优点,所以是目前应用比较广泛的一种调 Q 技术。

2.3.1 带偏振器的电光调 Q 器件

图 2.3-1 所示为电光晶体调 Q 装置的工作原理图。激光工作物质是 Nd:YAG 晶体,偏振器采用方解石空气隙格兰-傅克棱镜,调制晶体用 KD* P(磷酸二氘钾)晶体,它是 z-0°切割的(使通光面与 z 轴垂直),利用其 γ_{63} 的纵向电光效应,将调制晶体两端的环状电极与调 Q 电源相接。

电光调 Q 过程是:YAG 晶体在氙灯的光泵下发射自然光(无规偏光),通过偏振棱镜后,变成沿 x 方向的线偏振光。若调制晶体上未加电压,光沿轴线方向(光轴)通过晶体,其偏振状态不发生变化,经全反射镜反射后,再次(无变化的)通过调制晶体和偏振棱镜。电光 Q 开关处于“打开”状态。

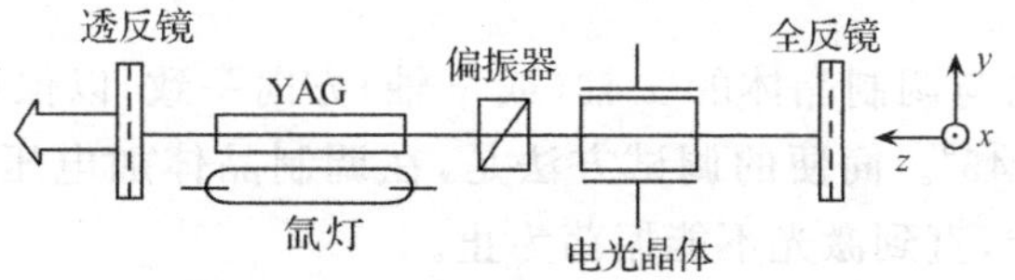

图 2.3-1 带偏振器的电光调 Q 装置

如果在调制晶体上施加 λ/4 电压,由于纵向电光效应,当沿 x 方向的线偏振光通过晶体后,两分量之间便产生 π/2 的相位差,则从晶体出射后合成为圆偏振光;经全反射镜反射回来,再次通过调制晶体,又会产生 π/2 的相位差,往返一次总共累积产生 π 相位差,合成后得到沿 y 方向振动的线偏振光,相当于偏振面相对于入射光旋转了 90°,所以不能再通过偏振棱镜。此时,电光 Q 开关处于“关闭”状态。因此,在氙灯刚开始点燃时,事先在调制晶体上加上 λ/4 电压,使谐振腔处于“关闭”的低 Q 值状态,阻断激光振荡的形成。待激光上能级反转的粒子数积累到最大值时,突然撤去晶体上的 λ/4 电压,使激光器瞬间处于高 Q 值状态,于是产生雪崩式的激光振荡,就可输出一个巨脉冲。

由电光调 Q 基本原理可知,要获得高效率调 Q 的关键之一是精确控制 Q 开关“打开”的延迟时间。即从氙灯点燃开始延迟一段时间,当工作物质上能级反转的粒子数达到最大时,立即“打开”开关的效果最好。如果 Q 开关打开早了,上能级反转粒子数尚未达到最大时就开始起振,那么输出的巨脉冲功率会降低,而且还可能出现多脉冲。如果延时过长,即 Q 开关打开得迟了,那么由于自发辐射等损耗,也会影响巨脉冲的功率。

图 2.3-2 所示为调 Q 工作程序的示意图。其过程是:① 先开主电源对电容 C 充电,并接于氙灯电极,但不导通故氙灯不点燃;② 打开晶体电源给 KD* P 晶体加电压,使腔处于关闭状态;③ 由单结晶体管振荡器产生一脉冲时标信号输入到控制电路,再由控制电路将该信号分别送往激光主电源使其停止对电容充电,同时输送到触发器点燃氙灯,给工作物质以能量,使反转粒子数大量积累。但此时由于 KD* P 晶体上加有电压 $V_{\lambda/4}$,所以谐振腔损耗最大,不能形成激光振荡。当粒子数反转到最大时,通过延时电路的信号加到闸流管的栅极上(使之导通),将 KD* P 晶体上的电压瞬时退掉,使谐振腔 Q 值突增,形成激光振荡,输出巨脉冲。可通过实验,精确调节延时电路,直到输出激光最强为止。

欲使带偏振器的电光调 Q 器件得到理想的开关效果,其关键点之一是,必须严格保

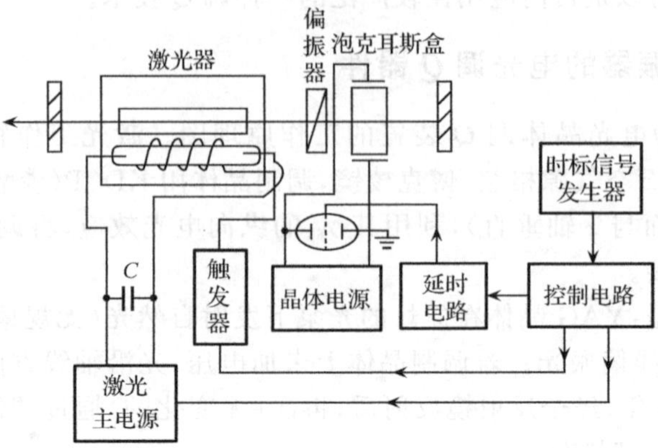

图 2.3-2 电光调 Q 工作程序示意图

持格兰棱镜的起偏方向与调制晶体的 x 轴(或 y 轴)方向一致,以保证起偏方向与调制晶体的感应主轴 x'、y'成 45°。简便的调试方法是,在调制晶体加电压的状态下,转动格兰棱镜和晶体的相对方位,直到激光不能振荡为止。

对调制晶体的要求是:$\lambda/4$ 电压低、消光比高、激光波长处吸收系数小、能承受的功率密度高。目前使用较多的是 KD*P 晶体,它对 1.06μm 激光的 $V_{\lambda/4}$电压为 3000～4000V,比 KDP 晶体低。铌酸锂($LiNbO_3$,简写为 LN)晶体是另一种常用的调制晶体,它的特性是不存在纵向电光效应,只能横向方式工作。其最佳运用方式是,电场沿 x 轴(或 y 轴)方向加到晶体上,而光束沿 z 轴(即光轴)方向通过,这种运用方式既避免了自然双折射造成的不良影响,而且半波电压低,$V_{\lambda/4}$ 为 2000～3000V,不潮解,但承受高功率激光性能差,这使它的应用受到一定限制。

2.3.2 单块双 45°电光调 Q 器件

这是一种可省去偏振器的 Q 开关。图 2.3-3 所示为这种 Q 开关激光器的示意图。$LiNbO_3$ 晶体加工成具有两个 45°斜面的矩形长方体,光轴(z 轴)沿长方体的轴向,电压沿 x 轴方向加到晶体上。这样既不影响通光,而且电场又很均匀。由图可见,这种结构不需要插入偏振器,可减少腔的插入损耗,所以这是一种结构简单的、比较理想的电光 Q 开关。

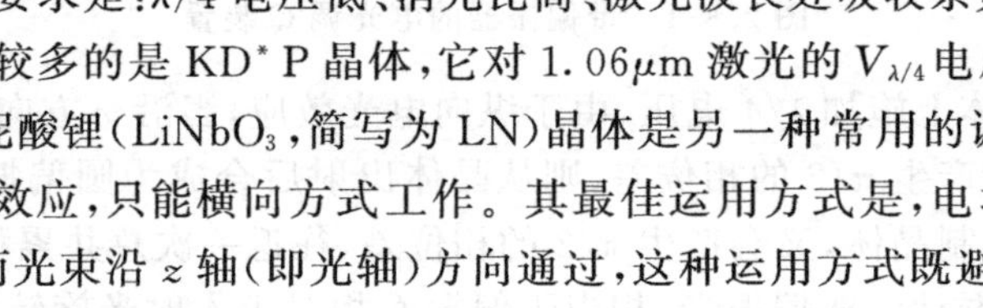

图 2.3-3 单块双 45°电光调 Q 激光器

下面分析单块双 45°电光 Q 开关的工作原理。

1. 未加电压($V_x=0$)的情况

如图 2.3-4 所示，一束无规偏光沿 y 轴方向入射晶体后，分解为垂直于主截面沿 x 向振动的 o 光和平行于主截面沿 z 向振动的 e 光。根据双折射的性质，两光的传播方向一致，不分开，但是 $n_o>n_e$，由于反射斜面与光轴 z 成 45°角，两束线偏振光将在 45°反射面上全反射。o 光服从均匀介质的反射定律，其反射角等于入射角，即等于 45°，故 o 光反射后沿晶体的光轴方向传播。但 e 光的情况就不同了，反射前振动方向是 z 向，反射后近似沿 z 向传播，其振动方向虽然仍平行于主截面，但却由 z 向变为 y 向，其折射率变为 n_e'($\approx n_o$)，故 e 光反射前后相当于在不同折射率的介质中传播。可根据各向异性介质的反射公式求出 e 光的反射角 θ_1'，$n_o\sin45°=n_e\sin\theta_1'$，对 LN 晶体，对 1.06$\mu$m 的光波，$n_o=2.233$，$n_e=2.154$，代入该式，得$\theta_1'=42°54'$，它比 o 光的反射角小，二者之间的夹角为 $\Delta\theta(2°6')$。当两束光经第二个 45°反射面后，o 光仍以 45°反射，故出射光 o′与入射光平行，e 光的折射率由反射前的 n_e'($\approx n_o$)变为 n_e，其反射角 θ_1'' 又变为 45°，故 e 光的反射光束 e′也平行于入射光方向。出射的 o′和 e′两束光之间的距离近似为 $\delta=l\tan\Delta\theta$(其中 l 为晶体光轴方向的几何长度)，由于 δ 值很小，两束光几乎重叠在一起。

2. 加电压($V_x=V_{\lambda/2}$)的情况

如图 2.3-5 所示，$LiNbO_3$ 晶体沿 x 轴向加电压后，入射光在晶体的 AB 段中，偏振光的传播情况与 $V_x=0$ 时的情况基本相同。晶体上加电压前后的差别在于沿光轴的 BC 段。

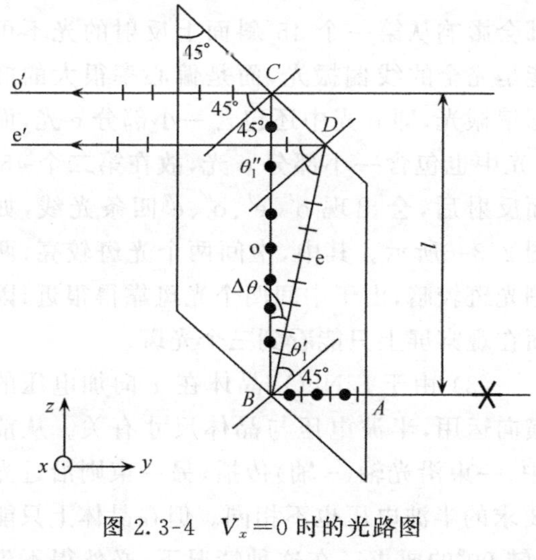

图 2.3-4 $V_x=0$ 时的光路图

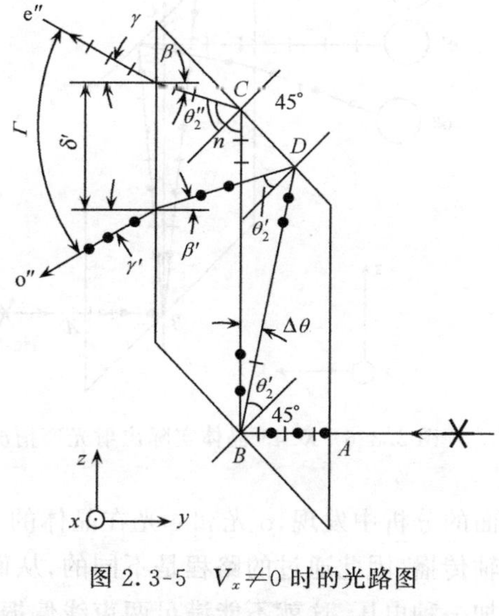

图 2.3-5 $V_x\neq0$ 时的光路图

当晶体上加有 $V_x=V_{\lambda/2}$时，BC 段晶体相当于一个半波片，o 光在这段距离中的传播，其偏振面旋转了 90°，即原来的 o 光变成了 e′光，同样，e 光在这段距离中传播，偏振面也旋转 90°而变成了 o′光，它们到达第二个 45°反射面被反射时则会出现下列情况。

e′光因反射前后偏振方向发生变化，其反射角 θ_2'' 按 $n_e'\sin 45° = n_e \sin\theta_2''$ 计算，求得为 47°12′。由于 e′光不是垂直晶体出射面射出晶体，故在出射面上还要产生折射，设光线在出射面的入射角为 β，折射角为 γ，则 $\beta = \theta_2'' - 45° = 2°12'$，根据折射定律，可算得 $\gamma = 4°28'$。

同理，o′光经第二个 45°反射面反射时，其反射角按 $n_o \sin\theta_2 = n_e \sin\theta_2''$ 计算得到 42°55′，它同样会在出射面上发生折射，由折射定律求得 $\gamma' = 4°39'$。因此，出射晶体后两束光之间分开的角度 $\Gamma = \gamma + \gamma' = 9°7'$，出射点间的距离 δ' 近似为 $\delta' = l\tan\Delta\theta + (\tan\beta + \tan\beta')d/2$（$d$ 为晶体 y 向的尺寸）。若晶体的尺寸为 $l = 30\text{mm}$，$d = 10\text{mm}$，则 $\delta' = 1.48\text{mm}$。

通过以上分析可以看出：

(1) 对于单块双 45° $LiNbO_3$ 晶体，第一个 45°反射面的前段相当于一个起偏器，它能产生 o 光和 e 光两束线偏光；第二个 45°反射面的后段相当于一个检偏器。所以双 45°的 $LiNbO_3$ 晶体等效于在两个偏振器之间夹一块调制晶体。

(2) 当在晶体上加有半波电压 $V_x = V_{\lambda/2}$ 时，通过晶体后的 o 光和 e 光都偏离原来入射光的传播方向，这时，腔内光路不通，相当于处于“关闭”状态，即谐振腔处于低 Q 值状态，不能形成激光振荡。当光泵浦激励工作物质，上能级反转粒子数积累达到最大值时，瞬间撤去半波电压，则 o 光和 e 光经晶体后的出射光平行于入射光，经腔镜反射后，仍按原路径返回，腔内构成光的通路，相当于处于“开启”状态，Q 值突增，激光振荡得以形成。因此，控制对晶体加电压与否，便可改变谐振腔的 Q 值，从而起到 Q 开关的作用。

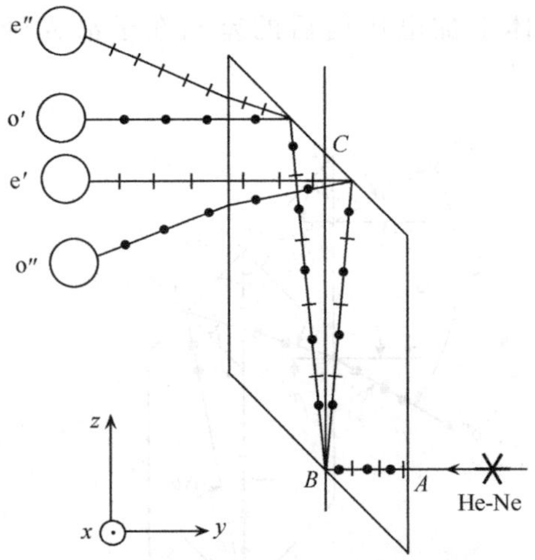

图 2.3-6 双 45°晶体实际出射光斑情况

这里需要指出的是，上面的分析都是在理想情况下得到的结果。实际上，由于晶体存在一定的退偏度，入射光束有一定的发散角，还有晶体几何尺寸的误差等等，这些因素都会影响从第一个 45°斜面上反射的光不可能是完全的线偏振光，而是偏心率很大的椭圆偏振光，即 o 光中还包含一小部分 e 光，而 e 光中也包含一小部分 o 光，故在第二个 45°面反射后，会出现 o′、e′、o″、e″四条光线，如图 2.3-6所示。其中，中间两个光斑较亮，两侧光斑较暗，由于中间两个光斑靠得很近，因而在观察屏上只能看到三个光斑。

(3) 由于 $LiNbO_3$ 晶体在 x 向加电压的横向运用，半波电压与晶体尺寸有关。从前面的分析中发现，o 光和 e 光在晶体的 BC 段中，一束沿光轴（z 轴）传播，另一束则沿近光轴传播，因此通过的路程是不同的，从而它们要求的半波电压也不相同。但在晶体上只能加一种电压，这就不能满足两束线偏振光都旋转 90°的要求。在这种情况下，必然得不到最佳的调 Q 效果。为了解决这个问题，在实际应用中常采用一种“光预偏置技术”。所谓光的“预偏置”，就是在单块双 45°晶体 Q 开关中，在未加电压之前，使入射光束预先偏斜一个特定的角度，从而 o 光和 e 光分别在光轴与感应主轴组成的平面内传播，并与光轴有相同的小夹角。这样,它们在两个 45°反射面之间经历的路程相等,所以加半波电压后就受到同样的调制。关于光预偏置技术的原理分析及具体的做法,可参阅相关文献(中国科学院上海光机所晶体研制组,1975)。

单块双 45°电光调 Q 激光器已较成熟,典型双 45°$LiNbO_3$ 晶体 Q 开关激光器产生的单脉冲激光的能量可达 200mJ,脉冲宽度为 6～10ns,重复率可达到数十赫兹,峰值功率大于 10MW,光束发散角为 2～5mrad。

单块双 45°电光 Q 开关还有正交入射方式和平行入射方式等应用,但因不是最佳工作状态,故很少采用。此外,电光调 Q 方法还有单块单 45°Q 开关(见图 2.3-7),这种 Q 开关的工作过程与双 45°Q 开关的差不多,主要是只对一种线偏光(o 光或 e 光)起振,而另一线偏光(e 光或 o 光)逸出腔外,所以产生偏光脉冲输出。这种 Q 开关效率低,性能不如双 45°的好,故很少采用。

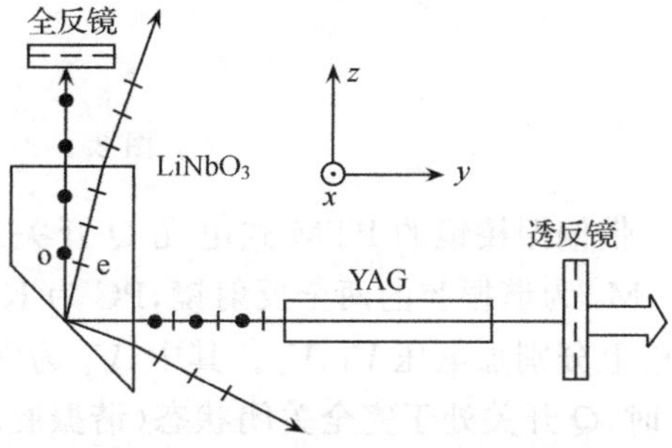

图 2.3-7 单 45°晶体 Q 开关

2.3.3 脉冲透射式(PTM)调 Q

以上介绍的电光 Q 开关都属于工作物质储能调 Q,即能量是以激活粒子的形式存储在工作物质高能态上,当达到最大值时将 Q 开关“打开”,腔内便很快建立起极强的激光振荡,使激光上能级存储的能量转变为腔内的光能量。其输出方式是一面形成激光振荡,一面从输出镜端输出激光,因此,输出光脉冲的强度与腔内光场强度成比例。这种由输出反射镜输出激光脉冲的调 Q 方式称为脉冲反射式(Pulse Reflection Mode,PRM)Q 开关。另外,还有一种谐振腔储能调 Q 开关,即能量是以光子(光辐射场)的形式存储在谐振腔内。这种调 Q 的输出方式有别于 PRM 式,它是将 PRM 式调 Q 激光器谐振腔的输出耦合镜换成全反镜,Q 开关“打开”后,光子只在腔内往返振荡而无输出,直到工作物质的反转粒子储能全部转变为腔内光子能量时,放置在腔内的特定光学器件(通常为偏振棱镜)才将腔内存储的最大振荡能量瞬间全部透射输出。这种调 Q 的方式称为脉冲透射式(Pulse Transmission Mode,PTM)Q 开关。又因为它不是边振荡边输出,而是先振荡达到最大值后,再瞬间释放出去,故又称为“腔倒空”。

下面对几种 PTM 式调 Q 激光器分别加以介绍。

图 2.3-8 所示为一种带有起偏器 P_1 和检偏器 P_2 的 PTM 式调 Q 激光器。$P_1 /\!/ P_2$,M_1、M_2 为全反镜,而且 M_2 置于 P_2 偏振棱镜界面反射偏光的光路上。当电光晶体上不加电压时,激光工作物质在光泵的激励下,上能级反转粒子数密度逐渐增加,工作物质开始的自发辐射光可顺利通过 P_1 和 P_2,但输出端无反射镜,腔的 Q 值很低,故无法形成激光振荡。当工作物质储能达到最大值时,在电光晶体上加上半波电压 $V_{\lambda/2}$,此时通过 P_1 的线偏振光通过晶体后偏振面将要旋转 90°,因此,不能通过偏振棱镜 P_2,但可经棱镜的界面反射到全反射镜 M_2 上。这样,由两个全反射镜构成的谐振腔损耗很低,Q 值突增,激光振荡迅速形成。当腔内激光振荡的光子密度达到最大值时,迅速撤去晶体上的电压,

光路又恢复到加电压之前的状态，于是腔内存储的最大光能量瞬间透过棱镜 P_2 而耦合输出。这就是 PTM 式 Q 开关的工作过程。

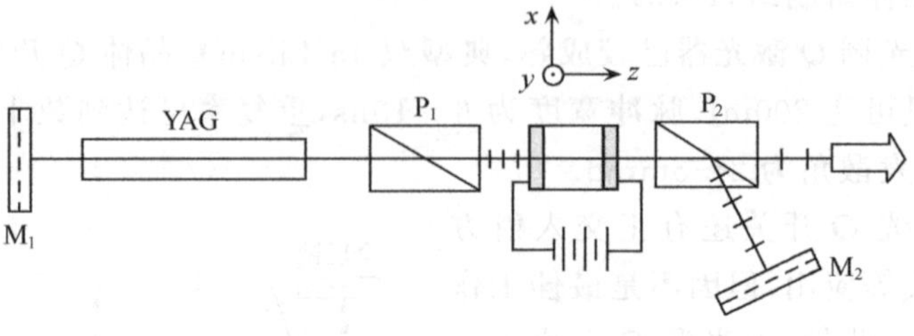

图 2.3-8 PTM 调 Q 激光器

带偏振棱镜的 PTM 式电光 Q 开关还有另一种运用方式，其装置如图 2.3-9 所示。M_1、M_2 为谐振腔的两全反射镜，PC 为 KD^*P 电光晶体，P 为偏振棱镜。KD^*P 晶体的两电极上分别加电压 V_1、V_2。其中，V_1 为常加电压 $V_{\lambda/4}$，V_2 为方波电压。当未加方波电压 V_2 时，Q 开关处于完全关闭状态(谐振腔处于低 Q 值状态)，此时由于氙灯点燃，工作物质处于储能阶段。当工作物质上能级反转粒子数达到最大值的瞬间(t_0 时刻)，将方波 V_2($V_{\lambda/4}$)加上，则在 KD^*P 晶体上的合成电压 V_{12} 等于 0(见图 2.3-10)，Q 开关处于完全"开启"的状态，并且由于谐振腔的两个反射镜 M_1 和 M_2 的反射率为 100%，故谐振腔突变为高 Q 值状态，腔内迅速建立起激光振荡(但并无输出)。当腔内光子数密度达最大值时，方波 V_2 迅速由 $V_{\lambda/4}$ 跃变为 0，则晶体上的电压 V_{12} 又跃变为 $V_{\lambda/4}$，那么腔内形成的强光场往返两次经过晶体，使偏振面旋转 90°，最后由偏振棱镜 P 的侧面反射而输出腔外。可以看出，这种 PTM 式调 Q 的最佳效率取决于施加方波电压 V_2 的时间和宽度。

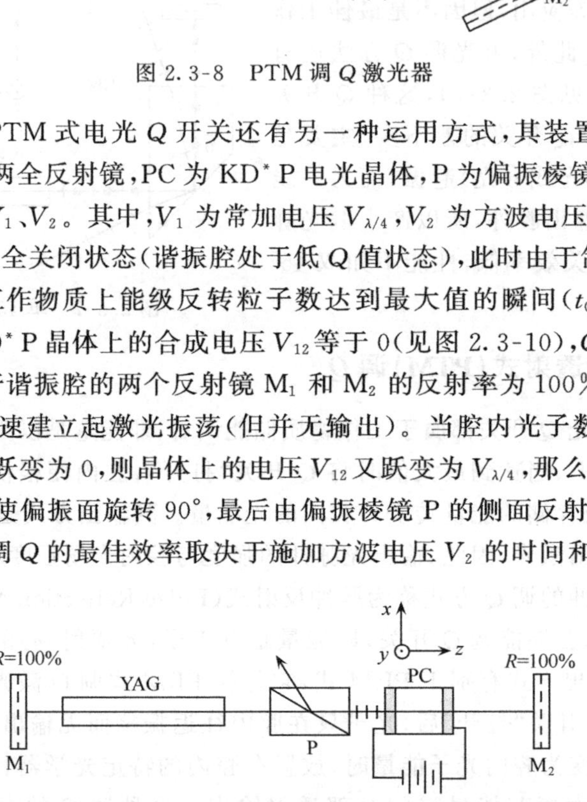

图 2.3-9 PTM 式电光 Q 开关

另外，前面所介绍的单块双 45°电光调 Q 器件，不仅可以进行 PRM 式调 Q 运转，也可进行 PTM 式调 Q 运转，其工作原理如图 2.3-11 所示。它与前者的不同点是，把原来的腔镜 M_2 换成 M_2、M_3 两个全反镜，放置在特定的位置上。在开始工作时，$LiNbO_3$ 晶体上不加电压($V_x=0$)，但泵浦灯已点燃，工作物质上能级已开始大量积累粒子。此时，虽然光路处于直通状态，但由于两个全反镜已从光的轴线中心移至两侧，因而腔的损耗很大，不能形成激光振荡。当工作物质的反转粒子数积累到最大时，$LiNbO_3$ 晶体上加电压 $V_x=V_{\lambda/2}$，由于 M_1、M_2、M_3 都是全反射镜，故腔内形成强大的激光振荡，但无输出。当腔内光子数密度达最大时，迅速撤去电压，腔内光路恢复直通状态，则巨脉冲由 $LiNbO_3$ 晶体直接透射出去。这种单块双 45°Q 开关也可以在腔内光的轴线两端放置两个全反镜，构成 PTM 式调 Q，它的运用方式只是加压和退压，与前者正好相反。

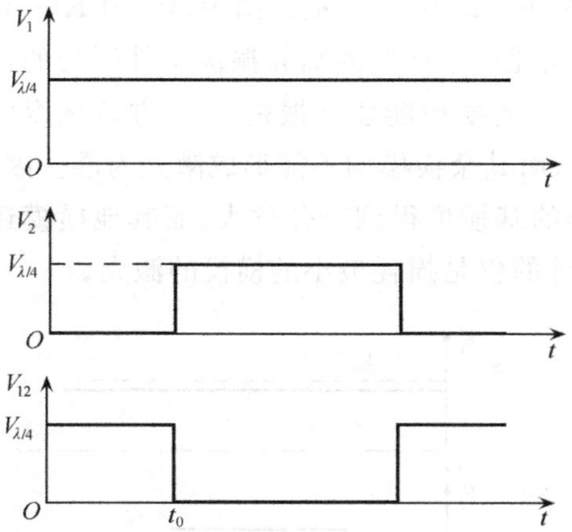

图 2.3-10　Q 开关的工作程序

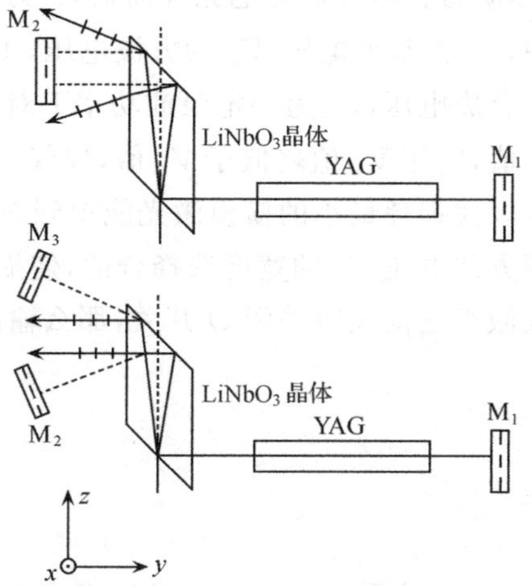

图 2.3-11　单块双 45°PTM 式电光调 Q

PTM 式调 Q 有以下两个突出的优点。

(1) 它的效率比 PRM 式调 Q 高。后者是振荡和输出同时进行的，在 Q 开关打开后，激光振荡开始建立，而且每往返一次就有激光输出；而 PTM 式调 Q 是先振荡、后输出，当腔内光子数密度达到最大时，将全部光能量顷刻输出，所以输出功率高。

(2) PRM 式调 Q，其脉宽主要取决于激光振荡在腔内建立的时间，光在腔内要往返若干次才能完成形成过程，所以脉宽较宽。而 PTM 式调 Q 是光能量在 $2L/c$ 时间内输出(一次完成)，所以脉冲宽度将大大压缩。但是，要得到上述理想的结果，必须在脉冲形成的时间内准确地接通谐振腔，而且电脉冲的后沿时间也要极为精确，所以对驱动电路系统要求较高。

2.3.4　调 Q 技术的其他功能

前面所介绍的调 Q 技术，无论是工作物质储能的 PRM 式运转，还是腔内储能的 PTM 式运转，其最后的结果都是获得压缩脉宽的高峰值功率巨脉冲输出。但是通过研究发现，由于 Q 调制器能有效地控制激光器的损耗与增益(增益 Q 开关)，即能有效地控制激光器的净增益，所以一个 Q 调制器不仅能有效地控制激光的能量(或功率)特性，而且也可以控制激光的空间(横模)特性、频率(纵模)特性和输出稳定性等。

1. 选横模的功能

基于不同横模之间存在的损耗差异，通过插入腔内的 Q 调制器来控制腔的损耗。开始时使激光器运行于高阈值、低增益的临界振荡状态(称为“预激光”技术)，在一定泵浦功率强度下，只有损耗最小的横模(TEM_{00}模)建立振荡，其余损耗较大的横模都被抑制而不能振荡(选模的基本原理详见第 5 章)，这样便产生了单横模“种子”。为了得到大的能量输出，接着将 Q 开关完全打开，使种子激光得到充分放大，那么最终输出的便是功率足够高的基横模激光。《激光物理学》中采用了图 2.3-12 所示的实验装置进行了研究。图中，

M_1、M_2 为腔镜,PC 为泡克耳斯盒,P 为偏振镜,KD* P 晶体两电极上分别加电压 V_1、V_2。其中,V_1 为常加电压,V_2 为方波电压,工作程序如图 2.3-13 所示。图中,V_{12} 为 KD* P 晶体上合成电压,V_{os} 为一定泵浦功率下对应于腔损耗最小横模的临界振荡条件所需的常加电压值,电压 V_1 值略低于 V_{os} 值,仅仅使损耗最小的横模能建立振荡。V_2 方波宽度的选取应以使损耗最小的横模激光能得到充分放大,而其余横模均不能形成激光为准。因此,只要方波电压 V_2 的宽度选择合适,使损耗最小的基横模得到充分放大,而其他横模还未形成激光之前及时关闭 Q 开关,那么输出到腔外的仅是损耗最小的横模的激光。

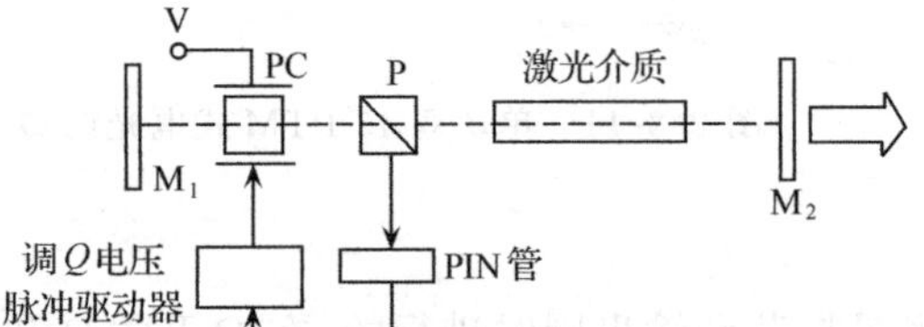

图 2.3-12 选横模调 Q 实验装置

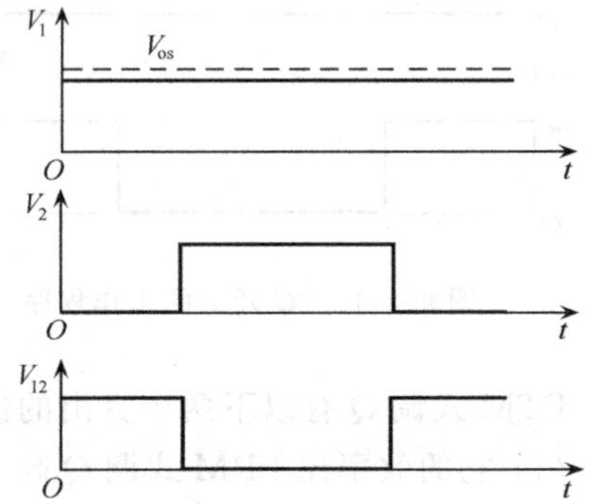

图 2.3-13 调 Q 选横模的工作程序

2. 选单纵模的功能

选单纵模的调 Q 技术是在单横模的基础上,利用不同纵模之间存在的增益差异实现的。开始时,使 Q 开关处于不完全关闭状态,通过 Q 开关控制腔的损耗,使之在一定泵浦功率下,仅靠近中心频率 ν_0 附近少数增益较大的纵模能建立起振荡,而且由于这些少数纵模是在阈值附近振荡,激光形成所需要的时间较长,不同纵模之间的模式竞争比较充分,故最终形成并得到充分放大的仅是增益最大的单纵模。当单纵模激光形成后,将 Q 开关完全打开,即可获得单纵模脉冲激光输出。

选单纵模 Q 调制的工作程序与图 2.3-13 基本相同。所不同的是,电压 V_{os} 是在一定泵浦功率下对应于增益最大纵模(中心频率 ν_0)的临界振荡条件应加的电压。由于靠近中心频率附近各纵模之间增益差异甚小,故在腔内插入一个 F-P 标准具平板(反射率 $R=8\%$),使中心频率附近各纵模之间同时存在损耗差异,增大各纵模之间的净增益差异,使 Q 调制器对纵模的选择作用更为有效。

调 Q 技术还有锁模、削波等功能。可见,多功能调 Q 技术的发展,将是激光单元技术上的一个突破,可以大大提高调 Q 激光器的实用性。

2.4 设计电光调 Q 激光器应考虑的问题

调 Q 激光器与普通脉冲激光器相比,它具有超临界振荡的特点,因此,对 Q 开关器件、激光工作物质、光泵浦灯和耦合输出条件等有一些新的要求。

2.4.1 调制晶体材料的选择

电光晶体的质量对调 Q 性能起着很重要的作用。目前能够获得较高光学质量的线性电光晶体材料还是有限的，现已广泛应用的主要有 KDP 型晶体（KD* P、KDP 等）、ABO_3 型晶体（$LiNbO_3$、$LiTaO_3$ 等），它们的一般性质如表 2.4-1 所示。

表 2.4-1 几种主要电光晶体的性质

晶体名称	折射率 n				电光系数 γ_{63} /(10^{-10}cm/V)	半波电压 $V_{\lambda/2}$ /V
	0.6328μm		1.06μm			
	n_o	n_e	n_o	n_e		
KDP	1.508	1.467	1.494	1.460	10.5	~15000
KD* P	1.508	1.468	1.494	1.461	26.4	~6000
$LiNbO_3$	2.286	2.200	2.233	2.154	6.80	~9250(d/l)

选择电光晶体材料时，应考虑以下几个技术指标。

(1) 消光比要高。这是衡量电光 Q 开关性能的主要指标。消光比的高低取决于晶体折射率的均匀性。KDP 类晶体的消光比一般可达 10^4 以上，而 $LiNbO_3$ 晶体的消光比比较低，最高可达 10^3，一般的只能达到 250 左右，但也可以作为 Q 开关使用。

(2) 透过率要高。KDP 类晶体的光谱透过范围为 0.2～2.0μm，从可见光到 1.4μm，透过率大于 85%，Q 开关的插入损耗为 10%～12%。$LiNbO_3$ 晶体的透光范围为 0.4～5.0μm，最高透过率可达 98%。

(3) 半波电压要低。KD* P 晶体的 $V_{\lambda/2}$ 为 6000V，$LiNbO_3$ 晶体的 $V_{\lambda/2}$ 为 9000(d/l)V。因为 $LiNbO_3$ 晶体是横向运用，故半波电压比 KDP 类的低。

(4) 抗破坏阈值要高。晶体承受的高功率密度要高，KDP 类晶体可达 500MW/cm²，而 $LiNbO_3$ 晶体的抗破坏阈值比较低，所以高功率调 Q 激光器容易出现光损伤。

(5) 晶体防潮。KDP 类晶体容易潮解，致使透光表面发毛引起通光的损耗增加，所以需要密封。在泡克耳斯盒注入一种匹配液（董惠芳等，1983），如图 2.4-1 所示，可以提高防潮能力，并减少表面剩余反射。泡克耳斯盒注入 ZP 匹配液之后，对 1.06μm 波长激光透过率进行测量，结果是比无 ZP 匹配液时提高 3%～5%，使总的透射率接近于原泡克耳斯盒 KD* P 晶体两端镀增透膜时的数值（90%左右）。$LiNbO_3$ 晶体不潮解，故不需要密封装置。

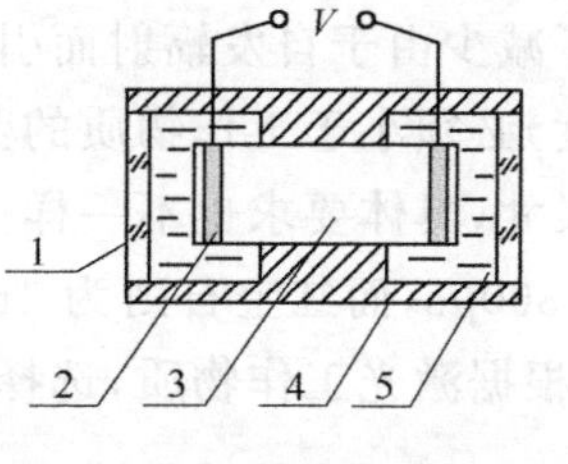

图 2.4-1 泡克耳斯盒装置图

1-K9-玻璃窗两面镀 1.06μm 增透膜 2-铜环电极 3-KD* P 晶体 4-有机玻璃盒 5-ZP 液

2.4.2 调制晶体的电极结构

电极的结构形式及晶体接触的好坏直接影响晶体内电场的均匀性,一个极不均匀的电场可能导致器件失去调 Q 效应。因此,晶体内具有均匀的电场是设计电极结构的基本出发点。

KDP 类晶体大都是纵向运用,外加电场方向与通光方向一致。这种情况要做出均匀电极结构是十分困难的,实际上多采用近似均匀电场方式。环状电极结构是纵向运用的一种最佳方式,其优点是电极不与通光表面接触,在通光孔径与中心开通光孔的结构相等时,其结构尺寸可以做得小一些,或者使有效通光截面加大。但这种结构仍然存在电场不均匀的问题。在设计这种电极结构时,在不引起高压跳火的前提下两个环状电极的宽度应尽可能宽些为好。

对于 $LiNbO_3$ 类晶体,由于都是横向运用,电场方向与通光方向相互垂直,只要做成平板型电极就可以获得均匀的电场分布。

电极用软金属材料(铝箔、铜箔、银箔等)制成。用黏合剂把电极与晶体端面粘在一起,要求电极的接触面有较高的光洁度,以保证与晶体可靠接触。另外,也可以把金属 Au 等或金属氧化物 SnO 和 CdO 等直接镀在晶体两端侧表面上。蒸镀电极的电场均匀性比较好。

2.4.3 对激光工作物质的要求

欲获得良好的调 Q 结果,不仅需要有高质量的电光晶体,而且对激光工作物质除了一般的要求之外,还有一些新的要求。首先要具备储能密度高的性能,即激光上能级可以积累大量的粒子,故要求受激辐射截面要小,即上能级的寿命长、谱线较宽,这样可以防止或减弱超辐射的发生。另外,还要求有较高的抗强光破坏阈值,能承受较高的激光功率密度。Nd:YAG、红宝石和钕玻璃三种工作物质基本上均能满足上述要求。

2.4.4 对光泵浦灯的要求

为了减少由于自发辐射而引起反转粒子数的损失,要求泵浦灯的发光时间(脉冲波形的半宽度)必须小于工作物质的荧光寿命(激光上能级寿命)。实验表明,对于不同的工作物质和尺寸,具体要求也不一样。例如,调 Q 的 YAG 激光器,泵浦灯脉冲波形的半宽度为 200～300μs,而红宝石则为 1ms 左右。但是,灯光波形半宽度太窄,灯的效率又会降低,故应根据激光工作物质,选择两者匹配比较好的泵浦灯。

2.4.5 对 Q 开关控制电路的要求

根据前面的分析可见,要获得最佳的调 Q 效果,要求 Q 开关速度要快,即能迅速、准确地接通或关闭谐振腔光路,这是通过电光调 Q 电源来控制的。它一般包括晶体高压电源、控制电路、延时电路、开关器件和触发电路等。要使调 Q 激光器能够高效率地工作,必须精确设计各部分电路,使其能很好地协调工作。

2.5　声光调 Q

2.5.1　声光调 Q 的基本原理

声光 Q 开关器件的结构与第 1 章介绍的声光调制器基本相同，由声光介质、电-声换能器、吸声材料和驱动电源组成，其装置示意图如图 2.5-1 所示。声光介质主要采用熔融石英、玻璃、钼酸铅等，换能器常采用石英、铌酸锂等晶体制成，吸声材料常用铅橡胶或玻璃棉等。把声光 Q 开关器件插入谐振腔内，当声光电源产生的高频振荡信号加在声光调 Q 器件的换能器上时，所形成的超声波振动在声光介质中使折射率发生变化，形成等效的"相位光栅"，当光束通过声光介质时，便产生布拉格衍射。衍射光相对于 0 级光有 2θ 的偏离(如当超声频率在 20～50MHz 范围时，石英对 1.06μm 的光波的衍射角为 0.3°～0.5°)，这一角度完全可以使光波偏离出腔外，使谐振腔处于高损耗低 Q 值状态，不能产生振荡，或者说 Q 开关将激光"关断"。当高频信号的作用突然停止，则声光介质中的超声场消失，于是谐振腔又突变为高 Q 值状态，相当于 Q 开关"打开"。Q 值交替变化一次，就使激光器输出一个调 Q 脉冲。

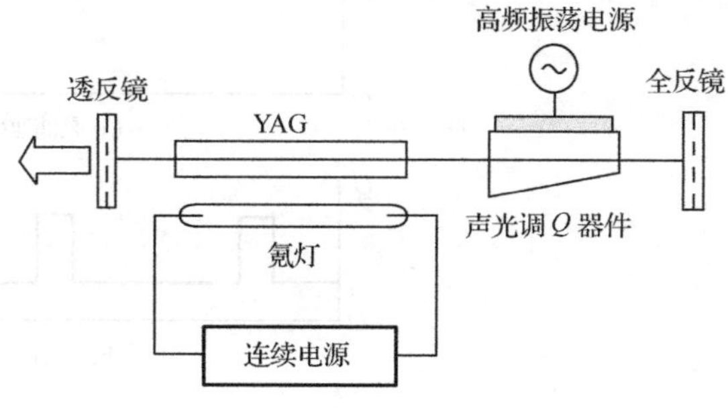

图 2.5-1　声光调 Q 激光器示意图

对于前面介绍的电光调 Q 激光器，为了使工作物质所存储的能量在很短的时间内以单一脉冲发射，Q 开关必须在短于激光脉冲建立的时间内完成由低 Q 值到高 Q 值的转变(阶跃式变化)。对于声光 Q 开关，断开的时间主要由声波通过光束的渡越时间决定(电子开关时间不是主要的)。以熔融石英为例，声波通过 1mm 的长度大约需要 200ns(声速为 5mm/μs)，这一时间对于某些高增益的脉冲激光器来说显得太长。因此，声光 Q 开关一般用于增益较低的连续激光器。而且，声光 Q 开关所需要的驱动调制电压很低(<200V)，故容易实现对低增益连续激光器调 Q 以获得高重复频率的脉冲输出，一般重复率可达 1～20kHz。但由于声光 Q 开关对高能量激光器的开关能力比较差，故不宜用于高增益调 Q 激光器。

声光 Q 开关用于连续激光器时，需要用脉冲调制器产生频率为 f 的矩形脉冲来调制高频振荡器的信号，因此声光介质中超声场出现的频率为脉冲调制信号的频率，激光器输出重复频率为 f 的调 Q 脉冲序列。为了能使工作物质激光上能级积累足够多的粒子，并且避免过多的自发辐射损耗，以便激光器在保证一定的峰值功率下得到最大的反转粒子数利用率，相邻两个脉冲的时间间隔 $1/f$ 大致要与激光工作物质的上能级寿命相等，如 Nd:YAG 激光器，其上能级寿命约为 230ns，因此，选取调 Q 重复频率 f 在 4～5kHz 为宜。在这种情况下，反转粒子数的利用率最高，可以获得峰值功率为 20～30kW 的调 Q

脉冲序列。重复频率过高或过低都会影响调 Q 效果。声光调 Q 的开关时间一般小于脉冲建立时间,故属于快开关类型。

连续激光器用声光调 Q 运转方式,如图 2.5-2 所示。在这种情况下,泵浦速率 W_p 保持不变(见图 2.5-2(a)),但谐振腔的 Q 值做周期性变化(见图 2.5-2(b)),它的变化周期由脉冲调制信号频率 f 决定,输出一系列高重复率的调 Q 脉冲(见图 2.5-2(c))。由于泵浦是连续的,谐振腔的 Q 值(也就是腔的损耗)以频率 f 由高 Q 态到低 Q 态做周期变化,故激光工作物质的反转粒子数也做相应的变化(见图 2.5-2(d))。

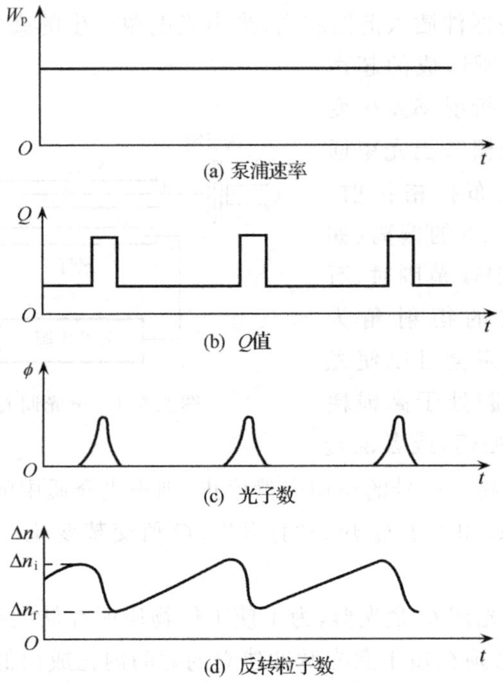

图 2.5-2 连续激光器高重复率调 Q 过程

2.5.2 声光调 Q 器件的结构及设计

20 世纪 70 年代后,几种性能优良的声光材料的出现以及工作于微波频段电-声换能器的理论和工艺的发展,使声光器件的性能得到重大突破,应用越来越广泛。因此,在声光调 Q 器件的设计时,如何选择合适的材料、合理的结构尺寸以及制作的工艺方法等都是保证器件具有良好性能的关键环节。

为了造成一个特定的超声场,声光调 Q 器件一般采用行波工作方式,为此,必须在超声波前进方向的介质表面上加上吸声材料或吸声装置,以消除超声波的反射。因为行波场消除快,开关时间短,所以适于进行调 Q;而驻波超声场在声光介质中不易迅速消除(需要一定的衰减时间),开关时间长,使声光器件失去开关作用,所以不予采用。

1. 材料的选择

电-声换能器应选择机电耦合系数大的材料，以便提高从电功率到声功率的转换效率。常用 x-0°切割的石英晶体片和 y-36°切割的 $LiNbO_3$ 晶体片。后者的机电系数比前者大 25 倍，是一种比较理想的材料。不过目前大面积的 $LiNbO_3$ 晶体薄片加工工艺难度较大，且压电陶瓷频率稳定度较差，因而很少采用。

对声光介质材料的选择应综合考虑如下要求：介质的品质因数 M_2 要大，对光的吸收要小（即对光的透过率要高），对超声波的吸收要小，有良好的热稳定性，介质在光学上是均匀的，有足够大的尺寸。对功率大的调 Q 器件，还要考虑采用抗激光损伤阈值高的材料。综合上述要求，查阅表 1.3-2 可知，二氧化碲（TeO_2）和钼酸铅（$PbMoO_4$）是比较理想的声光介质材料，但它们对 1.06μm 波长的光波通光性能较差，往往会严重影响调 Q 激光器的输出效率。熔融石英除 M_2 值较低外，其他各项要求都能得到较好的满足，且价格便宜，便于光学加工，故大功率声光调 Q 激光器多选用它作为声光介质。

2. 器件的设计

声光器件设计的关键是合理地确定超声柱的尺寸，如图 2.5-3 所示。其中，声光作用距离 L 可由布拉格判据来确定，即 $L \geqslant 2L_0$，特征长度 $L_0 = \lambda_S^2/\lambda = v_S^2/(\lambda f_S^2)$。

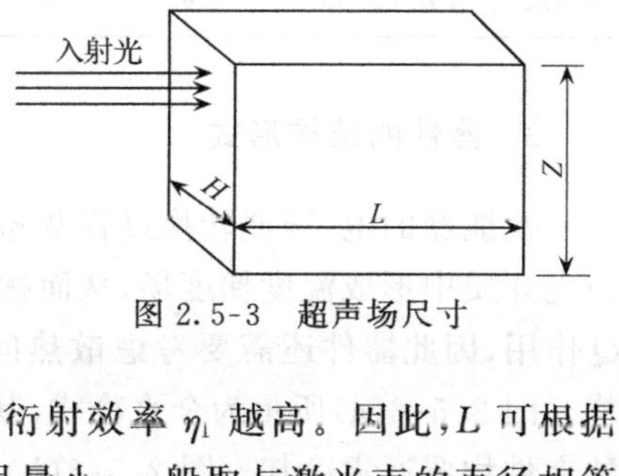

图 2.5-3　超声场尺寸

布拉格衍射效率为

$$\eta_1 = \frac{I_1}{I_i} = \sin^2\left(\frac{v}{2}\right)$$

$$v = \frac{\pi}{\lambda}\sqrt{\left(\frac{2L}{H}\right)M_2 P_S}$$

可以看出，在一定的声功率 P_S 下，L/H 的比值越大，衍射效率 η_1 越高。因此，L 可根据材料的实际情况尽可能取大一点，声柱宽度 H 则应尽量小，一般取与激光束的直径相等或稍大一点。换能器的长宽尺寸只要比上述 L 和 H 值稍大即可（这是为了保证足够的绝缘距离）。因高频电场是沿厚度方向施加到换能器上的，所以换能器厚度为超声波的半波长，即由公式 $d=\lambda_S/2=v_S/(2f_S)$ 计算而得。声光介质的尺寸比声柱尺寸稍大即可，与换能器相对的一个面最好磨成复合角，如图 2.5-4所示，这样在与吸声材料配合时可使超声波的反射影响最小。同时，往往把声光介质的通光面与超声波面（即换能器接触面）之间的夹角磨成 $90° - \theta_B$，以便在满足布拉格入射条件 $\sin\theta_B = \lambda/(2\lambda_S)$ 的同时，又能保证光束垂直通光面入射（这时介质表面的反射损耗最小），从图 2.5-5中可以看出。

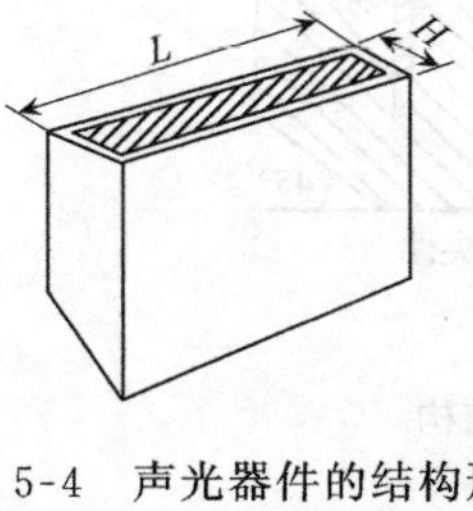

图 2.5-4　声光器件的结构形式

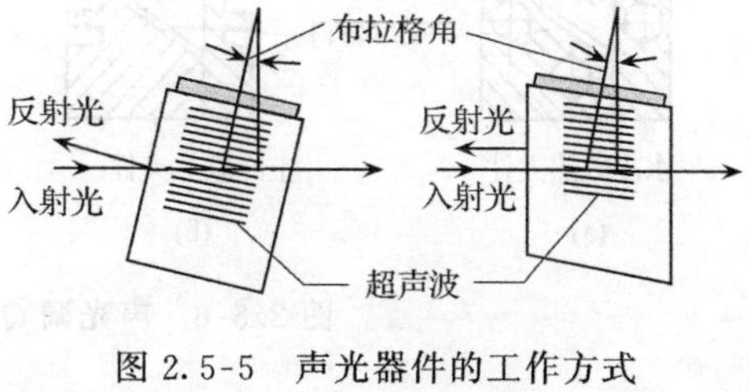

图 2.5-5　声光器件的工作方式

换能器与声光介质的粘接工艺也是十分重要的问题。因为换能器的超声功率要通过这个结合层进入到声光介质中去,所以粘接层必须是低损耗的。由超声波的传播理论可知,当粘接层的四周为同一介质包围时其声波透过系数为

$$D=\frac{1}{1+\frac{1}{4}\left(m-\frac{1}{m}\right)^{2}\sin^{2}\left(\frac{2\pi d'}{\lambda_{S}}\right)} \tag{2.5-1}$$

式中,声阻抗比值 $m=Z_1/Z_2$,d'为粘接层厚度。

实验证明有两种情况可使透射系数接近最大值。当 $m\approx1$ 时,即粘接层的声阻抗 Z_2 接近介质的声阻抗 Z_1 时,$D\approx1$;或者,当粘接层的厚度 d'很薄(≈0)时,$D\approx1$。因此,只要粘接层材料与声光介质材料的声阻抗匹配较好,或粘接层的厚度小于 $1\mu m$,均可得到满意的效果。目前采用的粘接工艺有以铟为过渡层的真空热压焊和超声焊等,也可采用环氧树脂、502 胶等粘接。表 2.5-1 列出了一些材料的声阻抗。

表 2.5-1 材料的声阻抗

材料名称	铝	金	银	铟	环氧树脂	石英	502 胶
密度/(g/cm³)	2.7	19.3	10.5	7.2	1.18	2.6	1.36
声阻抗/[×10⁵/(s·cm²)]	16.9	62.6	38	19.6	3.2	14.5	3.59

3. 器件的结构形式

换能器的电-声能转换过程及超声波被吸收后都会产生热量,如不及时散掉,就会在声光介质中形成温度梯度场,从而扰乱超声场的"相位光栅"作用,严重时会使器件失去调 Q 作用,因此器件还需要考虑散热问题。图 2.5-6 所示为声光调 Q 器件的三种典型结构。图 2.5-6(a)所示为全水冷式,其中换能器上的电极压块及在声光介质和吸声材料上的夹件均要通水冷却。图 2.5-6(b)所示为半水冷空冷式,即只保证换能器上的电极压块通水冷却,介质夹件可做成散热片的形式,由空气自然冷却或适当吹风强迫冷却。图 2.5-6(c)所示为半水冷多次反射吸收式,它不同于第二种的是,声波通过介质夹件上的反射面多次反射吸收,达到吸声和冷却的目的。当设计较大声功率的器件时,应采用全水冷结构为宜。

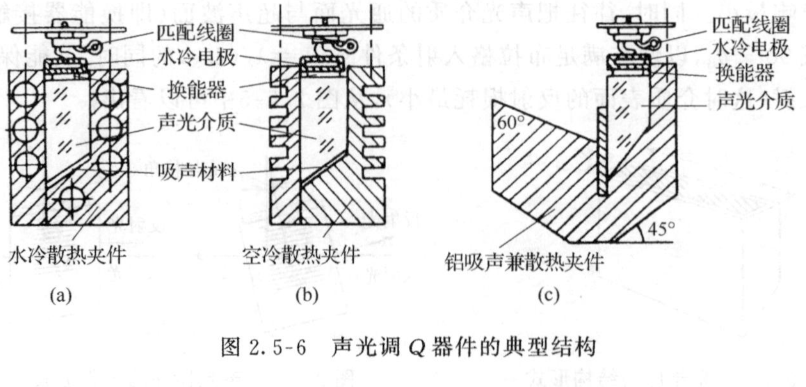

图 2.5-6 声光调 Q 器件的典型结构

4. 驱动声功率的确定

为了关断有一定增益的激光器振荡,必须有足够的声功率。关于声功率的计算可从布拉格衍射关系式导出,即

$$\eta_1 = \frac{I_1}{I_i} = \sin^2\left(\frac{v}{2}\right) = \frac{1}{2}(1-\cos v) \tag{2.5-2}$$

若要 $\eta_1=100\%$,即入射光能全部衍射到 1 级衍射光中去,则由上式得到 $v=\pi$。由于 $v=\sqrt{\left(\frac{2L}{H}\right)M_2 P_S}\cdot\pi/\lambda$,代入后得声功率

$$P_S = \frac{1}{2}\left(\frac{H}{L}\right)\frac{1}{M_2}\lambda^2$$

或

$$P_S = 1.26\left(\frac{H}{L}\right)\frac{1}{M_\omega}\left(\frac{\lambda}{\lambda_r}\right)^2 \tag{2.5-3}$$

式中,M_ω 是材料与水的品质因数比值,λ_r 是 He-Ne 激光波长。

例如,声光介质选用熔融石英,$M_\omega=151/160=1/1.06$。若声光介质中超声场尺寸为 $H=5\text{mm}$,$L=50\text{mm}$,代入式(2.5-3),便得到 100%衍射效率时所需要的声功率 $P_S=37.4\text{W}$,则每瓦的衍射效率为 100/37.4%=2.7%。因此,要克服连续的 YAG 激光器中 20%~30%的增益,则需要大于 10W 的功率才能使激光器停止振荡。考虑到电声转换效率一般小于 50%,所以高频驱动电源的功率应定为 20W 左右为宜。

另外,在高重复频率运转过程中,声光调 Q 器件不断地在存在超声场(称为状态 1)和不存在超声场(称为状态 2)的两种状态中交替地变化,其衍射效应的变化不可能是阶跃式的,而是有一定的上升和下降的时间(设为 t_r 和 t_f)。对一定的激光器来说,由 Q 突变的时刻到巨脉冲输出的时刻中间有一定的时间间隔 t_D,那么在设计声光调 Q 器件时,必须使 $t_f<t_D$,这样才能避免散乱的干扰,保证输出高峰值功率的调 Q 脉冲。声光器件的 t_f 包括两方面的来源:其一是换能器构成的共振器驱动场需要一定的下降时间,其二是声波渡越光束需要一定的时间。

2.5.3 声光调 Q 动态实验及输出特性

声光调 Q 连续泵浦 Nd:YAG 激光器的动态实验装置如图 2.5-7 所示。首先使 Nd:YAG 激光器运转,输出激光,并用功率计测量其功率;再将高频电信号注入声光器件,逐步增加高频电压(即增大声功率)至激光被关断为止,这说明器件已达到调 Q 开关的要求。然后,再加入 kHz 量级的脉冲调制信号,使注入的高频电信号受到调制,从而使声光介质中的超声场时有时无,谐振腔中的 Q 值相应地高、低交替变化,这时便会有高重复频率的调 Q 脉冲输出。经衰减片衰减后,用光电二极管接收,经放大后输入到双线示波器(响应频率大于 10MHz 的脉冲示波器),则在荧光屏上可以观察到图 2.5-8 所示的波形,图的上面是调 Q 脉冲波形,下面是驱动换能器的电压振荡包络。可以看到,光脉冲出现在声波中断时间的中部附近。

由图 2.5-8 可见,从超声场消失到巨脉冲形成有一时间间隔,这就是脉冲建立时间 t_D(一般为 1~8μs),所以要求 Q 开关的开关时间 t_s 必须小于 t_D(这也是快开关的条件),否

则会出现慢开关中常见的峰值功率下降、脉宽增宽、输出不稳定或产生多脉冲等现象。声光调 Q 的开关时间是微秒量级,比电光调 Q 的开关时间(十几纳秒)要长得多,这将影响脉冲的峰值功率和脉宽。

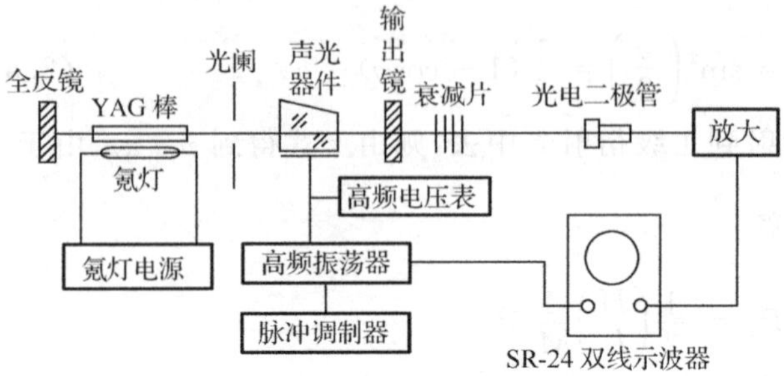

图 2.5-7 声光调 Q 激光器动态实验装置

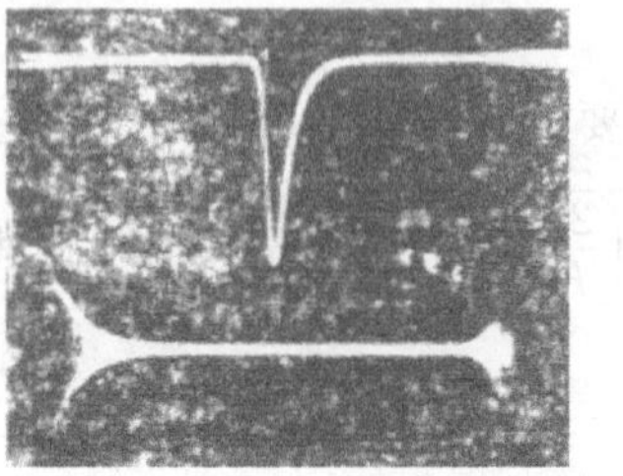

图 2.5-8 声光调 Q 脉冲的波形

通过实验,可测出声光调 Q 激光器的动态特性曲线。图 2.5-9 所示为当重复频率一定(1kHz)时,输出峰值功率 P_M 和脉冲宽度 Δt 随输入电功率的变化而变化的曲线。从图可看出,随着输入功率的增加,输出峰值功率相应地增大,脉宽变窄。图 2.5-10 所示为当输入功率不变(3.5kW)时,P_M 和平均功率 $\bar{P}$ 随重复频率的变化而变化的曲线。可以看出,当重复频率增加时,P_M 是下降的,而 $\bar{P}$ 是提高的。重复频率超过 10kHz 时,平均功率变化很缓慢,且接近连续功率。这时,动静比(即平均功率与不调 Q 的连续功率的比值)接近于 1。

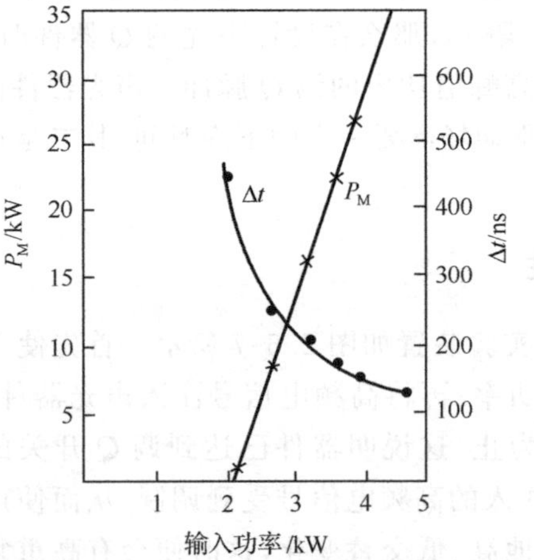

图 2.5-9 P_M、Δt 与输入功率的关系

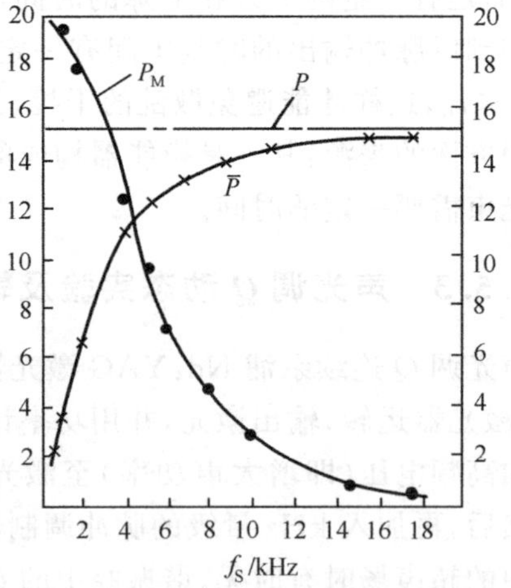

图 2.5-10 重复频率对 P_M、$\bar{P}$ 的影响

下面分析这些动态特性与激光器诸参量之间的关系。

1. 重复频率对输出性能的影响

激光器在重复变化的 Q 开关运转时,工作物质的反转粒子数被交替地抽运和消耗,

谐振腔在低 Q 状态时，在泵浦激励下反转粒子数不断地在高能态上积累；当 Δn 增加到一定数量后，谐振腔突变到高 Q 状态，这时受激辐射光场增强，引起 Δn 值快速衰减，以极陡的坡度下降，每次重复的情况如图 2.5-11所示。不同的重复频率有不同的变化曲线。当重复频率小于自发辐射跃迁几率 A_s 时，反转粒子数密度有可能达到饱和后才开始 Q 突变，这时的初始反转粒子数密度 Δn_i 将有较大的数值。若重复频率大于自发辐射跃迁几率 A_s，则反转粒子数密度在尚未达到饱和值时便因进入高 Q 值状态而迅速衰减，这时 Δn_i 将比较小。

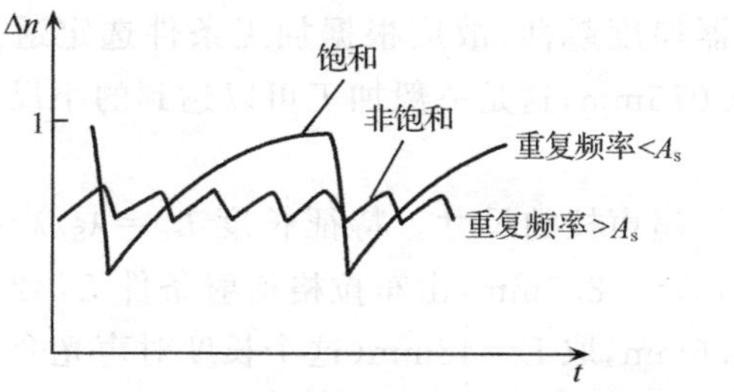

图 2.5-11　在不同重复频率下 Δn 与时间的关系

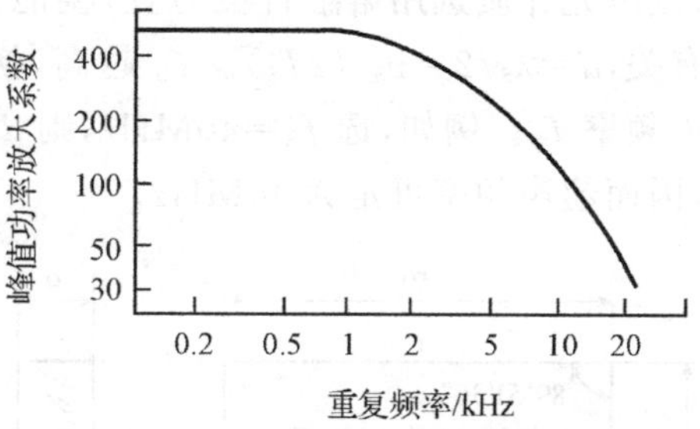

图 2.5-12　H 与重复频率的关系

Q 开关重复频率的这种特性直接影响调 Q 激光器的输出特性。当重复频率较高时，因脉冲之间没有足够的时间使激光上能态的反转粒子数达到最大值，即 Δn_i 值较低，所以输出激光的脉冲峰值功率必然下降，而且由于增益减小，脉冲宽度与脉冲形成时间都会增加。若重复频率过低，则由于自发辐射跃迁，部分反转粒子数损耗掉，从而影响器件的效率。若把峰值功率与连续输出功率的比值用 H 表示，则 H 随重复频率的变化如图 2.5-12所示。Nd:YAG 激光器的荧光寿命约为 230μs，所以声光调 Q 器件要在较高效率下运转，重复频率都选择在 4～5kHz。

2. 参量 $\Delta n_i/\Delta n_t$ 值的影响

声光调 Q 的 YAG(连续)激光器输出的脉冲峰值功率为 kW 量级，而电光调 Q 的 YAG(脉冲)激光器输出的脉冲峰值功率可达 MW 量级，它们相差达三个数量级，而且其脉冲宽度，前者要比后者宽十几倍。其主要原因是连续氪灯的泵浦速率比脉冲氙灯的泵浦速率低二至三个数量级，因而它们的 $\Delta n_i/\Delta n_t$ 值也相差很大。尽管声光调 Q 运转的 $\Delta n_i/\Delta n_t$ 值不可能很大，但为了获得较好的输出性能，尽可能提高 $\Delta n_i/\Delta n_t$ 值还是必要的。因此，在激光器的设计和运转过程中，一方面提高聚光腔的聚光性能，并增大电功率以增加光泵的抽运速率，使开关处于“关闭”状态时得到尽量大的初始反转粒子数密度 Δn_i；另一方面，为了使开关处于“打开”状态时的阈值反转粒子数 Δn_t 减小，需要选择效率高的工作物质以及设计合适的谐振腔结构(如尽量缩短谐振腔长度和选择输出镜的最佳透过率)。

声光调 Q 激光器的泵浦功率也不能无限制地增加，因为输入功率太大，Q 开关就会关不住而产生静态激光，使巨脉冲的输出特性变坏。所以只有在提高声光衍射效率以增加衍射损耗的情况下，才能进一步增加泵浦功率以获得较高的峰值功率。

例如,一台硅片划片机要求激光的峰值功率大于 5kW,重复频率为 4~5kHz。为此而设计的声光调 Q 激光器的参数如下。

(1) 采用连续 Nd:YAG 激光器。工作物质为直径 5mm、长度 70mm 的 YAG 棒,用直径 7mm、长度 70mm 的氪(Kr)灯泵浦;聚光腔为单椭圆腔,$2a=16.8$mm,$2b=19$mm;灯、棒和聚光腔分别通水冷却。在输入电功率为 3kW 时,激光器有大于 10W 的连续激光输出(包括腔内插入调 Q 器件后的插入损耗)。

(2) 声光调 Q 器件。因激光功率较大,同时要求透光系数大,以便获得最好的功率输出,故声光介质选用熔融石英为宜,换能器可选用石英晶片。换能器的厚度 d 与超声频率有关,$d=\lambda_S/2=v_S/(2f_S)$。f_S 越高,换能器厚度越薄,故应根据加工条件选定适当的超声频率 f_S。例如,选 $f_S=40$MHz,则 $d=0.075$mm,这是一般加工可以达到的小尺寸范围,因而超声频率可定为 40MHz。

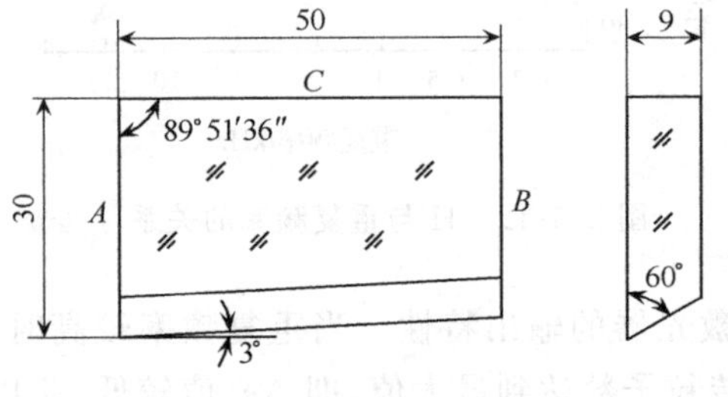

图 2.5-13 声光介质尺寸

超声柱的尺寸。特征长度 $L_0=\lambda_S^2/\lambda=v_S^2/(\lambda f_S^2)=18.3$mm,由布拉格衍射条件 $L\geqslant 2L_0=36.6$mm,取 $L=48$mm(这个长度对声光介质和换能器晶片的加工都较为合适);而 $H=5$mm,布拉格角 $\theta_B=\lambda/(2\lambda_S)=0.14°$,$90°-\theta_B=89.86°$。声光介质的尺寸如图 2.5-13 所示。$A$ 和 B 为两个通光面,要求其不平整度小于 $\lambda/5$,不平行度小于 10″为宜。

换能器晶片的尺寸为 50mm × 5mm × 0.075mm。为了做成平板电极和粘接的需要,在石英晶片两面和声光介质 C 面蒸镀 Cr-Au层。换能器和声光介质的粘接工艺采用真空热压铟焊。

声光器件采用全水冷式结构,超声高频驱动电源功率为 20W。

(3) 调 Q 激光器的输出。在输入电功率为 3kW、激光器的平均功率为 12W、重复频率为 4kHz 时,输出调 Q 脉冲峰值功率为 12kW,脉宽为 280ns。

2.5.4 声光腔倒空激光器

利用声光器件作为开关元件,实现"腔倒空"是一种腔内储(光子)能的运转方式,其结构形式如图 2.5-14 所示,其中 M_1、M_2、M_3、M_4 均为全反射镜。选择 M_2、M_3 的曲率和两镜间的距离,恰好使两者的曲率中心重合,光束在曲率中心处聚焦在一个直径很小的区域,声光器件即放置在光束的束腰部位。

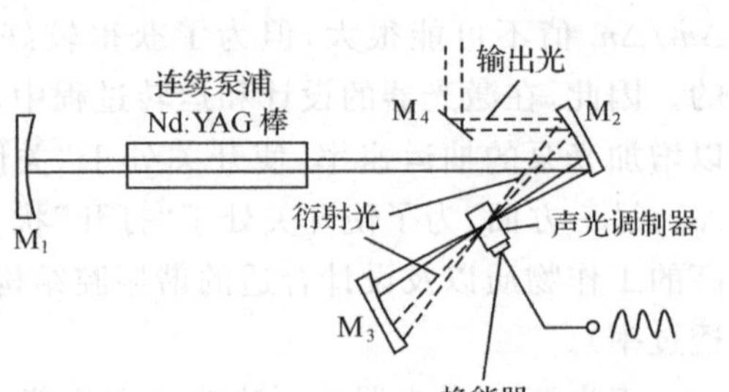

图 2.5-14 声光腔倒空激光器

当声光器件上未加电压时,谐振腔处于高 Q 值状态,在腔内可建立起极强的激光振荡(但无输出)。到腔内光子数密度达到最大值后,突然在声光器件上加电压形成超声场,使激光束几乎全部发生偏转,腔内存储的光子能量几乎全部从平面反射镜 M_4 处耦合输出,因而称为"腔倒空"。显然,其输出效率较高,光脉冲宽度也很窄,相当于光子在腔内来回一次所需要的时间 $2L/c$,为纳秒量级。光脉冲的重复频率可以达 MHz 量级以上。如图 2.5-14所示,声光器件未加电压时,光路如实线所示;加电压时即发生布拉格衍射,光路如虚线所示,光在腔内往返一次由 M_4 反射输出。

声光腔倒空器件和前面所介绍的 Q 开关器件相比,对器件有更高的要求。其一,为了尽可能实现腔倒空,所用声光器件必须只有 1 级衍射光,而且衍射效率应尽量接近 100%,因而必须用严格的布拉格衍射器件;其二,腔倒空方式要求开关速度要快得多,其上升时间大约为 5ns,光束必须聚焦到一个直径约 50μm 的区域上;其三,为了提高布拉格衍射效率,腔倒空器件的调制频率要高得多,故可以直接把超声频率作为调制频率,因此,输出光脉冲的重复频率可以高达 MHz 量级以上。

2.6　被动式可饱和吸收调 Q

前面几节介绍的都是主动式调 Q 方法,即人为地利用某些物理效应来控制激光谐振腔的损耗,从而达到 Q 值的突变。本节将介绍一种被动式 Q 开关,即利用某些可饱和吸收体本身的特性,自动地改变 Q 值。

2.6.1　可饱和吸收染料的调 Q 原理

某些有机染料是一种非线性吸收介质,即其吸收系数并不是常数,在较强激光的作用下,其吸收系数随光强的增加而减小直至饱和,对光呈现几乎透明的特性,这种染料称为可饱和吸收染料,吸收系数表示为

$$\alpha = \frac{\alpha_0}{1 + \frac{I}{I_s}} \tag{2.6-1}$$

式中,α_0 为光强很小($I \to 0$)时的吸收系数;I 为入射光强,I_s 为染料的饱和吸收光强,其大小与染料的种类和浓度有关。一般来说,染料的浓度增加,I_s 值也增加。由式(2.6-1)可以看出,当 $I \gg I_s$ 时,吸收系数趋于零,染料对通过的光束变为透明。那么,将具有这种性能的染料(溶液或固态片)置于谐振腔内时,在开始阶段,腔内自发荧光很弱,染料吸收系数很大,光的透过率很低,腔处于低 Q 值(高损耗)状态,故不能形成激光振荡。随着光泵的继续作用,反转粒子数不断积累,腔内荧光逐渐变强。当光强能与 I_s 相比拟时,染料的吸收系数变小,透过率逐渐增大,到一定数值时,染料吸收达到饱和值,突然被"漂白"而变得透明了,这时腔内 Q 值猛增,产生激光振荡输出调 Q 激光脉冲。因为泵浦是脉冲式的,腔内光场迅速减弱($I \to 0$),所以染料又恢复了吸收特性,起到将腔关闭的作用,然后再重复以上的过程。

用做 Q 开关的染料必须对激光波长有一吸收峰。例如,BDN 染料在 1.06μm 附近有一吸收峰,所以适于 Nd:YAG 激光器调 Q;隐花青、叶绿素的甲醇溶剂在 704nm 附近有一吸收峰,因而适用于红宝石激光器调 Q。另外,还应有较大的吸收截面,要求比激光物

质的吸收截面大得多(调 Q 染料的吸收截面一般为 $10^{-20}\,m^2$ 左右,而激光工作物质吸收截面为 $10^{-24}\,m^2$ 量级),使饱和光强 I_s 比较低。于是在 MW/cm^2 量级的功率密度作用下就可“漂白”。

染料调 Q 激光器输出脉冲的时间和光谱特性主要取决于染料的弛豫时间。若弛豫时间达到光腔渡越时间量级,就可使输出谱线变窄。由于连续激光器腔内光强密度通常不能饱和漂白染料,所以染料 Q 开关只能用于脉冲激光器。

2.6.2 饱和吸收的速率方程

染料饱和吸收的原理可以用速率方程加以说明。近似地把染料看成二能级系统,染料分子对频率为 ν 的激光辐射的共振吸收截面可表示为

$$\sigma(\nu) = \frac{h\nu}{nc}[B_{12}(\nu)n_1 - B_{21}(\nu)n_2] \tag{2.6-2}$$

式中,$n=n_1+n_2$,为单位体积内染料总分子数,其中 n_1、n_2 分别表示这两个能级上的粒子数密度;$B_{12}(\nu)$、$B_{21}(\nu)$ 分别为相应频率爱因斯坦吸收系数和发射系数;共振吸收截面 $\sigma(\nu)$ 是非线性参量。在开始照射时,有 $n_2\approx 0$,$n_1\approx n$,代入式(2.6-2)可得出初始共振吸收截面

$$\sigma_0(\nu) = \frac{h\nu}{c}B_{12}(\nu) \tag{2.6-3}$$

设染料物质的厚度为 l,则染料 Q 开关的初始透过率为

$$T_0(\nu) = \exp[-n\sigma_0(\nu)\cdot l] \tag{2.6-4}$$

将这种具有非线性吸收的染料放在谐振腔内,由于初始透过率很低,所以不能形成激光振荡。随着光泵浦的作用,部分染料分子吸收荧光而由基态 E_1 跃迁到高能态 E_2,从而引起吸收截面的减小;如果荧光进一步增强,吸收截面进一步减小,以致最后跃迁处于动态平衡,即有 $B_{12}(\nu)n_1=B_{21}(\nu)n_2$。此时,$\sigma(\nu)=0$,吸收达到饱和,染料变成透明,实现了 Q 突变,产生激光振荡输出巨脉冲。此后,由于腔内光子数急剧下降,同时染料分子的吸收跃迁减少,已经跃迁到高能态的分子也会弛豫而返回基态,从而使吸收截面增大,腔又处于关闭状态。这就是染料 Q 开关的一个动作周期。

下面根据染料分子能级跃迁的速率方程来导出吸收截面随时间变化的规律。高能态染料分子变化的速率方程为

$$\frac{dn_2}{dt} = B_{12}(\nu)un - \{[B_{12}(\nu)+B_{21}(\nu)]u + A_{21}\}n_2 \tag{2.6-5}$$

这是一阶常系数微分方程,式中 u 为激光辐射能量密度。令式中 $[B_{12}(\nu)+B_{21}(\nu)]u+A_{21}=p$,$B_{12}(\nu)un=q$,求解上式,可得

$$n_2 = q[1-\exp(-p)t]/p \tag{2.6-6}$$

把式(2.6-6)代入式(2.6-2),经整理得

$$\sigma(\nu) = \frac{h\nu}{c}B_{12}(\nu)\,\frac{A_{21}+[B_{12}(\nu)+B_{21}(\nu)]u\exp(-p)t}{p} \tag{2.6-7}$$

这就是染料 Q 开关吸收截面随时间和入射激光辐射密度变化的方程。由式(2.6-7)可以

看出，当入射光强很强(即 u 很大)时，吸收截面 $\sigma(\nu)$ 很小，这时求得的最大透过率 $T_{max}\approx 1$，说明饱和时染料几乎完全透明。图 2.6-1 所示为对于红宝石染料调 Q 激光器，钒酞菁染料的透过率与激光功率密度的关系。随着激光功率密度的增加，染料的透过率不断增大。在 $P=5\text{MW/cm}^2$ 时，$T\approx 100\%$。但实验表明，即使在很强的激光照射下，染料饱和吸收时的最大透过率也只能接近于 1。

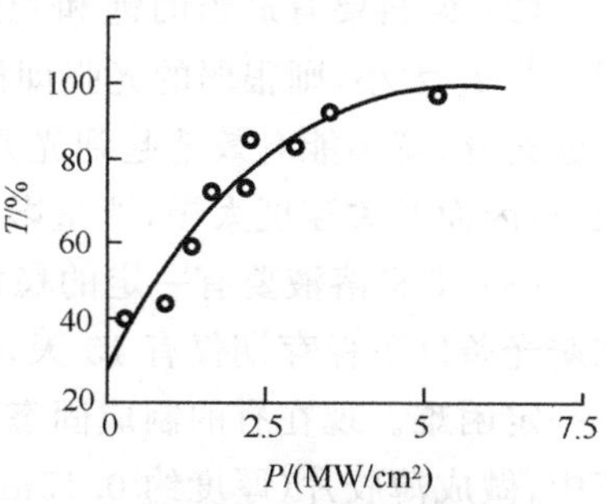

图 2.6-1　染料透过率与激光功率密度的关系

2.6.3　染料调 Q 激光器及其输出特性

染料调 Q 激光器是由在脉冲激光器的谐振腔中插入一个染料盒构成的。它有两种形式：一种是用染料盒的后壁作全反射镜，如图2.6-2(a)所示；另一种是染料盒单独插入腔内，如图 2.6-2(b)所示。染料盒的介质表面较多，为了避免各通光表面的反射产生寄生振荡，最好是把染料盒放置成与全反射镜有一倾斜角。

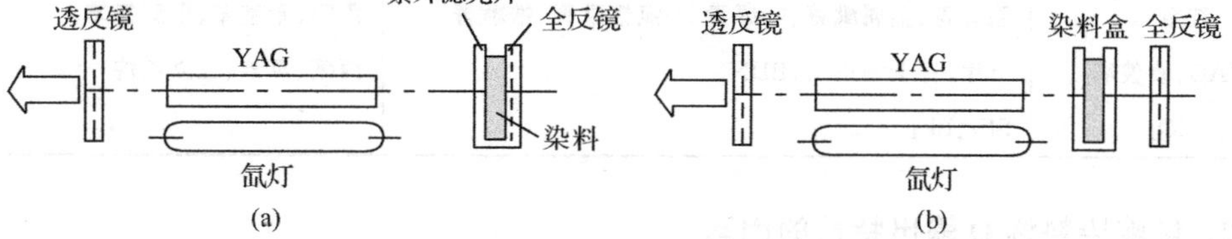

图 2.6-2　染料调 Q 激光器

1. 对染料选择的要求

(1) 染料的吸收峰应与激光波长基本吻合。图 2.6-3 所示为两种可饱和吸收染料的吸收谱线。其中，五甲川染料的吸收峰中心波长为 1.06μm(如图 2.6-3(a))，氯铝酞菁染料在一定浓度下的相对吸收光谱如图 2.6-3(b)所示。氯铝酞菁的吸收峰中心波长为 700nm，适用于波长为 694.4nm 的红宝石激光器。

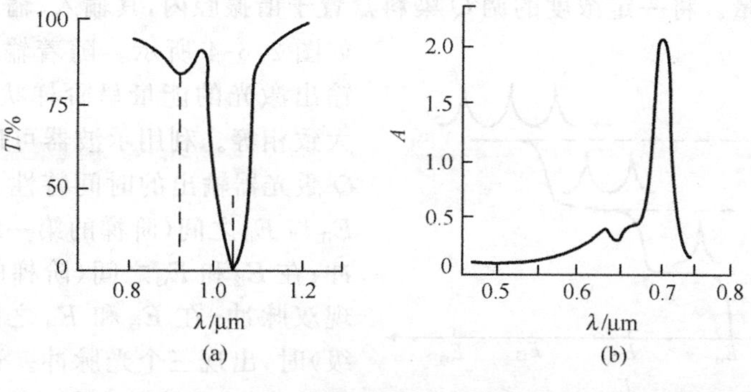

图 2.6-3　两种染料的吸收谱线

(2) 染料要有适当的饱和光强值 I_s。所需要的饱和值可以通过改变染料的浓度得到。若 I_s 太小,则很弱的光强即能使染料"漂白"透明,激光工作物质反转粒子数的积累不够充分,就不能有效地起到光开关的作用。若 I_s 太大,而染料又极不易达到饱和吸收状态,因而开关速度太慢,严重影响调 Q 效果。

(3) 染料溶液要有一定的稳定性。染料溶液的保存期都比较短,如五甲川氯苯溶液在避光条件下保存期仅有 15 天,而十一甲川丙酮溶液在夏季只能保存一天,这给应用带来一定困难。现在有的制成固态片,使稳定性有所提高。例如,将 BDN 染料掺于有机玻璃中,做成薄胶片(厚度约 0.15mm),使寿命可达百万次以上,它对激光的透过率取决于片中所含 BDN 染料的浓度。另外,还有一些外部因素对染料 Q 开关的稳定性也有影响,如用强激光辐射和氙灯的紫外光照射,会破坏染料的链分子结并使溶液受热氧化,从而引起染料的分解。为此,可用滤光片屏蔽紫外光;为了消除氧化影响,可在溶液中加入脱氧剂,并把染料盒真空密封或充以惰性气体。表 2.6-1 列出了几种染料调 Q 的材料和相应的溶剂。

表 2.6-1 染料及溶剂

激光工作物质	染料	溶剂
红宝石	隐花青、金属酞菁、叶绿素 D、氯铝酞菁、锆酞菁	丙酮、硝基苯、甲醇氯苯
YAG、钕玻璃	五甲川、十一甲川、BDN	丙酮、氯苯、二氯乙烷
CO_2	SF_6、BF_3	

2. 影响染料调 Q 输出特性的因素

(1) 染料浓度。染料的浓度越高,其光的透过率越低,相当于把激光阈值提高了,这样使工作物质的初始反转粒子数密度增大,因而调 Q 脉冲的峰值功率高。但同时也会使腔内染料的吸收损耗增加,延长了染料"漂白"的时间,相当于饱和光强 I_s 增大,这又会影响调 Q 的效果。因此,调 Q 的染料应有一个最佳浓度(或最佳透过率)。在此浓度下,调 Q 激光器的输出能量与阈值能量之比具有最大值。从实验中测得,对于输出为 1.06μm 波长的中小功率激光器,最佳透过率为 50%~60%,其对应的染料溶液浓度即为最佳浓度。

(2) 输入能量。将一定浓度的调 Q 染料盒置于谐振腔内,其输入、输出能量特性曲线如图 2.6-4 所示。随着输入能量的增加,输出激光的能量呈阶梯状增大,阶梯高度大致相等。利用示波器可以观察到染料调 Q 激光器输出的时间特性。当输入能量在 E_{i1} 与 E_{i2} 之间(阶梯的第一级)时,输出单脉冲;在 E_{i2} 和 E_{i3} 之间(阶梯的第二级)时,出现双脉冲;在 E_{i3} 和 E_{i4} 之间(阶梯的第三级)时,出现三个光脉冲。这是因为当输入能量较大时,在染料调 Q 激光器输出第一个光脉冲后,剩余的光泵能量继续激励,再

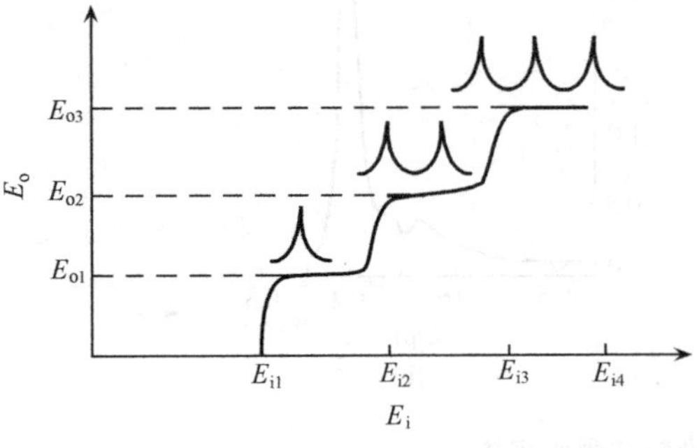

图 2.6-4 染料调 Q 输出特性曲线

次使反转粒子数增加达到 Δn_t 值,再一次使染料“漂白”,从而形成第二个脉冲,它的能量近似等于第一个脉冲的能量,所以输出特性曲线上的阶梯高度近似相等。如果光泵浦很强,且染料浓度又不高,则能输出一列能量大致相等的多脉冲。要获得单脉冲输出,就必须使输入能量不足以使染料再次“漂白”,使激光器输出单脉冲所对应的最低输入能量称为染料调 Q 激光器的阈值能量。

(3) 染料盒。主要是液层的厚度和容积对使用性能有影响。对于一定的透过率,染料层薄,其浓度就越大,染料层越厚,浓度则越小,但溶剂分子所占的比例就越大,因而对激光的散射、吸收等损耗加大。图 2.6-5 所示为两只盛有相同溶剂(氯苯)但厚度不同(分别为 3.5mm 和 8.5mm)的染料盒,先后放在同一个激光器中测得的输出特性曲线,它反映了溶剂的插入损耗大小。可以看出,在相同的输入能量下,染料盒薄的输出能量大。同时,在保持相同的最佳透过率情况下,厚度小,浓度则大,有利于单脉冲的稳定输出。但是,染料盒也不能做得太薄,否则会妨碍染料的流动扩散,影响使用寿命。对于高重复频率下工作的激光器更是如此。染料盒的厚度一般取 1mm 左右为宜。图 2.6-6 所示的染料盒是一种既能使染料通光厚度尽量减小,又能使染料的流动性增加的结构。

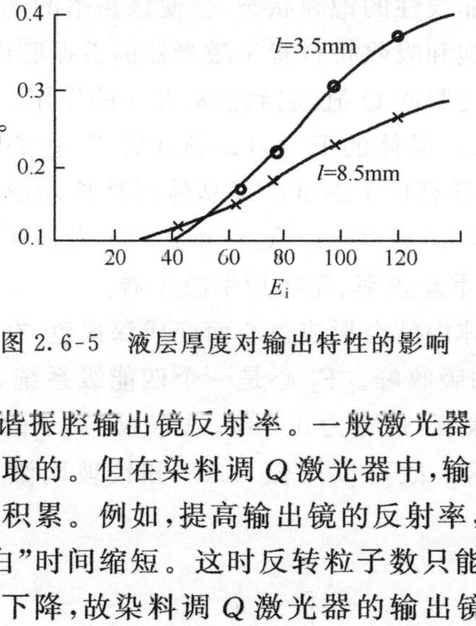

图 2.6-5 液层厚度对输出特性的影响

图 2.6-6 染料盒的结构

(4) 谐振腔输出镜反射率。一般激光器的输出镜反射率是根据腔内的增益和损耗参数来选取的。但在染料调 Q 激光器中,输出镜反射率的选取还要考虑到有利于反转粒子数的积累。例如,提高输出镜的反射率,也就提高了腔内初始光功率密度,使得染料的“漂白”时间缩短。这时反转粒子数只能积累到较低的数值,自然输出脉冲的峰值功率也将下降,故染料调 Q 激光器的输出镜反射率一般取值应低于静态激光器的最佳值。

例如,一台 BDN 染料调 Q 激光器实验装置,其 BDN 染料片的透过率 $T=30\%$,插入谐振腔中可获得单脉冲能量为 51mJ 的巨脉冲激光输出。随着输入能量的增大,可以获得两个、三个……调 Q 脉冲输出,其数据如表 2.6-2 所示。对于不同浓度的 BDN 染料片,其输出特性如表 2.6-3 所示。

表 2.6-2 调 Q 脉冲输出

阈值类型	单脉冲阈值	双脉冲阈值	三脉冲阈值
输入/J	11	15	21.4
输出/mJ	51	101.5	150.5

表 2.6-3 BDN 染料的输出特性

透过率	阈值能量/J	单脉冲输出/mJ
18%	16.87	59.35
36%	11.9	36.5
52%	9.2	15.2

2.6.4 LiF:F_2^-色心晶体(可饱和吸收)调 Q

关于可饱和吸收体,除了某些有机染料之外,还发现某些激活色心对其吸收带内的入射光也有很强的吸收,吸收跃迁的振子强度比较大,或者说,吸收截面 σ 比较大,因而其饱和光强 I_s 就比较低。按照二能级系统粒子跃迁的模型,介质的饱和光强为

$$I_s = \frac{h\nu}{2\sigma\tau_a} \tag{2.6-8}$$

式中,τ_a 是饱和吸收体上能级寿命。由上式可知,吸收截面 σ 越大,饱和光强 I_s 就越低,激活色心在比较低的光强作用下,就能进入非线性的饱和状态,会使该频率的光波透明而被"漂白"。显然,将这种具有激活色心的可饱和吸收材料置于激光器的谐振腔内,其透过率将随腔中光子密度的变化而迅速变化,改变腔的 Q 值,起到被动开关的作用。

用得比较成功的色心可饱和吸收体是 LiF 晶体的 F_2^- 心(即氟化锂 F_2^- 色心晶体),它既具有染料 Q 开关那种使用简便的优点,又具有像 $LiNbO_3$ 等晶体那种长期稳定的光学质量的特点,而且 LiF 晶体有较高的导热率(0.1W/(cm·℃))和高的抗光损伤阈值。因此,这种色心晶体被动式调 Q 很适合用于高重复频率、高功频率激光器。

一块 LiF 晶体在高能 γ 射线照射下,晶体内就会形成色心而变成深褐色,在不同的辐照条件下所形成的每种色心都对应着不同的吸收峰。F_2^- 心是一个四能级系统,LiF 晶体中的 F_2^- 心的吸收在 0.96μm 处有一个强吸收峰,带宽为 0.2eV,这与 Nd 离子的发射波长吻合较好(F_2^- 心的吸收光谱如图 2.6-7 所示),故可以用做 YAG 和钕玻璃激光器的 Q 开关。

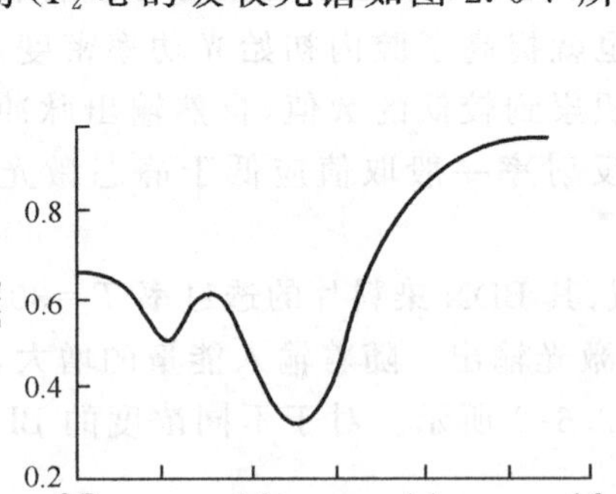

图 2.6-7 F_2^- 心的吸收谱线

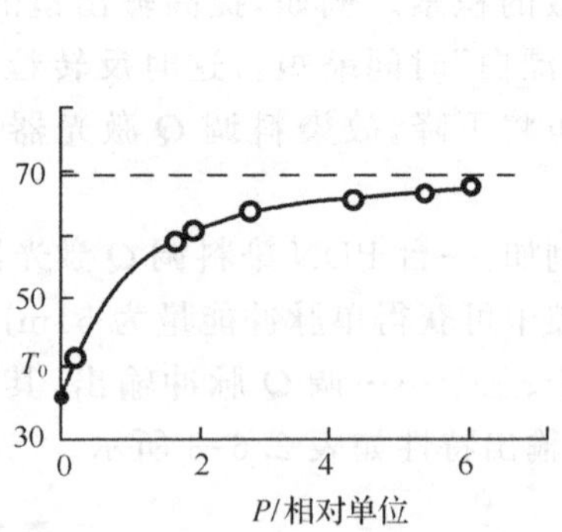

图 2.6-8 在 1.06μm 激光作用下 F_2^- 心的透过率

LiF:F_2^- 心对 1.06μm 波长的吸收截面 $\sigma \approx 2\times10^{-17}\,\text{cm}^2$,弛豫时间 $\tau_a \approx 10^{-7}\,\text{s}$,饱和光强仅为 0.1MW/cm²。与 Nd 激光的增益介质相比,Nd:YAG 的增益截面 $\sigma_g \approx 5\times10^{-19}\,\text{cm}^2$,激发

态寿命$\tau_g \approx 10^{-4}$s，LiF:F_2^-心作为Q开关是很合适的。从应用角度考虑，该色心晶体物理性能也很好，光学性质均匀，不潮解，抗光损伤阈值高达40GW/cm^2，有很高的光学稳定性(经Nd:YAG调Q激光脉冲作用10^6次而无变化)和热稳定性(热离解温度为130～160℃)，室温下可长期使用，加工与使用方便。图2.6-8所示为在1.06μm激光作用下，LiF:F_2^-色心晶体的透过率T的实验曲线。LiF:F_2^-色心晶体的静态透过率T_0与F_2^-的浓度和制备工艺有关。饱和后的剩余透过率与LiF:F_2^-晶体中的杂质以及在γ射线辐照过程中伴随产生的碱金属离子等有关，它们都属于非激活吸收。用10^{-6}～10^{-8}rad的Co^{60}-γ射线辐照的LiF:F_2^-晶体，对1.06μm激光的有效吸收系数为0.6cm^{-1}时，初始静态与光照饱和状态的光密度比值最高可达14～18倍，这个比值不亚于主动的电光Q开关。晶体的初始透过率T_0和光照时饱和透过率T直接影响调Q性能。以长度为40mm、初始透过率$T_0=15\%$、光照下饱和透过率$T=90\%$的LiF:F_2^-晶体，作为1.06μm的Nd:YAG激光器的Q开关，当激光器的泵浦灯能量E_p为37.5J时，输出巨脉冲宽度为25ns的单脉冲，其能量为100mJ，与无Q开关时自由振荡输出脉冲能量相比，比值$\eta=50\%$。若换成初始透过率较高($T_0=64\%$)的LiF:F_2^-晶体，那么只是在较低的光泵能量($E_p=20$J)下，才能保持单脉冲运转。提高光泵输入能量，则会产生多脉冲。

被动式调Q可饱和吸收体在激光器中作为Q开关，在产生窄脉宽的巨脉冲的同时，谱线宽度也变窄，LiF:F_2^-在YAG和钕玻璃激光器中作为Q开关时，都能观察到这一现象。也就是说，不但获得峰值功率极高的巨脉冲，同时也起到了选纵模的作用。

2.6.5 二极管泵浦被动调Q激光器

LD泵浦的全固体激光器因其效率高、结构紧凑、光束质量好、性能稳定、寿命长，已日益引起人们的重视。尤其是调Q方式运转，具有脉冲宽度窄、峰值功率高、重复频率高等优点，在微加工、测距、遥感、激光雷达、光学数据存储、显微医学等领域有广泛的应用。

相对主动调Q方式，全固体被动调Q激光器不需要任何外部驱动装置，结构简单紧凑，成本低且易于使用。Cr:YAG晶体具有良好的物理化学性能，闪光灯泵浦或LD泵浦下的Cr:YAG被动调Q方式已经在Nd:YAG、Nd:YLF和Nd:S-FAP等红外激光器中成功地得到运用，可输出高重复频率脉冲红外激光。

中国科学院长春光机所的科研人员经深入研究发现，只要选取合适的设计参量，Nd:YVO_4/Cr:YAG结构也可以获得高效稳定的调Q红外输出；进而在腔内加入倍频晶体KTP后，得到高重复频率的脉冲绿光输出。该方案还成功地运用于Nd:YAG/Cr:YAG/LBO结构中，获得了高峰值功率的调Q绿激光。

1. Nd:YVO_4/Cr:YAG结构被动调Q红外激光器

使用连续激光二极管泵浦Nd:YVO_4晶体，可得到1064nm连续红外激光输出，然后在腔内插入Cr:YAG晶体，则可获得调Q的脉冲红外激光输出。实验装置如图2.6-9所示。

实验采用了近贴泵浦方式，即LD发出的光直接入射到紧邻的Nd:YVO_4晶体上。具体地说，由于振荡光束在中心轴线附近具有最高强度，从而最先漂白被动Q开关Cr:YAG在轴线中心及附近的位置；而对离轴线较远的位置来说则因其入射光功率密度

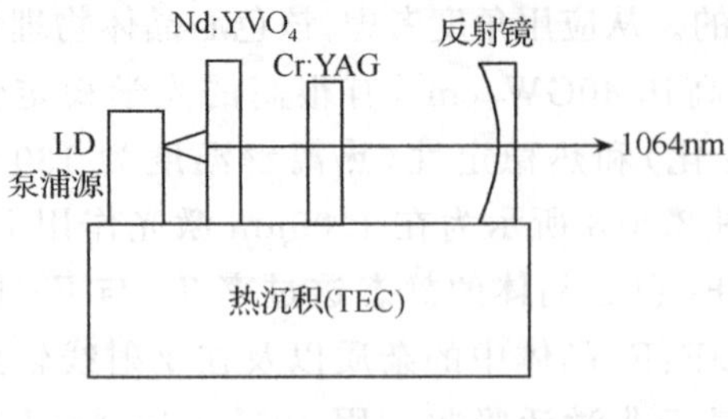

图 2.6-9 Nd:YVO_4/Cr:YAG结构被动调Q红外激光器

低,不易漂白,从而损耗较大。因此,插入Cr:YAG总的结果相当于在腔内插入了一个"动态光阑",导致高阶横模不易形成振荡,从而改善了输出光束的空间分布。另外,近贴泵浦方式避免光束传输和整形过程中能量的损失,器件结构简单紧凑、成本低。

测得泵浦光阈值约为142mW。随注入泵浦功率的增加,调Q红外脉冲激光输出的平均功率和重复频率显著增加,脉冲能量和峰值功率也相应增加,而脉冲宽度呈现略减小趋势。在注入泵浦功率为600mW时,得到平均功率138mW、脉冲宽度19.8ns、重复频率高达170.1kHz、峰值功率40.96W的调Q脉冲激光输出。此时系统的光-光转换效率高达23%。

2. Nd:YVO_4/Cr:YAG/KTP结构被动调Q绿光激光器

使用连续激光二极管泵浦Nd:YVO_4晶体,得到1064nm近红外激光;腔内加入倍频晶体KTP,能够获得532nm连续绿光输出;腔内再插入可饱和吸收体Cr:YAG,则可获得被动调Q脉冲绿光输出。实验装置如图2.6-10所示。

测得泵浦光阈值约为240mW。随注入泵浦功率的增加,调Q绿光脉冲输出的平均功率和峰值功率显著增加,而脉冲宽度和重复频率却表现出先增加后减小的规律。在注入泵浦功率为750mW时,得到平均功率86mW、脉冲宽度26.4ns、重复频率高达79.2kHz、峰值功率41.1W的被动调Q脉冲绿光输出,光-光转换效率超过11.4%。该激光器在平均功率80mW下连续运转1h,测得脉冲峰值和周期稳定性均优于±5%。

特别值得注意的是,该Nd:YVO_4/Cr:YAG/KTP结构被动调Q绿光激光器输出的脉冲宽度和重复频率随注入泵浦功率的增加而表现出来的先增加后减小的变化规律,它表明在大功率泵浦下,可以得到窄脉宽和高峰值的绿光脉冲。

图2.6-11所示为调Q脉冲绿光输出平均功率80mW时的远场光斑照片,说明它是很好的基模输出。这表明,结合Cr:YAG的"动态光阑"效果,近贴泵浦条件下也能得到良好的激光束质量。

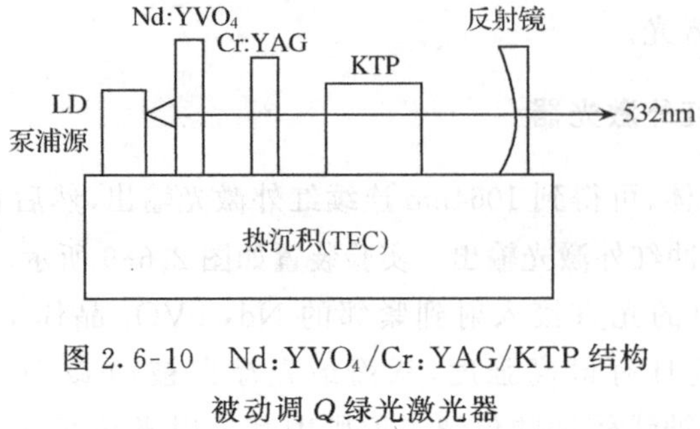

图 2.6-10 Nd:YVO_4/Cr:YAG/KTP结构被动调Q绿光激光器

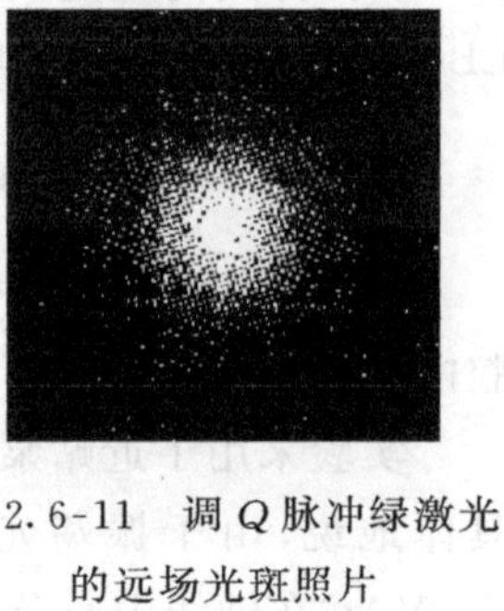

图 2.6-11 调Q脉冲绿激光的远场光斑照片

3. Nd:YAG/Cr:YAG/LBO 结构被动调 Q 绿光激光器

使用连续激光二极管泵浦 Nd:YAG 晶体,得到 1064nm 连续红外激光;腔内加入倍频晶体 LBO,能够获得 532nm 连续绿光输出;再在 Nd:YAG 和 LBO 间插入可饱和吸收体 Cr:YAG,则可获得被动调 Q 脉冲绿光输出。

需要说明的是,考虑到 KTP 晶体在高重复频率、高功率密度绿光作用下很容易出现"灰线",不利于激光器的长期稳定运转,因此,从产品化角度出发,在实验中使用了非线性系数较小,但抗光损伤阈值很高的 LBO 作为倍频晶体。实验也证明,对各向同性发射的 Nd:YAG 激光介质,在腔内没有任何起偏元件的情况下,Ⅰ类相位匹配 LBO 比Ⅱ类相位匹配 KTP 晶体腔内倍频更容易得到高质量的输出光束。实验装置如图 2.6-12所示。

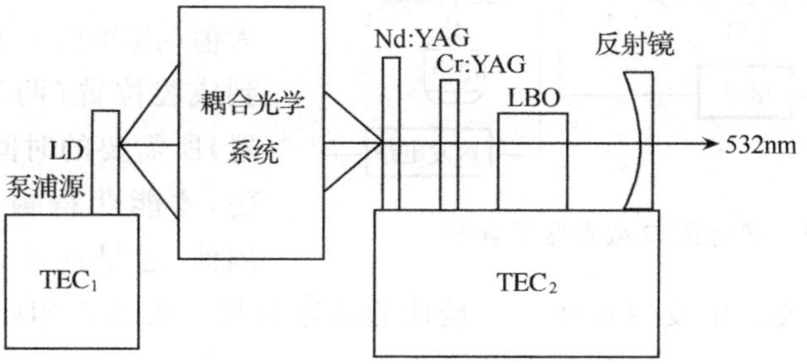

图 2.6-12　Nd:YAG/Cr:YAG/LBO 结构被动调 Q 绿光激光器

由于使用的激光晶体 Nd:YAG 较厚,无法近贴泵浦,所以使用了耦合光学系统。耦合光学部分形成高质量的泵浦光斑,使入射至 Nd:YAG 上的泵浦光斑椭圆度尽量接近 1,同时泵浦光斑大小略小于腔内基模在 Nd:YAG 上形成的光斑,以确保充分利用泵浦光并实现单横模振荡。

测得泵浦光阈值约为 290mW。随注入泵浦功率的增加,调 Q 绿光脉冲输出的平均功率和重复频率显著增加,而脉冲宽度和峰值功率却表现出少部分点波动的现象。在注入泵浦功率为 600mW 时,得到平均功率 27mW、脉冲宽度 15.2ns、重复频率 16.4kHz、峰值功率高达 108.1W 的被动调 Q 脉冲绿光输出,输出光束质量为 TEM_{00} 模,未出现饱和现象。

若除去波动点不考虑,脉冲宽度随泵浦功率的增加略微增大,而峰值功率基本保持不变。当然,实际应用中不希望波动现象发生。实验发现,只要条件适合(如变化注入泵浦功率或改变温控条件等),使该激光器输出稳定的单峰调 Q 脉冲还是容易实现和保证的。

2.7　转镜调 Q 简介

激光器的谐振腔中,两反射镜的平行度直接影响着谐振腔的 Q 值,转镜调 Q 就是利用改变反射镜的平行度来控制 Q 值的方法。

图 2.7-1 所示为转镜调 Q 激光器的示意图。脉冲激光器谐振腔的全反射镜用一直角棱镜取代,该棱镜安装在一个高速旋转马达的转子上。由于棱镜绕垂直于腔的轴线作周而复始的旋转,因此构成一个 Q 值作周期变化的谐振腔。当泵浦氙灯点燃后,由于棱镜面与腔轴不垂直,谐振腔反射损耗很大,此时腔的 Q 值很低,所以不能形成激光振荡。在这段时间内,工作物质在光泵激励下,激光上能级反转粒子数大量积累,同时棱镜面也逐渐转到接近与腔轴垂直的位置,腔的 Q 值逐渐升高,到一定时刻就形成激光振荡,并输出巨脉冲。这就是转镜调 Q 的工作原理。

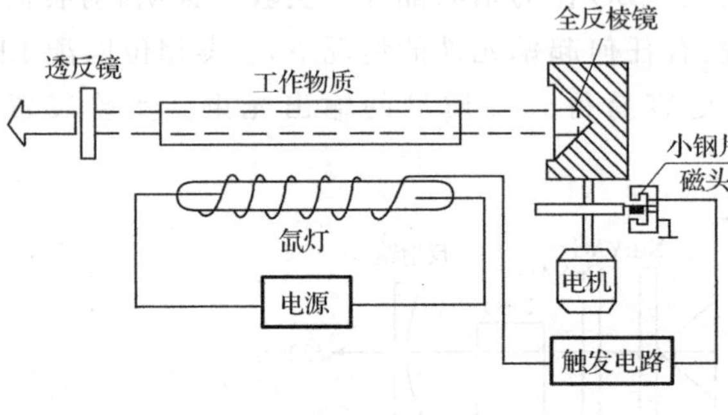

图 2.7-1 转镜调 Q 激光器示意图

要使转镜调 Q 激光器获得稳定的最大功率输出,一个很关键的问题就是准确地控制延迟时间。要求在氙灯点燃之后,需要经过一定的延迟时间以保证反转粒子数达到极大值(饱和值),它恰好等于棱镜转到成腔位置(两反射镜相平行的位置)所需要的时间,使之形成激光振荡,才能获得最大激光功率输出。因此,过早或过迟地产生激光振荡都是不理想的。从实验中发现存在一个最佳的延迟时间。图 2.7-2所示为转镜调 Q 的运转过程。

为了准确地控制延迟时间,通常采用如图 2.7-3 所示的延迟装置。它是在棱镜架上装一块磁钢和棱镜一起高速旋转,当磁钢转到与磁头相切时,磁头线圈就感应出脉冲信号,放大后经触发电路去触发点燃氙灯。磁头的位置可以调整,磁头位置的确定是根据

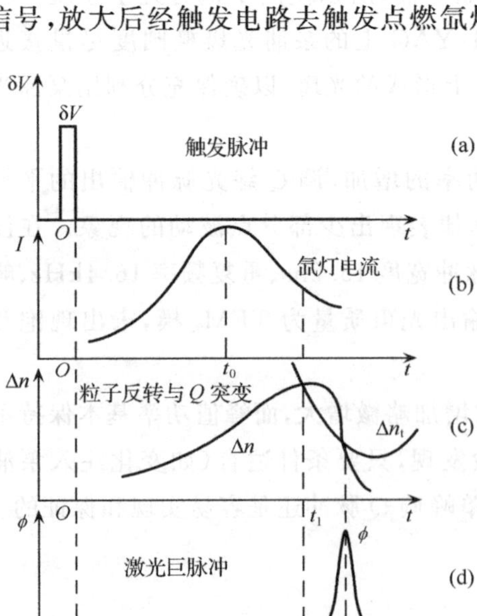

图 2.7-2 转镜调 Q 运转过程

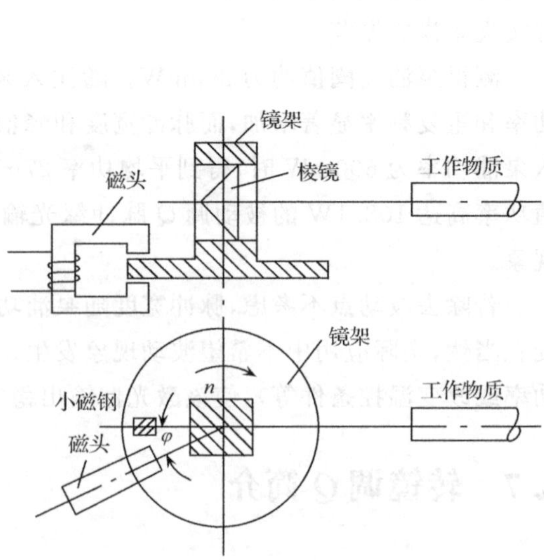

图 2.7-3 延迟装置示意图

当棱镜面的法线方向与谐振腔的轴线方向成 φ 角时，磁钢正好通过磁头触发点燃氙灯。夹角 φ 称为延迟角，与其对应的便是延迟时间 t，若马达的转速为 n(r/min)，则有对应关系

$$t = 60\phi/(2n\pi) \tag{2.7-1}$$

式中，t 的单位为 s，ϕ 的单位为 rad，n 的单位为 r/min。

延迟时间与工作物质上能级的粒子寿命、氙灯的放电波形以及谐振腔的结构都有关系。不同的工作物质，其最佳延迟时间不同，如红宝石的最佳延迟时间约为 1.5ms，钕玻璃约为 250μs，YAG 约为 120μs。在实际工作中，可以根据氙灯波形和工作物质上能级寿命估算出延迟时间，再计算 φ 角，然后把棱镜面的法线方向置于偏离轴线 φ 角的位置，同时把磁头放置在面对小磁钢的位置上固紧。随后再通过实验，调整磁头位置，直到输出的激光最强为止。

转镜调 Q 属于慢开关，若调 Q 参数(如马达转速、泵浦功率等)选择不当，则容易产生多脉冲现象。缩短开关时间是防止出现多脉冲的有利措施，因此必须相应地提高转镜的转速。但是实验和计算表明，对每种特定的情况，存在一个最佳转速，即有一个最佳开关时间。调 Q 脉冲有一个形成时间，如果巨脉冲到达峰值时，恰好转镜转到成腔位置，也就是说在巨脉冲形成的时刻，腔的 Q 值最高，损耗最小，那么输出的巨脉冲将具有峰值功率高、脉冲宽度小的最佳状态，这时所对应的转镜转速便是最佳转速。

综上所述，调 Q 激光器的工作方式是多种多样的，且都具有各自的特点，在不同的应用中可以选用，现归纳如下。

(1) 转镜调 Q。这是发展较早的一种 Q 开关，由于其开关时间与脉冲时间近似相等，故属于慢开关类型。使用时应特别注意最佳转速的选择，以便消除多脉冲的产生。由于这种 Q 开关无插入损耗，也不存在光损伤的问题，所以可用于能量较大的脉冲激光器中，可获得峰值功率在几十兆瓦以上、脉宽为纳秒级的巨脉冲。其主要缺点是在高转速下的机械磨损会影响使用寿命，且装配工艺要求较高。目前这种 Q 开关已基本上不采用。

(2) 电光晶体调 Q。由于其开关时间主要取决于电路的高压脉冲上升和退压时间，一般都能做到小于脉冲建立时间，故属于快开关类型。它能产生窄脉冲，且同步性能好，使用寿命长，输出巨脉冲稳定。可获得峰值功率为几十兆瓦以上、脉宽为十几纳秒的巨脉冲，所以是目前应用最广泛的一种 Q 开关。其主要缺点是半波电压较高，需要几千伏的高压脉冲，对其他电子线路易造成干扰。

(3) 声光调 Q。其开关时间小于脉冲建立时间，属于快开关类型。开关的调制电压只需要一百多伏，易与连续激光器配合调 Q，可获得 kHz 高重复频率的巨脉冲，且脉冲的重复性好，可获得峰值功率为几百千瓦、脉宽约为几十纳秒的巨脉冲。但由于它对高能量激光器的开关能力较差，所以只能用于低增益的连续激光器上。

(4) 可饱和吸收体调 Q。这是一种被动式的快开关类型，这种 Q 开关结构简单，使用方便，没有电的干扰，可获得峰值功率为几兆瓦、脉宽为十几纳秒的巨脉冲。其主要缺点是，由于它是一种被动式 Q 开关，产生调 Q 脉冲的时刻有一定的随机性，不能准确地人为控制。另外，染料易变质，需经常更换，输出不稳定。

习题与思考题

1. 说明利用调 Q 技术获得高峰值功率巨脉冲的原理，并简单说明调 Q 脉冲形成过程中各参量随时间变化的规律。

2. 作为调 Q 激光器的工作物质，应具有哪些条件？为什么？

3. 有一带偏振棱镜的电光调 Q YAG 激光器，试回答或计算下列问题：

(1) 画出调 Q 激光器的结构示意图，并标出偏振镜的偏振轴和电光晶体各主轴的相对方向。

(2) 怎样调整偏振棱镜的起偏方向和晶体的相对位置才能得到理想的开关效果？

(3) 计算 1/4 波长电压 $V_{\lambda/4}$($l=25\text{mm}$, $n_o=n_e=1.05$, $\gamma_{63}=23.6\times10^{-17}\text{m/V}$)。

4. 为什么声光调 Q 运转于行波工作状态，一般只适用于连续激光器的高重复频率运行？为什么加到电-声换能器上的高频信号还要用频率为 f 的脉冲电压进行调制吗？

5. 当频率 $f_S=40\text{MHz}$ 的超声波在熔凝石英声光介质($n=1.54$)中建立起超声场($v_S=5.96\times10^5\text{cm/s}$)时，试计算波长为 $\lambda=1.06\mu\text{m}$ 的入射光满足布拉格条件的入射角 θ。

6. 一个声光调 Q 器件($L=50\text{mm}$, $H=5\text{mm}$)是用熔融石英材料做成的，用于连续 YAG 激光器调 Q。已知激光器的单程增益为 0.3，声光器件的电声转换效率为 40%，求(1)声光器件的驱动功率 P_S 应为多大？(2)声光器件要工作于布拉格衍射区，其声场频率应为多少？

参考文献

《激光物理学》编写组. 1976. 激光物理学. 上海：上海人民出版社

董惠芳 等. 1983. 电光晶体调 Q[KD* P]折光匹配液的研究. 激光与红外，12

蓝信钜. 2000. 激光技术. 北京：科学出版社

天津大学编译. 1972. 激光技术. 北京：科学出版社

吴鸿兴 等. 1984. 快开关调 Q 理论与慢开关调 Q 理论. 应用激光. 4(6)

吴鸿兴 等. 1993. 激光多功能 Q 调制技术及实验研究. 量子电子学. 10(2)

中国科学院上海光机所晶体研制组. 1975. 近光轴电光调制和单块晶体激光 Q 开关. 激光. 2(2)：8-19

Ammann E O , Yarborough J M . 1972. Mode-selection technique for continuously pumped repetitive Q-switched lasers. Appl. Phys. Lett. , 20：117-120

Chesler R B , Karr M A , Geusic J E. 1970. An experimental and theoretical study of high repetition rate Q-switching in Nd：YAG lasers. Proc. IEEE, 58：1899-1914

Egorov A L, Korobkin V V, Serov R V. 1975. Single-frequency Q-switched neodymium laser. Sov. J. Quant. Electr. 5：291-293

Kuizenga D J . 1981. Short-pulse oscillator deveiopment for the Nd：glass laser-fusion systems. IEEE J. Quant. Electr. , QE-17

Koechner W. 1976. Solid-State Laser Engineering. Springer Verlag

Siegman A E. 1986. Lasers. Printed in the United States of America

Svelto O(author), David C, Hanna(translator). 1989. Principles of Lasers. 3rd Ed. New York：Plenum Press

Szabo A, Stein R A. 1965. Theory of laser giant pulsing by a saturable absorber. J. Appl. Phys. , 36：1562-1566

Verdegen J T. 1981. Laser Electronics. New Jersey：Prentice-Hall, Inc

Yariv A. 1975. Quantum Electronics. 2nd Ed. New York：John Wiley & Sons, Inc

3.1 概述

超短脉冲技术是物理学、化学、生物学、光电子学，以及激光光谱学等学科对微观世界进行研究和揭示新的超快过程的重要手段。超短脉冲技术的发展经历了主动锁模、被动锁模、同步泵浦锁模、碰撞锁模(CPM)，以及20世纪90年代出现的加成脉冲锁模(APM)与耦合腔锁模(CCM)、自锁模等阶段。自20世纪60年代实现激光锁模，到60年代中后期锁模光脉冲宽度为纳秒和亚纳秒$10^{-9}\sim10^{-10}$ s量级，在70年代中后期脉冲宽度达到亚皮秒(10^{-13} s)量级，到80年代出现了一次飞跃，即在理论和实践上都有一定的突破，超短脉冲宽度进入飞秒(10^{-15} s)阶段。1981年，美国贝尔实验室的R. L. Fork等人提出碰撞锁模理论，并在六镜环形腔中实现了碰撞锁模，得到稳定的90fs的光脉冲序列。采用光脉冲压缩技术后，获得了6fs的光脉冲。20世纪90年代出现自锁模技术，在掺钛蓝宝石自锁模激光器中，得到了8.5fs的超短光脉冲序列。

本章将讨论超短脉冲激光器的原理、特点、实现的方法，介绍几种典型的锁模激光器及有关的超短脉冲技术，如超短脉冲脉宽的测量方法、超短脉冲的压缩技术等。

3.1.1 多模激光器的输出特性

为了更好地理解锁模的原理，先讨论未经锁模的多纵模自由运转激光器的输出特性。腔长为L的激光器，其纵模的频率间隔为

$$\Delta\nu_q=\nu_{q+1}-\nu_q=\frac{c}{2L} \tag{3.1-1}$$

自由运转激光器的输出一般包含若干个超过阈值的纵模，如图3.1-1所示。这些模的振幅及相位都不固定，激光输出随时间的变化是它们无规则叠加的结果，是一种时间平均的统计值。

假设在激光工作物质的净增益线宽内包含有N个纵模，那么激光器输出的光波电场是N个纵模电场的和，即

$$E(t)=\sum_{q=0}^{N}E_q\cos(\omega_q t+\varphi_q) \tag{3.1-2}$$

式中，$q=0,1,2,\cdots,N$，是激光器内N个振荡模中第q个纵模的序数；ω_q和φ_q是纵模序数为q的模的角频率和相位；E_q是纵模序数为q的场强。在一般情况下，这N个纵模的相位φ_q之间是无关的，即它们之间在时间上相互没有关联，完全是独立的、随机的。这可表示为$\varphi_{q+1}-$

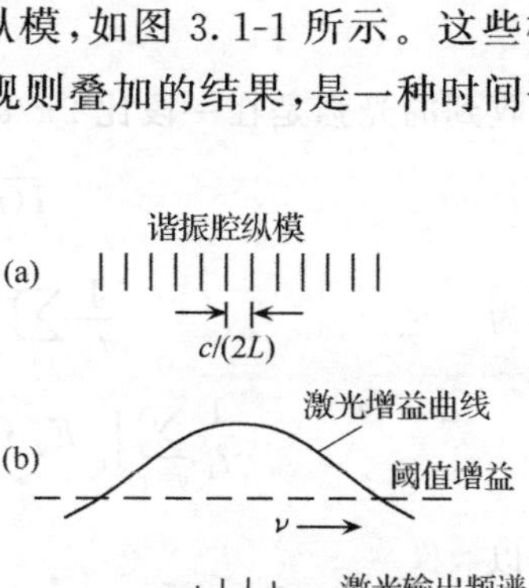

图3.1-1　激光增益曲线与谐振腔纵模的相互作用

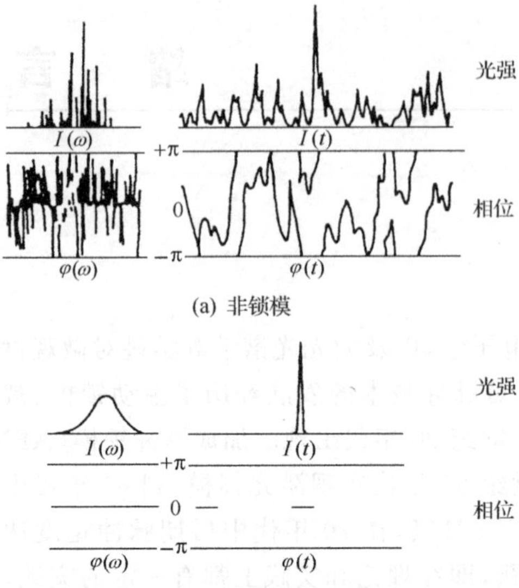

图 3.1-2 非锁模和理想锁模激光器的信号结构

$\varphi_q \neq$常数。另一方面,各纵模的相位本身受到激光工作物质及腔长的热变形、泵浦能量的变动等各种不规则扰动的影响,还会产生各自的漂移,即它们各自的相位在时间轴上是不稳定的,φ_q 本身并非常数。这样就破坏了各纵模之间的相干条件,所以激光输出的总光场是各个不同频率光场的无规则叠加的结果,其光场强度也随时间无规则起伏。图 3.1-2 所示为用时间描述和用频率描述的非锁模激光脉冲和完全锁模激光脉冲两种情况。在频率域内光脉冲可以写为

$$v(\omega) = a(\omega)\exp[-\mathrm{i}\varphi(\omega)] \tag{3.1-3}$$

式中,$a(\omega)$为幅度频谱,$\varphi(\omega)$为相位频谱。当脉冲带宽 $\Delta\omega$ 比平均光频 ω_0 窄时,在时域内光脉冲可以写为

$$V(t) = A(t)\exp\{\mathrm{i}[\varphi(t) - \omega_0 t]\} \tag{3.1-4}$$

式中,$A(t)$是脉冲的振幅,$\varphi(t)$是相位。在图 3.1-2 中,假定激光器是以具有等频率间隔 $\Delta\omega$ 的 101 个离散纵模工作的,在时域内,场图的重复周期为 $2\pi(\Delta\omega)^{-1}$,对应于激光谐振腔的二倍渡越时间。由图 3.1-2(a)可知,当激光器处于自由运转时,在频谱范围内,其激光频谱是由等间隔($c/2L$)的分离谱线组成的,它们的振幅是无规则的,而相位在$-\pi$ 到$+\pi$之间随机分布;在时域内,其相位也是在$-\pi$ 到$+\pi$ 之间无规则起伏,而强度分布具有噪声特征。当用接收元件来探测非锁模激光器输出的光功率时,接收到的光强 $I(t)$是所有满足阈值条件的纵模光强的叠加。此时,某一瞬时的输出光强为

$$I(t) = E^2(t) = \sum_q E_q^2 \cos^2(\omega_q t + \varphi_q) + 2\sum_{q\neq q'} E_q E_{q'} \cos(\omega_q t + \varphi_q)\cos(\omega_{q'} t + \varphi_{q'}) \tag{3.1-5}$$

接收到的光强是在一段比 $2\pi/\omega_q$ 大的时间(t_1)内的平均值,其平均光强为

$$\overline{I(t)} = \overline{E^2(t)} = \frac{1}{t_1}\sum_q \int_0^{t_1} E^2(t)\mathrm{d}t$$

因为

$$\frac{1}{t_1}\sum_q \int_0^{t_1} E_q^2 \cos^2(\omega_q t + \varphi_q)\mathrm{d}t = \sum_q \frac{1}{2}E_q^2$$

$$\frac{1}{t_1}\sum_{q\neq q'} \int_0^{t_1} E_q \cdot E_{q'} \cos(\omega_q t + \varphi_q) \cdot \cos(\omega_{q'} t + \varphi_{q'})\mathrm{d}t = 0$$

所以

$$\overline{I(t)} = \sum_{q=0}^{N} \frac{1}{2}E_q^2 \tag{3.1-6}$$

该式说明了平均光强是各个纵模光强之和。

如果采用适当的措施使这些各自独立的纵模在时间上同步,即把它们的相位相互联系起来,使之有一确定的关系($\varphi_{q+1} - \varphi_q =$常数),那么就会出现一种与上述情况有质的区

别而有趣的现象：激光器输出的将是脉宽极窄、峰值功率很高的光脉冲，如图 3.1-2(b)所示。这就是说，该激光器各模的相位已按照 $\varphi_{q+1}-\varphi_q=$ 常数的关系被锁定，这种激光器叫做锁模激光器，相应的技术称为“锁模技术”。

3.1.2　锁模的基本原理

要获得窄脉宽、高峰值功率的光脉冲，只有采用锁模的方法，使各纵模相邻频率间隔相等并固定为 $\Delta\nu_q=c/(2L)$，这一点在单横模的激光器中是能够实现的。

下面分析激光输出与相位锁定的关系。为运算方便，设多模激光器的所有振荡模均具有相等的振幅 E_0，超过阈值的纵模共有 $2N+1$ 个，处在介质增益曲线中心的模，其角频率为 ω_0，初相位为 0，其模序数 $q=0$；以中心模作为参考，各相邻模的相位差为 α，模频率间隔为 $\Delta\omega$。假定第 q 个振荡模为

$$E_q(t)=E_0\cos(\omega_q t+\varphi_q)=E_0\cos[(\omega_0+q\Delta\omega)t+q\alpha] \tag{3.1-7}$$

式中，q 为腔内振荡纵模的序数。激光器输出总光场是 $2N+1$ 个纵模相干的结果，表示为

$$\begin{aligned}E(t)&=\sum_{q=-N}^{N}E_0\cos[(\omega_0+q\Delta\omega)t+q\alpha]\\&=E_0\cos\omega_0 t\{1+2\cos(\Delta\omega t+\alpha)+2\cos[2(\Delta\omega t+\alpha)]+\cdots+2\cos[N(\Delta\omega t+\alpha)]\}\end{aligned}$$

利用三角函数关系

$$\cos\beta+\cos(2\beta)+\cdots+\cos(N\beta)-\frac{\sin\left(\frac{1}{2}N\beta\right)\cos\left[\frac{1}{2}(N+1)\beta\right]}{\sin\left(\frac{1}{2}\beta\right)} \tag{3.1-8}$$

可得

$$E(t)=E_0\cos(\omega_0 t)\frac{\sin\left[\frac{1}{2}(2N+1)(\Delta\omega t+\alpha)\right]}{\sin\left[\frac{1}{2}(\Delta\omega t+\alpha)\right]}=A(t)\cos(\omega_0 t) \tag{3.1-9}$$

$$A(t)=E_0\frac{\sin\left[\frac{1}{2}(2N+1)(\Delta\omega t+\alpha)\right]}{\sin\left[\frac{1}{2}(\Delta\omega t+\alpha)\right]} \tag{3.1-10}$$

由式(3.1-8)～式(3.1-10)可知，$2N+1$ 个振荡的模经过锁相以后，总的光场变为频率为 ω_0 的调幅波。振幅 $A(t)$是一随时间变化的周期函数，光强 $I(t)$正比于 $A^2(t)$，也是时间的函数，光强受到调制。按傅里叶分析，总光场由 $2N+1$ 个纵模频率组成，因此激光输出脉冲是包括 $2N+1$ 个纵模的光波。图 3.1-3 所示为 7 个振荡模的输出光强曲线。

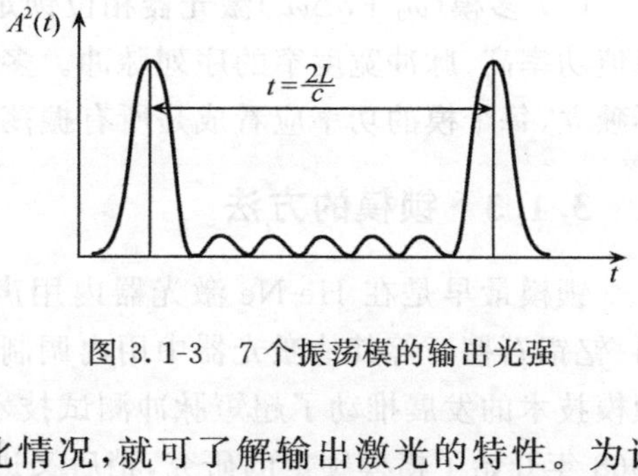

图 3.1-3　7 个振荡模的输出光强

由上面分析可知，只要知道振幅 $A(t)$的变化情况，就可了解输出激光的特性。为讨论方便，假定 $\alpha=0$，则

$$A(t)=E_0\frac{\sin\left[\frac{1}{2}(2N+1)\Delta\omega t\right]}{\sin\left(\frac{1}{2}\Delta\omega t\right)} \tag{3.1-11}$$

式(3.1-11)中分子、分母均为周期函数,因此 $A(t)$ 也是周期函数。只要得到它的周期、极值、零点,就可以得到 $A(t)$ 的变化规律。

由式(3.1-11)可求出 $A(t)$ 的周期为 $2L/c$,在一个周期内有 $2N$ 个零值点和 $2N+1$ 个极值点。

在 $t=0$ 和 $t=2L/c$ 时,$A(t)$ 取得极大值,因 $A(t)$ 的分子、分母同时为零,利用洛必达法则可求得此时振幅为 $(2N+1)E_0$。

在 $t=L/c$ 时,$A(t)$ 取得极小值 $\pm E_0$,当 N 为偶数时,$A(t)=E_0$,N 为奇数时,$A(t)=-E_0$。除了 $t=0,L/c,2L/c$ 点之外,$A(t)$ 具有 $2N-1$ 个次极大值。

由于光强正比于 $A^2(t)$,所以在 $t=0$ 和 $t=2L/c$ 时的极大值,称为主脉冲。在两个相邻主脉冲之间,共有 $2N$ 个零点,并有 $2N-1$ 个次极大值,称为次脉冲。由于在锁模激光器中,一般被锁定的纵模数量很多,所以次脉冲的值通常可忽略不计。而两个主脉冲的间隔 $\tau=2L/c$ 恰好是一个光脉冲在腔内往返一次所用的时间,所以锁模振荡也可以理解为只有一个光脉冲在腔内来回传播。

由上述的简要分析可知,激光器多个纵模锁模的结果,出现了下列有意义的现象。

(1) 激光器的输出是间隔为 $\tau=2L/c$ 的规则脉冲序列。

(2) 每个脉冲的宽度 $\Delta\tau=\frac{1}{(2N+1)}\frac{1}{\Delta\nu_q}$,即近似等于振荡线宽的倒数。主脉冲的宽度 $\Delta\tau$ 定义为由脉冲峰值下降到第一个零值的时间间隔。因为振荡线宽不会超过激光器净增益线宽 $\Delta\nu_g$,所以在极限情况下,$\Delta\tau_{\min}=1/\Delta\nu_g$。可见增益线宽越宽,越可能得到窄的锁模脉冲。例如,钕玻璃激光器,$\Delta\nu_g=20\sim30$nm,用它进行锁模可以得到 $10^{-12}\sim10^{-13}$s 量级的窄脉冲。但在气体激光器中,$\Delta\nu_g$ 一般很小,如对于 He-Ne 激光器,$\Delta\nu_g=2\times10^{-3}$ nm,所以不能获得比 1ns 更窄的脉冲。

(3) 输出脉冲的峰值功率正比于 $E_0^2(2N+1)^2$,而自由运转的激光器的平均功率正比于 $E_0^2(2N+1)$。因此,由于锁模,峰值功率增大了 $2N+1$ 倍。在固体激光器中,振荡模数量可达 $10^3\sim10^4$,所以单个脉冲的峰值功率可以很高。

(4) 多模 $(\omega_0+q\Delta\omega_q)$ 激光器相位锁定的结果,实现了 $\varphi_{q+1}-\varphi_q=$ 常数,从而输出一个峰值功率高、脉冲宽度窄的序列脉冲。多纵模激光器锁模后,各振荡模发生功率耦合而不再独立,每个模的功率应看成是所有振荡模提供的。

3.1.3 锁模的方法

锁模最早是在 He-Ne 激光器内用声光调制器实现的,后在氩离子、二氧化碳、红宝石、钇铝石榴石等其他激光器中用内调制方法实现。随后又出现了可饱和吸收染料锁模。锁模技术的发展推动了超短脉冲测试技术的发展,后者反过来又推动了锁模技术的发展。1968 年开始了横模锁定的研究,稍后又进行了纵横模同时锁定的探讨。20 世纪 70 年代后,发展了主动加被动、双锁模(损耗调制加相位调制)、锁模加调 Q 及同步锁模等技术,后来又实现了碰撞锁模、自锁模等。

1. 主动锁模

主动锁模采用周期性调制谐振腔参量的方法，即在激光谐振腔内插入一个受外部信号控制的调制器，用一定的调制频率周期性地改变谐振腔内振荡模的振幅或相位。当选择的调制频率与纵模间隔相等时，对各个模的调制会产生边频，其频率与两个相邻纵模的频率一致。由于模之间的相互作用，所有的模在足够的调制下达到同步，形成锁模序列脉冲。

2. 被动锁模

产生超短脉冲的另一种有效方法是被动锁模。此方法是把可饱和吸收体放在激光谐振腔内实现的。可饱和吸收体是一种非线性吸收介质，对腔内激光的吸收是随光场强度而变化的，当光场较弱时对光吸收很强，因此光透过率很低；随着激光强度增加，吸收减少，当达到一特定值时吸收饱和，光透过率达 100%，使强度最大的激光脉冲经受最小的损耗，从而得到很强的锁模脉冲。它类似于被动 Q 开关，但又有区别，被动锁模要求可饱和吸收体的上能级寿命特别短，同时放在腔内必须紧靠反射镜。

3. 自锁模

当激活介质本身的非线性效应能够保持各个纵模频率的等间隔分布，并有确定的初相位关系时，不需要在谐振腔内插入任何调制元件，就可以实现纵模锁定，这种方法称为自锁模。掺钛蓝宝石自锁模激光器是目前最热门的研究课题，同时也是最实用的，目前已有大量产品问世。

4. 同步泵浦锁模

主动锁模是通过周期性调制谐振腔的损耗或光程来实现的。如果要通过周期性地调制谐振腔的增益来实现锁模，则可以采用一台主动锁模激光器的脉冲序列泵浦另一台激光器来获得。这种方式就是同步泵浦锁模。这种方法的优点在于周期性泵浦时可以获得比泵浦脉冲宽度小得多的脉冲。此外，在同步泵浦染料激光器中，产生的超短脉冲的频率在一定的波长范围内是连续可调的。

3.2　主动锁模

主动锁模是在激光腔内插入一个调制器，调制器的调制频率应精确地等于纵模间隔，这样可以得到脉冲重复频率为 $f=c/(2L)$ 的锁模脉冲序列。

根据调制的原理，可分为相位调制(PM)(或频率调制 FM)锁模和振幅调制(AM)(或称为损耗调制)锁模。下面讨论其原理及实现的方法。

3.2.1　振幅调制锁模

利用声光或电光调制器均可实现振幅调制锁模。因为损耗调制的频率为 $c/(2L)$，所以调制的周期正好是光脉冲在腔内来回一周所需的时间。因此,谐振腔中往返运行的激光束在其通过调制器的行程中总是处在相同的调制周期部分内。如果将调制器放在腔的一端,设在某时刻 t_1 通过调制器的光信号受到的损耗为 $\alpha(t_1)$,则在脉冲往返一周 $\left(t_1+\frac{2L}{c}\right)$ 时,这个光信号将受到同样的损耗,$\alpha\left(t_1+\frac{2L}{c}\right)=\alpha(t_1)$。如果 $\alpha(t_1)\neq 0$,则这部分信号在谐振腔内每往返一次就受到一次损耗。若损耗大于腔内的增益,则这部分光波最后就会消失。而在损耗 $\alpha(t_1)=0$ 时刻通过调制器的光,每次都能无损耗的通过,并且该光波在腔内往返通过工作物质时会不断得到放大,使振幅越来越大。如果腔内的损耗及增益控制得适当,那么将形成脉宽很窄、周期为 $2L/c$ 的脉冲序列输出。

现以最简单的正弦调制情况为例,从频率特性来讨论振幅调制的基本原理。设调制信号为

$$a(t)=A_m\sin\left(\frac{1}{2}\omega_m t\right) \tag{3.2-1}$$

式中,A_m、$\frac{1}{2}\omega_m$ 分别为调制信号的振幅和角频率。在调制信号为零值时腔内损耗最小,而调制信号等于正负最大时,腔内损耗均为最大值,所以损耗变化的频率为调制信号频率的两倍,损耗为

$$\alpha(t)=\alpha_0-\Delta\alpha_0\cos(\omega_m t) \tag{3.2-2}$$

式中,α_0 为调制器的平均损耗,$\Delta\alpha_0$ 为损耗变化的幅度,ω_m 为腔内损耗变化的角频率,其频率等于纵模频率间隔 $\Delta\nu_q$。调制器的透过率为

$$T(t)=T_0+\Delta T_0\cos(\omega_m t) \tag{3.2-3}$$

式中,T_0 为平均透过率,ΔT_0 为透过率变化的幅度。调制器放入腔内,在未加调制信号时,调制器的损耗为

$$\alpha=\alpha_0-\Delta\alpha_0 \tag{3.2-4}$$

α 为常数,它表示调制器的吸收、散射、反射等损耗。透过率为

$$T=T_0+\Delta T_0 \tag{3.2-5}$$

并且

$$\alpha+T=1 \tag{3.2-6}$$

假定调制前腔内的光场为

$$E(t)=E_c\sin(\omega_c t+\varphi_c) \tag{3.2-7}$$

受到调制以后,腔内的光场变为

$$\begin{aligned}E(t)&=E_cT(t)\sin(\omega_c t+\varphi_c)=E_c[T_0+\Delta T_0\cos(\omega_m t)]\sin(\omega_c t+\varphi_c)\\&=A_c[1+m\cos(\omega_m t)]\sin(\omega_c t+\varphi_c)\end{aligned} \tag{3.2-8}$$

式中,$A_c=E_cT_0$ 为光波场的振幅;$m=E_c\Delta T_0/A_c$ 为调制器的调制系数。为保证无失真调制,应取 $m<1$。图 3.2-1 所示为时域内损耗调制锁模原理示意图。图 3.2-1(a)为调制信号的波形;图 3.2-1(b)为腔内损耗的波形,其频率为调制信号频率的两倍;图 3.2-1(c)为调制器透过率波形;图 3.2-1(d)为腔内未调制的光波电场;图 3.2-1(e)为腔内经过调制后的光波电场;图 3.2-1(f)为锁模激光器输出的光脉冲。

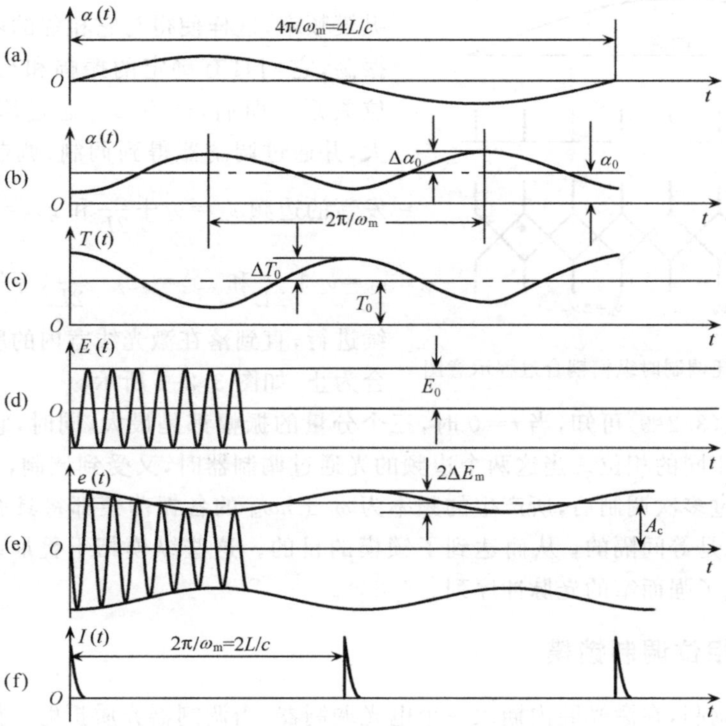

图 3.2-1　损耗调制锁模原理示意图

下面从频率域讨论锁模原理。将式(3.2-8)展开得

$$E(t)=A_c\sin(\omega_c t+\varphi_c)+\frac{1}{2}mA_c\sin[(\omega_c+\omega_m)t+\varphi_c]$$

$$+\frac{1}{2}mA_c\sin[(\omega_c-\omega_m)t+\varphi_c] \tag{3.2-9}$$

上式说明：一个频率为 ω_c 的光波，经过外加频率为 $\omega_m/2$ 的调制信号调制后，其频谱包括了三个频率，即 ω_c、上边频($\omega_c+\omega_m$)、下边频($\omega_c-\omega_m$)，而且这三个频率的光波的相位均相同。由此可见，损耗是以频率 $f_m=\omega_m/(2\pi)=\Delta\nu_q$ 变化的，因此，第 q 个振荡模里会出现其他模的振荡。损耗调制的结果把各个纵模联系起来，其锁模过程如下。

假设处于增益曲线中心的纵模频率为 ν_0，由于它的增益最大，所以首先开始振荡，电场表达式为

$$E(t)=E_0\cos(\omega_0 t) \tag{3.2-10}$$

当该光波通过腔内的调制器时，受到损耗调制，调制的结果产生了两个边频分量 $\nu_0\pm\nu_m$。当损耗变化的频率 ν_m 和腔内纵模的频率间隔相等时，有

$$\nu_m=\frac{c}{2L}=\Delta\nu_q$$

所以

$$\nu_1=\nu_0+\frac{c}{2L}=\nu_0+\nu_m$$

$$\nu_{-1}=\nu_0-\frac{c}{2L}=\nu_0-\nu_m$$

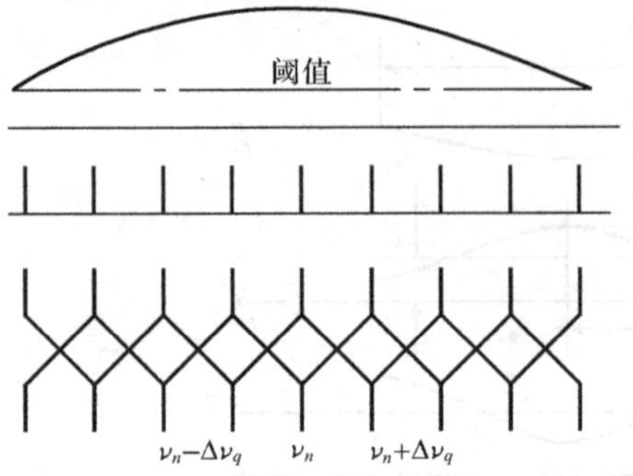

图 3.2-2 损耗调制时纵模耦合过程示意图

由调制激发的边频实际上是与 ν_0 相邻的两个纵模频率，这样使得与它相邻的两个纵模开始振荡，它们具有确定的振幅和与 ν_0 相同的相位关系。而后，ν_1 和 ν_{-1} 通过增益介质被放大，并通过调制器得到调制，调制的结果又激发新的边频 $\nu_2=\nu_1+\frac{c}{2L}$ 和 $\nu_{-2}=\nu_{-1}-\frac{c}{2L}$，及 $\nu_3=\nu_2+\frac{c}{2L}$ 和 $\nu_{-3}=\nu_{-2}-\frac{c}{2L}$，等等。此过程继续进行，直到落在激光线宽内的所有纵模被耦合为止，如图 3.2-2 所示。

另外，由式(3.2-9)可知，当 $t=0$ 时，三个分量的振幅都是最大，同时，它们与原来的中心纵模具有相同的相位。当这两个边频的光通过调制器时，又受到调制，出现 $\omega_0\pm2\omega_m$ 的振荡模。经过多次调制后，所产生的频率为 $\omega_0\pm n\omega_m$ 的各振荡模都将具有相同的初相位，且其频率也是等间隔的，从而达到了锁模的目的。这些纵模相干叠加起来，发生强烈的耦合，形成了强而窄的光脉冲序列。

3.2.2 相位调制锁模

对于相位调制，在激光腔内插入一个电光调制器，当调制器介质折射率按外加调制信号而周期性改变时，光波在不同的时刻通过介质，便有不同的相位延迟，这就是相位调制的原理。下面以铌酸锂($LiNbO_3$)晶体相位调制器为例进行说明。

设光沿 x 方向传播，沿 z 方向施加调制信号电压，即采用横向运用方式，则晶体的折射率为

$$\begin{aligned} n'_x &= n_o-\frac{1}{2}n_o^3\gamma_{13}E_z \\ n'_z &= n_e-\frac{1}{2}n_e^3\gamma_{33}E_z \end{aligned} \tag{3.2-11}$$

式中，n_o 为寻常光折射率，n_e 为非常光折射率，γ_{13} 和 γ_{33} 为电光系数，E_z 为在 z 方向施加的电场，表示为

$$E_z=\frac{V_0}{d}\cos(\omega_m t) \tag{3.2-12}$$

式中，d 为 z 方向晶体的长度，V_0 为外加电压振幅，ω_m 为调制角频率。如果晶体在 x 方向的长度为 l，则光波通过晶体后产生的相位延迟为

$$\Delta\varphi(t)=\frac{2\pi}{\lambda}l\,\Delta n(t)=\frac{\pi}{\lambda}\frac{l}{d}\gamma_{33}n_e^3V_0\cos(\omega_m t) \tag{3.2-13}$$

由于频率的变化是相位变化对时间的微分，故

$$\Delta\omega(t)=\frac{d\varphi(t)}{dt}=\frac{-\pi}{\lambda}\frac{l}{d}\gamma_{33}n_e^3V_0\omega_m\sin(\omega_m t) \tag{3.2-14}$$

图 3.2-3 所示为晶体折射率的变化 $\Delta n(t)$、光波相位延迟 $\Delta\varphi(t)$ 及频率变化情况。

相位调制器的作用可理解为一种频移，使光波的频率发生向大(或小)的方向的移

动。脉冲每经过调制器一次，就发生一次频移，最后移到增益曲线之外。类似于损耗调制器，这部分光波就从腔内消失掉。只有那些与相位变化的极值点(极大或极小)相对应的时刻，通过调制器的光信号，其频率不发生移动，才能在腔内保存下来，不断得到放大，从而形成周期为 $2L/c$ 的脉冲序列。

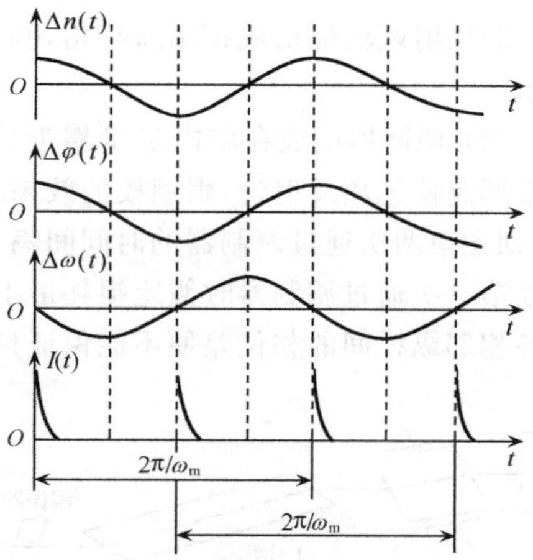

图 3.2-3 相位调制锁模原理图

由图 3.2-3 可知，每个周期内存在两个频率不变点，这增加了锁模脉冲位置的相位不稳定性。由于两种可能情况间相位差为 π，故又称为 180°自发相位开关。锁模激光器在不采取必要措施时，其输出脉冲可从一列自发跳变为另一列。

同样，可从频率特性来进行分析，设未调制的光场为

$$E(t) = A_c\cos(\omega_c t) \tag{3.2-15}$$

经过相位调制后的光场变为

$$E(t) = A_c\cos[\omega_c t + m_\phi\cos(\omega_m t)] \tag{3.2-16}$$

式中，$m_\phi = \dfrac{\pi}{\lambda}\dfrac{l}{d}\gamma_{33}n_e^3V_0$。将式(3.2-16)展开，当 $m_\phi \ll 1$ 时，得

$$E(t) = A_c\cos(\omega_c t) + \frac{A_c}{2}m_\phi\cos[(\omega_c+\omega_m)t] - \frac{A_c}{2}m_\phi\cos[(\omega_c-\omega_m)t] \tag{3.2-17}$$

上式表示的频谱与调幅振荡的频谱相同，由载频 ω_c 与两个边频$(\omega_c \pm \omega_m)$组成。如果调制信号的角频率 ω_m 与相邻纵模的频率间隔相同，那么由于相位变化的频率也为 ω_m，所以最终结果与振幅调制相同。

当调制深度 m_ϕ 比较大时，有

$$\begin{aligned} E(t) = A_c\{&\mathrm{J}_0(m_\phi)\cos(\omega_c t) + \mathrm{J}_1(m_\phi)[\cos(\omega_c+\omega_m)t - \cos(\omega_c-\omega_m)t] \\ &+ \mathrm{J}_2(m_\phi)[\cos(\omega_c+2\omega_m)t - \cos(\omega_c-2\omega_m)t] \\ &+ \mathrm{J}_3(m_\phi)[\cos(\omega_c+3\omega_m)t - \cos(\omega_c-3\omega_m)t] + \cdots\} \end{aligned} \tag{3.2-18}$$

式中，$\mathrm{J}_n(m_\phi)$是 n 阶第一类贝塞尔函数。由此可知，调频振荡的频谱是由无限多个包含有 $\nu_q = nf_m(n=0,1,2,\cdots)$频率成分的边频组成的，而且这些边频光都具有相同的频率间隔和相位，且与中心纵模一致。当它们将相应的纵模激发起来并耦合时，就可达到锁模的目的，得到周期为$\dfrac{1}{f_m}=\dfrac{2L}{c}$的超短脉冲输出。

3.2.3 主动锁模激光器的结构及其设计要点

最简单的主动锁模激光器是在自由运转激光器中插入一个调制器构成的。调制器可以是声光损耗调制器，也可以是电光相位或损耗调制器。设计主动锁模激光器时，应考虑如下几点。

(1) 主动锁模激光器中所有光学元件的要求应比一般调 Q 器件更加严格，端面的反

射率必须控制在最小,否则由于标准具效应会减少纵模个数,破坏锁模的效果。为此,各元件的反射端面应切成布儒斯特角,倾斜放置或镀增透膜,反射镜制成楔形,如图 3.2-4 所示。

(2) 调制器应放在腔内尽量靠近反射镜处,以便得到最大的纵模之间的耦合效果。如果调制器远离反射镜,则锁模的效果就会变差。假定调制器放在腔中间,如图 3.2-5 所示,则光束两次通过调制器的时间间隔是 L/c。如果腔内损耗变化的频率 $\nu_m=c/(2L)$,当光束第一次通过调制器时假定损耗最小,第二次通过调制器时损耗最大,那么通过调制器后各相邻纵模间的相位差便不能保证具有 0 或 π 的条件,从而得不到锁模脉冲输出。

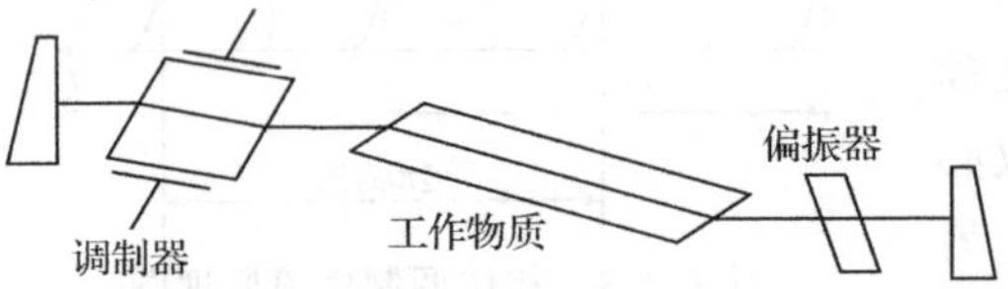

图 3.2-4 主动锁模激光器结构示意图

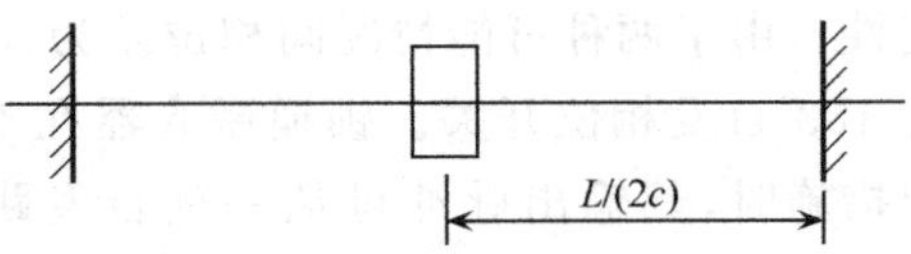

图 3.2-5 调制器的位置示意图

另外,调制器在通光方向的尺寸应尽量小,这时锁模效果最好。如果调制器的尺寸比较大,那么由于光波通过调制器时需要一定的时间,在这段时间中,调制器的损耗并不都等于零,但通过调制的光只要增益大于损耗就能振荡,因而脉宽会加宽。当然,晶体也不可能做得非常小,否则给晶体加工造成一定的困难。

(3) 锁模调制器的频率必须严格调谐到 $f_m=\Delta\nu_q=\frac{c}{2L}$(相位调制),或 $f_m=\frac{1}{2}\Delta\nu_q=\frac{c}{4L}$(振幅调制),否则会使激光器工作越出锁模区,而进入猝灭区或调频区,从而破坏锁模。

3.2.4 无失谐时的锁模脉宽及稳定锁模系统

由上述分析可知,内腔调制器的调制周期应该正好等于光脉冲在腔内来回一次所需的时间,也就是应等于纵模间隔的倒数($1/\Delta\nu_q=2L/c$)。调制器的激励频率严格地等于腔的纵模间隔的情况称为无失谐情况,反之,称为失谐情况。

在无失谐情况下,通过对一种典型的内腔相位调制(FM)和振幅调制(AM)的均匀加宽激光器的锁模特性的自洽分析,可以得到关于锁模脉宽 τ_p 和谱宽 Δf_p 的计算公式。

相位调制:
$$\tau_p=\left(\frac{\sqrt{2\sqrt{2}\ln 2}}{\pi}\right)\left(\frac{g_0}{m_\phi}\right)^{1/4}\left(\frac{1}{f_m\Delta\nu_g}\right)^{1/2} \tag{3.2-19}$$

$$\Delta f_p=\left(\sqrt{2\sqrt{2}\ln 2}\right)\left(\frac{m_\phi}{g_0}\right)^{1/4}(f_m\Delta\nu_g)^{1/2} \tag{3.2-20}$$

式中,g_0 为腔的增益系数,$\Delta\nu_g$ 为激光增益线宽,m_ϕ 为相位调制系数。脉宽与带宽的乘积为

$$\tau_p\Delta f_p=2\sqrt{2}\ln 2/\pi\approx 0.624 \tag{3.2-21}$$

振幅调制:
$$\tau_p=\left(\frac{\sqrt{\sqrt{2}\ln 2}}{\pi}\right)\left(\frac{g_0}{m}\right)^{1/4}\left(\frac{1}{f_m\Delta\nu_g}\right)^{1/2} \tag{3.2-22}$$

$$\Delta f_{\mathrm{p}}=\left(\sqrt{\sqrt{2}\ln 2}\right)\left(\frac{m}{g_0}\right)^{1/4}(f_{\mathrm{m}}\Delta\nu_g)^{1/2} \tag{3.2-23}$$

式中，m 为振幅调制系数。脉宽与带宽的乘积为

$$\tau_{\mathrm{p}}\Delta f_{\mathrm{p}}=2\ln 2/\pi\approx 0.441 \tag{3.2-24}$$

因为 m_ϕ 和 m 与 $\sqrt{P_{\mathrm{m}}}$ 成正比(声光调制器)，这里 P_{m} 为进入调制器的电功率，$\tau_{\mathrm{p}}\propto\left(\frac{1}{P_{\mathrm{m}}}\right)^{1/8}$，而 τ_{p} 又正比于 $(1/f_{\mathrm{m}})^{1/2}$，所以用增加调制频率比用增加调制器功率来压缩脉宽更为有效。另一方面，增益线宽 $\Delta\nu_g$ 较宽的激光介质可能得到较窄的脉宽。

由于谐振腔内的热效应，泵浦的波动及机械振动等多种因素会造成等效腔长 L 的变化，致使激光腔的纵模间隔变化，所以此时若调制器的频率 f_{m} 不变，就会造成所谓的失谐。这时能否锁模？允许的失谐范围多大？$f_{\mathrm{m}}=\Delta\nu_q$ 的要求需要精确到什么程度？欲使主动锁模激光器能稳定运转，应采取哪些措施？通过图 3.2-6 能进行定性分析。图中，横坐标为 $\Delta\Omega/\Delta\omega_q$（$\Delta\Omega$ 是失谐量，即纵模频率间隔与调制频率之差，$\Delta\omega_q=\pi c/L$ 为纵模频率间隔)，纵坐标为输出功率与自由运转输出功率之比，$\Delta\varphi_{\mathrm{m}}$ 为光波通过调制器后的峰值相位延迟。运转条件为：$g_0=0.075$，单程功率损耗 $\alpha_0=0.070$，有 5 个模自由运转。由图可见，当 $\Delta\Omega=0$ 时，输出功率最大，在 $\Delta\Omega=0$ 附近的一个小区域(锁模区)内，输出功率随 $\Delta\Omega$ 的增大而迅速减少，逐渐减少到 0，在继续增大的 $\Delta\Omega$ 的某一区域内(猝灭区)，保持无输出状态，当继续增大 $\Delta\Omega$ 时，输出功率又开始增加，这时已进入调频区(这里不做分析)。总之，失谐对激光输出功率及频谱的影响非常大。

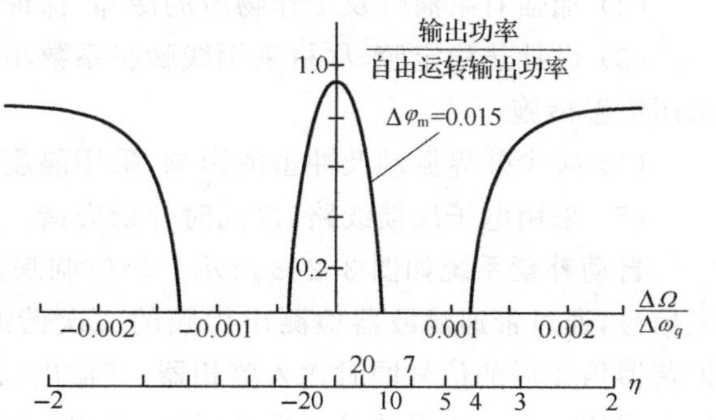

图 3.2-6　输出功率随失谐改变的关系

另外，失谐也影响锁模激光器输出的脉冲宽度。图 3.2-7 所示为相位调制时，脉冲宽度与失谐 $\Delta\Omega=\omega_q-\omega_{\mathrm{m}}$ 的关系曲线。当失谐为负的且很小时，脉冲宽度最窄，而当失谐为正时，脉冲宽度单调地上升。相反，在振幅调制情况下，当 $\Delta\Omega=0$ 时，脉宽处于最小值，而且随正、负失谐增加而单调地上升。

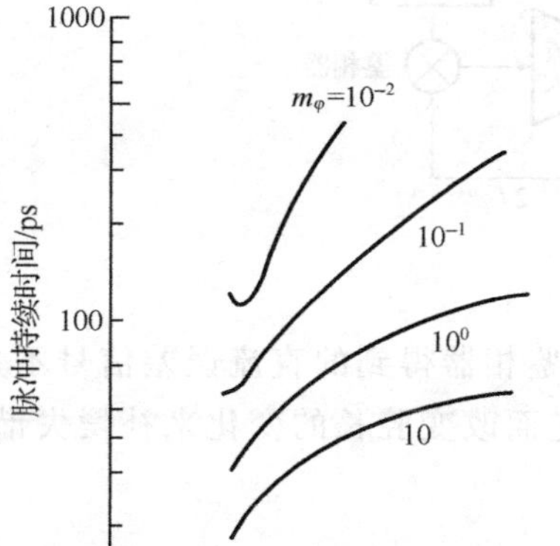

图 3.2-7　主动相位调制锁模时，脉冲宽度与失谐之间的相关性

对于具有一定增益和损耗的激光器，锁模区的大小与峰值相位延迟 $\Delta\varphi_{\mathrm{m}}$ 有关。$\Delta\varphi_{\mathrm{m}}$ 太大，锁模区就会很小，甚至消失，使锁模器件无法工作。所以在设计锁模激光器时要注意选择合适的 $\Delta\varphi_{\mathrm{m}}$，并根据失谐曲线及所需要的锁模输出稳定度等来选择工作点。对于一定的激光器和确定的运转条件，可以从实验中测

出失谐曲线,作为调整器件和分析器件特性的依据。

为了使激光器输出幅度、脉冲宽度和脉冲间隔稳定,必须使锁模调制器的调制频率、振幅及其随时间的变化严格地与激光器等效腔长匹配(一定的等效腔长对应一定的纵模频率间隔)。考虑到等效腔长的变化主要是由热效应等引起的,因而需要随时对激光腔中热和声的变化进行连续补偿。一般采用反馈回路,即将腔参数的变化检测出来,放大后去控制调制器的频率或腔长,其实质就是补偿失谐。下面以连续运转的 YAG 激光器为例,说明减少失谐的措施。稳定腔长的措施有:

(1) 提高泵浦电源的稳定性(如要求电流的不稳定度优于 5%);

(2) 加强对泵浦灯及工作物质的冷却,保证冷却水的流量均匀、稳定;

(3) 设计热稳定腔,尽量采用线膨胀系数小的殷钢或石英来做支撑反射镜的底座,并采用恒温措施;

(4) 减少外界振动及冲击的影响,采用隔震设备;

(5) 采用电子反馈线路,以随时补偿失谐。

自动补偿系统如图 3.2-8 所示。相位调制器以 200MHz 频率激励,光电探测器接收光信号,通过带通滤波器检测出拍频的二次谐波;放大后的 400MHz 信号与由 200MHz 振荡器倍频后的信号同时送入鉴相器,其输出信号经直流放大后送入压控振荡器,以控制振荡器的频率。该系统是负反馈回路,利用失谐后探测到的误差信号去控制振荡器的频率,从而使振荡器的频率跟踪腔长的变化,这样就实现了失谐的补偿。

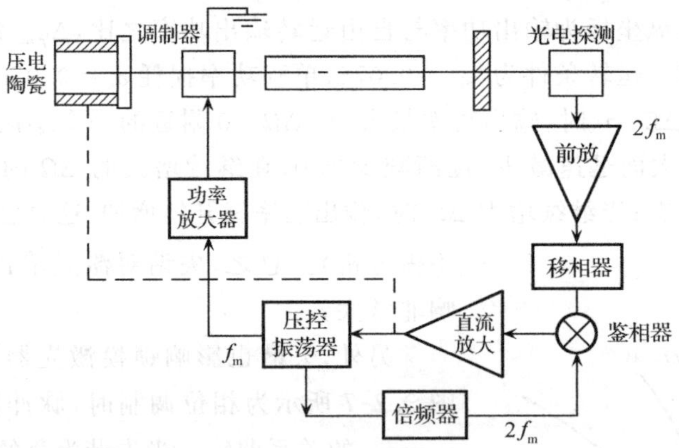

图 3.2-8 自动补偿系统

图中虚线所示的回路与上述回路不同之处在于,由鉴相器得到的直流误差信号不是去控制压控振荡器的频率,而是去驱动腔的压电陶瓷,进而改变腔长的变化来补偿失谐,最后得到稳定的锁模脉冲序列。

3.3 被动锁模

在激光谐振腔中插入可饱和吸收染料来调节腔内的损耗,当满足锁模条件时,就可获得一系列的锁模脉冲。根据锁模形成过程的机理和特点,被动锁模分为固体激光器的被动锁模和染料激光器的被动锁模两种类型。

3.3.1　固体激光器的被动锁模

1. 工作原理

由于染料的可饱和吸收系数随光强的增加而下降，所以高增益激光器所产生的高强度激光能使染料吸收饱和。图 3.3-1 所示为激光通过染料的透过率 T 随激光强度 I 的变化情况。强信号的透过率较弱信号的大，只有小部分被染料吸收。强、弱信号大致以染料的饱和光强 I_s 来划分。大于 I_s 的光信号为强信号，否则为弱信号。在没有发生锁模时，假设腔内光子的分布基本上是均匀的，但还有一些起伏。由于染料具有可饱和吸收的特性，弱信号的透过率小，受到的损耗大，而强信号的透过率大，损耗小，且其损耗可通过工作物质的放大得到补偿，所以光脉冲每经过染料和工作物质一次，其强弱信号的强度相对值就改变一次。在腔内多次循环后，极大值与极小值之差会越来越大。最后强脉冲的前沿不断被削陡，而尖峰部分能有效地通过，从而使脉冲变窄。从频率域分析，开始时自发辐射的荧光以及达到阈值所产生的激光涨落脉冲，经过可饱和吸收染料在噪声脉冲中的选择作用，只剩下高增益的中心波长 ν_0 及其边频；随后经过几次染料的吸收和工作物质的放大，边频信号又激发新的边频，如此继续下去，使得增益线宽内所有的模式参与振荡，于是便得到一系列周期为 $2L/c$ 的脉冲序列输出。

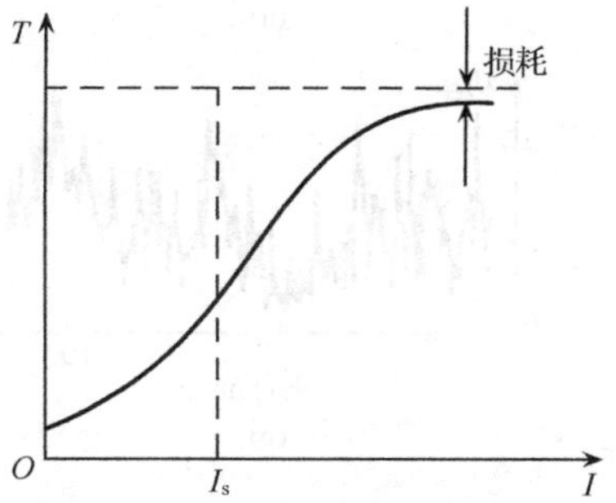

图 3.3-1　可饱和染料的吸收特性

在被动锁模激光器中，由不规则的脉冲演变到锁模脉冲的物理过程大致分为三个阶段，如图 3.3-2 所示。其过程的实质是最强的脉冲得到有选择的加强，背景脉冲逐渐地被抑制，三个阶段可简述如下。

(1) 线性放大阶段。在闪光灯泵浦开始时自发辐射荧光产生，当超过激光阈值时，初始的激光脉冲具有荧光带宽的光谱含量，并且具有随机相位关系的激光模之间的干涉，因而导致光强度的起伏，脉冲总量很大。如图 3.3-2(a)所示，在一个周期 $2L/c$ 时间内，光脉冲通过有机染料和激光介质各一次，在吸收体染料中，对强脉冲吸收得少而对弱脉冲吸收得多。在激光介质中，产生线性放大，其结果就发生自然选模作用。线性放大过程使频谱变窄，被放大后的信号起伏得到平滑和加宽。如图 3.3-2(b)、(c)所示，线性放大阶段的持续时间比较长，例如，在谐振腔长度为 1m 并且有效增益为百分之几时，线性放大阶段大约为 2000 个循环。

(2) 非线性吸收阶段。此阶段内激光介质的增益虽然是线性的，但激光辐射场的最强脉冲使饱和吸收染料呈非线性吸收。该阶段的主要特点是强脉冲使染料吸收饱和，“漂白”了染料，从而使脉冲强度得到很快的增长，而大量的弱脉冲受到染料的吸收而被抑制掉，使发射脉冲变窄，频谱增宽，如图 3.3-2(d)所示。

(3) 非线性放大阶段。由于选择出的强脉冲不但能使染料吸收饱和，而且使激光工

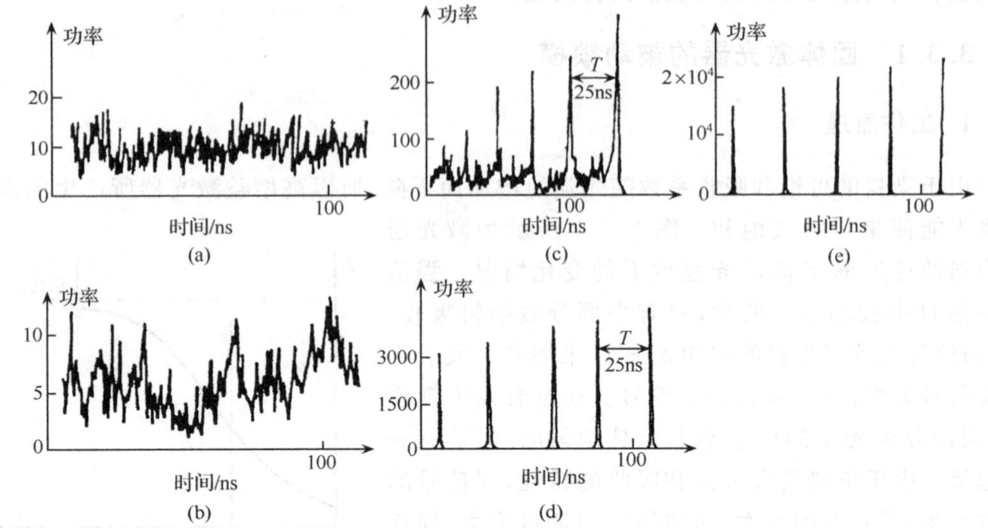

图 3.3-2　可饱和染料锁模物理过程

作物质的增益达到饱和,所以工作物质的放大进入非线性阶段。当强脉冲经过激活介质时,前沿及中心部位放大得多,由于反转粒子数的消耗,增益下降,致使脉冲后沿放大的少,甚至得不到放大,其结果使前后沿变陡,脉冲变窄,小脉冲几乎被完全抑制,最后输出一个高强度、窄脉宽的脉冲序列。如图 3.3-2(e)所示,此阶段脉冲压缩,频谱进一步加宽。

2. 被动锁模固体激光器的结构

典型的被动锁模固体激光器的结构如图 3.3-3 所示。这种锁模激光器主要包括光学谐振腔、激光棒、染料盒和小孔光阑。为了得到高重复率的高质量锁模脉冲序列,对染料浓度、泵浦强度和谐振腔的设计及调整等都有严格的要求,否则,激光输出将极不稳定。设计被动锁模激光器时应注意以下几点。

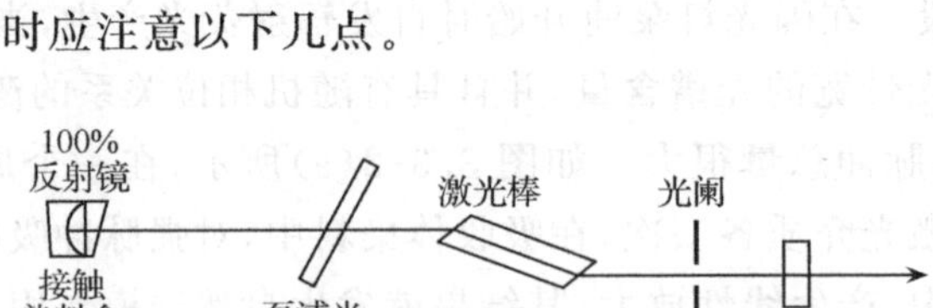

图 3.3-3　被动锁模固体激光器的结构示意图

(1) 为了消除标准具效应,应将光学元件表面切成布儒斯特角(或 2°～3°倾角),镀以增透膜并倾斜放置等,以利于消除非工作表面的反射。为了防止末端元件的反射光进入腔内,全反镜的后表面应磨成楔形。

(2) 用于锁模的可饱和染料必须具备如下条件:① 染料的吸收谱线与激光波长相匹配;② 其吸收线的线宽大于或等于激光线宽;③ 其弛豫时间短于脉冲在腔内往返一次的

时间。

表 3.3-1 列出了用于锁模的几种染料的饱和光强(I_s)和弛豫时间(T_{21}^b)。

表 3.3-1　几种染料的饱和光强(I_s)和弛豫时间(T_{21}^b)

染料	伊特曼哥达克		DDI	隐花青
	“9740”	“9860”		
I_s/W・cm^{-2}	4×10^7	5.6×10^7	$\approx2\times10^7$	5×10^6
T_{21}^b/ps	8.3	9.3	14	22
适用激光器	钕玻璃激光器		红宝石激光器	

以上几种染料，从吸收峰看，隐花青甲醇溶液的吸收峰在 706nm 处，DDI 甲醇和水溶液的吸收峰为 760nm 和 703nm。“9740”为 1.045μm，“9860”为 1.051μm。对于红宝石激光器，应使用二羰花青碘化物(DDI)的甲醇或水溶液及隐花青的丙酮溶液。对于钕玻璃及钇铝石榴石激光器，则应使用五甲川、十一甲川或伊特曼哥达克“9740”、“9860”等饱和吸收染料。从弛豫时间看，“9740”和“9860”分别为25～35ps和 6～9ps，隐花青的丙酮溶液为 25ps，DDI 为 14ps。

从化学稳定性看，有机饱和吸收染料在强的激光“漂白”下，都有分解和变色的现象，不很稳定。为了减少泵浦灯和背景光的紫外辐射对染料的破坏，在结构上应很好地进行光屏蔽，如采用由吸收紫外线的玻璃组成的液槽窗口，或改善泵浦灯的光谱特性。

染料盒应尽量靠近反射镜放置，一般为 1～2mm，有时可将染料盒和全反镜合为一体，有利于脉冲反射前沿和入射后沿在染料中重叠，以利于吸收体在光强度大时达到饱和。为保证有合适的初始透过率，应合理选择染料盒厚度和染料浓度。锁模时的静态透过率比调 Q 时要大，一般为 0.6～0.8。定期更换染料溶液，采用循环结构可延长染料的使用寿命。

(3) 泵浦功率以略高于激光阈值为宜。较高的泵浦功率会引起双脉冲的产生。

3.3.2　染料激光器的被动锁模

在染料激光器谐振腔内插入可饱和吸收染料，可以实现染料激光器的被动锁模。

1. 工作原理

图 3.3-4 所示为被动锁模染料激光器的装置。若丹明 6G 染料作为激光增益介质，DODCI 染料作为可饱和吸收体，调谐元件用以调节激光输出的波长范围。

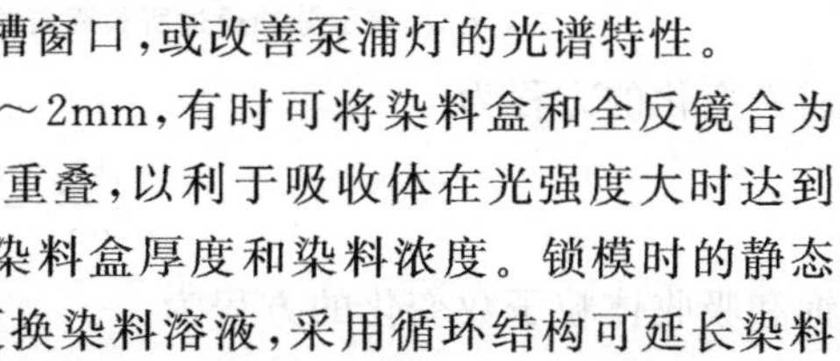

图 3.3-4　用闪光灯泵浦的被动锁模染料激光器的结构

染料锁模激光器产生超短脉冲的过程与固体激光器被动锁模相似。首先通过染料吸收体的非线性吸收和激光介质的放大作用，从涨落的噪声背景中选择出强涨落峰值，然后通过可饱和吸收体和激光介质饱和状态的联合作用，最终形成超短脉冲。不同之处在于，激光染料的上能级弛豫时间短(纳秒量级)，因而使增益衰减在脉冲产生中起重要作用。通常染料吸收体的吸收截面大于增益介质的吸收截面，使吸收体达到饱和的能量小于使增益介质饱和的能量，同时使脉冲峰值得到的有效增益大于脉冲前沿得到的有效增益，有利于脉冲的形成。

采用图 3.3-5 所示的谐振腔结构，分析腔内各种参数对锁模的影响。从速率方程出发，由连续泵浦源泵浦激光介质。激光增益介质的反转粒子数变化速率方程为

$$\frac{\partial n_3^a}{\partial t'} = \sigma_{14}^a I_p n_1^a - \sigma_{32}^a n_3^a I(z,t') \tag{3.3-1}$$

$$n_1^a + n_3^a = n^a \tag{3.3-2}$$

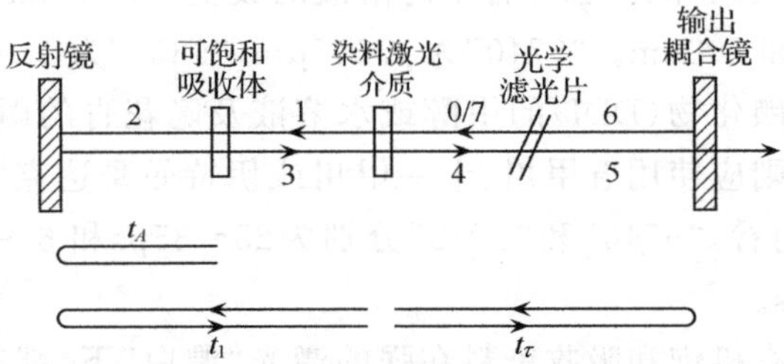

图 3.3-5 锁模染料激光器的光学元件

(t_A，t_1，t_τ 表示脉冲通过所画距离的时间；数字 0～7 表示谐振腔内的位置)

泵浦光变化的方程为

$$\frac{\partial I_p}{\partial z} = -\sigma_{14}^a n_1^a I_p \tag{3.3-3}$$

可饱和吸收体粒子数变化的方程为

$$\frac{\partial n_1^b}{\partial t} = -\sigma_{13}^b n_1^b I \tag{3.3-4}$$

$$n_1^b + n_2^b = n^b \tag{3.3-5}$$

利用上述方程可以得到腔内不同位置的光强表达式。式中，n_3^a，n_1^a，σ_{14}^a，σ_{32}^a 和 n_1^b，n_2^b，σ_{13}^b 分别为激光介质和可饱和吸收体各能级的粒子数和吸收截面；I 为腔内光强，I_p 为泵浦光强，当用连续光泵浦时，I_p 为常数，$t'=t-z/v$。利用谐振腔内激光振荡的自洽条件，得到

$$I(7,t') = I(0,t'+h) \approx \left(1 + h\frac{\partial}{\partial t'} + \frac{h^2}{2}\frac{\partial^2}{\partial t'^2}\right) I(0,t') \tag{3.3-6}$$

$$I(7,t') = R\left\{I(4,t') - \frac{4}{\Delta\omega}\frac{\mathrm{d}}{\mathrm{d}t'}I(4,t') + \frac{4}{\Delta\omega^2}\left[3\cdot\frac{\mathrm{d}^2 I(4,t')}{\mathrm{d}t'^2} - \frac{1}{2I(4,t')}\left(\frac{\mathrm{d}I(4,t')}{\mathrm{d}t'}\right)^2\right]\right\} \tag{3.3-7}$$

$$I(4,t') = G(t')\frac{1}{R}I(0,t') \tag{3.3-8}$$

$$G(t') = \frac{V_\tau V_1 B_0 B_1 R E(t') k^{m-1}(t')\{1 - B_0 B_1[1 - k^m(t')]\}^{\frac{1-m}{m}}}{1 - V_1 + V_1\{1 - B_0 B_1[1 - k^m(t')]\}^{\frac{1}{m}}} \tag{3.3-9}$$

式中，$m = q^a\sigma_{13}^b/(q^b\sigma_{32}^a)$；$B_0 = \exp(-n_1^b L^b \sigma_{31}^b)$ 为染料吸收体对小信号的透过率；$B_1 =$

$\exp\left\{-\sigma_{13}^{b}\int_{0}^{z}n_{1}^{b}(t'\to\infty,z')\mathrm{d}z'\right\}$ 为脉冲前沿通过染料吸收体的透过率；V_{τ} 为脉冲前沿的增益；V_1 为小信号增益，$V_1=\exp(\sigma_{32}^{a}n_{3}^{a}L^{a})$；$k(t')=1+V_{\tau}\{\exp[E(0,t')-1]\}$；$I(0,t')$、$I(1,t')$、$I(4,t')$、$I(7,t')$ 分别为腔内位置 0、1、4、7 处的光强；$G(t')$ 为光脉冲的增益系数；h 是激光介质和可饱和吸收体的作用可能出现的最大时间位移。假定激光介质位于谐振腔的中央（$t_{\tau}=t_1$），可饱和吸收体紧靠全反射镜（$t_A=0$），利用上述方程进行数值计算，得到如下结论。

(1) 锁模的稳定区范围与吸收损耗和增益的大小成正比。较大的吸收损耗产生较宽的稳定区，这时需要提高泵浦功率。

(2) 稳定区范围非常敏感地依赖于在谐振腔内的周期与弛豫时间之比 T/T_{31}^{a}。一般必须满足

$$0.1<T/T_{31}^{a}<10 \tag{3.3-10}$$

如果 T/T_{31}^{a} 太小，那么增益衰减后利用泵浦重新建立反转粒子数的时间不够；如果太大，脉冲前沿出现的强度涨落将增大，并导致多脉冲。

2. 被动锁模染料激光器的结构

图 3.3-6 所示为一种连续锁模染料激光器的结构。该激光器主要包括光学谐振腔、染料激光介质、可饱和吸收体、泵浦源等。一般采用氩离子激光器或闪光灯作为泵浦源，通过石英棱镜耦合输入谐振腔，并通过球面反射镜聚焦在自由喷射的激光染料上，可饱和吸收体染料盒紧靠全反射镜，盒厚 200～500μm，倾斜放置，激光辐射通过透镜聚焦在吸收体上。例如，采用若丹明 6G 作为激光介质，DODCI 作为可饱和吸收体，吸收体池长 0.5mm，输出镜透过率为 1%～6%，输出的脉冲宽度可达 1ps。

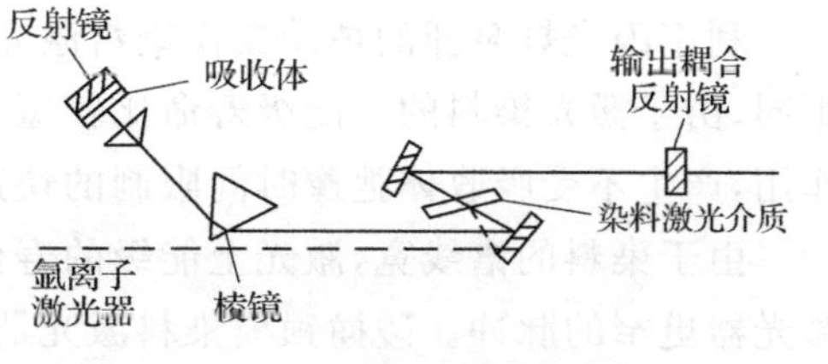

图 3.3-6 连续波泵浦被动锁模染料激光器的谐振腔结构

产生飞秒量级的碰撞锁模激光器（Colliding Pulse Mode-locking，CPM）的原理示意图如图 3.3-7 所示。在环形锁模激光器中有两个反向传播的脉冲，它们精确同步地到达可饱和吸收体，发生相干叠加效应，使可饱和吸收体中的光波电场（或者光强）呈现周期性分布，产生光强的空间调制而形成空间“光栅”。在形成空间光栅的过程中，两脉冲能量的前沿被吸收，它的光强比单一脉冲使吸收体饱和快，而且由于吸收体的弛豫时间大于光脉冲宽度，脉冲后沿通过时，光栅的调制度仍然很大，便会受到后向散射而得到压缩。因此，在时域上，两个脉冲每经过可饱和吸收介质一次，前后沿受到切削，经过多次循环，将使脉冲得到压缩。在频域上，脉冲相干叠加形成的驻波场，使可饱和吸收体中有

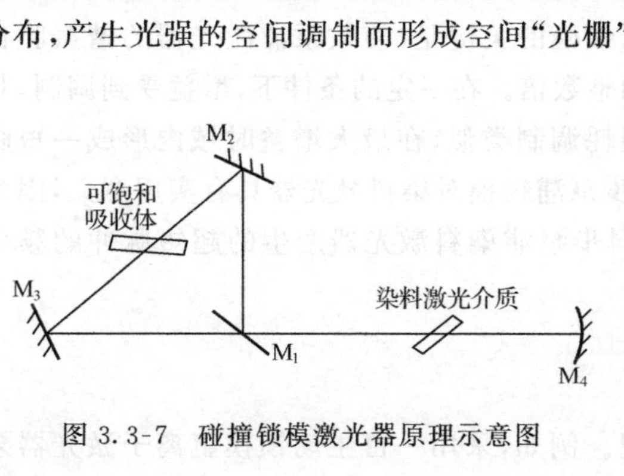

图 3.3-7 碰撞锁模激光器原理示意图

效光场强度明显增加。由于非线性自相位调制效应,光场强度的增加必然导致频谱宽度的加宽,部分补偿了增益色散对谱宽的限制,从而形成更窄的锁模脉冲。

在 CPM 激光器中存在可饱和增益、可饱和吸收、自相位调制和色散四种主要物理机制,四者的平衡是获得窄脉宽稳定锁模的关键。自相位调制和色散效应相互影响,使脉冲啁啾得到补偿,因此 CPM 激光器可获得稳定的飞秒级脉冲输出。图 3.3-8所示为六镜环形腔结构的碰撞锁模激光器。在 M_1、M_2 和 M_3、M_4 的焦点处分别放置若丹明 6G 增益喷流和 DODCI 可饱和吸收体喷流。M_4 采用双膜系反射镜,用以产生色散来补偿脉冲啁啾,使脉冲得到压缩。四棱镜系统产生可调色散,用以补偿腔内脉冲啁啾,并实现飞秒脉冲的波长可调谐。激光器环形腔长为 3m,若丹明 6G 和 DODCI 喷流距离是 0.7m。该激光器可输出几十飞秒稳定的光脉冲。

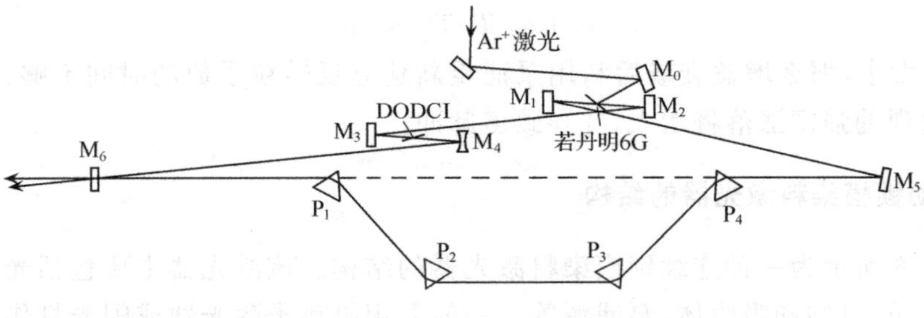

图 3.3-8 碰撞锁模的环形激光器

利用闪光灯泵浦的被动锁模染料激光器的机理与被动锁模固体激光器产生锁模脉冲不同,由于激光染料的上能级寿命比较短(纳秒量级),所以可饱和吸收和增益衰减的联合作用,产生不受吸收体弛豫时间限制的快速脉冲压缩过程。

由于染料的谱线宽,激光上能级的寿命短,所以染料锁模激光器可以输出比固体锁模激光器更窄的脉冲。碰撞锁模染料激光器可输出几十飞秒的脉冲序列。采用光脉冲压缩技术后,获得了 6fs 的光脉冲,这是 20 世纪 80 年代锁模技术的重大突破。

3.4 同步泵浦锁模

同步泵浦锁模激光器采用一台锁模激光器的脉冲序列去泵浦另一台激光器,通过调制腔内增益的方法获得锁模。实现同步泵浦锁模的关键是,使被泵浦激光器的谐振腔长度与泵浦激光器的谐振腔长度相等或是它的整数倍。在一定的条件下,增益受到调制,其调制周期等于光在谐振腔的循环周期。与损耗调制类似,在最大增益时域内形成一短脉冲,其脉冲宽度比泵浦脉冲宽度窄得多。同步泵浦锁模对染料激光器具有实用意义,因为染料具有很宽的增益线宽($10^{13}\sim10^{14}$ Hz),同步泵浦染料激光器产生的超短脉冲的频率在整个光谱范围内连续可调。

3.4.1 同步泵浦锁模原理

同步泵浦锁模通过调制腔内增益来实现。例如,采用一台主动锁模氩离子激光器泵浦染料激光器，泵浦脉冲的宽度 T_p 为 100～200ps，而染料激光器的激光上能级的弛豫时间 T_{31} 为纳秒量级(如若丹明 6G，$T_{31}=5$ns)，T_{31} 大于泵浦脉冲宽度 T_p，而小于光在谐振腔的循环周期 $T=2L/c$，即

$$T_p \ll T_{31} < T \tag{3.4-1}$$

在此条件下，激光介质的反转粒子数仅仅取决于这一瞬间得到的泵浦能。如图 3.4-1 所示，泵浦使其增益系数逐渐增大，直至超过损耗，达到激光阈值以上。从这一瞬间起产生受激辐射，激光脉冲能量迅速上升，由于泵浦脉冲序列的周期与光子在染料激光器中往返一周的时间相等，故谐振腔内的起始脉冲，只有与泵浦脉冲同时到达染料盒时才能得到放大。这样，由前次泵浦所产生的染料激光脉冲，在腔内往返一周到达染料盒时，染料恰好被泵浦处于粒子数反转状态。因此，激光脉冲的能量经过增益介质后得到放大，经过多次循环后脉冲得到较大的能量，这是脉冲形成的第一阶段，即增益阶段。第二阶段为脉冲压缩阶段，当脉冲比较强时，每经过激光介质一次，由于饱和效应，只有前沿及中间部分得到放大，而后沿由于得不到放大而被抑制。因此，经过多次循环后，脉宽得到压缩，最后形成一稳定的脉冲。这时，脉冲宽度、能量以及泵浦脉冲与激光脉冲的相对位置保持不变。

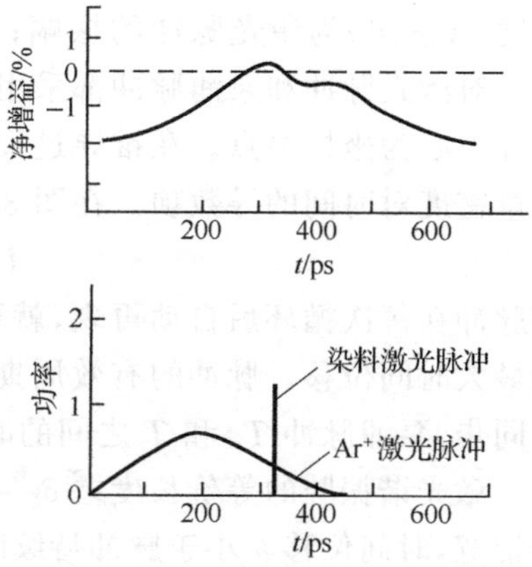

图 3.4-1　同步泵浦染料激光器特性

下面讨论直式谐振腔的情况。它包括作为激光介质的染料和用于频率调谐的元件，如图 3.4-2 所示。激光介质为四能级系统，假设染料激光的带宽大于选频元件和泵浦激光的带宽，并且与光学滤光片相比，由发射截面 σ_{32} 的频率相关的激光介质带宽可忽略不计。根据光脉冲与原子系统相互作用理论，以及式(3.4-1)，得到激光脉冲光子通量密度 $I(z,t')$ 和相位 $\varphi(z,t')$ 的方程，表示为

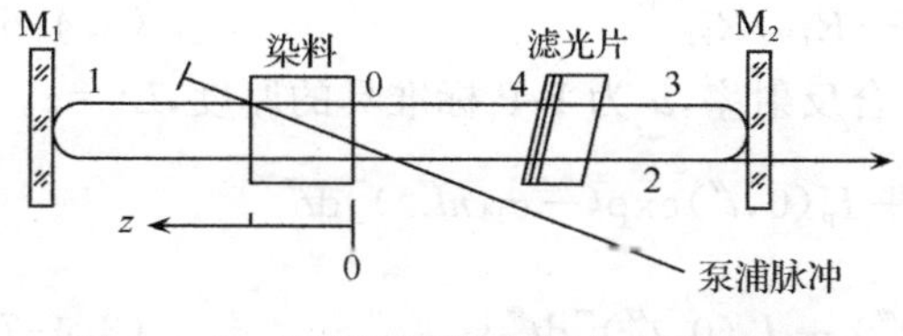

图 3.4-2　同步泵浦激光器的直式谐振腔

M_1-100%的反射镜　M_2-反射率为 R 的输出镜

0,1,…,4 表示一个循环周期中脉冲的各个位置

$$\frac{\partial I(z,t')}{\partial z} = \sigma_{32} n_3 I(z,t') \tag{3.4-2a}$$

$$\frac{\partial \varphi(z,t')}{\partial z} = -\frac{\Delta_{32}}{2}\sigma_{32} n_3 A(z,t') \tag{3.4-2b}$$

反转粒子数变化的方程(忽略自发辐射)为

$$\frac{\partial n_3}{\partial t'} = \sigma_{14} I_p n_1 - \sigma_{32} n_3 I(z,t') \tag{3.4-2c}$$

$$n_1 + n_3 = n$$

泵浦脉冲变化的方程为

$$\frac{\partial I_p}{\partial z} = -\sigma_{14} n_1 I_p \tag{3.4-2d}$$

式中,n_1、n_3 分别为激光基态和上能态粒子数;n 为总粒子数密度;I_p 为泵浦光的光子通量密度;$A(z,t')$为激光脉冲的振幅;$\Delta_{32}=(\omega_0-\omega_{32})\tau_{32}$,$\omega_0$ 为激光中心频率,ω_{32} 为荧光频率。对激光脉冲和泵浦脉冲都采用同样的群速($V_p=V$),$t'=t-z/v$ 为辅助时间坐标,选脉冲中心为坐标原点。在推导过程中,以 $\tau\gg l/v$(l 为激光介质长度)为前提,忽略了光子通量密度对时间的导数项。在图 3.4-2 中,位置 1、2、3 和 4 处的 $I(z,t')$和 $\varphi(z,t')$满足

$$I(4,t')=I(0,t'+h) \tag{3.4-3}$$

即脉冲在每次循环后自动再现,就可获得稳定状态。h 是放大过程和选频元件可能引起的最大时间位移。脉冲的有效周期 T 与未泵浦谐振腔的周期 T_0 相差$h(T=T_0-h)$。为了同步,泵浦脉冲 T_p 和 T 之间的时间间隔必须满足条件 $T=T_p=T_0-h$。

激光谐振腔的等价长度差 $\delta_L=hc/z$,称为谐振腔失谱。假定脉冲带宽小于选频元件的带宽,时间位移 h 小于脉冲持续时间,由式(3.4-3)和 $I(4,t')$及 $\varphi(4,t')$,得

$$\begin{aligned}I(0,t')+h\frac{\partial I(0,t')}{\partial t'}+\frac{h^2}{2}\frac{\partial^2 I(0,t')}{\partial t'^2}&=I(0,t')G(t')-\frac{4}{\Delta\omega}\frac{\partial}{\partial t'}[I(0,t')G(t')]\\&\quad+\frac{12}{\Delta\omega^2}\frac{\partial^2}{\partial t'^2}[I(0,t')G(t')]-\frac{2\left\{\frac{\partial}{\partial t'}[I(0,t')G(t')]\right\}^2}{\Delta\omega^2 I(0,t')G(t')}\end{aligned} \tag{3.4-4}$$

式中,$G(t')$为有效增益,$\Delta\omega$ 为法布里-珀罗(F-P)标准具的带宽。

$$G(t')=\left\{\exp\left[\sigma_{32}\int_{-\infty}^{t'}(I(0,t'')+I_p(0,t''))\mathrm{d}t''\right]\right\}\times[\gamma(L^a t')]^{-1}R \tag{3.4-5}$$

$$\Delta\omega=(c/d)[(1-R_{FP})R_{FP}^{-1/2}] \tag{3.4-6}$$

式中,R 为反射镜反射率,R_{FP}为 F-P 标准具的组合反射率,d 为 F-P 标准具的厚度,$L^a=z$。

$$\begin{aligned}\gamma(L^a,t')&=1+\sigma_{32}\int_{-\infty}^{t'}[I(0,t'')+I_p(0,t'')\exp(-\sigma_{14}nL^a)]\mathrm{d}t''\\&\quad\times\exp\left\{\sigma_{32}\int_{-\infty}^{t''}[I(0,t''')+I_p(0,t''')]\mathrm{d}t'''\right\}\end{aligned} \tag{3.4-7}$$

从式(3.4-4)可以得到影响锁模效果的各参数之间的关系,下面进行简要分析。

1. 稳定的脉冲状态(锁模区)

当 h 达到最大值或者在谐振腔失谱 δ_L 量的有限区域内时,方程式(3.4-4)存在一组实数解。在该区域内得到稳定的锁模脉冲。在染料激光器谐振腔长度可变的范围内,激光脉冲和泵浦脉冲的循环周期是相同的。选频元件可使脉冲延迟,或者增益介质可使脉冲向前位移,由于增益的消失,脉冲后沿被切割,而增益介质可使脉冲产生位移。在稳态区域内,两台激光系统锁模的条件是 $T=T_p$,即系统能自动调节每次循环中激光脉冲与泵浦脉冲之间的间隔。

稳态区的极限与染料激光脉冲和泵浦脉冲之间的时间间隔有关。当激光器谐振腔较短时,泵浦脉冲与激光脉冲间的延迟时间减少,当激光脉冲到达增益介质时,反转粒子数减少,使脉冲的放大也减少。在激光谐振腔某一点,由于激光脉冲得不到增益,锁模脉冲将会消失,这一点就是稳定区的左边极限。当激光器谐振腔过长时,整个泵浦能量都用于

脉冲放大，使激光脉冲通过增益介质产生最大的时间位移，这就是稳态区的右边极限。根据上面的分析可得出下面的结论。

(1) 泵浦能量越大或反射率越大，则脉冲能量越大而脉宽越窄。在反射率或泵浦能量比较小的情况下，脉冲宽度的倒数和脉冲能量显示出单调的特性。

(2) 泵浦能量和反射率不同，产生的最窄脉冲的时延也不同。

(3) 脉冲的形状与泵浦能量和反射率有关。当泵浦能量和反射率比较小时，脉冲几乎是对称的；反之，随着泵浦能量和反射率的增大，脉冲逐渐呈不对称型。泵浦能量保持不变而脉冲宽度改变，对激光脉冲的参数影响不大。

2. 相位调制脉冲

以上讨论的是 $\Delta_{32}=0$ 时的情况。如果 $\Delta_{32}\neq 0$，则谐振腔失谐，会形成相位调制脉冲。根据方程

$$\varphi(1,t')=-\frac{\Delta_{32}}{2}\ln\left[\frac{1}{R}G(t')\right]+\varphi(0,t') \tag{3.4-8}$$

可知，脉冲经过激活介质后，具有一个与时间有关的相位，这就意味着脉冲频率发生变化，且在脉冲的不同部位，频率的变化不同。在形成相位调制后，染料激光脉冲的光谱展宽。因此，$\Delta_{32}\neq 0$ 的频率失谐使得稳态的单脉冲振荡范围缩小。随着 Δ_{32} 值的上升，主脉冲的最大强度与可能存在的次脉冲强度的比值增大，稳态范围缩小。同时，脉冲形状和脉冲相位的波动增大，因此严格地说，在一定条件下不存在稳定态。

3.4.2　同步泵浦锁模激光器的结构

图 3.4-3 所示为典型的同步泵浦染料激光器结构示意图。它包括泵浦源、光学谐振腔、激光介质和调谐元件等。泵浦源一般采用主动锁模的氩离子激光器或固体锁模激光器，这可根据激光介质的类型来定。对于染料激光器，一般采用三个反射镜组成的折叠腔结构作为染料激光谐振腔。反射镜 M_1 将泵浦光脉冲序列馈入染料激光腔中。泵浦光和激光同时以一个小夹角通过染料盒，反射镜 M_2 使激光反射，然后在输出镜 M_4 被部分反射、部分输出。反射镜在激光谐振腔中是这样配置的，它使染料激光在反射镜 M_2 和 M_4 之间振荡，而与染料激光方向成一小角度入射的泵浦光通过染料后则离开谐振腔。但激光介质中泵浦光的光束束腰必须与染料激光的光束束腰很好地重叠。为此，两光束间的夹角应尽量小，并采用良好的像散补偿装置。

在图 3.4-3 所示的装置中，借助调谐元件，如 F-P 标准具或双折射滤光片等，可连续改变激光频率。若用棱镜做调谐元件，可选用附加折叠式谐振腔结构。采用各种不同染料，就可在同步泵浦激光器中产生不同宽度的脉冲。利用调谐元件，其波长可在 420～1000nm 的光谱范围内

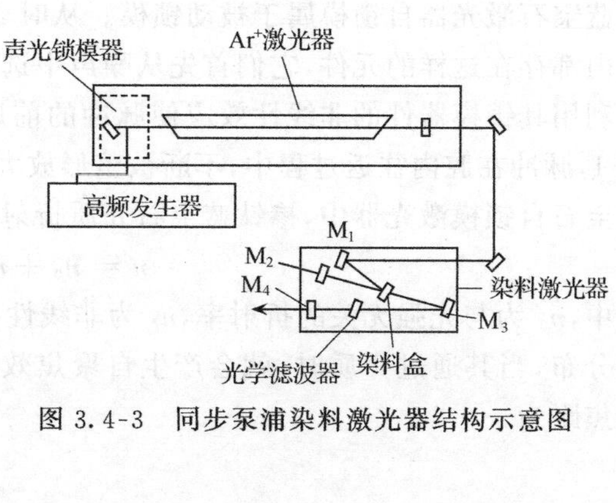

图 3.4-3　同步泵浦染料激光器结构示意图

连续可调。

要提高同步泵浦锁模激光器的稳定性,可以采用电子反馈回路控制调制器频率的方法,如图 3.4-4 所示。该结构能产生非常稳定的超短脉冲。它采用了两种控制回路,一种是快速控制回路,用于对激光脉冲平均功率 P_1 以及 KDP 晶体产生的二次谐波平均功率 P_2 的测量。二次谐波脉冲的平均功率与激光基波脉冲平均功率的平方成正比,即 $P_2 \propto P_1^2 \tau_p$,其中 τ_p 为激光脉冲宽度,从中可求出作为脉宽度量的值 P_1^2/P_2。为了便于控制,回路采用自相关器测量脉宽。实验结果表明,腔的失谐对基波的平均功率 P_1 影响甚小,但 P_2 和 τ_p 却变化很大。利用测得的信号变化 P_1^2/P_2 来改变振荡频率,以便产生最小宽度的脉冲。另一种是慢速控制回路,它利用微机从自相关器测量到的脉宽计算出输出反射镜的移动方向。采用这种控制系统能产生长时间稳定的宽度为 0.7ps 的脉冲。

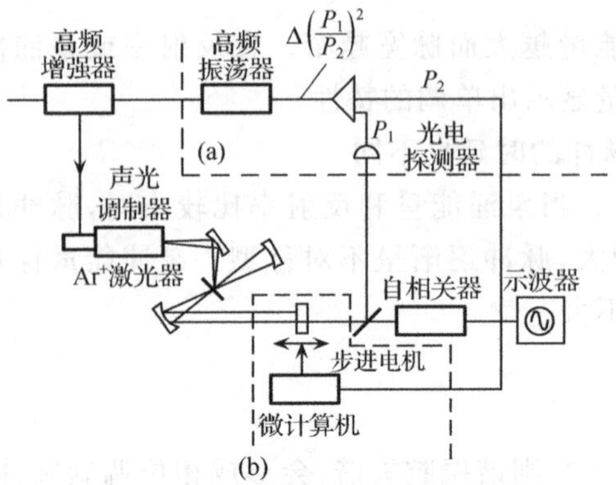

图 3.4-4 采用两种控制回路的同步泵浦染料激光器

3.5 自锁模

在激光腔内不需要插入任何调制元件,而是利用激光介质本身的非线性效应就可以实现锁模,这称为自锁模。早在 20 世纪六七十年代,人们曾分别在 He-Ne 激光器、铜蒸气激光器、Nd:YAG 激光器中观察到了自锁模现象。但由于在这些激光器中,自锁模脉冲序列不能自维持,所以这种现象一直未引起人们的重视。1991 年,首次在掺钛蓝宝石连续激光器中,成功获得自锁模运转。从此以后,固体激光器自锁模的研究成为超短脉冲领域的热门课题。

3.5.1 自锁模机理

关于掺钛蓝宝石激光器(Ti:S)自锁模的原理至今尚无统一的理论解释。但大多数认为,其自锁模现象与掺钛蓝宝石增益介质的克尔效应引起的光束自聚焦效应有关。掺钛蓝宝石激光器自锁模属于被动锁模。从时域角度看,任何带有被动性质的锁模激光器,腔内都存在这样的元件,它们首先从噪声中选取强度较大的脉冲作为脉冲序列的种子,然后利用其锁模器件的非线性效应使脉冲的前后沿的增益小于 1,而使脉冲中间的增益大于 1,脉冲在腔内往返过程中,不断被整形放大,脉冲宽度被压缩,直到稳定锁模。在掺钛蓝宝石自锁模激光器中,掺钛蓝宝石介质折射率的非线性效应可表示为

$$n = n_0 + n_2 \cdot I(t) \tag{3.5-1}$$

式中,n_0 为与光强无关的折射率,n_2 为非线性折射率,$I(t)$为脉冲的光强。由于光强的高斯分布,当其通过介质时,就会产生自聚焦效应。取介质的某一小段 ΔL,则自聚焦效应的焦距为

$$f_m = \frac{\alpha w_m^2}{4\Delta n_m \Delta L} \tag{3.5-2}$$

式中，w_m 为入射到该段介质的光斑大小；α 为一常量，一般为 5.6～6.7；Δn_m 为入射光轴线上折射率的变化，表示为

$$\Delta n_m = n_2 \cdot I_m(t) \tag{3.5-3}$$

式中，$I_m(t)$为入射到 ΔL 介质上光束近轴的光强。从脉冲包络的时域上看，脉冲前后沿的光强小于脉冲中间的光强。根据式(3.5-2)和式(3.5-3)可知，脉冲中间部分对应的类透镜焦距 f_m 小于脉冲前后沿对应的焦距。这样，当一个光脉冲通过自聚焦介质后，光脉冲前后沿的高斯光束参数与脉冲中部的高斯光束参数不再一致。也就是说，脉冲通过自聚焦介质后，由于自聚焦效应，脉冲在时间上的光强变化得以在空间上反映出来。掺钛蓝宝石自锁模激光器中束腰有两个，一个在掺钛蓝宝石介质内，另一个在激光腔的平面反射镜上或其附近。如果在束腰附近加上光阑，根据上面的分析就可以使光脉冲前后沿的损耗大于脉冲中部的损耗。也就是说，在掺钛蓝宝石自锁模激光器中，由于自聚焦效应和腔内光阑的存在，受到一个与光强有关的损耗调制，即

$$\alpha = \alpha_0 \quad \beta \cdot I(t) \tag{3.5-4}$$

由于增益的存在，脉冲在腔内循环时，强度小的脉冲不断被抑制而消失，强度大的脉冲不断增强，而且其前后沿不断损耗，脉冲中间部分被放大，脉冲宽度被压缩。对于一个光脉冲，自聚焦效应与腔内光阑的结合就相当于一个快饱和吸收体，它对光脉冲的前后沿有压缩作用。光阑可以是外加的，例如在靠近输出镜位置加的小孔光阑，也可以直接利用掺钛蓝宝石棒内高斯分布的增益区域所构成的增益光阑(也可称为三维光阑或软光阑)。掺钛蓝宝石激光器自锁模脉冲的形成分以下两个阶段。

1. 初始脉冲的形成

理论分析和大量的实验证明，连续运转的掺钛蓝宝石激光器中的噪声脉冲由于达不到锁模的启动阈值，故该种激光器的自锁模不能自启动。因此，必须首先在腔内引入一个瞬间扰动，造成高损耗，当腔镜复位时，腔中的光强产生强烈涨落。当它们通过增益介质时，由于增益介质的自聚焦效应，它与腔内光阑的结合等效于可饱和吸收体，经过自振幅调制(SAM)和增益介质的线性放大，对脉冲进行选择、放大、初步压缩，形成初始脉冲。

2. 稳定锁模脉冲的形成

腔内初始锁模脉冲形成以后，因为它的峰值功率较大，所以在增益介质中由非线性克尔效应，脉冲产生自相位调制(SPM)，严重地改变了脉冲的相位。当光脉冲通过掺钛蓝宝石棒时，又引起了很大的二阶正群速度色散(GVD)和三阶色散。在这一阶段中，增益介质的自振幅调制和增益放大仍起主要作用，只是由于脉冲功率增大，不可避免地要产生自相位调制和很大的正群速度色散，不利于进一步压缩脉宽，因而要用合适的负色散去补偿，才可以得到最窄的脉冲宽度。

大量的实验及分析计算表明，自锁模必须采用附加措施来启动(最初工作在连续状态)。最简单的方法是轻敲平台或某一腔镜以产生一个强度扰动以启动自锁模。启动后

的 Ti:S 激光器在锁模稳定运转时受周围环境扰动的影响，一旦失锁必须重新启动，为此人们发明了许多主动和被动的启动与维持 Ti:S 自锁模运转的方法。

(1) 利用声光调制再生启动的方案，即在原自锁模激光器内加入一个声光调制器，使其频率与谐振腔周期的倒数匹配，激光器输出为几十到几百 ps 量级的脉冲，脉冲重复频率由调制器的驱动频率决定，这时激光器处于主动锁模状态。适当调整谐振腔，使激光器进入自锁模，产生脉宽在 fs 量级的锁模脉冲，平均功率几乎不变。这时脉冲重复频率仅由腔频决定，与调制器驱动频率无关，但两个频率精确匹配时，自锁状态最稳定。可以取激光腔输出信号的频率分量(取二次谐波频率再四分频)来驱动调制器，这样调制器的驱动频率就能自动与腔频匹配。

(2) 利用饱和吸收体也可以启动自锁模 Ti:S 激光器。在 Ti:S 激光腔内插入一个饱和吸收体(如 HITCI)，改变染料浓度直至最终形成的锁模脉冲的脉宽和平均功率与染料无关，只是脉冲建立时间受染料浓度的影响(浓度越大，建立时间越短)，并在去掉染料喷膜时装置能产生自锁。这说明饱和吸收体的作用只是引入最弱的调制来启动自锁模。

(3) 采用量子阱反射器的耦合腔启动自锁模。应使主动腔与辅助腔的耦合程度较低($R_L>90\%$)，输出镜换成一个由半波片的偏振分束器组成的可变输出耦合器。

(4) 使用振动镜启动，用线性外腔或直接振动一个腔镜(一般为全反镜)，频率 25Hz，振幅小于 0.5mm，可使 Ti:S 激光器由连续状态进入自锁模状态。

3.5.2 超短脉冲的压缩技术

当超短光脉冲在介质中传输时，由于超短光脉冲聚焦后具有极高的峰值功率密度，所以其传输过程通常表现出非线性效应，如自相位调制效应、自聚焦效应和光感应双折射效应等。在这些非线性效应中，折射率的非线性效应是最基本的。由于光场引起的附加折射率的变化可表示为

$$\Delta n(t)=n-n_0=n_2 I(t) \tag{3.5-5}$$

它是由光脉冲包络所决定的时间函数。因此，考虑到折射率的非线性效应，光脉冲的不同部位所引起的折射率变化不同。

(1) 当 n_2 的弛豫时间 T_r 远远比脉冲宽度 τ_p 小，即 $T_r\ll\tau_p$ 时，这是一瞬态响应过程，$\Delta n(t)$可写为

$$\Delta n(t)=n_2 I(t) \tag{3.5-6}$$

脉冲各个部位所引起的附加相位变化为

$$\Delta\varphi(t)=kL\Delta n(t)=kLn_2 I(t) \tag{3.5-7}$$

式中，k 为波矢，L 为光脉冲在介质中的传输长度。脉冲不同部位的即时频率为

$$\omega(t)=\omega_0(t)+\Delta\omega(t) \tag{3.5-8}$$

$$\Delta\omega(t)=-\frac{\partial}{\partial t}\Delta\varphi(t)=-\frac{\partial}{\partial t}[kLn_2 I(t)] \tag{3.5-9}$$

式中，$\omega_0(t)$为没有考虑自相位调制时的瞬时频率，$\Delta\omega(t)$为自相位调制效应所引起的附加频率。$\Delta\omega(t)$的引入使得脉冲包络的不同部位具有不同的瞬时频率，这种现象称为啁啾效应，可表示为

$$c(t) = \frac{\partial \omega(t)}{\partial (t)} = -\frac{\partial^2}{\partial t^2}[kLn_2 I(t)] \tag{3.5-10}$$

上述效应如图 3.5-1(a)所示。$c(t)>0$ 为正啁啾，$c(t)<0$ 为负啁啾。自相位调制效应使脉冲包络的各个不同部位具有不同的瞬时频率，脉冲前后沿具有负啁啾，脉冲中间部分具有正啁啾。由于自相位调制效应，频谱加宽，而且是向原载波频率 ω_0 的高端和低端同时扩展。

(2) 当 $T_r \gg \tau_p$ 时，即具有比 τ_p 长得多的弛豫时间，若考虑脉冲部位 t 时刻的折射率，则必须考虑 t 时刻之前 t' 时刻所引起的折射率弛豫到 t 时刻的剩余部分，即

$$\Delta n(t', t) = \Delta n(t')\exp[(t-t')/T_r] \tag{3.5-11}$$

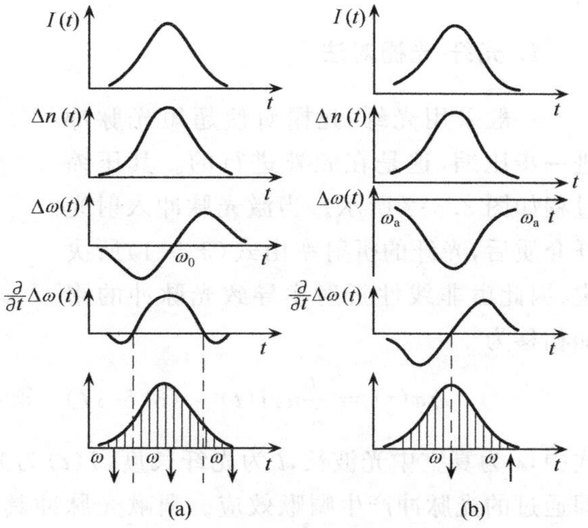

图 3.5-1　超短光脉冲在介质传输中的自相位调制效应

因此，t 时刻的附加折射率应写为

$$\Delta n(t) = \int_{-\infty}^{t} n_2 I(t')\exp[(t-t')/T_r]\mathrm{d}t' \tag{3.5-12}$$

所以，频移可写为

$$\Delta\omega(t) = -\frac{\partial}{\partial t}\int_{-\infty}^{t} n_2 I(t')\exp[-(t-t')/T_r]\mathrm{d}t' \tag{3.5-13}$$

考虑到 $T_r \gg \tau_p$，上式可近似表示为

$$\Delta\omega(t) = -c' I(t) \tag{3.5-14}$$

其啁啾 $c(t)$ 可表示为

$$c(t) = -c'\frac{\partial}{\partial t}I(t) \tag{3.5-15}$$

上述物理图像如图 3.5-1(b)所示。对于 $T_r \gg \tau_p$ 的情况，由于自相位调制效应，脉冲不同部位具有不同的瞬时频率，脉冲的前半部分和后半部分具有相反符号的啁啾，脉冲频谱的扩展只是向 $\omega<\omega_0$ 端扩展，即频率向低频端扩展。

上面只考虑了超短光脉冲在介质传输过程中的自相位调制效应，实际上任何介质都是具有色散的，其色散系数定义为

$$D = \lambda^2 \frac{\mathrm{d}^2 n}{\mathrm{d}\lambda^2} \tag{3.5-16}$$

既然脉冲已经具有啁啾，即脉冲包络的各不同部位具有不同的瞬时频率，那么具有啁啾的超短光脉冲在具有色散的介质中传播时，其各部位的传播速度也不同，这样就使得脉冲的不同部位具有展宽或变窄的效应。当啁啾和色散同号时展宽，啁啾和色散异号时变窄。当介质具有正色散时，以负啁啾为特征的脉冲前沿和后沿被压缩，而以正啁啾为特征的脉冲中间部分被展宽，脉冲波形逐渐变成方波。当介质具有负色散时，具有负啁啾的脉冲前

沿和后沿被展宽，而脉冲的中间部分被压缩，从而导致整个脉冲波形变窄。

根据上述理论分析，只要选择具有负色散的介质就可以使超短脉冲进一步压缩。目前压缩超短脉冲的方法有以下两种。

1. 光纤-光栅对法

一般采用光纤-光栅对使超短光脉冲进一步压缩，这是在腔外进行的。其压缩过程如图 3.5-2 所示。当激光脉冲入射光纤介质后，光纤的折射率由式(3.5-1)所决定，因此由非线性折射率导致光脉冲的附加相移为

$$\Delta\varphi(t)=\frac{l}{\lambda}n_2 I(t) \qquad (3.5\text{-}17)$$

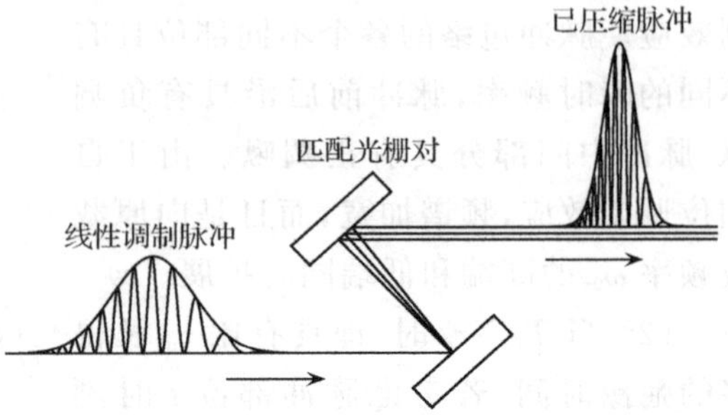

图 3.5-2　超短脉冲被光栅对的反射压缩示意图

式中，λ 为真空中光波长，l 为光纤长度，$I(t)$ 为光强。上式表征了光纤中的自相位调制，即通过的光脉冲产生啁啾效应。啁啾光脉冲具有可压缩的特性，设脉冲持续时间为 τ_p，中心频率为 ω_0，脉冲含有线性频移(啁啾项)，因此脉冲的瞬时频率为

$$\omega(t)=\omega_0+\frac{\Delta\omega}{\Delta t}\tau_p \qquad (0<\tau_p<\Delta t)$$

式中，$\Delta\omega$ 为最大频移，若 $\Delta\omega>0$，则脉冲的首端频率将慢于末端。从单模光纤输出的光脉冲是线性调制脉冲，再经过光栅对组成的色散延迟线的作用。因为光线在两光栅之间所走的光程与入射波长 λ 有关，即光脉冲的不同频谱成分将走不同的光程，长波长的光线比短波长的光线行经较长的光程，所以经光栅对后，长波长的后沿将逐渐赶上短波长的前沿，从而使光脉冲波形得到压缩，脉冲峰值功率也得到提高。采用这种技术，已得到 6fs 的超短光脉冲。

2. 激光腔内插入负色散元件

由上面分析可知，在自锁模激光器中，光脉冲通过激光介质时会产生很强的二阶正群速度色散(GVD)和三阶色散，不利于进一步压缩脉宽，需要插入负色散元件进行补偿，才能得到最窄的脉冲宽度。

当超短光脉冲在激光介质中传输时，利用麦克斯韦方程可推导出描述光波场传输特性的方程，表示为

$$\frac{\partial A}{\partial z}+\frac{\alpha}{2}A+\frac{\mathrm{i}}{2}\beta_2\frac{\partial^2 A}{\partial T^2}-\frac{1}{6}\beta_3\frac{\partial^3 A}{\partial T^3}=\mathrm{i}\gamma\left(|A|^2A+\frac{2\mathrm{i}}{\omega_0}\frac{\partial}{\partial T}(|A|^2A)+\mathrm{i}\frac{\alpha_2}{\gamma}A\frac{\partial |A|^2}{\partial T}\right) \qquad (3.5\text{-}18)$$

式中，A 为光场振幅，α 为吸收系数，β 为模传输常数，表示为

$$\beta(\omega)=n(\omega)\frac{\omega}{c}=\beta_0+\beta_1(\omega-\omega_0)+\frac{1}{2}\beta_2(\omega-\omega_0)^2+\cdots \qquad (3.5\text{-}19)$$

$$T=t-\frac{z}{v_g}=t-\beta_1 z \qquad (3.5\text{-}20)$$

(1) 二阶色散对脉冲的影响。假定激光介质对光波的吸收很小($\alpha \approx 0$)，且非线性效应可以忽略($\gamma \approx 0$)，对脉宽大于 100fs 的脉冲，只考虑最低阶色散($\beta_2 \neq 0, \beta_3 = 0, \beta_4 = 0$)的情况下，线性色散介质中脉冲传输时的 GVD 效应，则式(3.5-18)变为

$$\mathrm{i}\frac{\partial A}{\partial z} = \frac{1}{2}\beta_2 \frac{\partial^2 A}{\partial T^2} \tag{3.5-21}$$

其频域内的归一化振幅解为

$$\overline{U}(z,\omega) = \overline{U}(0,\omega)\exp\left(\frac{\mathrm{i}}{2}\beta_2\omega^2 z\right) \tag{3.5-22}$$

式(3.5-22)表明，GVD 改变了脉冲的每个频谱分量的相位，且其改变量依赖于频率及传输距离。尽管这种相位变化不会影响脉冲频谱，但它却能改变脉冲形状。GVD 使脉冲展宽，这一点可从式(3.5-22)的傅里叶变换中看出：

$$U(z,t) = \frac{1}{2\pi}\int_{-\infty}^{\infty}\overline{U}(0,\omega)\exp\left(\frac{\mathrm{i}}{2}\beta_2\omega^2 z - \mathrm{i}\omega T\right)\mathrm{d}\omega \tag{3.5-23}$$

例如，初始波形为一高斯脉冲形状，可表示为

$$U(0,T) = \exp\left(-\frac{T^2}{2T_0^2}\right) \tag{3.5-24}$$

式中，T_0 为脉冲半宽度。当其传输距离为 z 时，其波形为

$$U(z,T) = \frac{T_0^2}{T_0^2 - \mathrm{i}\beta_2 z}\exp\left[-\frac{T^2}{2(T_0^2 - \mathrm{i}\beta_2 z)}\right] \tag{3.5-25}$$

波形仍为高斯形，但其宽度为

$$T_1 = T_0\left[1 + \left(\frac{z}{L_\mathrm{D}}\right)^2\right]^{1/2} \tag{3.5-26}$$

式中

$$L_\mathrm{D} = \frac{T_0^2}{|\beta_2|} \tag{3.5-27}$$

称为色散长度。可见，脉冲的加宽与传输距离、初始宽度和色散参量有关。

(2) 高阶色散对脉冲的影响。当脉冲宽度很窄时(小于 100fs)，其包含的光谱成分已很宽，$\Delta\omega/\omega$ 已是不可忽略的量。这时，在 $\beta(\omega)$ 的展开式中就必须考虑更高阶的色散项 β_3，则传输方程表示为

$$\mathrm{i}\frac{\partial U}{\partial z} = \frac{1}{2}\beta_2\frac{\partial^2 U}{\partial T^2} + \frac{\mathrm{i}}{6}\beta_3\frac{\partial^3 U}{\partial T^3} \tag{3.5-28}$$

该方程的解为

$$U(z,T) = \frac{1}{2\pi}\int_{-\infty}^{\infty}\overline{U}(0,\omega)\exp\left(\frac{\mathrm{i}}{2}\beta_2\omega^2 z + \frac{\mathrm{i}}{6}\beta_3\omega^3 z - \mathrm{i}\omega T\right)\mathrm{d}\omega \tag{3.5-29}$$

由上式可知，高阶色散使脉冲宽度变宽，而且它使得脉冲的前沿($\beta_3 < 0$)或脉冲的后沿($\beta_3 > 0$)出现振荡，从而改变脉冲的形状，并使其变得具有对称性。

(3) 自锁模脉冲的压缩。掺钛蓝宝石自锁模激光器中，当光脉冲通过工作介质时，由于自相位调制效应，脉冲变为啁啾脉冲，同时产生了很大的二阶正群速度色散(GVD)和三阶色散。要使啁啾脉冲的宽度进一步压缩，必须加入负群速度色散来补偿才能得到窄的脉冲宽度。

产生负群速度色散的方法有衍射光栅、Gires-Tournois 干涉仪，但它们的插入损耗很

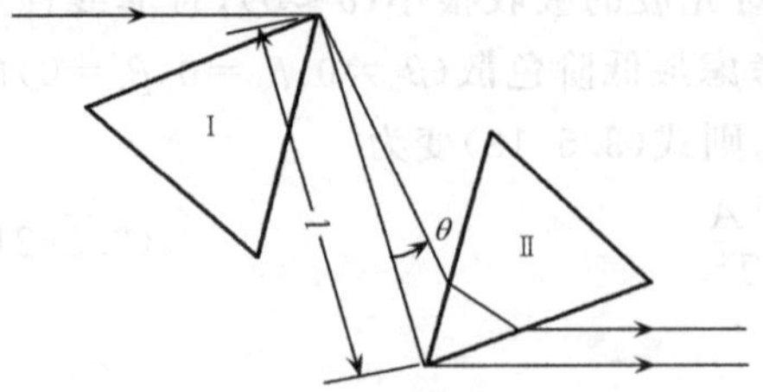

图 3.5-3　双石英棱镜系统

大,而且衍射光栅色散量不容易在正负之间调节。目前,应用最广泛的是在激光腔内插入两块由高色散的 SF14 玻璃制成的棱镜,其结构如图 3.5-3所示。光脉冲的光线对于棱镜的入射角和出射角都为布儒斯特角和最小偏向角,这样可以最大限度的减小棱镜的插入损耗。当光脉冲通过棱镜对时,不同频率成分的相移不同,将相位在中心频率处展成泰勒级数,表示为

$$\varphi(\omega)=\varphi(\omega_0)+\left(\frac{\partial\varphi}{\partial\omega}\right)_{\omega_0}(\omega-\omega_0)+\frac{1}{2}\left(\frac{\partial^2\varphi}{\partial\omega^2}\right)_{\omega_0}(\omega-\omega_0)^2+\frac{1}{6}\left(\frac{\partial^3\varphi}{\partial\omega^3}\right)_{\omega_0}(\omega-\omega_0)^3+\cdots \tag{3.5-30}$$

式中,第一项表明相位平移,第二项只引起脉冲包络的时间平移,也称为群延迟,两者对脉冲包络形状均无影响。二阶项以及更高阶项才影响脉冲形状,通常称为色散相移。

棱镜对的二阶色散表示为

$$\frac{d^2P}{d\lambda^2}=4l\left\{\left[\frac{d^2n}{d\lambda^2}+\left(2n-\frac{1}{n^3}\right)\left(\frac{dn}{d\lambda}\right)^2\right]\sin\theta-2\left(\frac{dn}{d\lambda}\right)^2\cos\theta\right\} \tag{3.5-31}$$

$$\frac{d^2\varphi}{d\omega^2}=\frac{\lambda^3}{2\pi c^2}\frac{d^2P}{d\lambda^2} \tag{3.5-32}$$

三阶色散表示为

$$\frac{d^3P}{d\lambda^3}=4l\left(\frac{d^3n}{d\lambda^3}\sin\theta-6\frac{dn}{d\lambda}\frac{d^2n}{d\lambda^2}\cos\theta\right) \tag{3.5-33}$$

$$\frac{d^3\varphi}{d\omega^3}=-\frac{\lambda^4}{4\pi^2c^3}\left(3\frac{d^2P}{d\lambda^2}+\lambda\frac{d^3P}{d\lambda^3}\right) \tag{3.5-34}$$

群速度色散常数为

$$D=\frac{d}{d\lambda}\left(\frac{1}{v_g}\right)=-\frac{\omega}{\lambda l}\frac{d^2\varphi}{d\omega^2}=-\frac{\lambda}{cl}\frac{d^2P}{d\lambda^2} \tag{3.5-35}$$

式中,$P=l\cdot\cos\theta$,l 为两个棱镜顶点间的距离,θ 为光线经第一个棱镜后偏离顶点连线的角度,n 为棱镜的折射率。

$\frac{d^2P}{d\lambda^2}$决定群速度色散的符号和大小,$\frac{d^2P}{d\lambda^2}<0$ 为负群速度色散,它将使脉冲前沿红移,后沿蓝移,使具有正啁啾的脉冲变窄。选择适当的棱镜间距,使腔内二阶色散与工作物质的自相位调制效应平衡,并采用恰当的棱镜材料,使三阶色散尽量减少,则可获得接近傅里叶变换极限的自锁模脉冲宽度。

3.6 单一脉冲的选取与超短脉冲测量技术

超短脉冲技术包括超短脉冲的产生、单一脉冲的选取、脉宽的压缩、脉冲的放大和超短脉冲的测量等。本节将分别讨论单一脉冲的选取和超短脉冲的测量两种技术。

3.6.1 单一脉冲的选取

很多应用需要从锁模脉冲序列中选出单一脉冲，其方法主要有如下几种。

1. 脉冲透射法

这种装置如图 3.6-1 所示。M_1 为全反镜，M_2 为半反镜($R>50\%$)，电光开关可用泡克耳斯盒或克尔盒构成，偏振棱镜及电光调制器组成电光开关系统。开始时开关不起作用，偏振器调到最大透过率，泵浦后激光脉冲在腔内往返形成锁模；由 M_2 漏出的辐射光，经透镜聚焦，击穿火花隙，经过脉冲形成网络，将高压脉冲($V_{\lambda/4}$)加在电光调制器上；锁模脉冲两次经过开关，偏振方向旋转 90°，这时偏振光不再透过偏振镜，只能从其界面上反射侧向输出，获得单一脉冲。此方法的缺点是工作阈值较高，腔内元件容易损坏，而且腔内元件多，容易产生标准具效应，且漏光严重，稳定性差。

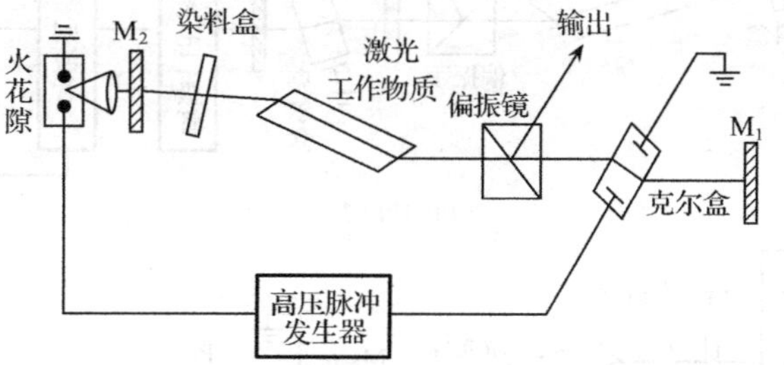

图 3.6-1 脉冲透射法装置示意图

2. 腔外选单一脉冲法

这种装置如图 3.6-2 所示。在两个正交的偏振棱镜 P_1、P_2 之间放一个泡克耳斯盒(或克尔盒)。在锁模激光器输出的一系列超短脉冲中，当一个脉冲经过时，由于两偏振棱镜正交，故光脉冲被偏振镜反射，经透镜聚焦，击穿火花隙，将半波电压($V_{\lambda/2}$)矩形脉冲加到电光开关上。在下一个脉冲通过电光开关时，其偏振面旋转 90°，恰好通过正交的偏振棱镜，输出单一脉冲。对于选择脉冲序列中的哪一个脉冲，可通过调整火花隙击穿功率和由火花隙到电光开关的延迟时间来实现。一般选出脉冲序列中能量最大的脉冲。

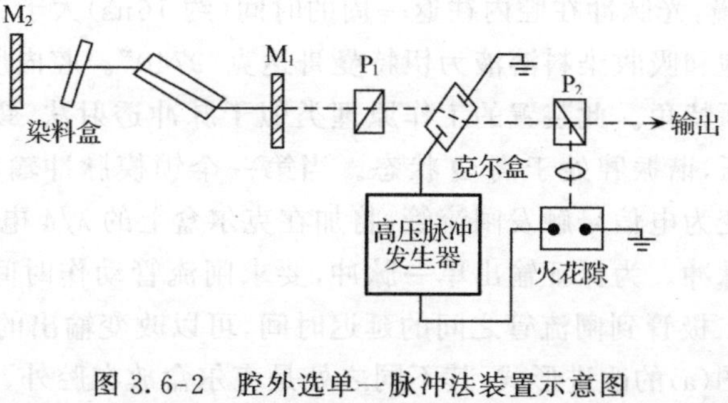

图 3.6-2 腔外选单一脉冲法装置示意图

加在电光开关上的电压脉冲,其上升前沿应尽量陡,宽度应小于锁模脉冲间隔 $2L/c$,以免选出两个以上的超短脉冲。为减少损耗,偏振棱镜及电光开关均应镀增透膜。

此方法的缺点是克尔盒上需加半波电压,需要两个偏振棱镜。但这种方法具有腔内光学元件少、调整方便等优点。

以上两种方法均要求输出较大的功率,否则火花隙不能动作。

3. 闸流管触发回路

上述方法都是利用光信号击穿火花隙,然后将预定的电压加到克尔盒上。这种开关也可用光电开关回路取代,即用光电二极管或雪崩光电二极管将光脉冲转换为电信号,再去触发闸流管,实现开关动作。其装置如图 3.6-3 所示。

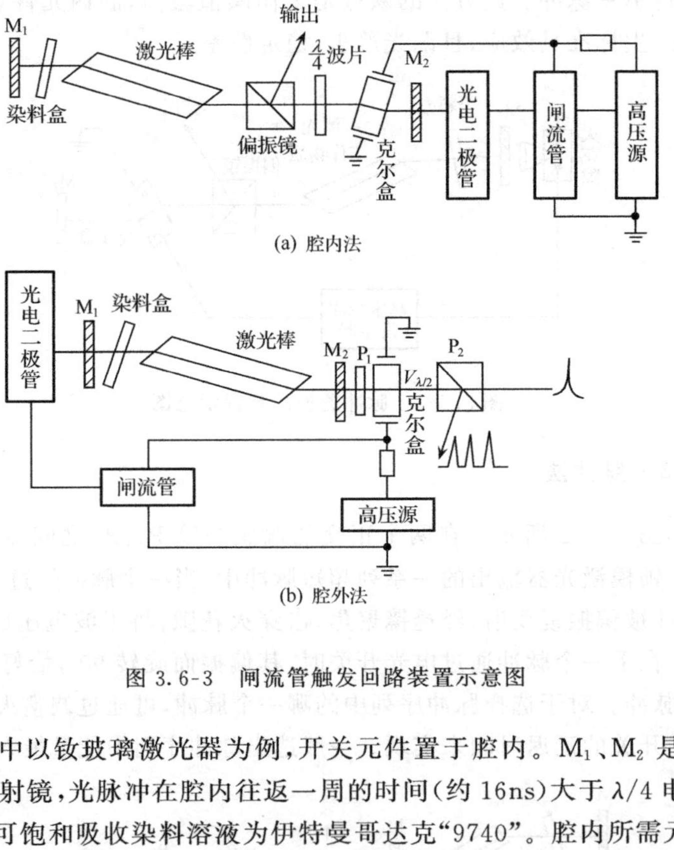

图 3.6-3 闸流管触发回路装置示意图

图 3.6-3(a)中以钕玻璃激光器为例,开关元件置于腔内。M_1、M_2 是反射率分别为 95%和 99%的反射镜,光脉冲在腔内往返一周的时间(约 16ns)大于 $\lambda/4$ 电压加到克尔盒上所需的时间。可饱和吸收染料溶液为伊特曼哥达克"9740"。腔内所需元件的表面镀以增透膜或切成布儒斯特角。此装置的工作原理类似于脉冲透射法,锁模脉冲序列输出前克尔盒加上 $\lambda/4$ 电压,谐振腔处于高 Q 状态。当第一个锁模脉冲输出后,由快速响应光电二极管把光信号变为电信号触发闸流管,将加在克尔盒上的 $\lambda/4$ 电压短路,则从偏振镜侧向输出单一超短脉冲。为保证输出单一脉冲,要求闸流管动作时间小于锁模脉冲间隔 $2L/c$。调整从光电二极管到闸流管之间的延迟时间,可以改变输出的单一脉冲峰值。

图 3.6-3(b)是图(a)的改进形式,其不同之处是克尔盒放在腔外,且在克尔盒上加 $\lambda/2$ 电压($V_{\lambda/2}$)。

3.6.2 超短脉冲的测量技术

精确可靠而简便地测量超短脉冲的脉宽，往往是超短脉冲激光器研制及其应用的关键。主要的测量方法有直接测量法和相关测量法。前者包括用光电探测器加上快速响应示波器直接观察和条纹照相法等，相关测量法有双光子荧光法和二次谐波法等，下面介绍这几种方法。

1. 直接观察法

超短光脉冲可用快速光电探测器和高响应时间的宽频带示波器来直接观察。例如，示波器的上升时间为 1.3×10^{-10} s，能测得的脉宽为 10^{-10} s。

利用条纹照相机可直接观察到脉冲的波形。条纹照相机结构如图3.6-4所示，它由快速条纹变像管、慢速硅靶管相机分析器和电子监测系统组成。图 3.6-4(a)所示为条纹照相机的工作过程。待测激光脉冲经过狭缝(S)并由透镜聚焦在条纹管的阴极(K)上，打出光电子，通过加速栅(M)加速和集束电极(F)集束后，再由网状阳极(A)加速，光电子入射到偏转场中的电极(A_b)间，此瞬间由致偏电压发生器(G)产生的脉冲电压加在偏转电极上，可以使电子从上到下高速扫描，扫描电子在微通道上倍增后，再射击到荧光屏(S_{ch})上，呈现出条纹相。因为电子的偏转与它通过偏转电极的瞬间加在电极上的电压成正比，所以，通过电极的时间差就可以作为荧光屏上条纹成相的位置差被记录下来，也就是这一过程将入射光的时间轴转换成了荧光屏空间轴。屏上的发光强度反映了入射光强，条纹的长度对应于激光脉宽，条纹的间距对应于光脉冲周期。这部分装置可呈现出 ps 光脉冲。再用硅靶管相机(如 CCD 列阵)拍摄下条纹像，也可用多通道分析器(OMA)分析所获得的图像信号，将入射光强分布显示出来。图 3.6-4(b) 所示为利用条纹相机拍摄的脉冲对显微光密度图。条纹照相机只能分辨 ps 脉冲，目前尚不能直接测量 fs 脉冲。

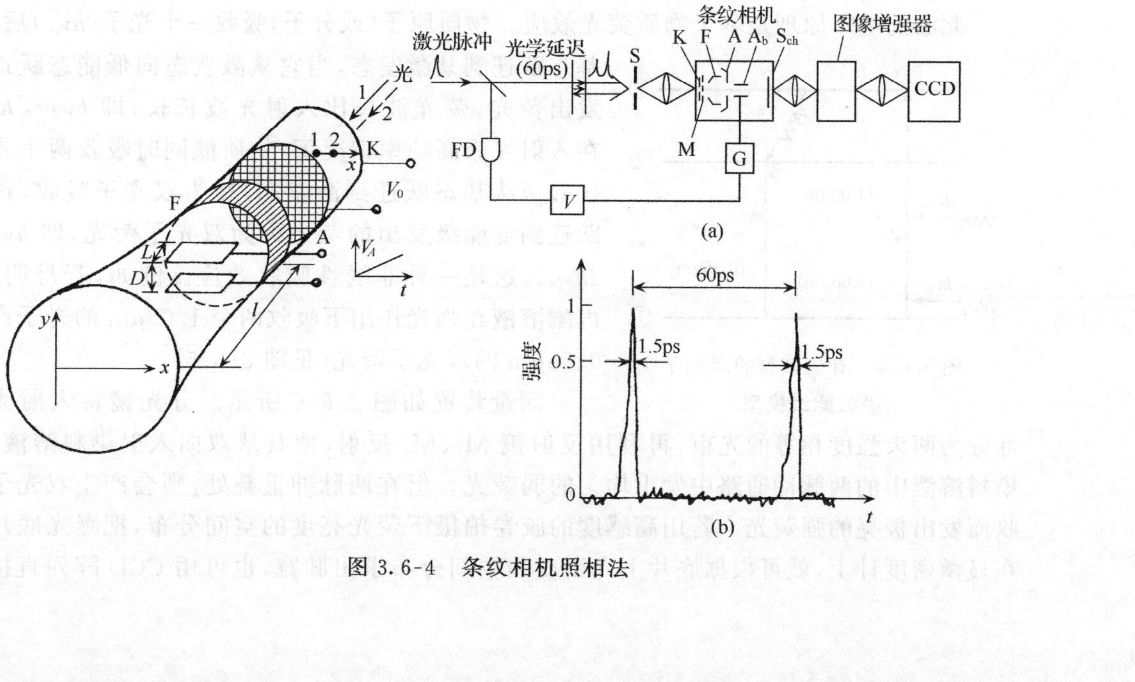

图 3.6-4　条纹相机照相法

2. 相关测量法

相关测量法是目前应用较广的测量超短脉冲宽度的方法。它是一种间接测量方法，即利用相关函数进行测试得到的相关函数曲线(不是脉冲的实际波形)，再通过换算，可得到脉宽的近似值。目前 fs 超短脉冲一般都采用相关测量法。

设被测光场为 $E(t)$，光强 $I(t)\propto E(t)^2$，则定义二阶相关函数的归一化形式为

$$G^2(\tau)=\frac{\langle I(t)\cdot I(t+\tau)\rangle}{\langle I^2(t)\rangle}=\frac{\langle E^2(t)\cdot E^2(t+\tau)\rangle}{\langle E^4(t)\rangle}\tag{3.6-1}$$

式中的括号〈〉表示在一个充分长的时间间隔内的平均值，τ 为时间延迟。如果光脉冲的测量与 $G^2(\tau)$ 有关，则称为非线性光学测量。由上式可以看出，不管 $I(t)$ 是否对称，$G^2(\tau)$ 总是对称的，因此采用二阶相关函数还测不出实际波形的不对称性。为了精确测定 $I(t)$，还必须采用更高阶相关函数。n 阶归一化相关函数表示为

$$G^n(\tau_1,\tau_2,\cdots,\tau_{n-1})=\frac{\langle I(t)I(t+\tau_1)\cdots I(t+\tau_{n-1})\rangle}{\langle I^{(n)}(t)\rangle}\tag{3.6-2}$$

从数学上已表明，只要确切地知道了 G^2 和 G^3，就足以描述所有的高阶相关函数，从而描述脉冲本身。实际上，当低阶相关函数测量精度不够时，可以进行更高阶的测量，因为它对脉冲的不对称性更为敏感。

$$G^n(0,0,\cdots,\tau)=\frac{\langle I^{(n-1)}(t)I(t+\tau)\rangle}{\langle I^{(n)}(t)\rangle}\tag{3.6-3}$$

当阶次增加时，$I^{(n-1)}(t)$ 变为更敏锐的时间函数，因而测出的值更接近实际的 $I(t)$。

双光子荧光法和二次谐波法是目前比较成熟的二阶相关函数测量法，下面分别加以讨论。

(1) 双光子荧光法

此法的基本原理是基于物质荧光效应。物质原子(或分子)吸收一个光子($h\nu_{in}$)后，从基态跃迁到某激发态，当它从激发态向低能态跃迁时发出荧光，荧光波长比入射光波长长，即 $h\nu_{f1}<h\nu_{in}$。在入射光为高功率情况下，物质能同时吸收两个光子($2h\nu_{in}$)从基态跃迁到激发态，称为双光子吸收，这时跃迁到低能级发出的荧光称为双光子荧光，即 $h\nu_{f2}<2h\nu_{in}$。这是一种非线性吸收效应。例如，若丹明 6G 丙酮溶液在强光作用下吸收两个 1.06μm 的光子产生 0.55μm 的双光子荧光(见图 3.6-5)。

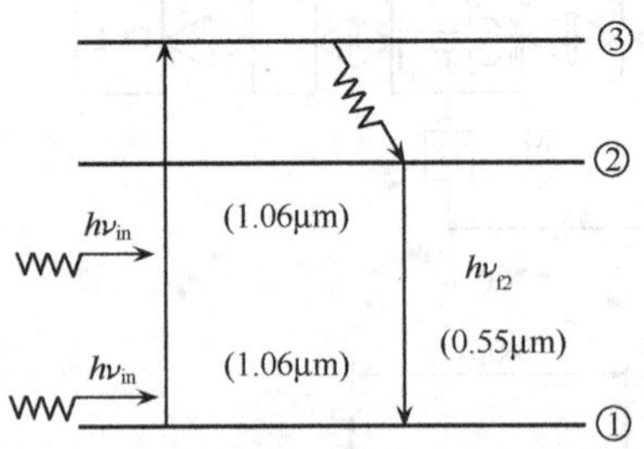

图 3.6-5 有机染料的双光子吸收能级模型

测量装置如图 3.6-6 所示。分光镜将入射光脉冲分为两束强度相等的光束，再利用反射镜 M_1、M_2 反射，使其从双向入射染料溶液，在染料溶液中的两脉冲通路中发出均匀的弱荧光。但在两脉冲重叠处，则会产生双光子吸收而发出极亮的强荧光。若用高感度的胶卷拍摄下荧光亮度的空间分布，把曝光底片放在显微密度计上，就可根据底片上光密度的空间分布求出脉宽，也可用 CCD 阵列直接测

出脉宽。

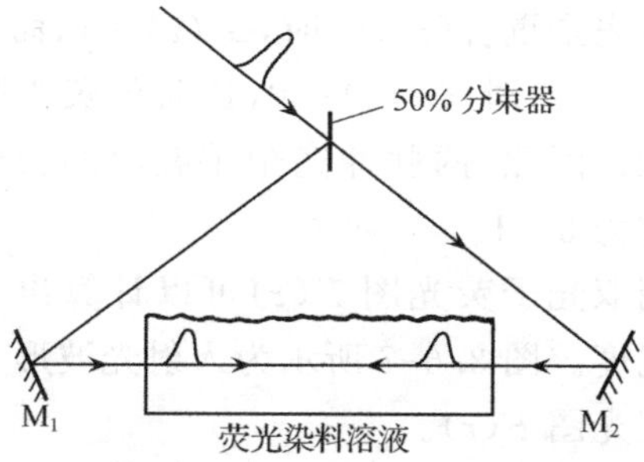

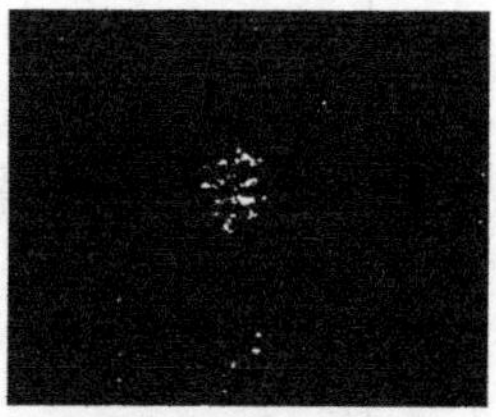

图 3.6-6　双光子荧光法装置及照片

双光子吸收是一种与光强平方成正比的非线性现象，这是一种由观测双光子吸收产生的荧光，从而测定两个光脉冲的相互关系，再由光脉冲的相关函数获得脉宽数据的方法，因此，它属于强度相关测量。它不仅与脉冲的强度有关，而且与构成超短脉冲束的谐波分量间的相位有关(每一个谐波分量就是一个模式)。用此法测定脉宽比较麻烦，因为入射光若是有规则的脉冲群或存在不规划的噪声，则都会产生相似的荧光图形。

若在理想的锁模情况下，N 个被锁定的模，其初始相位相同、振幅相等，相邻两个模的频率差为 $\Delta\nu_q$，则双光子荧光斑点的宽度 $\Delta\tau=1/(N\Delta\nu_q)$，此时荧光斑点亮度 I_0 与背景亮度 I_B 之比为最大，$I_0/I_B=3$。

对比度计算如下。设两束沿相反方向传播的光脉冲的电场强度为

$$\begin{aligned} E_1 &= E(t)\cos[\omega t+\phi(t)] \\ E_2 &= E(t-\tau)\cos[\omega(t-\tau)+\phi(t-\tau)] \end{aligned} \tag{3.6-4}$$

式中，τ 为两脉冲到达染料溶液中心的相对延迟时间。染料发出的瞬时荧光强度为

$$I_f \propto (E_1+E_2)^4 \tag{3.6-5}$$

但在实际测量中，接收元件的响应时间比脉宽大得多，所以实际测得的不是双光子的瞬时强度，而是积分强度 $F(\tau)$。如不考虑双光子荧光的效率因子，则接收到的荧光积分强度为

$$F(\tau)=A\left[\int_{-\infty}^{\infty}E^4(t)\mathrm{d}t+\int_{-\infty}^{\infty}E^4(t-\tau)\mathrm{d}t+\int_{-\infty}^{\infty}4E^2(t)\cdot E^2(t-\tau)\mathrm{d}t\right] \tag{3.6-6}$$

式中，前两项是两束光的荧光积分强度之和，为测量时的背景光，第三项为两脉冲的重叠部分，即给出了双光子荧光的空间图形。设

$$2F'=\int_{-\infty}^{\infty}E^4(t)\mathrm{d}t+\int_{-\infty}^{\infty}E^4(t-\tau)\mathrm{d}t \tag{3.6-7}$$

所以

$$F(\tau)=A\left[2F'+4\int_{-\infty}^{\infty}E^2(t)E^2(t-\tau)\mathrm{d}t\right] \tag{3.6-8}$$

式中，F' 为一束光的荧光积分强度，A 为系数。因两束光的强度相等，所以两束光的荧光积分强度相等。对于式(3.6-8)，两边同除以 $2F'$，得

$$\frac{F(\tau)}{2F'}=A[1+2G^2(\tau)] \tag{3.6-9}$$

式中

$$G^2(\tau)=\frac{1}{F'}\int_{-\infty}^{\infty}E^2(t)\cdot E^2(t-\tau)\mathrm{d}t \tag{3.6-10}$$

当两脉冲完全重合($\tau=0$)时,$G^2(\tau)=1$,而当两脉冲远离($\tau=\infty$)时,$G^2(\tau)=0$,这时的荧光强度即是背景光。因此,两脉冲完全重叠时的荧光与背景光之比为 3∶1。

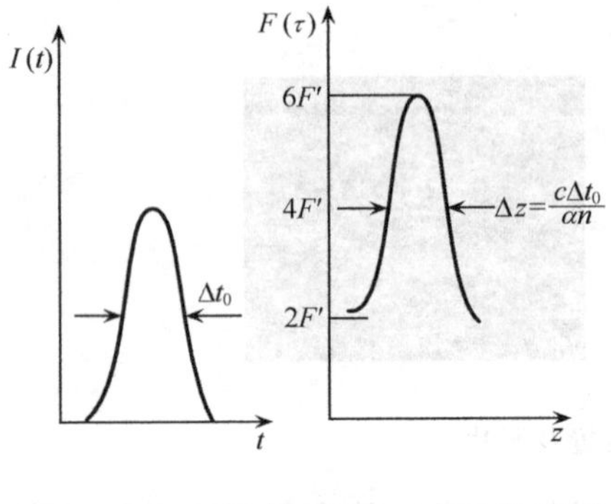

图 3.6-7 入射光波形和双光子荧光图

利用双光子荧光图 $F(\tau)$ 可以计算出入射光的脉冲宽度。图 3.6-7 所示为入射光波形 $I(t)$ 和双光子荧光图 $F(\tau)$。

在双光子荧光图中,其脉冲宽度 Δz 是空间坐标的长度,换算成时间 $\Delta\tau_p=\Delta z\cdot n/c$,$n$ 是染料溶液的折射率,c 为光在真空中的速度;而脉冲宽度 Δt_0 与实际测量的脉宽 $\Delta\tau_p$ 之比 $\frac{\Delta\tau_p}{\Delta t_0}=\alpha$,$\alpha$ 为脉宽的波形系数。这样,由 Δz 就可求得实际锁模激光脉冲的宽度。

双光子荧光法测脉宽有如下缺点:测量烦琐,胶片感光度的非线性会给测量带来误差;分辨能力低,对于 1ps 的脉冲其空间荧光尺寸约等于 0.1mm,故用照相法很难得到满意的分辨率。主要问题在于,存在背景光,而且从胶片上测定的二次相关函数 $G^2(\tau)$ 的波形和原脉冲波形不完全对应。

(2) *二次谐波法*

当两束频率为 ω 的光通过非线性晶体时,如果满足一定的相位匹配条件,则能产生频率为 2ω 的倍频光(二次谐波),产生二次谐波的强度与基频光的强度平方成正比。因此,通过一定的装置,如图 3.6-8 所示的迈克耳孙干涉仪,把基频光分成相等的两束光,改变两束光在非线性晶体中的重合程度,从而得到不同强度的二次谐波,用来对光脉冲宽度进行测量。这也是属于二阶相关的测量方法。

图 3.6-8 二次谐波的非共线相关的实验装置

设经分束器后的两束基频光的电场强度为

$$E_1=E(t)\cos(\omega t+\phi_1) \tag{3.6-11}$$

$$E_2=E(t-\tau)\cos[\omega(t-\tau)+\phi_2] \tag{3.6-12}$$

二次谐波的光强与基频光的强度平方成正比，即

$$I_{2\omega}(t)=K[E^4(t)+E^4(t-\tau)+4E^2(t)E^2(t-\tau)] \tag{3.6-13}$$

式中，K 为比例常数。由于光电探测器的响应时间比脉宽长得多，因而接收到的不是瞬时光强，而是积分强度，表示为

$$\begin{aligned}S(\tau)&=\int_{-\infty}^{\infty}I_{2\omega}(t)\mathrm{d}t=\int_{-\infty}^{\infty}K[E^4(t)+E^4(t-\tau)+4E^2(t)E^2(t-\tau)]\mathrm{d}t\\&=W_{2\omega}K[1+2G(\tau)]\end{aligned} \tag{3.6-14}$$

式中

$$W_{2\omega}=\int_{-\infty}^{\infty}E^4(t)\mathrm{d}t+\int_{-\infty}^{\infty}E^4(t-\tau)\mathrm{d}t \tag{3.6-15}$$

$W_{2\omega}$为单束光分别作用的二次谐波脉冲的光强；$G(\tau)$为所测脉冲的相关函数，表示为

$$G(\tau)=\frac{1}{W_{2\omega}}\int_{-\infty}^{\infty}E^2(t)\cdot E^2(t-\tau)\mathrm{d}t \tag{3.6-16}$$

当两束光完全重合($\tau=0$)时，$G(\tau)=1$，当两脉冲完全分离($\tau=\infty$)时，$G(\tau)=0$，所以两脉冲完全重合时得到的二次谐波与背景光之比为 3∶1。利用步进电机移动全反镜，即可改变迈克尔孙干涉仪的可动臂，由于改变了两脉冲的相对延迟，因而改变了二次谐波的强度。由二次谐波法检测出的二次谐波相关信号，经过锁相放大后输送到函数记录仪或多通道分析器中，测出 $S(\tau)/W_{2\omega}$的大小，通过多点测量即可确定$I(t)$的形状及脉冲宽度Δt_0。二次谐波法的实质是把时间的测量转换成长度的测量，而把$I(t)$的测量转换为$S(\tau)/W_{2\omega}$的测量。干涉仪长度 l 变化 0.15mm，相当于 τ 变化 1ps，而 0.15mm 的调节量对于干涉仪来说是不成问题的。此外，测量 $S(\tau)/W_{2\omega}$是测量当 τ 为某值时二次谐波强度的相对值，并不需要快速的光电探测器及快速的电子仪器。因此，该方法是一种分辨率很高而又简便可行的超短脉冲测定法。

在具体进行测定中，关键器件是非线性晶体，其种类、匹配角、厚度等参数非常重要。根据倍频的相位匹配条件，二次谐波法可分为"背景"测量和"无背景"测量。如前所述，当$\tau\gg\Delta t_0$ 时，$S(\tau)/W_{2\omega}$的值等于1，这就是"背景"。当 $\tau=0$ 时，$S(\tau)/W_{2\omega}=3$。如测量准确，则二者的最大比值为 1∶3。背景的存在可作为判断测量准确与否的依据，可根据曲线来确定脉冲的宽度。但背景的存在也会给测量引入误差。为了实现无"背景"测量，可使 E_1 和 E_2 的波矢稍偏离二次谐波的匹配方向，但其合成的波矢应恰好满足相位匹配条件。在此条件下，当 $\tau\gg\Delta t_0$ 时，因为 E_1 和 E_2 各自不满足相位匹配条件，不能产生二次谐波效应，故 $S(\tau)/W_{2\omega}=0$，消除了背景项。

实现"无背景"测量的另一方法是利用倍频的第二类相位匹配条件，表示为

$$\frac{1}{2}[n_o^{\omega}+n_e^{\omega}(\theta_m)]=n_e^{2\omega}(\theta_m) \tag{3.6-17}$$

使 E_1 和 E_2 均沿同一方向入射到倍频晶体(满足第二类相位匹配的方向)。若 E_1 为 o 光，而 E_2 为 e 光，显然，当 $\tau>\Delta t_0$ 时，只有 E_1 或 E_2 单独存在，均不能产生二次谐波效应，因此 $S(\tau)/W_{2\omega}=0$；但在 τ 处于 $2\Delta t_0$ 范围内时，E_1 和 E_2 同时存在而交叠，由于第二类相位匹配条件满足，就产生二次谐波效应，因此，可测出 $S(\tau)/W_{2\omega}$值，从而可确定脉宽的数值 $\Delta t_0=\dfrac{2\Delta l}{\beta c}$。式中，$2\Delta l=2(l_1-l_2)$是光程差，$\beta$ 是脉冲的波形系数，一般取$\sqrt{2}\sim2$。例如，

洛伦兹型脉冲，$\beta=2$，高斯型脉冲，$\beta=\sqrt{2}$。

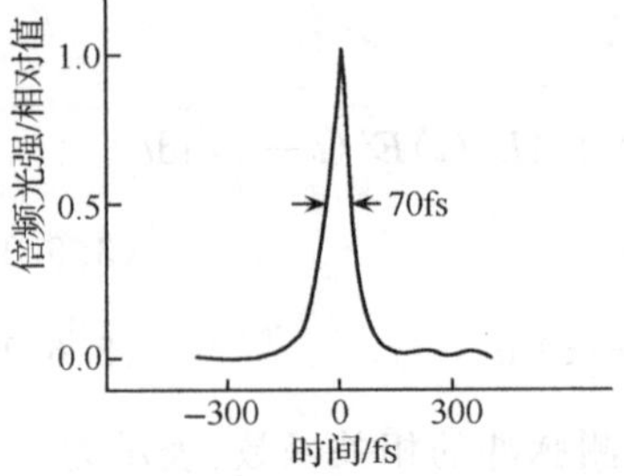

图 3.6-9 锁模脉冲自相关函数曲线

二次谐波法测脉宽对于连续波锁模测量较为方便，因测量的是规则的脉冲序列，各个脉冲的 $I(t)$ 一样，所以不需要对测量结果归一化，$S(\tau)$ 与 $W_{2\omega}$ 只差一个常数，并不影响求脉宽的真实值。图 3.6-9 所示为利用二次谐波法测量的飞秒光脉冲自相关函数曲线。但对于脉冲式锁模，由于一列脉冲中脉冲之间有差别，即 $W_{2\omega}$ 不再是常数，所以就必须对测量进行归一化处理。

采用强度相关的二次谐波法测量具有精度高、分辨率高、处理数据方便等优点。但其结构复杂，且需要逐点测量，当测量的脉宽比较窄(fs 级)时，使用常规函数记录仪灵敏度不够。采用等值宽度测量法可克服上述缺点。

3.7 几种典型的锁模激光器

自 1964 年在激光器中实现锁模技术以来，随着激光技术的发展，锁模技术也得到迅速的发展。先后在振荡谱宽的固体激光器(如红宝石激光器、Nd:YAG 激光器、钕玻璃激光器、掺钛蓝宝石激光器、光纤激光器、半导体激光器和染料激光器)中实现锁模，得到持续时间为 $10^{-12}\sim10^{-15}$s 的脉冲。本节介绍几种典型的锁模激光器。

3.7.1 掺钛蓝宝石自锁模激光器

1991 年以来，关于掺钛蓝宝石激光器最为热门的研究课题是超短光脉冲技术。由于掺钛蓝宝石晶体的荧光光谱很宽，如果激光器的纵模全部被锁定，那么理论上可以直接产生几个飞秒(fs)宽度的脉冲输出，而不需要采取另外的脉宽压缩技术，这是以往任何锁模激光器无法比拟的。迄今采取的锁模技术有多种，如主动锁模、被动锁模、同步泵浦锁模、附加脉冲锁模、种子注入锁模、碰撞锁模和自锁模等。

在掺钛蓝宝石激光技术发展过程中，掺钛蓝宝石自锁模技术的问世标志着该领域的又一次重大突破。对自锁模的研究不仅具有重要的学术意义和应用价值，而且只有自锁模才有可能得到最窄锁模脉冲。其他锁模手段一般都需在腔内加入各种锁模元件，这样无疑会限制激光器的光谱宽度，从而限制了其输出脉冲宽度。另外，一旦自锁模脉冲序列得以维持，其噪声远远低于其他锁模激光器，并且具有更好的稳定性。下面简要介绍一下掺钛蓝宝石晶体的特性和自锁模激光器的结构。

1. 掺钛蓝宝石晶体的特性

Ti:S 晶体是掺钛的 Al_2O_3 单晶，属六角晶系，空间群为 $R3\bar{C}\text{-}D_{3d}^6$，它的物化性质与红宝石相似，稳定性好，热导率约为 Nd:YAG 的 3 倍，熔点高(2050℃)，硬度大(9 级)，折射率为 1.76。在晶体结构中，Ti^{3+} 离子在 Al_2O_3 置换具有三角对称的 C 位上的 Al^{3+} 离子，置于一个正八面体的中心，Ti^{3+}离子受到周围六个O^{2-}离子形成的立方场的作用。Ti^{3+}离子的电子组态为$1s^2 2s^2 2p^6 3s^2 3p^6 3d^1$，它仅有一个未配对的 3d 电子，除 3d 电子外是满壳层(原子实)。这样，3d 轨道的唯一价电子的行为决定了离子的吸收和发射光谱的特性。

对于Ti^{3+}离子最外层未配对的 3d 电子，其角量子数$l=2$，自旋量子数$S=\pm\frac{1}{2}$。$2l+1=5$表明该 d 电子轨道有五种取向，能级五重简并。受立方场的作用，^2E分裂成$E_{1/2}$和$E_{3/2}$两个能级，三重简并的基态能级由于三角场的作用及轨道-自旋相互作用分裂成$_2E_{1/2}$、$_1E_{1/2}$和$E_{3/2}$三个能级，如图 3.7-1 所示。

Ti^{3+}离子电子能级与周围蓝宝石晶格的振动能级间的耦合是 Ti:S 晶体产生激光的关键。电子-声子耦合作用异常地强烈，使得基态和激发态能级分布范围很宽，如图 3.7-2 所示。因此，Ti^{3+}的吸收跃迁谱带及荧光跃迁谱带都很宽，分布较宽的基态能级是 Ti:S 激光器可调谐运转的关键。被激发到激发态的各振动能级上的粒子，通过快速弛豫过程(亚 ps 量级)到激发态的最低能级，此最低能级的寿命为 3.3μs(室温下)。此最低激发态能级的储存作用，造成了它与基态各振动能级间的粒子数反转分布，形成激光跃迁，激光发射截面为$(3\sim4)\times10^{-19}cm^2$。

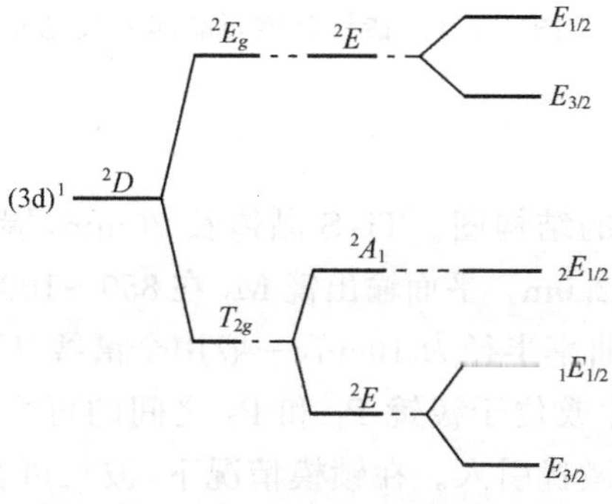

图 3.7-1　掺钛蓝宝石晶体中Ti^{3+}离子的能级图

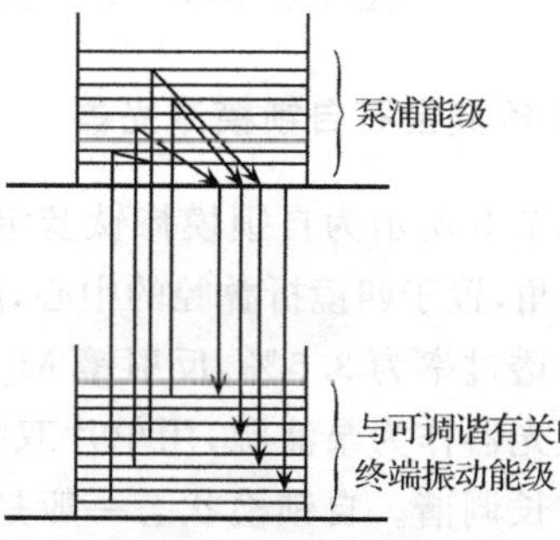

图 3.7-2　掺钛蓝宝石晶体的能级跃迁图

Ti:S 晶体的蓝绿吸收带对于不同偏振具有不同的吸收截面。π 表示光的电矢量与晶体的光轴(c 轴)平行，σ 表示光的电矢量与 c 轴垂直。晶体对 π 偏振光吸收要大得多，所以要使 Ti:S 晶体对泵浦光有最大的吸收，应使泵浦光的波矢 $\boldsymbol{k}$ 垂直于 c 轴，让电矢量 $\boldsymbol{E}$ 平行于 c 轴(π 偏振)。图 3.7-3 所示为 Ti:S 晶体的吸收光谱。其吸收谱范围为 430～580nm，峰值为 490nm，所以用蓝绿波段的激光，如Ar^+激光、铜蒸汽激光、倍频 YAG 激光、倍频 YLF 激光来泵浦比较合适。表征 Ti:S 晶体的重要参数为 FOM 值，即品质因数，$FOM=\alpha_m/\alpha_r$，其中α_m为对蓝绿光吸收系数，α_r为残余吸收系数，一般以 800nm 处的吸收表示，所以$FOM\approx\alpha_{490}/\alpha_{800}$。国际上水平高的 Ti:S 的 FOM 值可达 250 及 300，α_{490}可达$0.7\sim2.5cm^{-1}$。图 3.7-4 所示为掺钛蓝宝石晶体在室温下的荧光光谱，其峰值波长约为 745nm，荧光光谱有很强的偏振特性，π 偏振光强度大于 σ 偏振光。根据荧光强度与增益系数的关系,可以得到相应的增益曲线。增益峰值波长在 795nm 附近,增益波长范围为 650～1200nm,带宽约 122nm,荧光光谱随温度升高有一定的红移,而且半极大线宽也加大。随温度升高荧光寿命迅速下降,其原因为多光子非辐射衰变引起的荧光猝灭。为此,Ti:S 晶体工作时应适当加水冷装置,以避免猝灭并使输出稳定。

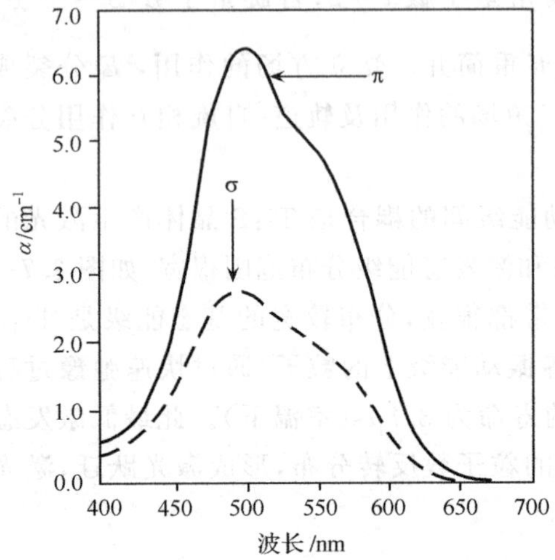

图 3.7-3 掺钛蓝宝石晶体的吸收光谱

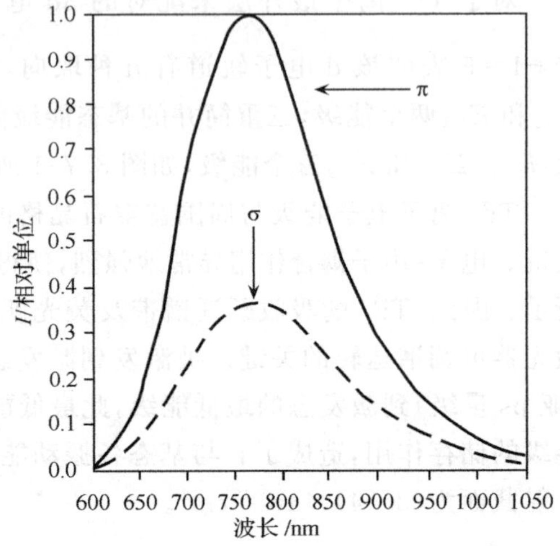

图 3.7-4 掺钛蓝宝石晶体的荧光光谱

2. 掺钛蓝宝石自锁模激光器

图 3.7-5 所示为自锁模掺钛蓝宝石激光器的结构图。Ti:S 晶体长 20mm,端面切成布儒斯特角,置于四镜折叠腔的中心,腔长 1.5～2.0m。平面输出镜 M_0 在 850～1000nm 光谱范围内透过率为 3.5%,反射镜 M_1 和 M_2 的曲率半径为 10cm,一般用全谱线 TEM_{00} 模氩离子激光器作为泵浦源,用单片双折射滤光片或位于棱镜 P_1 和 P_2 之间的可变狭缝光阑进行波长调谐。自锁模状态一般是由外界的微扰引入。在锁模情况下,波长可在845～950nm 范围。这种激光器目前输出最窄脉冲为 10.9fs,当采用控制色散的啁啾介质镜,去掉腔内色散补偿棱镜时,可获得 8fs 的超短脉冲。

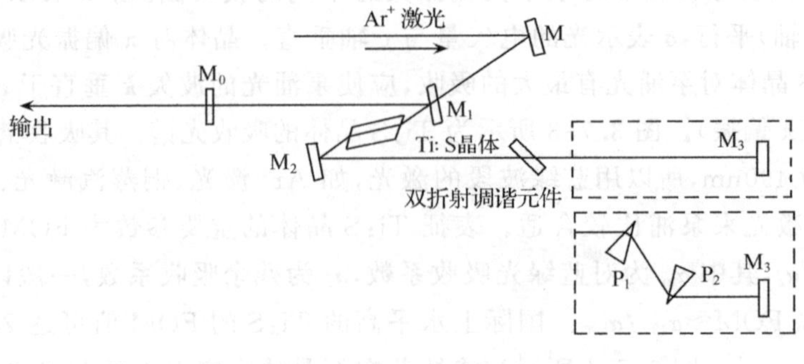

图 3.7-5 自锁模掺钛蓝宝石激光器结构图

3.7.2　半导体锁模激光器

半导体激光超短脉冲在信息光电子学领域具有广泛的应用。例如,它在光电子器件的瞬态特性及光纤传输特性测量方面起着重要作用,特别是在最近发展起来的电光取样系统、超高速数字通信时分复用系统和光孤子通信系统等方面,半导体激光超短脉冲具有无可比拟的优点。产生半导体激光超短脉冲一般有两种方法,即增益开关和锁模方法。

1. 增益开关

增益开关法即直接调制动态单模半导体激光器(DFB、DBR),操作比较简单,可以产生不同重复频率的单模脉冲,较适合于光纤通信系统。

增益开关的结构如图 3.7-6 所示。当半导体激光器工作在单纵模状态时,通过 50Ω 的微带匹配线,将梳状波电流脉冲注入激光器内,即利用射频正弦电流经过放大器对 LD 进行直接调制,利用增益开关效应产生超短脉冲。为了保护激光器不被反向电压击穿,在激光器的两端并联了一个肖特基二极管,用这种方法可产生20～30ps 的脉冲。

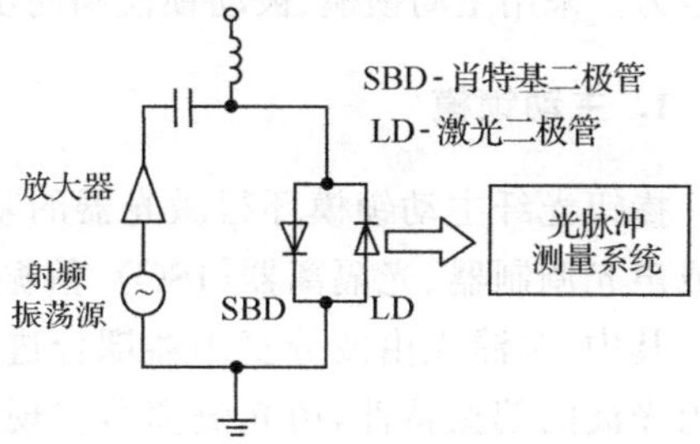

图 3.7-6　增益开关结构示意图

用增益开关产生超短脉冲的方法,其主要缺点是脉冲比较宽,并且常常伴有不同程度的频率啁啾。为了补偿脉冲的啁啾进而达到压缩脉冲的目的,通常采用光纤-光栅对压缩或 G-T 干涉仪压缩等方法,可获得 ps 量级的脉冲。

2. 主动锁模

对于主动锁模半导体激光器,其本身的激光振荡往往有几个纵模,因此常常需要反射镜或选模器件(如光栅、标准具等)作外腔,选出单一子腔模(实际上是一组外腔纵模群)。如果增益带宽能被有效利用,则可产生亚 ps 量级的光脉冲。

1.3μmF-P 干涉仪外腔主动锁模半导体激光器的结构如图 3.7-7 所示。采用 F-P 干涉仪作为外腔,其干涉仪的两块平面反射镜在 1.3μm 波段的反射率均为 75%,并且后反

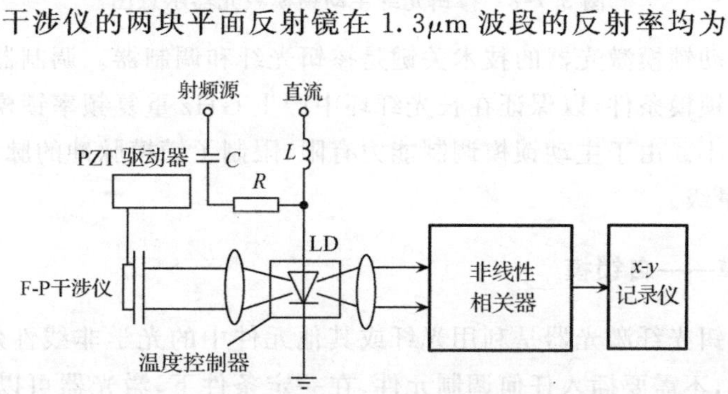

图 3.7-7　主动锁模半导体激光器结构示意图

射镜固定在压电陶瓷(PZT)上,通过驱动电源控制压电陶瓷以微调 F-P 干涉仪间距,在另一端用显微物镜耦合输出激光。半导体激光器的端面未镀增透膜,环境温度由温控仪控制,外腔光路由准直透镜调节,射频调制信号由标准发生器产生,通过 50Ω 的微带匹配线注入到激光器中。

3.7.3 掺铒光纤锁模激光器

掺铒光纤锁模激光器可产生 ps 量级和 fs 量级的光脉冲,工作波长位于 1.5μm 波长的通信窗口,易于与光通信系统相容与耦合,无插入损耗,给出的激光脉冲是满足傅里叶变换关系的高斯光脉冲。优点是没有附加啁啾,信噪比高,激光转换效率高,阈值低,运转稳定,整机小巧灵活,稳定可靠,易于使用半导体激光泵浦做成全光纤形式等。因此,它在超快现象研究等方面有很好的应用前景,特别是将其用于光孤子通信中作为孤子源有很强的竞争力。采用主动锁模、被动锁模和同步泵浦技术,在掺铒光纤激光器中已实现锁模运转。

1. 主动锁模

掺铒光纤主动锁模环行激光器的基本结构如图 3.7-8 所示。由掺铒光纤(EDF)、电光或声光调制器、光隔离器(ISO)、偏振器(PC)、泵浦波分复用器(WDM)和输出耦合器组成。其中,泵浦光由波分复用器耦合进掺铒光纤,通过光纤耦合器输出激光;偏振器控制腔内光波的偏振特性,由光隔离器实现单向环形锁模激光器的结构。

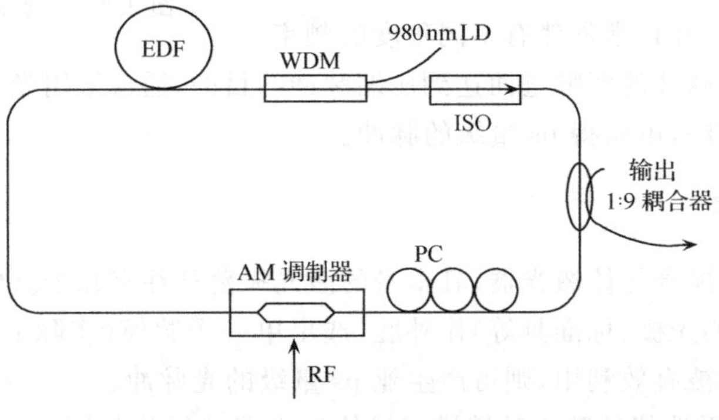

图 3.7-8 掺铒光纤主动锁模激光器示意图

掺铒光纤主动锁模激光器的技术关键是掺铒光纤和调制器。调制器的频率和激光振荡频率必须满足锁模条件,以保证在长光纤环中产生 GHz 重复频率锁模。各光学元件在腔内插入损耗要小。由于主动锁模调制能力有限,限制了锁模脉冲的脉冲宽度,所以通常脉冲宽度为 ps 量级。

2. 被动锁模——自锁模

被动锁模掺铒光纤激光器是利用光纤或其他元件中的光学非线性效应实现锁模的。激光器结构简单,不需要插入任何调制元件,在一定条件下,激光器可以实现自启动锁模工作。掺铒光纤自锁模激光器由泵浦光波分复用器、输出耦合器、掺铒光纤、偏振器、光隔离器和负色散标准光纤等组成。其中，掺铒光纤为激光增益介质，利用负色散标准光纤补偿掺铒光纤中的二阶正群速度色散效应。适当地调整偏振控制器实现自锁模启动，由于光纤的非线性克尔效应，可实现锁模工作。通常掺铒光纤自锁模激光器可输出 fs 量级的超短光脉冲。

习题与思考题

1. 考虑一多纵模激光器，在频域可用一分布函数代替各纵模等振幅的条件，用积分近似求和方法得到的输出光脉冲在时域上是高斯分布。求证在频域上它的频谱也是高斯分布，并求出线宽 $\Delta\nu$(频谱半功率点的全宽)与脉宽(光强半功率点的全宽)的关系。

2. 掺钕钇铝石榴石激光器，线宽 $\Delta\nu_g=120\text{GHz}$，腔内插入铌酸锂调制器，尺寸是 $5\text{mm}\times5\text{mm}\times20\text{mm}$，腔长 50cm，腔的总损耗为 0.05。当晶体上加有效值为 200V 的正弦调制电压时，晶体 x 轴通光，z 向加电压，问光的电矢量振动方向沿 y 轴和沿 z 轴方向时，锁模脉宽各为多少？

3. 有一多纵模激光器纵模数是 1000 个，激光器的腔长为 1.5m，输出的平均功率为 1W，认为各纵模振幅相等。

(1) 试求在锁模情况下，光脉冲的周期、宽度和峰值功率各是多少？

(2) 采用声光损耗调制元件锁模时，调制器上加电压 $V(t)=V_m\cos(\omega_m t)$，试问电压的频率是多大？

4. 有一掺钕钇铝石榴石激光器，振荡线宽(荧光谱线中能产生激光振荡的范围)$\Delta\nu_{osc}=12\times10^{10}\text{Hz}$，腔长 $L=0.5\text{m}$，试计算激光器的参量：(1) 纵模频率间隔；(2) $\Delta\nu_g$ 内可容纳纵模的数目；(3) 假设各纵模振幅相等，求锁模后脉冲的宽度和周期；(4) 锁模脉冲及脉冲间隔占有的空间距离。

5. 掺钕钇铝石榴石激光器，采用 KDP 晶体损耗调制锁模，x 轴加电压，z 轴通光，调制电压的有效值是 200V，腔长 $L=60\text{cm}$。

(1) 试画出腔内调制元件的放置方法，并标出 KDP 晶体的主轴坐标。

(2) 试求调制电压的周期和晶体的单程相位延迟。

6. 在谐振腔中部 $L/2$ 处放置一损耗调制器，要获得锁模光脉冲，调制器的损耗周期 T 应为多大？每个脉冲的能量与调制器放在紧靠端镜处的情况有何差别？

7. 掺钕钇铝石榴石激光器的光学长度为 40cm，单程总损耗系数 $\delta=0.1$，由损耗调制锁模，调制深度 $m=0.2$，已知增益线宽为 190GHz，试求相应的锁模脉宽。

8. 一台锁模激光器，腔长 $L=1\text{m}$，假设超过阈值的所有纵模被锁定。

(1) 若工作物质是红宝石，棒长 $l=10\text{cm}$，$n=1.76$，$\Delta\lambda_g=0.5\text{nm}$，$\lambda=694.3\text{nm}$。

(2) 若工作物质是钕玻璃，棒长 $l=10\text{cm}$，$n=1.83$，$\Delta\lambda_g=28\text{nm}$，$\lambda=1.06\mu\text{m}$。

(3) 若是 He-Ne 激光器，$l=100\text{cm}$，$\Delta\lambda_g=2\times10^{-3}\text{nm}$，$\lambda=632.8\text{nm}$。分别求出输出的脉冲宽度、脉冲间隔和模式数。从计算的结果可以得出什么结论？

(4) 如果采用 KDP 纵向运用，试求出在振幅、相位两种调制形式时，外加调制信号的频率是多少？画出结构原理图。

9. 一台 Nd:YAG 锁模激光器，腔长 $L=1.5\text{m}$，图习题 3-1 所示的结构是否处于最佳理想运转状态？一台理想的锁模激光器，输出的激光具有什么特点？调制信号 $V=V_m\cos(\omega_m t)$，$\omega_m=2\pi\times5\times10^7$，$LiNbO_3$ 横向运用，x 向加场，z 向通光，$P/\!/x(y)$。

10. 一台 Nd:YAG 锁模激光器，KDP 纵向运用，偏振器的振动方向与 KDP 晶体的感应主轴 $x'(y')$ 平行，加在晶体上的调制信号 $V=V_m\sin(\omega_m t)$，调制频率为 $55\times10^6\text{Hz}$，腔长 $L=1.5\text{m}$，其结构如图习题 3-2所示。试判定上述结构是否合理，为什么？

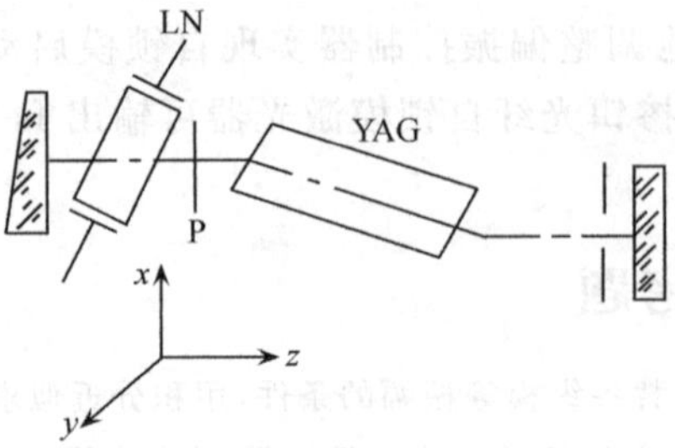

图习题 3-1

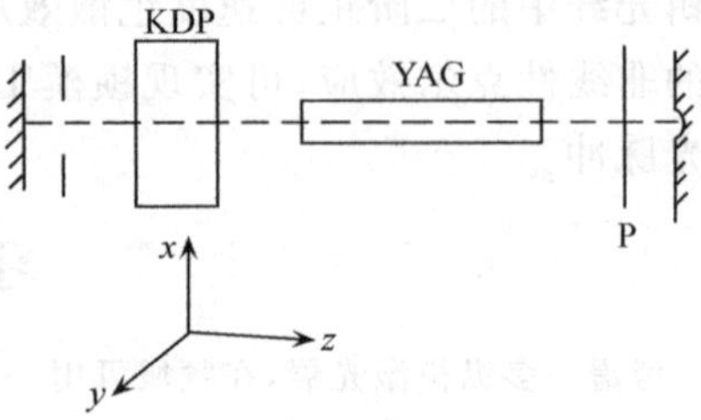

图习题 3-2

11. 回答下列问题：

(1) 试比较染料及掺钛蓝宝石锁模激光器的异同点。

(2) 掺钛蓝宝石晶体中的 FOM 值的重要性何在？

(3) 自锁模掺钛蓝宝石激光器的机理是什么？

参考文献

赫尔曼 J，威廉 B. 1991. 超短光脉冲激光器原理及应用. 陈秀娥译. 北京：科学出版社

夏皮罗 S L. 1987. 超短光脉冲皮秒技术及应用. 朱世清译. 北京：科学出版社

Becker M F，Kuizenga D J，Siegman A E. 1972. Harmonic mode locking of the Nd：YAG laser. IEEE J. Q. E.，QE8(8)：687

French P M，Williams J A R，Taylor J R. 1989. Femtosecond pulse generation from a titanium-doped sapphire laser using nonlinear external cavity feedback. Opt. Lett.，14(13)：686

Goodberlet J，Wang J，Fujimoto J G. 1989. Femtosecond passively mode-locked Ti：Al_2O_3 laser with a nonlinear external cavity. Opt. Lett.，14(20)：1125

Herrmann J，Motschmann U. 1982. Theory of the synchronously pumped picosecond dye laser. Appl. Phys.，B27，27

Keller U，Hooft G W，Knox W H，et al. 1991. Femtosecond pulses from a continuously self-starting passively mode-locked Ti：sapphire laser. Opt. Lett.，16(13)：1022

Kuizenga D J，Siegman A E. 1970. FM and AM mode-locking of the homogeneous laser-Part 1：theory. IEEE J. Q. E.，QE-6(11)：694

Mark J，Liu L Y，Hall K L，et al. 1989. Femtosecond pulse generation in a laser with a nonlinear external resonator. Opt. Lett.，14(1)：48

Naganuma K，Mogi K. 1991. 50 fs pulse generation directly from a colliding-pulse mode-locked Ti：sapphire laser using an antiresonant ring mirror. Opt. Lett.，16(10)：738

Sarukura N，Ishida Y，Nakano H，et al. 1990. CW passive mode locking of a Ti：sapphire laser. Appl. Phys. Lett.，56(9)：814

Shapioro S L. 1977. Ultrashort Light Pulses，Picosecond Techniques and Applications. New York：Springer-verlag

Smith P W，Duguay M A，Ippen E P. 1974. Mode-locking of Lasers. Oxford：Pergamon Press LTD

Spence D E，Keen P N，Sibbett W. 1991. 60 fs pulse generation from a self-mode-locked Ti：sapphire laser. Opt. Lett.，16(1)：42

Squier J，Salin F，Mouyou G. 1991. 100 fs pulse generation and amplification in Ti：Al_2O_3. Opt. Lett.，16(5)：324

Wall K F，Sanchez A. 1990. Titanium sapphire lasers. The Lincoln Laboratory Journal，3(3)：4470

第4章 激光放大技术

4.1 概述

在某些激光应用中，往往要求激光具有很高的能量(或功率)，如激光核聚变至少需要高达上万焦耳的能量，激光雷达需要大功率的调制激光，等等。但欲获得高能激光，仅靠激光(振荡)器来获取一般是很困难的，这是因为提高激光器的输出功率(能量)和其他指标(如光束发散角、单色性、脉宽、调制性能等)要求是相矛盾的。要保持激光束优良的特性，其工作物质的口径和长度都不宜太大；再者，激光器内的激光束要多次往返通过工作物质，因此当输出功率(能量)很高时，工作物质就有被破坏的可能。

利用已介绍的调 Q 或锁模技术，可以获得极高的峰值功率($10^9 \sim 10^{12}$ W)。其峰值功率之所以大得惊人，是由于把能量压缩在极短暂的时间内释放出来的缘故。但是这种高峰值功率激光器实际上所输出的能量往往不一定很大，因此，为了获得性能优良的高能量激光，应用激光放大技术是一种最佳方法。

激光放大器与激光(振荡)器基于同一物理过程(受激辐射的光放大)，其主要区别是激光放大器(行波)没有谐振腔。工作物质在光泵浦作用下，处于粒子数反转状态，当从激光(振荡)器产生的光脉冲信号通过它时，由于入射光频率与放大介质的增益谱线相重合，故激发态上的粒子在外来光信号的作用下产生强烈的受激辐射。这种辐射叠加到外来光信号上而得到放大，因而放大器能输出一束比原来激光亮度高得多的出射光束。激光放大器要求工作物质具有足够多的反转粒子数，以保证光脉冲信号通过它时得到的增益大于介质内部各种损耗。另外，为了得到共振放大，要求放大介质有与输入信号相匹配的能级结构。

采用行波放大技术有如下优点。其一，由于激光束一次通过放大介质，所以介质的破坏阈值可以大大提高，即在相同的输出功率密度下，放大器的工作介质不易被破坏。其二，当需要大能量激光时，可根据需要采用多级行波放大，放大器逐级扩大激光束的孔径，而每级的工作物质长度可以缩短，这样有利于防止超辐射和自聚焦的破坏。其三，振荡器-放大器系统，可由振荡器决定其脉冲宽度、谱线宽度和光束发散角等，而由放大器决定其脉冲的能量和功率，所以二者结合起来，既可以得到较优良的激光特性，又能够大大提高其输出激光的亮度。

图 4.1-1 所示为激光器与放大器串接工作的示意图。当第一级输出的激光进入放大器时，放大器的激活介质应恰好被激励而处于最大粒子数反转状态，即产生共振跃迁而得到放大。为了实现两级的同步运转，在两级的触发电路间装有同步电路进行控制，其延迟时间对不同的激光器具有不同的值，一般可由实验来确定最佳延迟时间。例如，红宝石放大器的氙灯点燃时间大约要比振荡级超前几百微秒，而钕玻璃放大器的氙灯则几乎和振

荡级同时点燃。

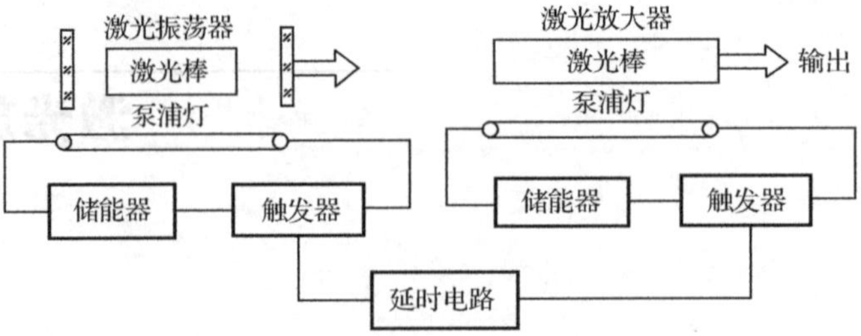

图 4.1-1 激光放大器工作示意图

激光放大器按其放大脉冲信号宽度的不同,可以分为长脉冲激光放大器(也称为连续激光放大器)、脉冲激光放大器和超短脉冲激光放大器三种。对于激光放大器,放大介质中激发态的粒子(原子、分子或离子),辐射跃迁有一定的弛豫时间 T_1,称为纵向弛豫时间,其值随放大介质不同而异。例如,对于晶体和玻璃等固体,T_1 由粒子在亚稳态时的寿命决定,为 10^{-3} s;对于气体和半导体,T_1 则由允许的跃迁能级的寿命决定,为 $10^{-6}\sim10^{-9}$ s。另外,放大介质中粒子相互交换能量过程引起的非辐射跃迁,会使激发态粒子的感应偶极矩有一定的弛豫时间 T_2,称为横向弛豫时间。对均匀加宽工作物质,T_2 具有谱线宽度倒数的量级,在固体工作物质中,T_2 约为 10^{-10} s 量级。

当激光放大器输入信号的脉宽大于纵向弛豫时间(即 $\tau\gg T_1$,一般自由运转的脉冲激光器输出的脉冲宽度可达几毫秒,就能满足此条件)时,由于光信号脉冲与工作物质相互作用时间足够长,而且受激辐射所消耗的反转粒子数可以很快地由泵浦激发所补充,所以反转粒子数密度能维持在一定稳定值附近。这可近似地认为反转粒子数密度不随时间变化,即 $\frac{\mathrm{d}\Delta n}{\mathrm{d}t}=0$,而只与工作物质的坐标有关,即 $\Delta n=\Delta n(x)$。这就可以用稳态方法来研究放大过程。这类激光放大器称为长脉冲放大器。

当输入光信号的脉宽比较窄,满足条件 $T_2<\tau<T_1$ 时,如调 Q 激光器输出的短脉冲只有几十纳秒,远小于激光的荧光寿命,这时因受激辐射而消耗的反转粒子数来不及由光泵浦补充,反转粒子数与腔内光子数密度在这极短暂的时间内不能达到稳定状态,因而反转粒子数是随时间和空间变化的,即 $\Delta n=\Delta n(x,t)$。这类激光放大器须用非稳态方法研究。这种放大器就是脉冲激光放大器,也是本章所要讨论的重点。

以上两类放大器都满足 $\tau>T_2$ 的条件,原子在光场作用下产生的感应偶极矩所需要的时间可以忽略,因而无滞后效应,即物质的宏观电极化可立即跟上光场的快速变化,故可以不考虑原子和光场相互作用的相位关系。因此,可以采用速率方程理论来讨论上述两类激光放大器。

对于超短脉冲(即脉冲宽度 $\tau<T_2$,如锁模激光器输出的脉冲只有 $10^{-11}\sim10^{-12}$ s 量级)的激光放大,当光与物质相互作用时,由于物质的宏观电极化跟不上光场的快速变化,所以不能忽略物质的原子和光场相互作用的相位关系。这种相干作用使得超短脉冲通过放大介质时,会产生一些新的现象,如在介质中产生稳定的 π 脉冲或 2π 脉冲,吸收介质中

产生“自感透明”效应，并由此出现光学孤子波现象，等等。因此，对超短脉冲放大器必须用半经典理论进行分析。

4.2　脉冲放大器的理论

4.2.1　脉冲放大器的速率方程

设激光放大器工作物质的长度为 L，光信号脉冲沿着 x 方向入射激光工作物质，如图 4.2-1所示。由于光信号在行进过程中不断被放大，而反转粒子数不断被消耗，所以单位体积中的光子数和反转粒子数都是时间 t 和空间 x 的函数，分别以 $\phi(x,t)$ 和 $\Delta n(x,t)$ 表示。为了使问题简化，假设放大器工作物质的横截面中反转粒子数是均匀分布的，且忽略谱线宽度和线型的影响，以及光泵和自发辐射对反转粒子数的影响，则三能级和四能级系统的反转粒子数密度速率方程分别为

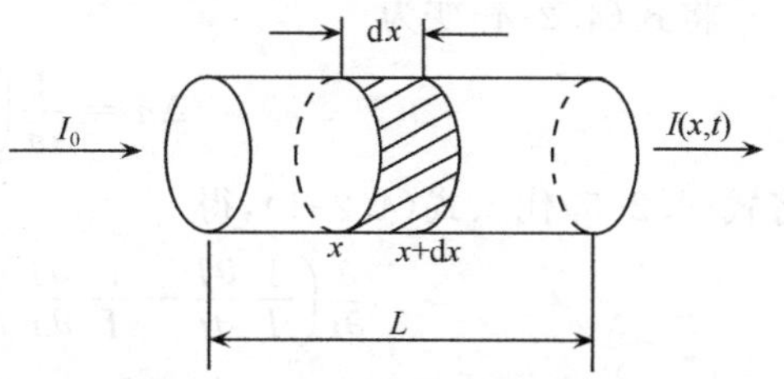

图 4.2-1　放大过程示意图

三能级：
$$\frac{\partial \Delta n(x,t)}{\partial t}=-2\sigma\Delta n(x,t)I(x,t) \tag{4.2-1}$$

四能级：
$$\frac{\partial \Delta n(x,t)}{\partial t}=-\sigma\Delta n(x,t)I(x,t) \tag{4.2-2}$$

下面再考察工作物质在 $x\to x+\mathrm{d}x$ 体积元中光子数的变化情况。引起光子数发生变化的因素有两个。其一，由于受激辐射，在 $\mathrm{d}t$ 时间内，$\mathrm{d}x$ 中产生的光子数为 $\sigma c\phi(x,t)\Delta n(x,t)\mathrm{d}x\mathrm{d}t$。其二，在 $\mathrm{d}t$ 时间内，在 x 处进入体积元的光子数为 $\phi(x,t)c\mathrm{d}t$，而在 $x+\mathrm{d}x$ 处流出的光子数为 $\phi(x+\mathrm{d}x,t)c\mathrm{d}t$。因此，在 $\mathrm{d}t$ 时间内进入体积元的净光子数为 $[\phi(x,t)-\phi(x+\mathrm{d}x,t)]c\mathrm{d}t$。设放大器中其他各种损耗可以忽略，则 $\mathrm{d}t$ 时间内体积元中光子密度的变化率应为受激辐射产生的光子数和净进入体积元光子数的代数和，即

$$\frac{\partial \phi(x,t)}{\partial t}\mathrm{d}x\mathrm{d}t=[\phi(x,t)-\phi(x+\mathrm{d}x,t)]c\mathrm{d}t+\sigma c\phi(x,t)\Delta n(x,t)\mathrm{d}x\mathrm{d}t$$

所以光子数密度的变化率可用偏微分方程表示为

$$\frac{\partial \phi(x,t)}{\partial t}+c\frac{\partial \phi(x,t)}{\partial x}=\sigma c\phi(x,t)\Delta n(x,t) \tag{4.2-3}$$

在单位时间内流过单位横截面的光子数称为光子流强度，记为 $I(x,t)$，即 $I(x,t)=c\phi(x,t)$，因此描述光子流强度的变化率方程为

$$\frac{1}{c}\frac{\partial I(x,t)}{\partial t}+\frac{\partial I(x,t)}{\partial x}=\sigma\Delta n(x,t)I(x,t) \tag{4.2-4}$$

三能级和四能级的光子流强度的变化速率方程相同。式(4.2-1)至式(4.2-4)是有关脉冲放大器的基本方程式。

设欲放大的输入信号初始光子流强度为 $I_0(t)$，在 $x=0$ 处进入工作物质；又设信号进入放大器之前，工作物质中的初始反转粒子数为 $\Delta n_0(x)$，则速率方程的边界条件为

$$I(0,t) = I_0(t) \qquad (\text{在 } x = 0 \text{ 处})$$

$$\Delta n(x, t < 0) = \Delta n_0(x) \qquad (\text{在 } 0 < x < L \text{ 处})$$

根据上述的边界条件,联立求解速率方程式(4.2-1)和式(4.2-4),即可求出入射脉冲信号进入放大器中任意位置 x、在任何时刻 t 的光子流强度、反转粒子数的变化、输出脉冲能量和放大器的增益。

4.2.2 速率方程的求解

式(4.2-1)和式(4.2-4)是一组非线性偏微分方程。在此采用变量分离法,在忽略放大介质损耗的情况下求解这两个方程。

将式(4.2-4)变为

$$\Delta n = \frac{1}{c\sigma}\left(\frac{1}{I}\frac{\partial I}{\partial t} + \frac{c}{I}\frac{\partial I}{\partial x}\right) \tag{4.2-5}$$

将式(4.2-5)代入式(4.2-1),得

$$\frac{\partial}{\partial t}\left(\frac{1}{I}\frac{\partial I}{\partial t} + \frac{c}{I}\frac{\partial I}{\partial x}\right) = -2\sigma I\left(\frac{1}{I}\frac{\partial I}{\partial t} + \frac{c}{I}\frac{\partial I}{\partial x}\right) \tag{4.2-6}$$

下面做参量变换,以简化$\left(\frac{1}{I}\frac{\partial I}{\partial t} + \frac{c}{I}\frac{\partial I}{\partial x}\right)$因子。令 $\varphi = x/c$, $p = t - x/c$,则 $I(x,t)$变为复合函数 $I[\varphi(x), p(x,t)]$。根据复合函数的微分规则有

$$\frac{1}{I}\frac{\partial I}{\partial t} = \frac{1}{I}\frac{\partial I}{\partial p}$$

$$\frac{c}{I}\frac{\partial I}{\partial x} = \frac{1}{I}\left(\frac{\partial I}{\partial \varphi} - \frac{\partial I}{\partial p}\right)$$

将上两式代入式(4.2-6),并化简,得

$$\frac{\partial}{\partial p} = \frac{1}{I}\frac{\partial I}{\partial \varphi} = -2\sigma\frac{\partial I}{\partial \varphi}$$

交换微分的次序,有

$$\frac{\partial}{\partial \varphi} = \frac{1}{I}\frac{\partial I}{\partial p} + 2\sigma I = 0 \tag{4.2-7}$$

将式(4.2-7)进行积分,其积分常数仅是 p 的函数,因此得

$$\frac{1}{I}\frac{\partial I}{\partial p} + 2\sigma I = c_1(p) \tag{4.2-8}$$

进一步代换,可使这个方程能直接积分,令 $\rho = 1/I$,于是式(4.2-8)变换成

$$\frac{\partial \rho}{\partial p} + \rho c_1(p) = 2\sigma \tag{4.2-9}$$

此线性微分方程的通解为

$$\rho = \exp\left[-\int c_1(p)\mathrm{d}p\right]\left\{\exp\left[-\int c_1(p)\mathrm{d}p\right]2\sigma\mathrm{d}p + c_2(\varphi)\right\}$$

其中,积分常数 $c_2(\varphi)$是 φ 的函数,再令

$$g'(p) = \frac{\mathrm{d}g(p)}{\mathrm{d}p} = \exp\left[\int c_1(p)\mathrm{d}p\right]$$

代入上式,得

$$\rho = \frac{2\sigma g(p) + c_2(\varphi)}{g'(p)}$$

于是，光子流强度为

$$I(x,t) = \frac{1}{\rho} = \frac{\dfrac{\mathrm{d}}{\mathrm{d}t}\left[g\left(t - \dfrac{x}{c}\right)\right]}{2\sigma g\left(t - \dfrac{x}{c}\right) + c_2\left(\dfrac{x}{c}\right)}$$

$$= \frac{1}{2\sigma}\frac{\mathrm{d}}{\mathrm{d}t}\left\{\ln\left[2\sigma g\left(t - \frac{x}{c}\right) + c_2\left(\frac{x}{c}\right)\right]\right\} \tag{4.2-10}$$

利用边界条件 $I(0,t) = I_0(t)$，求得

$$I_0(t) = \frac{1}{2\sigma}\frac{\mathrm{d}}{\mathrm{d}t}\{\ln[2\sigma g(t) + c_2(0)]\} \tag{4.2-11}$$

因为初始光子流强度 $I_0(t)$ 是已知量，所以对上式求积分，得

$$g(t) = \left[-\frac{c_2(0)}{2\sigma}\right] + c_3 \exp\left[2\sigma\int_{-\infty}^{0} I_0(t')\mathrm{d}t'\right] \tag{4.2-12}$$

式中，c_3 为任意常数，t' 是积分的虚设变数。将式(4.2-12)代入式(4.2-10)，得

$$I(x,t) = \frac{I_0(t)}{1 + \eta(x)\exp\left[-2\sigma\int_{-\infty}^{t-x/c} I_0(t')\mathrm{d}t'\right]} \tag{4.2-13}$$

式中
$$\eta(x) = \frac{\left[c_2\left(\dfrac{x}{c}\right) - c_2(0)\right]}{2\sigma c_3}$$

现在把光子流强度方程式(4.2-13)代入式(4.2-5)，得

$$\Delta n(x,t) = -\frac{1}{\sigma}\frac{\partial\eta(x)/\partial x}{\eta(x)\exp\left[2\sigma\int_{-\infty}^{t-x/c} I_0(t')\mathrm{d}t'\right]} \tag{4.2-14}$$

利用边界条件 $\Delta n(x,-\infty) = \Delta n_0(x)$ 来决定 $\eta(x)$，并考虑 $\int_{-\infty}^{t-x/c} I_0(t')\mathrm{d}t' = 0$，则式(4.2-14)可简化为

$$\Delta n_0(x) = -\frac{1}{\sigma}\frac{\partial\eta(x)/\partial x}{\eta(x) + 1} = -\frac{1}{\sigma}\frac{\partial}{\partial x}\{\ln[\eta(x) + 1]\}$$

求积分得到

$$\eta(x) = c_4 \exp\left[-\sigma\int_0^x \Delta n_0(x')\mathrm{d}x'\right] - 1 \quad (0 < x < L) \tag{4.2-15}$$

当 $x = 0$ 时 $\eta(x) = 0$，则积分常数 $c_4 = 1$。将式(4.2-15)的 $\eta(x)$ 代入式(4.2-13)、式(4.2-14)，即求得速率方程式(4.2-1)和式(4.2-4)的通解为

$$I(x,t) = \frac{I_0(t - x/c)}{1 - \left\{1 - \exp\left[-\sigma\int_0^x \Delta n_0(x')\mathrm{d}x'\right]\right\}\exp\left[-2\sigma\int_{-\infty}^{t-x/c} I_0(t')\mathrm{d}t'\right]} \tag{4.2-16}$$

$$\Delta n(x,t) = \frac{\Delta n_0(x)\exp\left[-\sigma\int_0^x \Delta n_0(x')\mathrm{d}x'\right]}{\exp\left[2\sigma\int_{-\infty}^{t-x/c} I_0(t')\mathrm{d}t'\right] + \exp\left[-\sigma\int_0^x \Delta n_0(x')\mathrm{d}x'\right] - 1} \tag{4.2-17}$$

4.2.3 对矩形脉冲放大的分析

对于任意形状的入射脉冲信号和任意初始反转粒子数密度的行波放大问题，不但要考虑放大器的增益随入射信号强度的变化关系，而且要考虑入射信号的强度和波形在放大过程中所经历的变化，所以比较复杂。为使讨论简便，首先考察一种理想化的矩形脉冲的放大。

设入射信号是幅度为 I_0、宽度为 τ 的矩形脉冲，如图 4.2-2 所示。

$$\text{当 } 0 < t < \tau \text{ 时}, \quad I = I_0$$
$$\text{当 } t < 0, t > \tau \text{ 时}, \quad I = 0 \tag{4.2-18}$$

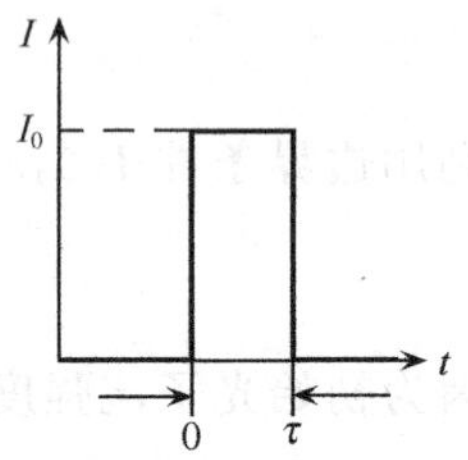

图 4.2-2 入射放大器的矩形脉冲

另外，还假设整个放大介质中掺杂密度是均匀的，且受光泵激励也是均匀的，则放大介质中的初始反转粒子数 Δn_0 可视为常数，因此

$$\int_0^x \Delta n_0(x')\mathrm{d}x' = \Delta n_0 x \tag{4.2-19}$$

将式(4.2-18)和式(4.2-19)代入式(4.2-16)，可得出 $0<t-\dfrac{x}{c}<\tau$ 区间的光子流强度为

$$I(x,t) = \frac{I_0}{1-[1-\exp(-\sigma\Delta n_0 x)]\exp[-2\sigma I_0(t-x/c)]} \tag{4.2-20}$$

那么，放大器的单程功率增益可以由计算 $I(x,t)$ 在 $x=L$ 时的强度并取 $\dfrac{I}{I_0}$ 的比率得到，即

$$G_p = \frac{I(L,t)}{I_0} = \frac{1}{1-[1-\exp(-\sigma\Delta n_0 L)]\exp[-2\sigma I_0(t-L/c)]} \tag{4.2-21}$$

式中，G_p 称为功率放大系数，它与时间和输入信号强度 I_0 有关。下面分析矩形脉冲前沿和后沿的功率放大情况。

对于脉冲前沿，即 $t=x/c$ 时刻，代入式(4.2-21)，得

$$G_p = I(x,x/c)/I_0 = \exp(\sigma\Delta n_0 x) \tag{4.2-22}$$

即脉冲前沿随长度增加而呈指数增长，且功率放大系数与输入信号脉冲的强度无关。

对于脉冲后沿，即 $t=\dfrac{x}{c}+\tau$ 时刻，代入式(4.2-21)，得

$$G_p = \frac{I\left(x,\dfrac{x}{c}+\tau\right)}{I_0} = \frac{1}{1-[1-\exp(-\sigma\Delta n_0 L)]\exp(-2\sigma I_0\tau)} \tag{4.2-23}$$

由式(4.2-23)可知，要得到按指数增长的必要条件是 $2\sigma I_0\tau<1$，且 $2\sigma I_0\tau \ll \exp(-\sigma\Delta n_0 L)$，此时

$$G_p \approx \exp(\sigma\Delta n_0 L) \tag{4.2-24}$$

也就是说，只有在小信号(即 I_0 很小)或者脉宽极窄的信号(即 τ 很小)时，才能获得指数的增益。反之，当入射信号很强，或者脉宽较宽时，脉冲后沿得不到放大。

总之，矩形脉冲通过放大器，脉冲各部位获得的增益不同，脉冲的前沿具有最大的增益，而脉冲后面一些部位的增益则随着 $t-L/c$ 的增加而减小，在 $t-L/c=\tau$ 处的增益最

小。图 4.2-3 所示为矩形脉冲不同部位功率增益与放大器长度的关系曲线。曲线 A 为脉冲的前沿部位，曲线 B 为脉冲的 10% 部位，曲线 C 为脉冲的 22% 部位，曲线 D 为脉冲的 70% 部位，曲线 E 为脉冲的后沿部位。由图可见，在前沿部位，功率是按指数规律增加，而在后沿，增益趋向饱和。这是很显然的，因为当脉冲前沿进入放大激活介质时，反转的粒子数密度最大，可以得到很高的增益。但当脉冲的后面部位进入介质时，上能级的粒子数几乎已经被抽空，只能得到很小的增益。其结果就引起脉冲形状变尖，宽度变窄。图 4.2-4 所示为矩形脉冲在放大过程中形状的变化。曲线 1 为矩形脉冲进入放大介质前的形状，曲线 2 为矩形脉冲进入放大介质后 $\sigma\Delta n_0 L=1$ 时的形状，曲线 3 对应于 $\sigma\Delta n_0 L=2$ 时的形状。

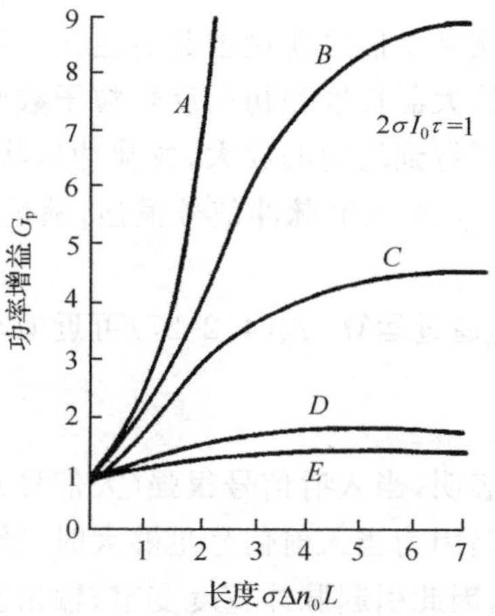

图 4.2-3　矩形脉冲不同部位的功率增益与 L 的关系

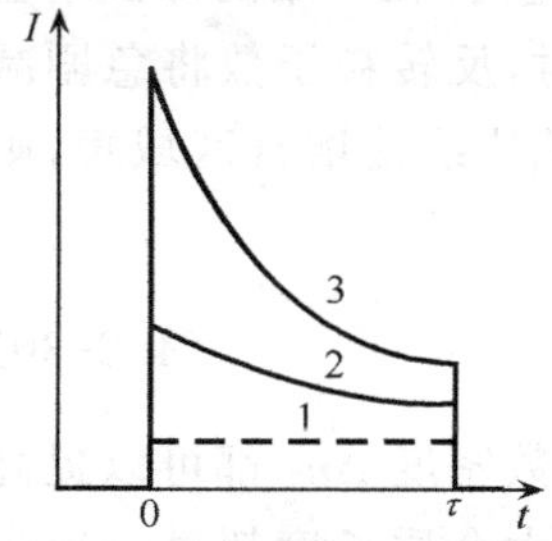

图 4.2-4　矩形脉冲放大后的变化

除了功率增益之外，另一重要参量是脉冲通过放大介质后脉冲能量的增益。这可由在时间上对强度进行积分并取放大器的输出对输入之比得到，即

$$G_E=\frac{\int_{-\infty}^{+\infty} I(L,t)\,dt}{\int_{-\infty}^{+\infty} I(0,t)\,dt} \tag{4.2-25}$$

对于矩形脉冲，由于当 $t<0$ 和 $t>\tau$ 时，$I(0,t)=0$，同样，当 $t<L/c$ 和 $t>\tau+L/c$ 时，$I(L,t)=0$，于是增益方程式(4.2-25)可写为

$$G_E=\frac{\int_{\frac{L}{c}}^{\tau+\frac{L}{c}} I(L,t)\,dt}{\int_0^{\tau} I(0,t)\,dt} \tag{4.2-26}$$

因为 $\int_0^{\tau} I(0,t)\,dt=I_0\tau$，由式(4.2-20)代入式(4.2-26)并积分得

$$G_E=\frac{1}{2\sigma I_0\tau}\ln\{1+[\exp(2\sigma I_0\tau)-1]\exp(\sigma\Delta n_0 L)\} \tag{4.2-27}$$

G_E 称为能量放大系数。由上式可以看出，放大器的能量增益与初始反转粒子数、放大介质长度、入射脉冲信号的幅度和脉冲宽度等因素有关。下面从三种情况下讨论能量增益与有关参量的关系。

(1) 入射脉冲信号的能量很小或脉冲很短，满足关系

$$2\sigma I_0\tau \ll I$$

$$2\sigma I_0\tau\exp(\sigma\Delta n_0 L)\ll 1$$

时，在式(4.2-27)中，先将 $\exp(2\sigma I_0\tau)$ 进行级数展开，然后再将对数项进行级数展开，并忽略二阶微小量得

$$G_E \approx \exp(\sigma \Delta n_0 L) \tag{4.2-28}$$

这就是小信号能量增益表达式。可以看出，其主要特点是：增益与入射信号强度无关，但随放大器长度和初始反转粒子数密度的增加而呈指数增加。另外，小信号放大时，整个脉冲可得到均匀的放大，故脉冲形状不产生畸变。

(2) 入射脉冲信号很强，满足条件

$$2\sigma I_0 \tau \gg I$$

时，通过运算，式(4.2-27)可近似写为

$$G_E \approx 1 + \frac{\Delta n_0 L}{2I_0 \tau} \tag{4.2-29}$$

这表明，当入射信号很强(大信号)时，增益将随入射信号的增强而减小，即出现饱和现象。这是因为当入射信号足够大时，脉冲前沿将反转粒子数抽空，使脉冲后沿的增益远小于前沿，因此引起脉冲宽度变窄，输出脉冲形状产生畸变。

(3) 入射的脉冲信号强度不太强(中等的)，但放大器长度足够长，满足条件

$$\sigma \Delta n_0 L \gg I$$

时，仍然会出现增益饱和现象。因为光脉冲信号在放大介质中行进时，在开始的部位增益将按指数增加；当传播了一定距离后，光脉冲能量已达到足够强时，反转粒子数将急剧减少，进入线性增加区域，直至储能被抽空为止。假定指数增益区域比线性增益区域短，则其能量增益为

$$G_E \approx \frac{\Delta n_0 L}{2I_0 \tau} \tag{4.2-30}$$

从上述分析可知，增加放大器的长度 L 和提高初始反转粒子数密度 Δn_0 都可以提高放大器的能量增益。但考虑到放大器实际上存在一定的损耗，放大介质长度超过一定限度后就不会使能量再增加，因此最好的办法是提高其初始反转粒子数。图 4.2-5 和图 4.2-6所示分别为能量增益 G_E 与入射光子密度和放大器长度的关系曲线。

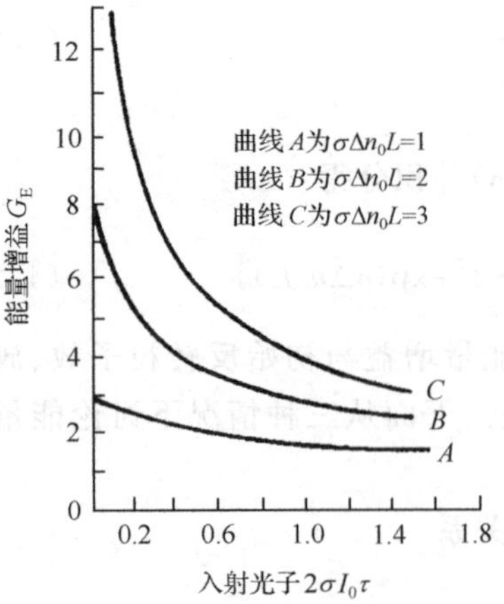

图 4.2-5 G_E 与入射光子的关系

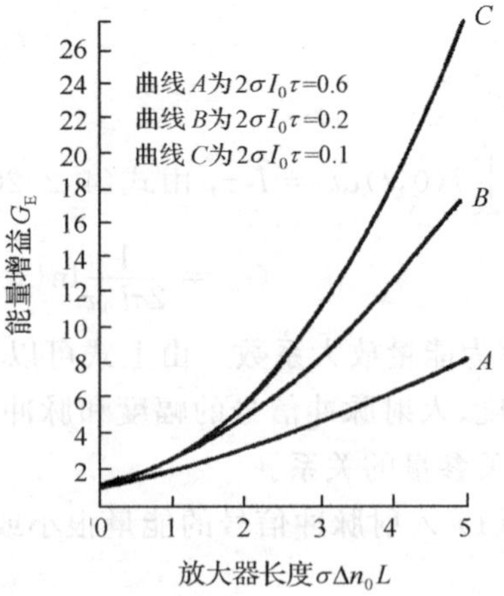

图 4.2-6 G_E 与放大器长度的关系

4.2.4　其他脉冲波形的放大

实际上，调 Q 激光器输出的激光脉冲都不是矩形波，因此下面对诸如高斯型、洛伦兹型和指数型脉冲的放大进行简要讨论。这些脉冲波形的放大仍然可用式(4.2-1)和式(4.2-2)求解，不过应指出的是，理论和实验结果都表明：激光脉冲通过放大器后，其波形的变化与入射信号脉冲的前沿随时间的变化规律有直接的关系。高斯型脉冲前沿按 $\exp(-t^2/\tau^2)$ 变化，前沿的上升比指数上升还快，所以经放大后，脉宽可以得到压缩。图 4.2-7说明了高斯型脉冲由于非线性放大的波形变化情况。指数型脉冲通过放大器时，其形状和宽度变化都不大，仅由于其前沿较后沿有较大的增益，其峰值随着脉冲穿过放大介质时长度 L 的增加而向前移动，位移量 $\Delta\tau=\tau(g_0-\delta)L$(各符号的意义同前)，其变化情况如图 4.2-8 所示。如果输入脉冲的前沿的上升比指数函数更缓慢，则经非线性放大介质将引起脉冲变宽。图 4.2-9 所示为入射脉冲形状为 $P_0[1+(t/\tau)^8]^{-1}$时，通过放大器后，其脉冲宽度不仅未能压缩而且变宽的情况。

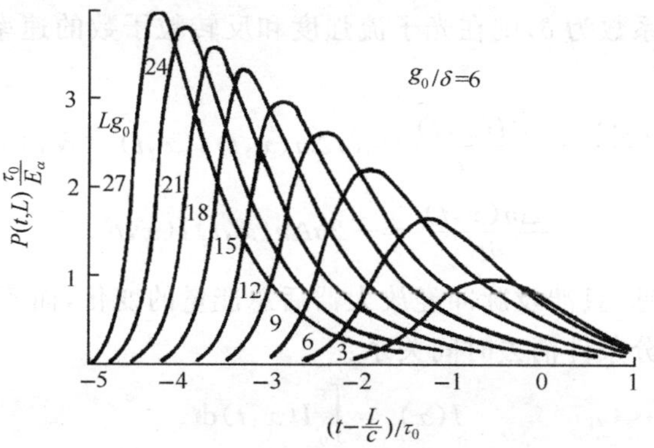

图 4.2-7　高斯型脉冲经非线性放大后的波形

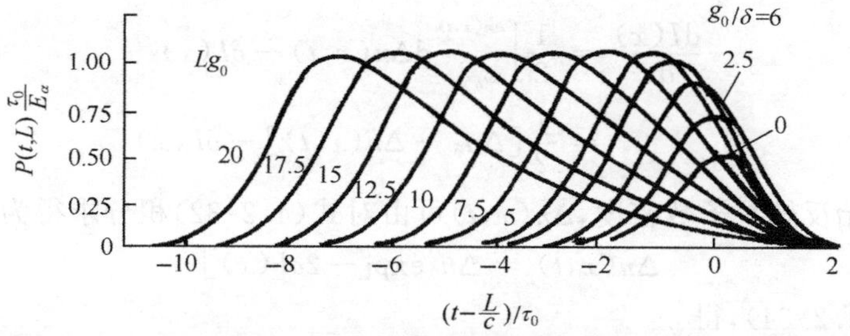

图 4.2-8　指数型脉冲经放大后的波形

一般为了获得高功率、窄脉宽的激光脉冲，可以在信号进入放大器之前，采用削波技术切去脉冲的缓慢上升部分，使其前沿变陡，即能达到压缩脉冲的目的。

4.2.5　脉冲信号在有损耗介质中的放大

以上讨论的放大过程都是在无损耗的放大介质中的情况，最后得到增益计算

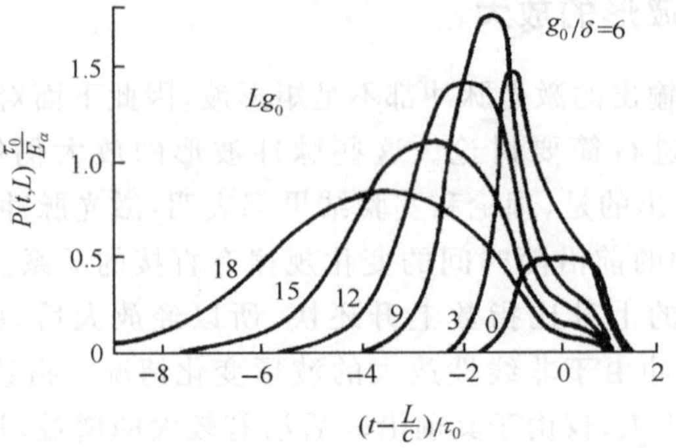

图 4.2-9　波形为 $P_0[1+(t/\tau)^8]^{-1}$ 的脉冲经放大后的波形

式(4.2-29)和式(4.2-30)。这个结果说明:一旦出现增益饱和,其增益将随着放大器长度的增加而线性增加。实际上,放大器是具有一定损耗的(如介质中的杂质吸收、散射等),因而随着放大器长度的增加,其总的损耗也将增加,致使输出光子流的总能量减少。

设放大器的损耗系数为 δ,则在光子流强度和反转粒子数的速率方程式(4.2-4)中应加一损耗项 δcI,即

$$\frac{\partial I(x,t)}{\partial t}+c\frac{\partial I(x,t)}{\partial x}=c\sigma\Delta n(x,t)I(x,t)-\delta cI(x,t) \tag{4.2-31}$$

$$\frac{\partial\Delta n(x,t)}{\partial t}=-2\sigma\Delta n(x,t)I(x,t) \tag{4.2-32}$$

为了讨论简便起见,只涉及脉冲经放大器后总能量的变化,而不考虑脉冲各部位的变化情况。利用如下积分条件消去时间关系:

$$I(x)=\int_0^\tau I(x,t)\mathrm{d}t \tag{4.2-33}$$

式(4.2-33)表示在放大器 x 处,通过单位截面的脉冲总光子数。将式(4.2-32)代入式(4.2-31)并考虑式(4.2-33)的条件,得

$$\begin{aligned}\frac{\mathrm{d}I(x)}{\mathrm{d}x}&=\frac{1}{2}\int_{\Delta n_0}^{\Delta n(x,t)}\mathrm{d}\Delta n(x,t)-\delta I(x)\\&=\frac{1}{2}[\Delta n_0-\Delta n(x,t)]-\delta I(x)\end{aligned} \tag{4.2-34}$$

式中,Δn_0 为初始反转粒子数密度,$\Delta n(x,t)$可由对式(4.2-32)积分求得为

$$\Delta n(x,t)=\Delta n_0\exp[-2\sigma I(x)] \tag{4.2-35}$$

将上式代入式(4.2-34),得

$$\frac{\mathrm{d}I(x)}{\mathrm{d}x}=\frac{\Delta n_0}{2}\{1-\exp[-2\sigma I(x)]\}-\delta I(x) \tag{4.2-36}$$

这就是有损耗情况下的脉冲信号放大过程的表达式。在初始反转粒子数密度 Δn_0 和损耗系数 δ 确定之后,信号在介质中的传输情况就完全确定了。对非线性微分方程式(4.2-36)进行数值求解,即可求得输出能量随放大器长度而变化的关系。

对于小信号入射,满足条件 $\sigma I(x)\ll 1$,于是 $\exp[-2\sigma I(x)]\approx 1-2\sigma I(x)$,则式(4.2-36)中,展开指数项,并忽略二阶微小量,得

$$\frac{\mathrm{d}I(x)}{\mathrm{d}x}=\sigma\Delta n_0 I(x)-\delta I(x) \tag{4.2-37}$$

于是，求出小信号变化的表达式

$$I(x)=I(0)\exp(\sigma\Delta n_0-\delta)x \tag{4.2-38}$$

式(4.2-38)表明，小信号通过放大器时将以指数规律放大。

对于强信号，满足条件 $\sigma I(x)\gg 1$，则 $\exp[-2\sigma I(x)]\approx 0$，于是由式(4.2-36)得

$$\frac{\mathrm{d}I(x)}{\mathrm{d}x}=\frac{\Delta n_0}{2}-\delta I(x) \tag{4.2-39}$$

求积分之后便得到光子数密度随放大器长度变化的表达式为

$$I(x)=\frac{\Delta n_0}{2\delta}[1-\exp(-\delta x)]+I(0)\exp(-\delta x) \tag{4.2-40}$$

式(4.2-40)说明，饱和时损耗对放大器的输出能量影响很大，由放大器可望得到的最大输出能量由$\frac{\Delta n_0}{2\delta}$项决定。

当 $I(0)$、Δn_0 及 δ 给定后，对式(4.2-36)进行数值求解，其结果如图 4.2-10 所示。曲线 A、B、C 分别代表入射信号光能量面密度 $I(0)h\nu$ 为 $0.1\mathrm{J/cm^2}$、$1.0\mathrm{J/cm^2}$、$2.5\mathrm{J/cm^2}$。其中，$\delta=0.05\mathrm{cm^{-1}}$，$\Delta n_0 h\nu=2.0\mathrm{J/cm^3}$。

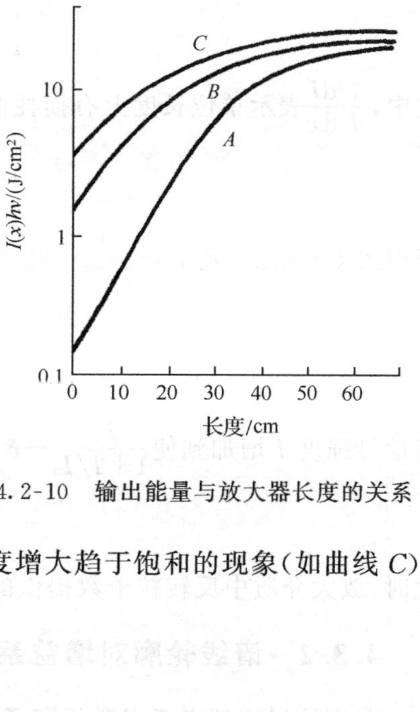

图 4.2-10　输出能量与放大器长度的关系

由图 4.2-10 可以看出，当入射小信号时，放大比较明显(如曲线 A)，并且在靠近放大器输入端小信号的增益上升很快；随着入射信号的增强，增益上升就变得缓慢；如果放大器很长(即 x 很大)，则输出能量将受到损耗的限制，很快出现随长度增大趋于饱和的现象(如曲线 C)。

4.3　长脉冲激光放大的稳态理论

4.3.1　稳态的速率方程

当入射激光放大器为长脉冲信号，即光脉冲的持续时间大于纵向弛豫时间(满足 $\tau\gg T_1$ 条件)时，必须采用稳态理论来分析其放大过程。因为这时由于受激辐射而消耗的粒子数很快能由光泵抽运得到补充，使反转粒子数维持在稳定的数值附近，即可近似地认为$\frac{\mathrm{d}\Delta n}{\mathrm{d}t}=0$。因此，在速率方程中应计入光泵抽运和自发辐射对粒子数反转的影响(假定入射信号具有足够宽的谱线，使得整个增益线宽范围内的反转粒子数都对输出有贡献，不发生烧孔效应)。速率方程式(4.2-31)和式(4.2-32)可表示为(为书写方便起见，把 $I(x,t)$ 写为 I，把 $\Delta n(x,t)$ 写为 Δn)

$$\frac{1}{c}\frac{\partial I}{\partial t}+\frac{\partial I}{\partial x}=\sigma\Delta nI-\delta I \tag{4.3-1}$$

$$\frac{\partial \Delta n}{\partial t} = -2\sigma\Delta n I - \frac{1}{T_1}(\Delta n - \Delta n_0) \tag{4.3-2}$$

式中,δ 为放大器的损耗系数;T_1 为纵向弛豫时间,表示激发态原子的寿命。在稳态情况下,式(4.3-2)等号左边为零$\left(\frac{\partial \Delta n}{\partial t}=0\right)$,于是得

$$\Delta n = \frac{\Delta n_0}{1+2\sigma I T_1} \tag{4.3-3}$$

对式(4.3-1)采用全微分算符$\frac{\mathrm{d}}{\mathrm{d}x}=\frac{1}{c}\frac{\partial}{\partial t}+\frac{\partial}{\partial x}$,得

$$\frac{1}{I}\frac{\mathrm{d}I}{\mathrm{d}x} = \sigma\Delta n - \delta$$

若将式(4.3-3)代入上式,则

$$\frac{1}{I}\frac{\mathrm{d}I}{\mathrm{d}x} = \frac{\sigma\Delta n_0}{1+2\sigma I T_1} - \delta \tag{4.3-4}$$

式中,$\frac{1}{I}\frac{\mathrm{d}I}{\mathrm{d}x}$表示单位长度上有损耗的增益系数,用 k 表示,则可写成

$$k = \frac{\sigma\Delta n_0}{1+2\sigma I T_1} - \delta$$

再引入 $k_0=\sigma\Delta n_0$ 及 $I_0=\frac{1}{2\sigma T_1}$,则式(4.3-1)变为

$$k = \frac{k_0}{1+\frac{I}{I_0}} - \delta \tag{4.3-5}$$

当信号强度 I 增加到使$\frac{k_0}{1+I/I_0}-\delta=0$ 时不再增大,称为饱和光强 I_s,

$$I_s = I_0\left(\frac{k_0}{\delta}-1\right) \tag{4.3-6}$$

此时,放大介质中反转粒子数提供的增益将完全消耗在腔与工作物质的损耗上。

4.3.2 谱线轮廓对增益系数的影响

前面的讨论都未考虑激活离子的谱线轮廓与线宽对增益系数的影响。实际上,不同的谱线加宽机制会导致不同的增益结果,下面讨论这种影响。

谱线轮廓的影响主要从式(4.3-1)、式(4.3-2)中的发射截面 σ 表现出来。对于均匀加宽的洛伦兹谱线形状,发射截面表示为

$$\sigma(\nu,\nu_0) = \frac{h\nu}{c}B_{21}g(\nu,\nu_0) = \frac{h\nu}{c}B_{21}\frac{1}{\pi}\frac{\Delta\nu/2}{(\Delta\nu/2)^2+(\nu-\nu_0)^2}$$
$$= \sigma_0\frac{T_2^{-2}}{T_2^{-2}+(\nu-\nu_0)^2} \tag{4.3-7}$$

式中,$\sigma_0=\frac{h\nu}{c}B_{21}\frac{T_2}{\pi}$;$T_2^{-1}=\frac{\Delta\nu}{2}$,$T_2$ 为谱线的相干时间,即横向弛豫时间;$\Delta\nu=\frac{2}{T_2}$,为均匀加宽的宽度;ν_0 为中心频率;ν 为被放大的信号的频率;σ_0 为 $\nu=\nu_0$ 处的最大发射截面。对于非均匀加宽谱线,各个粒子都有不同的中心频率,因此可将总的粒子数 n 按中心频率进行

分类。设具有中心频率 ν' 的粒子数为 $\Delta n(\nu')$，它们对增益的贡献为 $\Delta n(\nu')\sigma(\nu,\nu')$，于是各种粒子的总增益为

$$\sum_{\nu'}\sigma(\nu,\nu')\Delta n(\nu') = \sum_{\nu'}\frac{\sigma_0 T_2^{-1}\Delta n(\nu')}{T_2^{-1}+(\nu-\nu')^2} \tag{4.3-8}$$

反转粒子数 $\Delta n(\nu')$ 按 ν' 的分布，在没有光信号作用时为高斯型，即

$$\Delta n(\nu') = \frac{2}{\Delta\nu_D\sqrt{\pi}}(\ln 2)^{\frac{1}{2}} n\exp\left\{-\left[\frac{2(\nu-\nu_{12})}{\Delta\nu_D}\right]^2\ln 2\right\}\Delta\nu' \tag{4.3-9}$$

式中，ν_{12} 是原子跃迁的中心频率，$\Delta\nu_D$ 为谱线的非均匀加宽的宽度。

在一般情况下，谱线加宽对总增益的影响，由式(4.3-1)、式(4.3-2)得出，表示为

$$\left(\frac{\partial}{\partial t}+c\frac{\partial}{\partial x}\right)I(\nu) = \sum_{\nu'}\sigma(\nu,\nu')\Delta n(\nu')I(\nu) \tag{4.3-10}$$

$$\frac{\partial}{\partial t}\Delta n(\nu')+\frac{1}{T_1}[\Delta n(\nu')-\Delta n_0(\nu')] = -2\sigma(\nu,\nu')\Delta n(\nu')I(\nu) \tag{4.3-11}$$

对于稳态情形，$\dfrac{\partial\Delta n(\nu')}{\partial t}=0$，于是由上式得到

$$\frac{1}{I}\frac{dI}{dx} = \sum_{\nu'}\sigma(\nu,\nu')\Delta n(\nu') \tag{4.3-12}$$

$$\Delta n(\nu') = \frac{\Delta n_0(\nu')}{1+2T_1\sigma(\nu,\nu')I(\nu)} \tag{4.3-13}$$

将式(4.3-13)、式(4.3-8)和式(4.3-9)代入式(4.3-12)，得到总增益为

$$k = \sum_{\nu'}\sigma(\nu,\nu')\Delta n(\nu') = \sum_{\nu'}\frac{\Delta n_0(\nu')}{\dfrac{1}{\sigma(\nu,\nu')}+2T_1 I(\nu)}$$

$$= \sum_{\nu'}\frac{\dfrac{2(\ln 2)^{\frac{1}{2}}}{\Delta\nu_D\sqrt{\pi}}n\exp\left\{-\left[\dfrac{2(\nu-\nu_{12})}{\Delta\nu_D}\right]^2\ln 2\right\}}{\dfrac{1}{\sigma_0}[(\nu-\nu')^2T_2^2]+2T_1 I(\nu)}\Delta\nu'$$

$$= k_0\frac{1}{\pi}\int_{-\infty}^{\infty}\frac{T_2\exp\left\{-\left[\dfrac{2(\nu'-\nu_{12})}{\Delta\nu_D}\right]^2\ln 2\right\}}{1+[(\nu-\nu')T_2]^2+2\sigma_0 T_1 I(\nu)}d\nu' \tag{4.3-14}$$

式中，$k_0=\sigma_0\dfrac{2\sqrt{\pi}}{\Delta\nu_D T_2}(\ln 2)^{\frac{1}{2}}n$。为简明起见，引入变量

$$x=\nu T_2,\ x_0=\nu_{12}T_2,\ x'=\nu' T_2,\ \varepsilon=(\ln 2)^{\frac{1}{2}}\frac{2}{\Delta\nu_D}\frac{1}{T_2},\ 2\sigma_0 T_1=\frac{1}{I_0}$$

则

$$k_0=\sqrt{\pi}\varepsilon n\sigma_0 \tag{4.3-15}$$

代入式(4.3-14)，得到总增益为

$$k = \sum_{\nu'}\sigma(\nu,\nu')\Delta n(\nu') = \frac{k_0}{\pi}\int_{-\infty}^{\infty}\frac{\exp[-\varepsilon^2(x'-x_0)^2]}{1+(x-x')^2+\dfrac{I}{I_0}}dx' \tag{4.3-16}$$

式(4.3-16)就是计及谱线加宽(包括均匀和非均匀加宽)后的总增益系数。式中，ε 正比于均匀加宽谱线宽度 $\Delta\nu_N=1/T_2$ 与非均匀加宽谱线宽度 $\Delta\nu_D$ 之比，即 $\varepsilon\propto\dfrac{\Delta\nu_N}{\Delta\nu_D}$；$\sigma_0$ 是中心

频率(ν_{12})处的吸收截面，故 $k_0 \propto \sigma_0 \Delta n_0$ 是表示中心频率处的增益系数。

当 $\varepsilon \to 0$，即 $\frac{\Delta\nu_N}{\Delta\nu_D} \to 0$ 时，表明谱线的非均匀加宽起主要作用，其增益系数表达式便简化为

$$k = \frac{k_0}{\left(1+\frac{I}{I_0}\right)^{1/2}} \tag{4.3-17}$$

在稳态情况下，考虑到损耗时，则有

$$k = \frac{1}{I}\frac{dI}{dx} = \frac{k_0}{\left(1+\frac{I}{I_0}\right)^{1/2}} - \delta \tag{4.3-18}$$

当 $\varepsilon \to \infty$，即 $\frac{\Delta\nu_N}{\Delta\nu_D} \to \infty$ 时，谱线的均匀加宽起主要作用，则式(4.3-16)积分得到的增益系数为

$$k = \frac{k_0}{\varepsilon\sqrt{\pi}\left(1+\frac{I}{I_0}\right)} = \frac{\Delta n_0 \sigma_0}{1+\frac{I}{I_0}} \tag{4.3-19}$$

同样，考虑到损耗时，有

$$k = \frac{1}{I}\frac{dI}{dx} = \frac{\Delta n_0 \sigma_0}{1+\frac{I}{I_0}} - \delta \tag{4.3-20}$$

这就是式(4.3-5)所表示的单位长度上有损耗的增益系数随入射信号强度变化的关系。当 $I=I_0$ 时，增益系数将下降到小信号最大增益系数的一半。

4.4 设计激光放大器应考虑的几个问题

激光放大器虽然与激光(振荡)器都基于同一物理过程，但激光放大器还有其自身的特殊问题，所以在设计激光放大器时，还应考虑以下几点。

4.4.1 放大器工作物质的选择

放大器工作物质与振荡级相匹配(激活离子浓度、几何尺寸等)。激活离子浓度不同，其单位面积内的储能也不一样，一般浓度越高，储能也就越大；激活离子浓度太低时，效率不高；但太高时容易产生"浓度猝灭"现象，反而使效率降低了。例如，钕玻璃放大介质，一般采用 Nd^{+3} 离子重量百分比为 2%～4%，在这样浓度的钕玻璃中，储能密度为 2～4J/cm³。另外，从激光器的输出平均功率 $W=EA/\tau$(E 为单位面积上的能量，A 为激光棒的截面积，τ 为脉冲宽度)来看，要获得较大的功率，除了提高单位面积上的能量外，还可以适当扩大棒的口径，因为工作物质单位面积上所能承受的能量受到破坏阈值的限制。当单位体积内储能密度及棒的口径决定后，就必须选用适当长的棒才能达到所要求的能量输出。例如，在某些应用中往往需要多级(行波)放大器，以获取大能量输出，那么在总体考虑时，一般是前级放大器选用掺杂离子浓度较高的棒，且棒的口径较小，光泵浦易于

均匀；中级放大器，则要适当扩大棒的口径，由前级放大器输出的光束通过扩束望远镜有效地耦合至中级放大器，并进一步得到放大；末级放大器棒的口径比较大，因而棒的掺杂离子浓度不宜太高，一般重量百分比为 2%左右即可，而且宜采用多灯泵浦以便达到均匀照射。例如，多级 Nd^{+3} 玻璃放大器，各级放大器的口径及可达到的能量如表 4.4-1 所示。各种口径放大器的 Nd^{+3} 玻璃棒的长度均取 500mm，有效增益长度按 480mm 计算。为使各放大器具有应有的增益，必须达到足够的泵浦能量密度，而且光泵均匀。因此，对于 ϕ20mm×500mm 放大器，采用 2 支 ϕ20mm×500mm 氙灯泵浦；对于 ϕ35mm×500mm 放大器，采用 4 支 ϕ20mm×500mm 氙灯泵浦；对于 ϕ45mm×500mm 放大器，采用 4 支 ϕ30mm×500mm 氙灯泵浦。各脉冲氙灯的泵浦能量均取其额定负载能量的 1/3～1/2。

表 4.4-1　各级放大器参数

	放大器口径	所取能量密度	放大器截面积	可达到的能量	备　注
前置放大器	ϕ20mm	≤3J/cm²	3.14cm²	≤10J	3 级
中级放大器	ϕ35mm	≤3J/cm²	9.60cm²	≤30J	3 级
末级放大器	ϕ45mm	≤4J/cm²	15.9cm²	≤64J	2 级

4.4.2　放大器工作物质端面反馈的消除

要使行波放大器能稳定地工作，必须防止自激振荡的产生，即使入射的脉冲信号经放大后能全部离开放大器。但是由于放大介质端面的反射作用，将会有一小部分光反馈回放大器，当增益较大时，就有可能产生自激振荡。这不但会破坏放大的效果，造成不稳定，而且往往会造成放大介质的损伤，所以应当采取措施消除反馈。通常采用的方法是，将放大介质的端面镀增透膜，以减少介质端面的反射，但这种方法只适用于功率密度不太高的器件；或者将放大介质的端面磨成具有较小的斜角（一般 2°～3°）或布儒斯特角，但这种方法会增加使用和调整的困难，并且其像散会影响光束的方向性。此外，由于角度过大，光束折射后偏离棒轴也大，因而器件占据空间大，调整不便。一般情况下，将棒的两端面磨成具有较小的斜角，只要求棒端面反射的光线不再返回棒中。假定棒口径为 ϕ，长度为 L，斜角为 α，则 $\alpha=\arctan(\phi/L)$。例如，棒的尺寸为 ϕ20mm×500mm，则 α 为 2°～3°。这样，既可消除棒端面反馈的影响，又不会使光束产生像散现象。

4.4.3　级间去耦问题

放大器的级间耦合会形成自激振荡或经行波放大而造成强的超辐射现象，这不仅降低了放大器的增益，而且会影响激光振荡器的稳定工作。所以在高增益的多级放大系统中，各级之间必须插入隔离元件来阻止各放大器之间的反馈，其作用是只允许光信号从振荡器通向放大器，或从前级放大器通向后级放大器，但不允许光信号逆行，从而达到使放大的光信号单向通行的目的。

常用的光学隔离元件有法拉第光学隔离器、电光隔离器、可饱和吸收隔离器等几种。

1. 法拉第光学隔离器

法拉第光学隔离器是基于法拉第磁光旋转效应（见第 1 章）制成的，其结构原理如

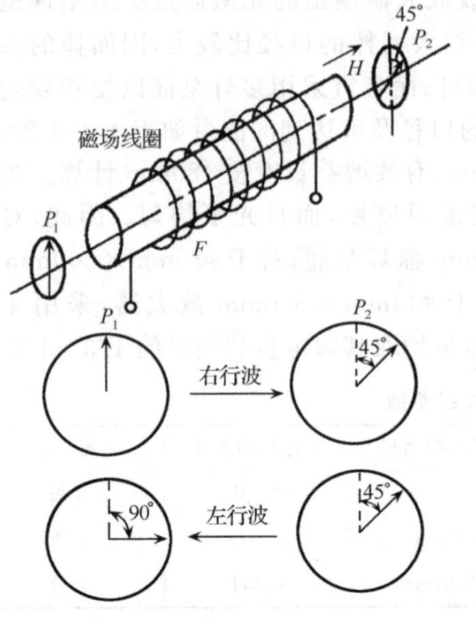

图 4.4-1　磁光隔离器

图 4.4-1所示。P_1 与 P_2 是偏振器，二者的偏振轴互成45°角。法拉第旋转器由磁光介质和环绕的线圈构成。磁场方向沿通光方向，在旋光材料对给定波长 λ 的韦尔代常数 V 和磁光介质的长度 L 确定后，便可以选取适当的磁场强度 H，使入射的偏振光通过旋转器时，偏振面旋转45°角。因此，当入射光通过偏振器 P_1 时变成线偏振光，其偏振面如图中箭头所示。这束光通过旋转器时，便按给定的磁场方向顺时针旋转45°角，其偏振面与偏振器 P_2 的偏振轴相一致，所以光信号可以无阻地通过 P_2；相反，若光信号从反方向返回，由于法拉第效应与光传播方向无关，所以经偏振器 P_2 和磁光介质之后，其偏振方向将再按顺时针旋转45°角，而与偏振器 P_1 的偏振轴相垂直，因而不能通过 P_1 而被反射出光路，这样就起到了隔离反向光的目的。

2. 电光隔离器

电光隔离器主要利用大功率脉冲时间短的特点，即在放大器之间插入电光开关隔离元件，在光脉冲信号到来之前的时间内，电光开关处于关闭状态，只有当光脉冲到来的一瞬间，开关才迅速打开，使脉冲通过而进入下级放大器。电光隔离器的结构如图4.4-2所示，由两个偏振棱镜 P_1、P_2(成正交放置)，KD^*P 泡克耳斯盒K，放电火花隙G，聚光镜L等组成。在光脉冲信号到来之前，光路处于断开状态；当光脉冲到来时，经分光镜 M_1 反射的小部分光束被透镜L聚焦在放电火花隙上将球隙空气击穿，此时电路导通将半波电压立即加到 KD^*P 晶体上，使入射光束偏振面旋转90°，与 P_2 的偏振轴平行。这时，光脉冲就可通过开关而进入下级放大器。由于开关时间非常短(上升时间约数纳秒)，所以光脉冲通过后开关立即关闭，起到了只允许光束单向通过的作用。

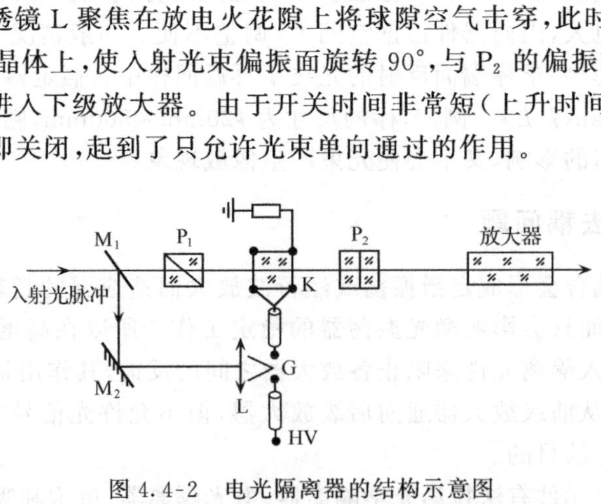

图 4.4-2　电光隔离器的结构示意图

P_1 和 P_2 为偏振棱镜，彼此正交　K为泡克耳斯盒或克尔盒

G为放电火花隙　M_1 为部分反射分光镜　M_2 为全反射镜　L为聚光镜

电光开关隔离器的优点是，既能隔离，又能对入射脉冲的前沿起到削波作用。在某些高功率多级放大系统中，往往采用电光削波开关与电光隔离器联合使用，共用一台高压脉冲驱动电源，运转时高压电脉冲先驱动电光削波开关，再经一段电缆传输后驱动隔离器。电光隔离器的损耗较大且不易得到大口径的元件，所以只能用于前级放大器的隔离。

4.4.4　级间孔径匹配问题

为提高总的能量输出，各级放大器的介质截面是逐级加大的(但又不宜过大，以免泵浦不均匀)，并使各级放大器都工作在激光破坏阈值之下，因此各级孔径必须互相匹配，以达到充分利用放大介质的目的。实现级间孔径匹配一般采用在两级之间插入扩束望远镜的办法，使前级输出的光束很好地耦合到下级放大器。中国科学技术大学研制的“万兆瓦级可调谐 Nd^{+3} 玻璃激光系统”中，在前级放大器与中级放大器之间插入一种“像传递空间滤波器”装置，其结构如图 4.4-3 所示。它由两个适当口径的平凸透镜 L_1、L_2，小孔光阑(孔径多种选择)组成。空间滤波器的主要作用是改善光束的横向均匀性，抑制自聚焦的发生，还可以无衍射地进行像传递。另外，改变两个透镜的焦距，可以变换光束的口径，起到不同口径放大器之间光束的扩束耦合作用。该放大系统中前级放大器的口径为 20mm，中级放大器的口径为 35mm，选取空间滤波器的有关参数如表 4.4-2 所示。

表 4.4-2　空间滤波器的参数

L_1 的焦距 f_1 /mm	L_2 的焦距 f_2 /mm	小孔直径 /mm	扩束比	入射光束口径 /mm	能量透过率 /%
688	1050	0.5,1.5 1.0,2.0	1.53	20	78

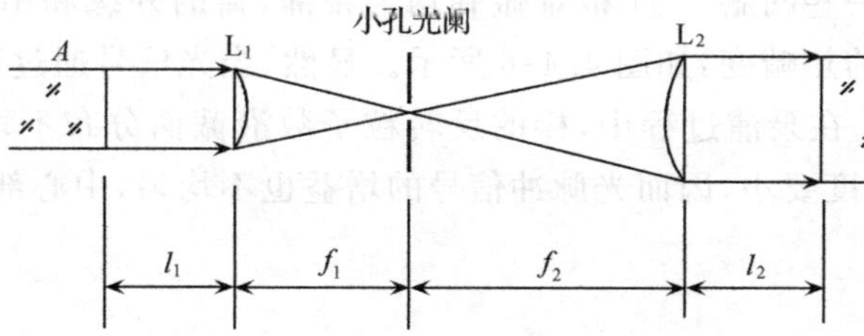

图 4.4-3　像传递空间滤波器结构示意图

由此算得此空间滤波器的输出光束口径为 $1.53\times20=30.6$mm，输入到 $\phi35$mm 的放大器是比较合适的。

4.4.5　各级泵浦时间的匹配

采用行波放大系统，为了放大器能高效地工作，以获得最佳增益，希望振荡级和各放大级都能达到最大反转粒子数，因此就需要匹配各级泵灯的点燃时间。

由于放大器口径较大，相应地泵浦输入电能也较大，放电衰减至峰值的 1/e 的时间 $t=RC$(R 为灯的阻抗)，所以放电脉冲时间较长。例如，振荡级采用 $\phi23$mm×500mm、气压为 20kPa 的直管式氙灯,输入 12kJ 的能量,放电时间约 1ms;而放大级采用 ϕ32mm×500mm,气压为 20kPa 的直管式氙灯,输入 24kJ 的能量,其放电时间约为 2ms。两者的放电时间不同,如图 4.4-4 所示。曲线 A 为振荡级氙灯放电波形,曲线 B 为放大级氙灯放电波形。由图可见,振荡级与放大级同时触发放电,但放电时间不相匹配,放大器的增益不高,故应改成延迟触发。

为了达到各级泵浦在时间上的匹配,在各级之间应加触发同步电路,使振荡级的氙灯点燃时间略有延迟,其最佳延迟时间可通过实验测得。在实验中改变延迟时间 Δt,同时测量放大级的输出能量。图 4.4-5 所示为两级经相对延迟时间 Δt 之后的放电情况。可见,这时两级的泵浦时间匹配较好,因而放大器的增益较高。当放大级数增多时,则要采用多路延迟触发放电。

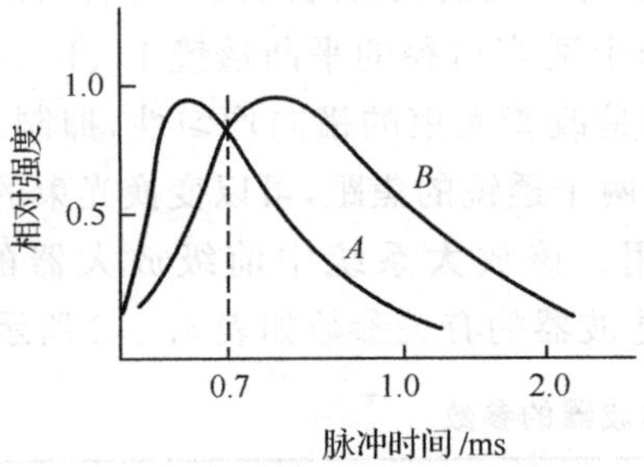

图 4.4-4 振荡级和放大级的氙灯放电波形

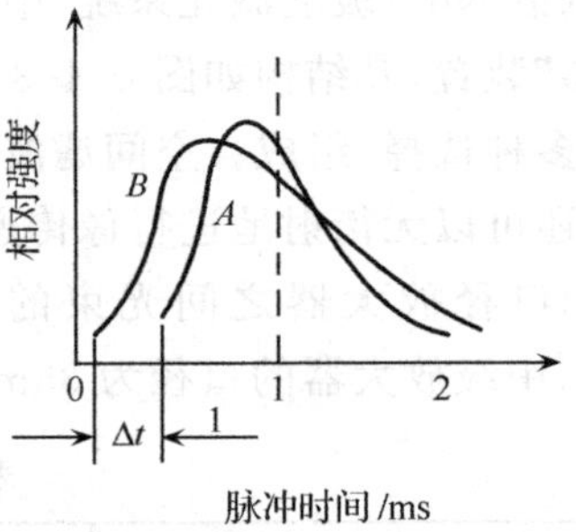

图 4.4-5 经延迟后的放电波形

4.4.6 不均匀性影响的消除

以固体为工作物质的行波放大器,为了获得较高的输出能量,往往采用大口径的工作物质,但是这样会带来一些问题。① 很难做到均匀泵浦,棒的外缘和中心部位有时相差很大,会引起工作物质的热畸变,如图 4.4-6 所示。显然,当光信号通过这种放大器时,光束的方向性会变坏。② 在泵浦过程中,棒的反转粒子数沿截面分布不均匀,即中心部位比外缘的反转粒子数密度要小,因而光脉冲信号的增益也不均匀,中心部位的增益比外缘的要低。

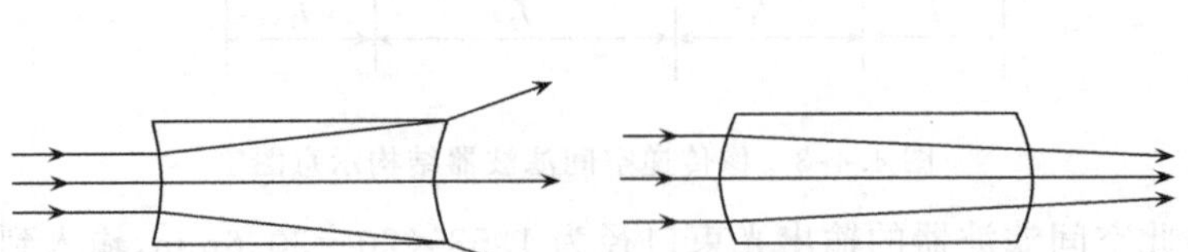

图 4.4-6 热畸变现象

由此可见,热畸变的存在,不仅限制了放大器输出能量与功率的提高,而且引起光束方向性变坏。从许多固体激光放大器来看,在光泵浦过程中,棒的几何形状与物质的热传导特性所造成的光学畸变与应力破坏都比较严重,其情况如表 4.4-3 所示。

表 4.4-3　几种固体工作物质的热-光特性与应力畸变

工作物质	透镜效应 /[W/(cm·x①)]	应力 /(W/cm)	热导率 /[10^3J/(cm·℃)]	$\frac{dn}{dt}$/℃$^{-1}$
Nd^{3+}玻璃(常态)	32.2	15.7	0.008	(−)2.2×10^{-6}
Nd^{3+}玻璃 (预应力状态)	17.7	>57.2	0.012	(+)1.2×10^{-6}
红宝石	785	1045	0.352	1.3×10^{-6}
Nd:YAG	193	130	0.12	7.4×10^{-6}

① x 表示光焦度单位。

为了消除上述影响，在某些实际应用中，采用多路分光系统再加以放大，然后再将各路放大激光脉冲通过光学系统会聚在一起的方法。这样，光脉冲的总能量等于各路脉冲能量之和，既可以获得高的输出能量，又可以避免单路放大系统的不均匀性带来的影响。

此外，根据一些资料介绍，有一种“片状激光放大器”可以消除上述现象。这种放大器的结构是把加工成薄片状的工作物质再组合而成。因薄片形如圆盘，故又称为圆盘放大器。由于放大介质是由若干薄片组合而成的，所以每片都能得到面冷却，从而可消除对光束的径向折射率梯度。这样，光束通过放大器后的方向性就不会变坏。但是，这种片状放大器的效率比棒状放大器要低。例如，一个由 20 片圆盘组成的放大器，每片厚度为 2.54cm，光束传输可利用截面为 29cm²，输入光脉冲能量为 7.8J，总增益为 6 倍，效率仅达到 0.05%，比尺寸相当的 Nd 玻璃棒状放大器的效率要低一倍多。因此，设法提高片状组合放大器的效率是一个重要的问题。

实例　Nd:YAG 激光放大器。

为了计算方便起见，将式(4.2-27)变换成所含参数可直接测量的表达式。单位面积上的入射能量为 $E_{in}=I_0 h\nu\tau$。定义饱和能量密度为

$$E_s = h\nu/\sigma$$

上式的右端乘上 Δn，即可看出饱和能量 E_s 的物理意义，就是从放大介质中提取的能量 E_{ex} 与小信号增益系数 g_0 的比值。将上式代入式(4.2-27)，便得到计算能量放大系数的公式，表示为

$$G_E = \frac{E_s}{E_{in}}\ln\left\{1+\left[\exp\left(\frac{E_{in}}{E_s}\right)-1\right]\exp(\beta E_{st}l)\right\}$$

式中，E_{st} 为单位体积的储能，β 为表示增益和储能之间关系的参数，即 $g_0=\beta E_{st}$。

由于 Nd:YAG 的增益高，易产生自发辐射放大和自激现象，这就限制了储能密度，从而也就限制了从棒中可提取的能量。在小信号增益情况下，从有关表中查到 Nd:YAG 的 $\beta=4.73\text{cm}^2/\text{J}$。如果要从一个 ϕ6.3mm×75mm 的 YAG 棒中提取 500mJ 的能量，则储能密度至少要达到 $E_{st}=0.2\text{J/cm}^3$，此时介质的增益 $G_E=\exp(\beta E_{st}L)=1720$。

由于 Nd:YAG 的增益高，一旦增益达到一定值时，自发辐射的放大就会大大地消耗激光上能级的粒子数；同时，棒端面或光路中其他元件上的少量反射也会引起振荡。这些损耗使 YAG 放大器的输出能量与输入的泵浦能量的关系曲线变得平坦。图 4.4-7 所示为 YAG 放大器的输出能量与泵灯输入能量的关系曲线。从这些曲线可以看出，从不同放大介质中所能提取的最大能量有一饱和值。实验数据表明，当棒长大于 50mm 时，其

输出能量密度的饱和值与棒长无关,而储能密度与棒的直径却有直接关系。测量表明,对直径分别为 5mm、6.3mm 和 9mm 的棒,可取出的最大能量相应地分别为 0.3J、0.5J、0.9J。

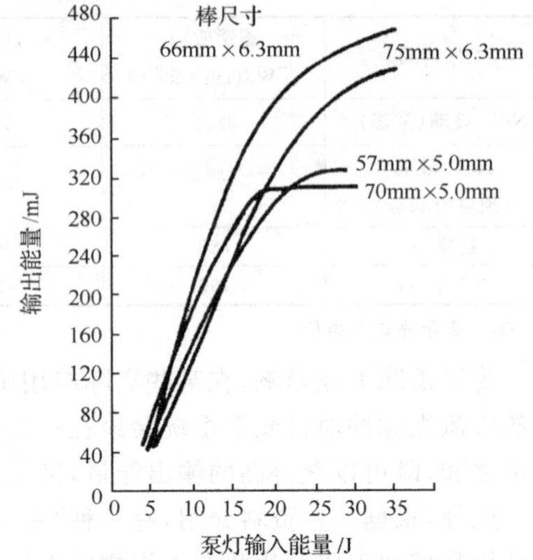

图 4.4-7 Nd:YAG 放大器输出能量与输入能量的关系

4.5 再生式放大技术

前面所讨论的是激光脉冲行波放大技术,它是将欲放大的光信号以行波的方式一次通过放大器,其放大倍数是有限的,如 Nd:YAG激光放大器,只能使脉冲能量放大 3~6 倍。因此,若要求能量放大的倍数更大,则要采用多级放大。另外,在某些应用中,还采用一种所谓多路行波放大系统,即将激光(振荡)器输出的高质量光束分成几路,分别通过对应的放大器放大,再通过光学系统会聚在一起,便能得到性能较好的大能量激光,如激光的热核聚变的实验装置往往就是采用这种放大系统。

20 世纪 80 年代又发展了一种新颖的再生式放大(regenerative amplification)技术。这种放大技术就是将一光束质量好的微弱信号注入一个激光(振荡)器中,注入的光信号作为一个"种子"控制激光振荡的产生,激光振荡是在这个"种子"的基础上而不再是从噪声中发展起来,得到放大后输出腔外,从而得到光束性能优良、功率高的激光。再生式放大可分为外注入再生放大和自注入再生放大两类。

4.5.1 外注入再生放大

这种放大技术是由一个激光器(称为主振荡器)产生性能优良的较弱光信号并注入到另一个激光器(称为从动振荡器)获得光放大的,按其运行特点又分为两种情况。一种情况是从动激光器增益较低,而注入的光信号较强。这时,若注入信号频率 ν_1 很靠近从动激光器的自由振荡频率 ν,则在激光振荡过程中,注入信号的强度远大于自发辐射噪声,它在与激光自由振荡模式的竞争中具有优势,结果使振荡模式的频率跃变为 ν_1,而频率为 ν 的自由振荡模式被抑制,输出光束的频率由外注入信号决定。这时,由从动激光器输出的光强超过它在自由振荡时输出的光强,表明注入的光信号在从动激光器中得到再生放大。另一种情况是,从动激光器(如调 Q 激光器)增益较高,而注入的光信号相对较弱,则注入信号与腔内自发辐射噪声将同时增长,只是这个注入信号在放大过程中经历一个快速的相移而移到最靠近的纵模,从而使这个纵模在与其他噪声的竞争中占优势,很快达到使介质增益饱和,抑制了其他模式的增长。因此,最终输出激光的频率特性是由从动激光器决定的,这种外注入放大通常称为注入锁定(injection locking)技术。

4.5.2　注入锁定技术

一个低功率激光器可以在腔内插入光谱选择元件使线宽得到压缩，从而获得窄线宽、单模运行、频率稳定的激光；而高功率激光器则往往是线宽较宽、多模运行且频率不稳定，利用注入锁定技术，则可以由一个低功率的激光器来控制高功率的激光器，从而获得窄线宽、单纵模的高功率激光输出。

通常把提供注入“种子”信号的激光器称为主振荡器，而接受“种子”信号的激光器称为从动振荡器，如图 4.5-1 所示。设注入信号的频率为 ω_i，从动振荡器中离注入信号最近的纵模频率为 ω_c。当“种子”信号进入从动振荡器时，Q 开关打开，注入信号和从动振荡器本身的本征模都要形成振荡。如果注入信号的线宽足够窄，比从动腔的纵模间隔小得多(见图 4.5-2)，则最靠近注入信号的纵模受到激发与之发生共振，就可比其他纵模先达到饱和而从增益介质中提取能量得到放大，而不受注入信号场影响的其他纵模仍然从自发辐射噪声开始起振。由于注入信号场强度比噪声场强度大得多，所以 ω_c 模首先形成振荡，从而导致增益系数下降，此时由于均匀加宽介质模式竞争机制，其他纵模就被抑制，最终得以单纵模输出。

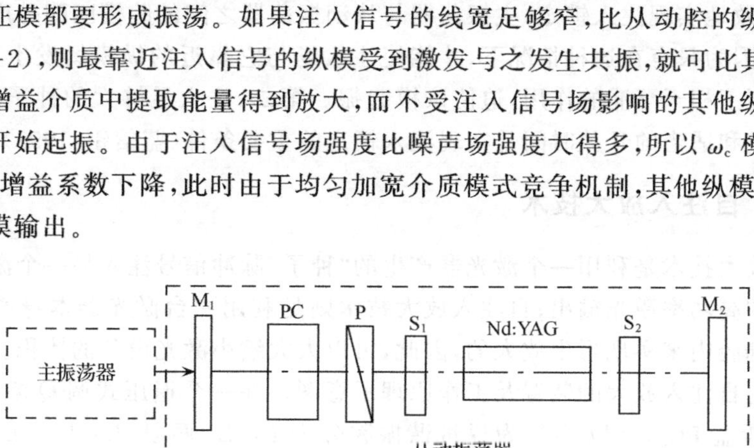

图 4.5-1　注入锁定器件结构示意图

M_1、M_2 为腔镜　PC 为 Q 开关晶体　P 为偏振棱镜　S_1、S_2 为 1/4 波片

当注入信号频率与从动振荡器的受激发的纵模频率不完全一致时(在失谐 $\Delta\omega$ 范围内)，开始瞬间振荡为注入信号频率 ω_i，然后在振荡过程中经历一个快速的相移而移到最近的谐振纵模 $\omega_c=\omega_i+\Delta\omega$ 上，所以输出的单纵模激光频率是离注入信号最近的纵模频率，而不是注入信号的频率。实验证明，高增益 Q 开关单纵模运转的失谐范围比连续的稳态注入锁定范围宽广，因此，就能在一个比较宽的频率范围内满足注入锁定，同时，纵模选择范围随着增益和注入信号强度的增加而增大。

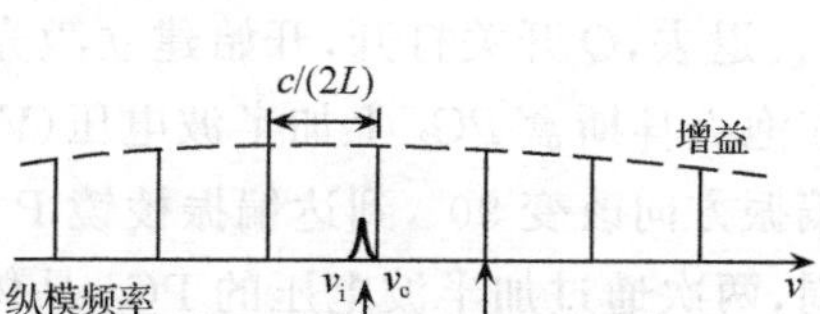

图 4.5-2　注入“种子”后的工作过程示意图

由以上分析可知，影响注入锁定效果的因素主要有以下几点。

(1) 要实现注入锁定，对注入信号的功率密度、失谐量和 Q 开关的开启时间都有一定的要求。若注入信号功率密度过低，就会出现失锁，而产生多纵模振荡，这从物理意义上不难理解。因为注入信号场太弱时，对其靠近的腔模场影响力下降，在 Q 开关打开时，达不到足以抑制其他纵模的程度，在模式竞争中不能取得优势，故会导致多模振荡输出。

(2) 对一定的注入功率密度，注入场对离其最近的腔模场的影响将随着失谐量 $\Delta\omega$ 的增加而减小;当失谐量大到一定程度时,就会失锁而出现多纵模振荡。

(3) 对一定的注入信号强度和失谐量,Q 开关打开时间的早晚对注入锁定的效果有影响。只有将注入脉冲信号峰值控制在与 Q 开关打开的时间实现最佳匹配,才能达到最佳效率。若种子信号在 Q 开关打开之前注入,此时从动腔内光场净增益等于零,注入信号会被衰减掉,之后的行为就与无注入信号时相同,从而出现多模振荡。反之,若种子信号注入过晚,也就是说,在 Q 开关打开之后注入,此时从动腔内各纵模处的光场已比注入信号强,或者可与之相比拟,这时注入信号已不能通过模式竞争抑制其他纵模,故不能实现锁定。

由此,可以得出两点结论。第一,在注入信号频宽比从动振荡器的纵模频率间隔小的情况下,要有效地实现注入锁定,主振荡器与从动振荡器之间的腔模匹配是产生注入锁定的必要条件,因为只有在这种情况下,才能使注入场与它靠近的纵模场发生共振作用,这时注入场起到了相干泵浦的作用,迫使该模起振。第二,注入足够大的种子功率密度,保证小的失谐量和适当的开关时间是实现注入锁定的重要条件(蓝信钜,1991)。

4.5.3 自注入放大技术

外注入放大技术是利用一个激光器产生的"种子"脉冲信号注入另一个激光器而得到光束质量好的高功率激光输出;自注入放大技术则是利用一台激光器本身产生的"种子"信号自注入到腔内来实现再生放大的,因此,可以大大缩小激光设备的体积。图 4.5-3 所示为一种腔内自注入放大的装置及工作原理示意图。在一个退压式调 Q 激光器中,插入一个泡克耳斯盒 PC_2,并以 PC_2 为界将谐振腔分为 L_1、L_2 两段,$L=L_1+L_2$ 为谐振腔腔长;泡克耳斯盒 PC_1 为调 Q 器件,PC_2 用于产生注入放大的"种子"脉冲,P 为偏振棱镜,位于 L_2 段内,M_1、M_2 为两腔镜。开始时,在氙灯泵浦工作物质储能期间,在 PC_1 上加 $V_{\lambda/4}$,使谐振腔处于"关闭"状态不形成振荡。当储能到最大时,即在 t_0 时刻,将 PC_1 上的 $V_{\lambda/4}$ 退去,Q 开关打开,开始建立激光振荡。经适当延时 t_d 后(激光振荡达到峰值之前),在泡克耳斯盒 PC_2 上加半波电压($V_{\lambda/2}$),这时,原处于 L_1 段内的线偏振光通过 PC_2 一次,偏振方向改变 90°,到达偏振棱镜 P 后偏折逸出腔外;而原处于 L_2 段的光在腔内往返一周,两次通过加半波电压的 PC_2 晶体,偏振方向不变,仍然留在腔内,作为种子脉冲多次通过激光工作物质得到放大,并在 M_2 输出镜端得到序列脉冲输出,其包络为调 Q 波形。若在 t_1 时刻在 PC_1 上恢复电压 $V_{\lambda/4}$,则可得到腔倒空单脉冲输出。

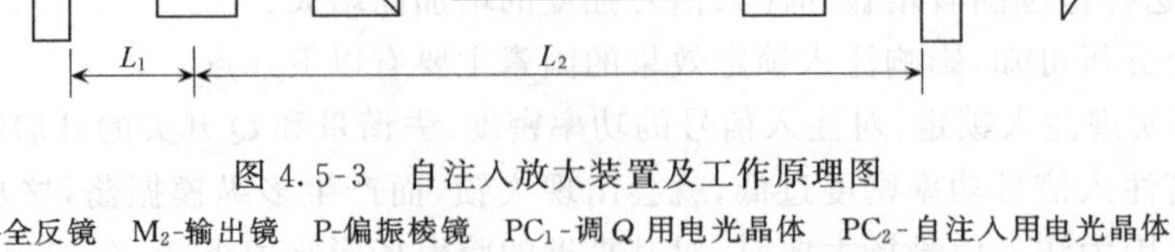

图 4.5-3 自注入放大装置及工作原理图

M_1-全反镜 M_2-输出镜 P-偏振棱镜 PC_1-调 Q 用电光晶体 PC_2-自注入用电光晶体

设加在 PC_2 泡克耳斯盒上的半波电压是前后沿都很陡的理想方波,并且不考虑放大过程中脉宽的变化。通过分析发现,当选取不同的腔结构参数 L_1、L_2、L 和 T_g(种子脉冲

宽度)时,可以得到不同的输出脉冲宽度 Δt。种子脉冲宽度最小的条件是

$$\frac{2L}{c} \leqslant T_g < \frac{2(L+L_1)}{c}$$

则相应的输出脉冲宽度 $\Delta t = \frac{2(L+L_1)}{c} - T_g$。所以,通过改变自注入再生放大器腔结构参数就可以获得窄脉冲的激光输出。另外,要适当控制从 Q 开头打开到半波电压加到 PC_2 上的延迟时间 t_d。若 t_d 大,则受激辐射所占的优势明显,信噪比高;但 t_d 不能大于临界雪崩所需的延迟时间,否则得到的是调 Q 激光脉冲。因此,应在调 Q 激光达到峰值之前,将自注入脉冲电压加到 PC_2 上,这是获得序列脉冲输出的重要条件。

实例　谐振腔结构参数为 $L=180\text{cm}$, $L_1=10\text{cm}$, $T_g=16\text{ns}$, $t_d=17\text{ns}$,在泵浦能量为 74.4J 的情况下,分别得到调 Q 脉冲、自注入序列脉冲和自注入腔倒空单脉冲三种情况的能量和功率值,如表 4.5-1 所示。

表 4.5-1　三种工作情况下的能量和功率的比较

	调 Q 脉冲	自注入序列脉冲	PTM 腔倒空单脉冲
能量/mJ	74.6	70.8	47.8
峰值功率/MW	1.78	5.90	16.0
脉宽/ns	42	3	3

由表可见,自注入序列脉冲和脉冲透射式(PTM)腔倒空单脉冲的能量分别为一般调 Q 脉冲能量的 94%和 64%,但峰值功率提高多倍。由此可见,自注入再生放大器是一种获取窄脉宽、高峰值功率的激光器。

4.6　半导体激光放大器

随着光纤通信的发展,迫切需要提高通信的中间距离和通信的容量。传统的长距离光纤传输信息,必须隔一定距离设置一个再生中继器,对光信号进行"光-电-光"转换,进行再生、整形处理后才能继续传输下去。显然,这种方式很麻烦。人们一直设想能直接在光路中对信号进行放大,实现"全光"通信,因而近几年出现了多种适用于光纤通信的光放大技术。迄今为止,主要有半导体激光放大器、光纤拉曼放大器和掺稀土元素(主要是掺铒)光纤放大器。本节介绍半导体激光放大器。

用于光纤通信的半导体激光放大器主要有两种形式:法布里-珀罗半导体激光放大器(FP-SLA)和行波半导体激光放大器(TW-SLA)。前者实质上是偏置在阈值以下的半导体激光器,所放大的是外来光信号,光子在激光器的谐振腔中往返多次,可得到较大的增益,但增益带宽较窄(基本上为一个 F-P 腔纵模的线宽)。为保证入射光信号得到较大的增益,要求器件有足够高的温度稳定性。而后者实质上是对半导体激光器的解理面进行了理想的增透,入射信号在这种放大器中仅经历单程放大,所以要求增益要高,这靠放大器的驱动电流增大到增透前阈值电流的 2～3 倍来实现,它具有很宽的增益带宽(比 FP-SLA 约高三个数量级),因而对放大器温度稳定性的要求比前者要低。

半导体激光放大器对光信号的放大作用实质上是增益介质中光子与电子的相互作用产生受激发射机制而得到的,光信号在行波半导体激光放大器中所得到的腔增益可以表示为

$$G(\nu)=\frac{(1-R_1)(1-R_2)G_s}{(1-\sqrt{R_1R_2}G_s)^2+4\sqrt{R_1R_2}G_s\sin^2(\pi\Delta\nu/\Delta\nu_s)} \tag{4.6-1}$$

式中,R_1、R_2 分别为激光放大器入射面和出射面的反射率,$\Delta\nu$ 为腔的纵模间隔,G_s 为光信号经受的单程增益,表示为

$$G_s=\exp[(\Gamma g-\alpha)L] \tag{4.6-2}$$

式中,Γ 为放大器有源区的光场限制因子,g、α 分别为有源介质的增益系数和损耗系数,L 为增益介质长度。在理想情况下,$\nu=\nu_0$,而且 $R_1=R_2=R$,则式(4.6-1)可简化为

$$G(\nu)=\frac{(1-R)^2G_s}{(1-RG_s)^2} \tag{4.6-3}$$

由此可见,当两解理面完全增透(即 $R_1=R_2=0$)时,$G(\nu)=G_s$,即在行波放大器中,入射光信号只能在放大器中得到单程增益。而行波放大器可以允许在比增透前的阈值电流高2~3倍的情况下运行,因而可以得到很高的单程增益。

半导体激光放大器虽然增益很高,但是它与光纤的耦合损耗很大(可达5dB左右),而且增益对光纤的极化和环境温度很敏感,因而稳定性差,它比较适合于与光电集成电路结合使用。

下面用速率方程理论来描述半导体光放大器的饱和特性与输出功率。利用单模耦合速率方程可以描述载流子浓度 N 随注入电流 I 和信号功率 P 的变化关系,即

$$\frac{dN}{dt}=\frac{I}{q}-\frac{N}{\tau_c}-R_{st}P \tag{4.6-4}$$

$$\frac{dP}{dt}=R_{st}P+R_{sp}-\frac{P}{\tau_p} \tag{4.6-5}$$

$$R_{st}=\Gamma v_g g=R_N(N-N_0) \tag{4.6-6}$$

式中,R_{st} 为受激辐射速率,v_g 为群速,R_{sp} 为自发辐射至信号模中的速率,g 为峰值增益,q 为电子电荷量,τ_c 为载流子寿命,τ_p 为光子寿命。其中,τ_p 可以表示为

$$\tau_p=\left\{c\left[\frac{1}{L}\ln\left(\frac{1}{\sqrt{R_1R_2}}\right)+\alpha_{fc}\right]\right\}^{-1} \tag{4.6-7}$$

式中,c 为光速,L 为放大器长度,α_{fc} 为自由载流子吸收损耗。

首先来求这组方程的稳态解。当连续波放大或光波的脉宽(τ)远大于 τ_c 时,可用稳态解来加以描述。此时可令 $dN/dt=0$,得到 N 的稳态解为

$$N=\tau_c\left(\frac{I}{q}-R_{st}P\right) \tag{4.6-8}$$

根据经验,可以假设峰值增益同载流子浓度 N 成线性关系,表示为

$$g=(\Gamma\sigma_g/V)(N-N_0) \tag{4.6-9}$$

式中,Γ 为限制因子,σ_g 为微分增益系数或称增益截面,V 为有源层体积,N_0 为透明载流子浓度,表示受激辐射速率等于受激吸收速率时的载流子浓度。将式(4.6-8)代入式(4.6-9)发现,当

$$g = \frac{g_0}{1 + (P/P_s)} \tag{4.6-10}$$

时，光增益发生饱和。这说明，半导体光放大器增益系数有着与均匀展宽二能级激光系统的增益系数相类似的饱和机制。在式(4.6-10)中，g_0 为小信号增益，表示为

$$g_0 = (\Gamma\sigma_g/V)(I\tau_c/g - N_0) \tag{4.6-11}$$

式中，P_s 为饱和功率，表示为

$$P_s = \frac{h\nu\sigma_m}{\sigma_g \tau_s} \tag{4.6-12}$$

式中，σ_m 为波导模式的横截面。

从式(4.6-10)出发，可以计算放大器的输出功率和饱和增益。设半导体激光放大器的光功率随时间的变化率为 $dP/dt = gP$，设增益介质的长度为 L，初始输入功率 $P(0) = P_{in}$，输出功率 $P_{out} = P(L) = GP_{in}$，经过简单的积分，得到大信号增益 G 的表达式为

$$G = G_0 \exp\left(-\frac{G-1}{G} - \frac{P_{out}}{P_s}\right) \tag{4.6-13}$$

式中，$G_0 = \exp(g_0 L)$ 为 $P_{out} \ll P_s$ 时的小信号增益。由上式可以看出，G 随输出功率增加而降低，如图 4.6-1 所示。

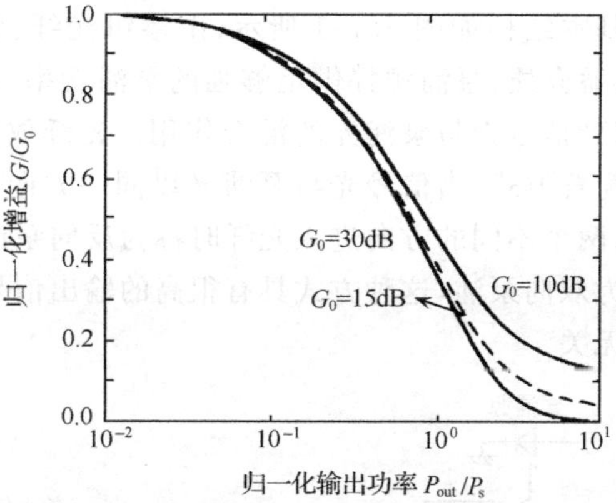

图 4.6-1　半导体激光放大器归一化增益随归一化输出功率的变化

4.7　掺稀土元素光纤放大器

掺稀土元素的光纤放大器是利用在光纤中掺杂稀土元素(铒、镨、钕等)引起的增益机制实现光放大的。从 20 世纪 80 年代中期以来，掺铒光纤放大器的出现是光纤放大器的重大突破。其工作波长恰好落在光纤通信的最佳波长区(1.31～1.55μm)，增益比较高，而且需要的泵浦功率也比较低(<100mW)。因为掺铒光纤本身就是增益介质，所以与线路的耦合损耗很小，噪声低。

光纤放大器具有独特的优点，故很适合于光纤通信系统线路中的中继放大、发射机的光功率放大和接收机的前置放大。中继放大是指在光纤传输线路中插入光纤放大器对信号进行放大以补偿光纤的传输损耗，可以延长两个中继站间的传输距离，可以取代传统的

"光-电-光"转换的中继站。这样既可降低成本减少麻烦,在系统的传输速率和调制方式改变时,又不需要改变线路。发射机的末端光功率放大器是直接配置在激光器后面,其主要作用是放大信号光功率以保持调制信号的强度。因为光纤通信的进一步发展是实现综合业务网,所以就需要大量的功率分配器来调度信息,为了补偿这些耦合器的插入损耗,也需要光功率放大器。接收机的前置放大器是将光纤放大器置于接收机前,其作用是提高接收机的灵敏度,改善最小可探测功率。因为在通常的探测系统中,接收机灵敏度受到器件本身和电子线路所产生的热噪声的限制,所以若增加前置放大器则可改善接收效果。

4.7.1 掺铒光纤放大器

掺铒光纤放大器的工作机制是铒(Er^{3+})离子的受激发射(光纤放大器的基质材料是硅基玻璃或氟化物玻璃,再掺入其他氧化物)。铒是三能级系统,其中能级 1 为基态,能级 2 为亚稳态,能级 3 为高能态。当用高能量的泵浦激光器激励掺铒光纤时,可以使铒离子的束缚电子吸收能量从基态跃迁到高能态,又很快弛豫到寿命长的亚稳态,能级 2 与能级 1 之间形成粒子数反转分布,因而产生受激辐射,发出光谱范围很宽的光带。如果入射信号光的波长恰好落在上述的发光带,则信号光通过受激辐射获取到能量而得到放大。由于信号光与泵浦光在光纤中均以导波形式传输,因而可有效地交换能量,效率较高。

掺铒光纤放大器的基本结构如图 4.7-1 所示,由掺铒光纤、泵浦源和波分复用器组成。其中,掺铒光纤是增益介质;泵浦源提供足够强的泵浦功率;波分复用器是提高传输信息容量的装置,此处起到信号光与泵浦光的混合作用。光纤放大器按照信号光相对泵浦光的传输方向有三种配置方式:当信号光与泵浦光以同一方向入射光纤时称为同向泵浦;当信号光与泵浦光从两个不同的方向进入光纤时称为反向泵浦;两个同样的泵浦光从两个方向进入光纤时称为双向泵浦,这种方式具有很高的输出信号功率,而且光纤放大器的性能与信号传播方向无关。

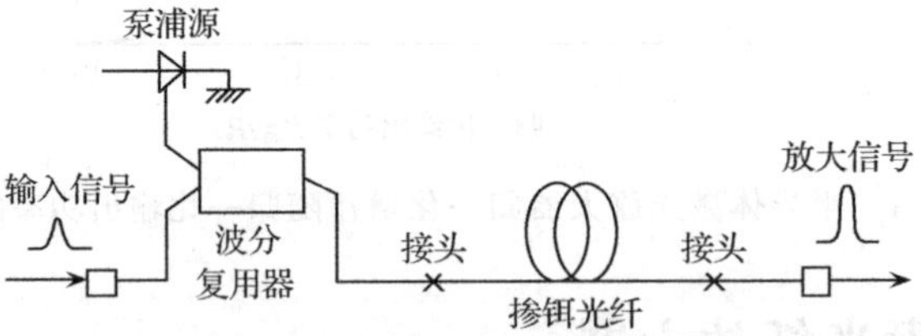

图 4.7-1 掺铒光纤放大器的结构

掺铒光纤放大器的主要技术关键是掺铒光纤和泵浦源。对于光纤放大器,除了要求具有高增益系数与泵浦效率以及高的饱和输出功率之外,还希望具有较宽且平坦的增益谱,以适应波分复用系统并具有高的温度稳定性。因此,光纤中除了掺入铒激活离子之外,还需掺入其他氧化物(如 Al_2O_3、GeO_2 等)。同时,在给定的泵浦功率下,掺铒光纤的长度应选择在最佳范围内,使信号光从泵浦光中能有效地提取能量,但超出此长度的光纤将对信号形成再吸收,从而限制了光纤的增益。一般选择光纤长度在几米到几十米长。对泵浦源的要求是高功率、长寿命。从泵浦效率与目前能得到的半导体激光泵浦源考虑,以 980nm 和 1480nm 波长为佳,这取决于有源光纤的芯径、掺杂情况及纤芯与包层之间的折射率等因素。

4.7.2 掺镨光纤放大器

掺铒光纤放大器为 1550nm 波长的光纤低损耗窗口提供了高增益、大功率、高宽带、低噪声的优质器件，并在近代光纤通信系统中得到广泛的应用。研究发现，掺钕(Nd)光纤在 1300nm 波长段显示出受激放大的能力，但因为在 900nm 和1050nm波长处具有很强的自发辐射，在 1300nm 波长附近具有很强的吸收，限制了作为 1300nm 波长的光纤放大器的发展。研究发现，掺镨(Pr)光纤也具有受激放大 1300nm 波长光信号的能力，并具有宽带和高增益放大特性，同时，1300nm 波长是光纤通信系统中的通信窗口，因此，研发波长为 1300nm 的光纤放大器，具有重要的意义。

图 4.7-2 所示为英国 BT 实验室研制的工程化掺镨光纤放大器结构示意图。其中，泵浦光源采用一只波长为 800nm、输出功率为 4W 的 GaAs 宽条形波导结构的激光器泵浦 Nd:YLF 激光器，输出波长为 1047nm，输出功率为 900mW。放大介质是掺 Pr^{3+} 浓度为 1000ppm、长 25m 的掺镨光纤。与掺铒光纤放大器类似，掺镨光纤放大器也具有增益高、频带宽、噪声低等优良特性，但转换效率较低。当采用高数值孔径、低损耗的掺镨光纤设计时，小信号增益可达 30dB，光带宽可达 30mm，最高小信号转换效率也达到 0.22dB/mW。

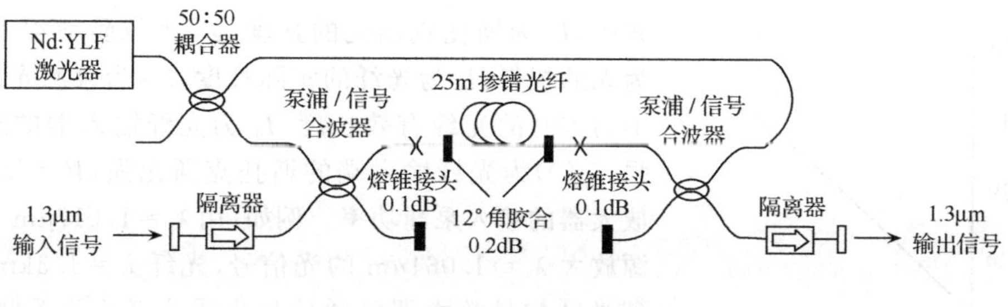

图 4.7-2　掺镨光纤放大器的结构

4.8 分布式光纤放大器

上一节讨论的掺稀土元素的光纤放大器，具有增益高、掺杂浓度高(10～1000ppm)、长度短(1～10m)的特点。与光纤通信系统相比，其长度很短，因此称为集总式光纤放大器。将这样的放大器接入光纤放大系统时，导致信号起伏很大，容易引起非线性效应，降低信噪比，引起串音。为降低这些有害影响，人们提出了“分布式光纤放大器”。其放大介质可以是掺杂浓度很低(0.05～0.1ppm)、长度很长(1000m～100km)的掺铒光纤，利用受激放大效应来放大光信号，也可以是基于非线性光学效应，如拉曼效应和布里渊效应，来放大光信号的普通光纤。这种分布式光纤放大器，可以有效克服集中式光纤放大器的缺点，使得光纤通信中的信号能够实现无损“透明”传输。下面重点介绍基于非线性效应的分布式光纤放大器。

4.8.1 光纤拉曼放大器

光纤作为非线性介质,可以将强激光场与介质的相互作用限制在非常小的截面内,从而大大提高入射光场的光功率密度,光与介质的作用长度可以维持很长的距离,使能量耦合得比较充分,因而光纤中的受激拉曼散射具有低阈值、高增益的特点。将一个入射光信号与强泵浦光一起在光纤中传输,并且信号光波长正好落在拉曼散射效应产生的增益带宽范围内,称为光纤拉曼放大。光纤拉曼放大器的结构就是没有反射镜的光纤激光器,在同向泵浦结构中,泵浦光和信号光是在同一方向上传播的,而在反向泵浦结构中,两束光的传播方向相反。

如果入射的信号光强 $I_s(0)$ 比泵浦光强 I_0 小得多,泵浦耗尽可以忽略,则在光纤放大器的 L 处的信号输出为

$$I_s(L) = I_s(0)\exp(g_R I_0 L_{eff} - \alpha_s L) \tag{4.8-1}$$

若不存在泵浦光,则

$$I_s(L) = I_s(0)\exp(-\alpha_s L) \tag{4.8-2}$$

所以,光纤拉曼放大器的增益为

$$G_s = \frac{I_s(L)}{I_s(0)\exp(-\alpha_s L)} = \exp\left(\frac{g_R P_0 L_{eff}}{A_{eff}}\right) \tag{4.8-3}$$

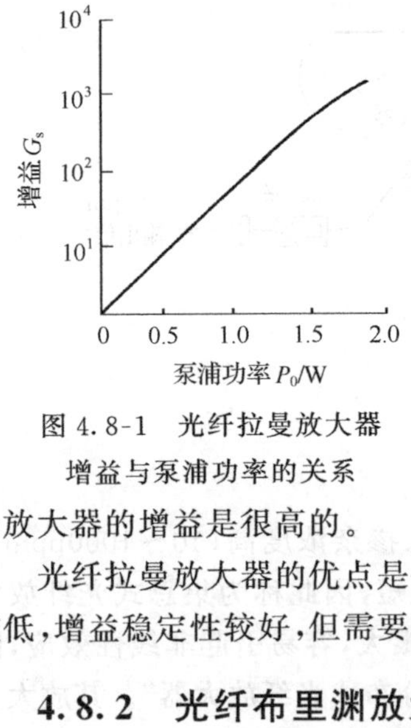

图 4.8-1 光纤拉曼放大器增益与泵浦功率的关系

式中,I_s 为斯托克斯光的强度,g_R 为拉曼增益系数,α_s 为光的损耗,L 为光纤的实际长度,L_{eff} 为泵浦光的损耗不为零时的光纤有效长度,I_0 为光纤输入端的泵浦光强,$I_s(0)$ 为光纤输入端的斯托克斯光强,$P_0 = I_0 A_{eff}$ 为放大器的输入泵浦功率。例如,用 $\lambda_p = 1.017\mu m$ 作泵浦源放大 $\lambda_s = 1.064\mu m$ 的光信号,光纤 $L = 1.3km$,则得到光纤拉曼放大器的增益与泵浦功率的关系曲线,如图 4.8-1所示。此图表明,在开始时,G_s 随 P_0 的增加指数增加,在 $P_0 > 1W$ 时偏离指数曲线,这是泵浦耗尽引起的增益饱和。而且可以看出,在 $P_0 \approx 1W$ 时,光纤拉曼放大器的增益是很高的。

光纤拉曼放大器的优点是传输线路与放大同在光纤中进行,因而耦合损耗很小,噪声较低,增益稳定性较好,但需要较强的泵浦功率(数百毫瓦以上)和很长的光纤(数千米)。

4.8.2 光纤布里渊放大器

受激布里渊散射是与受激拉曼散射类似的另一种重要的非线性过程。这种非线性过程所要求的入射泵浦功率远低于受激拉曼散射要求的功率,一旦达到受激布里渊散射阈值,受激布里渊散射将把绝大部分输入功率转换为后向斯托克斯光,对光纤通信系统造成危害,但也可利用这种散射效应构成光纤布里渊放大器,作为分布式光纤放大器应用于光纤通信系统中。

在受激布里渊散射过程中,信号光通过散射增益从泵浦光得到能量而被放大,同时也

被光纤吸收而衰减，泵浦光通过散射过程将能量转移给信号光而衰减。泵浦光与斯托克斯光间相互作用的耦合方程为

$$\frac{dP_s}{dz}=-\left(\frac{g_B}{a_s}\right)P_pP_s+\alpha_sP_s \tag{4.8-4}$$

$$\frac{dP_p}{dz}=-\left(\frac{g_B}{a_p}\right)P_pP_s-\alpha_pP_p \tag{4.8-5}$$

式中，$P_p(P_s)$、g_B、$a_p(a_s)$和$\alpha_p(\alpha_s)$分别代表泵浦光（斯托克斯光）功率、布里渊散射增益、泵浦光（斯托克斯光）的横截面和泵浦光（斯托克斯光）波长处的光纤损耗。在小信号条件下，$P_s\ll P_p$，忽略式(4.8-5)右边第一项，联立求解式(4.8-4)和式(4.8-5)，可得

$$P_s(0)=P_s(L)\exp\{[g_BP_p(0)L_{eff}/a_s]-\alpha_sL\} \tag{4.8-6}$$

式中，$L_{eff}=1/\alpha_p$。可见，后向斯托克斯光功率随传播距离 L 按指数率上升。

随着后向斯托克斯光被泵浦光放大，泵浦光的一大部分功率转移给了斯托克斯光，此时小信号近似已得不到满足。为此，需要精确求解耦合方程式(4.8-4)和式(4.8-5)。当 $a_p=a_s=a$、$\alpha_p=\alpha_s=\alpha$ 时，其通解为

$$P_s(L)=\frac{b_0(1-b_0)}{G(L)-b_0}P_p(0)\exp(-\alpha L) \tag{4.8-7}$$

$$P_p(L)=\frac{(1-b_0)G(L)}{G(L)-b_0}P_p(0)\exp(-\alpha L) \tag{4.8-8}$$

式中

$$G(L)=\exp\{(1-b_0)(g_0/\alpha)[1-\exp(-\alpha L)]\} \tag{4.8-9}$$

$$b_0=P_s(0)/P_p(0),\quad g_0=g_BP_p(0)/a \tag{4.8-10}$$

参量 b_0 代表布里渊散射效率，表明有多少泵浦光功率转换成了斯托克斯光功率。图 4.8-2 所示为泵浦光和斯托克斯光功率随传输距离的变化规律。

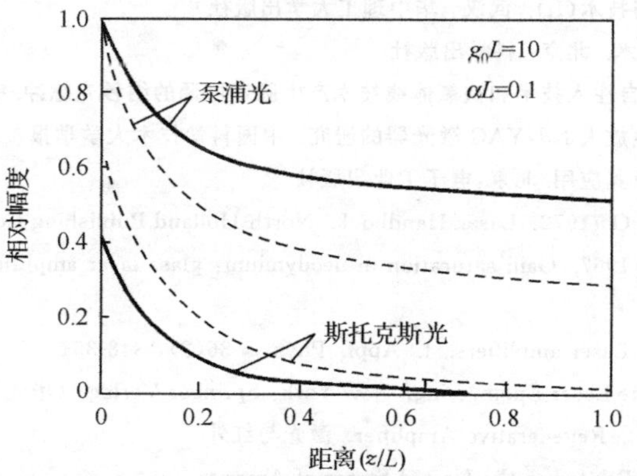

图 4.8-2　光纤布里渊放大器中泵浦光和斯托克斯光功率随距离变化的情况

布里渊散射效率 $b_{in}=P_s(L)/P_p(0)=0.001$ 和 0.01 分别对应实线和虚线

光纤布里渊放大器是一种高增益、低功率、窄带宽可调光放大器。低功率是一很大的优点，使其可采用低功率的半导体激光二极管作为泵浦光源，即可获得几十分贝的增益。可调窄带宽使其可用于光频分复用系统中，作为窄带滤波器、选频光放大器和光解复用器，在相干和多信道光波通信系统中有一定用处。光纤布里渊放大器的低阈值和高增益

特性虽然是一种有益的因素,但在一般多信道系统中,又是一种有害因素,它将限制信道间隔不能太窄,信道数不能太多,同时限制了信号功率不能太高,限制了通信距离的提高。常采用增大泵浦光源的谱线宽度和提高受激布里渊散射的阈值功率的方法来降低上述影响。

习题与思考题

1. 比较激光振荡器和放大器的异同点。

2. 试分析小信号和大信号通过放大器之后的特点(分析三种情况下能量增益公式的物理意义)。

3. 为什么放大器可以压窄脉冲宽度?它与锁模压窄脉宽有什么区别?

4. 一个 694.3nm 的矩形光脉冲信号输入红宝石激光放大器,已知信号满足 $2\sigma I_0\tau=1$,放大器介质的长度 $L=2/(\sigma\Delta n_0)$。试求脉冲经过放大器后前沿和后沿的功率增益各为多少?

5. 一个 YAG 激光放大器,$\Delta n_0=6\times10^{17}\,\mathrm{cm}^{-3}$,$\sigma_{12}=5\times10^{-19}\,\mathrm{cm}^2$,对一矩形光脉冲放大,已知光束截面是 $0.5\mathrm{cm}^2$,光子能量 $h\nu=1.86\times10^{-19}\,\mathrm{J}$,脉宽为 10ns,能量为 50mJ,若要求放大到 200mJ,试求放大介质的长度应为多少?

6. 钕玻璃长脉冲放大器,棒长 20cm,介质的损耗系数 $\delta=0.005\mathrm{cm}^{-1}$,受激辐射截面 $\sigma_{21}=3.03\times10^{-20}\,\mathrm{cm}^2$,自发辐射几率 $A=3.3\times10^4\,\mathrm{s}^{-1}$,总的粒子数密度 $n=2.83\times10^{20}\,\mathrm{cm}^{-3}$,上能级的粒子数密度 $n_2=2.83\times10^{18}\,\mathrm{cm}^{-3}$,泵浦抽运概率 W_p 与 A 之比近似等于 n_2/n,试求小信号增益。

参考文献

《固体激光导论》编写组. 1974. 固体激光导论. 上海:上海人民出版社

《激光物理学》编写组. 1976. 激光物理学. 上海:上海人民出版社

黄德修 等. 1987. 半导体激光放大器的理论与实验研究. 中国激光,15(7)

蓝信钜 等. 1991. 激光器件与技术(II). 武汉:华中理工大学出版社

天津大学编译. 1972. 激光技术. 北京:科学出版社

王赫,范滇元. 1985. 用腔内自注入技术和铁氧体线技术产生脉宽可调的纳秒光脉冲. 中国激光,3(12)

吴鸿兴 等. 1993. 自注入再生放大 Nd:YAG 激光器的研究. 中国科学技术大学学报

杨祥林 等. 2000. 光放大器及其应用. 北京:电子工业出版社

Arecchi F T, Schulz-Dubois E O. 1972. Laser Handbook. North-Holland Publishing Company

Cabezas A Y, Mallister G L. 1967. Gain saturation in neodymium: glass laser amplifiers, J. Appl. Phys., 38(9): 3487-3491

Earl L S, Walter C D. 1965. Laser amplifiers. J. Appl. Phys., 36(2): 348-351

Koechner W. 1976. Solid-State Laser Engineering. New York: Springer Verlag. (华光译. 北京:科学出版社,1983)

Lowdermilk W H, et al. 1980. Regenerative Amplifier. 激光与红外

Siegman A E. 1986. Lasers. Printed in the United States of America

Whitley T J. 1995. A Review of recent system demonstration incorporating 1.3 μm praseodymiumdoped fluoride fiber amplifiers, J. Lightwave Technology, 13(5): 744-760

Yamamoto Y. 1980. Characteristics of AlGaAs Fabry-Perot cavity type laser amplifiers, IEEE J. Quantum Electron., 16(10): 1047-1058

第5章 模式选择技术

5.1 概述

激光的许多应用领域要求激光束具有很高的光束质量(即方向性或单色性很好),但是一般的激光器难以满足这种要求。进一步提高光束质量的方法是,对激光谐振腔的模式进行选择。模式选择技术可分为两大类:一类是横模选择技术,它能从振荡模式中选出基横模 TEM_{00},并抑制其他高阶模振荡,基模衍射损耗最小,能量集中在腔轴附近,使光束发散角得到压缩,从而改善其方向性;另一类是纵模选择技术,它能限制多纵模中的振荡频率数目,选出单纵模振荡,从而改善激光的单色性。

5.1.1 模式的基本概念

只有具有一定的振荡频率和一定的空间分布的特定光束能够在腔内形成"自再现"振荡。在激光技术的术语中,通常将光学谐振腔内可能存在的这种特定光束称为腔的模式。不同的谐振腔具有不同的振荡模式,因此选择不同的谐振腔就可以获得不同的输出光束形式。

腔内电磁场在垂直于其传播方向 z 的横向 x-y 面内存在的稳定场分布,称为**横模**。不同的横模对应于不同横向稳定的光场分布和频率。

激光的模式一般用符号 TEM_{mn} 来标记,其中 TEM 表示横向电磁场。m、n 为横模的序数,用正整数表示,它描述镜面上场的节线数。

将 $m=n=0$ 的模式,即 TEM_{00} 称为基模,它是光斑的最简单结构,模的场集中在反射镜中心。其他的横模称为高阶横模,即在镜面上将出现场的节线(即振幅为 0 的位置)且场分布的"重心"也将靠近镜面的边缘。

图 5.1-1 所示为几个低阶横模的光场强度分布照片。不难看出,横模阶数越高,光强分布就越复杂且分布范围越大,因而其光束发散角越大。反之,基模(TEM_{00})的光强分布图案呈圆形且分布范围很小,其光束发散角最小,功率密度最大,因此亮度也最高,而且这种模式的径向强度分布是均匀的。有许多应用不仅要求高的激光功率,而且还要求小的发散角,故设法选出单横模激光是很必要的。例如,在精细的激光加工(焊接、打孔、微调等)应用中,要求激光束经聚焦后具有很小的光斑;由应用光学可知,其光斑直径 $d=f\theta$(f 为透镜焦距,θ 为光束发散角)。因为透镜焦距 f 是有一定限度的,所以为了减小 d 值,应尽量减小光束发散角 θ。又如,在激光通信、雷达和测距等应用领域,希望作用距离尽可能大。理论分析表明,作用距离 S 与光束发散角 θ 的平方根成反比(即 $S\propto\theta^{-1/2}$),故也希望发散角 θ 以小为好。经过选模之后,输出功率可能有所降低,但由于发散度的改善,其亮度可提高几个数量级,而且聚焦后,可以产生一个衍射极限的光斑(即对特定激光束直径和模式所能达到的最小焦斑)。

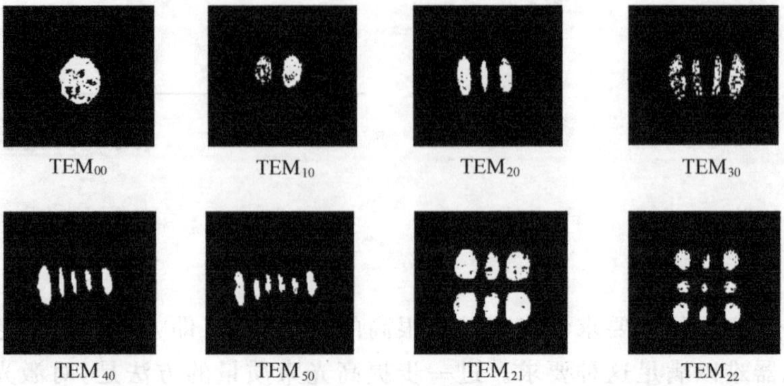

(a) 方形镜共焦腔的模式

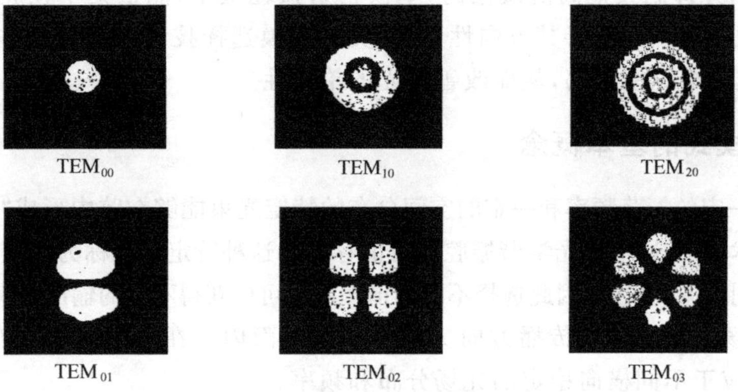

(b) 圆形镜共焦腔的模式

图 5.1-1 不同横模的光场强度分布

所谓**纵模**,就是指沿谐振腔轴线方向上的激光光场分布。对于一般腔长的激光器,往往同时产生几个甚至几百个纵模振荡,纵模个数取决于激光的增益曲线宽度及相邻两个纵模的频率间隔。例如,腔长 $L=1\text{m}$,$\Delta\nu=c/(2nL)=150\text{MHz}$,则计算得到各类激光器可能产生振荡的纵模数如表 5.1-1 所示。有许多应用(如精密干涉测长、全息照相、高分辨率光谱学等)均要求单色性、相干性极好的激光作为光源,即需要单频激光,所以纵模选择技术是单频激光器运转的必要手段。

表 5.1-1 各类激光器的光谱特性

工作物质	工作荧光谱线条数	主要工作荧光谱线中心波长	荧光谱线宽度	激光振荡频率范围	纵模数($L=1\text{m}$)	备注
红宝石(晶体)	单条(R_1 线)	0.694 3μm	0.3~0.5nm	0.02~0.05nm	~10^2	300K
YAG:Nd^{3+}(晶体)	单 条	1.06μm	0.7~1nm	0.03~0.06nm	~10^2	300K
钕玻璃	单 条	1.06μm	20~30nm	5~13nm	~10^4	300K
He-Ne(原子气体)	单条或多 条	0.632 8μm 1.153μm	1~2GHz	1GHz	~6	

续表

工作物质	工作荧光谱线条数	主要工作荧光谱线中心波长	荧光谱线宽度	激光振荡频率范围	纵模数 (L=1m)	备注
Ar^+（离子气体）	多　条	0.488 0μm 0.514 5μm	5～6GHz	4GHz	～25	
CO_2（分子气体）	多　条	10.57μm[P(18)] 10.59μm[P(20)] 10.61μm[P(22)] 10.63μm[P(24)]	52MHz			
若丹明 6G（有机染料液体）	单谱带	0.565μm		5～10nm	～10^4	
GaAs(PN 结二极管)	单谱带	840nm	17.5nm	3nm	～10	77K

5.1.2　横模的形成

设平行平面谐振腔如图 5.1-2(a)所示，两块反射镜的直径为 $2a$，间距为 L(即腔长)。由于谐振腔反射镜的几何尺寸是有限的，所以当光波在两镜间往返传播时，必然会因镜边缘的衍射效应而产生损耗。在决定腔中激光振荡稳定场分布的形成时，衍射起主要作用。下面分析图 5.1-2(a)所示的光波在理想平行平面腔中的传播过程。设初始时刻在镜 1 上有某个场分布 u_1，则光波在腔镜中由镜 1 传到镜 2 时，将在镜 2 上产生一个新的场分布 u_2，场 u_2 经过第二次传播后又将在镜 1 上产生一个新的场分布 u_3，每经过一次传播，光波因衍射而损失一部分能量，并且衍射还将引起能量分布的变化。因此，经过一次往返传播之后所生成的场 u_3 不仅振幅小于 u_1，而且其分布可能与 u_1 不同。以后，u_3 又产生 u_4……，这一过程将一直往返继续下去。理论分析表明，经过足够多次的往返传播之后，

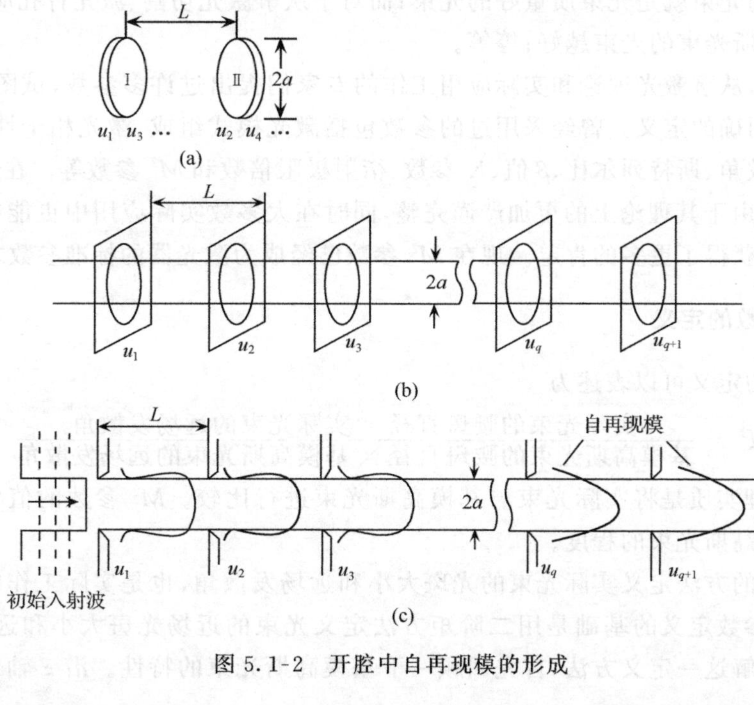

图 5.1-2　开腔中自再现模的形成

腔内形成这样一种稳态场,它的相对分布不再受衍射影响,它在腔内往返一次后能够"自再现"出发时的场分布。这种稳态场经一次往返后唯一可能的变化,仅是镜面上各点的场振幅按同样的比例衰减,各点的相位发生同样大小的滞后。这种在腔反射镜面上经过一次往返传播后能"自再现"的稳定场分布称为自再现模或横模。若两个镜面是完全相同的对称腔,那么这种稳定场分布经单程传播后即实现自再现。

初始入射波的形状在一定意义上是无关紧要的。原则上说,其他初始入射波也能形成自再现模。当然,由不同的初始入射波所得到的最终稳态场分布可能是各不相同的,这就预示了腔模式的多样性。

实际的物理过程是,腔中的任何振荡都是从某种偶然的自发辐射开始的,而自发辐射服从统计规律,因而可以提供各种不同的初始分布。衍射在这里起着某种"筛子"的作用,它将其中能够存在的自再现模筛选出来。

5.1.3 实际激光束的传输规律

激光器的输出光束模式首先取决于谐振腔的具体形式,同时还取决于激活介质的尺寸和分布、光腔的调整状态和光学元件的实际质量等许多因素。实际激光器往往很难从理论上给出输出光束的光场分布,同时也很难实际测量出输出光束的光场分布。

在实际工作中如何判断一个激光器的实际输出光束,这是所有从事激光应用的技术专家的基本问题,也是一个很难确切回答的问题。任何一位技术专家都会经常听到或者用到"光束质量"这个词,但是长期以来,关于这个词的确切物理含义却并不统一,甚至其含义经常是模糊的。比如,对于从事激光全息应用的专家,相干性好的光束就是光束质量好的光束;对于从事激光雷达、激光遥感和激光武器这类需要远距离传送激光能量的专家,方向性好的光束就是光束质量好的光束;而对于从事激光切割、激光打孔应用的专家,越接近基模高斯光束的光束越好;等等。

长期以来,从事激光理论和实际应用工作的专家们提出过许多参数,试图对"光束质量"给出一个明确的定义。曾经采用过的参数包括激光模式组成、激光相干性、聚焦光斑尺寸、远场发散角、斯特列尔比、β值、K 参数、衍射极限倍数和 M^2 参数等。在所有这些参数中,M^2 参数由于其理论上的更加严谨完整,同时在大多数实际应用中更能够真实反映光束的优劣而获得了更多的肯定。现在 M^2 参数已经成为激光器的标准参数之一。

1. M^2 参数的定义

M^2 参数的定义可以表述为

$$M^2 = \frac{\text{实际光束的腰斑直径} \times \text{实际光束的远场发散角}}{\text{基模高斯光束的腰斑直径} \times \text{基模高斯光束的远场发散角}}$$

M^2 参数的物理实质是将实际光束与基模高斯光束进行比较。M^2 参数的值代表了实际光束偏离基模高斯光束的程度。

采用统一的方法定义实际光束的光斑大小和远场发散角,也是实际工作中必须解决的问题。M^2 参数定义的基础是用二阶矩方法定义光束的近场光斑大小和远场发散角。为了更好地理解这一定义方法,首先回顾一下基模高斯光束的特性。沿 z 轴传输的一维

基模高斯光束的横截面内光强分布可以表示为

$$I(x,z)=E(x,z)E^*(x,z)=\sqrt{\frac{1}{2\pi}}\frac{1}{w(z)}\exp\left[-\frac{2x^2}{w^2(z)}\right] \tag{5.1-1}$$

式中，$w(z)$为基模高斯光束的光斑半径。设基模高斯光束的腰斑半径为 w_0，腰斑位置为 z_0，则有

$$w^2(z)=w_0^2+\frac{\lambda^2}{\pi w_0^2}(z-z_0)^2 \tag{5.1-2}$$

理想基模高斯光束的重要特点是其傅里叶变换角谱分布仍然具有高斯分布。空间频率角谱分布为

$$I(\theta_x)=E(\theta_x)E^*(\theta_x)=2\sqrt{2\pi}w_0\exp\left(-\frac{2\pi^2}{\lambda^2}w_0^2\theta_x^2\right) \tag{5.1-3}$$

式中，θ_x 为平面波矢与 x 轴的夹角。根据傅里叶光学，有

$$E(\theta_x)=\int_{-\infty}^{+\infty}E(x,z)\exp\left(-\mathrm{i}2\pi\frac{\theta_x}{\lambda}x\right)\mathrm{d}x \tag{5.1-4}$$

空间频率角谱分布 $I(\theta_x)$即代表了光束的远场发散角分布。高斯分布 $I(x,z)$和$I(\theta_x)$的均方差分别为

$$\begin{aligned}\sigma_x(z)&=w(z)/2\\ \sigma_{x0}&=w_0/2\\ \sigma_{\theta_x}&=\lambda/(2\pi w_0)\end{aligned} \tag{5.1-5}$$

或者可以重新将光束直径写为

$$\begin{aligned}D_x(z)&=2w_x(z)=4\sigma_x(z)\\ D_{x0}&=2w_{x0}=4\sigma_{x0}\end{aligned} \tag{5.1-6}$$

相应地，基模高斯光束远场发散全角可以写为

$$\theta_x=4\sigma_{\theta_x}=\frac{2\lambda}{\pi w_{x0}} \tag{5.1-7}$$

将基模高斯光束的腰斑与远场发散角相乘得

$$D_{x0}\cdot\theta_x=4\lambda/\pi \tag{5.1-8}$$

从上面关于高斯光束的简单分析可见，光场分布的均方差值与光束的光斑大小和远场发散角之间一一对应。光束的光场分布的均方差值代表了光束偏离中心的程度，光束在横截面内偏离中心的程度代表了光束的光斑尺寸，光束在远场传播方向偏离中心传播方向的程度代表了光束的远场发散角。高斯光束的上述特性提醒人们可以利用光场分布的均方差值来表示一般光束的近场光斑大小和远场发散角，从而给出一般光束的光斑大小和远场发散角的统一定义。

考虑一个横截面内光场分布为 $I(x,y,z)$、相应的空间频率角谱域内光场分布为 $I(\theta_x,\theta_y)$的任意光束，可以求出其均方差值分别为

$$\sigma_x^2(z)=\frac{\iint(x-\overline{x})^2I(x,y,z)\mathrm{d}x\mathrm{d}y}{\iint I(x,y,z)\mathrm{d}x\mathrm{d}y}$$

$$\sigma_y^2(z) = \frac{\iint (y-\bar{y})^2 I(x,y,z)\mathrm{d}x\mathrm{d}y}{\iint I(x,y,z)\mathrm{d}x\mathrm{d}y}$$

$$\sigma_{\theta_x}^2 = \frac{\iint (\theta_x-\bar{\theta}_x)^2 I(\theta_x,\theta_y)\mathrm{d}\theta_x\mathrm{d}\theta_y}{\iint I(\theta_x,\theta_y)\mathrm{d}\theta_x\mathrm{d}\theta_y} \tag{5.1-9}$$

$$\sigma_{\theta_y}^2 = \frac{\iint (\theta_y-\bar{\theta}_y)^2 I(\theta_x,\theta_y)\mathrm{d}\theta_x\mathrm{d}\theta_y}{\iint I(\theta_x,\theta_y)\mathrm{d}\theta_x\mathrm{d}\theta_y}$$

其中

$$\bar{x}(z) = \frac{\iint xI(x,y,z)\mathrm{d}x\mathrm{d}y}{\iint I(x,y,z)\mathrm{d}x\mathrm{d}y}$$

$$\bar{y}(z) = \frac{\iint yI(x,y,z)\mathrm{d}x\mathrm{d}y}{\iint I(x,y,z)\mathrm{d}x\mathrm{d}y}$$

$$\bar{\theta}_x = \frac{\iint \theta_x I(\theta_x,\theta_y)\mathrm{d}\theta_x\mathrm{d}\theta_y}{\iint I(\theta_x,\theta_y)\mathrm{d}\theta_x\mathrm{d}\theta_y} \tag{5.1-10}$$

$$\bar{\theta}_y = \frac{\iint \theta_y I(\theta_x,\theta_y)\mathrm{d}\theta_x\mathrm{d}\theta_y}{\iint I(\theta_x,\theta_y)\mathrm{d}\theta_x\mathrm{d}\theta_y}$$

分别代表光束中心坐标和光束中心传输方向角。可以证明

$$\begin{aligned}\bar{x}(z) &= \bar{x}_0 + \bar{\theta}_x \cdot z \\ \bar{y}(z) &= \bar{y}_0 + \bar{\theta}_y \cdot z\end{aligned} \tag{5.1-11}$$

即光束中心以直线传输。

对应于基模高斯光束的结果,国际标准化组织(ISO)将任意光束的光斑直径和远场发散角定义为

$$\begin{aligned}D_x(z) &= 4\sigma_x(z) \\ D_y(z) &= 4\sigma_y(z) \\ \theta_x &= 4\sigma_{\theta_x} \\ \theta_y &= 4\sigma_{\theta_y}\end{aligned} \tag{5.1-12}$$

利用 Collins 公式可以证明,在自由空间中对于任意光束满足

$$\begin{aligned}D_x^2(z) &= D_{x0}^2 + \theta_x^2(z-z_0)^2 \\ D_y^2(z) &= D_{y0}^2 + \theta_y^2(z-z_0)^2\end{aligned} \tag{5.1-13}$$

式中,D_{x0}、D_{y0} 为光束的腰斑,即 $D_x(z)$、$D_y(z)$ 的最小值。这一公式与基模高斯光束在自由空间中的传输公式完全一致。由此可见,在上述二阶矩定义方式下,只要已知 D_0、θ 以

及 z_0，则光束在自由空间中的传输就是完全确定的。

采用上述二阶矩的方法可以定义任意光束的腰斑和发散角。在此基础上，任意实际光束的 M^2 参数就可以写为

$$M_x^2 = \frac{D_{x0} \cdot \theta_x}{D_{0\mathrm{TEM}_{00}} \cdot \theta_{\mathrm{TEM}_{00}}} = \frac{D_{x0} \cdot \theta_x}{4\lambda/\pi}$$
$$M_y^2 = \frac{D_{y0} \cdot \theta_y}{D_{0\mathrm{TEM}_{00}} \cdot \theta_{\mathrm{TEM}_{00}}} = \frac{D_{y0} \cdot \theta_y}{4\lambda/\pi} \tag{5.1-14}$$

可以证明，M^2 参数 $\geqslant 1$，M^2 参数 $=1$ 代表一个理想的基模高斯光束。实际激光束不可能是一个理想的基模高斯光束，因此实际光束的 M^2 参数总是大于 1 的，目前报道的实际激光器产品中最小的 M^2 参数为 1.1。M^2 参数越大则表明实际光束偏离基模高斯光束的程度越大。从式(5.1-14)可以看出，在同样的腰斑直径条件下，该实际光束的衍射发散越快。因此，从这个角度来说，M^2 参数表征了一个实际光束的传输特性，所以 M^2 参数又称为光束传输因子。

对于一个中心圆形对称光束，有

$$\sigma_r^2(z) = \sigma_x^2(z) = \sigma_y^2(z)$$
$$\sigma_\theta^2 = \sigma_{\theta_x}^2 = \sigma_{\theta_y}^2 \tag{5.1-15}$$

相应地，有

$$D(z) = 4\sigma_r$$
$$\theta = 4\sigma_\theta$$
$$D^2(z) = D_0^2 + \theta^2 (z - z_0)^2 \tag{5.1-16}$$
$$M^2 = \frac{D_0 \cdot \theta}{4\lambda/\pi}$$

2. 二阶矩定义下光束参量传输的广义 ABCD 法则

假定一个任意光束经过一焦距为 f 的薄透镜，如图 5.1-3 所示。D_0、D'_0 分别为透镜前后两光束的腰斑直径，θ、θ' 分别为透镜前后两光束的远场发散角，L、L' 分别为透镜前后两光束腰斑位置到薄透镜的距离。为方便起见，假定光束是圆对称光束。

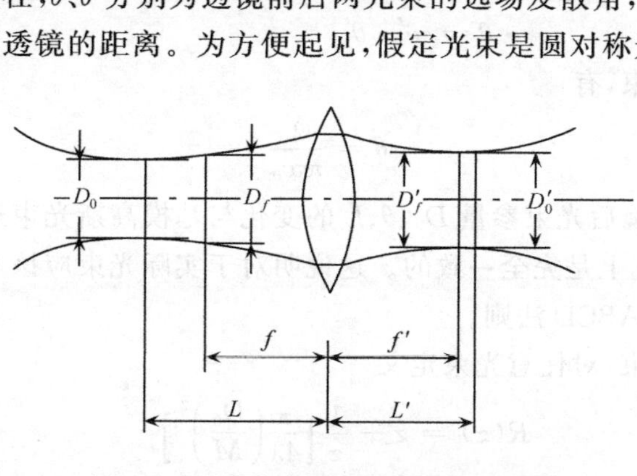

图 5.1-3　光束参量通过薄透镜的变换

根据薄透镜的傅里叶变换规律，透镜前焦面上(x_f, y_f)点的光场对应于透镜后光束中方向角为$(\theta'_x = x_f/f, \theta'_y = y_f/f)$的平面波谱分量。也就是说，透镜前焦面上$(x_f, y_f)$点

的光场通过透镜后变为方向角为($\theta'_x = x_f/f, \theta'_y = y_f/f$)的平面波。由此可得

$$D_f = f \cdot \theta' \tag{5.1-17}$$

式中,D_f 为透镜前焦平面处的光斑直径。D_f 满足

$$D_f^2 = D_0^2 + \theta^2 (L - f)^2 \tag{5.1-18}$$

综合上面两式,得

$$\theta'^2 = \left(\frac{D_0}{f}\right)^2 + \theta^2 \left(\frac{L-f}{f}\right)^2 \tag{5.1-19}$$

同样,根据傅里叶变换,有

$$D'_f = f \cdot \theta \tag{5.1-20}$$

式中,D'_f为透镜后焦平面处的光斑直径,满足

$$D'^2_f = D'^2_0 + \theta'^2 (L' - f)^2 = (f \cdot \theta)^2 \tag{5.1-21}$$

根据薄透镜定义,透镜前后进出表面上的光束振幅分布相同,因此

$$D_{透镜前} = D_{透镜后}$$

即

$$D_0^2 + \theta^2 \cdot L^2 = D'^2_0 + \theta'^2 \cdot L'^2 \tag{5.1-22}$$

通过对上面几个式子的整理,可得

$$\begin{gathered} \frac{1}{D'^2_0} = \frac{1}{D_0^2}\left(1 - \frac{L}{f}\right)^2 + \frac{1}{(f\theta)^2} \\ \frac{L-f}{L'-f} = \frac{D_0^2}{D'^2_0} \\ D_0 \cdot \theta = D'_0 \cdot \theta' \end{gathered} \tag{5.1-23}$$

基模高斯光束通过一个薄透镜时的变换可以通过 ABCD 法则进行分析,通过 ABCD 法则可得

$$\begin{gathered} \frac{1}{w'^2_0} = \frac{1}{w_0^2}\left(1 - \frac{L}{f}\right)^2 + \frac{1}{f^2}\left(\frac{\pi w_0^2}{\lambda}\right)^2 \\ \frac{L-f}{L'-f} = \frac{w_0^2}{w'^2_0} \\ w_0 \cdot \theta = w'_0 \cdot \theta' \end{gathered} \tag{5.1-24}$$

考虑到对基模高斯光束,有

$$\theta = \frac{\lambda}{\pi w_0}$$

则实际光束通过薄透镜后光束参量 D_0、θ、L 的变化与基模高斯光束通过薄透镜后光束参量 w_0、θ、L 的变化实际上是完全一致的。这说明对于实际光束应该与基模高斯光束一样也存在着一个广义的 ABCD 法则。

仿照基模高斯光束,对任意光束定义

$$\begin{gathered} R(z) = z + \frac{1}{z}\left[\frac{\pi}{4\lambda}\left(\frac{D_0}{M}\right)^2\right]^2 \\ \frac{1}{q(z)} = \frac{1}{R(z)} - \mathrm{i}\,\frac{4\lambda}{\pi}\left(\frac{M}{D(z)}\right)^2 \end{gathered} \tag{5.1-25}$$

则实际光束的 $q(z)$参数通过一个可以用光学矩阵描述的光学系统后,满足 ABCD 法则。

实际进行光束传输参量的分析时，可以依照下述方法进行。

首先，构造一个虚拟的基模高斯光束，这个虚拟基模高斯光束腰斑直径为 $2w_0=D_0/M$，腰斑的位置与实际光束腰斑位置一致；然后，求出该基模高斯光束通过光学系统后的腰斑半径 w_0' 和位置；最后，可以直接得出实际光束通过光学系统后的腰斑直径，表示为

$$D_0' = 2Mw_0' \tag{5.1-26}$$

腰斑位置与虚拟基模高斯光束的腰斑位置一致，实际光束通过光学系统后的远场发散角为

$$\theta' = \frac{2M\lambda}{\pi w_0'} \tag{5.1-27}$$

通过上述分析，可以直接得出以下结论。

实际激光器谐振腔中振荡光束的腰斑直径，为该激光器谐振腔中振荡的理想基模高斯光束腰斑直径的 M 倍；实际激光器谐振腔中的振荡光束的远场发散角，为该激光器谐振腔中振荡的理想基模高斯光束远场发散角的 M 倍；实际激光器谐振腔中振荡光束的腰斑位置与该激光器谐振腔中振荡的理想基模高斯光束的腰斑位置一致。实际激光器谐振腔中的振荡光束的 M^2 参数，可以通过实际测量该激光器输出光束的光束参数（腰斑直径和远场发散角）获得。

光束参数（腰斑直径和远场发散角）的测量可以利用式(5.1-13)进行。测量时沿光束传输方向在三个以上不同的位置测量光斑直径，代入式(5.1-13)，组成一个关于 D_0、θ、z_0 的方程组，由此拟合出一条最接近测量结果的与式(5.1-13)相同的二次曲线，由此即可确定 D_0、θ、z_0 三参数。上述测量方法避免直接计算 θ，这种方法也是国际标准化组织认可的标准测量方案。

通过上述推导，还可以得到另外一个非常重要的结论：

$$D_0 \cdot \theta = D_0' \cdot \theta'$$

即实际光束通过线性光学系统后，M^2 参数不变。由此可见，光束的特性不可能通过简单的线性光学系统得到改善。

5.2 横模选择技术

5.2.1 横模选择原理

由激光原理可知，一台激光器的谐振腔中可能有若干个稳定的振荡模，只要某一模的单程增益大于其单程损耗，即满足激光振荡条件，该模式就有可能被激发而起振。设谐振腔两端反射镜的反射率分别为 r_1、r_2，单程损耗为 δ，单程增益系数为 G，激光工作物质长度为 L，则初始光强为 I_0 的某个横模（TEM_{mn}）的光在谐振腔内经过一次往返后，由于增益和损耗两种因素的影响，其光强变为

$$I = I_0 r_1 r_2 (1-\delta)^2 \exp(2GL) \tag{5.2-1}$$

阈值条件为

$$I \geqslant I_0$$

由此得出

$$r_1r_2(1-\delta)^2\exp(2GL)\geqslant 1 \tag{5.2-2}$$

现在考察两个最低阶次的横模 TEM_{00} 模和 TEM_{10} 模的情况，它们的单程损耗分别用 δ_{00} 和 δ_{10} 表示，并认为激活介质对各横模的增益系数相同。若同时满足下列两个不等式：

$$\sqrt{r_1r_2}(1-\delta_{00})\exp(GL)>1 \tag{5.2-3}$$

$$\sqrt{r_1r_2}(1-\delta_{10})\exp(GL)<1 \tag{5.2-4}$$

此时，激光器即可实现单横模(TEM_{00})运转。

那么，如何才能满足上述条件呢？谐振腔存在两种不同性质的损耗：一种是与横模阶数无关的损耗，如腔镜的透射损耗，腔内元件的吸收、散射损耗等；另一种是与横模阶数密切相关的衍射损耗。在稳定腔中，基模的衍射损耗最小，随着横模阶数的增高，其衍射损耗也逐渐增大。为了求出一般情况下横模的 δ_{mn} 值，可利用计算机进行数值求解。图 5.2-1所示为用数值方法得到的对称圆镜稳定球面腔的两个最低阶横模的单程损耗曲线。由图可见，在菲涅耳数 N 值相同的情况下，对称稳定腔的衍射损耗随参数$|g|$的减小而降低。谐振腔对不同阶横模有不同衍射损耗的性能是实现横模选择的物理基础，而适当选择菲涅耳数 N 值，使之满足式(5.2-3)和式(5.2-4)，则可以实现单横模选择的目的。考虑到模式间的竞争，选单横模的条件还可以放宽些，即激光器开始有多个横模满足阈值条件。如果各模式的增益相同，那么因基模的衍射损耗最小，所以在模式竞争中将占优势。一旦基模首先建立起振荡，就会从激活介质中提取能量，而且由于增益饱和效应，工作物质的增益将随之降低。当满足条件

$$\sqrt{r_1r_2}(1-\delta_{00})\exp(GL)=1 \tag{5.2-5}$$

时，振荡趋于稳定。此时，其他横模将因为不再满足阈值条件被抑制掉，故激光器仍可以单横模运转。

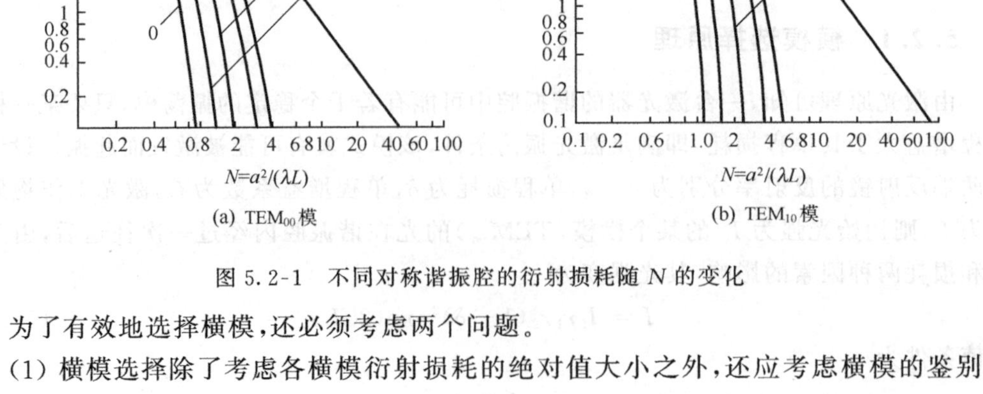

图 5.2-1　不同对称谐振腔的衍射损耗随 N 的变化

为了有效地选择横模，还必须考虑两个问题。

(1) 横模选择除了考虑各横模衍射损耗的绝对值大小之外，还应考虑横模的鉴别能

力，即基模与较高阶横模的衍射损耗的差别必须足够大（即 δ_{10}/δ_{00} 比值大），才能有效地把两个模式区分开来，以易于实现选模，否则，选模就比较困难。横模衍射损耗的差别不仅与不同类型的谐振腔结构有关，而且还与腔的菲涅耳数 N 有关。图 5.2-2 所示为不同 g 因子对称腔的 δ_{10}/δ_{00} 值与菲涅耳数 N 的关系。图 5.2-3 所示为平-凹腔的 δ_{10}/δ_{00} 值与 N 的关系。图中虚线表示 TEM_{00} 模各种损耗值的等损耗线。不同的 N 和 g，损耗值相等的谐振腔都对应于同一条虚线。从图中可以看出，横模的鉴别力随 N 的增加而变强，但衍射损耗随 N 的增加而减小，所以 N 值必须选择适当，才能有效地进行横模选择。另外，虽然共焦腔的 δ_{10}/δ_{00} 大，而平行平面腔的 δ_{10}/δ_{00} 小，但当 N 值不太小时，共焦腔的各横模的衍射损耗一般都很低，与腔内其他非选择性损耗相比也较小，因而就不宜实现选模。而且，共焦腔基模体积很小，所以单模输出功率较低。与此相反，尽管平面腔的 δ_{10}/δ_{00} 值较低，但由于各模的衍射损耗的绝对值较大，只要选择较大的 N 值，就可以选出基模。而且，它的基模体积较大，一旦形成单模振荡，输出功率就比较高。总之，要有效地进行选模，就必须考虑选择合适的腔型结构和合适的菲涅耳数 N 值（在下面选模方法中再分析）。

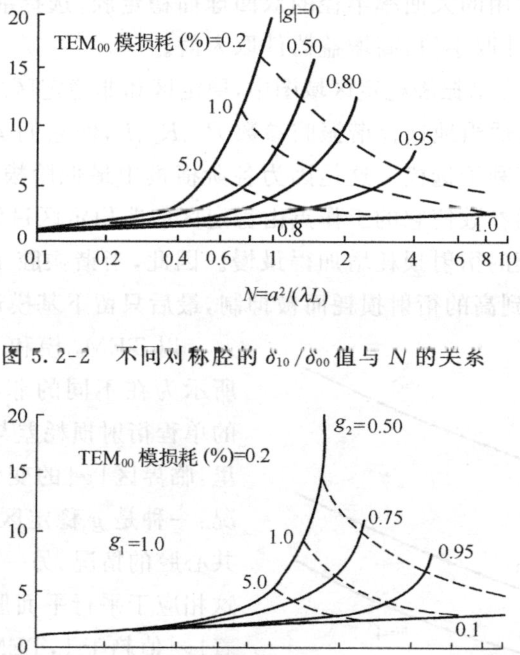

图 5.2-2　不同对称腔的 δ_{10}/δ_{00} 值与 N 的关系

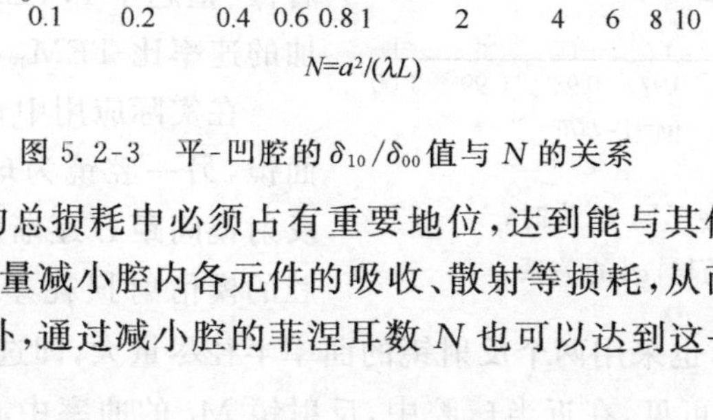

图 5.2-3　平-凹腔的 δ_{10}/δ_{00} 值与 N 的关系

(2) 衍射损耗在模的总损耗中必须占有重要地位，达到能与其他非选择性损耗相比拟的程度。为此，必须尽量减小腔内各元件的吸收、散射等损耗，从而相对增大衍射损耗在总损耗中的比例。另外，通过减小腔的菲涅耳数 N 也可以达到这一目的。

5.2.2　横模选择的方法

横模选择方法可分为两类:一类是改变谐振腔的结构和参数以获得各模衍射损耗的较大差别,提高谐振腔的选模性能;另一类是在一定的谐振腔内插入附加的选模元件来提高选模性能。气体激光器大都采用前类方法,常在设计谐振腔时,适当选择腔的类型和腔参数 g、N 值,以实现基模输出。固体激光器则要采用后类方法,因固体工作物质口径较大,所以为减小菲涅耳数 N,必须在腔内插入选模元件。

1. 谐振腔参数 g 和 N 的选择法

图 5.2-2 所示为共焦腔的 δ_{10}/δ_{00} 比值与菲涅耳数 N 的关系。由图可见,当 N 一定,$|g|$参数小,δ_{10}/δ_{00} 大,但 δ_{00} 和 δ_{10} 值也小,这样要选出基模并抑制高阶模,只有靠减小菲涅耳数 N 来提高模损耗值。因此,从选择基模的角度来说,希望选择小的 g 和 N 值。但是 N 值太小时,模体积很小,输出功率也就很低。所以,为了既能获得基模振荡,又能有较强的输出功率,应在保证基模运转的前提下,适当增加 N 值,直至达到同时满足式(5.2-3)和式(5.2-4)为止。对常用的大曲率半径的双凹球面稳定腔,选择菲涅耳数 N 为 0.5～2.0 比较合适。低增益器件取小值,高增益器件取大值。

从激光原理得知,在谐振腔稳定区域图中,稳定区和非稳定区之间的分界线由 $g_1g_2=1$ 或 $g_1=0$,$g_2=0$ 确定,适当地选择谐振腔参数 R_1、R_2、L,使它们运转于稳定区边缘,即运转于临界工作状态,有利于选模。这是因为各阶横模中最低阶模(TEM_{00}模)的衍射损耗最小,当改变谐振腔的参数使它的工作点由稳定区向非稳定区过渡时,各阶模的衍射损耗都会迅速增加,但基模的衍射损耗增加得最慢。因此,当谐振腔工作点移到某个位置时,所有高阶模就可能受到高的衍射损耗而被抑制,最后只留下基模运转。

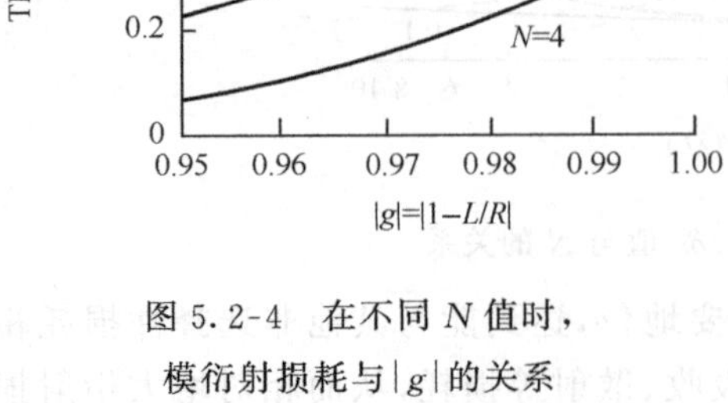

图 5.2-4　在不同 N 值时,模衍射损耗与$|g|$的关系

以 TEM_{00}模和 TEM_{01}模为例,图 5.2-4 所示为在不同的菲涅耳数 N 时,这两个模的单程衍射损耗差与$|g|$的变化关系。在这里,临界区$|g|$的变化($|g|\leqslant 1$)包含两种情况:一种是 g 稳定区值趋近于-1,这相应于共心腔的情况;另一种是 g 稳定区值趋于 1,这相应于平行平面腔的情况。由图可见,随着$|g|$值趋于 1,TEM_{01}模的单程衍射损耗增加的速率比 TEM_{00}模要快得多。

在实际应用中,常常采用一个腔镜为平面镜,另一腔镜为球面镜的稳定腔,通过使反射镜间距 L 逐渐趋于 R 来选模,这类谐振腔的模衍射损耗差与 L 的关系,也可以由图 5.2-4得出。有时,也采用两个反射镜的曲率半径尽量大,即选用$g\rightarrow 1$($g\leqslant 1$)的临界区的方法。由图 5.2-5 可见,在近半球腔中,反射镜 M_1 的曲率中心 O 在平面镜 M_2 附近,反射镜的微小失调使通光孔径(如图中的虚线所示)有所减小,这将会使腔内光束损耗大大增加,引起输出功率下降,甚至发生不振荡的现象。

另外,采用不同的腔型和参数 g、N,也可以选出基模,然而基模的输出功率(或能量)却会因腔型的不同和 g、N 参数的不同而变化,因为基模模体积是随着腔型和 g、N 参数变化而变化的,故为了获得大的功率输出,在设计谐振腔时,还应考虑基模模体积的问题。由谐振腔理论分析可知,在一般稳定球面腔中 TEM_{00} 模的有效光束半径 $w(z)$ 沿腔轴 z 方向是以双曲线规律传输的,如图 5.2-6 所示。其中,w_0 为腔内最小有效光束半径(称为束腰),Δ 为束腰位置与原点间的距离。若只考虑对称腔的情况,则最小有效光束半径为

$$w_0 = (\lambda/2\pi)^{\frac{1}{2}}[L(2R-L)]^{\frac{1}{4}} \tag{5.2-6}$$

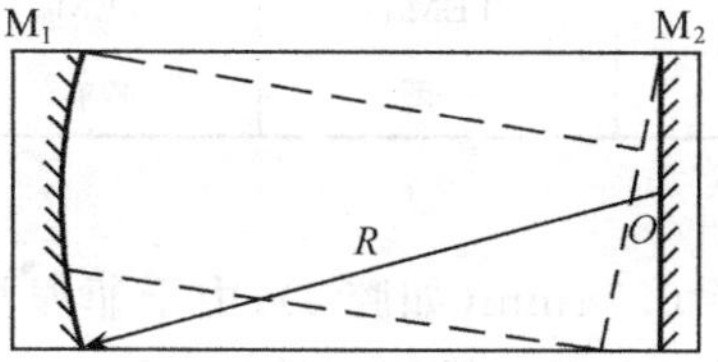

图 5.2-5　失调对半球腔的影响

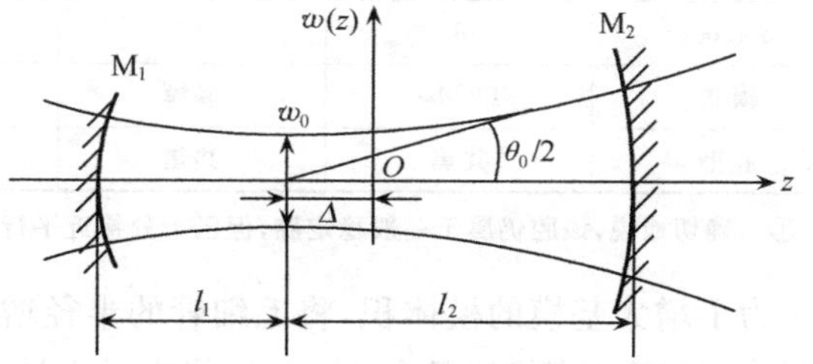

图 5.2-6　稳定球面腔 TEM_{00} 模的有效光束半径

由式(5.2-6)可以得出如下性质。

(1) 当增大腔镜的曲率半径 R 时,最低阶模的光束半径 w_0 也随之增大,从而基模体积也随之增大。

(2) 当曲率半径 R 一定时,w_0 随腔长 L 变化存在一极大值。将式(5.2-6)对 L 微分并令其为零,可得出极大值条件为 $L=R$,即为半共心腔。

由性质(1)可看出,当其他条件相同时,为增大基模体积,应尽可能选较大的曲率半径 R,这种腔在极限情况下就变成了平行平面腔。由性质(2)可看出,在腔镜 R 已确定的情况下,为获得尽可能大的基模体积,应适当拉长腔长 L。这对于平面腔和大曲率半径球面腔是适合的,但对于小曲率半径的球面腔就不适合了。

例如,有一腔长 L 为 1m 的 He-Ne 激光器,其输出镜透过率 $T=1.5\%$。为获得基模输出,可以选择不同的 g、N 参数。表 5.2-1 列出了有关的参数,其中增益 G 是按经验公式 $G=1.25\times10^{-4}\times L/a$ 算出的(L 为腔长,a 为放电毛细管半径)。共有五组不同 g、N 参数的谐振腔。

腔 1 的 $g=0$,这是一个共焦腔,为获得基模输出,应满足 $G\leqslant\delta_{10}+T$(忽略了其他损耗)。为此,可以选择毛细管半径 $a=0.6$mm,可算得 $G=21\%$。根据 g、N 参数可以查得 δ_{10} 为 25%,因而满足条件 $G\leqslant\delta_{10}+T$,故可以获得基模输出。按式(5.2-6)算得 $w_0=0.33$mm,显然该基模体积比较小。

表 5.2-1 He-Ne 激光器不同谐振腔的参数

腔号	1	2	3	4	5
N	0.6	0.9	0.9	1.6	5.1
a/mm	0.6	0.74	0.74	1.0	1.8
G/%	21	16	16	12	6.6
δ_{10}/%	25	3	14.5	10.5	5.1
g	0	0	0.5	0.9	0.99
R/mm	1	1	2	10	100
w_0/mm	0.33	—	0.43	0.70	1.20
δ_{00}/%	3	0.2	2	3	2
δ_{10}/δ_{00}	8	15	7.3	3.5	2.6
模式	TEM_{00}	多模	TEM_{00}	TEM_{00}	TEM_{00}
腔型	共焦	共焦	一般	一般	平平①

① 确切地说,该腔仍属于一般稳定腔,但已十分接近平行平面腔了。

为了增大基模的模体积,将毛细管的半径增大为 $a=0.74$mm(如腔 2),由于菲涅耳数 N 增大,因而 δ_{10} 下降(只有 3%),不能满足上述条件,所以出现多模振荡输出。

为了抑制高阶模,腔 3 至腔 5 在腔 1 的基础上增大 N 值的同时,再适当增大 g 参数值。这样也可以保证基模振荡,而且基模模体积也有所增加。对于 He-Ne 激光器,为增大菲涅耳数而加大毛细管直径,会使小信号增益系数下降。另外,g 参数增大,δ_{10}/δ_{00} 下降了,稳定性就要差一些,调整也有些困难。

通过上述讨论得知,改变谐振腔参数 g、N 可以控制激光振荡模式和模体积。以上均是在腔长 L 为定值的情况下讨论的。实际上,有时也利用增加腔长 L 以减小菲涅耳数 N,即以加大模损耗差来提高选模性能,这主要用于固体激光器和外腔式的气体激光器中。

2. 小孔光阑法选模

采用小孔光阑作为选模元件插入腔内是固体激光器中常用的选模方法,如图 5.2-7 所示。对于共心腔 $R_1+R_2=L$,这种方法尤其有效。由于高阶横模的光腰比基模的大,所以如果光阑的孔径选择得适当,就可以将高阶横模的光束遮住一部分,而基模则可顺利通过。再由衍射理论可知,腔内插入小孔光阑相当于减小腔镜的横截面积,即减小了腔的菲涅耳数 N,因而各阶模的衍射损耗加大。只要小孔光阑的孔径选择适当,TEM_{00} 模和 TEM_{10} 模分别满足式(5.2-3)和式(5.2-4),便可选出基模。图 5.2-8 所示为在共心腔中心处加不同孔径的光阑对 TEM_{00} 模和 TEM_{10} 模衍射损耗的影响。曲线上标明的 N 是反射镜半径对应的菲涅耳数。由图可知,当小孔光阑孔径 r 很小时,两种模式的损耗都很大,二者差别也很小;随着 r 增加,两模式的 δ_{10}/δ_{00} 值增加;在 $ra/(\lambda L)=0.3$ 时,达到最大

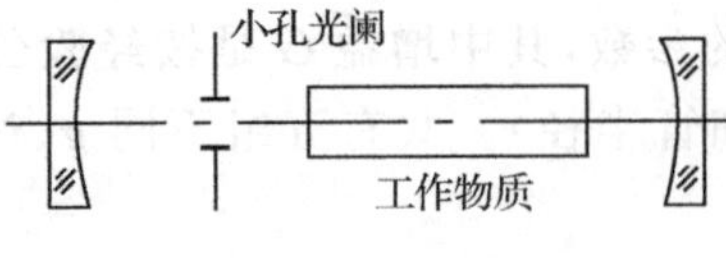

图 5.2-7 小孔光阑选模

(a 为圆形反射镜的半径)，这时 TEM_{10} 模损耗约 20%，而基模损耗仅 1%，光阑孔径为最佳值。若光阑孔径再增大，则两模式损耗都减小，比值也下降；当 $ra/(\lambda L)>0.5$ 时，模式损耗与不加光阑时基本相同。

图 5.2-9 所示为在同一个谐振腔中两个最低阶模衍射损耗比值(δ_{10}/δ_{00})与菲涅耳数 N 的关系。由图可以看出，对固定的 N 值，δ_{10}/δ_{00} 值对某一个光阑孔径有一个极大值，利用此孔径选模最为有利。对于 $N=2.5\sim20$ 的共心腔，$ra/(\lambda L)$ 为 0.28～0.36 更合适。

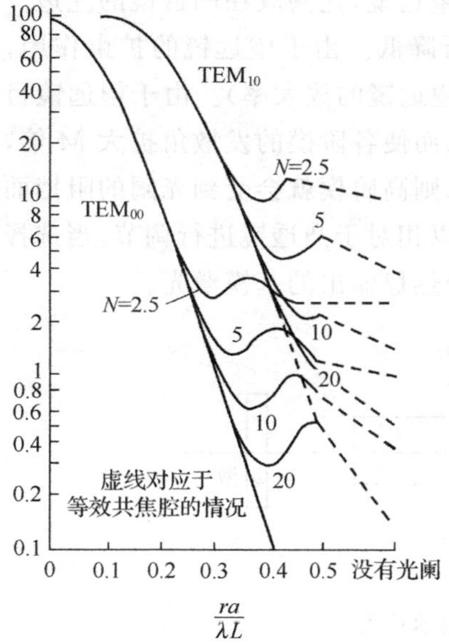

图 5.2-8　共心腔两低阶模衍射损耗与光阑孔径的关系

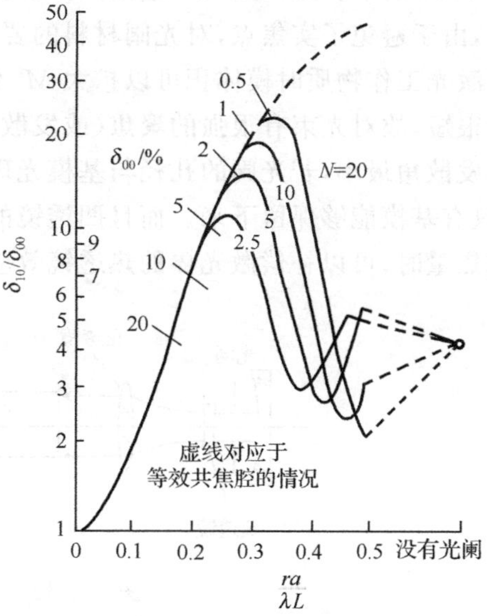

图 5.2-9　共心腔 δ_{10}/δ_{00} 与光阑孔径的关系

在实际工作中，往往是根据上述理论，先选一个小孔半径，再通过实验确定小孔光阑的尺寸，或用可变光阑根据具体要求选择合适的小孔。小孔光阑选模虽然结构简单，调整方便，但受小孔限制，腔内基模体积小，工作物质的体积不能得到充分利用，输出的激光功率比较小，并且当腔内功率密度高时，小孔易损坏。

3. 腔内插入透镜选横模

这种方法是在谐振腔内插入透镜或透镜组配合小孔光阑进行选模，光阑放在透镜的焦点上。这样，光束在腔内传播时可经历较大的空间，具有较大的模体积。图 5.2-10 所示为一种腔内加有两个透镜的选模腔型示意图。以平行平面腔为例，由于透镜的聚焦作用，光束在通过激光工作物质时是平面波，所以模体积占据了整个激活介质体积。光束通过小孔光阑时，光束边缘部分的高阶模因光阑阻挡受到损耗而被抑制掉，所以这种聚焦光阑装置既保持了小孔光阑的选模特性，又扩大了基模体积，可增大激光输出的功率。光阑孔径的大小与透镜的焦距 f 有关，焦距短，小孔的直径小一点；焦距长，则小孔的直径也要大一点。

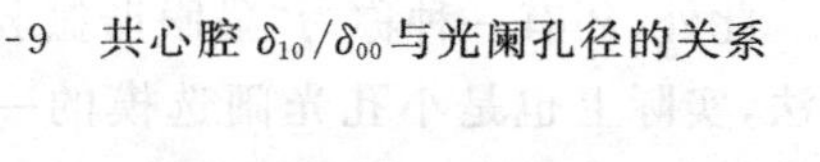

图 5.2-10　聚焦光阑法选模

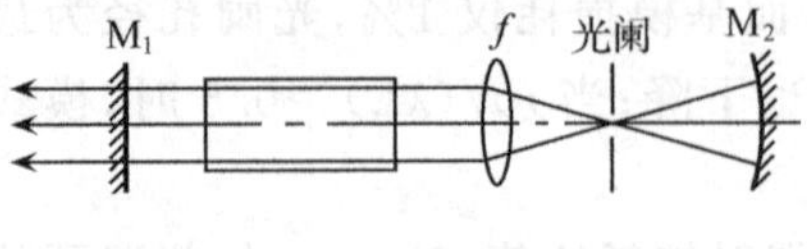

图 5.2-11　单透镜聚焦选模

这种方法虽然扩大了基模模体积，但附加了两个透镜而增加了腔的插入损耗，并给调整带来困难。为了简化系统并减少损耗，可用一个凹面反射镜取代右边的透镜和平面反射镜，如图 5.2-11 所示。但这种结构要求凹面反射镜的曲率中心与透镜的焦点重合。

在腔内插入透镜和光阑选模的基础上又发展了一种腔内加望远镜的方法，其结构如图 5.2-12 所示。腔内插入一组由凹凸透镜构成的望远镜，光阑放在凹透镜的左边。可以看出，由于避免了实焦点，对光阑材料的要求便有所降低。由于望远镜的扩束作用，光束通过激光工作物质时模体积可以扩大 M^2 倍(M 为望远镜的放大率)。由于望远镜目镜的焦距很短，故对光束有很强的聚焦(或发散)作用，从而使各阶模的发散角扩大 M 倍，而基模的发散角最小，若光阑的孔径与基模光斑相比拟，则高阶模就会受到光阑的阻挡而损耗掉，只有基模能够保留下来。而且凹透镜的位置可以相对于凸透镜进行调节，当选择合适的离焦量时，可以补偿激光棒的热透镜效应，而获得热稳输出的基模激光。

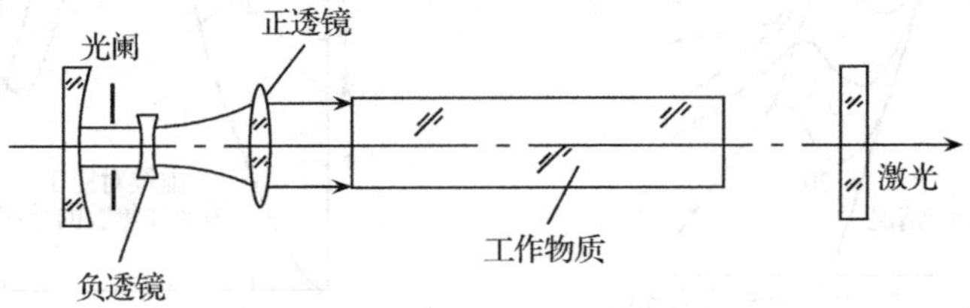

图 5.2-12　望远镜选模示意图

此外，还有一种称为"猫眼谐振腔"的选模方法，实际上也是小孔光阑选模的一种形式，其结构如图 5.2-13 所示。其中，M_1、M_2 都是平面反射镜，腔内放置一个透镜，其焦距为 f，腔长为 $2f$，这种腔结构在几何光路上等价于一个共焦腔。实验表明，当 M_2 处的光阑闭合时模体积能充满整个激光工作物质，在这种情况下，模的选择性基本上接近于共焦腔。这样，不仅减小了发散角，而且也增加了输出功率。

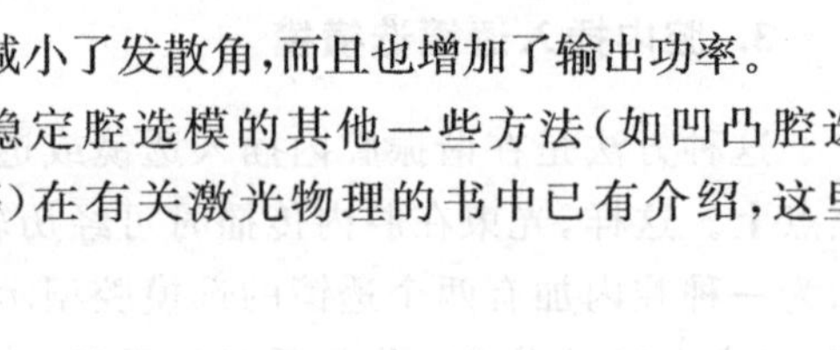

图 5.2-13　猫眼腔选模

以上简要地介绍了几种典型的选模方法，稳定腔选模的其他一些方法(如凹凸腔选模、腔内加临界角反射器选模、利用调 Q 选模等)在有关激光物理的书中已有介绍，这里不再赘述。

4. 非稳腔选模

从激光原理得知，凡是满足非稳定条件 $g_1g_2>1$ 或 $g_1g_2<0$ 的球面谐振腔称为非稳腔。它的特点是存在着固有的光线发散损耗，傍轴光线在腔镜面上经历相继的反射时，每次都向外偏折，离开腔轴线越来越远，以致最后逸出腔外，所以这种腔又称为高损耗腔。

构成非稳腔的形式有多种多样，但实际应用的主要有以下几种。

(1) 双凸腔，由两个凸面镜构成，如图 5.2-14(a)所示。

(2) 平凸腔，由一平面镜和一凸面镜构成，如图 5.2-14(b)所示。

(3) 虚共焦望远镜腔，由一个凹面镜和一凸面镜构成，且两镜具有共同位于腔外的(虚)焦点，如图 5.2-14(c)所示。这种腔可输出发散角很小的光束，是采用较多的一种非稳腔。

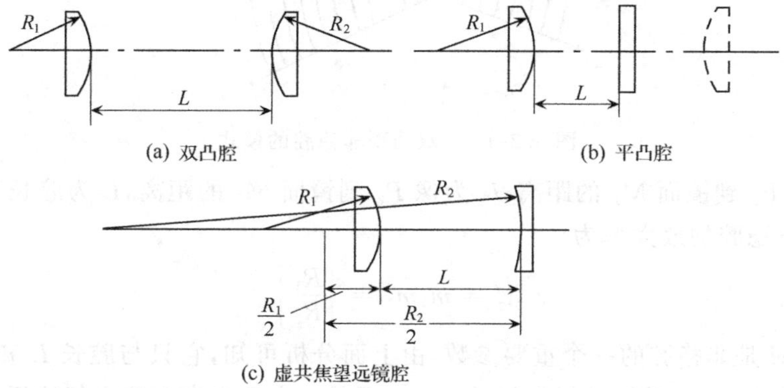

图 5.2-14　三种非稳腔结构示意图

非稳腔与稳定腔相比，有以下一些突出的优点。

(1) 非稳腔有较大的模体积。稳定腔中的光束都集中在腔轴附近，局限在腔内有限的休积内，因此限制了激光工作物质体积的有效利用。而非稳腔内光束具有发散性，振荡的光束可充满腔内整个工作物质，提高了工作物质体积的利用率。因此，即使是单模输出，仍有很大的模体积，从而能获得大功率输出。

(2) 非稳腔容易实现基模振荡。对稳定腔来说，不同振荡模式的衍射损耗相差不大，必须采取选模措施才能实现单模振荡。而非稳腔的几何偏折损耗大，不同振荡模式间的损耗差异很大，即模式鉴别能力高，因此容易抑制高阶模而只让最低阶的基模振荡。

(3) 虚共焦腔的发散角小，其输出光斑直径比稳定腔的光束腰斑大一个量级以上，因而发散角要小一个量级。此外，非稳腔还具有腔内光束均匀和输出耦合易于调节等优点，因此这种腔很适合于高增益、大工作体积的气体和固体激光器。

下面讨论非稳腔的放大率和能量损耗。光在非稳腔中的传播，可以看成在轴上的一对共轭像点 P_1、P_2 在反射镜 M_1、M_2 系统中的几何成像，如图 5.2-15 所示。这样，两个轴上的像点满足往返成像的自洽条件。可以把这两个共轭像点看成两个几何的发光点，由它们发出的两个球面波在腔内往返一次后，球面波的波面保持自洽或实现自再现。这种球面波振荡模式的特点是，在腔内往返多次，其球面波的中心位置保持不变。这种自再现球面波在腔内往返一次，其波面横向尺寸扩大 M 倍。设 $m_1=\frac{a_1'}{a_1}=\frac{l_1+L}{l_1}$为镜 M_1 的单程放大率，$m_2=\frac{a_2'}{a_2}=\frac{l_2+L}{l_2}$为镜 M_2 的单程放大率，则往返放大率为

$$M=m_1m_2=(l_1+L)(l_2+L)/(l_1l_2) \tag{5.2-7}$$

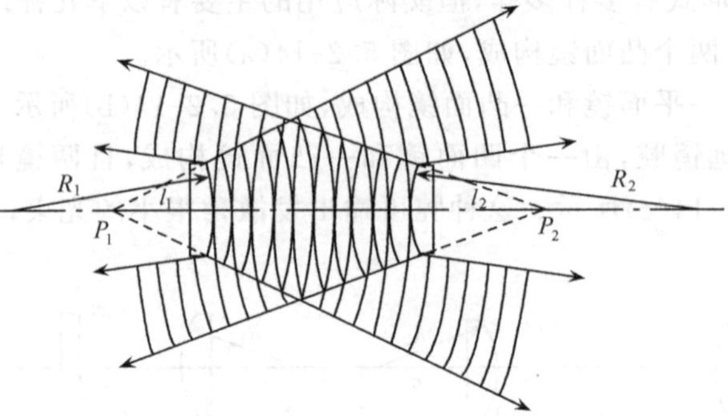

图 5.2-15　双凸型非稳腔的模式

式中，l_1 为像 P_1 到镜面 M_1 的距离，l_2 为像 P_2 到镜面 M_2 的距离，L 为腔长。同样，可求出望远镜型非稳腔的放大率为

$$M = m_1 m_2 = \left|\frac{R_1}{R_2}\right| \tag{5.2-8}$$

放大率 M 是非稳腔的一个重要参数，由上面分析可知，它只与腔长 L 和腔镜的曲率半径 R_1、R_2 有关，而与腔镜的横向尺寸 a_1、a_2 无关。由于光束在腔内每往返一次，横向尺寸将增大 M 倍，所以在往返多次后，腔内光束的模体积便充满整个激活介质，充分利用其工作物质。

非稳腔的能量损耗与几何放大率密切相关。如图 5.2-16 所示，相当于从像点 P_1 发出并全部覆盖 M_1 的球面波到达 M_2 时，其波面尺寸已超过 M_2 的范围，其中只有被 M_2 截住的那部分被反射回来，而超出 M_2 范围的波面将逸出腔外，造成能量损耗。由于自再现的波形是均匀球面波，故能量损耗所占的比例将由超出 M_2 那部分波面的面积与整个波面的面积之比决定，而这一比值与几何放大率有关。经推证得到光在腔内(虚共焦腔)往返一次的能量损耗率为

$$\delta = 1 - \frac{1}{M^2} = 1 - \left(\frac{R_2}{R_1}\right)^2 \tag{5.2-9}$$

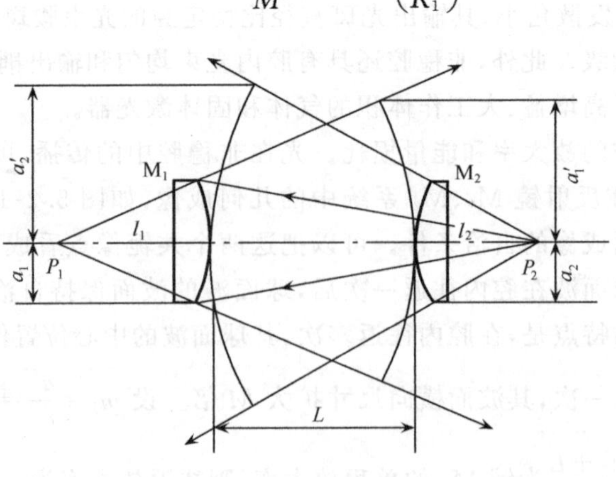

图 5.2-16　双凸非稳腔放大率

由于非稳腔的这种几何偏折损耗大，故易于实现基模振荡，获得接近于衍射极限的单模输出的高质量光束。非稳腔激光器的实例如图 5.2-17 所示，这是一台虚共焦望远镜型非稳腔 CO_2 激光器。放电管材料为玻璃，在腔内放置一倾斜(一般为 45°)的平面反射镜 M_3，镜中心有一通光孔，其直径恰好与振荡的激光束匹配(见图 5.2-18)。此时，满足$M=a_0/a_2$(a_0为凹面镜上的光斑半径，a_2 为 45°平面反射镜 M_3 中心通光孔的半径)，激光束从侧面输出。激光器放电管内径为 2.54cm，5cm 长的环状铝电极安置在两端，电极间距离为 120cm，直流电源的工作电流为 40mA，电压为 10kV，谐振腔长为 160cm，凸镜和凹镜的曲率半径分别为－27m 和＋30m，其中放置有三个耦合反射镜，通光孔径(直径)分别为 1.43cm、1.85cm 和 2.00cm，相应的菲涅耳数分别为 3.6、6.1 和 7.1。采用侧向输出方式，当选用 2.00cm 孔径的耦合反射镜时，基模(TEM_{00})输出功率为 22W。

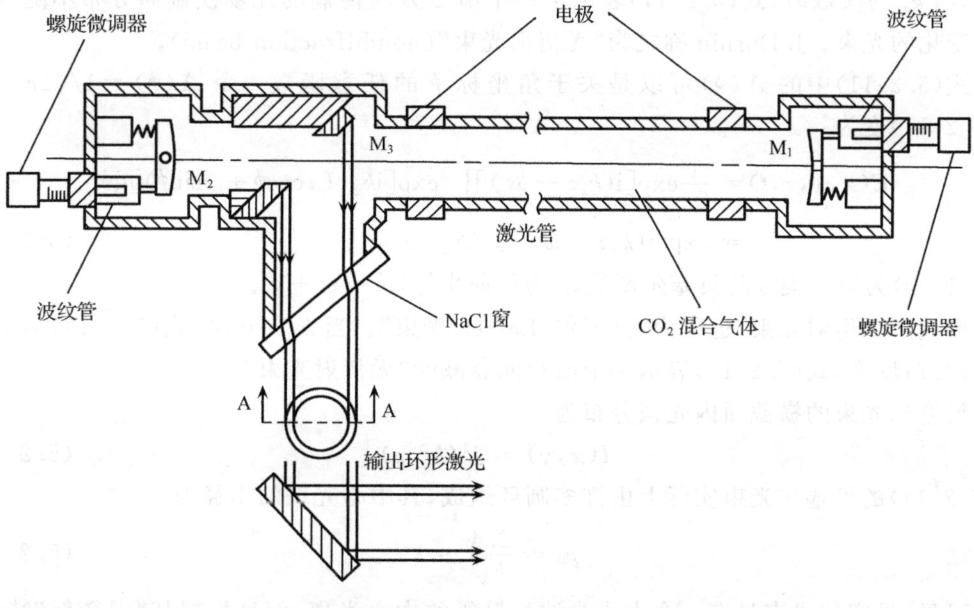

图 5.2-17　非稳腔 CO_2 激光器的结构

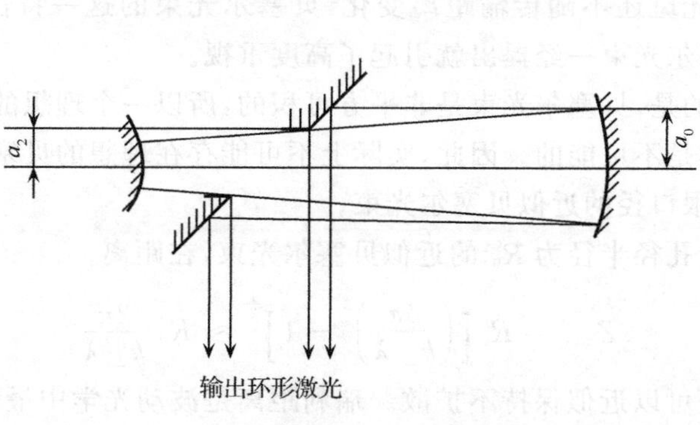

图 5.2-18　通光孔径与光束匹配

*5.2.3 激光的 Bessel 光束形式

J. Durnin 提出,电磁场标量波动方程

$$\left(\nabla^2-\frac{1}{c^2}\frac{\partial^2}{\partial x^2}\right)E(r,t)=0 \tag{5.2-10}$$

的一组严格解为

$$E(x,y,z,t)=\exp[\mathrm{i}(k_z z-\omega t)]\int_0^{2\pi}A(\phi)\exp[\mathrm{i}k_\perp(x\cos\phi+y\sin\phi)]\mathrm{d}\phi \tag{5.2-11}$$

它表示了一个沿 z 轴传输的光束,式中 $k_\perp$、k_z 分别表示横向和 z 向波矢分量,满足

$$k_\perp^2+k_z^2=(2\pi/\lambda)^2 \tag{5.2-12}$$

式(5.2-11)表示的光场的 z 坐标和 x、y 坐标分离,所以该光束的横截面分布不随 z 变化。因此,当 k_z 为实数时,式(5.2-11)表示了一个沿 z 方向传输的光场横截面分布不随传输距离变化的光束。J. Durnin 称之为"无衍射光束"(nondiffraction beam)。

式(5.2-11)中的 $A(\phi)$ 可以是关于角坐标 ϕ 的任意函数。令 $A(\phi)=1/(2\pi)$,则式(5.2-11)变为

$$\begin{aligned}E(x,y,z,t)&=\frac{1}{2\pi}\exp[\mathrm{i}(k_z z-\omega t)]\int_0^{2\pi}\exp[\mathrm{i}k_\perp(x\cos\phi+y\sin\phi)]\mathrm{d}\phi\\&=\exp[\mathrm{i}(k_z z-\omega t)]\mathrm{J}_0(k_\perp\rho)\end{aligned} \tag{5.2-13}$$

式中,$\mathrm{J}_0(x)$ 为第一类零阶贝塞尔函数,ρ 为径向坐标,$\rho^2=x^2+y^2$。

因此,"无衍射光束"也称为"贝塞尔(Bessel)光束"。当 $k_\perp=0$ 时,式(5.2-13)简化成为平面波;反之,式(5.2-13)表示一个沿径向衰减的"无衍射光束"。

贝塞尔光束的横截面内光强分布为

$$I(x,y)=\mathrm{J}_0^2(k_\perp\rho) \tag{5.2-14}$$

式(5.2-14)的贝塞尔光束实际上由许多圆环组成,其中心光斑的半径为

$$\rho_0=\frac{2.4}{k_\perp}\sim\lambda \tag{5.2-15}$$

由此可见,贝塞尔光束具有一个大小为波长量级的中心光斑,而且根据其"无衍射"特性,这个如此小的中心光斑还不随传输距离变化,贝塞尔光束的这一特性是非常吸引人的。也正因为这样,贝塞尔光束一经提出就引起了高度重视。

但是非常遗憾的是,贝塞尔光束是非平方可积的,所以一个理想的贝塞尔光束拥有无穷大的功率,这显然是不可能的。因此,实际上不可能存在理想的贝塞尔光束。实际的贝塞尔光束只能是有限口径的近似贝塞尔光束。

根据分析,对于孔径半径为 R_0 的近似贝塞尔光束,在距离

$$Z_{\max}=R_0\left[\left(\frac{2\pi}{k_\perp\lambda}\right)^2-1\right]^{\frac{1}{2}}\approx R_0\frac{2\pi}{k_\perp\lambda} \tag{5.2-16}$$

内,光束的中心光斑可以近似保持不扩散。瑞利距离是波动光学中最著名的参数之一,表示为

$$Z_{\mathrm{R}}=\frac{\pi r_0^2}{\lambda} \tag{5.2-17}$$

它表示一个光斑半径为 r_0、波长为 λ 的光束能够保持不发散的传输距离。这个距离是光束光斑面积扩大一倍条件下，光束从腰斑开始能够传输的最远距离。一个光斑半径只有 $\rho_0=\dfrac{2.4}{k_\perp}\approx\lambda$ 的光束的瑞利距离为

$$Z_{R\rho_0}=18.2\frac{1}{\lambda k_\perp^2}\tag{5.2-18}$$

由于 $\dfrac{Z_{\max}}{Z_{R\rho_0}}=0.35R_0\cdot k_\perp\gg1$，所以单单从贝塞尔光束中心光斑的传输特征来看，其能够传输的距离远远大于瑞利距离表示的光束传输距离。

当然，上面的结论与 $M^2\geqslant1$ 所表征的光束传输特性并没有矛盾，因为在上面的分析中只考虑贝塞尔光束的中心光斑，而实际上贝塞尔光束在中心光斑之外还有大量的能量存在，它们在二阶矩积分中是必须加以考虑的。

长期以来，人们提出过不同的光束形式，试图突破瑞利距离带来的限制，甚至试图突破 $M^2\geqslant1$ 的限制。由于瑞利距离的定义本身对于光束的所谓"不明显发散"是比较定性的，所以突破瑞利距离的限制本身也就无法明确定义，但 $M^2\geqslant1$ 是可以严格证明的。

5.3　纵模选择技术

5.3.1　纵模选择原理

激光器的振荡频率范围是由工作物质的增益曲线的宽度决定的，而产生多纵模振荡数则是由增益线宽和谐振腔两相邻纵模的频率间隔决定的，即在增益线宽内，只要有几个纵模同时达到振荡阈值，一般都能形成振荡。以 $\Delta\nu_0$ 表示增益曲线高于振荡阈值部分的宽度，相邻纵模的频率间隔为 $\Delta\nu_q$，则可能同时振荡的纵模数为

$$n=\frac{\Delta\nu_0}{\Delta\nu_q}$$

对于一般稳定腔，由衍射理论可知，不同的横模（TEM_{mn}）具有不同的谐振频率，故参与振荡的横模数越多，总的振荡频谱结构就越复杂；当腔内只存在单横模（TEM_{00}）振荡时，其振荡频谱结构才较简单，为一系列分立的振荡频率，其间隔为 $c/(2nL)$。

如果激光工作物质具有多条激光谱线，那么为了实现单纵模选择，首先必须减少工作物质可能产生激光的荧光谱线，使之只保留一条荧光谱线，所以必须用频率粗选法抑制不需要的谱线；其次用横模选择方法选出 TEM_{00} 模，然后在此基础上进行纵模选择。

纵模选择的基本思想：激光器中某一个纵模能否起振和维持振荡主要取决于这一个纵模的增益与损耗值的相对大小，因此，控制这两个参数之一，使谐振腔中可能存在的纵模中只有一个满足振荡的条件，那么激光器即可以实现单纵模运转。对于同一个横模的不同纵模而言，其损耗是相同的，但是不同纵模间却存在着增益差异。因此，利用不同纵模之间的增益差异，在腔内引入一定的选择性损耗（如插入标准具），使欲选的纵模损耗最小，而其余纵模的附加损耗较大，即增大各纵模间净增益差异，只有中心频率附近的少数增益大的纵模建立起振荡。这样，在激光形成的过程中，通过多纵模间的模式竞争机制，最终形成并得到放大的模式是增益最大的中心频率所对应的单纵模。

5.3.2 纵模选择的方法

1. 色散腔粗选频率

如果激光工作物质具有发射多条不同波长的激光谱线，例如，He-Ne 激光器，可发射 632.8nm，1.15μm，3.39μm 三条谱线，那么在纵模选择之前，必须将频率进行粗选，将不需要的谱线抑制掉。通常是利用腔镜反射膜的光谱特性或在腔内插入棱镜或光栅等色散元件，将工作物质发出的不同波长的光束在空间分离，然后设法只使较窄波长区域内的光束在腔内形成振荡，其他波长的光束因不具反馈能力而被抑制掉。

图 5.3-1 所示为腔内插入色散棱镜的粗选装置图。在这种情况下，谐振腔所能选择振荡的最小波长范围由棱镜的角色散和腔内振荡光束的发散角决定。设光线进入棱镜的入射角 α_1 与光线离开棱镜的出射角 α_2 相等，即 $\alpha_1=\alpha_2=\alpha$。

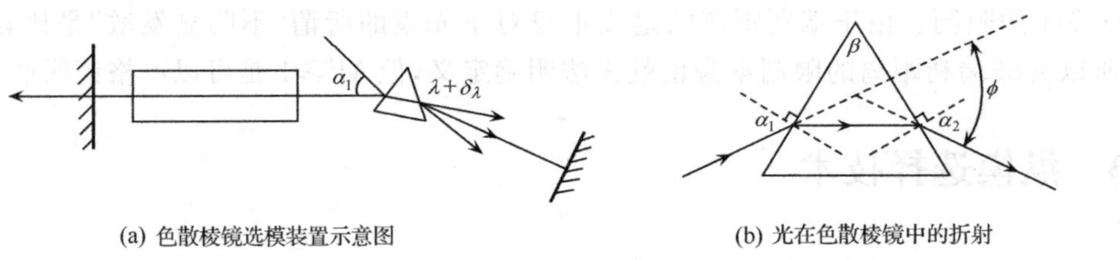

图 5.3-1　色散棱镜粗选原理示意图

根据物理光学分析，有

$$n = \sin\alpha \Big/ \sin\frac{\beta}{2} = \sin\left(\frac{\phi+\beta}{2}\right) \Big/ \sin\frac{\beta}{2} \tag{5.3-1}$$

式中，α_1 为入射角，n 为折射率，β 为棱镜的顶角，ϕ 为偏向角。定义棱镜的角色散率为 $D_\lambda=\dfrac{\mathrm{d}\phi}{\mathrm{d}\lambda}$，即波长每变化 0.1nm 时偏向角的变化量。将式(5.3-1)求导后代入，得

$$D_\lambda = \frac{\mathrm{d}\phi}{\mathrm{d}n}\frac{\mathrm{d}n}{\mathrm{d}\lambda} = \frac{2\sin(\beta/2)}{\sqrt{1-n^2\sin^2(\beta/2)}}\frac{\mathrm{d}n}{\mathrm{d}\lambda} \tag{5.3-2}$$

式中，$\mathrm{d}n/\mathrm{d}\lambda$ 表示不同材料的折射率对波长变化的导数。设腔内光束允许的发散角为 θ，那么由于色散棱镜的分光作用，腔内激光波长所能允许的最小波长分离范围为

$$\Delta\lambda = \frac{\theta}{D_\lambda} = \frac{\sqrt{1-n^2\sin^2(\beta/2)}}{2\sin(\beta/2)\dfrac{\mathrm{d}n}{\mathrm{d}\lambda}}\cdot\theta \tag{5.3-3}$$

对于用玻璃材料制成的棱镜和可见光波段，在 $\theta\approx 1\mathrm{mrad}$ 时，能达到 $\Delta\lambda\approx 1\mathrm{nm}$。这种棱镜色散法对一些激光器进行选择振荡是十分有效的。如氩离子激光器两条强工作谱线为 488nm 和 514.5nm，可采用这种方法进行选择。

另一种色散腔是用一个反射光栅代替谐振腔的一个反射镜，如图 5.3-2 所示。设 d 为光栅栅距(光栅常数)，α_1 为光线在光栅上的入射角，α_2 为光线在光栅上的反射角，则形成光栅衍射主极大值的条件为

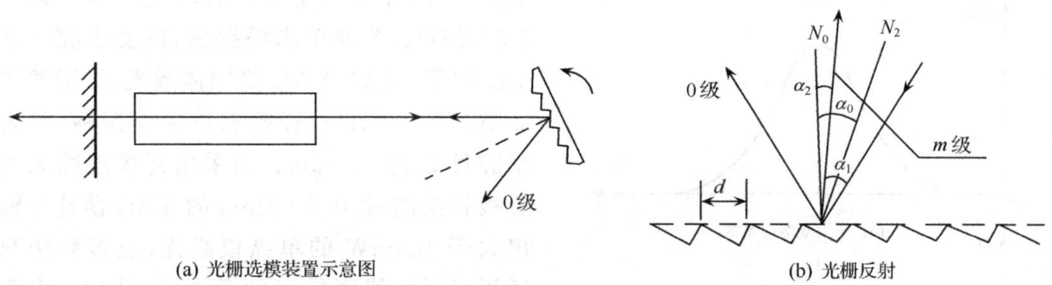

(a) 光栅选模装置示意图　　(b) 光栅反射

图 5.3-2　光栅色散腔

$$d(\sin\alpha_1 + \sin\alpha_2) = m\lambda \tag{5.3-4}$$

式中，$m=0,1,2,\cdots$为衍射级次。由式(5.3-4)可见，当入射角相同时，不同波长的 0 级谱线($m=0$)相互重合而没有色散分光作用。对其他各级谱级，光栅的角色散率可表示为

$$D = \frac{d\alpha_2}{d\lambda} = \frac{m}{d\cos\alpha_2} = \frac{\sin\alpha_1 + \sin\alpha_2}{\lambda\cos\alpha_2} \tag{5.3-5}$$

通常光栅工作在自准直状态下，即 $\alpha_1=\alpha_2=\alpha_0$($\alpha_0$ 为光栅的闪耀角，即光栅平面的法线 N_0 与每条缝的平面的法线 N_2 之间的夹角)，则光栅的角色散率为

$$D_0 = \frac{2\tan\alpha_0}{\lambda} \tag{5.3-6}$$

设腔内允许的光束发散角为 θ，则因光栅色散所能允许的最小分离波长范围为

$$\Delta\lambda = \frac{\theta}{D_0} = \frac{\lambda}{2\tan\alpha_0}\theta \tag{5.3-7}$$

对于可见光谱区，设 $\alpha_0=30°$，$\theta=1\text{mrad}$，则 $\Delta\lambda$ 不到 1nm 量级。由此可见，其色散选择能力比棱镜更高。由于光栅法不存在光束的透过损耗，所以可适用于较宽广的光谱区域的激光器；而且对于光栅色散腔，当适当转动光栅的角度位置时，还可以改变所需要的振荡光谱区。

色散腔法虽然能从较宽范围的谱线中选出较窄的振荡谱线，实现了单条荧光谱线的振荡；但这还只是较粗略的选择，在该条谱线的荧光线宽范围内，还存在着频率间隔为 $\Delta\nu=c/(2nL)$的一系列分立的振荡频率，即多个纵模。要进一步从单条谱线中选出单一的纵模，可以采取如下的一些方法。

2. 短腔法

激光振荡的可能纵模数主要由工作物质的增益线宽 $\Delta\nu_0$ 和谐振腔的纵模间隔 $\Delta\nu_q$ 决定。纵模间隔 $\Delta\nu_q=c/(2nL)$与腔长成反比，因此选择单纵模的方法之一是缩短谐振腔的长度 L，以增大 $\Delta\nu_q$，使得在 $\Delta\nu_0$ 范围内只存在一个纵模，而其余的纵模都位于 $\Delta\nu_0$ 之外，如图 5.3-3 所示，这就是短腔法选纵模。此法简单、实用，特别适用于小功率气体激光器。如 He-Ne 激光器，当腔长 $L=1\text{m}$ 时，其纵模间隔 $\Delta\nu_q=c/(2nL)=150\text{MHz}$(设 $n=1$)，在增益线宽 $\Delta\nu_0=1\ 500\text{MHz}$ 范围内可能有 10 个纵模振荡；当腔长 L 缩短到 10cm 时，$\Delta\nu_q=1\ 500\text{MHz}$，此时就只能有一个纵模振荡。实际上，有些激光器不可能采用这种方法。例

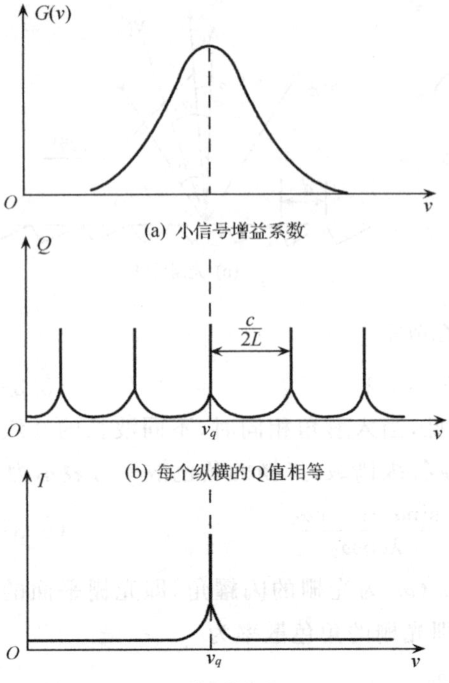

(a) 小信号增益系数

(b) 每个纵横的Q值相等

(c) 单纵模输出

图 5.3-3　短腔法选模原理

如，Ar^+ 离子激光器，它的增益线宽 $\Delta\nu_0=5\ 500\text{MHz}$，若要单纵模振荡，就要求腔长在 3cm 以下；又如，YAG 等固体激光器，增益线宽 $\Delta\nu_0=200\text{GHz}$，若要求单纵模振荡，就要求腔长 L 为 0.4mm。当采用瓦级连续激光二极管泵浦时，0.5～1mm 的 YAG 薄片可输出大于 100mW 的单纵模激光，故短腔法只适用于增益线宽较窄的激光器。同时，由于腔长缩短，激光输出功率必然受到限制，所以在需要大功率单纵模输出的场合，此法是不适用的。

3. F-P 标准具法

图 5.3-4 所示为标准具选纵模装置示意图。法布里-珀罗(F-P)标准具对不同波长的光束具有不同的透过率，可以表示为

$$T(\lambda)=\frac{1}{1+F\sin^2\left(\frac{\varphi}{2}\right)}=\frac{1}{1+F\sin^2\left(\frac{2\pi d}{\lambda}\right)} \tag{5.3-8}$$

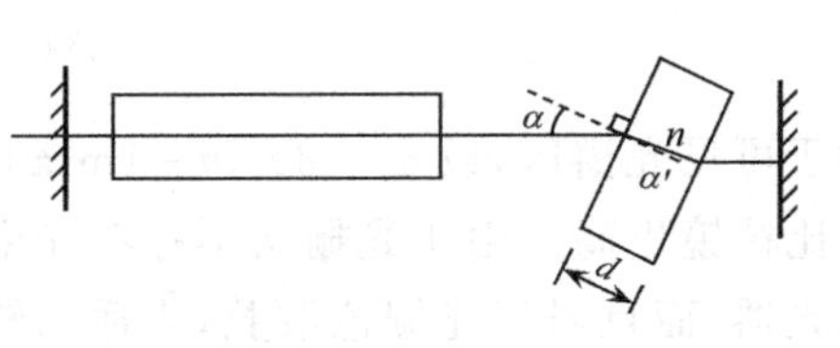

图 5.3-4　F-P 标准具法选模

式中，$F=\frac{\pi\sqrt{R}}{1-R}$ 为标准具的精细度；R 为标准具对光的反射率；d 为标准具的厚度(即两平行面的间隔)；φ 是标准具中参与多光束干涉效应的相邻两光束的相位差，即 $\varphi=\frac{2\pi}{\lambda}2nd\cos\alpha'$(式中，$n$ 为标准具介质的折射率，α' 为光束进入标准具后的折射角，一般很小，$\cos\alpha'\approx1$)。$T(\lambda)$ 是波长或 φ 及 R 的函数，图 5.3-5 所示为当 R 取不同值时，$T(\nu)$ 与 φ 的变化曲线。由图可以看出，标准具反射率 R 越大，则透射曲线越窄，选择性就越好。

相邻两透过率极大值的间隔为

$$\Delta\nu_m=\frac{c}{2nd\cos\alpha'}\approx\frac{c}{2nd}$$

上式通常称为标准具的自由光谱区。可见，标准具的厚度 d 比谐振腔的长度 L 小得多，因此它的自由光谱区比谐振腔的纵模间隔大得多。这样，在激光器的谐振腔内插入标准具，并选择适当的厚度和反射率，使 $\Delta\nu_m$ 与激光工作物质的增益线宽相当，如图 5.3-6 所示。由图可见，处于中心频率的纵模与标准具最大透过率处的 ν_m 相一致，故该模损耗最小，即 Q 值最大，可以起振，而其余的纵模则由于附加损耗太大，Q 值过低而不能形成激光振荡。调节标准具的倾斜角以改变 α，即可使 ν_m 与不同纵模的频率重合，就可以获得不

同频率的单纵模激光输出。

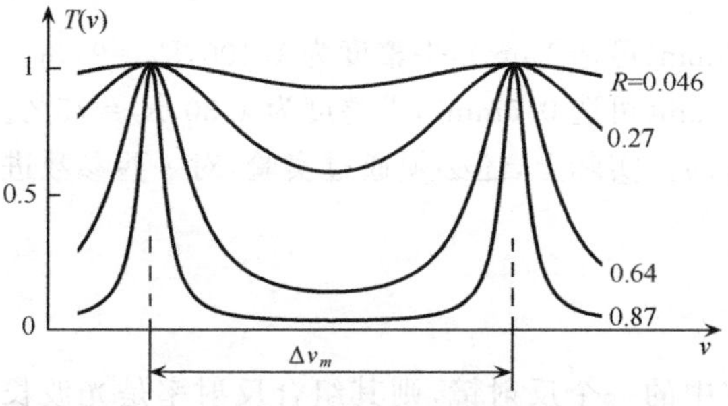

图 5.3-5　F-P 标准具的透过率

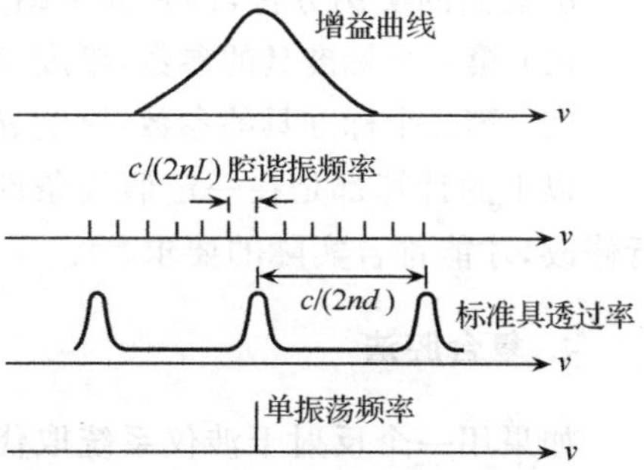

图 5.3-6　F-P 标准具选单纵模

F-P 标准具选纵模的优点在于标准具平行平面板间的厚度可以做得很薄，因而对增益线宽很宽的激光工作物质，如 Ar^+、Nd:YAG、红宝石等激光器，均能获得单纵模振荡，并且由于腔长没有缩短，输出功率仍可很大。

气体激光器的荧光线宽一般比较窄，用标准具法选纵模时，只要一个标准具就可以实现。但是对于固体激光器，由于荧光线宽很宽，只用一个标准具往往难以实现，原因是精细度 F 受工艺因素的限制不可能有很大的数值。当激光器腔长较长时，纵模间隔较小，如果标准具的自由光谱区很大，则它的带宽也比较宽，就难以保证单纵模振荡，所以不得不再插入第二个自由光谱区较小的标准具才能获得单纵模（见图 5.3-7）。下面举例说明。

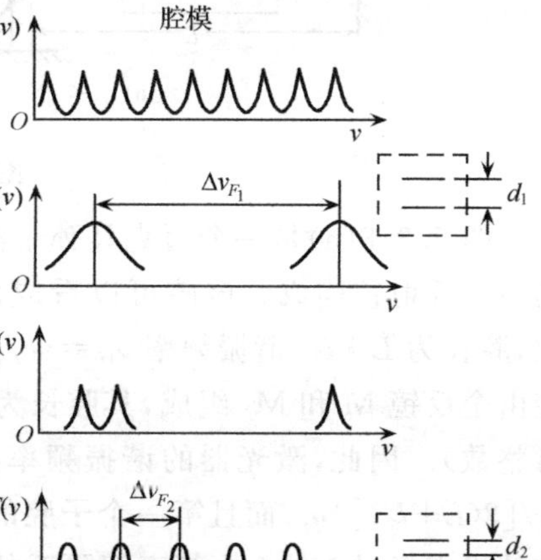

图 5.3-7　双标准具选单纵模

设工作物质为 Nd:YAG 的固体激光器，其荧光线宽 $\Delta\nu_0$ 为 2×10^{11} Hz，谐振腔长 $L=850$mm，由此可算得纵模间隔 $\Delta\nu_q=c/(2nL)=1.7\times10^8$ Hz（设 $n=1$）。为选出单纵模，要求标准具有足够窄的带宽，令 $\Delta\nu_{t_1}=2\Delta\nu_q$，即 $\Delta\nu_{t_1}=3.4\times10^8$ Hz，设标准具表面平整度为 $\lambda/100$，反射率 $R_1=94\%$，则 $F_p=m/2=100/2=50$，$F_r=\pi R_1^{1/2}/(1-R_1)\approx50$，由公式 $\frac{1}{F^2}=\frac{1}{F_r^2}+\frac{1}{F_p^2}$（$F_r$ 是由标准具反射率决定的精细度，F_p 是由标准具的平整度 m 决定的精细度）可算出 $F=35$，此标准具的自由光谱区 $\Delta\nu_{m_1}=F\cdot\Delta\nu_{t_1}=35\times3.4\times10^8\,\text{Hz}\approx1.2\times10^{10}$ Hz，由此可求出标准具的厚度（设 $n=1.5$）为

$$d_1=c/(2n\Delta\nu_{m_1})=3\times10^{11}/(2\times1.5\times1.2\times10^{10})\,\text{mm}=0.83\text{mm}$$

选择第二个标准具时，应有 $\Delta\nu_{t_2}\leqslant2\Delta\nu_{m_1}$。取 $\Delta\nu_{t_2}=2\Delta\nu_{m_1}=2.4\times10^{10}$ Hz，令 $\Delta\nu_{m_2}=\Delta\nu_0$，则 $F_2=\Delta\nu_{m_2}/\Delta\nu_{t_2}=\Delta\nu_0/\Delta\nu_{t_2}\approx10$，能满足选单纵模条件。求出第二个标准具的表面平

整度为 $\lambda/30$ 及 $R_2=75\%$，则标准具厚度 $d_2=c/(2n\Delta\nu_{m_2})=0.41\text{mm}$。

由上面的实例分析，得到如下结果。

(1) 第一个标准具的参数：厚度 $d_1=0.83\text{mm}$(可选 1mm)，平整度为 $\lambda/100$，$R_1=94\%$。

(2) 第二个标准具的参数：厚度 $d_2=0.41\text{mm}$(可选 0.5mm)，平整度为 $\lambda/30$，$R_2=75\%$。

以上的计算都是在一定假设条件下进行的。实际上，还必须通过实验，对一些参数进行修改，才能符合实际的要求。

4. 复合腔法

如果用一个反射干涉仪系统取代谐振腔中的一个反射镜，则其组合反射率是光波长(频率)的函数。图 5.3-8 所示为两种组合干涉复合腔的原理图。其特点是组合反射率 R 随频率作周期性变化，在某些特定频率处 R 具有极大值。分析表明，极大值之间的频率间隔是可以通过调整复合腔长来改变的。

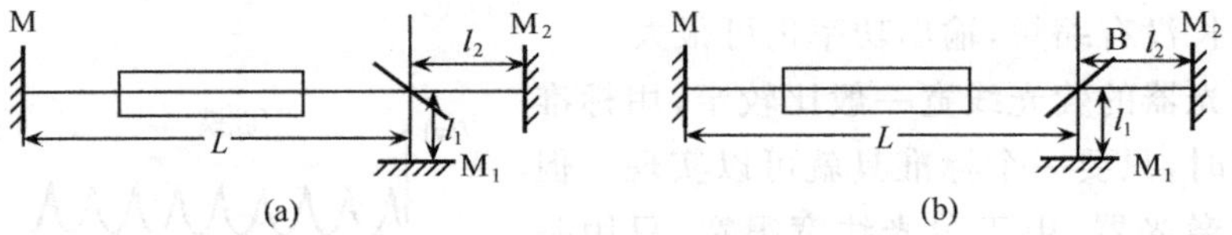

图 5.3-8 复合腔选模

图 5.3-8(a)是一个迈克耳孙干涉仪式复合腔，它由一个迈克耳孙干涉仪取代谐振腔的一个反射镜构成。该腔可以看成由两个子腔组合而成，全反射镜 M 和 M_1 组成一子腔，腔长为 $L+l_1$，谐振频率 $\nu_{1i}=\{c/[2(L+l_1)]\}q_i$(设 $n=1$，q_i 为任意整数)。另一个子腔由全反镜 M 和 M_2 组成，其腔长为 $L+l_2$，谐振频率为 $\nu_{2j}=\{c/[2(L+l_2)]\}q_j$($q_j$ 为任意整数)。因此，激光器的谐振频率必须同时满足上面两个条件，即 $\{c/[2(L+l_1)]\}q_i=\{c/[2(L+l_2)]\}q_j$，而且第一个子腔的光束经过 N 个频率间隔后的频率正好和第二个子腔的光束经过 $N+1$ 个频率间隔后的频率再次相等。由此可以得到复合腔的频率间隔为

$$\Delta\nu=c/[2(l_1-l_2)] \tag{5.3-9}$$

由上式可以看出，适当选择 l_1 及 l_2，可以使复合腔的频率间隔足够大，即两相邻纵模的间隔足够大，与增益线宽相比拟时，即可实现单纵模运转。

图 5.3-8(b)所示为福克斯-史密斯(Fox-Smith)干涉仪式复合腔。谐振腔也是由两个子腔组成，其中一个由反射镜 M 和 M_2 组成，腔长为 $L+l_2$。另一个腔由反射镜 M 和 M_1 组成，但这个子腔的光束传播过程是光透过 B 镜到达 M_2 镜，再由 M_2 和 B 镜的反射到达 M_1 镜；返回时的传播过程，也是先由 B 镜反射到达 M_2 镜，再由 M_2 镜反射透过 B 到达 M 镜。因此，这一子腔的长度为 $L+2l_2+l_1$。两个子腔的谐振频率分别为

$$\nu_{1i}=\{c/[2n(L+l_2)]\}q_i$$

及

$$\nu_{2j}=\{c/[2n(L+l_2+l_1)]\}q_j$$

于是复合腔的谐振频率必须同时满足上面两式，即

$$\nu=\nu_{1i}=\nu_{2j} \tag{5.3-10}$$

这种情况下，从 B 镜输出的光强为零，干涉仪对谐振腔中光束具有最大反射率。设复合

腔中与 ν 相邻的另一纵模频率为 ν'，则可以证明，复合腔中两相邻的频率间隔为

$$\Delta\nu = \frac{c}{2(l_1 + l_2)} \tag{5.3-11}$$

可见，在选择适当的 l_1 和 l_2，使 $\Delta\nu$ 与增益线宽能相比拟时，即可获得单纵模输出。

例如，有一种类似于福克斯-史密斯型的复合腔，如图 5.3-9 所示。这是由一个棱镜组成的复合腔，镜的一个面相当于分光镜，另两个镜面镀有全反射膜，相当于两个全反镜。这种结构有两个优点：第一，起分光作用的是一个单一的平面，因而避免了一般分光镜两个平面带来的多光束干扰；第二，可将棱镜放在恒温槽中，保证 l_1、l_2 的稳定。这种结构用在 Ar^+ 离子激光器中，可将谐振频率稳定在±3MHz 范围内，选出单纵模输出。

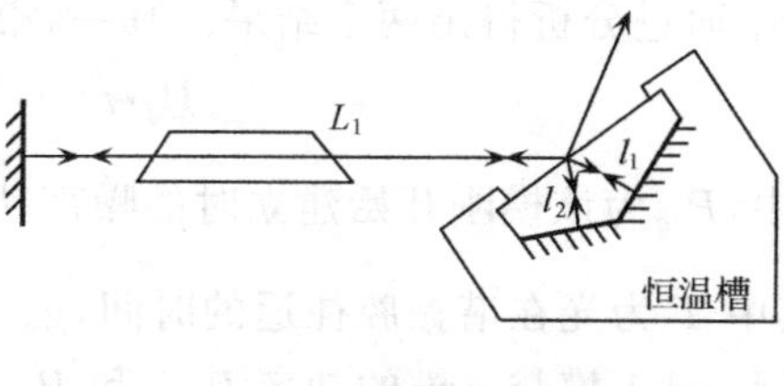

图 5.3-9　棱镜复合腔选模

5. 其他选纵模方法

(1) 环形行波腔选纵模。在均匀加宽激光器中，可以采用环形行波腔获得单纵模振荡，其装置结构如图 5.3-10 所示。因为在一般的直式谐振腔中，振荡的光场是驻波场，在波腹处光最强，在波节处光最弱，形成所谓驻波效应，造成腔内光强分布的空间纵向不均匀性，从而导致反转粒子数空间不均匀或空间烧孔效应。为了使均匀加宽激活介质通过模式竞争以实现单纵模振荡，必须消除腔内造成空间非均匀效应的驻波场。采用环形腔结构，并在腔中放置由起偏器、法拉第旋转器和石英晶体片组成的光学隔离器，使激光束只能以行波方式单向传播。在行波腔中，光强最大值不是固定在空间某处，而是随着光波的传播而改变的，受激辐射可均匀地消耗介质反转粒子数，消除了驻波效应。由于增益饱和，在各纵模间的模式竞争中，处于中心频率的单纵模占优势，最终获得单纵模激光输出。

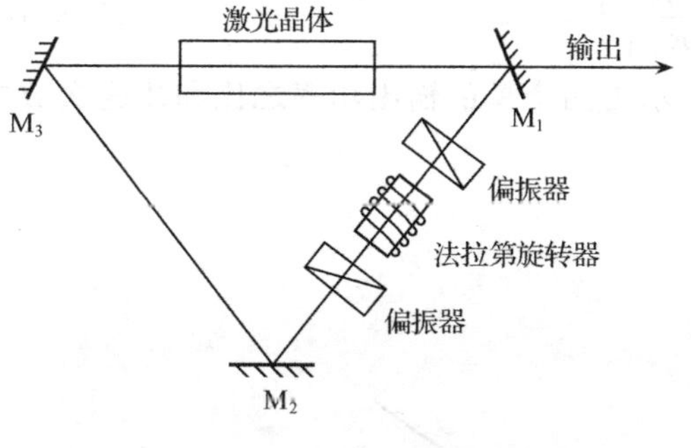

图 5.3-10　环形行波腔激光器示意图

(2) 利用 Q 开关选单纵模。这是基于不同纵模(同一横模)之间存在的增益差异选单纵模的方法。开始时，Q 开关处于不完全关闭状态(称为预激光状态)，在一定泵浦功率下，中心频率附近的少数增益大的纵模建立起振荡，其余增益小而达不到阈值的纵模都不能起振。这样，一方面，开始时起振的纵模数很少；另一方面，这些少数纵模是在临界振荡条件下进行振荡的，激光形成过程较长，纵模之间的竞争较为充分，最终能形成激光的仅是增益最大的中心频率处的纵模。当单纵模激光形成后，将 Q 开关及时打开，使已形成的单纵模激光充分地放大，最后输出一个高功率的单模激光脉冲。

另外，Soffer 及 Sooy 等在 20 世纪 60 年代也分别发现可饱和吸收染料 Q 开关的选纵模作用，他们认为当脉冲在噪声中建立起来时，激光器就产生了纵模选择；在这段建立时

间中,增益高和损耗低的模在振幅上比其他模增长得更快。另外,除了模式间的增益和损耗差异之外,还有一个重要的参数决定了激光器的光谱特性,这就是光脉冲在噪声中建立起来的过程中往返的次数。如果往返的次数较多,则两个模式的振幅差就变大。因此,不同模式间的损耗差确定之后,重要的就是尽可能增加往返次数,以得到好的选模结果。Sooy 通过分析得出两个结果。其一,第 q 个纵模的功率 P_q 随时间 t 的增长为

$$P_q(t) = P_{0q}\exp[k_q(t-t_q)^2] \tag{5.3-12}$$

式中,P_{0q} 为该模刚开始建立时的噪声功率;t_q 为 q 模的净增益达到 1 的时间;$k_q=\dfrac{1}{2T}\dfrac{\mathrm{d}g_n}{\mathrm{d}t}$(其中 T 为光在谐振腔往返的时间,g_n 为 q 模的增益系数)。其二,建立过程中经过 n 个来回,$q+1$ 模与 q 模的功率 P_{q+1} 和 P_q 之比近似为

$$\frac{P_q}{P_{q+1}} = \left(\frac{1-\delta_q}{1-\delta_{q+1}}\right)^n (1-\delta_q)^{n[(g_{n+1}/g_n)-1]} \tag{5.3-13}$$

式中,δ_{q+1}、δ_q 分别为 $q+1$ 模和 q 模每往返一次的损耗,g_{n+1}、g_n 为这两个模的增益系数。式(5.3-13)的第一部分相当于损耗鉴别,第二部分相当于增益鉴别。

在大部分激光器中,相邻纵模的增益差异很小,在选模过程中无法起到重要作用。由式(5.3-13)可以得到因选模元件不同的反射率产生的模式鉴别:

$$\frac{P_q}{P_{q+1}} = \left(\frac{R_q}{R_{q+1}}\right)^n \tag{5.3-14}$$

式中,$R_q=1-\delta_q$,$R_{q+1}=1-\delta_{q+1}$。图 5.3-11 所示为两个模的输出功率之比和往返次数之间的关系。

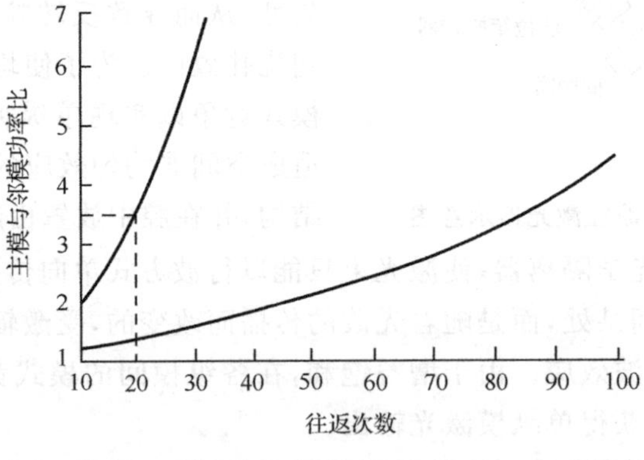

图 5.3-11 脉冲建立过程中输出功率之比与往返次数的关系

5.4 模式测量方法

一台激光器是否实现了单模(横模或纵模)运转,以及运转是否稳定,都需要用一种合适的观测方法进行鉴别。本节介绍一些常用的观测方法。

5.4.1 直接观测法

不同横模的光强在横截面上具有不同的分布状况。对于连续的可见光波段的中、小

功率激光器，这种方法比较适用，只需要在输出激光的通路上放置一个屏，就可在屏上用眼睛直接观测激光的横模图样（光斑）；但这种方法鉴别能力比较差，而且对强光和不可见光不适用。对中等功率的红外激光，可采用一种烧蚀法，即用木块、有机玻璃、耐火砖等观测激光烧蚀出的图形，以鉴别其横模图样。对于 1.06μm 的近红外激光，可采用上转换材料（波长由长变短）做成的薄片，将近红外光转换成可见光，这对观测横模光斑图样十分方便。对于中、小功率的红外激光器，还可以用变像管或 CCD 摄像机观测横模。变像管的结构如图 5.4-1 所示，它由光电阴极、控制栅极、阳极和荧光屏组成。

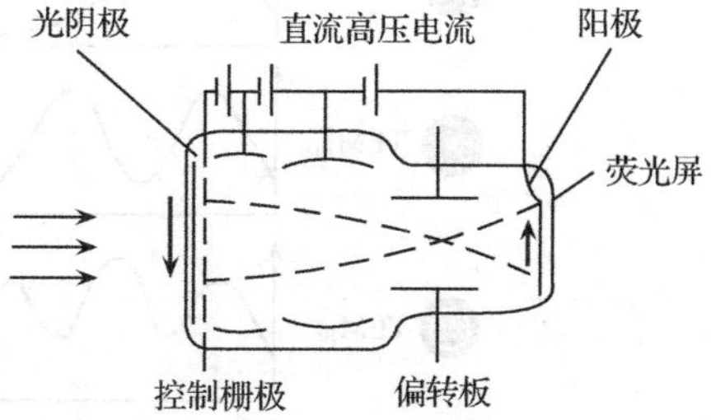

图 5.4-1　变像管结构示意图

激光束经扩束、衰减后入射到变像管的接收面上，光电阴极发出光电子，在阴极、控制极与阳极间强电场的作用下，光电子向阳极方向运动，最后射到荧光屏上发出荧光，便可显现出激光束横模的光强分布图样。选择不同的光电阴极，就可以观测近紫外到近红外波段的激光横模。变像管的灵敏度高，模式鉴别能力比前几种好。总之，直接观测法简单直观，但鉴别能力不高，是一种粗略的观测方法。

5.4.2　光点扫描法

该方法主要用于连续激光器的观测。利用光点扫描记录出光强分布曲线，从曲线上找出对应的横模，其测试装置如图 5.4-2 所示。激光经扩束后投射到由电机带动的转镜上，反射后再投射到光电探测器上，经电子线路放大后送到示波器上显示波形。这种方法可将激光横模的光强分布的二维图像变换到示波器上，显示出一维光强分布图形。基模将呈现出光滑的高斯曲线，高阶横模则显示出两个以上的波峰。图 5.4-3 所示为对称稳定腔的几种低阶模的光强分布曲线（波形）和相应的横模光斑图样。这里所列举的横模，有的是圆形对称模，如 TEM_{00}、TEM_{10}、TEM_{20} 等，其模斑中心区是光强的峰值；另一些是混合模，如 TEM_{01}^*，它是由 TEM_{10} 及 TEM_{01} 模混合而成的。这些模的中心区是光强谷值区（暗区）。测量时，如果已知转镜到探测器的距离和镜子的转速，就可测出光斑的尺寸。此外，在观测时扫描线一定要通过光斑的中心，才能得到比较准确的结果。

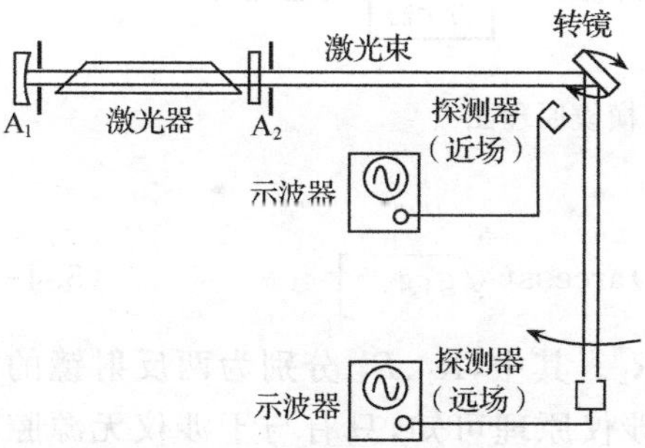

图 5.4-2　光点扫描法装备

5.4.3　扫描干涉仪法

由谐振腔理论得知，不同模式（横模或纵模）各自具有不同的频率谱。为此可采用频率可调的 F-P 扫描干涉仪测出各频率分布，并判别出激光模式。由于共焦扫描干涉仪分辨率高，调整方便，易于耦合，故常用来测激光横模。图 5.4-4 所示为扫描干涉仪测横模

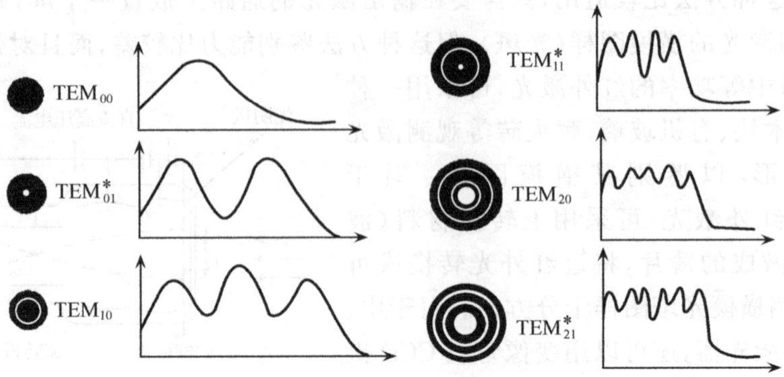

图 5.4-3 某些模的光强分布和对应的模式图样

的原理图,由两个镀有高反射膜、曲率半径相同的凹面镜组成无源腔。测试装置分两部分,一部分是由会聚透镜、扫描干涉仪和光电二极管组成的光学系统,另一部分是由锯齿波发生器、放大器和示波器组成的模式电子测量系统。

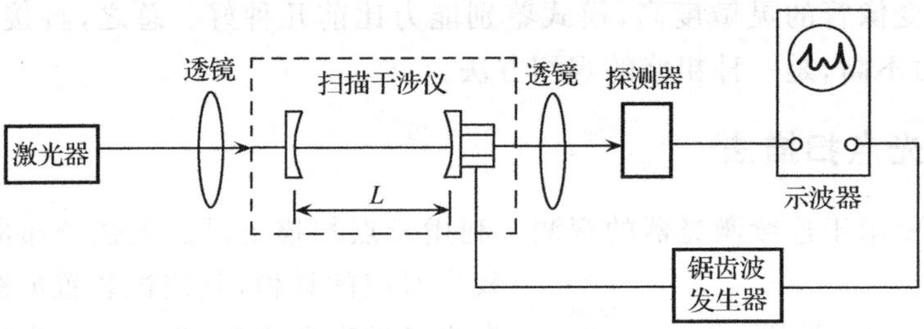

图 5.4-4 扫描干涉仪测横模原理图

扫描干涉仪无源腔的谐振频率(本征模)为

$$\nu_{mnq}=\frac{c}{2L}\left[q+\frac{1}{\pi}(m+n+1)\arccos(\sqrt{g_1g_2})\right] \tag{5.4-1}$$

式中,L 为无源腔腔长,$g_1=1-L/R_1$,$g_2=1-L/R_2$。其中,R_1、R_2 分别为两反射镜的曲率半径,m 和 n 为横模序数,q 为纵模序数。从干涉仪原理可知,只有与干涉仪无源腔本征模一致的那部分激光光场才能共振耦合输出,这就是式(5.4-1)中的那些模。如果在无源腔中加一小孔光阑,以增加高阶横模的衍射损耗,通过干涉仪无源腔共振耦合输出的只有满足 $\nu_{00q}=\frac{c}{2L}\left(q+\frac{1}{\pi}\arccos\sqrt{g_1g_2}\right)$ 的基模。

为了确定待测激光中包含哪些特定的光场,必须人为地改变干涉仪的频率,即进行频率扫描,获得激光光场频谱图,从而确定对应的横模。实现频率扫描可以改变干涉仪内的折射率、待测激光的入射角和无源腔腔长。横模观测是通过改变腔长来实现的,其方法是在干涉仪无源腔的一腔镜上粘接一压电陶瓷环,当压电陶瓷上加有锯齿波电压时,腔长将作线性周期性变化,从而使干涉仪的本征频率作周期的线性变化,即对通过的激光作周期性频率扫描。落在扫描周期频率范围内的模式,通过光电接收器接收后,即可在示波器上显示出来。图 5.4-5 所示为用扫描干涉仪测得的激光频谱图。

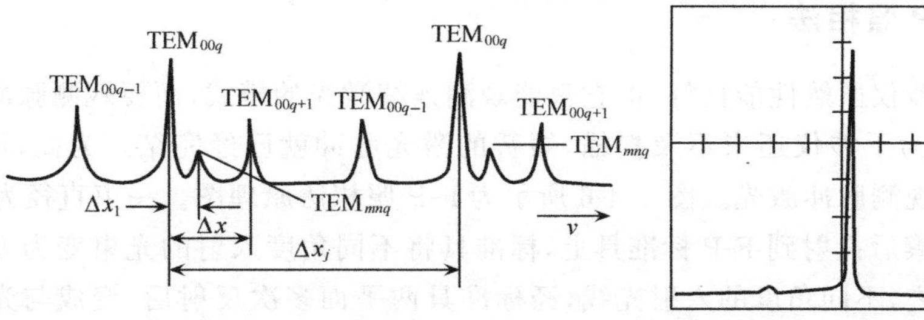

(a) 未插入光阑前的频谱图　　(b) 插入光阑后的频谱图

图 5.4-5　扫描干涉仪测得的激光频谱图

由图 5.4-5(a)可以看出，Δx_j 正比于自由光谱区 $\Delta\nu_j\left(\Delta\nu_j=\dfrac{c}{4L}\right)$，$\Delta x$ 正比于相邻纵模频率间隔 $\Delta\nu_q$。当存在高阶横模时，可在基模（TEM$_{00q}$）旁边（Δx_1）看到高阶横模 TEM$_{mnq}$。图中，Δx_1 正比于 $\Delta\nu_{nm,00}$。由实验得出

$$\frac{\Delta\nu_{nm,00}}{\Delta\nu_{q,q\pm1}}=\frac{\Delta x_1}{\Delta x}$$

将测得值$\dfrac{\Delta x_1}{\Delta x}$与理论计算值比较，即可以判断出高阶模式。

例如，平凹腔的 He-Ne 激光器，腔长为 210mm，曲率半径为 1m，经扫描干涉仪获得的频谱图中 $\Delta x_1=1.6$mm，$\Delta x=10.7$mm，则实验值为

$$\frac{\Delta x_1}{\Delta x}=\frac{1.6}{10.7}=0.149$$

而理论值为

$$\Delta\nu_{q,q\pm1}=\frac{c}{2nL}=\frac{3\times10^8}{2\times0.21}\text{MHz}=7.14\text{MHz}$$

根据下面公式：

$$\Delta\nu_{00,01}=\frac{c}{2nL}\left[\frac{1}{\pi}(\Delta m+\Delta n)\arccos\sqrt{g_1g_2}\right]$$

计算得

$$\Delta\nu_{00,01}=\frac{3\times10^8}{2\times0.21}\left[\frac{1}{\pi}\arccos(0.89)\right]\text{MHz}=1.07\text{MHz}$$

则

$$\frac{\Delta\nu_{00,01}}{\Delta\nu_{q,q\pm1}}=0.15$$

故判断出频谱图上的 Δx 处是 TEM$_{01}$ 模。这台 He-Ne 激光器输出的是 TEM$_{00}$ 和 TEM$_{01}$ 两个横模。

进行横模观测时，应使干涉仪的自由光谱区大于激光工作物质的增益线宽。为了使待测激光能有效地耦合到干涉仪的无源腔中去，一般可利用一正透镜使激光束与干涉仪之间匹配。

扫描干涉仪用于模式观测，精度比较高，某些因素对频谱的影响都可鉴别出来，所以它是激光技术中比较重要的测量仪器。

5.4.4 F-P照相法

上述扫描干涉仪虽然性能良好,但它只能观测连续激光的模式,而要观测脉冲激光就无能为力了。因为干涉仪还来不及扫描,短暂的激光脉冲就已经完结。为此,可用F-P标准具照相法来观测脉冲激光。图5.4-6所示为F-P照相法原理图。一束直径为D的激光,经透镜L_2会聚后投射到F-P标准具上,标准具将不同角度入射的光束变为方向不同的平行光。换言之,不同角度的入射光线,经标准具两平面多次反射后,变成与光轴呈不同角度的一组平行光束,经L_1后的透射光在透镜L_1的焦平面上形成等倾干涉条纹。

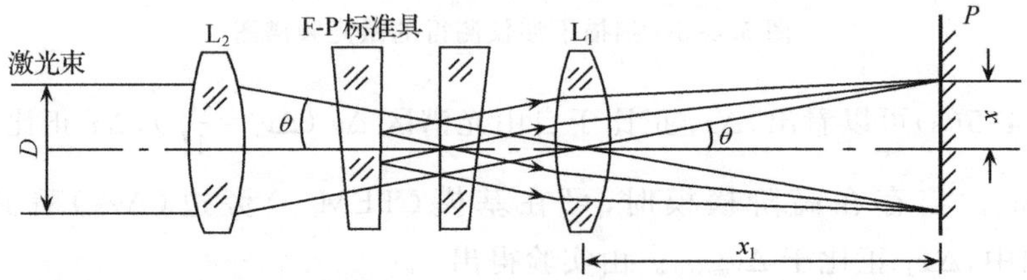

图5.4-6 F-P照相法原理图

F-P标准具的透过率为

$$T(\lambda)=\frac{1}{1+F\sin^2\left(\dfrac{\varphi}{2}\right)}$$

出现亮条纹(T值极大)的条件应为

$$\sin^2\frac{\varphi}{2}=\sin^2\left(\frac{2\pi\Delta\delta}{2\lambda}\right)=0$$

即

$$\pi\Delta\delta/\lambda=m\pi \qquad (m=0,1,2,\cdots) \tag{5.4-2}$$

而

$$\Delta\delta=2\pi d\cos\theta$$

则有

$$2\pi nd\cos\theta=m\pi\lambda$$

即

$$2nd\cos\theta=m\lambda \tag{5.4-3}$$

可见,亮条纹是一系列θ值的同心圆环。并且,当待测激光波长有一定线宽$\Delta\lambda$时,同心干涉圆环的θ角也有一个变化范围$\Delta\theta$;经聚焦后,在焦平面P上的干涉条纹位置r也有一个变化范围Δr,即亮条纹有一个宽度Δr。在近轴光线近似条件下,有

$$r/f_1\approx\tan\theta\approx\theta \tag{5.4-4}$$

式中,f_1为透镜L_1的焦距。合并式(5.4-3)及式(5.4-4)并求导,得

$$\Delta\nu=\nu_r\Delta r/f_1^2 \tag{5.4-5}$$

式中,r为某级干涉亮条纹的半径,Δr为该级干涉条纹的宽度。通过照相可直接测量屏上干涉亮条纹的宽度Δr,再通过式(5.4-5)求出该激光的线宽$\Delta\nu$。由于式(5.4-5)是在近轴光线近似条件下导出的,故计算时应选靠近中心的干涉条纹。

F-P照相法不仅可以测量激光的谱线宽度,而且还可以判别激光模式。当激光器运行在单模状态时,输出光束中只有一个波长,由式(5.4-3)可知,此时在屏上有一系列不

同 θ 值的同心干涉条纹，如图 5.4-7(a)所示。而当激光器运转在两个模状态时，将产生两套不同的干涉条纹，如图 5.4-7(b)所示。因此，借助于干涉条纹的套数，就可判别激光器的模式状况。如果模式太多，且彼此靠得很近，则干涉条纹就变成模糊且很粗的同心圆环。

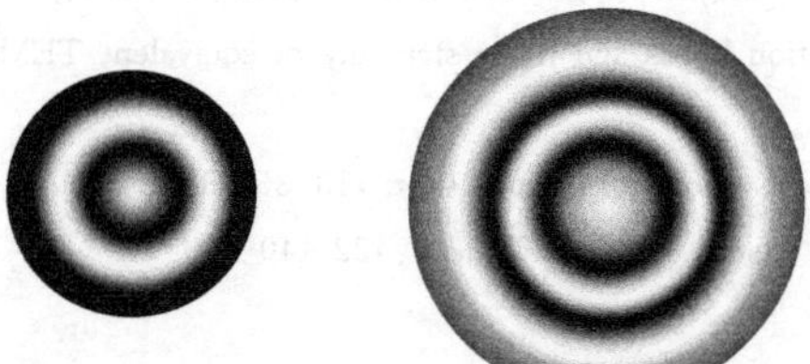

(a) 一个模　　(b) 两个模

图 5.4-7　F-P 照相法拍摄的干涉条纹示意图

习题与思考题

1. 说明选单模(横、纵)的意义和作用。

2. 分析利用衍射损耗的不同选基模(TEM_{00})的原理。

3. 为什么对于同一横模，当菲涅耳数 N 越小，损耗越大？为什么对于同一 N 值，模的阶次越高，损耗越大？

4. 钕玻璃激光工作物质，其荧光线宽 $\Delta\lambda_D=24.0$nm，折射率 $n=1.50$，若用短腔选单纵模，腔长应为多少？

5. 一台红宝石激光器，腔长 $L=500$mm，振荡线宽 $\Delta\nu_D=2.4\times10^{10}$Hz，在腔内插入 F-P 标准具选单纵模($n=1$)，试求它的间隔 d 及平行平板的反射率 R。

6. 设圆形镜共焦腔长 $L=1$m，试求纵模间隔 $\Delta\nu_q$ 和横模间隔 $\Delta\nu_m$ · $\Delta\nu_n$。若振荡阈值以上的增益线宽为 60MHz，试问：是否可能有两个以上的纵模同时振荡？是否可能有两个以上的不同横模同时振荡？为什么？

7. 为了抑制高阶横模，在一共焦腔的反射镜处放置一个小孔光阑，腔长 L 为 1m，激光波长 λ 为 632.8nm。为了只让 TEM_{00} 模振荡，小孔的大小应为多少？(一般小孔直径等于镜面上基模光斑尺寸的 3～4 倍。)

8. 有一方形孔径共焦腔 He-Ne 激光器，腔长 $L=30$cm，直径 $d=2a=0.12$cm，激光波长 $\lambda=0.6328\mu$m，镜的反射率 $r_1=1$，$r_2=0.96$，其他损耗已忽略，问此激光器能否进行单模运转？如果想在共焦镜面附近加一个方形小孔光阑选择 TEM_{00} 模，小孔的边长应为多大？(He-Ne 激光器的增益由公式 $\exp(Gl)=1+3\times10^{-4}L/d$ 计算。)

参考文献

《激光物理》编写组．1975．激光物理学．上海：上海人民出版社

《气体激光》编写组．1975．气体激光(上册)．上海：上海人民出版社

蓝信钜 等．1991．激光注入锁定技术压缩线宽．华中理工大学学报，5

蓝信钜．2000．激光技术．北京：科学出版社

马祖光 等.1987.激光实验方法.上海:上海科技出版社

周炳琨 等.1984.激光原理.北京:国防工业出版社

Dembowski J, Weber H. 1982. Optical pinhole radius for fundamental mode operation. Opt. Commun., 42(2): 133-135

Hanna D C, et al. 1981. Large volume TEM_{00} mode operation of Nd:YAG laser. Opt. Commun., 37(5): 359-362

Koechner W. 1976. Solid-State Laser Engineering. New York: Springer Verlag

Kortz H P, Weber H. 1981. Diffraction losses and mode structure of equivalent TEM_{00} optical resonators. Appl. Optics, 20(11): 1936-1940

Siegman A E. 1974. Unstable optical resonators. Appl. Opt., 13: 353-367

Smith F W. 1972. Mode selection in lasers. Proc. IEEE., 40: 422-440

第6章 稳频技术

6.1 概述

激光具有良好的单色性和相干性，因此，在精密计量、光通信、光频标、高分辨光谱学等领域中得到了广泛的应用。例如，精密干涉测量是以激光波长作为"尺子"，利用光干涉的原理来测定各种物理量(如长度、位移、速度等)，所以激光波长(或频率)的准确度会直接影响测量的精度；在激光通信中，为了提高接收灵敏度，一般采用相干的外差接收方法，其激光频率稳定与否将直接影响接收的质量。因此，将激光应用于上述各领域中，不仅要求激光器实现单频输出，而且还要求激光频率本身稳定。但对于普通自由运转激光器，因它受到工作环境条件等影响，激光输出频率往往是不稳定的，是一个随时间变化的无规起伏量。要使激光频率稳定，则要通过稳频技术来解决，因此稳频技术成了现代精密测量技术中必不可少的一种手段。本章主要介绍几种应用较多的 He-Ne 激光器的稳频方法及原理，还简要介绍几种新发展起来的稳频方法。

6.1.1 频率的稳定性和复现性

一台自由运转的激光器因受周围环境各种因素的扰动，激光频率经常随时间变动。如果采用一定的稳频措施来自动补偿其外界扰动所引起的频率起伏，则输出频率的变化就可减至很小。采用不同的稳频技术，所得到的稳频效果也不同。为了衡量频率的稳定性(度)，可以从时域和频域两方面进行描述，既可以用频率随时间的变化，也可以用它的频谱分布加以讨论，但对于频率不稳定的噪声谱密度，无论在概念的建立或在测试技术上都比较困难。因此，本章将采用时域的描述方法，用频率的稳定度和复现性这两个物理量来表示激光频率稳定的程度。

频率稳定度通常指激光器在连续运转时，在一定的观测时间 τ 内频率的平均值 $\bar{\nu}$ 与该时间内频率的变化量 $\Delta\nu$ 之比，即

$$S_{\nu}(\tau)=\frac{\bar{\nu}}{\Delta\nu(\tau)} \tag{6.1-1}$$

显然，变化量 $\Delta\nu(\tau)$ 越小，则 S 越大，表示频率的稳定性越好。习惯上有时把 S 的倒数作为稳定度的量度，即

$$S_{\nu(\tau)}^{-1}=\frac{\Delta\nu(\tau)}{\bar{\nu}} \tag{6.1-2}$$

例如，常常说稳定度为 10^{-8}、10^{-9} 等就是这个意思。

频率或波长随时间的变化，既表现为短期抖动，又表现为长期漂移。因此，对频率或波长的观测时间不同，其测量结果也不同，频率稳定度又可分为短期稳定度和长期稳定度。两者划分的基准是，以探测系统的响应(分辨)时间 τ_0 与测量仪器的观测取样时间 τ

之间的关系来定:当 $\tau \leqslant \tau_0$ 时,测得的频率稳定度称为短期稳定度;当 $\tau > \tau_0$ 时,测得的稳定度称为长期稳定度。比较恰当的表示法,是在稳定度值后面标明取样时间 τ 值,例如,$S_\nu(\tau)=10^{-10}(\tau=10\text{s})$。

对于作为频率或波长基准的激光器,不仅要求稳定度高,而且要求频率复现性的精度也高。比方说,平时用尺子测量长度,不但要求尺子的长度稳定,而且要求尺子本身的长度要符合标准。用激光进行精密测量也有类似的问题。例如,用同样方法稳频的甲激光器和乙激光器的频率可能有差别(尽管两只激光器的结构和运转条件等都相同);或者用同一台稳频的激光器,在甲地使用时稳定度为 10^{-6},频率稳定在 ν_1 上,在乙地使用时稳定度不变,但是稳定在 ν_2 上;或者在同一地点测量时某一天频率稳定在 ν'上,相隔数天后稳定度未变,但频率却稳定在 ν''上;如此等等。由于每次所稳定的频率值有微小的差别,故测量的数值就不准确。把这种在不同地点、时间、环境下稳定频率的偏差量与它们的平均频率的比值称之为频率复现性,表示为

$$R_\nu = \frac{\delta\nu(\tau)}{\bar{\nu}} \tag{6.1-3}$$

式中,$\bar{\nu}$ 为被测激光器系列的平均频率或同一台激光器的标准频率(或原始工作频率),$\delta\nu$ 为频率的偏差量。由此可见,频率的稳定性和复现性是两个不同的概念。对一台稳频激光器,不仅要看其稳定度,而且还要看它的频率复现性。

6.1.2 影响激光频率稳定的因素

从激光原理可知,激光振荡频率既受原子跃迁谱线频率 ν_m 的影响,又受光学谐振腔谐振频率 ν_c 的影响。若原子跃迁谱线的宽度为 $\Delta\nu_m$,谐振腔的谱线宽度为 $\Delta\nu_c$,则激光振荡频率可表示为

$$\nu = \frac{\nu_m\nu_c(\Delta\nu_m+\Delta\nu_c)}{\nu_m\Delta\nu_m+\nu_c\Delta\nu_c} \tag{6.1-4}$$

这是在小振幅时忽略了饱和效应的一次近似式。在近红外和可见光波段,$\Delta\nu_m$(多普勒线宽)一般不小于 $10^8 \sim 10^9$ Hz,而谐振腔的振荡线宽 $\Delta\nu_c$ 为 $10^6 \sim 10^7$ Hz 量级,所以 $\Delta\nu_m \gg \Delta\nu_c$,则式(6.1-4)可简化为

$$\nu = \nu_c + (\nu_m - \nu_c)\frac{\Delta\nu_c}{\Delta\nu_m} \tag{6.1-5}$$

式(6.1-5)说明,激光器的振荡频率是由原子跃迁谱线频率及谐振腔的谐振频率共同决定的,两者的变化均会引起激光频率的不稳定;谱线对振荡频率的影响由式(6.1-5)中的第二项以频率牵引效应表示出来,牵引效应的比例系数为 $\Delta\nu_c/\Delta\nu_m$。在一般情况下,频率牵引效应很小,而谐振腔的谐振频率对环境影响很敏感,故激光频率的稳定性主要取决于谐振腔谐振频率的稳定性。

在不考虑原子跃迁谱线频率微小变化的情况下,激光振荡频率主要由谐振腔的谐振频率决定,即有

$$\nu = q\frac{c}{2nL} \tag{6.1-6}$$

式中,L 为腔长,c 为光速,n 为腔内介质的折射率,q 为纵模的序数。从式中可以看出,若

腔长或腔内的折射率 n 发生变化，则激光振荡频率也将变化。频率变化量表示为

$$\Delta\nu = -qc\left(\frac{\Delta L}{2nL^2}+\frac{\Delta n}{2n^2L}\right) = -\nu\left(\frac{\Delta L}{L}+\frac{\Delta n}{n}\right)$$

即

$$\left|\frac{\Delta\nu}{\nu}\right| = \left|\frac{\Delta L}{L}\right| + \left|\frac{\Delta n}{n}\right| \tag{6.1-7}$$

因此，激光频率的稳定问题，可以归结为如何设法保持腔长和折射率稳定的问题。影响频率稳定的外界因素主要有以下几个方面。

1. 温度变化的影响

环境温度的起伏或激光管工作时发热，都会使腔材料随着温度的改变而伸缩，以致引起频率的漂移，即

$$\alpha\Delta T = \frac{\Delta L}{L} = \frac{\Delta\nu}{\nu} \tag{6.1-8}$$

式中，ΔT 为温度的变化量；α 为谐振腔间隔材料的线膨胀系数，该系数的大小与材料种类有关。例如，一般硬质玻璃 $\alpha=10^{-5}/℃$，石英玻璃 $\alpha=6\times10^{-7}/℃$，殷钢 $\alpha=9\times10^{-7}/℃$。所以，稳频激光器都是采用热膨胀系数较小的石英玻璃做激光管，用殷钢材料做支架，并将整个激光器系统进行恒温控制，以便尽量减小温度变化的影响。即使是这样，也难以获得优于 10^{-8} 的频率稳定度。

2. 大气变化的影响

对于外腔式激光器，设谐振腔长为 L，放电管长度为 L_0，则暴露在大气中的部分的相对长度为 $(L-L_0)/L$，大气的温度、气压、湿度的变化都会引起大气折射率的变化，从而导致激光振荡频率的变动。设环境温度 $T=20℃$，气压 $P=1.01\times10^5\text{Pa}$，湿度 $H=1.133\text{kPa}$，则大气对 633nm 波长光的折射率变化系数分别为

$$\beta_T = \frac{1}{n}\left(\frac{\mathrm{d}n}{\mathrm{d}T}\right) = -9.3\times10^{-7}/℃$$

$$\beta_P = \frac{1}{n}\left(\frac{\mathrm{d}n}{\mathrm{d}P}\right) = 5\times10^{-5}/\text{Pa}$$

$$\beta_H = \frac{1}{n}\left(\frac{\mathrm{d}n}{\mathrm{d}H}\right) = -8\times10^{-6}/\text{Pa}$$

又设测量中温度、气压和湿度的时间变化率分别为 $\frac{\mathrm{d}T}{\mathrm{d}t}=\pm0.01℃/\text{min}$，$\frac{\mathrm{d}P}{\mathrm{d}t}=\pm133.3\text{Pa/h}$，$\frac{\mathrm{d}H}{\mathrm{d}t}=\pm656.6\text{Pa/h}$，则引起激光波长的变动分别为

$$\begin{aligned}
\left|\frac{\Delta\lambda(\tau)}{\lambda}\right|_T &= \beta_T\tau\frac{\mathrm{d}T}{\mathrm{d}t} = \pm9.3\times10^{-9}\tau \\
\left|\frac{\Delta\lambda(\tau)}{\lambda}\right|_P &= \beta_P\tau\frac{\mathrm{d}P}{\mathrm{d}t} = \pm6\times10^{-9}\tau \\
\left|\frac{\Delta\lambda(\tau)}{\lambda}\right|_H &= \beta_H\tau\frac{\mathrm{d}H}{\mathrm{d}t} = \pm4.8\times10^{-9}\tau
\end{aligned} \tag{6.1-9}$$

式中，τ 为测量时间，对示波器 $\tau=3\sim5s$，对 XY 记录仪 $\tau\leqslant 1min$。实验证明，在外腔式激光器中通风引起的空气抖动，能在几秒内产生几兆赫的快速脉动，所以要求外腔式激光器裸露在大气中的部分应尽可能少，并且必须避免直接通风。

3. 机械振动的影响

机械振动也是导致光腔谐振频率变化的重要因素。它可以从地面或空气传到腔支架上，如建筑物的振动、车辆的通行、声响等都会引起腔的支架振动，从而使腔的光学长度改变，导致振荡频率的漂移。对于 $L=100cm$ 的光腔，当机械振动引起 $10^{-6}cm$ 的腔长改变时，频率将有 1×10^{-8}的变化。因此，要克服机械振动的影响，稳频激光器必须采取良好的防振措施。

4. 磁场的影响

为了减小温度影响，激光谐振腔间隔器多采用殷钢材料制成，但殷钢的磁致伸缩性质可能引起腔长的变化。例如，1.15μm 波长的 He-Ne 激光器，仅由于地磁场效应就可以产生 140kHz 的频移。因此，地磁场效应和周围电子仪器的散磁场对于高稳定激光器的影响必须加以考虑。

以上几点是造成频率不稳定的外部因素。此外，激光管内的气压、放电电流的变化、自发辐射所造成的无规噪声等内部因素也会影响频率的稳定性。前者可以采用稳压稳流装置加以控制，而后者是无法完全控制的。因此，它们是限制激光频率稳定性的内在因素。

综上所述，环境温度的变化、机械振动等外界干扰对激光频率稳定性影响很大，因而自然联想到，最直接的稳频办法就是恒温、防振、密封隔声、稳定电源等。图 6.1-1所示为一台 CO_2 激光器的防振、恒温装置。它采用了恒温措施，温度可恒定在 35±0.03℃，同时冷却水的温度波动不大于 0.5℃；为了防振，在所有部件之间都置有海绵垫，并将整个装置放在坚固稳定的防振台上(最好是压缩空气式防振台，它对频率很低的机械振动有良好的防振能力)；还采用了稳压稳流电源。实验证明，采用恒温、防振装置之后，CO_2 激光器的长期频率稳定度可达 10^{-7}量级。但要提高到 10^{-8}量级以上，单靠这种被动式稳频方法就很难达到了，必须采用电子伺服控制系统对激光器进行自动控制稳频，即主动稳频的方法。

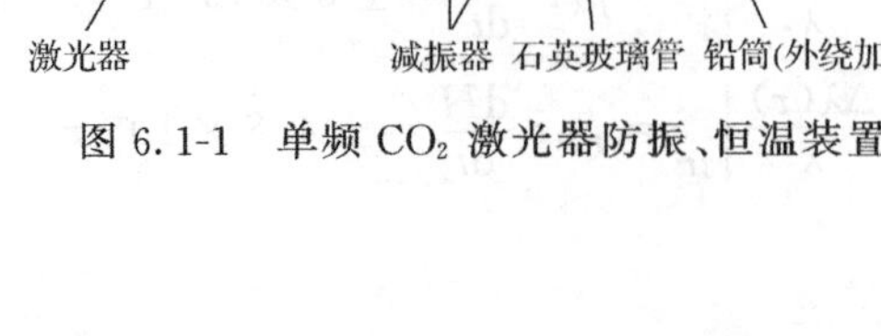

图 6.1-1 单频 CO_2 激光器防振、恒温装置

6.1.3　激光器主动稳频的方法

稳频技术的实质就是保持谐振腔光程长度的稳定性。主动稳频技术就是选取一个稳定的参考标准频率，当外界影响使激光频率偏离此特定的标准频率时，能设法鉴别出来，再人为地通过控制系统自动调节腔长，将激光频率恢复到特定的标准频率上，从而达到稳频的目的。

主动稳频的方法大致可以分为两类：一类是利用原子跃迁谱线中心频率作为鉴别器进行稳频，如兰姆凹陷稳频法；另一类是利用外界参考频率作为鉴别器标准进行稳频，如饱和吸收稳频法。兰姆凹陷稳频装置比较简单，是应用较早的一种气体激光稳频方法，其频率稳定度为 10^{-9} 量级。主要缺点是复现性差，原因是有约为 150kHz/Pa 的压力频移。由于各激光管充气压力的差别，以及使用过程中的气体变化，复现性仅能保证 10^{-9} 量级，这就限制了它在更高精度测量中应用。1966 年以后又发展了饱和吸收稳频的方法，即采用一些分子气体的吸收线作为参考频率的方法。这样，基态的吸收线避免了放电扰动，低压气体减小了压力加宽，能级寿命长使自然加宽也小，这些都使吸收峰的宽度变窄，有利于提高频率稳定度。常用的饱和吸收分子主要有碘（I_2）和甲烷（CH_4）。$^{127}I_2$ 和 $^{129}I_2$ 在可见光区有大量的强吸收线，是 633nm 和 621nm 的 He-Ne 激光器、515nm 的 Ar^+ 激光器稳频的最佳饱和吸收分子，其频率稳定度可达到 10^{-12} 以上。采用甲烷（CH_4）稳定的 3.39μm 的 He-Ne 激光器，首次得到了可与微波频标相比的频率稳定度。CO_2 稳频激光器在早期采用 CO_2 的饱和荧光稳频，但由于压力加宽和信噪比间的矛盾，稳定度仅为 10^{-12}，复现性为 1.5×10^{-10}。后来，对 SF_6 的饱和吸收分子进行了实验，得到了 5×10^{-14}（τ=10s）的频率稳定度。但是 SF_6 具有通常的系统不能分辨的超精细结构，所以复现性只有 10^{-10}。自 20 世纪 60 年代初以来，稳频激光器的发展概况如表 6.1-1 所示。

表 6.1-1　稳频激光器的发展概况一览表

稳频激光器	波长	参考频率标准	频率稳定度	复现性	时间
He-Ne	633nm	增益曲线中心			1963
He-Ne	1.15μm	兰姆凹陷	$10^{-9}\sim10^{-10}$	10^{-7}	1965
He-Ne	633nm	兰姆凹陷	$10^{-9}\sim10^{-10}$	10^{-7}	1965
He-Ne:Ne	633nm	饱和吸收			1967
He-Ne:CH_4	3.39μm	饱和吸收	$10^{-13}\sqrt{\tau}$	3×10^{-12}	1969
CO_2:CO_2	所有各支线	饱和吸收	10^{-12}	1.5×10^{-10}	1970
He-Ne:I_2	633nm	饱和吸收	5×10^{-13}	10^{-10}	1972
染料		无源腔			1973
Ar^+:I_2	515nm	饱和吸收	5×10^{-14}	1.5×10^{-12}	1977
He-Ne:I_2	612nm	饱和吸收	5×10^{-13}	10^{-12}	1979
CO_2:SF_6	10.6μm	饱和吸收	5×10^{-14}	10^{-10}	1980
He-Ne:I_2	640nm	饱和吸收			1983

稳频激光与微波频标相比，有可能得到更窄的相对线宽，其频率稳定度可以更高。激光具有比铯(Cs)频标高四个量级的绝对频率，所以在同样的时间间隔内长度测量的准确度可以大大提高。稳频激光的频率稳定度已和Cs频标相当或更好一些。激光频率测量已扩展到可见光区，并且锁相频率链的出现，已能将射频信号传递到激光频段上，有的锁相系统能连续工作数小时，这些都表明激光器实际可以用于光频标，从而取代铯束频标，成为频率标准。

应用光频标可以统一时间(频率)和长度的计量标准。单色电磁波的三个特征参量(频率ν、波长λ和传播速度c)可由$c=\nu\lambda$联系起来。若把c看做常数，并给定精确的值，则由单色波的频率就可以算出波长。因此，如果有了光频频率标准，就可以得到长度(波长)标准。随着激光稳频技术的发展，激光频率的稳定度和复现性已远远超过^{86}Kr波长基准的准确度。有的科学家采用独立的基准分别测量了甲烷稳定的He-Ne激光的3.39μm线的波长和频率，根据测得的结果所计算出来的光速值彼此符合得很好。因此，设置独立的长度基准已失去了意义。在1975年第十五届国际计量大会上，推荐了一个真空中光速值$c=299792458$m/s，其不准确度为$\pm4\times10^{-9}$。如果把这个数值看做光速的定义值，并且建立了以光频标为基础的光频测量，那么就可以从时间、频率基准得到长度基准。频率(时间)计量的精确度已经达到10^{-14}量级，由此得到的长度的准确度可以大大提高。这样，长度和时间的计量标准就统一起来了。

在稳频激光器和光频测量取得进展的基础上，于1983年第十七届国际计量权度大会上通过了新的"米"定义，米是光在真空中在(1/299792458)s的时间间隔内行进路程的长度。这是计量学上第一次用一个基本物理常量来定义基本单位，也是历史上第三次"米"定义。这表明长度单位已成为导出单位，只是由于长度单位在国际单位制中的重要性，所以仍保留作为基本单位。

6.1.4 对参考标准频率(参考谱线)的要求

对于主动稳频的方法，一类是利用原子谱线中心频率作为鉴频器，另一类是利用外参考频率作为标准进行稳频。因此，对参考标准谱线有如下要求。

(1) 谱线中心频率的稳定性和复现性要好。稳频激光器的频率稳定度和复现性最终取决于参考谱线的稳定度和复现性。作为频率标准，应要求其长期稳定度优于10^{-13}。因此，对参考谱线的频移(由原子碰撞、斯塔克和塞曼效应、功率不稳定等原因造成的频移)要加以控制。

(2) 线宽要窄，主要应设法消除多普勒加宽、碰撞加宽等。

(3) 有足够的信噪比。信号强度与线宽往往是矛盾的。例如，跃迁几率大的共振谱线很强，但能级寿命短，自然加宽大；增加原子密度可增强信号，但由此产生碰撞加宽。因此，要求在一定信噪比的情况下，尽量缩小谱线的宽度。

(4) 谱线频率要与受控激光器频率匹配，即参考谱线的频率应落在受控激光器增益曲线的峰值附近。

6.2 兰姆凹陷稳频

6.2.1 兰姆凹陷

在激光原理中曾介绍过非均匀加宽线型增益曲线的烧孔效应，并指出在多普勒效应产生的非均匀加宽线型中，一个振荡频率在其增益曲线上能烧两个“孔”(对称于中心频率ν_0)，出现在振荡频率ν上的称为“原孔”，在增益曲线对称位置上的称为“像孔”，如图6.2-1(a)所示。两孔的面积与激活介质中参与受激辐射的有贡献的反转粒子数成正比。面积越大，意味着参与受激辐射的粒子数越多，则激光器输出的功率(光强)就越强。如果有一单模激光器，通过改变谐振腔的长度，使其振荡频率发生变化，由于不同的振荡频率上的小信号增益是不同的，所以增益曲线上的烧“孔”深度也不相同。当连续改变激光振荡频率时，远离谱线中心的烧孔面积小，输出的功率也小；振荡频率向中心频率靠近，则烧孔面积增大，深度增加，同时两“孔”间隔缩小。当振荡频率位于谱线的中心频率处时，两个“孔”就合二为一了，孔的面积小于偏离谱线中心较近的两孔面积之和，表明有贡献的粒子数减少，故输出功率达到极小值。曲线在ν_0处出现一凹陷，如图6.2-1(b)所示，称为兰姆凹陷。关于兰姆凹陷产生的机理可参阅激光原理相关图书。

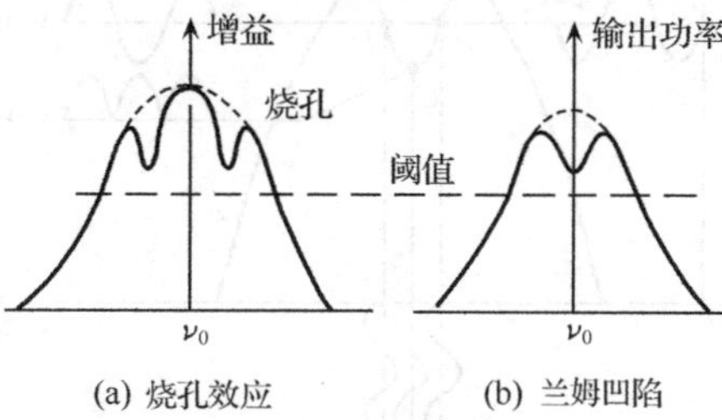

图 6.2-1 增益曲线的烧孔效应和兰姆凹陷

6.2.2 兰姆凹陷稳频原理

兰姆凹陷稳频法是以增益曲线中心频率ν_0作为参考标准频率，通过电子伺服系统驱动压电陶瓷环来控制激光器腔长，使频率稳定于ν_0处。稳频装置如图6.2-2所示。激光管是采用热膨胀系数很小的石英做成外腔式结构，谐振腔的两个反射镜安置在殷钢架上，其中一个贴在压电陶瓷环上。陶瓷环的长度约为几厘米，环的内外表面接有两个电极，加有频率为f的调制电压，当外表面为正电压、内表面为负电压时陶瓷环伸长，反之则缩短。改变陶瓷环上的电压即可调整谐振腔的长度，以补偿外界因素所造成的腔长变化。光电接收器一般采用硅光电三极管，它能将光信号转变成相应的电信号。选频放大器只是

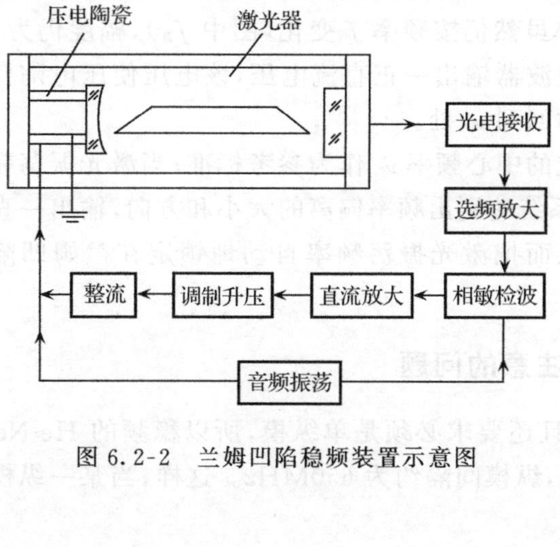

图 6.2-2 兰姆凹陷稳频装置示意图

对某一特定频率 f 信号进行有选择性的放大与输出。相敏检波器的作用是将选频放大后的信号电压与参考信号电压进行相位比较。当选频放大信号为零时,相敏输出为零;当选频放大信号和参考信号同相位时,相敏输出的直流电压为正,反之则为负。音频振荡器除为相敏检波器提供参考信号电压外,还给出一个频率为 f 的正弦调制信号加到压电陶瓷环上对腔长进行调制。

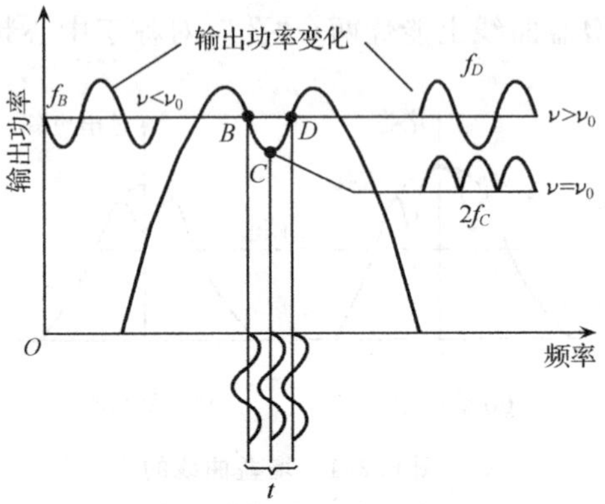

图 6.2-3 兰姆凹陷稳频原理

下面讨论兰姆凹陷稳频的原理。图 6.2-3所示为激光输出功率与频率的关系曲线。输出功率在原子谱线中心频率 ν_0 处有一极小值,选择它作为频率稳定点。其稳频工作过程如下。在压电陶瓷上加有两种电压,一个是直流电压(0～300V),用来控制激光工作频率 ν,另一个是频率为 f(如 1kHz)的调制电压,用来对腔长 L(即激光振荡频率 ν)进行调制,从而使激光功率 P 也受到相应的调制。如果激光振荡频率刚好与谱线的中心频率重合($\nu=\nu_0$),则调制电压使振荡频率在 ν_0 附近以频率 f 变化(图中的 C 点处),因而激光输出功率将以 $2f$ 的频率周期性变化(C 点附近)。由于选频放大器工作在特定的频率 f 处,所以它不能通过选频放大器,伺服系统无输出信号送至压电陶瓷上,激光器继续工作于 ν_0 处。如果激光器受到外界的扰动,使激光振荡频率偏离了 ν_0,例如 $\nu>\nu_0$(图中 D 点处),则激光功率将按频率 f 变化(图中 f_D),其变化幅度 δ_p 就是鉴别器的误差信号,它的相位与调制信号电压相同。此光信号被光电接收器变换成相应的电信号,经过选频放大后送入相敏检波器,与从音频振荡器输入的频率为 f 的调制信号进行相位比较得到一个直流电压,此电压的大小与误差信号成正比,它的正负取决于误差信号与调制信号的相位关系。此时,由于两者同相位,所以从相敏检波器输出一负直流电压,继而经过直流放大、调制升压与整流,馈送到压电陶瓷上。此电压使压电陶瓷环缩短,从而使腔长伸长,于是激光振荡频率又回到 ν_0 处。同样,如果激光频率 $\nu<\nu_0$(图中 B 点处),则输出功率虽然仍按频率 f 变化(图中 f_B),幅度仍为 δ_p,但其相位与调制信号相反,此时,从相敏检波器输出一正直流电压,该电压使压电陶瓷环伸长,则腔长缩短,使激光振荡频率又自动回到 ν_0 处。

总之,兰姆凹陷稳频的实质是:以谱线的中心频率 ν_0 作为参考标准;当激光振荡频率偏离 ν_0 时,即输出一误差信号;通过伺服系统鉴别出频率偏离的大小和方向,输出一直流电压调节压电陶瓷的伸缩来控制腔长,从而把激光振荡频率自动地锁定在兰姆凹陷中心处。

6.2.3 应用兰姆凹陷稳频时应注意的问题

(1) 稳频激光器不仅要求单横模,而且还要求必须是单纵模,所以稳频的 He-Ne 激光器一般都选用短腔,例如腔长为 230mm,纵模间隔约为 650MHz。这样,当某一纵模在兰姆凹陷的中心时，两侧相邻的纵模就可以调在净增益曲线之外，从而保证输出为单纵模。为了得到单横模，一般应选用平凹镜组成的半共焦腔，凹面镜的曲率半径应较大，而毛细管直径应比较细，这样适当调节反射镜即可实现单横模输出。

(2) 根据以上讨论可见，频率稳定性与兰姆凹陷中心两侧的斜率有关，斜率越大，误差信号就越大，因而灵敏度高，稳定性就越好。为了得到较高的频率稳定度，兰姆凹陷就要窄而深为好。兰姆凹陷的深度与激发参量 β 成正比，调节激光器的放电电流和激光管的参数，并减少谐振腔的损耗，都可以使 β 增大，从而增加兰姆凹陷深度。要使频率稳定度优于 10^{-9}，则兰姆凹陷深度大约等于输出功率的 1/8 为宜。激光输出总的线宽取决于多普勒加宽，而兰姆凹陷的宽度则由均匀加宽决定，正比于气压，故适当降低气压可使凹陷变窄，但气压太低会使激光输出功率降低。

(3) 兰姆凹陷线型的对称性也影响频率的稳定性，当兰姆凹陷不对称时，ν_0 两侧的曲线斜率将不同，误差信号也随之不同。斜率小的一侧得到的误差信号很小，因而灵敏度很差，难以准确地调到凹陷中心。经实验发现，He-Ne 激光器中若充以纯 Ne 同位素(Ne^{20} 或 Ne^{22})，则所得的兰姆凹陷线型是对称的；若充以自然 Ne，则因它含有(Ne^{20} 和 Ne^{22})两种同位素，这两种同位素谱线中心频率之差为 $\nu_{Ne^{22}}-\nu_{Ne^{20}}\approx 890\text{MHz}$，所得兰姆凹陷将不对称且不够尖锐。图 6.2-4 所示为填充纯 Ne^{20} 和自然 Ne 的兰姆凹陷线型。由图可见，当激光输出功率很小时，凹陷很浅或不出现凹陷而呈现钟形；当激光功率增大时，Ne^{20} 的凹陷深且对称性好，所以在实际稳频的 He-Ne 激光管中均充单一同位素 Ne^{20} 或 Ne^{22} 作为激活介质。

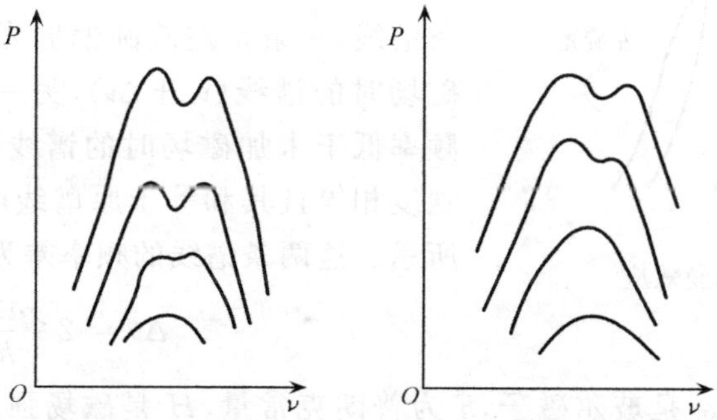

(a) 单一同位素Ne^{20}　　(b) 自然Ne

图 6.2-4 填充 Ne 的兰姆凹陷曲线

(4) 兰姆凹陷稳频是以原子跃迁谱线中心频率 ν_0 作为参考标准的，故 ν_0 本身的漂移会直接影响频率的长期稳定性和复现性的精度。ν_0 的位移主要是激光管内下述物理过程的扰动。① 由气压造成的压力频移。尤其是激光管中 He 从等离子管内向外扩散，经较长时间后将有明显变化，造成管内气压不能保持恒定。压力位移和加宽包括原子的相互作用以及相互作用时原子电场的影响。例如，某个原子发射光子时，会有第二个原子靠近它，因而发光原子受第二个原子电场的影响，使得发射光子的能级产生能量位移。因此，能级差在整个相互作用期间不是恒定的，而是随原子间距离发生变化，瞬时光子频率也跟着发生变化，最终的谱线分布将产生不对称的位移和加宽。在封闭型激光管中，管内气压和混合比随时间而变化,管壁和电极在工作过程中会放出杂质气体,压力位移也随之改变。对于633nm的He-Ne激光器,欲获得10^{-10}量级的精度,并且误差源只限于由压力位移引起的,那么就必须将气压的变化和杂质气体控制在0.13Pa以下,这在一般激光器中是很难实现的。因此,原子跃迁中心频率ν_0的位移,就要影响兰姆凹陷稳频法的长期稳定性和复现性。② 由斯塔克效应造成的频移。在等离子体管中直流放电,将感应出两极的带电粒子流。不同的电子和离子的运动,将形成一个径向两极电场,此电场使Ne原子的激光跃迁能级产生二阶斯塔克效应位移和加宽,从而引起谱线频率位移。③ 不同放电条件引起的中心频率位移。上述诸因素的影响使得兰姆凹陷中心频率的位移约为10^{-7}量级,这些扰动都不能用伺服系统来调整,只能尽量减小其影响。

6.3 塞曼效应稳频

6.3.1 塞曼效应

当一个发光的原子系统置于磁场中时,其原子谱线在磁场的作用下会发生分裂。这种现象称为塞曼效应。例如,当He-Ne激光器以单纵模振荡,在谱线中心频率与腔的谐振频率一致时,无频率牵引效应,激光输出频率即为ν_0(如632.8nm的激光)。若在光束方向施加纵向磁场,则沿磁场方向可观察到,一条谱线对称地分裂成两条谱线,一条是左旋圆偏振光,它的频率高于未加磁场时的谱线($\nu_0+\Delta\nu$),另一条是右旋圆偏振光,频率低于未加磁场时的谱线($\nu_0-\Delta\nu$)。二者的光强度相等且其和等于原谱线的光强度,如图6.3-1所示。这两条谱线的频率差为

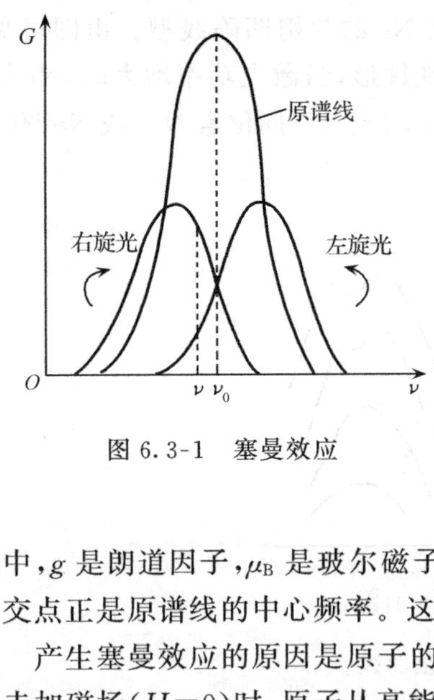

图6.3-1 塞曼效应

$$\Delta\nu = 2\frac{g\mu_B H}{h} \tag{6.3-1}$$

式中,g是朗道因子,μ_B是玻尔磁子,h为普朗克常量,H是磁场强度。这两条分裂谱线的交点正是原谱线的中心频率。这就是纵向塞曼效应。

产生塞曼效应的原因是原子的能级在外磁场的作用下发生分裂,如图6.3-2所示。当未加磁场($H=0$)时,原子从高能级跃迁到低能级,便发出频率为ν_0的光。当加磁场之后,这两个能级就发生分裂,如图6.3-2右边所示,当原子在这些能级之间按选择定则从高能级跃迁到低能级时,便发出三种频率($\nu_1=\nu_0+\Delta\nu$, ν_0, $\nu_2=\nu_0-\Delta\nu$)的偏振光。

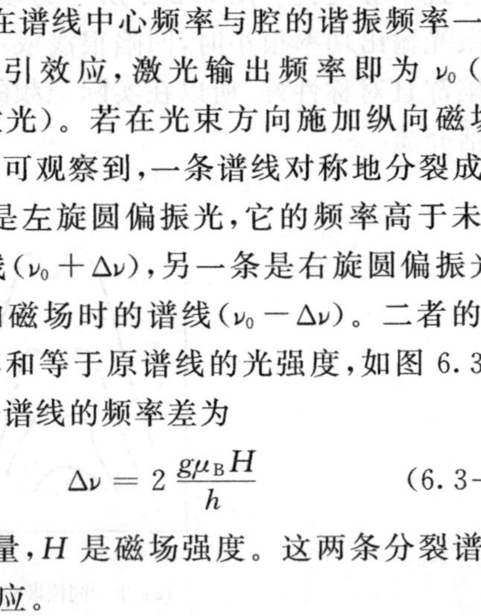

图6.3-2 在磁场中原子能级的分裂

由图6.3-1可以看出,当激光振荡频率正好处于ν_0时,左旋圆偏振光和右旋圆偏振的光强相

等。若激光振荡频率偏离了 ν_0（如在 ν 处），则右旋光的光强（$I_右$）大于左旋光的光强（$I_左$）；反之，则有 $I_右<I_左$。根据激光器输出的两个圆偏振光光强的差别，就可以判别出激光振荡频率偏离中心频率的方向和大小。这样可设法形成一控制信号去调节谐振腔，使它稳定在谱线的中心频率处。由纵向塞曼效应分裂成的两谱线交点处的曲线有较陡的斜率，可作为一个很灵敏的稳频参考点，故频率稳定性和复现性精度都比较高。

6.3.2 塞曼效应双频稳频激光器

1. 双频稳频激光器的结构

双频稳频激光器由加纵向均匀磁场的双频激光管、电光调制器和电子伺服系统组成，如图 6.3-3 所示。

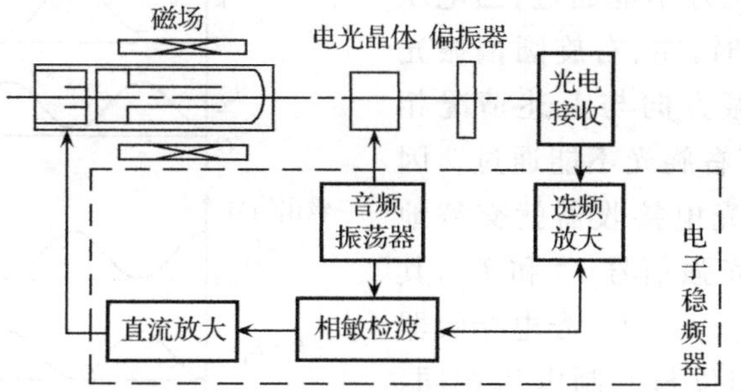

图 6.3-3 双频稳频激光器示意图

双频激光管是一个利用压电陶瓷控制腔长的内腔管。管壳用石英玻璃制成，腔镜由平-凹反射镜构成，其中平面镜与压电陶瓷环粘接在一起；激光管充以高纯度的氦氖气体，$He^3:Ne^{20}$ 约为 7∶1，充气压约为 400Pa。充气压过高或含有其他气体成分都会增加激光的噪声。在放电区加有强度为 300G 的均匀纵向磁场。磁场由一个与管子同心的永久磁铁环或电磁线圈产生。激光管的结构如图 6.3-4 所示。

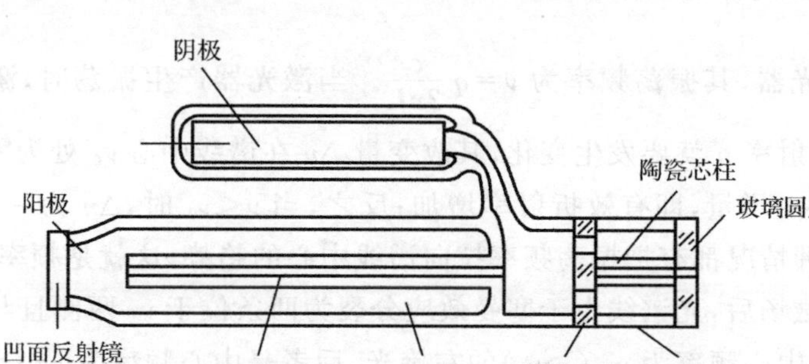

图 6.3-4 双频激光管

对于稳频激光管，要求其单模输出，如输出波长为 632.8nm 的 He-Ne 激光管，只要腔长 L 在 100mm 以下，即可保证单纵模输出。欲获得单横模输出，则可适当选择毛细管的直径及腔镜的曲率半径和反射率。

电光调制器由电光晶体和偏振器组成。圆偏振光通过加有1/4波长电压($V_{\lambda/4}$)的晶体时就会变成线偏振光,而偏振器只允许平行于偏振轴的光通过,故二者结合起来,利用$\pm V_{\lambda/4}$使左旋圆偏振光和右旋圆偏振光交替通过偏振器,即能比较出左旋光和右旋光光强的大小,从而完成鉴频作用。

鉴频原理是,当双频激光器输出的左旋和右旋圆偏振光进入电光晶体(在晶体上加有频率为f交替变化的$V_{\lambda/4}$)时,即变成两个相互垂直的线偏振光。恰当地设置偏振器的偏振轴方向,当电压为正半周时,右旋光经过电光晶体后变成的线偏振光刚好能通过,而左旋光正好不能通过;当电压变为负半周($-V_{\lambda/4}$)时,左、右旋圆偏振光通过晶体后其线偏振方向与上述情况相反,左旋光能通过,而右旋光不能通过。因此,在偏振器后面的光电接收器就交替地接收到左、右旋光的光强信号I_{ν_L}和I_{ν_R},其变化频率为f。当$I_{\nu_L}>I_{\nu_R}$时,光电接收器的输出信号电压的相位与调制电压相同;当$I_{\nu_L}<I_{\nu_R}$时,输出信号电压与调制电压反相;当$I_{\nu_L}=I_{\nu_R}$时,输出信号为一直流电压,其工作原理如图6.3-5所示。

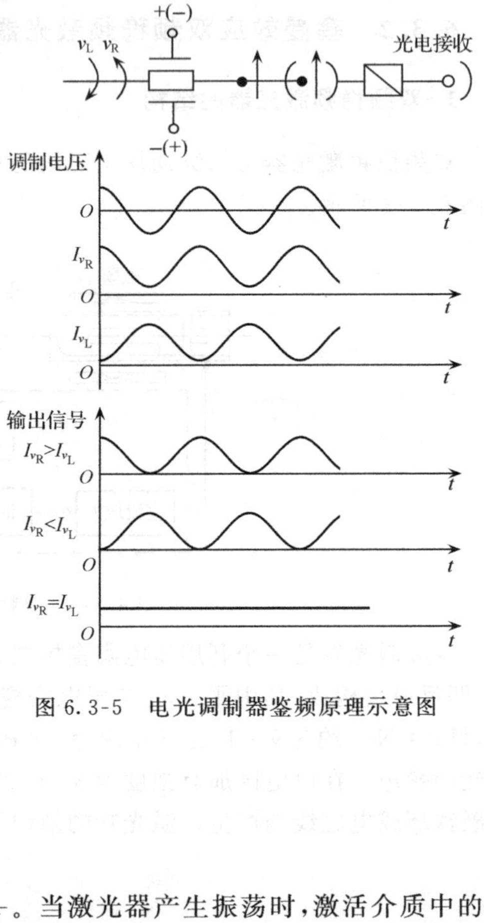

图6.3-5 电光调制器鉴频原理示意图

电子伺服系统包括1kHz音频振荡器、选频放大器、相敏检波器和直流放大器。

2. 双频稳频激光器的工作原理

一个单模激光器,其振荡频率为$\nu=q\dfrac{c}{2nL}$。当激光器产生振荡时,激活介质中的粒子受强光作用,折射率n就要发生变化,其改变量Δn在谱线中心ν_0处为零。当振荡频率$\nu>\nu_0$时,则Δn为一增量,即有效折射率增加;反之,当$\nu<\nu_0$时,Δn为一减量,即有效折射率减小。这两种情况都有把振荡频率拉向谱线中心的趋势,这就是频率的牵引效应。

在施加纵向磁场后,光谱线由于塞曼效应分裂为两条位于ν_0两侧且与中心频率等间距的谱线,前者是中心频率为$\nu_{0L}(>\nu_0)$的左旋光,后者是中心频率为$\nu_{0R}(<\nu_0)$的右旋光。其增益曲线$G(\nu_L)$和$G(\nu_R)$如图6.3-6所示。频率牵引效应可使两圆偏振光的频率分别向各自的增益曲线的极值处移动,即ν_L向ν_{0L}移动,ν_R向ν_{0R}移动。

对于左旋圆偏振光,有

$$\nu_L = q\frac{c}{2nL(1+\Delta n_L)}$$

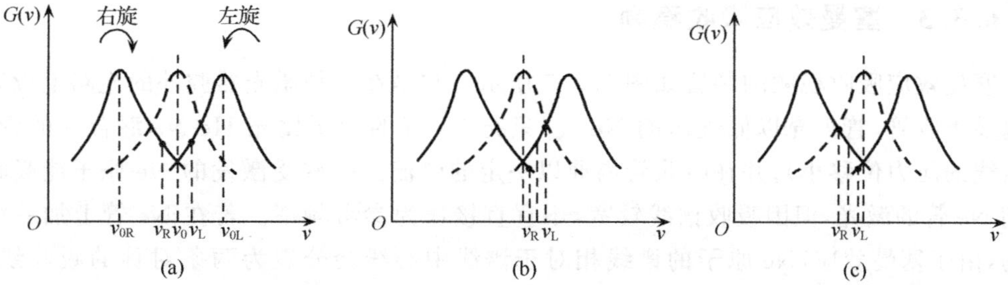

图 6.3-6　双频激光器的增益曲线

即

$$(1+\Delta n_L)\nu_L = q\frac{c}{2nL} = \nu \tag{6.3-2}$$

因为 $\nu_L<\nu_{0L}$，所以 $\Delta n_L<0$，故 $\nu_L>\nu$，即左旋光的频率比未加磁场时的振荡频率增高了，即

$$\nu_L-\nu=-\Delta n_L\nu_L \tag{6.3-3}$$

同理，右旋圆偏振光的频率为

$$\nu_R = q\frac{c}{2nL(1+\Delta n_R)} \tag{6.3-4}$$

因为 $\nu_R>\nu_{0R}$，所以 $\Delta n_R>0$，故 $\nu_R<\nu$，右旋光的频率比未加磁场时的振荡频率降低了，即

$$\nu-\nu_R=\Delta n_R\nu_R \tag{6.3-5}$$

综上所述，当激光管加了纵向磁场后，原来单一振荡频率的激光将分裂为两个不同频率的激光，即频率较高的左旋光和频率较低的右旋光，所以这种激光器称为双频激光器。两圆偏振光的频率差为

$$\Delta\nu=\nu_L-\nu_R=\sqrt{\frac{\ln 2}{\pi^3}}\cdot\frac{4\nu_0}{hQ}\left(\frac{g\mu_B H}{\Delta\nu_D}\right)$$

式中，Q 为腔的品质因数，$\Delta\nu_D$ 为多普勒线宽。可见，频率差除了因加纵向磁场而产生的塞曼效应分裂之外，还与腔的品质因数有关。

下面再简述一下双频激光器的稳频原理。双频激光器的频率稳定参考点是塞曼效应分裂的左、右旋光曲线的交点，如图 6.3-6(a)所示。如果激光振荡频率 $\nu=\nu_0$，由图可以看出，左旋光和右旋光的增益相等，即 $G_L=G_R$，所以输出的功率(光强)相等($I_{\nu_L}=I_{\nu_R}$)，此时光电接收器输出一直流信号，电子伺服系统无信号输出，故激光频率保持不变。如果外界扰动使激光频率发生漂移($\nu>\nu_0$)，如图 6.3-6(b)所示，则 $G_L>G_R$，所以 $I_{\nu_L}>I_{\nu_R}$，这时光电接收器输出的误差信号的相位与调制电压反相；反之，如果 $\nu<\nu_0$，如图 6.3-6(c)所示，则 $G_L<G_R$，$I_{\nu_L}<I_{\nu_R}$，那么光电接收器输出的误差信号的相位与调制电压同相。此误差信号经选频放大后，由电子伺服系统输出相应的电压，来控制压电陶瓷以调制腔长，使激光振荡频率恢复到两谱线的交点处，从而达到稳频的目的。

在精密干涉测量中，双频稳频激光器比单频稳频激光器具有更多优点。这主要是因为前者用拍频方法测量其频率差，具有更强的抗干扰能力，对工作条件(温度、湿度、清洁度等)的要求不是太高，在无恒温条件下也能长时间连续工作，这对工业用干涉仪特别有利。

6.3.3 塞曼效应吸收稳频

塞曼效应吸收稳频的装置如图 6.3-7 所示。它是在单频激光器腔外的光路上设置一个塞曼吸收管,管内充以低气压的 Ne 气(只充 Ne 气的管子比充 He-Ne 混合气的管子,对谱线的压力位移小),并在吸收管内通以一定的电流。一些受激发的 Ne 原子能吸收入射到 Ne 管的激光,但因吸收谱线较宽,不宜直接作为参考频率。若在 Ne 管上加一纵向磁场,由于塞曼效应,Ne 原子的谱线相对于谱线中心线会分裂为两条对称的吸收线,如图 6.3-8所示。因此,Ne 吸收变为双向色散性,即它对于频率相同、方向相反的左、右旋圆偏振光,具有不同的吸收系数,其吸收差取决于激光振荡频率偏离谱线中心的程度。仅在谱线中心 ν_0 处,两圆偏振光的吸收相等。由图可见,两条吸收线在斜率最陡的 C 处相交,以此点作为稳频参考点即可得到灵敏的鉴频效果。

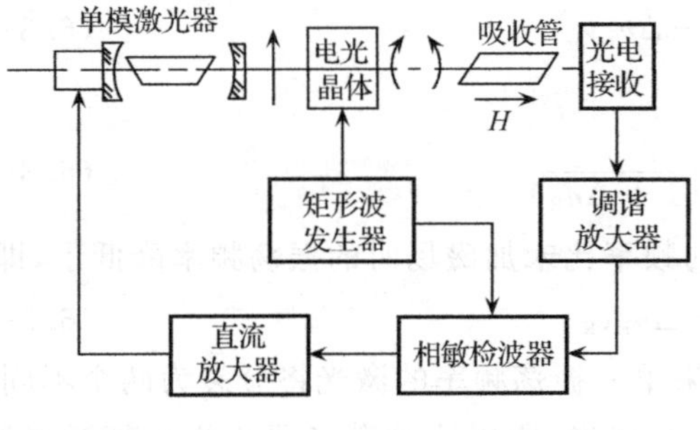

图 6.3-7 塞曼效应吸收稳频装置

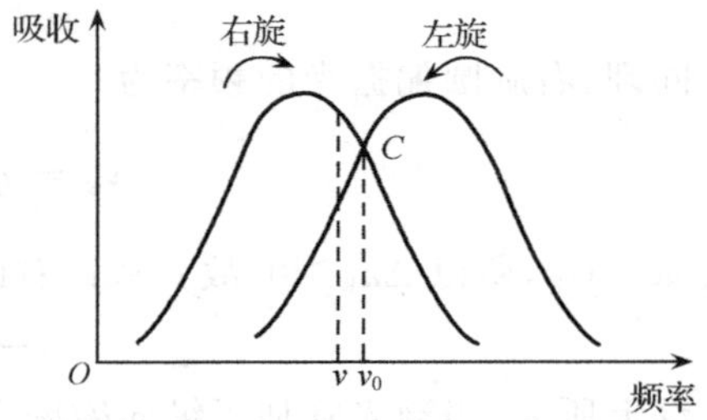

图 6.3-8 Ne 吸收线的塞曼分裂

塞曼效应吸收稳频的原理如下。从单模 He-Ne 激光器输出的线偏振光通过加有正负交变的 $V_{\lambda/4}$ 矩形电压的电光晶体,变成交替变化的左旋和右旋圆偏振光;然后再通过加了纵向磁场的 Ne 吸收管,交变的两圆偏振光在吸收管中就将得到调制,结果形成误差信号;该误差信号的振幅与偏离的频率差的大小成正比,其相位与偏离的方向有关。这个误差信号由光电接收器接收,再经过放大和伺服系统去控制腔长的伸缩,从而保证激光振荡频率稳定在 ν_0 处。

6.4 饱和吸收稳频(反兰姆凹陷稳频)

从前面所讨论的兰姆凹陷稳频和双频稳频等方法可知,提高频率的稳定性和复现性的关键是如何选择一个稳定的和尽可能窄的参考频率。上述稳频方法都是利用激光本身的原子跃迁中心频率作为参考点,而原子跃迁的中心频率易受放电条件等影响而发生变化,所以其稳定性和复现性就受到局限。为了提高频率的稳定性和复现性,通常采用外界参考频率标准进行稳频。例如,利用饱和吸收稳频,即在谐振腔中放入一个充有低气压气体原子(或分子)的吸收管,它有和激光振荡频率配合很好的吸收线;而且由于吸收管气压很低,故碰撞加宽很小,可以忽略不计,吸收线中心频率的压力位移也很小;吸收管一般没有放电作用,故谱线中心频率比较稳定。这样,在吸收线中心处形成一个位置稳定且宽度很窄的凹陷,以此作为稳频的参考点,可使其频率稳定性和复现性精度得到很大的提高。

饱和吸收稳频装置如图 6.4-1 所示。激光管和吸收管串联,放到外腔型谐振腔中,它对激光振荡频率处有强吸收峰。例如,对波长为 632.8nm 的 He-Ne 激光,在吸收管中充以 Ne 或 I_2;对波长为 3.39μm 的激光,充以甲烷(CH_4),都可得到吸收线和振荡频率一致

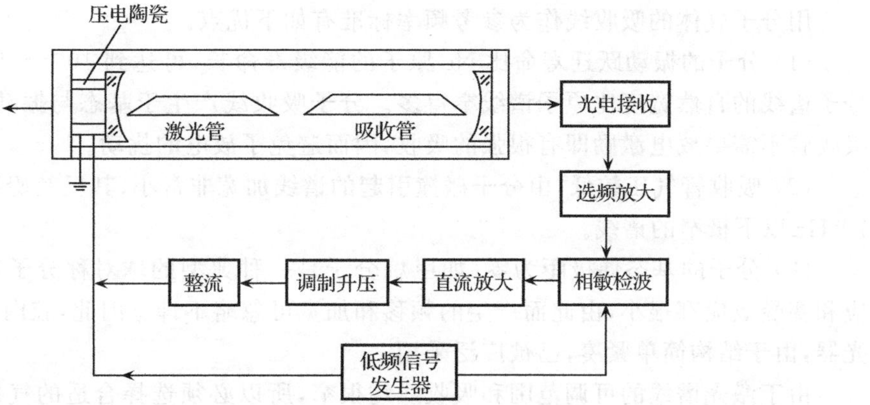

图 6.4-1 饱和吸收稳频装置

的情况。吸收管内的气压一般只有 0.13~1.3Pa,因而受气压和放电条件变化的影响很小,可以得到比前面鉴频器更高的鉴频精度。吸收管的气体在吸收线的中心处产生吸收凹陷的机理和兰姆凹陷相似。对于 $\nu=\nu_0$ 的光,其正向传播和反向传播的两列行波光强均被 $v_z=0$ 的分子所吸收,即两列光强作用于同一群分子上,故吸收容易达到饱和,而对于 $\nu\neq\nu_0$ 的光,则正向传播和反向传播的两列行波光强分别被纵向速度为 $+v_z$ 及 $-v_z$ 的两群分子所吸收,所以吸收不易达到饱和,在吸收线的 ν_0 处出现吸收凹陷,如图 6.4-2(b)所示。吸收线在中心处的凹陷,意味着吸收最小,故激光器输出功率(光强)在 ν_0 处出现一个尖峰,通常称为反兰姆凹陷,如图 6.4-2(c)所示。反兰姆凹陷可以作为一个很好的稳频参考点,其稳频工作程序与兰姆凹陷稳频相似,在此不再重复。

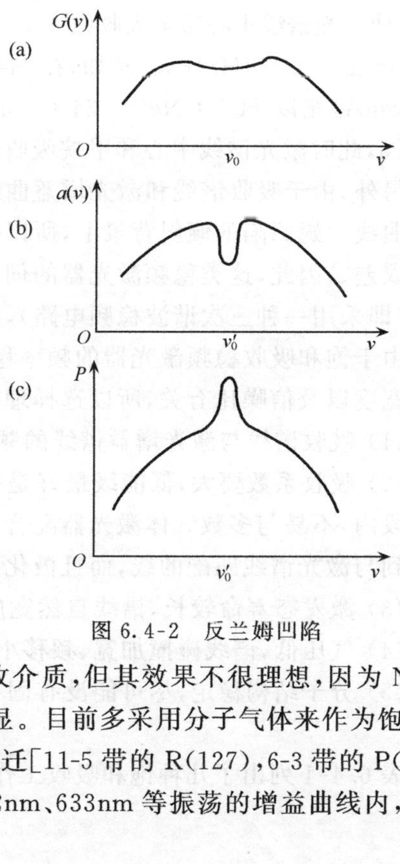

图 6.4-2 反兰姆凹陷

饱和吸收稳频最初利用 Ne 原子气体作为吸收介质,但其效果不很理想,因为 Ne 的下能级寿命较短,吸收比较弱,反兰姆凹陷不很明显。目前多采用分子气体来作为饱和吸收稳频的气体。例如,$^{127}I_2$ 分子蒸气基态的电子跃迁[11-5 带的 R(127),6-3 带的 P(33),9-2 带的 R(477)等]正好落在 He-Ne 激光器的 612nm、633nm 等振荡的增益曲线内,这些

吸收线有较稳定的电特性与磁特性,反兰姆凹陷的宽度为 MHz 量级,可作为基准。$^{127}I_2$ 蒸气基态电子吸收线[43-0 带的 P(13)]又正好与 Ar^+ 激光器的 514.5nm 振荡谱线相吻合,故可用来稳定氩离子激光器。甲烷(CH_4)分子的非对称振动 ν_3 带 P(7)支在 He-Ne 激光的 3.39μm 附近有 6 条谱线,其中 $F_2^{(2)}$ 分量正好处于 3.39μm 的 He-Ne($3s_2$-$3p_4$)激光谱线的带宽内;SF_6 在 CO_2 激光 10.6μm 附近有一强吸收线;等等。

用分子气体的吸收线作为参考频率标准有如下优点。

(1) 分子的振动跃迁寿命比 Ne 原子的能级寿命长,可达到 $10^{-2}\sim10^{-3}$s 量级,因此分子谱线的自然宽度比原子谱线窄得多。分子吸收线产生于基态与振动能级间的跃迁,吸收管不需要放电激励即有很强的吸收,因而避免了放电的扰动。

(2) 吸收管气压较低,由分子碰撞引起的谱线加宽非常小,其反兰姆凹陷的宽度只有 10^5Hz 以下极窄的谱线。

(3) 分子的基态偶极距为零(如甲烷分子是一种典型的球对称分子),所以斯塔克效应和塞曼效应都很小,由此而产生的频移和加宽可忽略不计。因此,腔内饱和吸收稳频激光器,由于结构简单紧凑,已被广泛采用。

由于激光谱线的可调范围和吸收线均很窄,所以必须选择合适的气体分子作饱和吸收介质,其吸收谱线与激光谱线才能很好地吻合。例如,甲烷分子在 3.39μm 的 He-Ne 激光附近有一强吸收线,但是 CH_4 吸收线中心比 3.39μm 激光谱线中心频率约高 100MHz,为了使二者中心频率重合,可在 He-Ne 激光管中充以高气压的 He,通过压力位移,迫使激光谱线中心移至吸收线中心。He 和 Ne 压力位移分别为(0.2±0.004)MHz/Pa 和(0.09±0.03)MHz/Pa。例如,在 He-Ne 激光管中(毛细管长 300mm,直径 3mm,放电电流 5mA)充以 $He^3:Ne^{20}=24:1$ 的混合气体,总气压为 667Pa,甲烷吸收管气压为 1.33Pa,此时激光谱线中心和甲烷吸收线中心基本重合。

另外,由于吸收谱线和激光增益曲线的峰值不重合,使饱和吸收峰往往处在激光输出功率曲线兰姆凹陷的倾斜背景上,所以一次导数信号有较大的基波本底,在稳频中会造成控制误差。因此,这类稳频激光器的伺服控制电路中常以谱线的三次导数信号作为鉴频信号(即采用一种三次谐波稳频电路),以消除背景影响。

由于饱和吸收稳频激光器的频率稳定度最终取决于吸收谱线的频率稳定性,也和谱线的宽度以及信噪比有关,所以选择理想的吸收介质十分重要,它们应当满足以下条件。

(1) 吸收谱线与激光增益谱线的频率基本上相符。

(2) 吸收系数要大,低能级最好是基态。由于原子吸收线波长多处在可见光和紫外光波段内,不易与多数气体激光器配合,所以常用分子吸收线,分子振-转谱线丰富,也容易找到与激光谱线匹配的线,而且极化率低,碰撞频移比原子小。

(3) 激发态寿命较长,谱线自然宽度小。

(4) 气压低,谱线碰撞加宽、频移小。

(5) 分子结构稳定,尽可能没有固有电矩和磁矩,以减少碰撞、斯塔克和塞曼频移与加宽。

表 6.4-1 列出了几种饱和吸收工作体系的参数。

表 6.4-1 几种饱和吸收工作体系的参数

激光器	工作波长/μm	吸收气体
Ar^+	0.515	$^{127}I_2$
He-Ne	0.633	^{20}Ne, $^{127}I_2$, $^{129}I_2$
He-Ne	3.39	CH_4
CO_2	10.6	CO_2, SF_6, OsO_4
染料	0.657	Ca

6.5 其他稳频激光器

以上介绍的是对He-Ne激光器采用激光原子谱线本身和外界饱和吸收谱线作为鉴频标准进行稳频的方法;而在实际应用中,经常使用的CO_2激光器,脉冲运转的激光器和半导体激光器等也需要稳频,因而相应地出现了一些独特的稳频方法。

6.5.1 CO_2激光器的稳频

稳频CO_2激光器在计量、光频测量链和激光雷达等方面获得应用。CO_2激光器在9~11μm范围有很多条振荡谱线,可以用某些可饱和吸收介质来使某些振荡谱线的频率稳定,吸收介质主要有SF_6、OsO_4等以及CO_2气体本身。利用波长为4.3μm的自发跃迁的荧光谱线可对CO_2的任何一条振荡谱线进行频率稳定,称为荧光稳频法。这种稳频方法可以得到很好的信噪比,稳定度达到10^{-12},复现性为1.5×10^{-10}。

CO_2激光器的荧光稳频系统如图6.5-1所示。它包括可调谐的单频CO_2激光器、CO_2吸收盒、InSb荧光检测器和电子伺服系统。谐振腔的一个腔镜粘贴在压电陶瓷上。上面加有两种驱动电压,其作用和前面介绍的兰姆凹陷法相同。

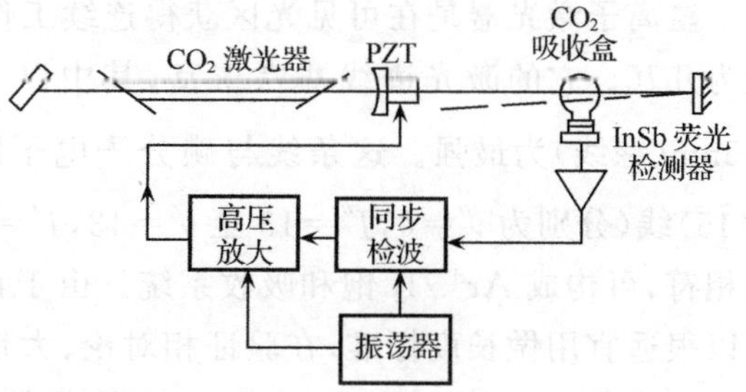

图 6.5-1 CO_2激光器的荧光稳频系统

CO_2分子所有的激光跃迁和波长4.3μm的自发跃迁具有共同的上振动能级。如果把充有CO_2气体的吸收盒放置在谐振腔内,当它受到CO_2激光照射时,基态能级(00°0)上的分子吸收光子而跃迁至能级(00°1)上,被激励的分子相互碰撞,在向基态跃迁时,就发出波长为4.3μm的荧光,其谱线的多普勒宽度约为几十兆赫,如图6.5-2所示。因多普勒效应,沿光的行进方向作热运动的分子会吸收某一特定频率的激光而受到激励。那些在光行进方向上无热运动速度($v_z=0$)的分子,则能同时吸收从两个方向来的频率为ν的激光,因而首先达到吸收饱和而出现窄的凹陷。这一窄的荧光饱和吸收曲线即可作为CO_2激光器稳频的参考标准。CO_2荧光跃迁从吸收上能级(00°1)到振动基态(00°0),发出4.3μm的荧光;上能级寿命很长,约2.2ms,所以荧光谱线很窄,常采用InSb(液氮下)进行检测。早期吸收盒放在激

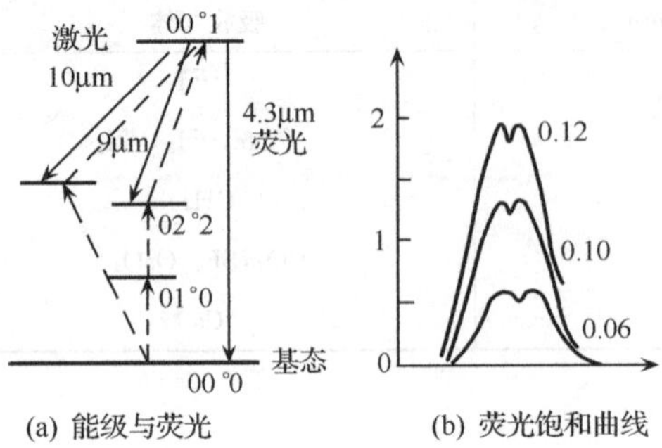

图 6.5-2 CO_2 荧光的能级与谱线

光腔内，后来放到腔外以改变信噪比。4.3μm 荧光饱和吸收凹陷的对比度达 16%，凹陷宽度为 0.9MHz，在取样时间为 0.1～100s 时的稳定度为 6×10^{-12}，重复性为 10^{-10}。

此外还有用 SF_6 和 OsO_4 等分子的饱和吸收进行 CO_2 激光器稳频。这些装置都是利用腔外吸收准行波控制。SF_6 在 10.5μm 和 10.6μm 附近有强吸收线，其波长与 CO_2 的 P(16)和 P(18)激光谱线重合，法国的 Borde 等利用 6m 长吸收室在几毫托(mTorr)气压下，观测了 SF_6 的 10.5μm 饱和吸收线，该线有双重线和三重线两部分。把激光频率锁定在双重线的一个峰上，得到了 3×10^{-13}/s 的稳定度。

用 OsO_4 分子作饱和吸收稳频比采用 SF_6 更好。锇原子的偶数同位素 ^{190}Os 和 ^{192}Os 核没有磁矩，谱线没有超精细结构；OsO_4 分子很重，多普勒频移很小；OsO_4 在 10.2～10.6μm 范围内有许多强的吸收线可与 CO_2 激光波长匹配，其中以 10.53μmP(14)增益曲线中心附近的 $^{192}OsO_4$ 吸收线最强。用长 250cm 的吸收室及望远镜扩束激光(直径 $d=$ 2.5cm)，在 OsO_4 气压为 40mTorr 情况下，得到饱和吸收线宽为 250～300kHz，激光频率稳定度为 3×10^{-12}/100s，重复性为 2×10^{-11}。

6.5.2 Ar^+ 激光器(用 $^{127}I_2$ 饱和吸收)稳频

氩离子激光器是在可见光区获得连续工作最大输出功率的气体激光器，连续功率一般为几瓦。它的激光谱线非常丰富，其中以 Ar^+ 的 $3p^4 4p^4 d^0_{5/2}$ 到 $3p^4 4s^2 p_{3/2}$ 跃迁发出的 515nm(绿线)为最强。这条线与碘分子电子跃迁 $X'\sum^+_{og}\rightarrow B^3\prod^+_{ou}$ 的 43-0，P(13)和 R(15)线(分别为 $\nu''=0, J''=13$ 至 $\nu'=43, J'=12$ 和 $\nu''=0, J''=15$ 至 $\nu'=43, J'=16$)的波长相符，可构成 Ar^+/I_2 饱和吸收系统。由于它处在可见光的波段，功率很大，谱线较窄，所以很适宜用做长度标准，在验证相对论、大地测量、雷达通信等领域得到重要应用。国际上已推荐 $Ar^+/^{127}I_2$ 的 43-0，P(13)线超精细结构 a 成分为波长副标准，其真空中波长为

$$\lambda = 514\ 673\ 466.2\times10^{-15}\,\mathrm{m}$$

相应的频率为 582 490 603.6MHz。

最早的 515nm 碘稳定氩离子激光器采用了碘分子束线性吸收荧光检测的方案，由于上述两条碘吸收线的下能级都是振动基态($\nu''=0$)，粒子数多，所以吸收系数较大。它们的上能级寿命较长、自然线宽约 70kHz。但氩离子激光的短期频率稳定度不好(因放电电流大、有流水冷却等)，所以先用法布里-珀罗参考腔稳频，使其短期稳定度提高一二个数量级。这种分子束线性吸收稳频得到了 7×10^{-14}/1000s 的稳定度。

Borde 和 Spieweck 分别用腔外饱和吸收进行了 Ar^+ 离子激光器的稳频研究。前者

把碘吸收室放在环形干涉仪中，后者用了如图 6.5-3 所示的装置。他们都把激光频率预稳在法布里-珀罗参考腔的透射曲线的斜边上以改善激光的短期频率稳定度，然后把参考腔频率锁定在饱和吸收峰上。他们都用了扩束激光和低压吸收室。据报道，Borde 等已取得了接近自然宽度 70kHz 的线宽，$\tau=100\text{s}$ 的稳定度为 5×10^{-14}，重复性为 1.5×10^{-12}。Spieweck 在碘气压为 2.5Pa(1Pa≈7.5mTorr)时得到的稳定度为 1×10^{-11}/s(短期)和5×10^{-13}/100s(长期)。谱线的压力频移是线性的，为 −5kHz/Pa；在峰调制幅度 $\Delta\nu_m$ 处，当 $5\text{MHz}<\Delta\nu_m<15\text{MHz}$ 时没有调制频移。适当控制冷却温度，可得到重复性为 2×10^{-11}。他仔细研究了产生谱线频移的各种因素，主要(造成约 10^{-12} 误差的)有碘气压频移、碘不纯、吸收谱线不对称(反冲分裂影响)、波前曲率和光束调整不好等，总的频移量约为1×10^{-11}。

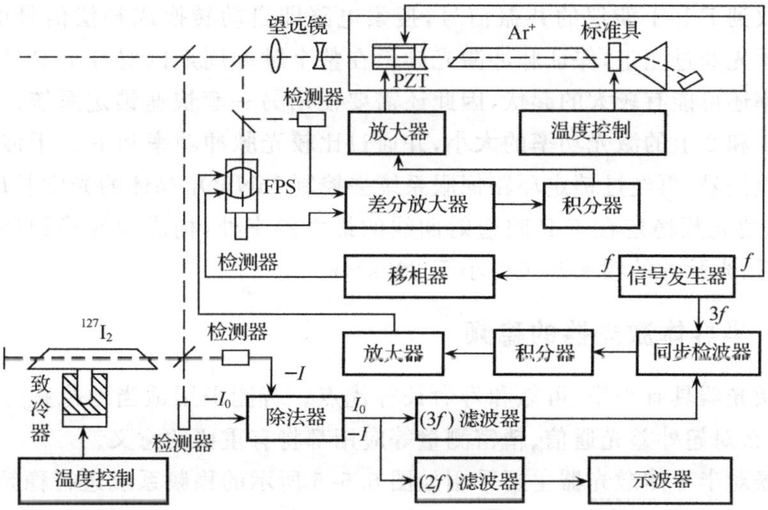

图 6.5-3　Ar^+/I_2 腔外饱和吸收稳频系统装置原理图

6.5.3　脉冲激光器的稳频

脉冲激光器的频率稳定一直是比较难以解决的问题。随着脉冲激光器在高分辨率光谱学、激光化学和激光雷达等应用方面的发展，人们开始探索稳定脉冲光频的方法。其中，对脉冲固体激光器稳频研究得较多，而且取得了较好的效果。

固体脉冲激光器在受激期间要输入较大的激励能量，所以系统中电压与温度的变化都比较激烈。据报道，采用在脉冲形成期间对腔体和其他参数进行补偿锁定的方法稳频获得了较好的效果，其补偿锁定式稳频装置如图 6.5-4 所示。这是一台重复频率为 10Hz、持续时间为 5ms 的 Nd：YAG 脉冲激光器。因为固体激光器的增益带宽较宽，并存在空间烧孔效应，所以激光器必须是单模(纵、横模)输出，为此腔内要插入 F-P 熔融石英标准具。为了消除空间烧孔效应，在 YAG 棒的两端装置 1/4 波片，腔长是通过一腔镜上的 PZT 陶瓷和 $LiNbO_3$ 晶体进行调节的。以腔外光路上的 F-P 共焦干涉仪作为光频基准。整个激光系统用恒温水流进行冷却。

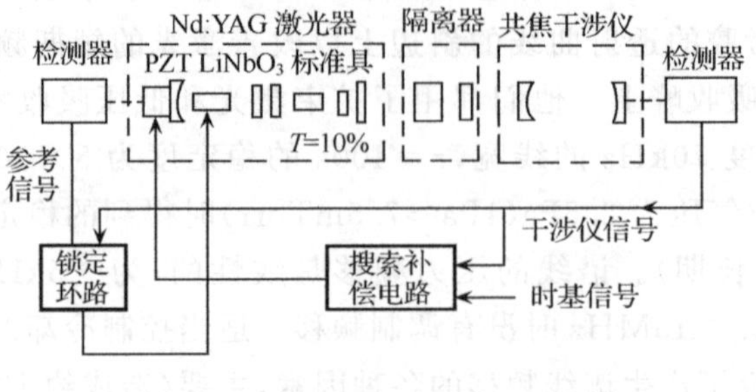

图 6.5-4　YAG 脉冲激光器稳频系统方框图

为了保证每一个光脉冲的频率都能对准共焦干涉仪的透射峰值，采用一种特殊的搜索电路。在光脉冲出现的瞬间，搜索电路便开始工作，用一个扫描电压改变腔长，一旦光电检测器接收到 F-P 干涉仪的共振信号，搜索电路即自动转换成补偿信号电压，其补偿量的大小应预先经过测定，保证脉冲激光频率在整个脉冲周期内对准 F-P 的中心。但此时激光的频率还可能有较大的起伏，因此还需要使用另一套快速锁定系统。这个系统能比较检测器 1 和 2 上的激光功率的大小，并通过比较光脉冲功率和 F-P 干涉仪透射的功率得到一误差信号，再经过锁定环路伺服系统去控制 $LiNbO_3$ 晶体的光学长度，即激光器的振荡频率，使光频稳定在 F-P 腔透射曲线的最大斜率处，构成快速稳频环路。两套系统同时工作后，光脉冲的频率起伏可小于 200kHz。

6.5.4　半导体激光器的稳频

半导体激光器具有小型、可靠和寿命长等优点。若能采用适当地稳频方法提高其频率稳定度，那么对超外差光通信、精密测量等应用都将有重要的意义。

早些时候对半导体激光器主要采用如图 6.5-5 所示的稳频系统进行稳频工作。采用 F-P 共焦干涉仪作为频率基准。在干涉仪上加上音频扫描电压，当激光振荡频率偏离扫描干涉仪的中心频率时，将引起透射光强的改变，从而得到一误差信号，再通过伺服系统加到半导体激光器的恒温控制器上，最后调节激光器的工作温度就可实现激光频率的稳定。因为这种方法是利用光学谐振腔的幅度特性构成稳频系统的，所以鉴频曲线的两侧斜率很快趋于零，系统的抗干扰能力很差，激光频率的微小跳变就会导致失锁，而且不易被察觉，因而不能实现有效的稳频。

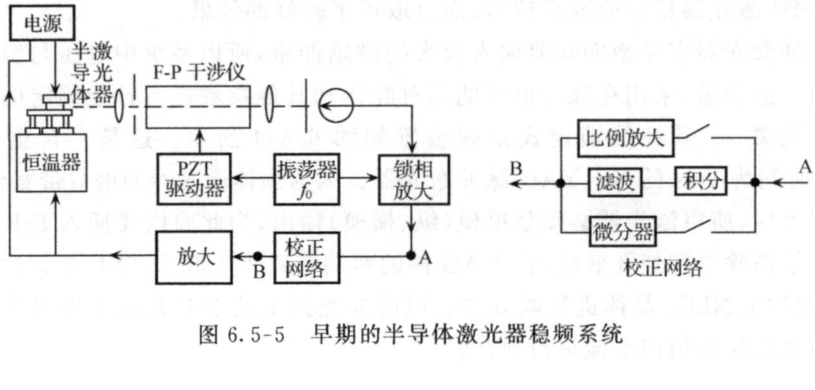

图 6.5-5　早期的半导体激光器稳频系统

20世纪80年代初，国外报道了一种“铯原子饱和吸收稳频方法”，其稳频系统如图6.5-6所示。半导体激光器装在用佩尔捷效应构成的恒温器中，恒温精度达10^{-3}～10^{-4}K。稳频系统包括Cs饱和吸收装置和电子伺服控制系统。

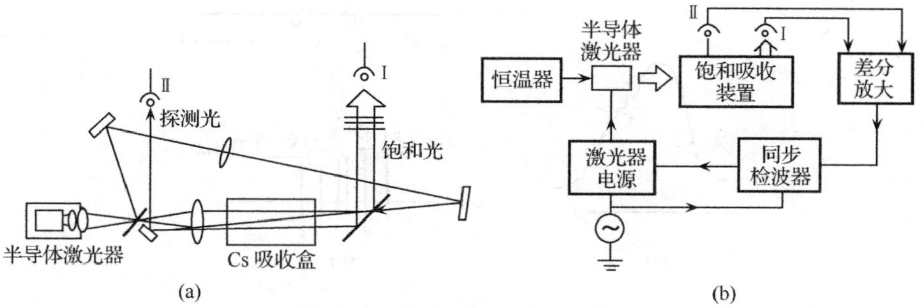

图6.5-6 半导体激光器的铯饱和吸收稳频系统

铯原子基态$6^2S_{1/2}$与第一激发态$6^2P_{3/2}$的能级分布如图6.5-7所示，其间距为852.1nm，基态和激发态的超精细结构如图所示，D_2线在常温下的多普勒宽度约为370MHz，故从基态3和4出发的吸收线是易于分离的。激发态的寿命很短($\tau=10^{-8}$s)，而基态3、4的两超精细能级间的弛豫时间较长，除了基态3到激发态F=2，基态4到激发态F=5的跃迁之外，其余的跃迁都易于饱和。这是因为从激发态上很快下跌的原子以相同的几率落在基态的两个超精细能级上，这种超精细能级间的抽运效应使得输出功率较小的半导体激光器也足以使它们产生饱和吸收效应。

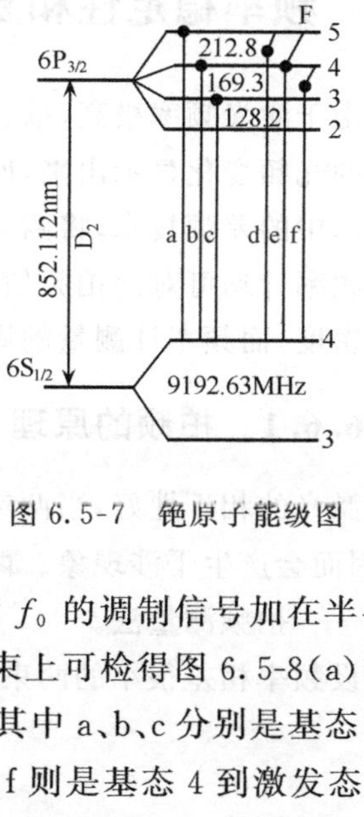

图6.5-7 铯原子能级图

半导体激光器Cs饱和吸收稳频原理如下。首先，频率为f_0的调制信号加在半导体激光器的电极上，在D_2线附近扫描(调制)激光频率，探测光束上可检得图6.5-8(a)中的信号。在D_2线的基底上有a、b、c、d、e、f等六条饱和吸收线，其中a、b、c分别是基态4能级至激发态$6^2P_{3/2}$的F=5、4、3能级跃迁的兰姆凹陷，而d、e、f则是基态4到激发态F=4、5和3、4的交叉共振兰姆凹陷。a线较弱，因为这时粒子只能回到基态4能级上；b、e两线间的频差小于20MHz，因为吸收线本身和激光谱线均具有一定宽度而无法分辨。为消除D_2线基底的影响，可从饱和光束中取出相同的基底信号，选取合适的幅度并以差分的方式消除探测光束中的基底成分，最终的微分信号如图6.5-8(b)所示。系统锁定在幅度较强的d线上，从控制系统反馈电压的变化情况可估算稳频后半导体激光器频率的稳定性，采用阿伦方差表示，当平均时间为0.2～1s时，稳定度可达9×10^{-12}。

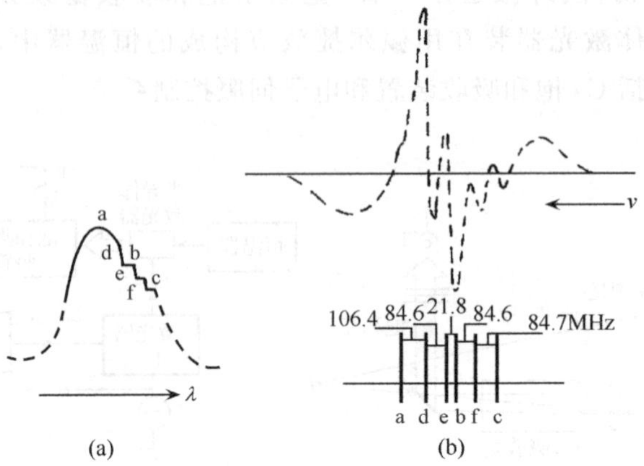

图 6.5-8 铯原子饱和吸收线

6.6 频率稳定性和复现性的测量

由于激光频率极高,欲直接测量频率的稳定度是很困难的,用一般电子仪器也无法将极高的光频变化显示出来,所以通常利用拍频的方法进行相对测量。这种方法类似于电子技术中的差频技术,将两列光波进行混频,所得差频信号为无线电射频信号,频谱分析仪及频率计均可对此拍频信号产生响应。对于频谱分析仪,其输出电平正比于拍频信号的谱密度,而频率计测量的则是拍频频率,其数据采用阿伦(Allan)方差进行处理。

6.6.1 拍频的原理

激光的相干性好,当两束光叠加在一起时,初相位的差值是暂时稳定的或缓慢变化的,因而会产生干涉现象。两束光波之间的可相干性,为测量光波频率稳定性提供了一种方法——拍频测量法。

设频率相差很小的两束光波,瞬时频率分别为 $\nu_1(t)$ 及 $\nu_2(t)$,其光场分别为

$$\begin{aligned} E_1(\nu_1) &= A_{c1}\cos(2\pi\nu_1 t) \\ E_2(\nu_2) &= A_{c2}\cos(2\pi\nu_2 t) \end{aligned} \tag{6.6-1}$$

式中,A_{c1}、A_{c2} 为两光波的振幅。当这两束光(传播方向平行且重合)垂直入射到光电探测器上时,其输出的合成振动正比于光强(光场的平方),即输出的光电流为

$$\begin{aligned} i_p \approx I = E^2(t) &= [E_1(\nu_1) + E_2(\nu_2)]^2 \\ &= A_{c1}^2\cos^2(2\pi\nu_1 t) + A_{c2}^2\cos^2(2\pi\nu_2 t) + A_{c1}A_{c2}\cos[2\pi(\nu_1+\nu_2)t] \\ &\quad + A_{c1}A_{c2}\cos[2\pi(\nu_1-\nu_2)t] \end{aligned} \tag{6.6-2}$$

式中,第一、二项的平均值,即余弦函数平方的平均值等于 1/2;而第三项(和频项)的频率很高,现有光探测器无法响应,其平均值为零;第四项(差频项)相对于光频来说要缓慢得多。当差频信号低于光电探测器的截止频率时,即有光电流输出为

$$i_p = A_{c1}A_{c2}\cos[2\pi(\nu_1-\nu_2)t] \tag{6.6-3}$$

由式(6.6-3)可以看出,差频信号电流的频率($\nu_1-\nu_2$)随两束光的频率 ν_1、ν_2 成比例地变化。若激光器1相对于激光器2的频率稳定性很高,可以认为 $\nu_1\approx\nu_0$(作为参考频率),拍频 $\Delta\nu=\nu_1-\nu_2=\nu_0-\nu_2$,因此拍频频率值的变化主要是由激光器2的频率漂移的作用引起的。激光器2相对于激光器1的频率稳定性为 $\Delta\nu/\nu_0$。

拍频法的原理如图6.6-1所示。两信号的差频 ν_B 具有较低的数值,用计数器测定其 M 个周期的长度为 τ,由 τ 的起伏可计得两信号源的稳定度。当作为参考信号的激光器1的稳定性高于被测信号的激光器2一个数量级时,可认为测得的结果全由被测信号的激光器产生。两信号的差频表示为

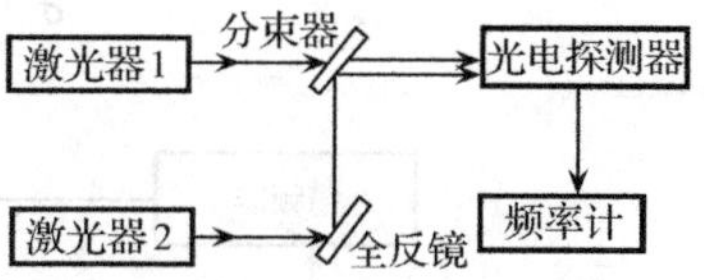

图6.6-1 拍频法原理

$$\nu_B=\frac{1}{T_1}=\frac{1}{\tau/M} \tag{6.6-4}$$

式中,$\tau=MT_1$,T_1 为 ν_B 的周期。考虑到频率的不稳定性,有

$$T_1=T_0+\Delta T_1 \tag{6.6-5}$$

式中,T_0 为常值,这相应于

$$\nu_B=\nu_{B0}+\Delta\nu_B \text{ 和 } \tau=\tau_0+\Delta\tau \tag{6.6-6}$$

式中,ν_{B0} 和 τ_0 分别代表其恒定值。根据误差理论有

$$\frac{\Delta T_1}{T_1}=\frac{\Delta\nu_B}{\nu_B},\qquad \Delta\nu_B\approx\frac{\Delta T_1}{T_0^2}$$

但

$$T_0=\frac{\tau_0}{M},\qquad \Delta T_1=\frac{\Delta\tau}{M}$$

所以

$$\Delta\nu_B=\frac{M\Delta\tau}{\tau_0^2} \tag{6.6-7}$$

在 t 时刻、τ 取样长度下的频率相对起伏为

$$y_{t,\tau}=\frac{\Delta\nu_B}{\nu_B}=\frac{M\Delta\tau}{\nu_0\tau_0^2} \tag{6.6-8}$$

6.6.2 拍频技术测量的频率稳定性和复现性

因为同一批型号的He-Ne激光器的频率稳定度和复现性是不同的,所以要用拍频技术对它们的相对频率稳定度和复现性作出评定。首先将各激光器与 Kr^{86} 基准波长进行干涉比对,得出测量的波长值,用求出的共同参考波长作为频率稳定度的比较基准,然后把各激光器与参考激光器进行拍频测量,求得相对频率稳定度。

拍频测量实验装置如图6.6-2所示。图中 SL_1、SL_2 是两台稳频的激光器,各自通过稳频器稳定(锁定)在参考基准中心;两台激光器输出的光经全反射镜R和部分反射、透射镜S后完全重合,并射到光电探测器上得到一差频电信号,继而进行放大输入到拍频测量与数据处理系统。通过频谱分析仪可直接进行观察,另外通过频率计数器可读取拍频频率值。设 SL_1 作为参考频率,$\nu_0=4.74\times10^{14}$ Hz($\lambda_0=632.99142$nm),SL_2 为各待测激光器。在相同的运转条件下,先后测得各激光器相对于参考激光器的拍频频率,如其中某一激光器相对于参考激光器的 $\Delta\nu_1,\Delta\nu_2,\cdots,\Delta\nu_N$ 等,N 为取样测量次数。由于频率起伏

是随机的,所以频率稳定度常采用统计的阿伦方差进行处理。这是因为在观测平均时间内,在任何时刻都可能出现大的频率变化,若把最大的频率变化值简单地取算术平均值作为频率变化值,就会产生很大的误差,因此,一般都采用统计的方法。激光频率偏差的双取样阿伦方差为

$$\sigma^2(2,\tau)=\frac{1}{N}\sum_{i=1}^{N}\left(\frac{\nu_{2i}-\nu_{2i-1}}{2}\right)^2$$

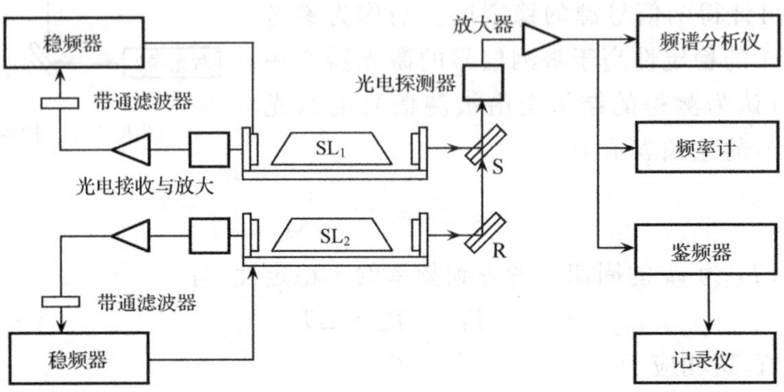

图 6.6.2 拍频测量实验装置

式中,ν_{2i}、ν_{2i-1}为取样平均时间τ内连续测量两个相邻的差频信号的频率。激光频率稳定度的双取样阿伦方差为

$$S_\nu=\frac{\sqrt{\sigma^2(2,\tau)}}{\bar{\nu}}=\frac{1}{\bar{\nu}}\sqrt{\frac{\frac{1}{2}\sum\limits_{i=1}^{N}(\nu_{2i}-\nu_{2i-1})^2}{2N}} \tag{6.6-9}$$

式中,$\bar{\nu}$为激光平均频率,1/2是假定每一台激光器对差频频率起伏具有相同作用的因子。因此,只在数字频率计上测出 N 组相邻差频频率序列,用上式即可计算出取样时间τ内每台激光器的频率稳定性。另外,有关文献还介绍了应用相位差法来测定频率稳定度的方法。例如,采用传统的双光束干涉法测量两条激光干涉条纹的移动量,在秒级取样长度下测量频率稳定度的精度可以达到10^{-13}量级。

相位与频率及其稳定性间的关系为

$$\nu(t)=\frac{1}{2\pi}\frac{\mathrm{d}}{\mathrm{d}t}\varphi(t)$$

$$y(t)=\frac{1}{2\pi\nu_0}\frac{\mathrm{d}}{\mathrm{d}t}\varphi(t)=\frac{\dot{\varphi}}{2\pi\nu_0}=\frac{1}{2\pi\nu_0}\left[\frac{\varphi(t+\tau)-\varphi(t)}{\tau}\right] \tag{6.6-10}$$

$$\sigma_y^2(\tau)=\frac{(\bar{y}_{k+1}-\bar{y}_k)^2}{2} \tag{6.6-11}$$

相位的单位一般用弧度(rad)或度(°)来表示,但这种单位使得相位及其改变量不能直接反映出频率的变化。因此,有人建议取下列值作为相位的表征:

$$x(t)=\varphi(t)/(2\pi\nu_0) \tag{6.6-12}$$

即取与信号载频无关的相位表征。实际上,它表示光波载频在一个振荡周期内的相对相位变化,其单位与时间单位一样为"秒"。由于它考虑了载频的影响,故在不同频率上测得

$x(t)$后，便可相互比较来量度频率的变化。一个周期中相位改变 2π 弧度，对任何频率都一样，但采用独立载频的相位表征 $x(t)$时，对同样一个周期的相位改变，在不同载频下取不同的值。

相位测量法的基本原理可表述如下。设有两个信号，表示为

$$\begin{aligned} V_1(t) &= V_1\sin(2\pi\nu_0 t+\varphi_1) \\ V_2(t) &= V_2\sin(2\pi\nu_0 t+\varphi_2) \end{aligned} \tag{6.6-13}$$

这里假定两信号的频率相等，频率的不稳定性用相角 $\varphi_1(t)$和 $\varphi_2(t)$来表示。由图 6.6-3 可见，在 t_1 时

$$x_1(t)=\left.\frac{\varphi_1-\varphi_2}{2\pi\nu_0}\right|_{t_1}=\Delta t_1$$

经过一个周期 τ 后，有

$$x_2(t)=\left.\frac{\varphi_1-\varphi_2}{2\pi\nu_0}\right|_{t_1+\tau}=\Delta t_2$$

则两个信号在 τ 时间内的平均频差的相对值为

$$\bar{y}(t)=\frac{1}{\tau}\int_{t_1}^{t_1+\tau}y(t)\mathrm{d}t=\frac{x_2(t)-x_1(t)}{\tau} \tag{6.6-14}$$

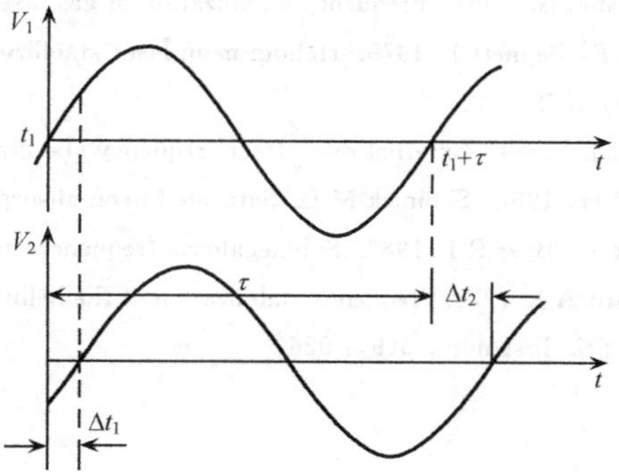

图 6.6-3 相位变化图

重复进行多次测量，在第 k 次取样间隔 t_k-t_{k+1} 内，则有

$$\sigma_Y(\tau)=\left\langle\frac{(\bar{y}_{k+1}-\bar{y}_k)^2}{2}\right\rangle=\left|\frac{1}{2\tau^2M}\sum_{j=1}^{M}(x_{j-2}-2x_{j+1}+x_j)^2\right|^{1/2} \tag{6.6-15}$$

符号〈〉表示无限时间平均。式(6.6-15)表明，频率稳定度的双取样方差是相位值的二次差分，还表明每次计算要取三个相邻的相位值。换句话说，在计算两个相邻的平均频率时要用到同一个相位值。若能把两信号间的相位差精确长期地记录下来，就能获得任意取样长度下的频率稳定度。

习题与思考题

1. 比较兰姆凹陷稳频与反兰姆稳频的异同点。

2. 分析稳频伺服电路中相敏检波器的工作原理及其作用。

3. 在 He-Ne 激光器中，Ne 原子的谱线宽度 $\Delta\nu_D=1.5\times10^9$ Hz，其谱线中心频率 $\nu_0=4.7\times10^{14}$ Hz，如果不采用稳频措施，那么这种激光器的频率稳定度为多少？

4. 一台稳频 CO_2 激光器，腔长采用环状压电陶瓷(PZT)调节，其长度 $L=1$cm，灵敏度 $m=2.5\times10^{-4}\mu$m/(V·cm)。经测定，陶瓷的最大变化(即腔长的最大调节范围)ΔL 为 0.1μm。为了使稳频系统能正常工作，需将误差信号放大到多少伏？[提示：$m=\Delta L/(V\cdot L)$]

5. 有两只分别用石英玻璃和硬玻璃制作的结构和尺寸都相同的 CO_2 激光器，如不计其他因素的影响，当温度变化 0.5℃时，试比较二者的频率稳定度。(已知石英玻璃的线膨胀系数 $\alpha=6\times10^{-7}$/℃，硬玻璃的线膨胀系数 $\alpha=10^{-5}$/℃。)

参考文献

氦氖激光编译组. 1974. 氦氖激光器的特性及应用(译文集). 北京:中国计量科学研究院

屠世谷. 1986. 稳频与测频技术. 北京:科学出版社

王义遒 等. 1986. 量子频标原理. 北京:科学出版社

张培林 等. 1978. 双频激光器的稳频研究. 激光, 5(3): 1-8

中国计量科学研究院情报室. 1973. 激光在计量技术中的应用(译文集). 北京:中国计量科学研究院情报室

Birnbaum G. 1967. Frequency stabilization of gas lasers. Proc. IEEE, 55(6): 1015-1025

Cerez P, Bennett J. 1979. Helium-neon laser stabilized by saturated absorption in iodine at 612nm. Appl. Opt., 18(7): 1079

Hall J L. 1984. External dye - laser frequency stabilizer. Optics Lett, 9(11): 502-504

Lee P H, 1967. Skolnick M L. Saturated neon absorption inside a 6328Å laser. Appl. Phys. Lett., 10(11): 303

Sun Y L, Byer R L. 1982. Submegahertz frequency-stabilized Nd:YAG oscillator. Opties Lett. 7(9): 408-410

Wallard A J. 1972. Frequency stabilization of the helium-neon laser by saturated absorption on iodine vapour. J. Phys. E: Sci. Instrum., 5(9): 926

第7章 非线性光学技术

7.1 概述

7.1.1 非线性光学效应

激光的出现导致光频波段非线性效应的发现。非线性光学突破了传统光学中光波电场线性叠加和独立传播的局限性，揭示出介质中光波场之间的能量交换、相位关联、相互耦合、此消彼长的变化过程。例如，一种频率的激光在非线性光学介质内传播时，可以产生不同频率的相干光辐射。若两种不同频率的光波输入，在不同条件下，可得到频率为两者之和或两者之差的光波输出，在一定意义上，实现了光子的“合成”与“分裂”，并能在红外到紫外波段的某波长范围内实行连续调谐。一束波阵面畸变而“面目全非”的光波，利用非线性光学产生的空间相位共轭效应，可以矫正光波在传播过程中的相位干扰，使其相位因子发生反演，即光波被时间反演了，于是相位畸变得到完全补偿，这被人们趣称为使“时光倒流”而“返老还童”。这些现象分别对应于激光倍频、和频、差频、光参量放大与振荡、受激散射和光学相位共轭等非线性光学效应。从某种意义上讲，非线性光学属于强光与物质相互作用范畴。激光是研究非线性光学的必要条件和光源，在采用了前几章所述的调 Q、锁模、放大和选模技术后，激光的峰值功率密度和单色定向亮度得到大幅度的提高，可以产生显著的非线性光学效应。非线性光学深化了人们对光与物质相互作用机理的认识，丰富了激光技术的内涵，为激光单元技术研究充实了新的内容和方法，特别是在激光的频率调谐、波长变换、光束质量的提高与改善等方面，非线性光学的有关原理和方法得到了充分应用，取得了长足的进步。本章将讨论以上几种较为成熟、运用较为广泛的非线性光学技术。

7.1.2 非线性极化

介质在外界光波电场 $\boldsymbol{E}$ 作用下将引起介质内部的极化，其响应由电极化强度矢量 $\boldsymbol{P}$ 表示。非线性光学意味着，物质对外界光电场的响应不是其振幅的线性函数。对于大部分的非线性光学效应，$\boldsymbol{P}$ 可以采用 $\boldsymbol{E}$ 的矢量幂级数展开式来表示，考虑到有限而不为零的响应时间，n 阶极化强度为

$$\boldsymbol{P}^{(n)}(r,t)=\varepsilon_0\int_{-\infty}^{\infty}\mathrm{d}\tau_1\cdots\int_{-\infty}^{\infty}\mathrm{d}\tau_n\boldsymbol{R}^{(n)}(t-\tau_1,\cdots,t-\tau_n)\mid\boldsymbol{E}(r,\tau_1)\cdots\boldsymbol{E}(r,\tau_n) \tag{7.1-1}$$

式中，ε_0 为真空介电常量，$\boldsymbol{R}^{(n)}$ 为 n 阶响应函数（$n+1$ 阶张量），竖线表示 n 阶点乘。这是一个在空间非定域场近似下的时间卷积多重积分表达式。但通常描述介质的光学性质并不用响应函数，因为响应函数是在时间域讨论电场与介质极化的关系，而一般所加的光电场都有特定的频率，所以，为了在频率域讨论上述问题，引进了极化率张量这一物理量。

为此,利用卷积运算的傅里叶变换,便得到介质感应的总极化强度在频域的表达式为

$$\boldsymbol{P}(r,\omega)=\varepsilon_0[\chi^{(1)}\cdot\boldsymbol{E}+\chi^{(2)}:\boldsymbol{EE}+\chi^{(3)}\ \vdots\ \boldsymbol{EEE}+\cdots] \tag{7.1-2}$$

式中,$\chi^{(n)}$ 代表介质的 n 阶电极化率,$\chi^{(1)}$ 称为线性极化率,第二项以上中的 $\chi^{(2)}$,$\chi^{(3)}$,…称为非线性极化率。采用经典的非简谐振子模型,可以给出明确的物理图像和有关性质。

1. 非简谐振子模型

假设介质是由每单位体积 N 个经典非简谐振子组成的,电子对外驱动电场的响应可描述为电子在非简谐势阱中的运动,其运动方程为

$$\ddot{r}+\Gamma\dot{r}+\frac{1}{m}\frac{\partial}{\partial r}U(r)=-\frac{e}{m}E(t) \tag{7.1-3}$$

式中,Γ 为阻尼系数,e 与 m 分别为电子的电荷与质量,r 是电子离开平衡位置的位移,$\dot{r}=\frac{\mathrm{d}r}{\mathrm{d}t}$。设介质内部的势能函数为

$$U(r)=\frac{1}{2}m\omega_0^2r^2+\frac{1}{3}mAr^3 \tag{7.1-4}$$

式中,第一项为简谐项,ω_0 是固有共振频率,第二项为非简谐项,代入方程(7.1-3)得

$$\ddot{r}+\Gamma\dot{r}+\omega_0^2r+Ar^2=-\frac{e}{m}E(t) \tag{7.1-5a}$$

上式表示电子在外电场驱动下做阻尼的非简谐运动。式中的非简谐项 Ar^2 一般很小,所以可采用微扰法对方程逐级近似求解,即设解的形式为各级近似的叠加,表示为

$$r=r_1+r_2+\cdots+r_k \tag{7.1-5b}$$

将式(7.1-5b)代入式(7.1-5a),经运算整理后,略去高阶项,得联立方程:

$$\ddot{r}_1+\Gamma\dot{r}_1+\omega_0^2r_1=-\frac{e}{m}E(t) \tag{7.1-6a}$$

$$\ddot{r}_2+\Gamma\dot{r}_2+\omega_0^2r_2=-Ar_1^2 \tag{7.1-6b}$$

设有两种频率为 ω_1 和 ω_2 的傅里叶分量,其光场为

$$E(t)=\frac{1}{2}[E_1\mathrm{e}^{-\mathrm{i}\omega_1t}+E_2\mathrm{e}^{-\mathrm{i}\omega_2t}]+\text{c. c.} \tag{7.1-7}$$

式中,c. c. 表示复数共轭项。用傅里叶变换可求出式(7.1-6)的解分别为

$$r_1(t)=\frac{-e}{2m}[E_1L(\omega_1)\mathrm{e}^{-\mathrm{i}\omega_1t}+E_2L(\omega_1)\mathrm{e}^{-\mathrm{i}\omega_2t}]+\text{c. c.} \tag{7.1-8}$$

$$\begin{aligned}r_2(t)=\frac{-e^2A}{2m^2}\Big[&\frac{1}{2}E_1^2L(2\omega_1)L^2(\omega_1)\mathrm{e}^{-\mathrm{i}2\omega_1t}+\frac{1}{2}E_2^2L(2\omega_2)L^2(\omega_2)\mathrm{e}^{-\mathrm{i}2\omega_2t}\\&+|L(\omega_1)|^2|E_1|^2+|L(\omega_2)|^2|E_2|^2\\&+L(\omega_1+\omega_2)L(\omega_1)L(\omega_2)E_1E_2\mathrm{e}^{-\mathrm{i}(\omega_1+\omega_2)t}\\&+L(\omega_1-\omega_2)L(\omega_1)L^*(\omega_2)E_1E_2^*\mathrm{e}^{-\mathrm{i}(\omega_1-\omega_2)t}\Big]+\text{c. c.}\end{aligned} \tag{7.1-9}$$

式中,$L(\omega_i)=\frac{1}{(\omega_0^2-\omega_i^2)-\mathrm{i}\omega_i\Gamma}$为洛伦兹线型函数。由上述的解可以看出,非线性响应的特点是频率为 ω_1 和 ω_2 的光场在非线性介质中感应的电极化强度,不仅有频率为 ω_1、ω_2

的分量，而且还有频率为 $2\omega_1$、$2\omega_2$ 和 $\omega_1 \pm \omega_2$ 的分量。这些极化强度分量将辐射出相应频率的电磁波，这就是非线性光学中的倍频、和频和差频等光学效应。非线性频率变换技术利用强光与物质相互作用的非线性光学效应，在满足相位匹配的条件下，使介质中出现新频率的相干辐射。主要方法有激光倍频（SHG）、和频（SFG）、差频（DFG）、三次谐波（THG）、光参量振荡（OPO）和受激拉曼散射（SRS）等。

2. 极化率张量的性质

在电偶极矩近似下，介质中电偶极子密度为 N 的总电极化强度定义为

$$\boldsymbol{P} = -Ne\boldsymbol{r} \tag{7.1-10}$$

对于线性项 $\boldsymbol{P}_L = -Ne\boldsymbol{r}_1$，再利用式(7.1-2)中 $\chi^{(1)}$ 与 $\boldsymbol{P}$ 的关系，可以求得一阶极化率为

$$\chi^{(1)}(\omega) = \frac{Ne^2}{\varepsilon_0 m} L(\omega) \tag{7.1-11}$$

这就是通常反映色散与吸收的线性极化率。

对于二阶非线性项 $\boldsymbol{P}^{(2)} = -Ne\boldsymbol{r}_2$，相比较可以得到

$$\chi^{(2)}(2\omega) = \frac{Ne^3 A}{\varepsilon_0 m^2} L(2\omega) L^2(\omega) \tag{7.1-12}$$

式(7.1-12)为倍频极化率，同理可分别得出和频与差频的极化率

$$\chi^{(2)}(\omega_1 + \omega_2) = \frac{Ne^3}{\varepsilon_0 m^2} A L(\omega_1 + \omega_2) L(\omega_1) L(\omega_2) \tag{7.1-13}$$

$$\chi^{(2)}(\omega_1 - \omega_2) = \frac{Ne^3}{\varepsilon_0 m^2} A L(\omega_1 - \omega_2) L(\omega_1) L^*(\omega_2) \tag{7.1-14}$$

极化率张量除了与频率有关外，其主要性质还由其物理对称性决定。

(1) 式(7.1 2)中的第 项 $\boldsymbol{P}_L = \varepsilon_0 \chi^{(1)} \boldsymbol{E}$ 表示线性极化。对于各向同性介质，线性极化率是一个与方向无关的标量；对于各向异性介质，某方向偏振的光波电场不仅导致该方向的极化，而且导致其他方向的极化，$\chi^{(1)}$ 不再是一个标量，而是一个把两个矢量 $\boldsymbol{P}$ 和 $\boldsymbol{E}$ 联系起来的二阶张量。同理，二阶非线性极化率 $\chi^{(2)}$ 则是一个把矢量 $\boldsymbol{P}^{(2)}$ 和并矢 $\boldsymbol{EE}$ 联系起来的三阶张量。故二阶极化强度分量和电场的并矢分量的关系应写为

$$P_i^{(2)}(\omega_1, \omega_2) = \varepsilon_0 \sum_{jk} \chi_{ijk}(\omega_1, \omega_2) E_j(\omega_1) E_k(\omega_2) \tag{7.1-15}$$

概括地说，各阶非线性极化相应的极化率是依次的高一阶张量，式(7.1-2)可改写成

$$\frac{1}{\varepsilon_0} P_i(\omega) = \sum_j \chi_{ij}(\omega) E_j(\omega) + \sum_{jk} \chi_{ijk}(\omega_1, \omega_2) E_j(\omega_1) E_k(\omega_2) + \sum_{jkl} \chi_{ijkl}(\omega_1, \omega_2, \omega_3) E_j(\omega_1) E_k(\omega_2) E_l(\omega_3) + \cdots \tag{7.1-16}$$

式中，各阶极化率张量依次减弱，差几个数量级，例如，$\chi_{ijk}(\omega_1, \omega_2) E_k$ 一般比 $\chi_{ij}(\omega)$ 低七八个数量级，故通常表现为线性极化的线性光学效应。鉴于在此主要讨论二阶非线性光学效应，所以仅讨论三阶极化率张量。严格地说，$\chi_{ijk}(\omega_1, \omega_2)$ 是一个随频率变化的量，即有色散的量。当参与非线性光学效应相关的频率都在同一个透明波段时，其色散可以忽略

(相关频率在可见光和近红外波段时，$\chi_{ijk}(\omega_1,\omega_2)$的色散不超过10%)，所以二阶非线性光学效应(包括倍频、和频、差频、参量振荡等)的极化率张量 $\chi_{ijk}(2\omega)$，$\chi_{ijk}(-\omega_3,\omega_1,\omega_2)$，$\chi_{ijk}(-\omega_3,\omega_1,-\omega_2)$是相同的。根据三阶张量的定义，在直角坐标系中，三阶极化率张量共有27个张量元。因其具有互易对称性，即 $\chi_{ijk}(-\omega_3,\omega_1,\omega_2)=\chi_{ikj}(-\omega_3,\omega_2,\omega_1)$，所以张量元素减少到18个。

(2) 在远离于离子共振频率处，极化仅由电子位移引起，而离子的贡献可忽略(如近红外、中红外、可见光波段)。另外，若非线性介质为无损耗的(即参与非线性过程的所有场的频率都低于电子吸收带)，则可证明非线性极化率张量具有完全互易对称性，克莱曼(Kleinman)首先指出 χ_{ijk} 的这种性质。显然利用全互易对称性，χ_{ijk} 的独立张量分量可进一步减少。

(3) 极化率张量是描述介质对光场响应特性的，因此介质本身结构的空间对称性将限制非线性极化率张量的独立分量个数。例如，可以证明，11种具有中心对称结构的晶体，其三阶非线性极化率张量的所有独立分量皆为零。其他21种不具有中心对称结构的晶体，由于受空间对称性的限制，某些独立分量为零，某些独立分量彼此相等，或数值相等符号相反。这样，其独立的张量分量将更少。

7.1.3 非线性介质中的波耦合方程

从麦克斯韦方程组可推导出在无自由电荷、非铁磁性的非线性介质中光波传播的波动方程为

$$\nabla\times\nabla\times\boldsymbol{E}(r,t)+\varepsilon_0\mu_0\frac{\partial^2\boldsymbol{E}(r,t)}{\partial t^2}+\mu_0\sigma\frac{\partial\boldsymbol{E}(r,t)}{\partial t}=-\mu_0\frac{\partial^2\boldsymbol{P}(r,t)}{\partial t^2}\qquad(7.1\text{-}17)$$

式中，μ_0 是真空磁导率，σ 表示与光学损耗有关的电导率，$\boldsymbol{P}(r,t)=\boldsymbol{P}_{\mathrm{L}}(r,t)+\boldsymbol{P}_{\mathrm{NL}}(r,t)$为总极化强度，包括了线性部分 $\boldsymbol{P}_{\mathrm{L}}$ 和非线性部分 $\boldsymbol{P}_{\mathrm{NL}}$，并起到振动源的作用。取光波的横场条件$\nabla\cdot\boldsymbol{E}=0$，忽略损耗，则对于沿 z 轴传播的光波场，有

$$\frac{\partial^2\boldsymbol{E}(z,t)}{\partial z^2}-\mu_0\frac{\partial^2\boldsymbol{D}(z,t)}{\partial t^2}=\mu_0\frac{\partial^2\boldsymbol{P}_{\mathrm{NL}}(z,t)}{\partial t^2}\qquad(7.1\text{-}18)$$

式中，$\boldsymbol{D}(z,t)=\varepsilon\cdot\boldsymbol{E}(z,t)$为电位移矢量，$\varepsilon=\varepsilon_0[1+\chi^{(1)}(\omega)]$为介质的介电张量。假定相互作用的光波是准单色平面波，则此时光波电场和极化强度可表示为

$$\boldsymbol{E}(z,t)=\frac{1}{2}\sum_m\boldsymbol{E}_m(z,\omega_m t)\mathrm{e}^{\mathrm{i}(k_m z-\omega_m t)}+\mathrm{c.c.}\qquad(7.1\text{-}19)$$

$$\boldsymbol{P}_{\mathrm{NL}}(z,t)=\frac{1}{2}\sum_m\boldsymbol{P}_{\mathrm{NL}m}(z,\omega_m t)\mathrm{e}^{\mathrm{i}\omega_m t}+\mathrm{c.c.}\qquad(7.1\text{-}20)$$

将以上展开式代入式(7.1-18)中，并取振幅包络的慢变化近似，略去时间的二阶导数项，得到关于光波电场振幅分量的方程为

$$\left(\frac{\partial}{\partial z}+\frac{1}{v_{gm}}\frac{\partial}{\partial t}\right)\boldsymbol{E}_m(z,\omega_m t)=\frac{\mu_0}{2\mathrm{i}k_m}\left(-2\mathrm{i}\omega_m\frac{\partial}{\partial t}-\omega_m^2\right)\boldsymbol{P}_{\mathrm{NL}m}(z,\omega_m t)\mathrm{e}^{-\mathrm{i}k_m z}\qquad(7.1\text{-}21)$$

式中，$v_{gm}=\left(\left.\frac{\partial k}{\partial\omega}\right|_{\omega_m}\right)^{-1}$为群速度。当 $\boldsymbol{P}_{\mathrm{NL}m}=0$ 时，$\boldsymbol{E}_m=f(z-v_g t)$表示在介质中独立传输

的正向行波。$\boldsymbol{P}_{NLm}$起到非线性振动源的作用。式(7.1-2)考虑了场振幅随时间的变化,故称为暂态波耦合方程,用于处理锁模激光脉冲的非线性光学效应。当脉冲宽度 $\Delta t \gg \frac{L}{c/n}$ 时(L 为介质的长度),在介质中场振幅随时间变化不明显,可认为光波电场和极化强度的振幅分量与 t 无关,略去与 t 有关的量,得到通常适用于调 Q 激光脉冲在介质中传输的稳态波耦合方程

$$\frac{\mathrm{d}\boldsymbol{E}_m(z,\omega_m)}{\mathrm{d}z} = \mathrm{i}\frac{\mu_0\omega_m^2}{2k_m}\boldsymbol{P}_{NLm}(z,\omega_m)\mathrm{e}^{-\mathrm{i}k_m z} \tag{7.1-22}$$

m 分别取 $1,2,\cdots,n+1$,运用其共轭形式,共有 $2(n+1)$个方程,构成了非线性光学中$n+1$个波在相互作用的波耦合方程组。对于每一个具体的非线性光学效应,主要由非线性极化强度与光波电场的非线性关系来决定。每一个确定频率分量的极化,可具体表示为

$$\boldsymbol{P}_{NLm}(\omega_m) = \varepsilon_0 K\chi^{(n)}_{m\alpha_1\cdots\alpha_n}(-\omega_m;\omega_1,\cdots,\omega_n) \mid \boldsymbol{E}_{\alpha_1}(z,\omega_1)\cdots\boldsymbol{E}_{\alpha_n}(z,\omega_n) \tag{7.1-23}$$

式中,K 是由内禀变换对称性所决定的数值因子,表示为

$$K = \frac{1}{2^{n-1}}\frac{n!}{\gamma!} \tag{7.1-24}$$

γ 表示 n 个频率中有 γ 个相同;ω_m 表示为 n 个频率的代数和,频率若为负值,则其对应电场取共轭形式。

对于二阶非线性光学效应,有三个波相互作用,取 $\boldsymbol{P}^{(2)}=\boldsymbol{P}_{NL}$,设频率关系为 $\omega_3=\omega_1+\omega_2$,分别得出相应的极化分量为

$$\boldsymbol{P}_{NL1}(z,\omega_1) = \varepsilon_0\chi^{(2)}(-\omega_1;-\omega_2,\omega_3):\boldsymbol{E}_2^*(\omega_2)\mathrm{e}^{-\mathrm{i}k_2 z}\boldsymbol{E}_3(\omega_3)\mathrm{e}^{\mathrm{i}k_3 z} \tag{7.1-25a}$$

$$\boldsymbol{P}_{NL2}(z,\omega_2) = \varepsilon_0\chi^{(2)}(-\omega_2;-\omega_1,\omega_3):\boldsymbol{E}_1^*(\omega_1)\mathrm{e}^{-\mathrm{i}k_1 z}\boldsymbol{E}_3(\omega_3)\mathrm{e}^{\mathrm{i}k_3 z} \tag{7.1-25b}$$

$$\boldsymbol{P}_{NL3}(z,\omega_3) = \varepsilon_0\chi^{(2)}(-\omega_3;\omega_1,\omega_2):\boldsymbol{E}_1(\omega_1)\mathrm{e}^{\mathrm{i}k_1 z}\boldsymbol{E}_2(\omega_2)\mathrm{e}^{\mathrm{i}k_2 z} \tag{7.1-25c}$$

分别代入到式(7.1-22),得到三波耦合方程

$$\frac{\mathrm{d}E_1}{\mathrm{d}z} = \frac{\mathrm{i}\omega_1}{n_1 c}d_{\mathrm{eff}}E_2^* E_3\mathrm{e}^{-\mathrm{i}\Delta kz} \tag{7.1-26a}$$

$$\frac{\mathrm{d}E_2}{\mathrm{d}z} = \frac{\mathrm{i}\omega_2}{n_2 c}d_{\mathrm{eff}}E_1^* E_3\mathrm{e}^{-\mathrm{i}\Delta kz} \tag{7.1-26b}$$

$$\frac{\mathrm{d}E_3}{\mathrm{d}z} = \frac{\mathrm{i}\omega_3}{n_3 c}d_{\mathrm{eff}}E_1 E_2\mathrm{e}^{\mathrm{i}\Delta kz} \tag{7.1-26c}$$

式中,$d_{\mathrm{eff}}=\chi_{\mathrm{eff}}^{(2)}/2=\widetilde{\boldsymbol{a}}_i\cdot\frac{\chi^{(2)}}{2}:\boldsymbol{a}_j\boldsymbol{a}_k$($\widetilde{a}_i$ 为 $\boldsymbol{a}_i$ 的转置),称为有效非线性系数,已经取了 Kleinman 近似,$\boldsymbol{a}_{i,j,k}$对应光电场的单位矢量(i,j,k 取 1,2,3),n_i 为与 ω_i 对应的折射率,$\Delta k=k_1+k_2-k_3$ 为相位因子。方程中每个光波电场的空间变化有其他光波电场的介入,表明介质中各光波之间有能量转移与交换,这种能量转移是通过非线性介质的有效非线性系数 d_{eff}来耦合的。

利用式(7.1-26)的共轭形式以及光强 I_i 与 E_i 的关系$\frac{\mathrm{d}I_i}{\mathrm{d}z}=\frac{1}{2}n_i c\varepsilon_0\frac{\mathrm{d}(E_iE_i^*)}{\mathrm{d}z}$,得出

$$\frac{1}{\omega_1}\frac{\mathrm{d}I_1}{\mathrm{d}z} = \frac{1}{\omega_2}\frac{\mathrm{d}I_2}{\mathrm{d}z} = -\frac{1}{\omega_3}\frac{\mathrm{d}I_3}{\mathrm{d}z} \tag{7.1-27}$$

这称为门雷-罗威(Manley-Rowe)关系。令 $I_i \propto \rho_i \hbar \omega_i$，$\rho_i$ 为单位时间流过单位截面的光子数，从式(7.1-27)得出

$$\frac{d\rho_1}{dz}=\frac{d\rho_2}{dz}=-\frac{d\rho_3}{dz} \tag{7.1-28}$$

式(7.1-28)表明：沿 z 轴方向 ω_1 光子流密度的增加量等于 ω_2 光子流密度的增加量，也等于 ω_3 光子流密度的减少量。或者说，每减少一个 ω_3 的光子则分别增加一个 ω_1 和 ω_2 的光子，反之亦然。三波耦合方程给出了光子"分裂"与"合成"的关系，包括了非线性光学和频与差频效应。由 $\omega_3=\omega_1+\omega_2$ 和式(7.1-27)，不难得出

$$\frac{dI_1(z)}{dz}+\frac{dI_2(z)}{dz}+\frac{dI_3(z)}{dz}=0 \tag{7.1-29}$$

即 $I_1(z)+I_2(z)+I_3(z)=$常数，表明尽管光波之间有能量交换，但总能量是守恒的。

7.2 激光倍频技术

激光倍频技术也称为二次谐波(SHG)技术，是最先在实验上发现的非线性光学效应。1961 年由 Franken 等人进行的红宝石激光倍频的实验，标志着对非线性光学进行广泛实验和理论研究的开端。激光倍频是将激光向短波长方向变换的主要方法，已达到实用化的程度，并有商品化的器件和装置，获得非常广泛的应用。

7.2.1 倍频的波耦合方程及其解

在频率关系上，倍频相当于和频效应中 $\omega_1=\omega_2=\omega$，$\omega_3=2\omega$ 的情形，注意到 $\boldsymbol{P}_{NL}(2\omega)=\boldsymbol{P}_{2\omega}=\frac{1}{2}\boldsymbol{P}_{NL}(\omega_3)$，再由式(7.1-26)可得出基频光波电场 E_ω 和倍频光波电场 $E_{2\omega}$ 的波耦合方程为

$$\frac{dE_\omega}{dz}=\frac{i\omega}{cn_\omega}d_{eff}E_\omega^* E_{2\omega}e^{-i\Delta kz} \tag{7.2-1a}$$

$$\frac{dE_{2\omega}}{dz}=\frac{i\omega}{cn_{2\omega}}d_{eff}E_\omega E_\omega e^{i\Delta kz} \tag{7.2-1b}$$

1. 非耗尽近似

当倍频光为小信号近似，相应的入射基频光损耗可以忽略不计，即 $\frac{dE_\omega}{dz}\approx 0$，对式(7.2-1b)可直接积分为

$$\begin{aligned}E_{2\omega}(L)&=\frac{i\omega}{cn_{2\omega}}d_{eff}E_\omega^2\int_0^L e^{i\Delta kz}dz\\&=i\frac{2\pi Ld_{eff}}{n_{2\omega}\lambda_\omega}E_\omega^2\,\mathrm{sinc}\left(\frac{\Delta kL}{2}\right)e^{i\Delta kL/2}\end{aligned} \tag{7.2-2}$$

式中，$\mathrm{sinc}\left(\frac{\Delta kL}{2}\right)=\frac{\sin(\Delta kL/2)}{\Delta kL/2}$，$L$ 为晶体长度，λ_ω 为基频光的真空波长。每单位面积的

光功率即光强 $I=\frac{1}{2}nc\varepsilon_0|E|^2$，所以式(7.2-2)可用倍频光强表示，即

$$I_{2\omega}=\frac{8\pi^2L^2d_{\mathrm{eff}}^2}{\varepsilon_0 n_\omega^2 n_{2\omega}\lambda_\omega^2 c}I_\omega^2\,\mathrm{sinc}^2\left(\frac{\Delta kL}{2}\right) \tag{7.2-3}$$

用输出的倍频光强 $I_{2\omega}$ 与基频光强 I_ω 之比表征其转换效率，称为倍频效率，即

$$\eta_{\mathrm{SHG}}=\frac{I_{2\omega}}{I_\omega}=\frac{8\pi^2L^2d_{\mathrm{eff}}^2}{\varepsilon_0 n_\omega^2 n_{2\omega}\lambda_\omega^2 c}I_\omega\,\mathrm{sinc}^2\left(\frac{\Delta kL}{2}\right)=\eta_{\max}\,\mathrm{sinc}^2\left(\frac{\Delta kL}{2}\right) \tag{7.2-4}$$

由 sinc 函数的性质可知，当 $\Delta kL=0$ 时，η_{SHG} 取最大值，如图 7.2-1 所示。因为 $L\neq 0$，所以 $\Delta k=0$ 是保证获得高效率倍频的关键因素，称为相位匹配条件。这个概念在非线性光学中至关重要，在某种意义上讲，相位匹配条件决定着光波之间能量的交换方式和效率。

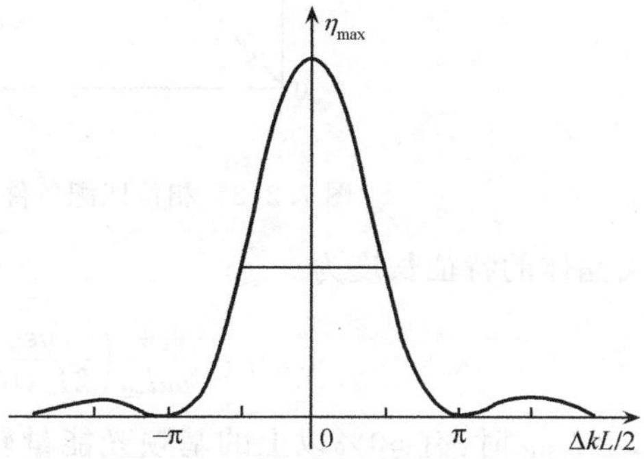

图 7.2-1　倍频转换的频率与相位因子的关系曲线

2. 相位匹配的物理分析

当 $\Delta k=0$ 时，基频光大量转换成倍频光，非耗尽近似失效，波耦合方程可化为

$$\frac{d\varepsilon_\omega}{dz}=\frac{\omega d_{\mathrm{eff}}}{cn}\varepsilon_\omega\varepsilon_{2\omega} \tag{7.2-5a}$$

$$\frac{d\varepsilon_{2\omega}}{dz}=\frac{\omega d_{\mathrm{eff}}}{cn}\varepsilon_\omega^2 \tag{7.2-5b}$$

式中，$E_\omega=\varepsilon_\omega e^{i\varphi_\omega}$，$E_{2\omega}=\varepsilon_{2\omega}e^{i\varphi_{2\omega}}$，$\varepsilon$ 是 E 的模（实数），即 $\varepsilon^2=|E|^2$，相位关系为 $2\varphi_\omega-\varphi_{2\omega}=\frac{3}{2}\pi$，保证在相位匹配条件下基频光能量不断向倍频转移 $\left(\frac{d\varepsilon_\omega}{dz}<0,\frac{d\varepsilon_{2\omega}}{dz}>0\right)$，且有 $n_\omega=n_{2\omega}=n$。

由能量守恒关系 $\frac{d}{dz}[\varepsilon_\omega^2(z)+\varepsilon_{2\omega}^2(z)]=0$，得边界条件 $\varepsilon_\omega^2(z)+\varepsilon_{2\omega}^2(z)=\varepsilon_\omega^2(0)$，代入式(7.2-5b)得

$$\frac{d\varepsilon_{2\omega}(z)}{dz}=\frac{\omega d_{\mathrm{eff}}}{cn}[\varepsilon_\omega^2(0)-\varepsilon_{2\omega}^2(z)] \tag{7.2-6}$$

积分后，得到在相位匹配条件下的严格解，表示为

$$\varepsilon_{2\omega}(z)=\varepsilon_\omega(0)\tanh\left[\frac{\omega d_{\mathrm{eff}}}{cn}z\varepsilon_\omega(0)\right] \tag{7.2-7}$$

$$I_{2\omega}(z)=I_\omega(0)\tanh^2\left[\frac{\omega d_{\mathrm{eff}}}{cn}z\left(\frac{2I_\omega(0)}{nc\varepsilon_0}\right)^{\frac{1}{2}}\right] \tag{7.2-8a}$$

$$I_\omega(z)=I_\omega(0)-I_{2\omega}(z)=I_\omega(0)\,\mathrm{sech}^2\left[\frac{\omega d_{\mathrm{eff}}}{cn}z\left(\frac{2I_\omega(0)}{nc\varepsilon_0}\right)^{\frac{1}{2}}\right] \tag{7.2-8b}$$

由图 7.2-2 可以明显看出基频光与倍频光在晶体中的消长过程和光波能量的转移。

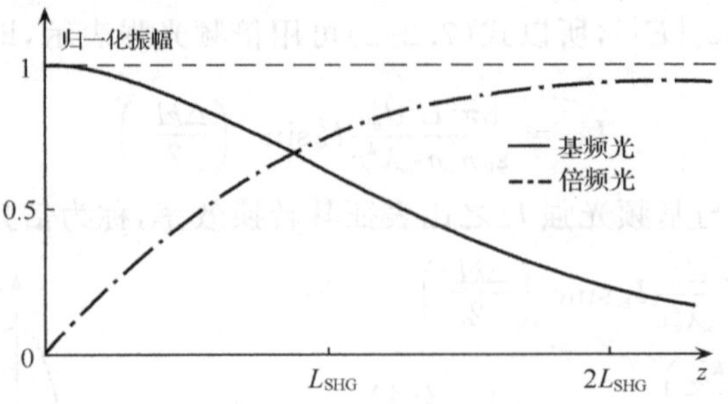

图 7.2-2　相位匹配条件下基频光与倍频光的转换关系

定义晶体的特征长度为

$$L_{SHG} = \frac{cn}{\omega d_{eff}}\left(\frac{cn\varepsilon_0}{2I_\omega(0)}\right)^{\frac{1}{2}} = \frac{cn}{\omega d_{eff}} \mid E_\omega(0) \mid^{-1} \tag{7.2-9}$$

当 $z=L_{SHG}$ 时,有 50%以上的基频光能量转换成倍频光能量。L_{SHG} 可作为选取倍频晶体长度的参考标准。对于较大的有效非线性系数 d_{eff} 和较强的基频光强输入,采用较短的倍频晶体就可以获得较高的倍频光强。在 $\Delta k=0$ 的条件下,对于足够长的晶体,倍频转换效率 η_{SHG} 趋近于 100%。

7.2.2　相位匹配的意义与方法

相位匹配是非线性光学中最重要的概念之一。倍频相位匹配条件为 $\Delta k=0$,即 $2k_\omega=k_{2\omega}$。由光子动量 p 与波矢 k 的关系,可推导出 $p_\omega+p_\omega=p_{2\omega}$。在倍频过程中,其频率关系表明了能量守恒,而相位匹配则表明在高转换效率条件下的动量守恒关系,保证能量转移由基频光向倍频光单向地不断进行。相位匹配条件控制着光波之间能量转移的方向。另外,由波矢与相速度的关系 $k=\frac{\omega}{c/n}=\frac{\omega}{v_p}$,得出在 $2k_\omega=k_{2\omega}$ 时,有 $v_{p\omega}=v_{p2\omega}$。这表明在晶体中,基频光波与倍频光波的等相位面具有相同的速度,保证相位关系 $2\varphi_\omega=\frac{3}{2}\pi+\varphi_{2\omega}$ 在整个运动过程中始终不变,是一种与空间坐标无关并且相位差恒定的相干过程,在此条件下产生的倍频光波将得到同步叠加、干涉增强的效果。具体从光学参数的意义上讨论,由 $v_{p\omega}=\frac{c}{n_\omega}=v_{p2\omega}=\frac{c}{n_{2\omega}}$,相位匹配条件要求 $n_\omega=n_{2\omega}$。由于要补偿介质中必然存在的色散效应,所以人们发明了相应的角度相位匹配方法。

1. 角度相位匹配

将基频光以特定的角度和偏振态入射到倍频晶体,利用倍频晶体本身所具有的双折射效应抵消色散效应,达到相位匹配的要求。角度匹配是高效率产生倍频光辐射的最常用、最主要的方法。按基频光电场偏振态的配置方式,分为平行式和正交式,相应的角度匹配称为Ⅰ类和Ⅱ类相位匹配方式。在正常色散条件下,对于单轴晶体,可以得到相应于Ⅰ类和Ⅱ类方式匹配角的解析表达式。

(1) 负单轴晶体Ⅰ类匹配方式($o^{\omega}+o^{\omega}\rightarrow e^{2\omega}$)

基频光电场取o光偏振方向，在满足一定的入射角$\theta_{m负}^{I}$的条件下，角度匹配使得倍频光电场沿e光方向偏振，将等式$n_o^{\omega}=n_e^{2\omega}(\theta_{m负}^{I})$代入到倍频e光的折射率曲面方程，有

$$\frac{1}{[n_e^{2\omega}(\theta_{m负}^{I})]^2}=\frac{\cos^2\theta_{m负}^{I}}{n_o^{2\omega}}+\frac{\sin^2\theta_{m负}^{I}}{n_e^{2\omega}} \tag{7.2-10}$$

式中，$n_o^{2\omega}$和$n_e^{2\omega}$为给定的倍频光主轴折射率，可求出负单轴晶体Ⅰ类匹配角的解析表示式为

$$\theta_{m负}^{I}=\arcsin\left[\frac{(n_o^{\omega})^{-2}-(n_o^{2\omega})^{-2}}{(n_e^{2\omega})^{-2}-(n_o^{2\omega})^{-2}}\right]^{1/2}\quad(n_o^{\omega}\geqslant n_e^{2\omega}) \tag{7.2-11}$$

式(7.2-11)对于负单轴晶体的主轴折射率有一定的要求，即$n_o^{\omega}\geqslant n_e^{2\omega}$，否则，$\theta_{m负}^{I}$不存在。这表明，在$n_o^{\omega}<n_e^{2\omega}$时，晶体的色散很严重，双折射不足以补偿色散引起的相位失配，这是选取倍频晶体时应当注意的。

(2) 负单轴晶体Ⅱ类匹配方式($o^{\omega}+e^{\omega}\rightarrow e^{2\omega}$)

基频光电场取为o光和e光两个偏振态，$2k_{\omega}=\frac{\omega}{c}[n_o^{\omega}+n_e^{\omega}(\theta)]$，倍频光电场为e光偏振方向，$k_{2\omega}=\frac{2\omega}{c}n_e^{2\omega}(\theta)$，相位匹配条件$2k_{\omega}=k_{2\omega}$化为折射率关系式，表示为

$$n_e^{2\omega}(\theta_{m负}^{II})=\frac{1}{2}[n_o^{\omega}+n_e^{\omega}(\theta_{m负}^{II})] \tag{7.2-12}$$

与基频e光和倍频e光的折射率曲面方程联立求解，有

$$2\left[\frac{\cos^2\theta_{m负}^{II}}{(n_o^{2\omega})^2}+\frac{\sin^2\theta_{m负}^{II}}{(n_e^{2\omega})^2}\right]^{-1/2}=n_o^{\omega}+\left[\frac{\cos^2\theta_{m负}^{II}}{(n_o^{\omega})^2}+\frac{\sin^2\theta_{m负}^{II}}{(n_e^{\omega})^2}\right]^{-1/2}\quad(n_o^{\omega}\geqslant n_e^{2\omega}) \tag{7.2-13}$$

从而得出$\theta_{m负}^{II}$的表达式。

(3) 正单轴晶体Ⅰ类匹配方式($e^{\omega}+e^{\omega}\rightarrow o^{2\omega}$)

基频光为e光偏振方向，倍频光为o光偏振方向，将等式$n_e^{\omega}(\theta_{m正}^{I})=n_o^{2\omega}$代入基频e光的折射率方程，可得出相应的匹配角为

$$\theta_{m正}^{I}=\arcsin\left[\frac{(n_o^{\omega})^{-2}-(n_o^{2\omega})^{-2}}{(n_o^{\omega})^{-2}-(n_e^{\omega})^{-2}}\right]^{1/2}\quad(n_e^{\omega}\geqslant n_o^{2\omega}) \tag{7.2-14}$$

(4) 正单轴晶体Ⅱ类匹配方式($e^{\omega}+o^{\omega}\rightarrow o^{2\omega}$)

基频光电场取为o光和e光两个偏振态，$2k_{\omega}=\frac{\omega}{c}[n_o^{\omega}+n_e^{\omega}(\theta)]$，倍频光电场为o光偏振方向，$k_{2\omega}=\frac{2\omega}{c}n_o^{2\omega}$，相位匹配条件$2k_{\omega}=k_{2\omega}$化为折射率关系式，表示为

$$n_o^{2\omega}=\frac{1}{2}[n_o^{\omega}+n_e^{\omega}(\theta_{m正}^{II})] \tag{7.2-15}$$

代入到基频e光的折射率曲面方程，可解出相应的匹配角为

$$\theta_{m正}^{II}=\arcsin\left[\frac{1-\left(\frac{n_o^{\omega}}{2n_o^{2\omega}-n_o^{\omega}}\right)^2}{1-\left(\frac{n_o^{\omega}}{n_e^{\omega}}\right)^2}\right]^{1/2}\quad(n_e^{\omega}\geqslant n_o^{2\omega}) \tag{7.2-16}$$

对于正、负单轴晶体的Ⅰ、Ⅱ类匹配方式，在相应折射率曲面的截面上有形象的几何图形表示，由图 7.2-3(a)和(b)可以看出对倍频晶体主轴折射率的要求。倍频光总是从尽可能低的折射率所对应的偏振态出现，而基频光则不能单独取高折射率所对应的偏振态，正常色散造成的相位失配在以上方式所引入的双折射效应中得到补偿，从而达到相位匹配条件的要求。

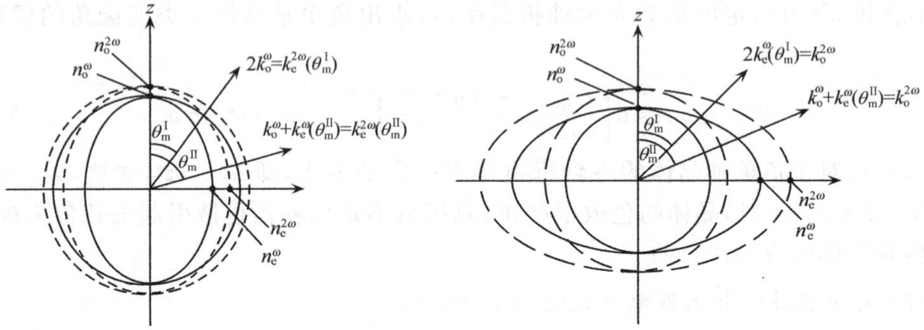

(a) 负单轴晶体倍频的Ⅰ类和Ⅱ类角度匹配　　(b) 正单轴晶体倍频的Ⅰ类和Ⅱ类角度匹配

图 7.2-3　单轴晶体倍频的角度匹配

(5) 双轴晶体的角度匹配

在通常条件下，晶体的对称性越低，其非线性极化系数越大。在双轴晶体中，存在与 z 轴夹角相等且不为零的两个光轴，对称性低于单轴晶体。因此，倍频转换效率较高的晶体(KTP、BNN、LBO 等)大多是双轴晶体。双轴晶体的激光倍频，其角度匹配也分为Ⅰ类和Ⅱ类(平行式和正交式)方式。由于双轴晶体的折射率曲面不再是以 z 轴为对称轴的旋转曲面，而是双层双叶曲面，所以相位匹配条件的空间轨迹是复杂的双叶曲面的交线。因此，相位匹配方向不仅与匹配角 θ 有关，而且与方位角 φ 有关。双轴晶体折射率曲面为一个双层双叶曲面，除了两个光轴方向外，在 $\boldsymbol{k}(\theta,\varphi)$ 方向对一个确定频率的光波有两个折射率：$n'(\theta,\varphi)$ 和 $n''(\theta,\varphi)$。在倍频中，对基频光和倍频光给出 4 个折射率，这 4 个折射率在满足Ⅰ类或Ⅱ类角度匹配的条件约束下，可确定相位匹配的空间轨迹。在正常色散条件下，这些空间轨迹有 13 种拓扑结构，对于每一种具体的倍频双轴晶体，可采用计算机算出相应的数值解。

2. 光孔效应与非临界相位匹配(NCPM)

在倍频晶体中，参与非线性相互作用的是光斑直径为 D 的光束。无论Ⅰ类还是Ⅱ类相位匹配，倍频光与基频光的偏振态总有不同，在Ⅱ类相位匹配时，基频光本身就有两个不同的偏振态。因此不能保证基频光与倍频光的能流方向一致。也就是说，e 光和 o 光的能流方向上存在着“走离”，这种现象称为“光孔效应”。随着传播距离的增大，e 光和 o 光能流方向分开的距离也增大，它们只在孔径长度 L_a 内有重叠。如图 7.2-4 所示，在负单轴晶体中，考虑Ⅰ类相位匹配，e 光与 o 光能流方向的夹角为

$$\tan\alpha = \frac{1}{2}(n_o^{\omega})^2\left[(n_e^{2\omega})^{-2}-(n_o^{2\omega})^{-2}\right]\sin(2\theta_m) \qquad (7.2\text{-}17)$$

孔径长度为

$$L_a = D/\tan\alpha \qquad (7.2\text{-}18)$$

当 $L>L_a$ 时，基频光与倍频光的能量不再重合，导致光功率密度降低，光斑变大。为了增大孔径长度 L_a，希望基频光束孔径 D 大，需要进行扩束；但是倍频转换效率与光强 I_ω 成正比，与 D^2 成反比，$\eta_{SHG}\propto 1/D^2$，D 变大会导致 η_{SHG} 变小。因此，基频光扩束后，并不能使倍频转换效率增加。

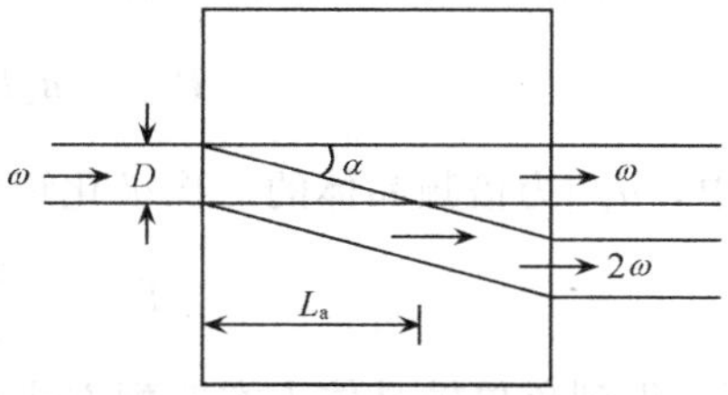

图 7.2-4　光孔效应与孔径长度

另外，基频光的发散角 $\Delta\theta$ 导致对相位匹配角 θ_m 的偏离也会影响效倍频效率。相位因子满足

$$\Delta kL/2 = [n_e^{2\omega}(\theta) - n_o^{\omega}]\omega L/c \qquad (7.2\text{-}19)$$

式中，$\theta=\theta_m+\Delta\theta$，$n_e^{2\omega}(\theta)$ 由式(7.2-10)表示。将上式在 θ_m 附近作级数展开，取一级近似，求得 Δk 与发散角 $\Delta\theta$ 的关系为

$$\Delta k \approx \frac{\omega}{c}\left[\frac{(n_e^{2\omega})^{-2}-(n_o^{2\omega})^{-2}}{(n_o^{\omega})^{-3}}\right]\sin(2\theta_m)\Delta\theta \qquad (7.2\text{-}20)$$

相位失配与基频光的发散角成正比，所以 $\Delta\theta$ 对 η_{SHG} 的影响是比较大的。因此，在一般情况下，角度相位匹配具有不稳定性，也称为临界相位匹配。

由式(7.2-17)和式(7.2-20)可知，$\tan\alpha$ 和 Δk 都与 $\sin(2\theta_m)$ 成正比，只要 $\sin(2\theta_m)=0$，则 α 和 Δk 皆为零，即要求 $\theta_m=0$ 或 $\theta_m=\pi/2$；而 $\theta_m=0$ 是不可能满足相位匹配条件的，所以必须选取 $\theta_m=\pi/2$，即基频光垂直于光轴入射。当几何参量 θ_m 确定为 $\pi/2$ 后，可以通过温度的改变来达到相位匹配。一般来说，e 光的折射率受温度的影响较大。以Ⅰ类匹配方式为例：在 $\theta_m=\pi/2$ 且 $T=T_m$ 时，若 $n_e^{2\omega}(\pi/2,T_m)=n_o^{\omega}(T_m)$，椭圆与圆形的折射率曲面在垂直于光轴方向上“相切”，不但使折射率的值相等，而且其一阶导数也相等，充分满足了相位匹配条件。在温度匹配中，$\theta_m=\pi/2$，使得 $L_a\to\infty$，消除了光孔效应，充分利用了倍频晶体的空间长度，有助于提高倍频转换效率，同时也大大降低了发散角 $\Delta\theta$ 对相位匹配条件的不利影响。因此，温度匹配实际上是角度匹配中 $\theta_m=\pi/2$ 的特例，通常也称为非临界相位匹配(NCPM)。

3. 有效非线性系数 d_{eff}

在角度相位匹配中，基频光与倍频光在晶体中必须取特定的偏振方向，以实现相位匹配。晶体对于不同的匹配方式，其有效非线性系数 d_{eff} 是不同的，它是 θ、φ 的函数。在 $d_{eff}=\widetilde{a_i}\cdot\frac{\chi^{(2)}}{2}:a_j a_k$ 中，单位矢量 $\boldsymbol{a}$ 应当与特定的偏振态一致。对于单轴晶体，它对应为 o 光或 e 光电场的单位矩阵，表示为

$$\boldsymbol{a}_o=\begin{bmatrix}\sin\varphi\\ -\cos\varphi\\ 0\end{bmatrix},\quad \boldsymbol{a}_e=\begin{bmatrix}-\cos\theta\cos\varphi\\ -\cos\theta\sin\varphi\\ \sin\theta\end{bmatrix} \qquad (7.2\text{-}21)$$

式中，φ 为 xOy 平面上的方位角。光波电场与极化强度矢量都可以用 $\boldsymbol{a}_o$ 或 $\boldsymbol{a}_e$ 来表示。对

$$d_{\text{eff}}=\begin{cases}+d_{\text{eff}} & (z=(2n+1)L_c)\\ -d_{\text{eff}} & (z=2nL_c)\end{cases} \tag{7.2-31}$$

介质长度 $L=NL_c$，N 是正整数。在此条件下，出射的倍频光电场为

$$\begin{aligned}E_{2\omega}(L)&=\frac{\mathrm{i}\omega}{n_{2\omega}c}E_\omega^2\int_0^{NL_c}d_{\text{eff}}(z)\mathrm{e}^{\mathrm{i}\Delta kz}\mathrm{d}z\\&=\frac{\mathrm{i}\omega d_{\text{eff}}}{n_{2\omega}c}E_\omega^2\left[\left(\int_0^{L_c}-\int_{L_c}^{2L_c}+\int_{2L_c}^{3L_c}-\cdots+(-1)^{N-1}\int_{(N-1)L_c}^{NL_c}\right)\mathrm{e}^{\mathrm{i}\Delta kz}\mathrm{d}z\right]\\&=\frac{4\omega d_{\text{eff}}}{n_{2\omega}c\pi}E_\omega^2NL_c\end{aligned} \tag{7.2-32}$$

3. 准相位匹配的特点

(1) 准相位匹配不同于补偿色散的角度相位匹配方法。由于不采用双折射效应，所以对光波的偏振状态无特别要求，相当于提高了基频光的利用率，不存在严重的光孔效应和相位失配问题。

(2) 准相位匹配没有Ⅰ类与Ⅱ类方式之分。对于有效非线性系数 d_{eff} 的选取，不受 θ_m 和 φ 的限制，可以在非线性极化矩阵中挑选出大分量的 d_{il}，以其所对应的空间方向接收基频光，从而获得大的倍频光强。

(3) 对于在某一波长范围有大的非线性系数，但双折射很小的材料，在不能实现角度相位匹配时，可采用准相位匹配进行倍频，扩大材料的选取范围和相应的倍频波段。

(4) 准相位匹配所采用的材料为“聚片多畴”的铁电晶体，如图 7.2-6 所示，相邻的三阶非线性极化张量反号，而与之相应的二阶极化张量不变，所以线性光学性质也不变。

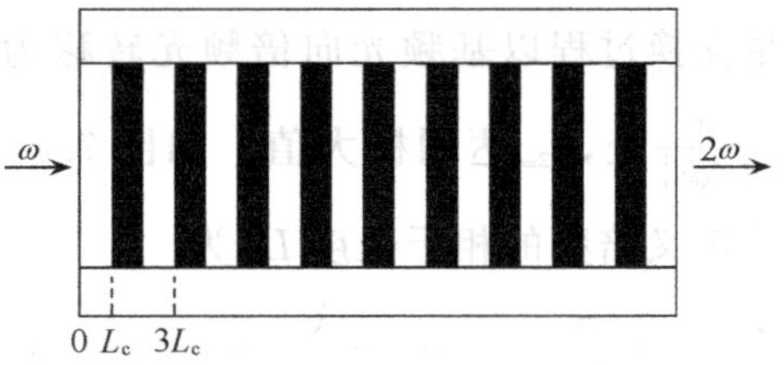

图 7.2-6 “聚片多畴”的铁电晶体

7.2.4 倍频方式

一般来讲，倍频晶体既可以放在激光谐振腔之外，也可以放在激光谐振腔内。这两种方式分别称为腔外倍频和腔内倍频。对于基频光重复频率低而峰值功率很高的情形，通常采用腔外倍频方式；而在基频光重复频率高而峰值功率较低时，一般采用腔内倍频方式。腔内倍频的转换效率较高。

1. 腔外倍频

腔外倍频基频光源一般采用脉冲调 Q 激光器，为了获得较高的转换效率，有时还采用多级放大，提高基频光的峰值功率以便得到大的倍频光强。在腔外倍频实验中，有时也采用聚焦的方法来提高基频光在倍频晶体中的光功率密度。如图 7.2-7 所示，入射到晶体上的高斯光束以共焦参数 z_0 来表示。在 $2z_0$ 之内，光束的发散较小，z_0 也称为准直长度。z_0 与束腰半径 w_0 的关系为

$$z_0 = \frac{1}{2}kw_0^2 = \pi w_0^2 n_\omega/\lambda_\omega \tag{7.2-33}$$

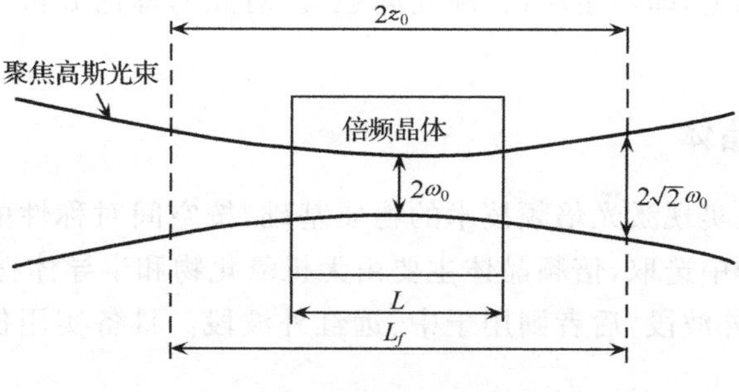

图 7.2-7　高斯光束倍频的共焦聚焦条件

如果选取二倍准直长度 $2z_0=L_f$ 为晶体的长度，则这个条件称为共焦聚焦条件。在此条件下，倍频转换效率 $\eta_{SHG}\propto L_f$。腔外倍频效率通常低于腔内倍频。

2. 腔内倍频

腔内倍频将非线性倍频晶体放置在激光谐振腔内，使腔内的基频光往返通过倍频晶体，在适当的条件下，可获得较高的转换效率。设激光器输出镜对基频光的反射率为 R，则腔内基频光的功率是腔外的 $\frac{1}{1-R}$ 倍，如果 $R\approx1$，则腔内倍频效率将是很可观的。对于连续运转和准连续运转的高重复频率调 Q 激光器，通常采用腔内倍频方式，腔内倍频转换效率等价为激光耦合输出，如图 7.2-8 所示。腔内倍频对倍频晶体的光学均匀性和透明度要求高，在高平均功率使用的场合，对倍频晶体的导热性能也有较高的要求，必要时须采用温控方式。图 7.2-8(b)所示为在连续激光器的谐振腔内插入声光 Q 开关和谐波反射镜形成双程倍频装置，优点是结构简单，倍频效率高，缺点是激光棒热透镜效应影响较大，谐波反射镜增加了腔损耗。

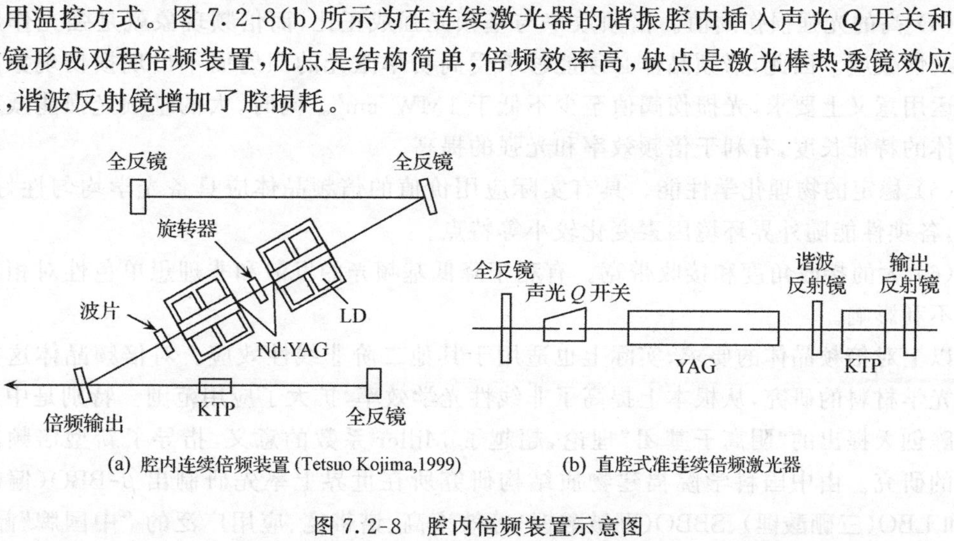

(a) 腔内连续倍频装置 (Tetsuo Kojima,1999)　　(b) 直腔式准连续倍频激光器

图 7.2-8　腔内倍频装置示意图

另外，腔内的任何光学器件都不能对倍频光有吸收损耗。与腔外倍频类似，腔内倍频也有共焦聚焦条件。即倍频晶体应当尽量位于腔内高斯光束的束腰处，$2z_0$ 也可以作为倍频晶体长度的参考值综合考虑。对于腔内多纵模连续激光倍频，由于多纵模之间交叉

的和频(SFG)效应,并且从式(7.1-12)和式(7.1-13)可知,在 ω_1 与 ω_2 相差为纵模间距量级时,$\chi^{(2)}(2\omega_{1,2})$与 $\chi^{(2)}(\omega_1+\omega_2)$几乎相等。因此,和频效应与倍频效应相互竞争,导致倍频激光输出非常不稳定,即产生所谓“绿光问题”。对此的理论分析与实验方法可参见有关文献。

7.2.5 倍频晶体

倍频晶体材料是实现激光倍频技术的物质基础,按空间对称性的要求,从 21 种没有反演对称中心的点群中选取,倍频晶体主要由无机氧化物和半导体材料构成,前者常用于近红外、可见光和紫外波段,后者则用于中、远红外波段。具备实用价值的倍频晶体应满足以下要求。

(1) 宽的透明波段。从基频到倍频波段有高的透过率,极小的吸收损耗,在实际使用中,不同的倍频波段应选取相应的倍频晶体配合使用。

(2) 大的非线性系数 d_{il}。以 KDP 的非线性系数 d_{36} 作为比较标准,目前常用的磷酸钛氧钾(KTP)晶体,其非线性系数为标准值的 21.5 倍。

(3) 适当的双折射。角度相位匹配利用倍频晶体本身所具有的双折射效应来克服色散效应,达到相位匹配的目的。双折射太小的晶体虽然可以观察到倍频现象,但不能满足相位匹配条件,因此也就不能获得高的倍频效率。例如,第一个从红宝石激光上观察到倍频效率的石英正单轴晶体,由于双折射效应太弱,基频 e 光与倍频 o 光的折射率曲面没有相交,不能实现角度相位匹配。而双折射太大的晶体,虽然可以实现相位匹配,但存在比较严重的光孔效应,使孔径长度 L_a 远小于倍频的特征长度 L_{SHG},也不利于倍频效率的提高。理想的双折射最好能达到 $\theta_m=90°$,即温度匹配的效果。在实际应用中,双折射应保证倍频晶体的孔径长度不小于特征长度,以利于获得较高的倍频效率。

(4) 高的光强损伤阈值。倍频效率与基频光强成正比,而倍频现象就是强光作用下的非线性效应。因此,倍频晶体必须能够承受高功率激光的照射而不出现损伤现象。从实际运用意义上要求,光损伤阈值至少不低于 $1MW/cm^2$。同时,大的基频光强能减少倍频晶体的特征长度,有利于倍频效率和光强的提高。

(5) 稳定的物理化学性能。具有实际应用价值的倍频晶体应具备光学均匀性好,不潮解,各项性能随外界环境因素变化较小等特点。

(6) 大的接收角度和接收带宽。有利于降低基频光的发散和非理想单色性对相位匹配的不利影响。

以上对倍频晶体的要求,实际上也适用于其他二阶非线性效应。对倍频晶体这类非线性光学材料的研究,从根本上提高了非线性光学效率,扩大了应用范围。特别是中国科学家陈创天提出的“阴离子基团”理论,超越了 Miller 系数的意义,指导了新型倍频晶体材料的研究。由中国科学院福建物质结构研究所在世界上率先研制出 β-BBO(偏硼酸钡)和 LBO(三硼酸锂)、SBBO(硼铍酸锂)等效率高、谱带宽、应用广泛的“中国牌”晶体。利用准相位匹配(QPM)方法实现倍频效应的微米超晶体材料的研制也非常引人注目。由于不采用传统的角度相位匹配方式,倍频材料的选取可以扩展到弱双折射或光学各向同性(立方晶系)等铁电晶体中,可以在 d_{il} 最大的方向上选择光波的入射角和偏振态,可以改变片畴的厚度来适应不同波长的倍频；采用 Fibnacci 序列，变周期结构能对不同的基频光同时实现倍频、光参量振荡或三倍频，并且无光孔效应，适用对半导体激光的直接倍频等。我国南京大学固体激光微结构国家重点实验室研制的聚片多畴周期极化铌酸锂(PPLN)和钽酸锂(PPLT)等光子超晶格材料处于国际先进水平。

7.3 光参量振荡技术

光参量振荡(OPO)技术可将激光向低频范围扩展，产生可调谐的相干辐射。一般来讲，激光器的输出频率通常是分立的，而大量的科学研究与广泛的技术应用则要求频率连续可调的高亮度辐射光源，采用以二阶非线性光学效应为基础的光参量振荡方法，可以在相当大的频率范围内实现连续调谐，具有转换效率高、器件结构简单、性能稳定的优点，获得了较为广泛的应用。

光学参量过程一般必须采取一定的相位匹配方式来实现。同时，在参量过程中，介质的作用体现在 d_{eff} 中。作为光波之间能量交换的媒介，介质本身不参与能量交换，相互作用的光波频率与介质本征能级无关，光场到介质的平均能流为零，对光场无损耗与增益作用。光学参量振荡效应是以泵浦光波 E_{p} 提供增益，非线性晶体作为能量转移的中介，把能量耦合给信号光波 E_{s} 使之得到放大，并同时产生一新的伴生光波 E_{i}。这个过程完全是参量相互作用过程，其频率调谐方式受相位匹配条件制约。选取不同的泵浦光波频率和相应的非线性晶体，光参量振荡的调谐范围可覆盖中、近红外和可见光波段。

7.3.1 光参量放大

在光参量放大(OPA)过程中，有两个泵浦光波输入，设 E_{p} 与 E_{s} 共线入射到非线性晶体中。其中，E_{p} 为强泵浦光$\left(\frac{\mathrm{d}E_{\mathrm{p}}}{\mathrm{d}z}\approx 0\right)$，$E_{\mathrm{s}}$ 为弱信号光$\left(\frac{\mathrm{d}E_{\mathrm{s}}}{\mathrm{d}z}\neq 0\right)$。由式(7.1-26)得相应的波耦合方程组为

$$\frac{\mathrm{d}E_{\mathrm{i}}}{\mathrm{d}z}=\frac{\mathrm{i}\omega_{\mathrm{i}}}{n_{\mathrm{i}}c}d_{\mathrm{eff}}E_{\mathrm{s}}^{*}E_{\mathrm{p}}\mathrm{e}^{-\mathrm{i}\Delta kz} \tag{7.3-1a}$$

$$\frac{\mathrm{d}E_{\mathrm{s}}}{\mathrm{d}z}=\frac{\mathrm{i}\omega_{\mathrm{s}}}{n_{\mathrm{s}}c}d_{\mathrm{eff}}E_{\mathrm{i}}^{*}E_{\mathrm{p}}\mathrm{e}^{-\mathrm{i}\Delta kz} \tag{7.3-1b}$$

其频率关系为 $\omega_{\mathrm{p}}-\omega_{\mathrm{s}}=\omega_{\mathrm{i}}$，相当于有一个弱信号输入的差频过程。其边界条件为：$E_{\mathrm{i}}(0)=0, E_{\mathrm{s}}(0)\neq 0$。当存在相位失配 $\Delta k\neq 0$ 时，其解为

$$E_{\mathrm{s}}(z)=E_{\mathrm{s}}(0)\left[\cosh(bz)-\frac{\mathrm{i}\Delta k}{2b}\sinh(bz)\right]\mathrm{e}^{-\mathrm{i}\Delta kz/2} \tag{7.3-2a}$$

$$E_{\mathrm{i}}(z)=\mathrm{i}\frac{\omega_{\mathrm{i}}d_{\mathrm{eff}}}{n_{\mathrm{i}}cb}E_{\mathrm{p}}E_{\mathrm{s}}^{*}(0)\sinh(bz)\mathrm{e}^{-\mathrm{i}\Delta kz/2} \tag{7.3-2b}$$

式中

$$b=\left[\Gamma^{2}-\left(\frac{\Delta k}{2}\right)^{2}\right]^{1/2},\quad \Gamma^{2}=\frac{\omega_{\mathrm{i}}\omega_{\mathrm{s}}d_{\mathrm{eff}}^{2}\mid E_{\mathrm{p}}\mid^{2}}{n_{\mathrm{i}}n_{\mathrm{s}}c^{2}} \tag{7.3-3}$$

b 为净增益系数，E_{i} 为伴生波的光波电场。当 $\Delta k>2\Gamma$ 时，b 为虚数，双曲正弦函数变成正弦函数。光强在非线性晶体内呈波动形式，不可能得到持续的增长。因此，相位匹配是进

行光参量放大的必要条件，而只有满足相位匹配的伴生光波才能在非线性晶体中获得增益。满足相位匹配条件 $\Delta k=0(b=\Gamma)$ 的解分别为

$$E_s(z) = E_s(0)\cosh(\Gamma z) \tag{7.3-4}$$

$$E_i(z) = \mathrm{i}\left(\frac{\omega_i n_s}{\omega_s n_i}\right)^{1/2} E_s^*(0)\sinh(\Gamma z) \tag{7.3-5}$$

信号波 E_s 得到放大，伴生波 E_i 从无到有，随着传播距离的增加，两个波在非线性晶体中都单调上升，近似呈指数型的增长，从泵浦光 E_p 的消耗中得到净增益。伴生光波 E_i 与信号光波 E_s 在波耦合方程中是等价的，只是由于边界值不同，解的表达式不一样。在放大的过程中，按照 Manley-Rowe 关系，从泵浦光中获得相等数量的光子，而放大结合正反馈条件，可以形成自激振荡。实际上，信号光 ω_s 不需要由外部提供，而是由自发辐射(噪声)起振充当，在谐振腔中利用泵浦光克服损耗，获得输出。因此，可以将非线性晶体放入相应的谐振腔中，只要输入高频泵浦光波 ω_p，就能使背景辐射中的 ω_i 与 ω_s 在腔内同时得到放大。在非线性晶体两端放置反射镜 M_1 和 M_2，可将光参量放大变成光参量振荡器，如图 7.3-1 所示。当参量增益大于损耗时，得到参量振荡输出。增加非线性晶体的有效长度，则可提高泵浦光的利用率。

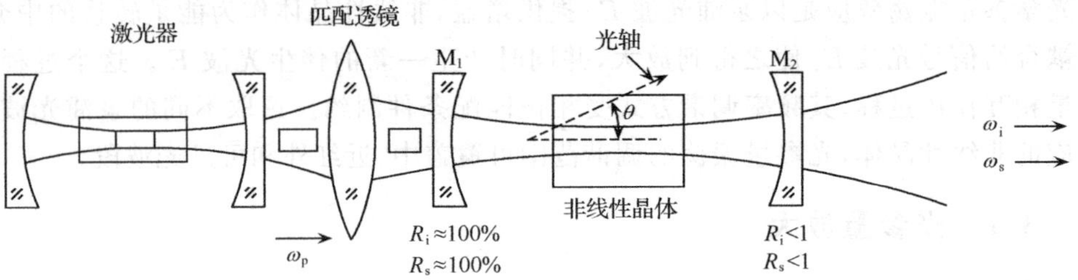

图 7.3-1 光参量振荡装置图

7.3.2 光参量振荡

光参量振荡(OPO)将一个泵浦光子 ω_p"分裂"为一个信号光子 ω_s 和一个伴生光子 ω_i，即

$$\omega_p = \omega_s + \omega_i \tag{7.3-6}$$

这符合光子能量守恒条件。在光参量振荡时获得增益的信号光与伴生光，还必须满足共线相位匹配条件(动量守恒)，即

$$k_p = k_s + k_i \tag{7.3-7a}$$

式中，k_p、k_s、k_i 分别为三种光的波矢，利用关系 $k=\omega n/c$，可得到三波同方向作用时，给定的频率与折射率的关系为

$$n_p\omega_p = n_s\omega_s + n_i\omega_i \tag{7.3-7b}$$

1. 纵模条件

光参量振荡器具有光学谐振腔的结构与性质，服从相应谐振腔纵模条件。对于驻波腔，振荡的信号与伴生光波应各自满足往返一周的自再现条件，即

$$\varphi_s + \frac{\omega_s}{c} \cdot 2L_s = 2s\pi \tag{7.3-8a}$$

$$\varphi_i + \frac{\omega_i}{c} \cdot 2L_i = 2i\pi \tag{7.3-8b}$$

式中，$L_{s,i}=L+(n_{s,i}-1)l$ 分别为 ω_s 与 ω_i 对应的光学腔长，L 是几何腔长，l 是非线性晶体的几何长度。s 与 i 为正整数，$\varphi_{s,i}$ 为反射镜对 ω_s 与 ω_i 分别产生的相移。

对于环形行波腔，应满足循环一周的自再现条件，即

$$\varphi_s + \frac{\omega_s}{c} \cdot L_s = 2s\pi \tag{7.3-9a}$$

$$\varphi_i + \frac{\omega_i}{c} \cdot L_i = 2i\pi \tag{7.3-9b}$$

式(7.3-8)与式(7.3-9)称为双共振(DRO)条件。

2. 阈值条件

在光参量振荡器中，由泵浦光 E_p 提供单程增益。光损耗主要是输出损耗。同通常的振荡器一样，增益等于损耗为阈值条件，而输出为超过阈值的部分。为简化分析过程，仍对泵浦光取非耗尽近似，当 $\Delta k=0$ 时，在振荡条件下，可设往返损耗参数分别为 α_s 和 α_i，腔内的信号光和伴生光的波耦合方程组为

$$\frac{dE_i}{dz} = -\alpha_i E_i + \frac{i\omega_i}{n_i c} d_{eff} E_p E_s^* \tag{7.3-10a}$$

$$\frac{dE_s^*}{dz} = -\alpha_s E_s^* + \frac{-i\omega_s}{n_s c} d_{eff} E_p^* E_i \tag{7.3-10b}$$

式中，$\alpha_{i,s}$ 与式(7.1-17)中反映光学损耗 σ 的关系为 $\alpha_{i,s}=\frac{\mu_0 c\sigma_{i,s}}{2n_{i,s}}$。

设光参量振荡腔镜的反射率分别为 R_i 与 R_s，则有

$$\alpha_i = \frac{2(1-R_i)}{L} \qquad \alpha_s = \frac{2(1-R_s)}{L} \tag{7.3-11}$$

由稳态条件

$$\frac{dE_i}{dz} = 0 = \frac{dE_s^*}{dz} \tag{7.3-12}$$

从方程组(7.3-10)得出 E_i 与 E_s 有非零解的关系为

$$\begin{vmatrix} -\alpha_i & \frac{i\omega_i}{n_i c} d_{eff} E_p \\ \frac{-i\omega_s}{n_s c} d_{eff} E_p^* & -\alpha_s \end{vmatrix} = 0 \tag{7.3-13}$$

得出泵浦阈值条件为

$$\Gamma^2 = \frac{\omega_s \omega_i}{n_s n_i c^2} d_{eff}^2 |E_p|^2 = \alpha_i \alpha_s \tag{7.3-14}$$

Γ 为式(7.3-3)给出的单程增益系数，相应的阈值泵浦光强为

$$I_{p_{th}} = \frac{n_p n_s n_i c^3 \varepsilon_0 \alpha_i \alpha_s}{2\omega_s \omega_i d_{eff}^2} = \frac{2n_p n_s n_i c^3 \varepsilon_0}{\omega_s \omega_i d_{eff}^2} \frac{(1-R_i)(1-R_s)}{L^2} \tag{7.3-15}$$

式(7.3-14)和式(7.3-15)分别给出了双共振(DRO)方式的阈值条件和泵浦光强。

对于单共振(SRO)方式,反射镜只对一种光波 ω_s 有反射。单程增益系数必须等于往返损耗系数,即

$$\Gamma_s = \frac{\sqrt{2(1-R_s)}}{L} \tag{7.3-16}$$

与双共振功率增益相比得

$$\frac{(\Gamma_s L)^2}{(\Gamma L)^2} = \frac{I_{sp_{th}}}{I_{p_{th}}} = \frac{2}{1-R_i} \tag{7.3-17}$$

在双共振中的 R_i 接近于1时,单共振的阈值泵浦功率要增加好多倍。

7.3.3 光参量振荡运转方式

光参量振荡器有类似于激光谐振腔的结构形式。由激光器发出的泵浦光入射到光参量振荡器中,在非线性晶体内对信号光与伴生光提供增益。一旦增益超过阈值,或者泵浦光强大于式(7.3-15)的阈值光强,光参量振荡器就有信号光和伴生光的输出。光参量振荡器的谐振腔对信号光和伴生光横模的作用以及稳定性判断等,可采用类似于激光谐振腔的方法进行分析。值得注意的是,泵浦光的高斯光束模必须与光参量谐振腔的本征高斯光束模相互匹配。光参量振荡器通常分为双共振(DRO)和单共振(SRO)两种运转方式。所谓双共振,就是参量振荡器的两个反射镜 M_1 和 M_2 对 ω_s 和 ω_i 都具有高反射率(如 $R_i \approx 1, R_s \approx 1$)。若仅对 ω_s 高反射,则称为单共振。对于双共振方式,要求在一个谐振腔内对信号波和伴生波同时满足各自不同的纵模条件。由式(7.3-8)和式(7.3-9),腔长几何长度的改变导致信号光频率与伴生光频率的变化,相互关系为

$$-\Delta L \propto \frac{\Delta\omega_s}{\omega_s} \propto \frac{\Delta\omega_i}{\omega_i} \tag{7.3-18}$$

而由式(7.3-6)得

$$\Delta\omega_s = -\Delta\omega_i \tag{7.3-19}$$

在调谐过程中,由于式(7.3-18)与式(7.3-19)互相矛盾,双共振工作方式会引起频率的不稳定性,导致输出能量的波动。因此,对于双共振方式必须严格控制腔体结构,将 ΔL 的影响降低到最小程度。单共振方式可以回避以上矛盾,在式(7.3-18)中只有一个频率变化,稳定性好,成为较普遍的光参量振荡器的运转方式。光参量振荡可以连续和脉冲两种状态运转。对于双共振方式,阈值泵浦光强的大小由式(7.3-15)表示。在透过率很小 $T_i = T_s \approx 10^{-2}$ 时,阈值泵浦光强大约为 kW/cm^2 量级,采用调 Q 脉冲激光泵浦可以满足阈值条件。对脉冲工作方式,为了缩短光参量振荡的建立时间并获得较高的转换效率,应尽量减少谐振腔的长度。另外,对于单向行波泵浦方式,经过输出镜反射的(逆转波)信号光和伴生光将产生和频效应,将能量返回到泵浦光,严重影响转换效率的提高。因此,对于双共振方式,以采用环形行波腔型为宜。

7.3.4 光参量振荡器的频率调谐方法

光参量振荡的主要用途是对激光进行频率调谐,由光子能量守恒条件式(7.3-6),其

中泵浦光频率 ω_p 是固定的，而 ω_s 与 ω_i 为变量，仅仅由能量守恒条件尚不足以将 ω_s 与 ω_i 确定下来。应再考虑使增益最大的动量守恒条件，在共线状态下由式(7.3-7)给出。联立这两个式子，消去固定的频率量 ω_p 得

$$\frac{\omega_s}{\omega_i}=\frac{n_i-n_p}{n_p-n_s} \tag{7.3-20}$$

式(7.3-20)在能量和动量守恒相统一的条件下，确定了 ω_s 与 ω_i 的相互关系。但在正常色散条件下，$\frac{\mathrm{d}n}{\mathrm{d}\omega}>0$，对于正常色散介质有 $n_p>n_i$，$n_p>n_s$，导致 $\frac{\omega_s}{\omega_i}<0$。为此，必须采用各向异性晶体的双折射效应来抵消色散效应。在满足能量与动量守恒条件的前提下，通过折射率的变化，使得 ω_s 与 ω_i 在式(7.3-20)的约束下产生相应的变化，达到频率调谐的目的。以双折射为基础的频率调谐有角度调谐和温度调谐两种方式。

1. 角度调谐

利用入射的泵浦光波相对于晶轴的夹角 θ 的改变，使光波频率变化的调谐方式称为角度调谐。由于 ω_p 是高频，由补偿正常色散的规律，对于负单轴晶体，泵浦光的偏振态取 e 光偏振，而产生的 ω_s 与 ω_i 都是 o 光方向偏振，则为Ⅰ类匹配方式；若其中之一为 e 光方向偏振，则为Ⅱ类匹配方式。以负单轴晶体Ⅰ类匹配方式为例，泵浦光取 e 光偏振态，信号光和伴生光为 o 光偏振态。当 k_p 与光轴夹角为 θ 时，在 $\Delta k=0$ 的条件下有

$$\omega_p n_p(\theta)=\omega_s n_s+\omega_i n_i \tag{7.3-21}$$

当改变角度 $\Delta\theta$ 时，要使 $\Delta k=0$ 仍成立，在保证增益最大的前提下，必有一对新的频率 ω_s 和 ω_i 满足式(7.3-21)的相位匹配条件，即

$$\omega_p n_p(\theta+\Delta\theta)=(\omega_s+\Delta\omega_s)n_s(\omega_s+\Delta\omega_s,\theta+\Delta\theta)+(\omega_i+\Delta\omega_i)n_i(\omega_i+\Delta\omega_i,\theta+\Delta\theta)$$

注意到 ω_p 不变，$\Delta\omega_i=-\Delta\omega_s$，$n_{s,i}(\omega_{s,i}+\Delta\omega_{s,i},\theta+\Delta\theta)\approx n_{s,i}(\omega_{s,i},\theta)+\Delta n_{s,i}(\omega_{s,i},\theta)$，且有

$$\Delta n_{s,i}(\omega_{s,i},\theta)=\frac{\partial n_{s,i}}{\partial\theta}\Delta\theta+\frac{\partial n_{s,i}}{\partial\omega_{s,i}}\Delta\omega_{s,i} \tag{7.3-22}$$

不在 $\omega_s=\frac{1}{2}\omega_p=\omega_i$ 的简并点附近调谐，可忽略二次项和交叉项。

由微分关系和 $\frac{\partial\omega_i}{\partial\theta}=-\frac{\partial\omega_s}{\partial\theta}$，经计算整理得

$$\frac{\partial\omega_s}{\partial\theta}=\frac{\omega_p\left(\frac{\partial n_p}{\partial\theta}\right)}{(n_s-n_i)+\left[\omega_s\left(\frac{\partial n_s}{\partial\omega_s}\right)-\omega_i\left(\frac{\partial n_i}{\partial\omega_i}\right)\right]} \tag{7.3-23}$$

式中，$\frac{\partial n_p}{\partial\theta}$ 可由式(7.2-10)求出。式(7.3-23)表示信号光的振荡频率随晶体取向的变化关系，为负单轴晶体Ⅰ类角度调谐的表达式。Ⅱ类角度调谐的表达式可类似求出。不过应注意在信号光或伴生光取 e 光偏振态时，除了考虑色散关系 $\frac{\partial n}{\partial\omega}$ 之外，还应顾及 $\frac{\partial n_e}{\partial\theta}$，即 Δn 是一个全微分表示。从式(7.3-23)可以看出，由于泵浦光频率 ω_p 不变，若泵浦光取 o 光

偏振态,则$\frac{\partial n_p}{\partial \theta}=0$,导致 ω_s 也不变,就失去了角度调谐的意义,所以通常不采用正单轴晶体做角度调谐晶体。

对于非共线型角度调谐,只要采用投影关系,与以上处理方法类似,关键是要保证 ω_p、ω_s 与 ω_i 的关系除了满足能量守恒之外,还要满足动量守恒。只有 $\Delta k=0$ 的过程,才会在光参量振荡中有最大的增益。从折射率曲面的几何图形来看,当 k_p 与晶体光轴相对转动 $\theta+\Delta\theta$ 角度时,实际上相当于将 $n_p\omega_p=n_s\omega_s+n_i\omega_i$ 中 n_p 的长度,在折射率曲面上移动,使得光参量振荡中最大增益的空间方向发生变化。为了适应这个变化,ω_s 与 ω_i 也必须改变,使得$\Delta k=0$保持不变,这样就会在自发辐射所提供"噪声"中,出现新的 ω_s 与 ω_i 所对应的折射率曲面来满足相位匹配条件,并获得最大的增益。而色散效应$\frac{\partial n}{\partial \omega}\neq 0$,在此意义上成为光参量振荡频率调谐的有利因素。图 7.3-2 所示为 $LiNbO_3$ 晶体角度调谐曲线,它表明入射光波矢相对于 $LiNbO_3$ 晶体光轴夹角的变化,引起输出激光波长的变化,这可以通过光参量振荡频率调谐实验来验证。

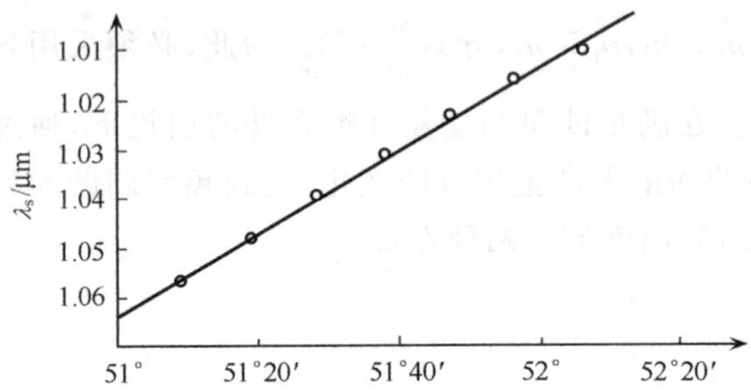

图 7.3-2 $LiNbO_3$ 晶体角度调谐曲线

2. 温度调谐

温度的变化会改变晶体的折射率。在光参量振荡中,折射率的改变是引起信号光与伴生光频率变化的直接因素。因此,可以通过改变非线性晶体本身温度的方法来进行调谐。

由
$$\Delta n(T,\omega)=\frac{\partial n}{\partial T}\Delta T+\frac{\partial n}{\partial \omega}\Delta\omega \tag{7.3-24}$$

得
$$\frac{\Delta\omega_s}{\Delta T}=\frac{\omega_p\frac{\partial n_p}{\partial T}-\omega_s\frac{\partial n_s}{\partial T}-\omega_i\frac{\partial n_i}{\partial T}}{(n_s-n_i)+\left[\omega_s\left(\frac{\partial n_s}{\partial \omega_s}\right)-\omega_i\left(\frac{\partial n_i}{\partial \omega_i}\right)\right]} \tag{7.3-25}$$

对于Ⅰ、Ⅱ类匹配方式,由折射率曲面方程和具体的折射率与温度的关系以及色散曲线可以得出 ω_s 随温度变化关系,如图 7.3-3 所示。通常应选取折射率对温度变化较敏感的非线性晶体,并取入射角 $\theta=\pi/2$,减少光孔效应的影响。

另外,采用改变折射率的电光效应,也可实现调谐,其响应速率快,但调谐范围较小。

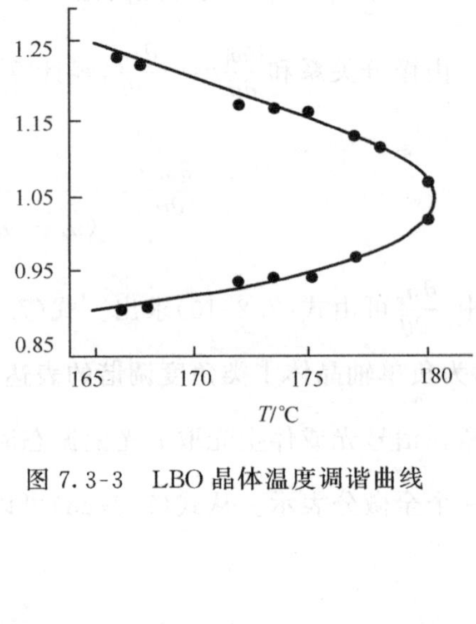

图 7.3-3 LBO 晶体温度调谐曲线

利用 PPLN 材料和准相位匹配方法，能够将泵浦光的频率变换到某一固定频率，若改变温度，也能实现频率调谐。采用不同波长的泵浦光源和非线性晶体，光参量振荡技术除了用于从可见光到红外波段可调谐相干光源以外，还由于信号光与伴生光在相位和偏振态之间存在特殊的关联性，已运用到量子光学、光场压缩态技术、光子纠缠对和光量子通讯等研究领域。

7.4　受激拉曼散射

拉曼散射(Raman scattering)属于入射光频率与散射光频率不相等的非弹性光散射。在散射光的频谱中，含有介质的能级跃迁、分子振动、转动和各类元激发的微观运动信息。拉曼散射一直是光谱分析、研究物质的微观结构和动力学过程的重要方法。红宝石激光作用下的受激拉曼散射(SRS)效应的发现，不仅为拉曼散射实验提供了理想的光源，使得光谱学的研究取得了长足的进展，而且还为激光调谐技术带来了显著的进步，提供了新光谱波段的强相干光源，出现了各种以受激拉曼散射为基础的拉曼频移激光器。这类激光器可以产生不同级次的斯托克斯(Stokes)和反斯托克斯(anti-Stokes)辐射，能分别向红外与紫外两个频率方向拓展相干辐射的调谐范围。

7.4.1　拉曼散射效应

在拉曼散射过程中，粒子吸收一个泵浦光子，发射一个散射光子，粒子的初态和末态处在不同的能级。其频移 ν_R 为上下能级之差除以普朗克常量，称为介质的拉曼本征频率(拉曼模)。如图 7.4-1 所示，采用二阶双光子过程的量子力学计算，得出散射光子的几率为

$$W_S \propto (1+\overline{n_R})\,\overline{n_L} \tag{7.4-1}$$

式中，$\overline{n_R}$和$\overline{n_L}$分别表示拉曼散射光和入射泵浦光的光子简并度。

普通光源作为入射泵浦光，其光子简并度$\overline{n_L}\ll 1$，相应的$\overline{n_R}\ll 1$，使得$\overline{n_R}\,\overline{n_L}$可以忽略，$W_S$ 中只保留括号中的“1”因子项，相当于自发辐射的情形，称为自发拉曼散射，产生的散射光没有相干性。特别明显的是，反斯托克斯(AS)线的光强 I_{AS} 比斯托克斯(S)线的光强 I_S要弱得多。这是因为在介质处于热平衡分布状态时，上能级粒子数 $N_a \ll N_b$(下能级粒子数)，使得产生反斯托克斯谱线的散射光子数远小于产生斯托克斯谱线的光子数，并且基本上没有高阶斯托克斯线和反斯托克斯线出现。

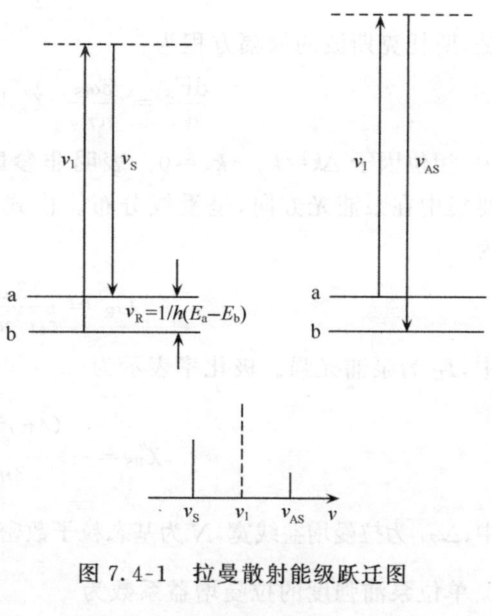

图 7.4-1　拉曼散射能级跃迁图

采用光子简并度高的激光($\overline{n_L}\gg 1$)作为泵浦光,使得拉曼散射具有受激辐射的性质。实验表明,受激拉曼散射主要有以下特点。

(1) 明显的阈值性。泵浦光达到或超过一定强度,受激散射才会出现。

(2) 斯托克斯线呈漫线分布,在与泵浦光空间重叠的方向最强。高频的反斯托克斯光与泵浦光方向不一致,在确定的空间立体角方向呈环状锐线分布。

(3) 在强泵浦光作用下,阶数相同的反斯托克斯线与斯托克斯线强度相近。泵浦光频率两侧,有多重等间隔的谱线分布,边频线的阶数可超过十级。

(4) 不受介质的宏观对称性的限制。在固体、液体和气体介质中都可以出现受激拉曼散射。

一阶斯托克斯线的频率 ω_S、反斯托克斯线的频率 ω_{AS} 与泵浦光频率 ω_L 之间的关系为

$$\omega_L - \omega_S = \omega_R = \omega_{AS} - \omega_L \tag{7.4-2}$$

其频差为光学分支声子的频率,与拉曼介质的上下能级有"共振"关系。因此,拉曼极化率表示为

$$\chi_R(\omega) \propto \frac{1}{\omega_R^2 - (\omega_L - \omega)^2 + i(\omega_L - \omega)\Delta\omega_R} \tag{7.4-3}$$

$\chi_R(\omega)$应当是复数,即 $\chi_R = \chi'_R + i\chi''_R$。其虚部 χ''_R 表示增益($\chi''_R<0$)或吸收($\chi''_R>0$),表明拉曼介质与外界光场存在能量交换。

对于受激拉曼散射的斯托克斯散射,可按照非参量过程来处理。极化强度为

$$P_S(\omega_S) = \frac{3!}{4}\varepsilon_0 \chi_{RS} |E_L|^2 E_S e^{i(k_L - k_L + k_S)\cdot z} \tag{7.4-4}$$

式中,$\boldsymbol{k}_L$ 为泵浦光波矢,$\boldsymbol{k}_S$ 为斯托克斯光波矢。在共振时,$\chi_{RS}\approx i\chi''_{RS}$,并忽略光克尔效应($\chi'_{RS}\approx 0$),则有

$$P_S(\omega_S) = \frac{3i}{2}\varepsilon_0 \chi''_{RS} |E_L|^2 E_S e^{ik_S\cdot z} \tag{7.4-5}$$

于是,斯托克斯波的振幅方程为

$$\frac{dE_S}{dz} = \frac{3\omega_S}{4cn_S} |\chi''_{RS}| |E_L|^2 E_S e^{ik_S\cdot z} e^{-ik_S\cdot z} \tag{7.4-6}$$

式中,相位因子 $\Delta\boldsymbol{k} = \boldsymbol{k}_S - \boldsymbol{k}_S = 0$。表明非参量过程与 $\Delta\boldsymbol{k}$ 无关。S 线的空间方向性不强,主要集中在泵浦光方向,呈漫线分布。由式(7.4-6)得出拉曼介质的小信号功率增益系数为

$$G_R = \frac{3\omega_S}{\varepsilon_0 c^2 n_S n_L} |\chi''_{RS}| I_L \tag{7.4-7}$$

式中,I_L 为泵浦光强。极化率表示为

$$\chi''_{RS} = -\frac{(4\pi)^2 n_L c^4 \varepsilon_0 N\left(\frac{d\sigma}{d\Omega}\right)}{3n_S\omega_L\omega_S^3\hbar\Delta\omega_R} \tag{7.4-8}$$

式中,$\Delta\omega_R$ 为拉曼增益线宽,N 为基态粒子数密度,$\frac{d\sigma}{d\Omega}$为介质的微分拉曼散射截面,$\hbar = h/(2\pi)$。

单位泵浦强度的拉曼增益系数为

$$g_{\mathrm{R}} = \frac{G_{\mathrm{R}}}{I_{\mathrm{L}}} = \frac{3\omega_{\mathrm{S}}}{\varepsilon_0 c^2 n_{\mathrm{S}} n_{\mathrm{L}}} \mid \chi''_{\mathrm{RS}} \mid = \frac{16\pi^2 c^2 N\left(\frac{\mathrm{d}\sigma}{\mathrm{d}\Omega}\right)}{n_{\mathrm{S}}^2 \omega_{\mathrm{L}} \omega_{\mathrm{S}}^2 \hbar \Delta\omega_{\mathrm{R}}} \tag{7.4-9}$$

在单程损耗系数为 α，腔镜反射率分别为 R_1 与 R_2 的谐振腔中，拉曼散射振荡阈值条件为

$$R_1 R_2 \exp[2(G_{\mathrm{R}} - \alpha)L] \geqslant 1 \tag{7.4-10}$$

由此可算出相应的阈值泵浦光强。

对于反斯托克斯波，在热平衡时，上能级粒子数远小于下能级粒子数，所以，在 S 波形成阶段，AS 波不能直接由泵浦光从拉曼介质中得到增益，必须采用波耦合理论分析。

7.4.2　波耦合分析

受激拉曼散射效应中，出现多重等间隔谱线特征以及 AS 光子只在特定方向出现的现象，必须采用三阶非线性光学效应中波相互作用的耦合方程来解释。因为在拉曼光学介质并不存在等间隔的本征能级的条件下，所出现的多级等间隔斯托克斯线和反斯托克斯线并不对应于多重等间隔能级的跃迁。处于热平衡状态的拉曼光学介质的工作机理不同于通常的激光工作物质，不是由反转粒子数来提供增益，而是靠泵浦光波为受激拉曼散射光波提供增益。而多重等间隔谱线则是光波耦合、能量交换以及与 $\Delta\boldsymbol{k}$ 有关的参量作用的结果。

1. 受激反斯托克斯辐射

双光子过程不能解释受激反斯托克斯辐射现象。在实验上，将拉曼介质冷却到极低的温度。上能级粒子数极少，但仍然会产生强度与斯托克斯波相近的反斯托克斯波。这表明，反斯托克斯波主要从波耦合中获取能量。况且，反斯托克斯线所具有的锐线分布，表明其方向性很强，也提示能量交换过程是与 $\Delta\boldsymbol{k}=0$ 有关的参量作用。

由式(7.4-2)得出泵浦光波与一阶斯托克斯光波及反斯托克斯光波之间的频率关系为

$$\omega_{\mathrm{L}} + \omega_{\mathrm{L}} = \omega_{\mathrm{S}} + \omega_{\mathrm{AS}} \tag{7.4-11}$$

这属于三阶四波相互作用，采用共振非耗尽近似，令 $A_j = \sqrt{\frac{n_j}{\omega_j}} E_j$（$j$ 分别取 S，L 和 AS），得出斯托克斯波与反斯托克斯波的波耦合方程为

$$\frac{\mathrm{d}A_{\mathrm{S}}}{\mathrm{d}z} = \alpha_{\mathrm{S}} A_{\mathrm{S}} + \mathrm{i}bA_{\mathrm{AS}}^{*} \mathrm{e}^{-\mathrm{i}\Delta\boldsymbol{k}\cdot z} \tag{7.4-12a}$$

$$\frac{\mathrm{d}A_{\mathrm{AS}}}{\mathrm{d}z} = \alpha_{\mathrm{AS}} A_{\mathrm{AS}} + \mathrm{i}bA_{\mathrm{S}}^{*} \mathrm{e}^{-\mathrm{i}\Delta\boldsymbol{k}\cdot z} \tag{7.4-12b}$$

式中，$\Delta\boldsymbol{k} = \boldsymbol{k}_{\mathrm{L}} + \boldsymbol{k}_{\mathrm{L}} - \boldsymbol{k}_{\mathrm{S}} - \boldsymbol{k}_{\mathrm{AS}}$，$\boldsymbol{k}_{\mathrm{AS}}$ 为反斯托克斯光波矢。并且有

$$\alpha_{\mathrm{S}} = \frac{-3\chi''_{\mathrm{R}}(\omega_{\mathrm{S}})\omega_{\mathrm{L}}}{4cn_{\mathrm{L}}} |A_{\mathrm{L}}|^2 \sqrt{\frac{\omega_{\mathrm{S}}}{n_{\mathrm{S}}}},\quad \alpha_{\mathrm{AS}} = \frac{-3\chi''_{\mathrm{R}}(\omega_{\mathrm{AS}})\omega_{\mathrm{L}}}{4cn_{\mathrm{L}}} |A_{\mathrm{L}}|^2 \sqrt{\frac{\omega_{\mathrm{AS}}}{n_{\mathrm{AS}}}} \tag{7.4-13}$$

参量耦合系数

$$b = \frac{3\chi^{(3)}\omega_L}{8cn_L}A_L^2\sqrt{\frac{\omega_S\omega_{AS}}{n_S n_{AS}}} \tag{7.4-14}$$

式(7.4-12)右边第一项,体现了非参量作用。至于是吸收还是增益,则由拉曼极化率虚部χ''_R的正负决定。进一步分析表明,在上述波耦合的条件下,即使有$\chi''_R(\omega_S)<0$,斯托克斯波也不可能指数型地不断增长。在斯托克斯光波达到一定强度时,由于基态粒子数的消耗和波耦合的能量转换作用,斯托克斯线的增益出现饱和,此时非参量过程不起主要作用。泵浦光强的增加,不再直接导致斯托克斯光强的增大,而是由差频共振产生的光学分支声子$\omega_R=\omega_L-\omega_S$和一个泵浦光子"合成"一个反斯托克斯光子,即$\omega_{AS}=\omega_R+\omega_L$。通常拉曼模声子的寿命很短,是快弛豫变量。在稳态条件下,可不考虑声子的波耦合方程。在热平衡态下,有$\chi''_R(\omega_{AS})>0$,α_{AS}表示为吸收。在受激拉曼散射过程中,拉曼介质的粒子数分布处于剧烈变动状态,由于基态粒子可吸收反斯托克斯光子发射泵浦光子,与上能级粒子吸收泵浦光子发射AS光子的二阶过程相抵消,α_{AS}可能变小;但在光子能量守恒的前提下,基态粒子不能直接吸收一个泵浦光子而发射AS光子,所以在粒子数非反转分布的拉曼介质中,α_{AS}不可能为负,但有可能为零。反斯托克斯波的增益将主要依赖于方程右边的第二项,与相位匹配Δk有关的参量过程起主要作用。

Bleombergen 和沈元壤给出了数值解,如图7.4-2所示。可以看出,反斯托克斯波的最大增益出现在$\Delta \boldsymbol{k}=0$附近的区域,表现为锐线分布。波耦合分析的结论与受激拉曼散射的实验结果相符。$\Delta \boldsymbol{k}=0$是反斯托克斯波的矢量相位匹配条件。如图7.4-3所示,对于各向同性介质,色散效应使得反斯托克斯波与斯托克斯波不可能共线产生,其动量守恒条件表示为

$$2\boldsymbol{k}_L=\boldsymbol{k}_S+\boldsymbol{k}_{AS} \quad 或 \quad \boldsymbol{k}_L+(\boldsymbol{k}_L-\boldsymbol{k}_S)=\boldsymbol{k}_L+\boldsymbol{k}_R=\boldsymbol{k}_{AS} \tag{7.4-15}$$

式中,$\boldsymbol{k}_R$是相干光学分支声子的波矢。由式(7.4-15)可确定反斯托克斯光波波矢$\boldsymbol{k}_{AS}$相对于泵浦光波波矢$\boldsymbol{k}_L$的方向,相应的斯托克斯光波波矢$\boldsymbol{k}_S$是从漫线中的斯托克斯光波波

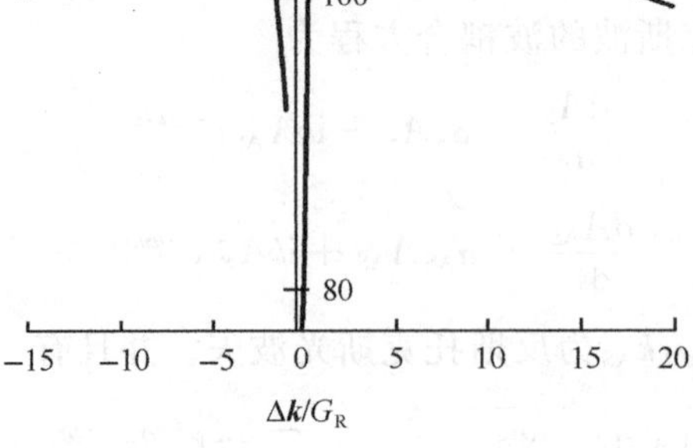

图7.4-2 反斯托克斯光功率增益与$\Delta \boldsymbol{k}$的关系曲线

矢中"自动"选取的。在确定方向的斯托克斯光波和反斯托克斯光波有满足相位匹配条件意义下的相干性(见图 7.4-3)，这个性质在相干反斯托克斯拉曼散射(CARS)中有许多重要的应用。

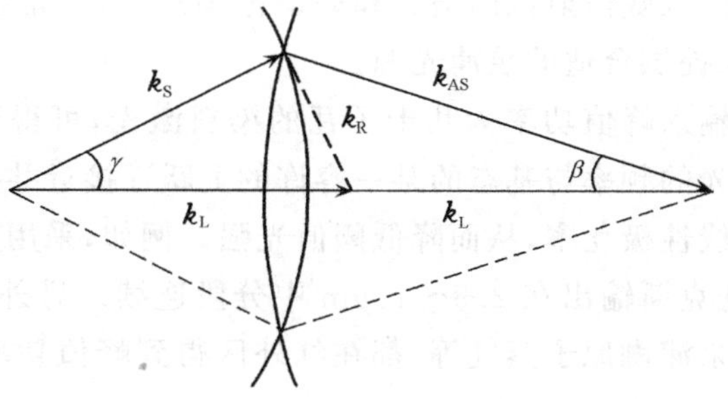

图 7.4-3　反斯托克斯光的非共线相位匹配

2. 高阶受激拉曼散射

频率为 $\omega_{\rm R}$ 的拉曼模光学分支声子充当能量交换的中介粒子，这使得受激拉曼散射出现了多级辐射谱线。如果将泵浦光视为 0 级谱线，则二阶以上的 S 波和 AS 波辐射频率关系为

$$\omega_{{\rm S}_{n+1}} + \omega_{{\rm S}_{n-1}} = 2\omega_{{\rm S}_n} \tag{7.4-16a}$$

$$\omega_{{\rm AS}_{n+1}} + \omega_{{\rm AS}_{n-1}} = 2\omega_{{\rm AS}_n} \tag{7.4-16b}$$

这意味着每一级的辐射波可作为后一级的泵浦波。当介质的长度和泵浦功率增加时，一级斯托克斯线的功率增大到最大值，稳定后将能量向二阶斯托克斯线转移，再向三阶 S 线转移……，实际上是将入射泵浦光的能量在等间隔的波长波段依次呈阶梯状传递下去，直到消耗 $I_{\rm L}(\omega_{\rm L})$ 低于阈值为止。关于高阶多级斯托克斯波的耦合方程是利用强度表示的，在做了高斯光束分布修正以后的数值解与实验结果符合较好。高阶斯托克斯波的方向性表现为漫线光斑与锐线光环的混合，表明非参量因素和参量因素都在起作用。漫线光斑有明显的阈值性。锐线光环的张角可通过相位匹配条件和介质的色散关系计算得出。对于高阶反斯托克斯辐射，它主要是参量作用，逐级能量转换受到动量守恒条件的制约。在色散的影响下，反斯托克斯光子在特定的空间方向以锐线光环的形式出现，其相位匹配条件为

$$\boldsymbol{k}_{{\rm AS}_{n+1}} + \boldsymbol{k}_{{\rm AS}_{n-1}} = 2\boldsymbol{k}_{{\rm AS}_n} \tag{7.4-17}$$

在通常条件下，由于 $n_{{\rm AS}_{n+1}} \neq n_{{\rm AS}_{n-1}} \neq n_{{\rm AS}_n}$，所以不可能共线产生。随着反斯托克斯波级数增加，阶次升高，频率"紫移"，相应光环的空间张角也越来越大。在可见光波段，将出现"红橙黄绿青蓝紫"，由里向外的同心圆环分布图案。

7.4.3　受激拉曼散射的调谐应用

受激拉曼散射效应的应用遍及物理、化学、生物、医学和环境科学等各个领域。这里侧重介绍受激拉曼散射效应在激光调谐相干辐射中的应用。

1. 由斯托克斯散射产生可调谐红外辐射

产生这种红外调谐的受激拉曼散射介质主要是金属蒸气和气体介质。为了使得介质中各本征能级差对应的拉曼散射截面增大和调谐范围加宽，通常在不同的调谐波段使用不同波长的激光器，来提供合适的泵浦光源。

在碱金属蒸气中输入峰值功率为几十千瓦的染料激光，可得到 10^2cm^{-1} 量级的调谐范围。其特点是泵浦光的频率与基态的某一容许的上跃迁接近共振。可以增强拉曼散射截面和相应的三阶非线性极化率，从而降低阈值光强。例如，采用蓝色到紫外波段的激光来泵浦铯蒸气，其斯托克斯输出在 2.5～15μm 中分段连续。另外，用氮分子激光泵浦钾原子蒸气和染料激光泵浦铷原子蒸气等，都在红外区得到峰值功率为几千瓦的可调谐红外相干辐射。

氢分子和氮分子气体有非常强的拉曼模，以 MW/cm^2 量级的泵浦光可以在几十厘米长和几个大气压的气体室中得到强拉曼输出。TEACO_2 激光也能作为分子气体的拉曼泵浦光源。在激光分离铀同位素的应用中，采用分子法时要求 16μm 的红外辐射。用高功率的 CO_2 激光泵浦 CH_4 产生 16μm 的斯托克斯输出，转换效率为 10%，或通过氢同位素分子的转动跃迁，产生受激拉曼散射来得到 16μm 的辐射。

2. 由反斯托克斯散射产生可调谐紫外辐射

虽然在理论和实验方面，可以预计和观察到高阶斯托克斯散射光的出现，但要使反斯托克斯线达到有实际使用意义的水平，就必须大幅度提高泵浦光的功率密度。但由此会带来一些不利因素。首先，对光学介质本身的抗光损伤能力要求很高；其次，会附加自聚焦、多光子吸收电离等有碍于受激拉曼散射效应的其他非线性光学现象。为了解决这个问题，提出了采用非参量方式来产生反斯托克斯线的方法，使拉曼介质呈粒子数反转分布状态。这样，在发生一阶散射时，反斯托克斯线的增益为正，斯托克斯线的增益为负，以前对斯托克斯线的讨论可以用在反斯托克斯线上。这个设想得到了实验验证。采用光致离解法来形成亚稳态与基态的反转分布，然后可得到该亚稳态的受激反斯托克斯辐射。例如，用 ArF 激光在离解氯化铊后，生成的铊处于亚稳态中，再用 Q 开关的二次谐波(SHG)或三次谐波(THG)的 Nd：YAG 激光来泵浦，铊将由 $6P^2P^0_{3/2}$ 到基态 $6P^2P^0_{1/2}$ 产生受激的反斯托克斯辐射。这种辐射能在真空紫外波段调谐，效率约为 10%。

3. 受激自旋反转拉曼散射调谐

电子受到外加磁场 H 作用时，在垂直于磁场的平面内呈量子化的圆周运动，相应的能级称为朗道能级 $(n+1/2)\hbar\omega_L$，其中 ω_L 为拉莫进动频率。由于塞曼效应，每一个朗道能级又可分裂成两个子能级，分别对应于电子的两个自旋态，其间隔为

$$\Delta E_S = g_{ef}\mu_B H \tag{7.4-18}$$

式中，μ_B 是玻尔磁矩，g_{ef} 为有效因子。对于自由电子，$g_{ef}=2$。

相应的频率差为 $\Delta\nu_S=\Delta E_S/h$，即

$$\Delta\nu_S = \frac{\mu_B}{h} g_{ef} H \tag{7.4-19}$$

从原理上讲，在入射泵浦光时，可以观察到 $h(\nu_p \pm \Delta\nu_S)$ 谱线的拉曼散射。但由于 g_{ef} 不大，所以效果不明显。在固体介质中，某些物质（如 InSb）的 $g_{ef} \approx 50$，可以观察到 S 线。在式（7.4-19）中，磁场强度 H 的改变可以调节频差，使得 S 线的频率得到相应的调谐，这种方法也称为磁调谐，在 n 型半导体锑化铟（InSb）中得到广泛应用，这种激光器称为自旋反转拉曼激光器（SIR）。由于在低温（4K 左右）下 InSb 导带中的电子浓度低，其拉曼增益较小，斯托克斯线较弱，所以一般不单独将 InSb 直接作为拉曼放大调谐输出，而是采用差频方式输出。以 $\nu_p - \Delta\nu_S = \nu_F$ 为频率条件，$\Delta\nu_S$ 连续变化，导致 ν_F 的连续调谐输出。当 $\Delta\nu_S = \nu_F$ 时，为自旋反转共振（简并混频）条件。另外，还应满足磁偶极矩作用下的相位匹配条件，共线时为 $n_p\omega_p - n_S\omega_S = n_F\omega_F (\omega_S = 2\pi\Delta\nu_S)$。采用混频效应可以将泵浦光更多地转换成调谐相干输出，调谐范围取决于磁场强度。采用脉冲 CO_2 激光泵浦，调谐输出光的峰值功率为 200W，调谐范围达到 2000cm^{-1}（如果采用超导条件来加大 H，则 $\Delta\nu_S$ 可更大）。另外，用 CO 激光来泵浦 InSb，由于 $5.3\mu m$ 接近于 InSb 的能隙，所以其拉曼散射截面增大并降低了阈值光强 I_{th}，能以连续波方式运转。

7.4.4　拉曼频移激光器件

受激拉曼散射中的斯托克斯波和反斯托克斯波具有受激辐射的相干性。频域上以拉曼模整数倍的频移对泵浦激光进行“双向”调谐，可以在激光振荡不能直接达到的某些波段提供高亮度的相干光源。由于受激拉曼散射属于三阶非线性光学效应，所以其工作物质不像二阶效应那样受到点群对称性的限制，在固体、液体和气体等为数众多的介质中都实现了受激拉曼散射。特别是气体介质，容易得到大体积、长光程和光学均匀性好的拉曼工作物质，并且能够承受非常大的泵浦光强，具有高的光学损伤阈值和快的恢复时间，得到广泛的应用。

拉曼激光器件大致可分为以下几种。

1. 单程行波拉曼激光器件

泵浦光以行波方式通过拉曼介质，产生的受激散射光波也以单程放大的形式输出。对于一阶斯托克斯辐射，主要产生于相互作用路径重叠最大的泵浦光方向，以前向散射为主，定向性不强。对于反斯托克斯辐射，按矢量相位匹配条件 $\Delta \boldsymbol{k} = 0$，在特定的空间方向可观察到光环。当泵浦光增强和相互作用路径增长时，可在不同的空间立体角方向出现相应的高阶拉曼散射，但同时也可能出现不利于受激拉曼散射的其他三阶非线性光学效应的竞争，从而降低转换效率。

2. 拉曼激光谐振腔

将拉曼介质两端加上相应的反射镜，形成较强的空间波形限制条件，同时也增大了等效相互作用的光程。对于一阶斯托克斯波长提供适当的正反馈，由式（7.4-10）可定出相应的阈值条件。一般来讲，对于阈值泵浦光强低于单程行波的放大装置，由于一阶斯托克斯波的非定向性，所以拉曼谐振腔的两个反射镜可以放置在与泵浦光非共线的其他方向。而对于方向性强的反斯托克斯波，谐振腔的轴线必须按照矢量相位匹配条件 $\Delta \boldsymbol{k}=0$ 所确定的空间方向为基准。使泵浦激光脉冲的空间宽度大于拉曼介质的长度，可以获得好的谐振效果。例如，在激光测距应用中，采用了甲烷气体作为拉曼频移介质，在 Q 开关 Nd:YAG 激光泵浦下产生一阶斯托克斯波辐射，获得了对人眼安全的 1.54μm 波长的激光，采用谐振腔结构，在适当的气压下，其能量转换效率达到了 30%，并且具有较好的光束质量。

3. 拉曼波导、光纤激光器件

介质采用波导结构，可以在较低的泵浦功率水平下观察到非线性效应，原因在于波导内壁的对光的全反射提供了长的相互作用路径，而细小的孔径则可提高光的功率密度。因此，用较低的泵浦光功率，也可能获得高的受激拉曼散射效率。对于气体和液体拉曼介质，采用细长的玻璃管进行封装，形成波导结构，由相应的数值孔径，选择适当的聚焦镜，将泵浦光耦合到波导中。该器件适用于受激散射截面较小或准连续与连续泵浦的场合。而在波导型的固体拉曼介质中，光纤的受激拉曼效应最为引人注目。光纤除了有很长的相互作用路径以及细小的芯径之外，还在近红外和可见光波段具有非常低的损耗，为受激拉曼散射提供了大的增强因子。在一定条件下，采用 1～10W 量级的泵浦光，就可以达到受激拉曼散射所需的阈值泵浦功率，从而使连续激光器也可以作为受激拉曼散射的泵浦源。光纤拉曼激光器能在1～1.6μm范围进行调谐，这对光纤通信和光纤孤子激光器的研究与应用具有重要的意义。

7.5 和频与三倍频技术

7.5.1 和频技术

和频(Sum Frequency Generation，SFG)也称为频率上转换(Frequency Up-Conversion)，这是一种将光辐射向短波长方向变换的非线性光学技术，也被运用于远红外辐射的探测技术中。在和频振荡中，输入的光波有两种不同的频率，即 $\omega_3=\omega_1+\omega_2, \omega_1\neq\omega_2$，所以可以在倍频技术不能达到的某个短波长处实现相干辐射。例如，对于 Nd:YAG 激光的 1064nm 和 1318nm 的两个波长，倍频技术只能实现绿光(523nm)或红光(659nm)输出，而对某些应用所需要的黄光(589nm)相干辐射，就必须采用 1064nm 与 1318nm 的和频技术。和频效应相对于倍频效应增加了一个变量与自由度，特殊性和复杂性也有所增加。因此，对于和频技术，目前其技术成熟程度尚不及倍频。

1. 相位匹配方法

在和频效应中，$\Delta \boldsymbol{k}=\boldsymbol{k}_1+\boldsymbol{k}_2-\boldsymbol{k}_3=0$ 为相位匹配条件。具体表述为频率(波长)与折射率的关系式，表示为

$$\omega_1 n_1+\omega_2 n_2=\omega_3 n_3 \tag{7.5-1a}$$

或
$$\frac{n_1}{\lambda_1}+\frac{n_2}{\lambda_2}=\frac{n_3}{\lambda_3} \tag{7.5-1b}$$

设 $\omega_2>\omega_1$，在正常色散条件下，$n_2>n_1$，$n_3=\frac{\omega_1}{\omega_3}n_1+\frac{\omega_2}{\omega_3}n_2$，$n_1<n_3<n_2$ 为相位匹配条件所要求的折射率不等式，与正常色散效应 $n_3>n_2>n_1$ 不相符。因此，必须采用双折射效应来补偿色散效应，采用类似于倍频的角度相位匹配方式。针对不同的和频波段范围与具体的非线性晶体，和频方式也可分为Ⅰ类（平行式）与Ⅱ类（正交式），即两束泵浦光的偏振态平行或正交入射。对于正、负单轴晶体，泵浦光与和频光的偏振态在正常色散条件下，对应情况为

正单轴晶体　　Ⅰ类　$e^{\omega_1}+e^{\omega_2}\rightarrow o^{\omega_3}$

Ⅱ类　$\left\langle \begin{matrix} e^{\omega_1}+o^{\omega_2} \\ o^{\omega_1}+e^{\omega_2} \end{matrix} \right\rangle \rightarrow o^{\omega_3}$

负单轴晶体　　Ⅰ类　$o^{\omega_1}+o^{\omega_2}\rightarrow e^{\omega_3}$

Ⅱ类　$\left\langle \begin{matrix} e^{\omega_1}+o^{\omega_2} \\ o^{\omega_1}+e^{\omega_2} \end{matrix} \right\rangle \rightarrow e^{\omega_3}$

对于每一种角度相位匹配方式，可以求出相应的匹配角，从而确定两束泵浦光波矢相对于光轴的入射方向。在 Kleinman 近似成立的波段范围内，二次非线性张量 $[d_{il}]$ 近似为无色散的量，所以和频效应中的 $[d_{il}]$ 和 d_{eff} 与倍频的情况相同。在和频效应中，相位匹配仍保持着光子动量守恒的意义。

2. 弱信号近似

设两束泵浦光中，$E_{\omega1}$ 为强信号，$\frac{dE_{\omega1}}{dz}\approx 0$，$E_{\omega2}$ 为弱信号，在 $\Delta k=0$ 时，和频光强为

$$I_3(z)=\frac{\omega_3}{\omega_2}I_2(0)\sin^2(\Gamma z) \tag{7.5-2}$$

I_3 在 z 方向呈现振荡特性，表明在弱信号近似下，即使有 $\Delta k=0$，和频效应中能量的转移也不一定是“单向”的。I_3 达到第一个极大值的条件为

$$L_{\text{m}}=\frac{\pi}{2\Gamma}=\frac{\pi c}{2d_{\text{eff}}}\left(\frac{cn_1n_2n_3\varepsilon_0}{2\omega_2\omega_3I_1}\right)^{1/2} \tag{7.5-3}$$

当晶体长度取 L_{m} 时，出射的和频光强为极大值，即 $I_3(L_{\text{m}})=I_{3\max}=\frac{\omega_3}{\omega_2}I_2(0)$。由此可以得出 $\frac{I_{3\max}}{\omega_3}=\frac{I_2(0)}{\omega_2}$。在弱信号近似下，和频的最大光子数不会超过泵浦光的初始光子数。因此，要获得高效率、高强度的和频光强，除了满足相位匹配条件之外，还必须使 Manley-Rowe 关系在和频条件下得到满足，达到能量与动量守恒条件同时成立。

3. 高转换效率

在弱信号近似条件下，一旦弱泵浦光子数消耗到零，而强泵浦光子数不为零，则和频

光波将与强泵浦光波相互作用向弱泵浦光转移能量，和频光强出现振荡形式。可以设想，如果两个泵浦光的光子数严格相等，并且在三波相互作用意义下的 Manley-Rowe 关系制约下，同时以相同的速度消耗 ω_1 与 ω_2 的光子数，保证能量向和频光波“单向”转移，那么在这种情形下有 $\frac{1}{\omega_1}\frac{\mathrm{d}I_1}{\mathrm{d}z}=\frac{1}{\omega_2}\frac{\mathrm{d}I_2}{\mathrm{d}z}$，在三个关于光子数变化的波耦合方程中只有两个是独立的。经过冗长的运算，得到与高效率二次谐波式(7.2-8)相似的解。相应的特征长度为

$$L_{\mathrm{SFG}}=\frac{c}{d_{\mathrm{eff}}}\left(\frac{cn_1n_2n_3\varepsilon_0}{I_1(0)\omega_2\omega_3}\right)^{1/2} \tag{7.5-4}$$

其中，$I_1(0)$ 为对应的初始泵浦光强。当 $z=2L_{\mathrm{SFG}}$ 时，绝大部分的泵浦光子转换成和频光子。初始入射的两束泵浦光强的关系，应严格满足光子数相等的条件，最大和频光强为

$$I_{3\max}(\infty)=I_1(0)+I_2(0)=\frac{\omega_3}{\omega_2}I_2(0)=\frac{\omega_3}{\omega_1}I_1(0) \tag{7.5-5}$$

7.5.2 三倍频技术

1. 基于和频效应的三倍频方法

利用二阶非线性光学效应，对激光器发射出的基频光 E_ω 进行倍频，得到 $E_{2\omega}$，再与 E_ω 一起会聚到和频晶体中，得到相应的 $E_{3\omega}$ 光辐射。在三波共线条件下，相位匹配条件给出折射率关系为

$$n_{3\omega}=\frac{2}{3}n_{2\omega}+\frac{1}{3}n_\omega \tag{7.5-6}$$

根据不同的角度相位匹配方式，参照上一节的内容，令 $\omega_1=\omega,\omega_2=2\omega,\omega_3=3\omega$，则可以求出相应的匹配角 θ_m。

若取 $I_{2\omega}$ 为弱信号，由式(7.5-2)，得

$$I_{3\omega}(z)=\frac{3}{2}I_{2\omega}(0)\sin^2(\Gamma z) \tag{7.5-7}$$

可见，最大的三倍频光强为倍频光强(弱信号)的 1.5 倍。

高转换效率时，当倍频光强为基频光强的 2 倍时，两者光子数严格相等。最大的三倍频光强仍为倍频光强(强信号)的 1.5 倍，基频光强的 3 倍。对于三倍频晶体长度的选取，当 $I_{2\omega}(0)=2I_\omega(0)$ 时，按式(7.5-4)的 2 倍得

$$L_{3\omega}\geqslant\frac{2c}{d_{\mathrm{eff}}\omega}\left(\frac{cn_\omega n_{2\omega}n_{3\omega}\varepsilon_0}{3I_{2\omega}(0)}\right)^{1/2} \tag{7.5-8}$$

2. 气体介质中三次谐波的产生

采用三阶非线性光学效应，由基频光 E_ω 直接产生三次谐波(THG)，在非耗尽近似下转换效率为

$$\eta_{\mathrm{THG}}=\frac{I_{3\omega}}{I_\omega}=\frac{(3\omega)^2}{16\varepsilon_0^2c^4}\frac{|\chi_{\mathrm{eff}}|^2L^2}{n_\omega^3n_{3\omega}}I_\omega^2\operatorname{sinc}^2\left(\frac{\Delta kL}{2}\right) \tag{7.5-9}$$

相位匹配所给出的折射率关系为 $n_{3\omega}=n_\omega$。

采用角度相位匹配方式，要求晶体有更强的双折射效应来补偿大的色散，使得适用于

三倍频的晶体材料受到局限，为数不多。

由于三阶非线性极化率 $\chi^{(3)}$ 是4阶张量，而任何介质都有不为零的分量，所以三阶非线性光学效应不受点群对称性的限制，可以在气体介质，如原子蒸气中，产生三次谐波的相干辐射。气体介质的特点有：容易制备出大体积的均匀介质，光损伤阈值远高于固体，能承受高强度光辐射，材料选择面广，光谱透明区由红外到真空紫外范围。但气体作为各向同性介质，不可能用双折射效应来补偿色散，而必须采用不同方式来实现相位匹配。

(1) 缓冲气体的色散补偿

对于共线的相位匹配条件，有 $n_\omega = n_{3\omega}$。某些原子蒸气介质在 ω 与 3ω 之间存在正常色散，可以作为缓冲气体来补偿。通过调节两种气体的压力之比，使混合气体的平均折射率达到 $\overline{n_\omega} = \overline{n_{3\omega}}$。例如，采用铷(Rb)金属蒸气对Nd:YAG激光的1064nm波长进行三倍频，铷蒸气在780nm有吸收，色散曲线表明，$n_{Rb}(355nm) < n_{Rb}(1064nm)$ 为反常色散。而氙(Xe)气在这个波段范围有 $n_{Xe}(355nm) < n_{Xe}(1064nm)$ 为正常色散，通过调节气压比，达到相位匹配。

(2) 共振增强效应

三阶非线性光学极化率的计算利用了四能级系统的能级跃迁过程。三倍频的极化率可表示为

$$\chi^{(3)}(-3\omega;\omega,\omega,\omega) \propto \frac{1}{(\Delta E_3)(\Delta E_2)(\Delta E_1)} \tag{7.5-10}$$

式中，$\Delta E_1 = \hbar(\omega_{21} - \omega)$，$\Delta E_2 = \hbar(\omega_{31} - 2\omega)$，$\Delta E_3 = \hbar(\omega_{41} - 3\omega)$。

在接近共振时，$\Delta E_i \to 0 (i = 1,2,3)$，$\chi^{(3)}$ 将急剧增大。为了避免 ω 与 3ω 的吸收损耗，通常采用双光子共振，即 $\Delta E_2 \to 0$。基频光频率 ω 与介质能级结构相配合，使得 $\omega_{31} \approx 2\omega$，达到共振增强 $\chi^{(3)}$ 的目的。例如，钠(Na)蒸气对600nm的基频光进行三倍频，钠的4d与3s能级之间的跃迁频率与 2ω 相近，可以获得双光子共振效应，从而提高三倍频转换效率。

(3) 强聚焦条件下的相位匹配

气体介质不存在双折射意义下的光孔效应，有高的光学损伤阈值，并且通常不留下不可逆的光损伤特性，故可以采用强聚焦方式来增大基频光的功率密度，从而提高三倍频的转换效率。但是，强聚焦条件导致共线平面波近似失效，有必要采用高斯波相互作用的波耦合方程。对于三次谐波，采用Boyd定义的形式，在IS单位制下为

$$\frac{dE_{q\omega}(z)}{dz} = \frac{iq\omega}{2^q c n_{q\omega}} \chi_{\text{eff}}^{(q)} E_\omega^q(z) \frac{e^{-i\Delta kz}}{(1+i\zeta)^{q-1}} \tag{7.5-11}$$

式中，$\Delta k = qk_\omega - k_{q\omega}$，$\zeta = 2z/b$，$b$ 为高斯光束的共焦参量；$b = 2\pi\omega_0^2/\lambda_\omega$。在束腰 ω_0 处，取 $z = 0$，在非耗尽近似下，直接积分得

$$E_q(z) = \frac{iq\omega}{2^q c n_{q\omega}} \chi_{\text{eff}}^{(q)} E_\omega^q J_q(\Delta k) \tag{7.5-12}$$

在强聚焦条件下，$\zeta \gg 1$，$b \ll z$，对于三倍频，$q = 3$。当 $b\Delta k = 2$ 时，$J_3(\Delta k)$ 取最大值，即在强聚焦条件下，三倍频的相位匹配条件为 $b\Delta k = 2$。用折射率关系表示为

$$n_\omega - n_{3\omega} = \frac{\lambda_\omega}{3\pi b} > 0 \tag{7.5-13}$$

即只有在反常色散条件下才能达到相位匹配。

7.6 光学相位共轭

光学相位共轭本质上是光的波动性的反映。由非线性光学效应产生的光学相位共轭技术可应用于实时光学全息、自适应光学、改善激光光束质量、清除相位畸变和光学信号、图像处理以及高分辨率、非线性激光光谱学等领域。

7.6.1 光学相位共轭的概念

光波相位波阵面空间共轭形式可分为两种,一种是前向相位共轭,其传播方向与初始光波相同,等相位面的空间分布都与初始光波在垂直传播方向的平面上呈镜像对称,由于受到相位匹配条件的限制,前向相位共轭波只能出现在很小的空间立体角或很短的相互作用长度中,其使用价值和应用范围受到极大的制约。因此,本节将主要讨论第二种相位共轭,即背向相位共轭效应,其传播方向与初始光波相反,但等相位面分布重合,其相位匹配条件在任意入射方向不受限制而自动满足。

1. 相位共轭的意义

设角频率为 ω,沿 z 轴正向传播的单色光波电场的表示为

$$\begin{aligned}\boldsymbol{E}(r,t) &= \frac{1}{2}\boldsymbol{A}(x,y)\exp[\mathrm{i}(\omega t - kz)] + \text{c. c.}\\ &= \frac{1}{2}[\boldsymbol{\Psi}(r)\exp(\mathrm{i}\omega t) + \boldsymbol{\Psi}^*(r)\exp(-\mathrm{i}\omega t)]\end{aligned} \tag{7.6-1}$$

与 $\boldsymbol{E}(r,t)$ 频率相同,但沿 z 轴反向传播,并且复振幅与其空间共轭的光波电场为

$$\begin{aligned}\boldsymbol{E}_\mathrm{c}(r,t) &= \frac{1}{2}\boldsymbol{A}_\mathrm{c}(x,y)\exp[\mathrm{i}(\omega t - k_\mathrm{c} z)] + \text{c. c.}\\ &= \frac{1}{2}[\boldsymbol{\Psi}_\mathrm{c}(r)\exp(\mathrm{i}\omega t) + \boldsymbol{\Psi}_\mathrm{c}^*(r)\exp(-\mathrm{i}\omega t)]\end{aligned} \tag{7.6-2}$$

由于 $\boldsymbol{A}_\mathrm{c} = \boldsymbol{A}^*$,$\boldsymbol{\Psi}_\mathrm{c} = \boldsymbol{\Psi}^*$,$\boldsymbol{k}_\mathrm{c} = -\boldsymbol{k}$,故可将 $\boldsymbol{E}_\mathrm{c}$ 表示为

$$\begin{aligned}\boldsymbol{E}_\mathrm{c}(r,t) &= \frac{1}{2}\boldsymbol{A}^*(x,y)\exp(kz)\exp(\mathrm{i}\omega t) + \text{c. c.}\\ &= \frac{1}{2}\{\boldsymbol{\Psi}^*(r)\exp[-\mathrm{i}\omega(-t)] + \boldsymbol{\Psi}(r)\exp[\mathrm{i}\omega(-t)]\}\end{aligned} \tag{7.6-3}$$

将上式与式(7.6-1)相比较,可得出关系式

$$\boldsymbol{E}_\mathrm{c}(r,t) = \boldsymbol{E}(r,-t) \tag{7.6-4}$$

若取共轭的时刻为 $t=0$,则 t 时刻的背向相位共轭光波 $\boldsymbol{E}_\mathrm{c}(r,t)$ 与 $-t$ 时刻的正向入射光波 $\boldsymbol{E}(r,-t)$ 完全相同,即背向空间相位共轭等价于时间反演。在此意义上,实现背向空间相位共轭的器件称为相位共轭镜(PCM)。

2. 相位共轭镜的特性

如图 7.6-1 所示，普通的平面反射镜，按照线性光学的规律，要保持入射光波的波矢 $\boldsymbol{k}_i$ 在反射面上的切向分量的连续性，只有反射光波的波矢 $\boldsymbol{k}_r$ 的法向分量相对于 $\boldsymbol{k}_i$ 反号，由此得出入射角等于反射角的反射定律。对于发散的球面波，经过普通平面镜反射之后仍然继续保持着发散性质。而采用相位共轭镜(PCM)，入射光波的波矢 $\boldsymbol{k}_i$ 在镜面上的切向分量和法向分量都反号，即有 $\boldsymbol{k}_c=-\boldsymbol{k}_i$，实现了波矢反转，使任一方向入射的光波都沿原光路返回。对于发散的球面波，经过相位共轭镜的反射之后，变成传播方向相反，波阵面形状相同的汇聚球面波。从时间反演的观点来看，相位共轭镜对入射光波实现了与入射角度无关，完全意义上的"反射"，即波阵面相重合的波矢反转。利用 PCM 的这个特性，可以补偿式修复光波的相位畸变。例如，设沿 z 轴传播的平面波为 $A_i e^{i\boldsymbol{k}\cdot z}+\text{c. c.}$，其中 A_i 为实数，经过折射率非均匀分布的畸变介质后，变为 $A_i e^{i\boldsymbol{k}\cdot z}e^{i\varphi(x,y)}+\text{c. c.}$ 的畸变波，其等相位面呈无规则分布形式。根据波形的空间角谱分析，任何畸变波总可以分解为若干个不同方向的平面子波。PCM 能够同时对这些子波实现波矢反转，相当于对相位因子 $e^{i\boldsymbol{k}\cdot z}e^{i\varphi(x,y)}$ 取共轭。在 PCM 作用后，沿 $-z$ 方向传播的光波为 $\mu A_i e^{-i(-\boldsymbol{k})\cdot z}e^{-i\varphi(x,y)}+\text{c. c.}$，其中 μ 为 PCM 的振幅反射系数。当再次经过畸变介质时，等价于再乘上相位因子 $e^{i\varphi(x,y)}$，正好与其共轭波 $e^{-i\varphi(x,y)}$ 相抵消，回到初始位置的光波为 $\mu A_i e^{i\boldsymbol{k}\cdot z}+\text{c. c.}$，仍然是平面波，从而修复了相位畸变。实际上由 PCM 的时间反演特性可以直接观察到，无论光波到达 PCM 的光程多么曲折，由 PCM 作用后经过同样光程返回到初始位置的光波的等相位面仍然是出发时的形状。从这个意义上说，PCM 对光波的相位变换实现了"返老还童"。对于 A_i 为复数的情形，如高斯光束，其结论依然成立。PCM 的这个特性，使得它在改善激光光束质量方面有着重要的使用价值。

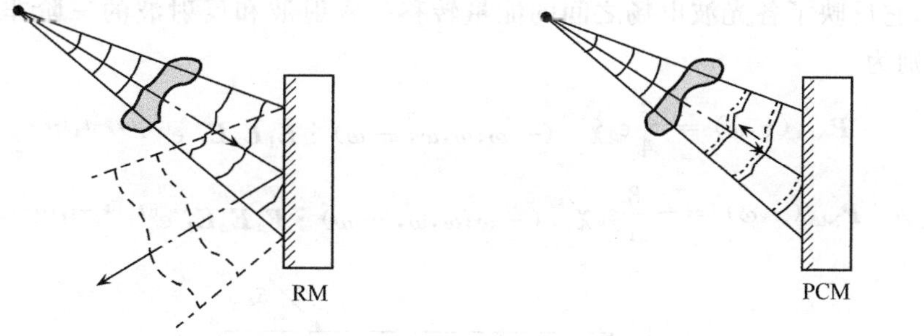

(a) 普通反射镜　　(b) 相位共轭镜

图 7.6-1 普通反射镜(RM)与相位共轭镜(PCM)对入射光波作用的比较

7.6.2 光学相位共轭的方法与应用

应当指出，光学相位共轭现象本身不属于光的非线性效应。例如，光学全息术中全息照相的记录过程，物波光电场 E_3 和参考波电场 E_1 在全息底片上产生干涉，形成含有物体"全部信息"的光栅。然后利用与 E_1 的波矢反向的再现光波 E_2 照射全息照片，就可以在原来物体的空间方位观察到该物体的实像，而形成这个实像的衍射光波 E_4 就是物波

E_3 的相位共轭波,即 $E_4 = E_3^*$。但通常的全息记录与再现读出过程不可能是同时进行的,不具备实时性,因此,也就没有 PCM 的时间反演特性,不能动态、实时地清除相位畸变。利用非线性光学效应产生的共轭相位可以实现实时全息的效果。目前,最主要、最常用的非线性光学方法是利用三阶非线性光学效应的四波混频(FWM)和背向受激布里渊散射(SBBS),下面分别进行讨论。

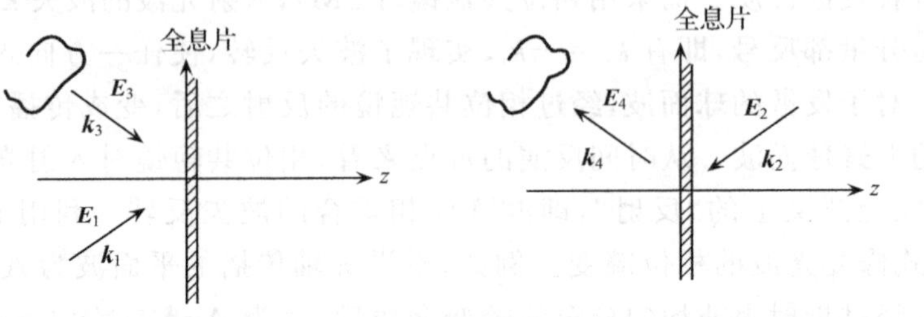

图 7.6-2 非实时性的光学全息记录与再现过程

1. 四波混频方法

将图 7.6-2 中全息记录与再现读出这两个步骤的示意图重叠放置,这对于四波混频产生光学相位共轭效应的实验光路配置十分具有启发性。首先,泵浦波矢$\boldsymbol{k}_1$与$\boldsymbol{k}_2$方向相反,分别对应于参考光波矢与读出光波矢。对于某一个方向的入射物波光波矢$\boldsymbol{k}_3$,将由一个满足相位匹配条件的反转波矢$\boldsymbol{k}_4$在与$\boldsymbol{k}_3$相反的方向出现,产生相应于 $\boldsymbol{E}_3$ 的共轭光波 $\boldsymbol{E}_4 \propto \boldsymbol{E}_3^*$。对于所有光波频率相同 $\omega_1 = \omega_2 = \omega_3 = \omega_4 = \omega$ 的情形,称为简并四波混频(DFWM),它属于三阶非线性光学效应。图 7.6-3 所示为简并四波混频的光电场参量放大示意图,它反映了各光波电场之间的能量转移。入射波和反射波的三阶非线性极化强度分量分别为

$$\boldsymbol{P}_{\mathrm{NL3}}(z,\omega) = \frac{3}{4}\varepsilon_0 \chi^{(3)}(-\omega;\omega,\omega,-\omega) \vdots \boldsymbol{E}_1 \boldsymbol{E}_2 \boldsymbol{E}_4^* \mathrm{e}^{\mathrm{i}(\boldsymbol{k}_1+\boldsymbol{k}_2-\boldsymbol{k}_4)\cdot z} \tag{7.6-5a}$$

$$\boldsymbol{P}_{\mathrm{NL4}}(z,\omega) = -\frac{3}{4}\varepsilon_0 \chi^{(3)}(-\omega;\omega,\omega,-\omega) \vdots \boldsymbol{E}_1 \boldsymbol{E}_2 \boldsymbol{E}_3^* \mathrm{e}^{\mathrm{i}(\boldsymbol{k}_1+\boldsymbol{k}_2-\boldsymbol{k}_3)\cdot z} \tag{7.6-5b}$$

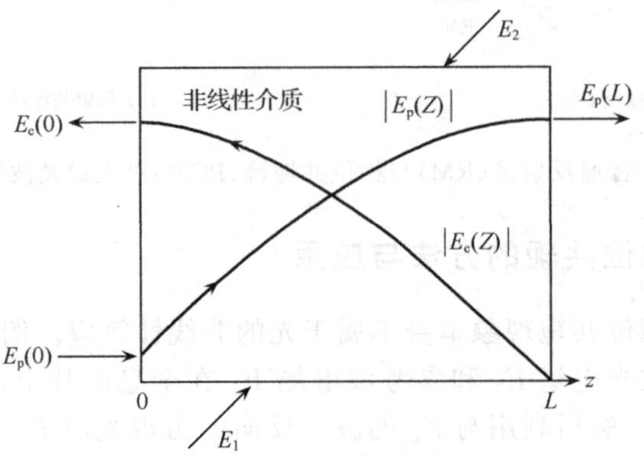

图 7.6-3 简并四波混频(DFWM)的参量放大

在强泵浦条件下，采用非耗尽近似，注意到泵浦波之间的反向传播条件$\boldsymbol{k}_1=-\boldsymbol{k}_2$，并且在相位匹配时，$\Delta\boldsymbol{k}=\boldsymbol{k}_1+\boldsymbol{k}_2-(\boldsymbol{k}_3+\boldsymbol{k}_4)=\boldsymbol{0}$，泵浦光波向入射光波及其共轭光波的能量转移最有效，在此必然有$\boldsymbol{k}_4=\boldsymbol{k}_p=-\boldsymbol{k}_3=-\boldsymbol{k}_c$，由此得出入射光波 $E_p=E_3$ 和背向共轭波 $E_c=E_4$ 之间的稳态波耦合方程

$$\frac{\mathrm{d}E_p}{\mathrm{d}z}=-\mathrm{i}\kappa^* E_c^*,\qquad \frac{\mathrm{d}E_c}{\mathrm{d}z}=\mathrm{i}\kappa^* E_p^* \tag{7.6-6}$$

式中，$\kappa^*=\dfrac{3\omega}{4nc}\chi_{\text{eff}}^{(3)}E_1E_2$ 为耦合系数，透明无损耗介质的 $\chi_{\text{eff}}^{(3)}$ 为实数。

由边界条件 $E_p(z=0)=E_p(0)$，$E_c(z=L)=0$，得出该耦合波方程的解为

$$E_c(z)=\mathrm{i}\,\frac{\kappa^*}{|\kappa|}\frac{\sin[|\kappa|(z-L)]}{\cos(|\kappa|L)}E_p^*(0) \tag{7.6-7a}$$

$$E_p(z)=\frac{\cos[|\kappa|(z-L)]}{\cos(|\kappa|L)}E_p(0) \tag{7.6-7b}$$

在入射面 $z=0$ 处的背向共轭波为

$$E_c(0)=-\mathrm{i}\left[\frac{\kappa^*}{|\kappa|}\tan(|\kappa|L)\right]E_p^*(0) \tag{7.6-8a}$$

在 $z=L$ 处的透射波为

$$E_p(L)=E_p(0)\sec(|\kappa|L) \tag{7.6-8b}$$

当$\dfrac{\pi}{4}<|\kappa|L<\dfrac{3\pi}{4}$时，有$|E_c(0)|>|E_p(0)|$，表示背向共轭波强度超过入射波强度，此时，非线性介质如同一个共轭反射放大器，特别是当$|\kappa|L=\pi/2$ 时，有$\dfrac{E_c(0)}{E_p^*(0)}=\infty=\dfrac{E_p(L)}{E_p(0)}$，即使没有信号输入，也有不为零的共轭波输出，相当于出现了“自激振荡”。对于不为零的入射探测波 $E_p(0)$输入，由式(7.6-8)可得出相应的 DFWM 的系统反射率 R 和透过率 T，表示为

$$R=\frac{|E_c(0)|^2}{|E_p(0)|^2}=\tan^2(|\kappa|L),\quad T=\frac{|E_p(L)|^2}{|E_p(0)|^2}=\sec^2(|\kappa|L) \tag{7.6-9}$$

由于泵浦光波的能量介入，R 和 T 都存在大于 100% 的情形，DFWM 可实现前向入射光波与背向共轭光波的参量放大的作用。另外，由于在此的相位匹配条件$\Delta\boldsymbol{k}=0$ 是分别由$\boldsymbol{k}_1+\boldsymbol{k}_2=0$ 和$\boldsymbol{k}_p+\boldsymbol{k}_c=0$ 来满足的，所以对于不同方向的$\boldsymbol{k}_p$入射，会自动有反向的$\boldsymbol{k}_c=-\boldsymbol{k}_p$出现，并且不影响$\boldsymbol{k}_1=-\boldsymbol{k}_2$的关系。因此，DFWM 适用于广角大视场的相位畸变补偿。更深入的分析表明，在 DFWM 中，要高效率地产生背向共轭波，两束反向的泵浦光强 I_1 与 I_2 应当相等。

2. 受激布里渊散射(SBS)方法

受激非弹性光散射除了前面讨论过的受激拉曼散射之外，还有以光电场的电致伸缩(反压电)效应产生的介质内部相干密度波与入射光波的耦合作用，出现了声学分支频移的相干光散射，称为受激布里渊散射(SBS)。SRS 和 SBS 都能够实现光学相位共轭效应，但 SRS 的频移较大，相位失配较严重，导致产生相位共轭波的效率低，故较少采用。而在

SBS中由背向布里渊散射(SBBS)产生的相位共轭光波是在实验上最早发现的非线性光学相位共轭现象,并已经获得了广泛的应用。归纳起来,由SBS产生的相位共轭效应有以下几个特点。

(1) SBS属于非参量作用的三阶非线性光学效应,存在着阈值,只有泵浦光强度超过阈值才能观察到背向相位共轭波。通常条件下,阈值光强在$10^7 \sim 10^9\,\mathrm{W/cm^2}$量级。若适当地减少光束截面并增加相互作用长度,可降低阈值光功率。

(2) 在SBS中,由于背向散射中,相互重叠的作用路程最长并且增益最大。因此,相位共轭光波主要由背向受激布里渊散射(SBBS)产生。光频率是一阶S光波的频率,其频移为前向运动光栅的多普勒效应的移动量,在GHz量级,远小于SRS的频移量。由此导致的相位失配不明显,能够得到较好的相位共轭效果。

(3) SBBS产生相位共轭效应,不需要另外施加泵浦光,由入射光波本身产生的相干密度波所形成的折射率光栅再作用于该光波而形成相位共轭光波,泵浦光与入射光合二为一,具有自共轭性。这对于激光谐振腔的应用十分方便。

(4) 理论分析和实验研究证明,SBBS的相位共轭效应与入射光波波阵面的畸变程度在一定范围内呈正相关,非均匀的光场分布可出现高效率的相位共轭光波。这也是非线性效应的一个特点。

(5) 由于没有其他泵浦光的作用,从能量守恒的观点来看,采用SBBS方法的PCM功率反射率R必然小于100%,典型值为40%～70%。这导致了不可避免的附加损耗。

(6) 受激声子的寿命τ与入射激光脉冲宽度Δt相比,若$\tau \ll \Delta t$,则属于稳态过程,否则,属于暂态过程。τ还与SBS的增益线宽成反比。另外,SBBS在发生相位共轭的同时也能够产生脉宽压缩效应,使得背向相位共轭光的脉冲宽度明显小于入射光的脉冲宽度。

总之,SBBS方法产生的相位共轭效应,由于器件结构简单、性能稳定、方便实用,已大量运用于高功率、高光束质量的激光器中。

产生光学相位共轭的方法除了DFWM和SBBS之外,还有光子回波、光折变效应等。

3. 激光相位共轭谐振腔

在激光谐振腔中,激光介质在泵浦的作用下,除了提供增益之外,还不可避免地要产生无规则的相位畸变,严重影响激光的光束质量。而采用PCM的激光谐振腔,由于相位共轭的波矢反转性能,可以消除畸变,提高光束质量。

由背向相位共轭光波的意义和矩阵光学方法,得出PCM的光线变换矩阵。设入射到PCM上的近轴光线矢量为$\begin{bmatrix} r_i \\ \theta_i \end{bmatrix}$。由背向相位共轭的意义,PCM将入射光线变换为$\begin{bmatrix} r_i \\ -\theta_i \end{bmatrix}$,即满足

$$\begin{bmatrix} r_r \\ \theta_r \end{bmatrix} = \begin{bmatrix} r_i \\ -\theta_i \end{bmatrix} = \begin{bmatrix} A & B \\ C & D \end{bmatrix} \begin{bmatrix} r_i \\ \theta_i \end{bmatrix} \tag{7.6-10}$$

矩阵相乘后得到两个关系式

$$Ar_i + B\theta_i = r_i \tag{7.6-11a}$$

$$Cr_i + D\theta_i = -\theta_i \tag{7.6-11b}$$

变换矩阵为

$$\begin{bmatrix} A & B \\ C & D \end{bmatrix}_{PCM} = \begin{bmatrix} 1 & 0 \\ 0 & -1 \end{bmatrix} \tag{7.6-12}$$

由此可以证明 PCM 消除相位畸变的性质。设包括相位畸变介质作用的腔内总传输矩阵为 $\boldsymbol{T}_L = \begin{bmatrix} a & b \\ c & d \end{bmatrix}$，且 $\det\boldsymbol{T}_L = 1$，初始光线矢量为 $\begin{bmatrix} r_0 \\ \theta_0 \end{bmatrix}$，经 PCM 作用往返一周后得

$$\begin{bmatrix} r_1 \\ \theta_1 \end{bmatrix} = \begin{bmatrix} d & b \\ c & a \end{bmatrix} \begin{bmatrix} 1 & 0 \\ 0 & -1 \end{bmatrix} \begin{bmatrix} a & b \\ c & d \end{bmatrix} \begin{bmatrix} r_0 \\ \theta_0 \end{bmatrix} \tag{7.6-13}$$

由 $\det\boldsymbol{T}_L = ad - bc = 1$，得

$$\begin{bmatrix} r_1 \\ \theta_1 \end{bmatrix} = \begin{bmatrix} 1 & 0 \\ 0 & -1 \end{bmatrix} \begin{bmatrix} r_0 \\ \theta_0 \end{bmatrix} \tag{7.6-14}$$

即得到方向相反、波阵面相同的共轭波矢，特别是在初始平面波 $\theta_0 = 0$ 的条件下，有 $r_1 = r_0$。往返通过畸变介质，在原来考察的空间位置，仍然得到平面波，PCM 消除了相位畸变。PCM 如同一个总是与入射波阵面相吻合的从(被)动变形镜，对各个方向的入射波矢实行反转变换。对于高斯波，由 PCM 的波矢反转性，q 参数有反号共轭的变换关系，即

$$q_r = -q_i^* \tag{7.6-15}$$

这反映出 q 参数实部代表的波前曲率半径 R 反号，虚部代表的光斑尺寸不变。式(7.6-15)与式(7.6-12)按以下 ABCD 定理变换，表示为

$$q_r = \frac{Aq_i^* + B}{Cq_i^* + D} \tag{7.6-16}$$

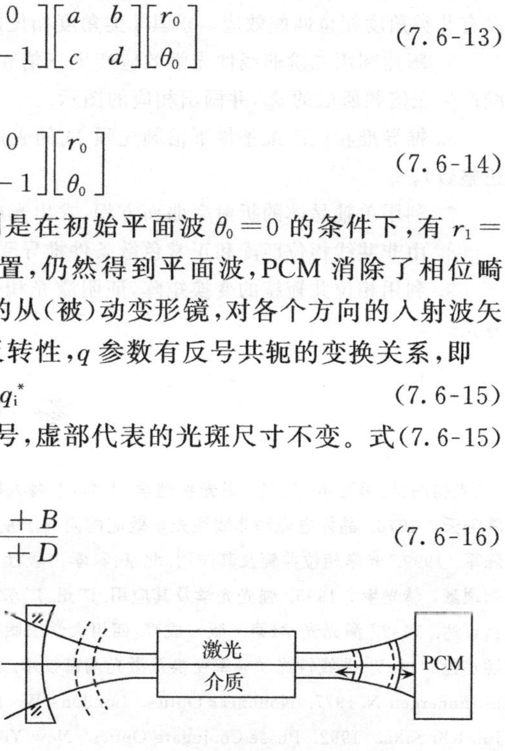

图 7.6-4 激光相位共轭谐振腔

对于光学相位共轭腔(见图 7.6-4)，上式在往返自再现意义上成立。由此可推出激光相位共轭腔内可存在无限多个高斯模，并且不受腔的几何参数和腔内光学器件变换矩阵的约束，超越了传统腔型 $0 < G_1G_2 < 1$ 的稳定条件，具有广泛意义上的稳定性。在实用化的器件装置中，通常采用有自泵浦共轭性质的 SBS 介质作为 PCM，常用在往返一周输出的放大级。PCM 能够消除在传输和放大光路上受到的相位畸变，获得与入射的种子光光束质量相同的高功率激光输出。另外，光学相位共轭技术可以用于光束净化、相干合束、自适应光学、自动对准聚焦、光学追踪寻址、无透镜成像、动态干涉仪和实时光学图像、空间相关卷积以及量子光学的光场压缩态等。光学相位共轭效应对入射光具有准确的时间反演，严格按原光路返回，实时精确的相位补偿、窄带滤波和实时全息等特性，这些使其在激光技术、光电子学、信息光学等领域有着广阔的应用前景。

习题与思考题

1. 采用稳态波耦合方程,推导三波相互作用中和频与差频效应的 Manley-Rowe 关系,并讨论其物理意义。

2. 举例说明相位匹配条件在非线性光学效应中的意义与作用。

3. 求出 SHG 的稳态波耦合方程在满足相位匹配条件下的解析解。已知:$\lambda_\omega = 10^3\,\text{nm}$,$d_{\text{eff}} = 3 \times 10^{-12}\,\text{m/V}$,折射率 $n=2$,$\varepsilon_0 = 8.854 \times 10^{-12}\,\text{F/m}$。计算基频光强分别为 10W/cm^2、$10^3\,\text{W/cm}^2$、$10^9\,\text{W/cm}^2$ 对应的晶体特征长度 L_{SHG}。

4. 已知某负单轴晶体不为零的二阶非线性极化矩阵元素为 $d_{15} = d_{24} = d_{31} = d_{32}, d_{33}$。证明该晶体没有Ⅱ类角度相位匹配效应。求其Ⅰ类角度相位匹配的有效非线性系数。

5. 阐述利用二阶非线性光学效应产生三倍频的方法。推出负单轴晶体在正常色散条件下,Ⅰ类匹配产生三倍频所取的 θ_m^{I},并画出相应的图示。

6. 推导准相位匹配条件下倍频光强 $I_{2\omega}$ 的表达式,并画出 $I_{2\omega}$ 与晶体长度 $L = NL_c$ 的关系曲线(N 为正整数)。

7. 利用单轴晶体的折射率曲面方程,求出光参量振荡调谐频率与角度变化的具体关系式。

8. 由非共线相位匹配和正常色散条件推导受激拉曼散射中一级反斯托克斯光散射角 β 的表达式。

9. 利用相位共轭镜的变换矩阵,证明激光相位共轭谐振腔的二次往返矩阵为单位矩阵,并讨论其意义。

参考文献

《激光物理学》编写组. 1975. 激光物理学. 上海:上海人民出版社

陈创天. 1976. 晶体电光和非线性光学效应的阴离子基团理论. 中国物理学报,25:148

陈军. 1999. 光学相位共轭及其应用. 北京:科学出版社

刘颂豪,赫光生. 1995. 强光光学及其应用. 广州:广东科技出版社

吕百达. 1992. 激光光学(第二版). 成都:四川大学出版社

姚建铨. 1995. 非线性光学频率变换及激光调谐技术. 北京:科学出版社

Bloembergen N. 1977. Nonlinear Optics. London: W. A. Benjamin Inc.

Jun-Ichi Sakai. 1992. Phase Conjugate Optics. New York: Mcgraw-Hill, Inc.

Lu Ya-Lin, Mao Lun, Ming Nai-Ben. 1994. Green and ultraviolet light generation in $LiNbO_3$ optical superlattic through quasiphase matching. Appl Phys Lett, 64:3092-3094

Shen Y R. 1984. The Principles of Nonlinear Optics. New York: John Wiley & Sons, Inc.

Tetsuo Kojima, Shuichi Fujikawa, Koji Yasui. 1999. Stabilization of a high-power diode-side-pumped intracavity-frequency-doubled CW Nd:YAG laser by compensating for thermal lensing of a KTP crystal and Nd:YAG rods. IEEE J. Quantum Electron., 35:377-380

Yariv A. 1989. Quantum Electronics. 3d Ed. New York: John Wiley & Sons, Inc.

第8章 激光传输技术

激光传输是研究激光束与传输介质相互作用的一门技术，其主要任务是通过对传输介质光学性质的研究，揭示激光束的传输特性和规律。激光传输介质可分为天然介质（如大气、水）和人工介质（如各种光波导、光纤等）。地面大气层中激光信息系统涉及激光大气传输技术，激光水下探测涉及激光水下传输技术、光纤通信网涉和光纤传输技术。

8.1 光纤概述

8.1.1 光纤波导结构及弱导特性

光纤是一种能够传送光频电磁波的介质波导。光纤的典型结构如图 8.1-1 所示，它包括纤芯、包层和护套三部分。纤芯和包层构成传光的波导结构，护套只起保护作用。波导性质由折射率分布决定，图中第二排是两种典型的纤芯折射率剖面示意图。工程上定义 Δ 为纤芯和包层间的相对折射率差，即

$$\Delta = \frac{1}{2}\left[1-\left(\frac{n_2}{n_1}\right)^2\right] \tag{8.1-1}$$

当 $\Delta<0.01$ 时，式(8.1-1)简化为

$$\Delta \approx \frac{n_1-n_2}{n_1} \tag{8.1-2}$$

式(8.1-2)称为光纤波导的弱导条件。不要小看这个弱导特性，从理论上讲，光纤的弱导特性是光纤与微波介质圆波导之间的重要差别之一。实际的光纤，特别是单模光纤，其掺杂浓度都很低，这使得纤芯和包层只有很小的折射率差。所以，弱导的基本含义是指，很小的折射率差就能构成良好的光纤波导结构，而且为工艺制造提供了方便。许多学者评价引入弱导概念具有开拓意义，光纤的弱导特点对于光纤理论的发展具有不可估量的意义。

一般介质截面上的折射率分布，可以用指数型分布表示为

$$n(r) = n_1\left[1-2\Delta\left(\frac{r}{a}\right)^{\alpha}\right]^{1/2} \qquad (0<r\leqslant a) \tag{8.1-3a}$$

$$n(r) = n_1(1-2\Delta)^{1/2} = n_2 \qquad (r\geqslant a) \tag{8.1-3b}$$

式中，a 为纤芯半径；n_1 为光纤轴线上的折射率，n_2 为包层折射率；α 为一常数，$\alpha=\infty$，即为阶跃光纤，$\alpha=2$，即为平方律梯度光纤，如图 8.1-1 所示。这两种光纤是应用最广泛的光纤波导，也是下面讨论的重点。

图 8.1-1 最下面一排给出了单模光纤和多模光纤的结构参量。综合光纤芯子半径 a、相对折射率差 Δ、工作光波长 λ，光纤的结构参量用光纤归一化频率 V 表示，即

$$V = k_0 a(n_1^2 - n_2^2)^{1/2} \tag{8.1-4}$$

式中，$k_0 = 2\pi/\lambda$ 为光波在自由空间的波数。在弱导条件下，有

$$V \approx k_0 n_1 a \sqrt{2\Delta} \tag{8.1-5}$$

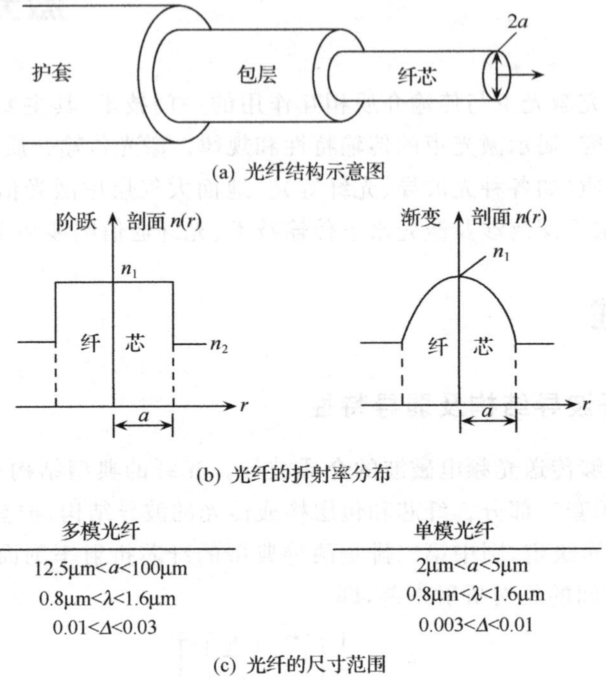

图 8.1-1 典型光纤的术语、折射率分布和尺寸范围

在后面章节中会证明，单模条件是

$$V < 2.045 \qquad (\text{阶跃光纤})$$

否则为多模光纤。

8.1.2 光纤制造工艺简介

光纤的制造工艺包括熔炼、拉丝、套塑三个主要过程。

1. 熔炼

熔炼过程是把超纯的化学原料四氯化硅和氧气，经过高温化学反应合成低损耗的优质石英棒(称为光纤预制棒)。在熔炼时，一般掺少量杂质以控制折射率，如掺锗、磷、硼、氟等，其熔炼化学反应如下：

$$SiCl_4 + O_2 \rightarrow SiO_2 + 2Cl_2 \uparrow$$

$$GeCl_4 + O_2 \rightarrow GeO_2 + 2Cl_2 \uparrow$$

其中的 SiO_2 就是石英。原料四氯化硅是可以气化的液体。一般液体比固体容易提纯，所以制作超纯石英不宜把固体的天然石英提纯而宁可采用化学合成法。

熔炼工艺有许多种，这里仅以改进的化学气相沉积法(MCVD)来说明熔炼过程。

MCVD 熔炼工艺示意图如图 8.1-2 所示。

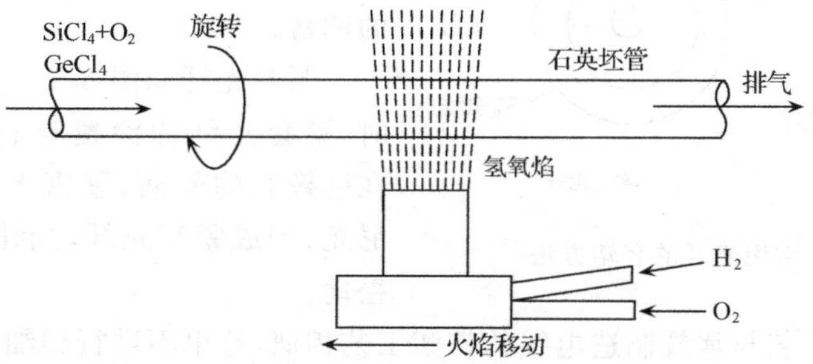

图 8.1-2　MCVD 熔炼工艺示意图

化学反应是在石英坯管内进行的，这样可以保持超纯的化学反应不受污染。在管的一端输入原料气体，包括四氯化硅、氧气、四氯化锗和其他掺杂物。用氢氧焰在管外加热到 1400～1500℃，产生化学反应生成石英(SiO_2)和锗玻璃(GeO_2)，氯气作为废气从另一端排出。合成的 SiO_2 和 GeO_2 以粉末形式沉积在石英坯管管壁上，遇到高温后即融成一层很薄的透明含锗的优质石英。火焰来回移动，管子均匀旋转，一层一层的优质石英均匀地沉积在管内。当沉积的石英层具有足够的厚度后，把火焰温度升高至 1700～2000℃，石英管被软化，由于它的表面张力，石英管自动收缩为一根实心的、可拉制光纤的石英棒，称为预制棒。预制棒的芯子是优质石英，用以导光。外表皮是一般石英，仅起保护作用。

2. 拉丝

拉丝过程是把较粗的石英预制棒拉成细长的光纤。拉丝工艺装置示意图如图 8.1-3 所示。

把预制棒十分缓慢地送入高温炉(炉内温度约 2000℃)，预制棒即被软化，由拉丝轮逐次拉成细丝。为了保证光纤直径的精度，装有激光测径仪，可以不接触光纤而监测它的外径，并按照偏差信号反馈控制炉温和拉丝速度等，以保证光纤外径在允许的偏差范围内。为了保护光纤的表面不被外界污染而产生微裂纹，必须在光纤成形后马上涂覆一层起保护作用的涂料，并经过固化炉使涂料立刻固化。最后卷绕在拉丝轮的套筒上。一般为了保证均匀拉丝，收丝的套筒与拉丝轮是分开的。

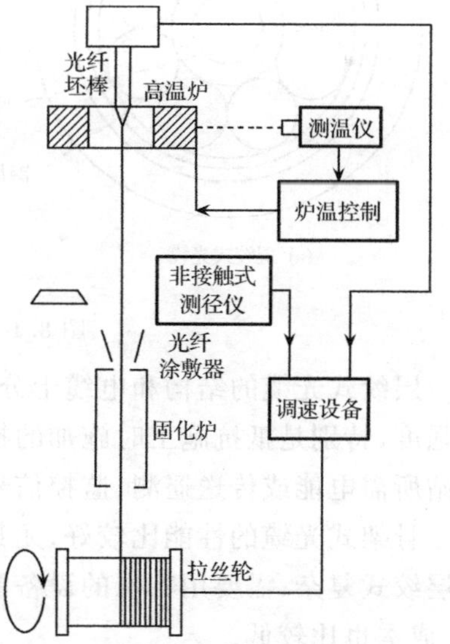

图 8.1-3　拉丝工艺装置示意图

3. 套塑

为了进一步保护光纤，提高光纤的机械强度，一般把带有涂覆层的光纤再套上一层尼龙。通常光纤的套塑方式有松套和紧套两种。

松套光纤如图 8.1-4(a)所示，光纤可以在尼龙管内松动。松套光纤的涂覆材料一般

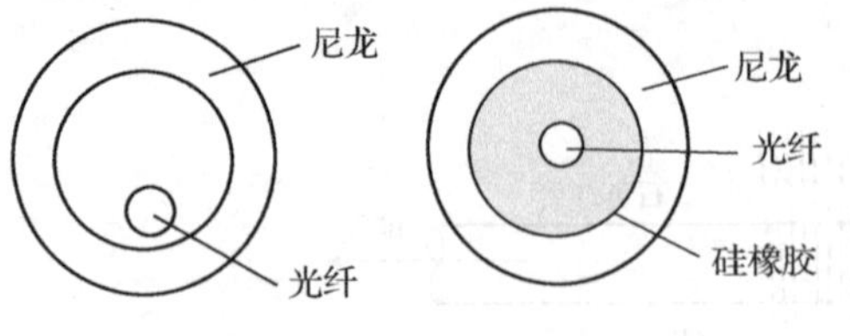

(a) 松套光纤 (b) 紧套光纤

图 8.1-4 常用光纤的套塑方法

是环氧树脂类,抗水性能不很好。为了防止水分进入管内,可以在管内填充半流质的油膏。

紧套光纤如图 8.1-4(b)所示。在拉丝时,紧套光纤的涂覆材料一般是硅橡胶。在硅橡胶的外面,紧密无间隙地套上一层尼龙,即成紧套光纤,光纤在尼龙管内不能松动。

两种套塑的工艺与常规制造电线的挤塑工艺相似,这里不进行详细介绍。

松套和紧套光纤各有优缺点。为了工程应用,一般把若干根光纤加工,组合成光缆。

8.1.3 光缆

为了工程应用,需要把若干根光纤绞合成光缆,在外面包上各种护套,以防止外界各种机械力和施工时可能发生的损伤。

光缆的结构大致有层绞式和骨架式(槽式)两种类型,如图 8.1-5 所示。

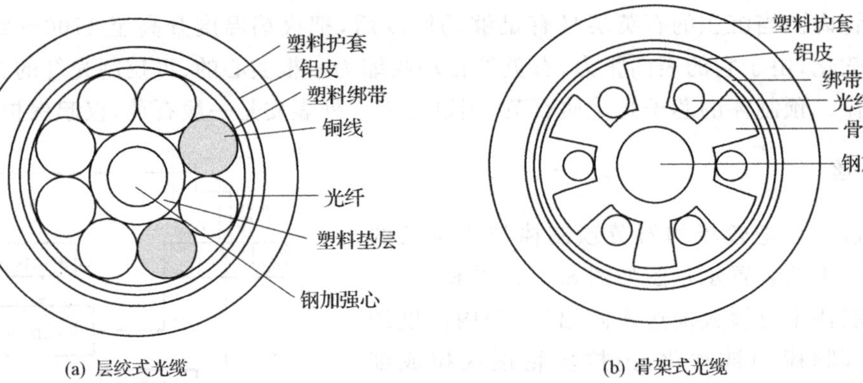

(a) 层绞式光缆 (b) 骨架式光缆

图 8.1-5 层绞式光缆和骨架式光缆

层绞式光缆的结构和电缆十分相似,其中有一根钢质加强心,其目的是增强光缆的抗拉强度,特别是抵抗施工时施加的拉力。根据需要,光缆中可放置若干铜线,用以提供中继站所需电能或传送遥测、监控信号。

骨架式光缆的性能比较好,尤其是抗侧压力方面,具有较大的强度。但它的制造工艺比层绞式复杂,需要用特殊的设备制造;而层绞式光缆可以沿用制造电缆的传统设备来制造,成本也比较低。

为了满足各种应用,光缆有如下几种典型结构。

(1) 简式光缆。其结构如图 8.1-5 所示。主要用于管道,也可用于空架。其中的薄铝层用来防潮,而不是为了提高强度,架空运用时也可不要。它的特点是重量轻,价格低。

(2) 无金属光缆。其结构与简式光缆相同,其中的钢加强心改用玻璃钢绳或芳纶丝(Kevlar)绳,并没有铝层。这种光缆主要用于抗强电干扰或者为了防雷击的通信线路。

(3) 铠装光缆。其结构如图 8.1-6 所示。用于长途干线,直埋方式。为了防止水从外皮渗入光缆而流入中继箱,光缆中常填充油膏。

(4) 海底光缆。其结构如图 8.1-7 所示。用于过江、过河、过海。其外包有高强度钢丝,并具有良好的耐压防水性。它具有极高的抗张强度,主要防止深海施工时自身重量造成的强大张力使光纤断裂。对于外界损伤如船锚、鲨鱼等也要预防。

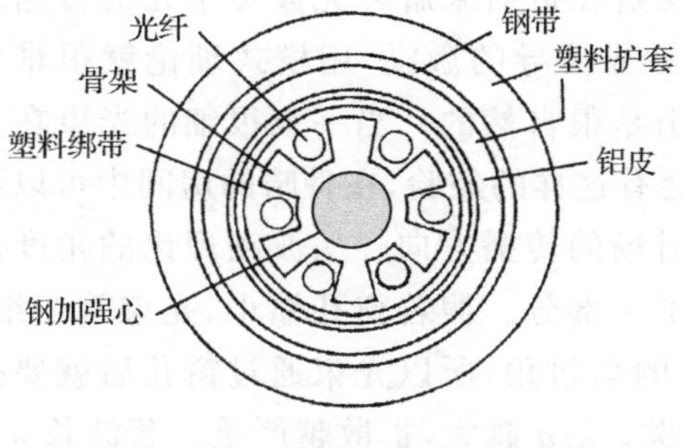

图 8.1-6　铠装光缆

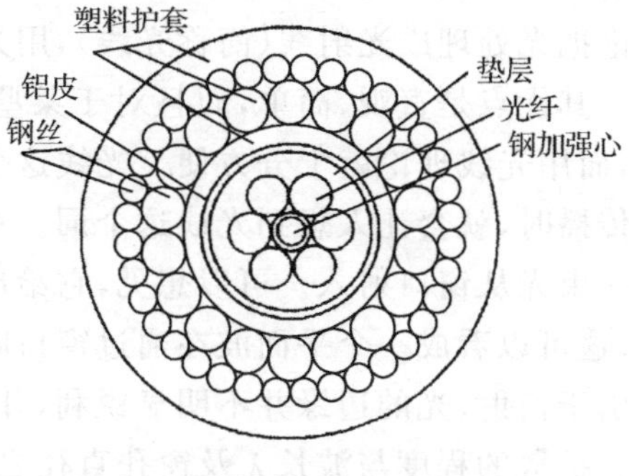

图 8.1-7　海底光缆

(5) 地线光缆。其结构如图 8.1-8 所示。用于电力铁塔顶上,既作为地线又包含光缆,用来通信或控制监测信息。这样可以不再设通信用电杆,比较经济。

(6) 单芯光缆。其结构如图 8.1-9 所示。用做设备的连线。它只有 1 根光纤,置于柔软的塑料管内,其间填充芳纶丝。芳纶丝的弹性模量很大,伸缩性很小。

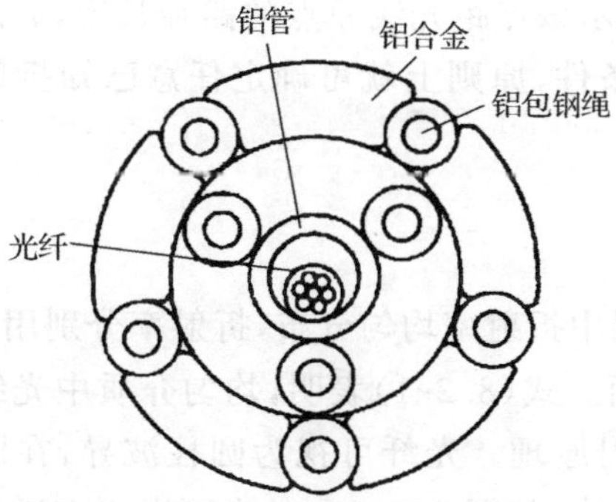

图 8.1-8　地线光缆

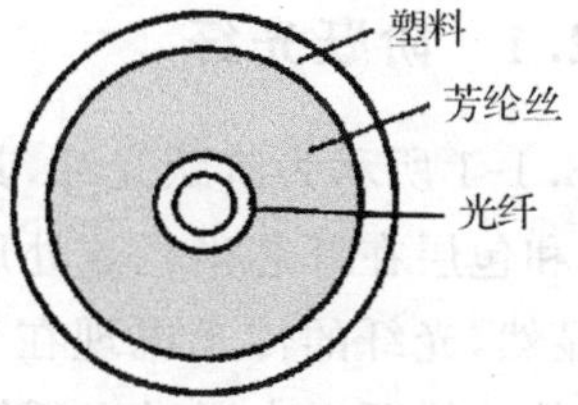

图 8.1-9　单芯光缆

8.1.4　光纤的传输特性

光纤的主要传输特性包括:纤芯折射率剖面与传光机理的关系,单模、多模特性,损耗特性,色散特性和脉冲展宽(带宽特性),偏振特性,非线性现象等。

光射线分析和电磁模式理论是分析光纤传输特性的基本方法,两者之间有很强的互补性。前者直观实用,例如光纤数值孔径及射线分类概念,但由于方法本身的近似性,很难说明单模、多模光纤的概念。电磁理论是最严密的分析方法,但太复杂。因此,本章对多模光纤采用近似分析方法,只给出模式总量和模式群的概念。

8.2 光纤的射线特性分析

与其他波段的电磁波相比,光的一个特殊性质是它的波长很短。当处理光传输问题时,在经常遇到的问题中,光学元器件及光波导的尺寸比波长要大得多,所以通常可以采用短波长近似来处理。这种近似处理方法就是射线法,相应的理论称为射线理论。这种理论把光处理成光射线(简称光线),用光学中的反射和折射来解释光波导中光的传输现象。其优点是直观、简单,而且对于某些问题,比如光波导的激励,用模式理论就很难处理,而用光线理论就十分方便。光线这个词的提出是很自然的。当一束很细的光束在空间传播时,就会让人想到光线这个词。在生活中会有这样的经验,在昏暗的房间中可以看到一束光从窗口射入。可以想见,它给出了光辐射场的传播方向。从波动理论的角度来说,这可以看成一个平面波在通过窗口时被截去了一部分。假若窗孔缩小,光束就变细。但由于衍射,光的边缘并不明显锐利,并且有一定的衍射角,所以光束通过窗孔后就要扩散。扩散的程度与波长 λ 及窗孔直径之比 λ/a 有关。λ/a 越大,扩散越严重。若波长 $\lambda\to 0$,就可在 a 无限缩小时也不会有显著的衍射现象。这样,就可以得到无限细的边界锐利的光线。显然在这种极限情况下,光线所描写的方向正是所截平面波波阵面的法线方向。实际上,只要 $a\gg\lambda$ 条件成立,光线的概念和方法就可以应用,不必强调 $\lambda\to 0$。

射线理论的基础是光线方程,表示为

$$\frac{\mathrm{d}}{\mathrm{d}s}\left[n(\boldsymbol{r})\frac{\mathrm{d}\boldsymbol{r}}{\mathrm{d}s}\right]=\nabla n(\boldsymbol{r}) \tag{8.2-1}$$

式中,$\boldsymbol{r}$ 表示空间光线上某点的位置矢量,s 表示该点距光线原点的路径长度,$n(\boldsymbol{r})$表示折射率的空间分布。应用这个方程,结合初始条件,原则上就可确定任意已知折射率分布 $n(\boldsymbol{r})$介质中光线的轨迹。

8.2.1 阶跃光纤

图 8.1-1 所示为阶跃光纤,其纤芯和包层中折射率均匀分布,折射率分别用 n_1、n_2 表示,纤芯和包层在纤芯半径 a 处形成反射界面。式(8.2-1)表明,均匀介质中光线轨迹是直线。显然,光纤的传光机理在于光的全反射原理。光纤可视为圆柱波导,在圆柱波导中,光线的迹线可以在通过光纤轴线的主截面内,如图 8.2-1(a),也可以不在通过光纤轴线的主截面内,如图 8.2-1(b)。为完整地确定一条光线,必须用两个参量,即光线在界面的入射角 θ 和光线与光纤轴线的夹角 φ。圆柱波导中的光线有子午光线和斜射光线两类,如图 8.2-1 所示。

1. 子午光线

当入射光线通过光纤轴线,且入射角 θ_1 大于界面临界角 $\theta_c=\arcsin(n_2/n_1)$时,光线将在柱体界面上不断发生全反射,形成曲折光路,而且传导光线的轨迹始终在光纤的主截面内。这种光线称为子午光线,包含子午光线的平面称为子午面。

考虑图 8.2-2 所示的光纤子午面,设光线从折射率为 n_0 的介质通过波导端面中心点

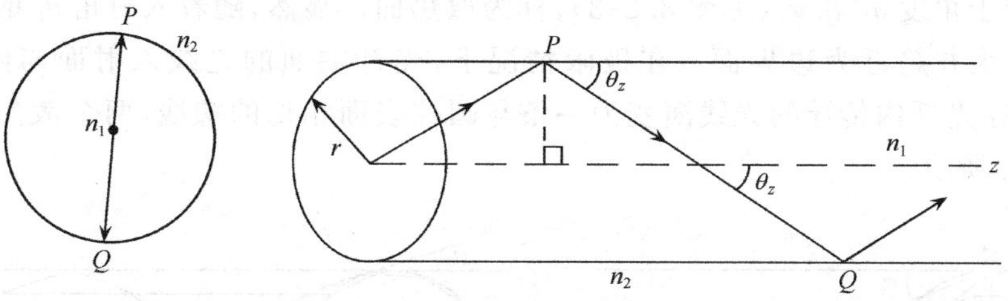

(a) 子午光线的锯齿路径

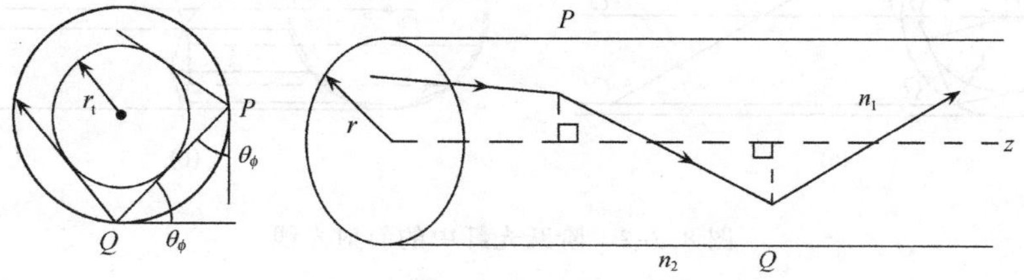

(b) 偏斜光线的螺旋路径及其在纤芯横截面上的投影

图 8.2-1　阶跃折射率光纤纤芯内的光线路径

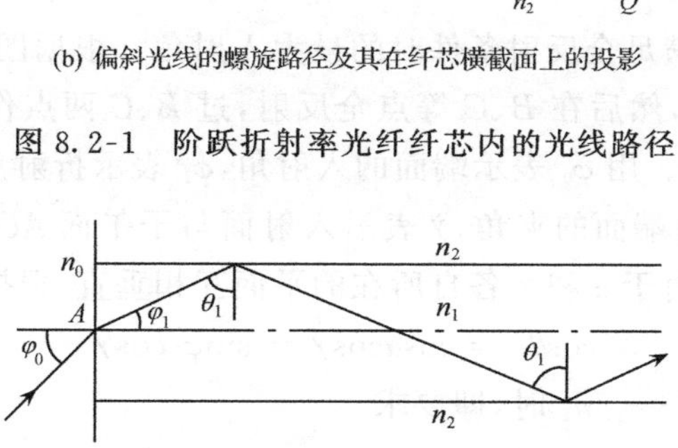

图 8.2-2　阶跃光纤中的子午光线

A 入射，进入波导后按子午光线传播。根据折射定律，则

$$n_0 \sin\varphi_0 = n_1 \sin\varphi_1 = n_1 \cos\theta_1 = n_1 \sqrt{1 - \sin^2\theta_1} \tag{8.2-2}$$

当产生全反射时，要求 $\theta_1 > \theta_c$，故

$$\sin\varphi_0 \leqslant \frac{1}{n_0}(n_1^2 - n_2^2)^{1/2} \tag{8.2-3}$$

在一般情况下，$n_0 = 1$（空气），则子午光线对应的最大入射角为

$$\sin\varphi_{0m}^{(m)} = (n_1^2 - n_2^2)^{1/2} = \mathrm{NA} \tag{8.2-4}$$

NA 称为光纤的数值孔径，它决定了子午光线半孔径角的最大值 $\varphi_{0m}^{(m)}$，代表光纤的集光本领。在弱导条件下，

$$\mathrm{NA} \approx n_1 (2\Delta)^{1/2} \tag{8.2-5}$$

例如，若 $\Delta = 0.01$，$n_1 = 1.5$，则 $\mathrm{NA} \approx \varphi_{0m}^{(m)} \approx 0.21\mathrm{rad}(\approx 12°)$。值得注意的是，光纤的集光能力仅由折射率分布决定。

2. 斜射光线

当入射光线不通过光纤轴线时，传导光线将不在同一平面内，按图 8.2-3 所示的空间折射传播，这种光线称为斜射光线。如果将其投影到端截面上，就会更清楚地看到，传导光线将完全限制在两个共轴圆柱面之间，其中之一是纤芯-包层边界，另一个在纤芯中，

其位置决定于角度 θ_1 和 φ_1(见图 8.2-3),称为散焦面。显然,随着入射角 θ_1 的增大,内散焦面向外扩大并趋近为边界面。在极限情况下,光纤端面的光线入射面与圆柱面相切($\theta_1=90°$),在光纤内传导的光线演变为一条与圆柱表面相切的螺线,两个散焦面重合,如图 8.2-3(b)所示。

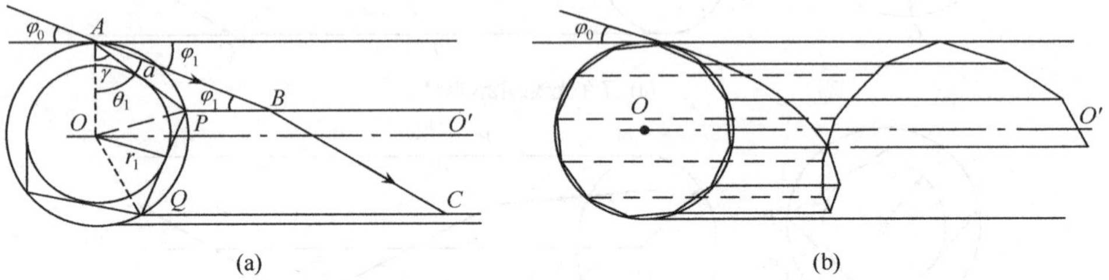

图 8.2-3　阶跃光纤中的斜射光线

现在分析斜射光线满足全反射条件时的最大入射角。根据图 8.2-3(a),设斜射光线从光纤端面上 A 点入射,然后在 B、C 等点全反射,过 B、C 两点作直线平行于轴线 OO',交端面圆周于 P、Q 两点。用 φ_0 表示端面的入射角,φ_1 表示折射角(又称为轴线角),$\alpha=\pi/2-\varphi_1$ 表示折射光线与端面的夹角,γ 表示入射面与子午面 AOO' 的夹角,θ_1 表示折射光线在界面的入射角。由于 α 和 γ 各自所在的平面互相垂直,根据立体几何原理,有

$$\cos\theta_1=\cos\alpha\cos\gamma=\sin\varphi_1\cos\gamma \tag{8.2-6}$$

当满足全反射条件 $\sin\theta_1\geqslant n_2/n_1$ 时,即要求

$$\cos\theta_1=(1-\sin^2\theta_1)^{1/2}\leqslant\frac{1}{n_1}(n_1^2-n_2^2)^{1/2} \tag{8.2-7}$$

由式(8.2-6)得到波导内允许的最大轴线角 $\varphi_{1m}^{(s)}$ 为

$$\sin\varphi_{1m}^{(s)}=\frac{(n_1^2-n_2^2)^{1/2}}{n_1\cos\gamma}=\frac{\sin\varphi_{0m}^{(m)}}{n_1\cos\gamma} \tag{8.2-8}$$

应用折射定律,当 $n_0=n_1=1$(空气)时,最大入射角为

$$\sin\varphi_{0m}^{(s)}=\frac{\sin\varphi_{0m}^{(m)}}{\cos\gamma} \tag{8.2-9}$$

式中,$\varphi_{0m}^{(m)}$ 是传导子午光线的最大入射角。由于 $\cos\gamma<1$,可见满足条件 $\theta_1>\theta_c$ 时斜射光线入射角可以取 $\varphi_{0m}^{(s)}>\varphi_{0m}^{(m)}$。从式(8.2-8)、式(8.2-9)可以看出,当 $\gamma=0$ 时,$\varphi_{0m}^{(s)}$ 取最小值,并使 $\varphi_{0m}^{(s)}=\varphi_{0m}^{(m)}$;当 $\cos\gamma=(1/n_1)\sin\varphi_{0m}^{(m)}$ 时,$\sin\varphi_{0m}^{(s)}=\pi/2$。也就是说,条件 $\theta_1>\theta_c$ 似乎对 φ_1 没有任何限制。

实际上,在圆柱界面情况下,满足条件 $\theta_1>\theta_c$ 的斜射光是否一定能产生光的全反射而无损耗地传输功率呢?为此,需分析轴线角 φ_1 的影响。对于斜射光线,其纵向传播常数应为

$$\beta=k_0n_1\cos\varphi_1 \tag{8.2-10}$$

考虑 $\varphi_1>\pi/2-\theta_c$ 的光线,代入式(8.2-10),得

$$\beta<k_0n_1\cos\theta_c=k_0n_2 \tag{8.2-11}$$

从电磁理论的分析将会看到,$\beta=k_0n_2$ 正是圆柱波导导模的截止条件。也就是说,一旦

$\varphi_1 > \pi/2 - \theta_c$，即使满足 $\theta_1 > \theta_c$，导模也是截止的。为说明这一点，不妨分析一下斜射线在圆柱界面的反射情况。如图 8.2-4 所示，斜射光波在界面的入射面与圆柱界面的交线是椭圆，平面光波在 A 点入射且中心光线 1 的入射角 $\theta_1 > \theta_c$，但光线 1、2、3 的入射角并不相同，且 $\theta_2 > \theta_1 > \theta_3$。因此，在 A 点右边的光线有可能不满足条件 $\theta_3 > \theta_c$，其偏离全反射条件的程度决定于界面的曲率，即决定于轴线角 φ_1。这就说明，在弯曲界面情况下，凡轴线角 φ_1 大到一定程度的光波，即使满足平面边界全反射条件，也只能部分反射，因而不断有光功率向芯区外泄漏。

由以上讨论可见，在圆柱界面上一点 A 处所有可能的入射光线可分为图 8.2-5所示的三部分。

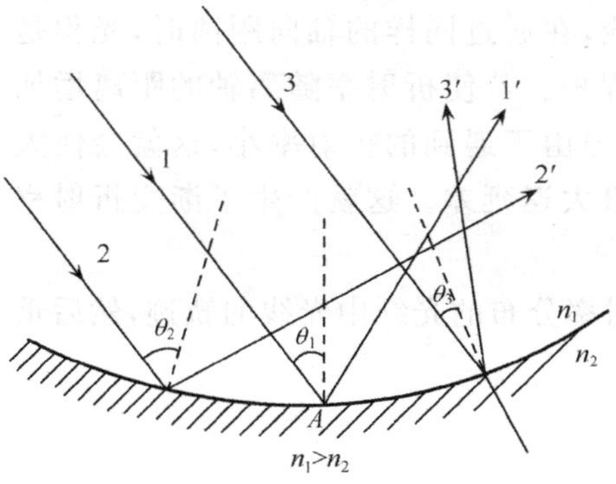

图 8.2-4 光波在圆柱界面的反射

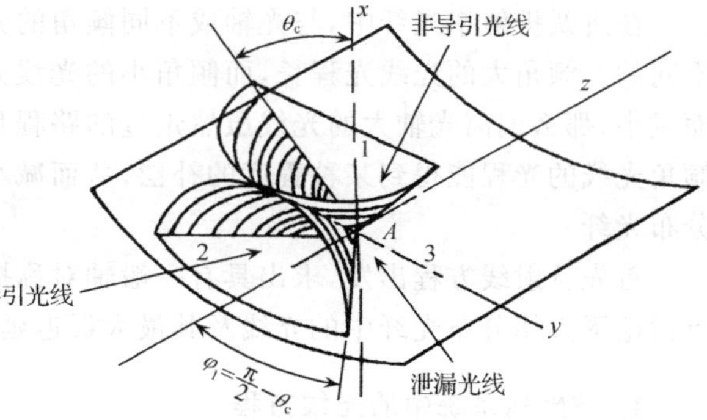

图 8.2-5 阶跃光纤中的导引光线、非导引光线和泄漏光线

(1) 非导引光线(折射光线)。当 $\theta_1 < \theta_c$时，对应于以过 A 点的界面法线为轴线，以 θ_c 为锥角的半圆锥(1 区)内的光线。显然这部分光线都不满足全反射条件，部分光线折射到包层中去了。

(2) 导引光线。当 $\theta_1 > \theta_c, \varphi_1 < \pi/2 - \theta_c (\beta > k_0 n_2)$ 时，对应于以过 A 点切平面与柱面交线 AA'为轴线，以 $\varphi_1 = \pi/2 - \theta_c$为锥角的半圆锥(2 区)内的光线。这部分光线都将在 A 点全反射，因而光功率将限制在芯子中无损耗地传播。根据折射定律计算出入射孔径角为

$$\sin\varphi_{0m} = n_1 \sin\varphi_{1m} = n_1 \cos\theta_c = (n_1^2 - n_2^2)^{1/2} = \mathrm{NA} \tag{8.2-12}$$

这个结果和式(8.2-4)是一样的，说明包括子午光线和斜射光线在内的总入射数值孔径角就是子午光线的数值孔径角。轴线光线对应于单模光纤，其他导引光线对应于多模光纤。

(3) 泄漏光线(隧道光线)。如果 $\theta_1 > \theta_c, \varphi_1 > \pi/2 - \theta_c (\beta < k_0 n_2)$，即处于上述两个半圆锥以外区域中的光线。这部分光线虽然满足条件 $\theta_1 > \theta_c$，但在弯曲界面上并不发生光的全反射，即光功率不能全部限制在纤芯中，部分功率向纤芯外泄漏。

3. 不同光程引发的光脉冲的弥散

从上述讨论已知，阶跃光纤中与纤轴成不同夹角的导引光线，在轴向经过同样距离时各自走过的光程是不同的。因此，若有一个光脉冲在入射端激发起各种不同角度的导引

光线,那么由于每根光线经过的光程不同,就会先后到达终端,从而引起光脉冲宽度的加宽,称为光脉冲的弥散。

以子午光线为例,分析不同光线的时延差。与光轴成 φ 角的光线沿轴的速度为 $v_s = v\cos\varphi = (c/n_1)\cos\varphi$。当 $\varphi=0$ 时,速度最大,当 $\varphi=\theta_c$ 时,速度最小。因此,光线经过轴向距离 L 所花的最长和最短时间差为

$$\Delta\tau = \frac{Ln_1^2}{cn_2} - \frac{Ln_1}{c} \approx \frac{Ln_1}{c} \cdot \Delta \tag{8.2-13}$$

可见,光脉冲弥散正比于 Δ,Δ 越小,$\Delta\tau$ 就越小。

8.2.2 渐变折射率光纤

在阶跃折射率光纤中,与光轴成不同倾角的光线,在通过同样的轴向距离时,光程是不同的。倾角大的光线光程长,而倾角小的光线光程短。若使折射率随离轴的距离增加而减小,那么偏离光轴大的光线虽然走过的路程长,但由于遇到的折射率小,这就会使大倾角光线的光程能得到某种程度的补偿,从而减小最大迟延差。这就产生了渐变折射率分布光纤。

首先从射线方程出发,求出具有一般轴对称折射率分布的光纤中光线的轨迹,然后重点讨论平方律分布光纤中的光线及其最大群迟延差。

1. 柱坐标系统中的光线方程

用光线方程式(8.2-1)可以证明,在各向同性非均匀介质中,光线总是折向折射率大的方向。对于平方律光纤,离开轴线的光线将不断向轴线弯曲,必然存在一个离轴的转折点,这是此类光纤中光线运动的一个特征。

设光线的单位矢量为 $\boldsymbol{i}_s(r,\varphi,z)$,在柱坐标系中,可展开为

$$\boldsymbol{i}_s = \frac{\mathrm{d}\boldsymbol{r}}{\mathrm{d}s} = \frac{\mathrm{d}r}{\mathrm{d}s}\boldsymbol{e}_r + r\frac{\mathrm{d}\varphi}{\mathrm{d}s}\boldsymbol{e}_\varphi + \frac{\mathrm{d}z}{\mathrm{d}s}\boldsymbol{e}_z \tag{8.2-14a}$$

且

$$\left.\begin{aligned} \frac{\mathrm{d}z}{\mathrm{d}s} &= \cos\theta_z \\ \frac{\mathrm{d}r}{\mathrm{d}s} &= \sin\theta_z\sin\theta_\varphi \\ r\frac{\mathrm{d}\varphi}{\mathrm{d}s} &= \sin\theta_z\cos\theta_\varphi \end{aligned}\right\} \tag{8.2-14b}$$

式中,θ_z、θ_φ 分别表示 $\boldsymbol{i}_s$ 与 $\boldsymbol{e}_z$、$\boldsymbol{e}_\varphi$ 之夹角。

光线矢量 $\boldsymbol{i}_s$ 相应于波动光学中局部平面波的传播方向矢量,所以光传播矢量 $\boldsymbol{\beta}$ 与光线矢量 $\boldsymbol{i}_s$ 是平行的。由于 $\boldsymbol{\beta}$ 的模 $|\beta|$ 为 nk_0,所以

$$\beta = nk_0 i_s \tag{8.2-15}$$

相应的三个分量为

$$\beta_r = nk_0\frac{\mathrm{d}r}{\mathrm{d}s} \tag{8.2-16}$$

$$\beta_\varphi = nk_0 r\frac{\mathrm{d}\varphi}{\mathrm{d}s} \tag{8.2-17}$$

$$\beta_z = nk_0 \frac{dz}{ds} \tag{8.2-18}$$

显然有
$$\beta_r^2 + \beta_\varphi^2 + \beta_z^2 = (nk_0)^2 \tag{8.2-19}$$

式中，k_0 是平面波在真空中的波数。

光线方程式(8.2-1)在柱坐标系统的三个分量方程为

$$\frac{d}{ds}\left(n \frac{dr}{ds}\right) - rn\left(\frac{d\varphi}{ds}\right)^2 = \frac{\partial n}{\partial r} \tag{8.2-20}$$

$$\frac{d}{ds}\left(r^2 n \frac{d\varphi}{ds}\right) = \frac{\partial n}{\partial \varphi} \tag{8.2-21}$$

$$\frac{d}{ds}\left(n \frac{dz}{ds}\right) = \frac{\partial n}{\partial z} \tag{8.2-22}$$

限定光纤折射率轴对称分布，即 $n=n(r)$ 与 z、φ 无关，则有

$$\frac{\partial n}{\partial \varphi} = 0 \tag{8.2-23}$$

$$\frac{\partial n}{\partial z} = 0 \tag{8.2-24}$$

由方程式(8.2-21)、式(8.2-23)和式(8.2-17)，得

$$nk_0 \frac{dz}{ds} = 常数 = \beta_z = \beta \tag{8.2-25}$$

这表明，光纤中的局部平面波在传播中，传播常数的轴向分量 β_z 是常数，用 β 表示。事实上，正是由于 β 为常数，才有可能有模式存在，即存在导引光线。

由方程式(8.2-21)、式(8.2-23)及式(8.2-17)得

$$k_0 n(r) r^2 \frac{d\varphi}{ds} = 常数 = r\beta_\varphi \stackrel{\text{def}}{=} \nu \tag{8.2-26}$$

这是梯度折射率分布光纤中的第二个角向不变量，用 ν 表示。

为了确定光线的轨迹，需要求出 r-z 及 φ-z（或 φ-r）的函数关系。将式(8.2-26)代入方程式(8.2-20)，可得

$$\frac{d}{ds}\left(n \frac{dr}{ds}\right) - \frac{\nu^2}{k_0^2 r^3 n} = \frac{\partial n}{\partial r} \tag{8.2-27}$$

$\frac{d}{ds}$可以表示为

$$\frac{d}{ds} = \frac{d}{dz}\frac{dz}{ds} = \frac{\beta}{nk_0}\frac{d}{dz} \tag{8.2-28}$$

因此方程式(8.2-27)可化为

$$\frac{1}{2}\frac{d}{dz}\left[\beta^2\left(\frac{dr}{dz}\right)^2 + \frac{\nu^2}{r^2} - n^2 k_0^2\right] = 0 \tag{8.2-29}$$

方程式(8.2-29)的解为

$$\beta^2\left(\frac{dr}{dz}\right)^2 + \frac{\nu^2}{r^2} - n^2 k_0^2 = C(常数) \tag{8.2-30}$$

待定常数 C 可由转折点处光线的特点确定。转折点半径 r_t（见图 8.2-1）定义为光线离开轴线的最大半径。显然，当 $r=r_t$ 时，$dr/ds=0$，或者也可表示为 $dr/dz=0$。由式(8.2-30)，有

$$\frac{\nu^2}{r_t^2} - n^2(r_t)k_0^2 = C \tag{8.2-31}$$

由式(8.2-23)、式(8.2-25)及式(8.2-26)得

$$\beta_\varphi^2(r_t) = \frac{\nu^2}{r_t^2} \tag{8.2-32}$$

$$\beta_r^2(r_t) = 0 \tag{8.2-33}$$

$$\beta_z^2(r_t) = \beta^2 \tag{8.2-34}$$

由式(8.2-19)得

$$\frac{\nu^2}{r_t^2} + \beta^2 = n^2(r_t)k_0^2 \tag{8.2-35}$$

引入记号 $g(r)$,并令

$$g(r) = n^2(r)k_0^2 - \frac{\nu^2}{r^2} - \beta^2 \tag{8.2-36}$$

则由式(8.2-35),转折点半径 r_t 的条件可表示为

$$g(r_t) = 0 \tag{8.2-37}$$

比较式(8.2-31)和式(8.2-35),待定常数 C 为

$$C = -\beta^2 \tag{8.2-38}$$

将常数代回到光线轨迹式(8.2-30),得

$$\beta^2\left(\frac{\mathrm{d}r}{\mathrm{d}z}\right)^2 + \frac{\nu^2}{r^2} - n^2k_0^2 = -\beta^2 \tag{8.2-39a}$$

化简后,变为

$$\frac{\mathrm{d}r}{\mathrm{d}z} = \frac{1}{\beta}\sqrt{g(r)} \tag{8.2-39b}$$

因此,光线轨迹为

$$z - z_0 = \beta\int_{r_0}^{r} \frac{\mathrm{d}r}{\sqrt{g(r)}} \tag{8.2-40}$$

式(8.2-40)中用了初始条件:$z=z_0$ 时,$r=r_0$。

φ 与 z 的关系,可以由式(8.2-25)及式(8.2-26)求出。将两式相除,可得

$$r^2\beta\frac{\mathrm{d}\varphi}{\mathrm{d}z} = \nu \tag{8.2-41}$$

因此,有

$$\varphi - \varphi_0 = \frac{\nu}{\beta}\int_{z_0}^{z} \frac{\mathrm{d}z}{r^2} \tag{8.2-42}$$

式(8.2-42)中用了初始条件:$z=z_0$ 时,$\varphi=\varphi_0$。由式(8.2-40)得到 $r(z)$ 以后,代入积分式(8.2-42)就可得到 $\varphi(z)$,光线轨迹的角向变化也可用更相似于式(8.2-40)的形式来表示。为此,利用关系式

$$\frac{\mathrm{d}\varphi}{\mathrm{d}z} = \frac{\mathrm{d}\varphi}{\mathrm{d}r}\frac{\mathrm{d}r}{\mathrm{d}z} = \frac{\mathrm{d}\varphi}{\mathrm{d}r}\frac{1}{\beta}\sqrt{g(r)} \tag{8.2-43}$$

可把式(8.2-41)化为

$$\frac{\mathrm{d}\varphi}{\mathrm{d}r} = \frac{\nu}{r^2\sqrt{g(r)}} \tag{8.2-44}$$

所以

$$\varphi-\varphi_0=\nu\int_{r_0}^{r}\frac{\mathrm{d}r}{r^2\sqrt{g(r)}} \tag{8.2-45}$$

由式(8.2-40)和式(8.2-45)，只要知道了介质的折射率分布 $n(r)$ 和光线的初始条件，就可确定光线的轨迹。

与阶跃折射率光纤中的光线一样，渐变折射率分布光纤中的光线也可分为子午光线和斜射光线两类，如图 8.2-6 所示。

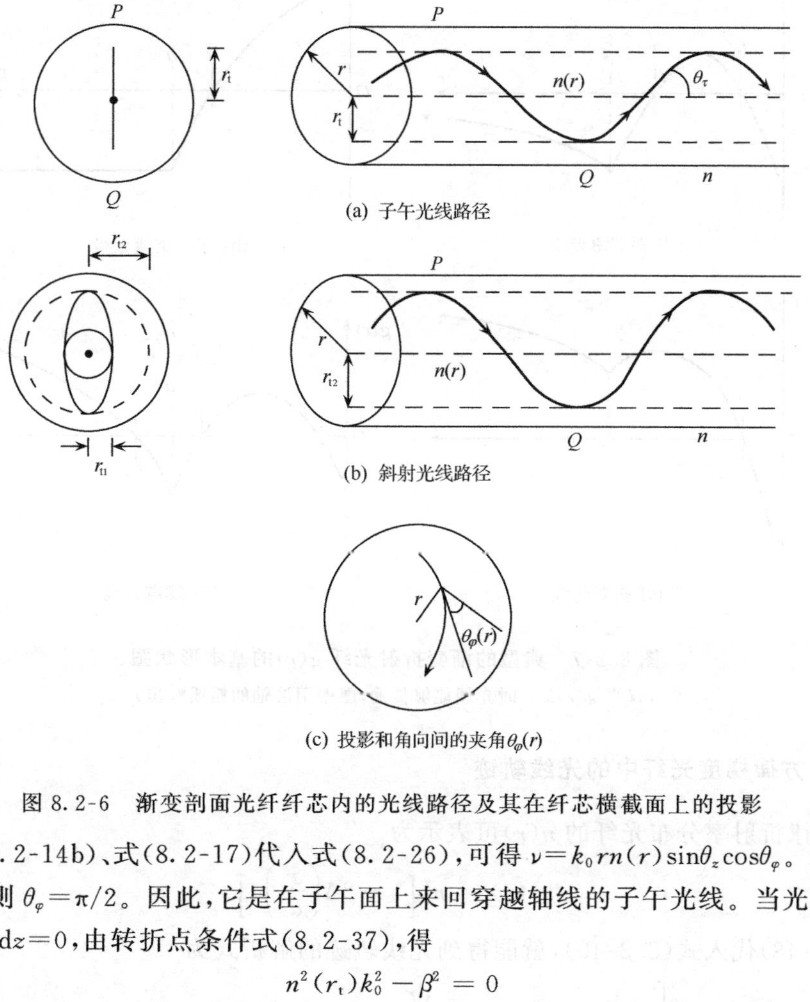

图 8.2-6　渐变剖面光纤纤芯内的光线路径及其在纤芯横截面上的投影

将式(8.2-14b)、式(8.2-17)代入式(8.2-26)，可得 $\nu=k_0rn(r)\sin\theta_z\cos\theta_\varphi$。若光线不变量 $\nu=0$，则 $\theta_\varphi=\pi/2$。因此，它是在子午面上来回穿越轴线的子午光线。当光线到达转折点时，$\mathrm{d}r/\mathrm{d}z=0$，由转折点条件式(8.2-37)，得

$$n^2(r_t)k_0^2-\beta^2=0$$

因此，子午光线的转折点满足方程

$$n(r_t)=\frac{\beta}{k_0} \tag{8.2-46}$$

当 $\nu\neq0$ 时，转折点半径方程式(8.2-37)为

$$n^2(r_t)k_0^2-\beta^2-\frac{\nu^2}{r_t^2}=0 \tag{8.2-47}$$

这是一个二次方程，所以存在内、外两个转折点半径 r_{t2} 和 r_{t1}，光线的轨迹与半径分别为 r_{t2} 和 r_{t1} 的两个柱面交替相切。这种光线是斜射光线。在特殊情况下，如果 $r_{t1}=r_{t2}$，则两

个柱面重合,这时斜射光线就成为螺旋线。

在上面的讨论中,一直没有提到光纤的纤芯半径。显然,只有当 $r_{t1}<a$ 时,光线才有可能完全地被限制在光纤中。若 $r_{t1}>a$,光线会离开光纤,但即使光线满足 $r_{t1}<a$,还可能存在隧道漏模,如图 8.2-7 所示。

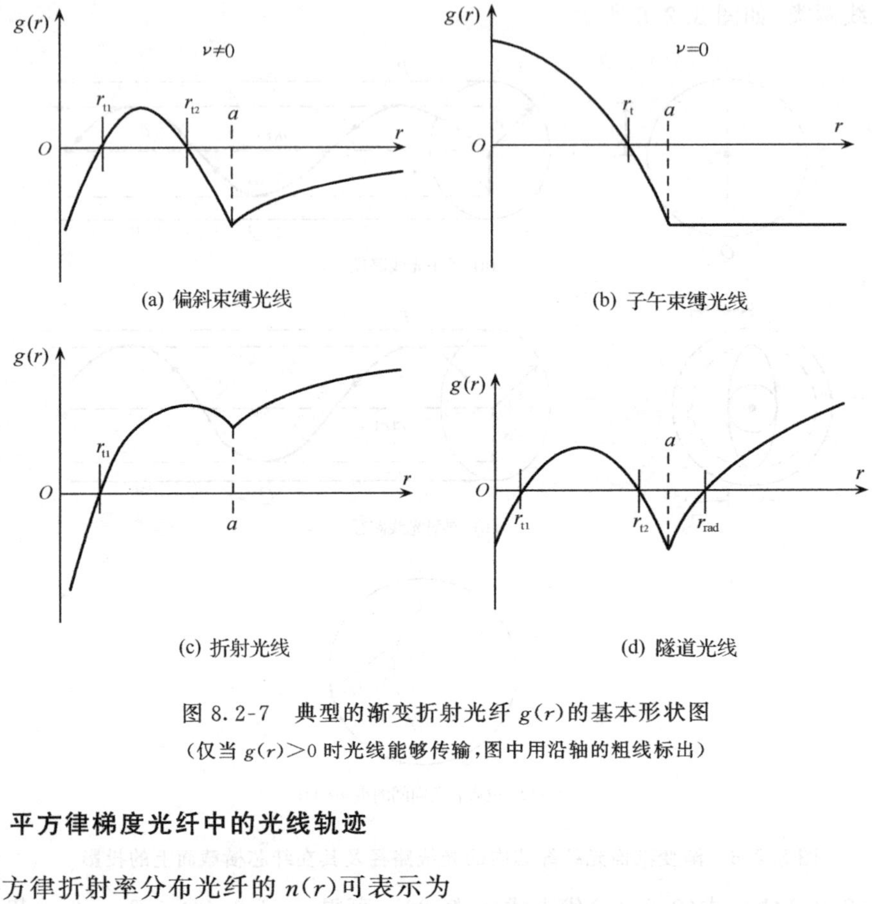

图 8.2-7 典型的渐变折射光纤 $g(r)$ 的基本形状图

(仅当 $g(r)>0$ 时光线能够传输,图中用沿轴的粗线标出)

2. 平方律梯度光纤中的光线轨迹

平方律折射率分布光纤的 $n(r)$ 可表示为

$$n^2(r)=n_1^2\left[1-2\Delta\left(\frac{r}{a}\right)^2\right] \tag{8.2-48}$$

将式(8.2-48)代入式(8.2-40),就能得到光线轨迹的解析式为

$$\begin{aligned} z &= \beta\int_{r_0}^{r}\frac{\mathrm{d}r}{\left[n_1^2k_0^2-2\Delta\left(\frac{r}{a}\right)^2 n_1^2k_0^2-\beta^2-\frac{\nu^2}{r^2}\right]^{1/2}} \\ &= \beta\int_{r_0}^{r}\frac{r\mathrm{d}r}{(k^2r^2-Ar^4-\nu^2)^{1/2}} \\ &= \frac{\beta}{2\sqrt{A}}\left[\arcsin\left(\frac{2Ar^2-k^2}{\sqrt{k^4-4A\nu^2}}\right)-\arcsin\left(\frac{2Ar_0^2-k^2}{\sqrt{k^4-4A\nu^2}}\right)\right] \end{aligned} \tag{8.2-49}$$

式中

$$k^2=n_1^2k_0^2-\beta^2 \tag{8.2-50}$$

$$A = 2\Delta\left(\frac{n_1 k_0}{a}\right)^2 \tag{8.2-51}$$

在计算中，已经假定 $z=0$ 处 $r=r_0$。光线的转折点半径 r_t 由方程式(8.2-47)给出。对于由式(8.2-48)表示的平方律分布介质，方程式(8.2-47)变为

$$g(r_t) = k^2 r_t^2 - A r_t^4 - \nu^2 = 0 \tag{8.2-52}$$

方程式(8.2-52)的解为

$$r_{t1,2} = \left(\frac{k^2 \pm \sqrt{k^4 - 4A\nu^2}}{2A}\right)^{1/2} \tag{8.2-53}$$

式中，r_t 的下标"1"、"2"分别对应于根号前取"+"或"−"。

若将光线的起始点选在某一个内转折点处，即假定 $z=0$ 时，$r_0 = r_{t2}$，则有

$$\arcsin\left(\frac{2Ar_0^2 - k^2}{\sqrt{k^4 - 4A\nu^2}}\right) = \arcsin\left(\frac{2Ar_{t2}^2 - k^2}{\sqrt{k^4 - 4A\nu^2}}\right) = -\frac{\pi}{2}$$

因此，光线轨迹式(8.2-49)可简化为

$$z = \frac{\beta}{2\sqrt{A}}\left[\arcsin\left(\frac{2Ar^2 - k^2}{\sqrt{k^4 - 4A\nu^2}}\right) + \frac{\pi}{2}\right] \tag{8.2-54}$$

令 $\sqrt{A}/\beta = \Omega$，则式(8.2-54)可化为

$$\arcsin\left(\frac{2Ar^2 - k^2}{\sqrt{k^4 - 4A\nu^2}}\right) = 2\Omega z - \frac{\pi}{2}$$

或者

$$\frac{2Ar^2 - k^2}{\sqrt{k^4 - 4A\nu^2}} = -\cos(\Omega z) \tag{8.2-55}$$

由式(8.2-53)，可得

$$r_{t1}^2 - r_{t2}^2 = \frac{1}{A}\sqrt{k^4 - 4A\nu^2} \tag{8.2-56}$$

利用式(8.2-56)，经过简单的运算，式(8.2-55)可进一步化为

$$r = \left[r_{t1}^2 \sin^2(\Omega z) + r_{t2}^2 \cos^2(\Omega z)\right]^{1/2} \tag{8.2-57}$$

光线轨迹的角向关系可由式(8.2-42)计算，将式(8.2-57)代入积分式，可得

$$\varphi = \arctan\left[\frac{r_{t1}}{r_{t2}}\tan(\Omega z)\right] \tag{8.2-58}$$

式中，已取 $\varphi_0 = 0$。

式(8.2-55)、式(8.2-58)描写了平方律介质中的光线轨迹。当 $\nu \neq 0$ 时，光线是斜射光线，它有两个转折点半径。当 $\nu \neq 0$ 时，内转折点半径 $r_{t2} = 0$。此时，光线的轨迹式(8.2-55)可简化为

$$r = r_{t1}\sin(\Omega z) \tag{8.2-59}$$

该式表明，子午光线是正弦振荡型的。其空间周期 Λ 为

$$\Lambda = \frac{2\pi}{\Omega} \tag{8.2-60}$$

如图 8.2-8(a)所示，该类光纤具有自聚焦性质，又称自聚焦光纤。一段 $\Lambda/4$ 长的自聚焦光纤与光学透镜作用相似，可以会聚光线和成像。两者的不同在于，一个是靠球面的

折射来弯曲光线,一个是靠折射率的梯度变化来弯曲光线。自聚焦透镜的特点是,尺寸很小,可获得超短焦距,可弯曲成像等。这些都是一般透镜很难或根本不能做到的。可以证明,自聚焦透镜的焦距(焦点到主平面的距离)f 为

$$f=\frac{1}{n(0)\Omega\sin(\Omega z)}$$

f 随 z 的变化如图 8.2-8(b)所示,图中 h 为主平面离开端面的距离。当 $z=\Lambda/4$ 时,$f=f_{\min}$。

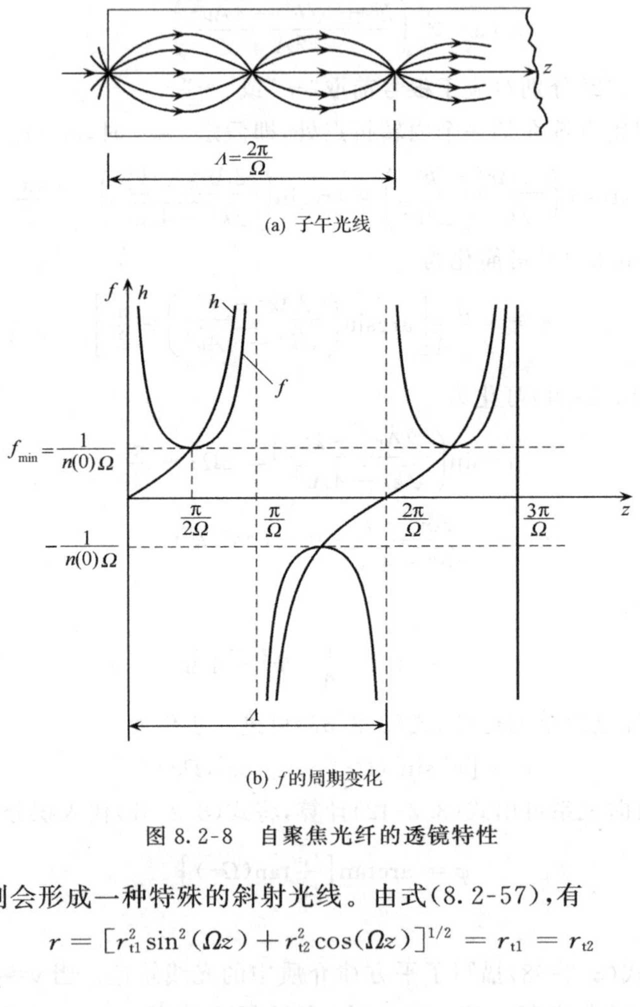

图 8.2-8 自聚焦光纤的透镜特性

若 $r_{t1}=r_{t2}$,则会形成一种特殊的斜射光线。由式(8.2-57),有

$$r=[r_{t1}^2\sin^2(\Omega z)+r_{t2}^2\cos(\Omega z)]^{1/2}=r_{t1}=r_{t2} \tag{8.2-61}$$

由式(8.2-58),得

$$\varphi=\arctan[\tan(\Omega z)]=\Omega z \tag{8.2-62}$$

由此可见,这是一种有常数半径,并以空间角速度 Ω 旋转的螺旋线。

3. 平方律折射率分布光纤中光线的群迟延和最大群迟延差

光线经过单位轴向长度所花的时间称为比群迟延 $\bar{\tau}$(specific group delay),即单位长度的群迟延。在非均匀介质中,光线的轨迹是弯曲的。沿光线轨迹经过距离 s 所花的时间 τ 为

$$\tau = \frac{1}{c}\int_0^s n\mathrm{d}s \tag{8.2-63}$$

式中，c 为真空中的光速，n 为折射率。群迟延的这个表示式没有考虑材料色散，所以后面要在群迟延的表示式中引入材料色散加以修正。由式(8.2-25)，有

$$\mathrm{d}s = \frac{nk_0}{\beta}\mathrm{d}z \tag{8.2-64}$$

所以，式(8.2-63)可表示为

$$\tau = \frac{k_0}{c\beta}\int_{z_0}^{z} n^2\mathrm{d}z \tag{8.2-65}$$

折射率 n 通常是 r 的函数。为了积分式(8.2-65)，需要进一步把对 $\mathrm{d}z$ 的积分换成对 $\mathrm{d}r$ 的积分。为此，利用式(8.2-39b)，可得

$$\tau = \frac{k_0}{c}\int_{r_0}^{r}\frac{n^2(r)}{\sqrt{g(r)}}\mathrm{d}r \tag{8.2-66}$$

光沿光线轨迹走过距离 s 时，光在轴向前进的距离为 l，由式(8.2-40)知

$$l = z - z_0 = \beta\int_{r_0}^{r}\frac{\mathrm{d}r}{\sqrt{g(r)}} \tag{8.2-67}$$

因此，比群迟延 $\bar{\tau}$ 为

$$\bar{\tau} = \frac{\tau}{l} = \frac{k_0}{c\beta}\frac{\displaystyle\int_{r_0}^{r}\frac{n\mathrm{d}r}{\sqrt{g(r)}}}{\displaystyle\int_{r_0}^{r}\frac{\mathrm{d}r}{\sqrt{g(r)}}} \tag{8.2-68}$$

对于平方律分布介质，$g(r)$ 由式(8.2-52)给出。代入式(8.2-68)，经积分运算后得

$$\bar{\tau} = \frac{n_1^2k_0^2 + \beta^2}{2ck_0\beta} \tag{8.2-69}$$

式(8.2-69)表明，比群迟延只和光线不变量 β 有关，而与角模数 ν 无关。所以，β 相同的模式都有相同的比群迟延。

对于传导模，传播常数 β 的大小在 n_2k_0 与 n_1k_0 之间。因此，最大的群迟延差可由式(8.2-69)算得，为

$$\Delta\tau = \tau_{\max} - \tau_{\min} = l(\bar{\tau}_{\max} - \bar{\tau}_{\min}) = \frac{n_1 l}{2c}\Delta^2 = \tau_0\frac{\Delta^2}{a} \tag{8.2-70}$$

式中，τ_0 为 n_1l/c。与式(8.2-13)相比，可以看到，平方律分布光纤中的群迟延只有阶梯折射率分布光纤的 $\Delta/2$。

8.3 光纤的衰减和色散特性

8.3.1 光纤的衰减

衰减是光纤的重要指标，它表明光纤对光能的传输损耗，对光纤通信系统的传输距离有决定性的影响。

衰减系数 α 定义为单位长度光纤光功率衰减的分贝数，即

$$\alpha = \frac{10}{L}\lg\frac{P_i}{P_o} \quad (\mathrm{dB/km}) \tag{8.3-1}$$

式中,P_i、P_o分别为光纤的输入、输出光功率,L 是光纤长度,单位为 km。

光纤损耗的根源主要有下列两种:吸收损耗和散射损耗。

1. 吸收损耗

吸收损耗是由于光纤材料和其中的有害杂质对光能吸收引起的,它们把光能以热能的形式消耗于光纤中。

材料吸收损耗是一种固有损耗,不可避免,所以在应用中只能选择固有损耗较小的材料来做光纤。石英在红外波段内吸收较小,是优良的光纤材料。

有害的杂质吸收,主要是由于光纤材料中含有 Fe、Co、Ni、Mn、Cu、V、Pt 等离子,还有 OH^- 离子。光纤中只要有 ppm 数量级的上述不纯物,就会引起很大的损耗。一般采用 ppm 超纯度的化学原料来制造低损耗光纤。目前光纤采用的超纯原料中基本上没有金属离子,而光纤的吸收损失主要是由 OH^- 离子引起的。光能的吸收是由于分子价键的共振,所以光纤的损耗-波长特性呈峰状,如图 8.3-1 所示。OH^- 离子的吸收颇为严重,它的基波吸收波长位于 2.72μm,二次、三次谐波吸收分别位于 1.38μm 和 0.95μm。在 1.24μm、1.13μm、0.88μm 和 2.22μm 处是 OH^- 离子和光纤材料 SiO_2 的组合共振吸收峰。采用 OH^- 离子含量小于 1ppm 的材料制成损耗极低的光纤,其衰减特性如图 8.3-2 所示。从图 8.3-1 可以看出,在波长大于 1.6μm 时,光纤材料"石英"开始出现固有损耗,这意味着石英固有损耗随光频降低而增大。所以,虽然原则上 HE_{11} 模无截止频率,但是由于材料的光频衰减特性的限制,也只能在某一频段内具有低衰减传输特性。由于单模光纤只有一个基模,所以它的传输光程短于多模光纤的高阶模的平均光程,通常单模光纤的衰减略小于多模光纤。

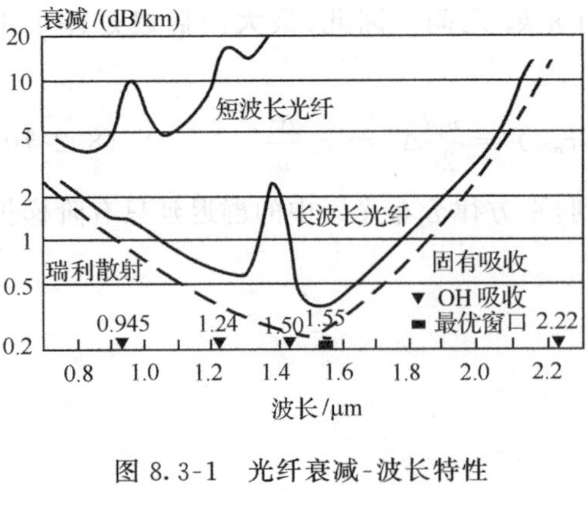

图 8.3-1 光纤衰减-波长特性

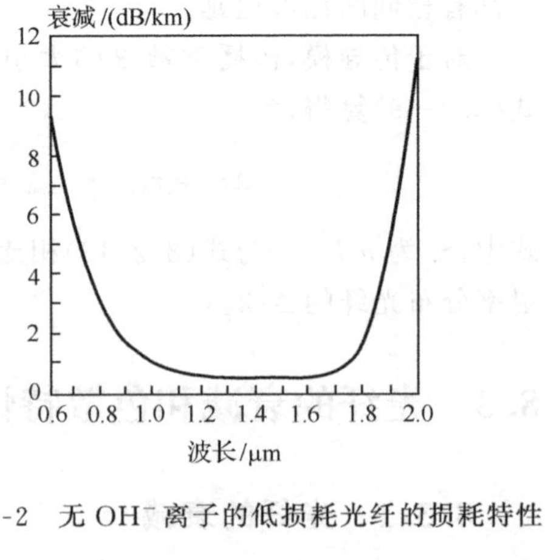

图 8.3-2 无 OH^- 离子的低损耗光纤的损耗特性

2. 散射损耗

由于光纤制作工艺上的不完善,例如有微气泡、折射率不均匀或有内应力,光能在这些地方会发生散射，使光纤损耗增大。

另一种散射损耗的根源是瑞利散射，即光波遇到与波长大小可比拟的带有随机起伏的不均匀质点时发生的散射。瑞利散射损耗与波长四次方成反比，所以可以采用较长的工作波长以减少瑞利散射损耗。若光纤原料组分多、结构复杂，则瑞利散射损耗严重。

光纤中还存在布里渊散射和拉曼散射损耗。它们是强光在光纤中引起的非线性散射损耗，一般在多模光纤中光能的密度较小，这种情况不会发生。但在单模光纤中，由于芯径很小，当光能密度足够强时，就可能发生这两种损耗。

从图 8.3-1 中可以看出，石英光纤有几个衰减小的传输窗口。$\lambda=0.8\sim0.9\mu m$ 为短波长窗口，一般用于多模光纤。$\lambda=1.0\mu m$、$1.3\mu m$、$1.55\mu m$ 附近有较小的衰减，称为长波长窗口。单模光纤的窗口为 $1.3\mu m$ 和 $1.55\mu m$ 两个。在 $1.55\mu m$ 处衰减最小，低达 0.2dB/km，纯 SiO_2 芯光纤衰减损耗低达 0.16dB/km。这是由于瑞利散射损耗（左虚线）随波长增大而减小，而材料固有吸收损耗（右虚线）随波长增大而增大，两虚线正好在 $1.55\mu m$ 处相交，形成了光纤衰减（实线）的凹点。

利用光纤的衰减-波长特性曲线可以把各种损耗因素区分出来，以便寻找原因，改进工艺。按照上述的损耗与波长的关系，可得到

$$\alpha = A/\lambda^4 + B + C(\lambda) \tag{8.3-2}$$

依此作出光纤衰减-波长曲线，如图 8.3-3 所示。从图中的虚线得到 A、B、C 的数值，从中可考察哪一种损耗占主要地位。斜率 A 代表瑞利散射损耗，B 代表波导不完善造成的损耗，C 代表 OH^- 离子吸收造成的额外损耗。

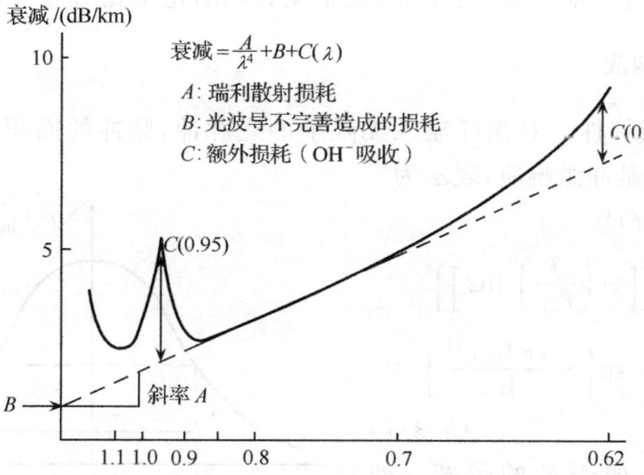

图 8.3-3　光纤各种损耗分析

8.3.2　光纤色散、带宽和脉冲展宽参量间的关系

1. 光纤的色散

光纤的色散会使脉冲信号展宽，从而限制了光纤的带宽和传输容量。

一般说来,单模光纤的脉冲展宽与色散的关系为

$$\Delta\tau = d \cdot L \cdot \delta\lambda \tag{8.3-3}$$

式中,d 是总色散,L 是光纤长度,$\delta\lambda$ 是光信号的谱线宽度。

2. 光纤的带宽

光脉冲展宽与光纤带宽有一定关系。实验表明,光纤的频响特性 $H(f)$ 近似为高斯形,如图 8.3-4 所示,表示为

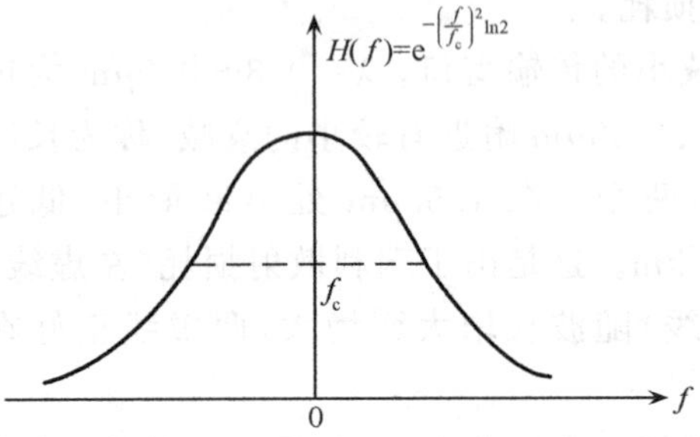

图 8.3-4　光纤的频响特性

$$H(f) = \frac{P(f)}{P(0)} = e^{-(f/f_c)^2 \ln 2} \tag{8.3-4}$$

式中,$P(f)$、$P(0)$分别是光强调制频率为 f 和 0 时光纤的输出交流光功率。f_c是半功率点频率。显然有

$$10\log H(f_c) = 10\log \frac{P(f_c)}{P(0)} = -3\text{dB} \tag{8.3-5}$$

f_c称为光纤的 3dB 光带宽。

一般光能大多是用光电子器件检测的,而检测器输出电流正比于被测光功率。于是对于式(8.3-5),有

$$20\log \frac{I(f_c)}{I(0)} = -6\text{dB} \tag{8.3-6}$$

所以,f_c又称为 6dB 电带宽。实质上,3dB 光带宽和 6dB 电带宽对应于相等的 f_c。

3. 光纤的冲激响应

考察光纤的时域特性。对光纤输入无限窄的光脉冲,脉冲的面积为 1,即冲激函数 $\delta(t)$。光纤的输出就是冲激响应,表示为

$$\begin{aligned} h(t) &= \mathscr{F}^{-1}\{H(f)\} \\ &= \mathscr{F}^{-1}\left\{\exp\left[-\left(\frac{f}{f_{CL}}\right)^2 \ln 2\right]\right\} \\ &= \sqrt{\frac{\pi}{\ln 2}} f_{CL} \exp\left[-\frac{(\pi f_{CL} t)^2}{\ln 2}\right] \end{aligned} \tag{8.3-7}$$

式中,f_{CL} 是长为 L 的光纤的带宽。如图 8.3-5所示,冲激响应仍呈高斯形。

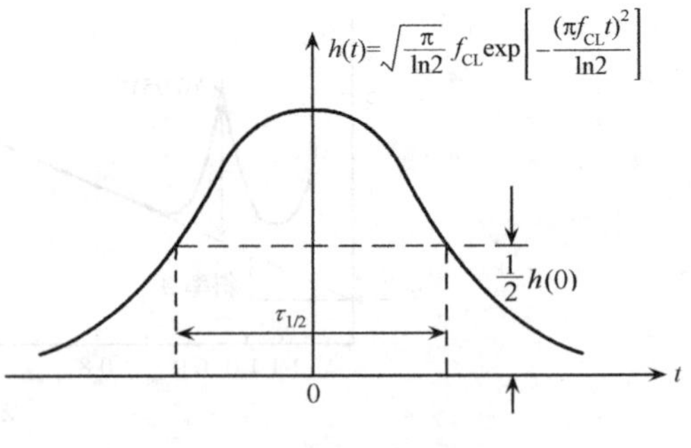

图 8.3-5　光纤冲击响应和 $\tau_{1/2}$

在工程中,为测量方便起见,常采用脉冲半宽 $\tau_{1/2}$ 来度量脉冲宽度,如图 8.3-5 所示。利用 $\tau_{1/2}$ 表示的高斯脉冲为

$$h(t) = \sqrt{\frac{\pi}{\ln 2}} f_{CL} \exp\left[-\left(\frac{t}{\tau_{1/2}}\right)^2 4\ln 2\right] \tag{8.3-8}$$

与式(8.3-7)对比,可得到光纤带宽与脉冲半宽的关系式为

$$f_{\mathrm{CL}}=\frac{2\ln 2}{\pi\tau_{1/2}}\approx\frac{440(\mathrm{MHz})}{\tau_{1/2}(\mathrm{ns})} \tag{8.3-9}$$

该近似式对高斯脉冲是正确的。在一般长距离情况下，传输后脉冲可近似为高斯形；对于非高斯形脉冲，则应采用傅里叶变换来表明 $\tau_{1/2}$ 与 f_{CL} 的关系。

8.3.3　光纤的色散特性

多模光纤的色散起因主要有三种：模色散、材料色散和波导色散。其中，以模色散占主要成分。它是由于各个传输模的传播系数不同，即由于各传输模经历的光程不同而造成脉冲展宽。

单模光纤只有一个传输模 HE_{11}，所以没有模色散。单模光纤色散的起因有三种：材料色散、波导色散和折射率分布色散。

(1) 材料色散。由于光纤材料的折射率对光频不是常数，所以光能在光纤中的传播速度随光频不同而不同。对于谱线较宽的信号，经过传输后，会发生脉冲展宽，这称为材料色散。

(2) 波导色散。假设一个具有一定谱线宽度的光脉冲，在一个折射率不随光频改变的理想单模光纤中传输，其结果仍发生脉冲展宽现象，其原因是由于光频改变时，传输模的传播系数随之改变而造成色散，这称为波导色散。

(3) 折射率分布色散。纤芯和包层的折射率差定义为

$$\Delta=\frac{n_1^2(\lambda)-n_2^2(\lambda)}{2n_2^2(\lambda)}\approx\frac{n_1(\lambda)-n_2(\lambda)}{n_2(\lambda)} \tag{8.3-10}$$

这里假设折射率是随光波长而改变的。当 Δ 随光频改变时发生的色散称为折射率分布色散。一般纤芯和包层的材料的折射率随光频按近似相同的比率改变，所以 Δ 一般近似不变，通常折射率分布色散很小，可以忽略。

考虑组成光脉冲的某单一模式分量，设其以群速 $v_{\mathrm{g}}=\mathrm{d}\omega/\mathrm{d}\beta$ 在波导中传播，则传输一段距离 L 所需的时间为

$$\tau_{\mathrm{g}}=\frac{L}{v_{\mathrm{g}}}=L\,\frac{\mathrm{d}\beta}{\mathrm{d}\omega} \tag{8.3-11}$$

τ_{g} 称为群延时。单位长度上的延时为

$$\tau=\frac{1}{v_{\mathrm{g}}}=\frac{\mathrm{d}\beta}{\mathrm{d}\omega}=\frac{1}{c}\,\frac{\mathrm{d}\beta}{\mathrm{d}k_0}\qquad\left(k_0=\frac{\omega}{c}\right) \tag{8.3-12}$$

τ 称为比群延。由于信号调制带宽比光载波频率小得多，故光脉冲的群速 v_{g} 可用其载波频率的群速表示。导模的传播常数 β 可用归一化传播常数 $b(0\leqslant b\leqslant 1)$ 表示为

$$\beta^2=k_0^2[b(n_1^2-n_2^2)+n_2^2] \tag{8.3-13}$$

则

$$\frac{\mathrm{d}\beta}{\mathrm{d}k_0}=\frac{\frac{1}{2}k_0(n_1^2-n_2^2)\,\frac{\mathrm{d}b}{\mathrm{d}k_0}+(n_1N_1-n_2N_2)b+n_2N_2}{\sqrt{b(n_1^2-n_2^2)+n_2^2}} \tag{8.3-14a}$$

式中

$$N_1=\frac{\mathrm{d}(k_0n_1)}{\mathrm{d}k_0},\qquad N_2=\frac{\mathrm{d}(k_0n_2)}{\mathrm{d}k_0} \tag{8.3-14b}$$

为群折射率。利用归一化频率 $V=k_0a(n_1^2-n_2^2)^{1/2}$ 将 $\mathrm{d}b/\mathrm{d}k_0$ 写成

$$\frac{db}{dk_0}=\frac{db}{dV}\left(\frac{dV}{dk_0}\right)=\frac{a}{\sqrt{n_1^2-n_2^2}}(n_1N_1-n_2N_2)\frac{db}{dV} \tag{8.3-15}$$

代入式(8.3-4),在弱导条件下,$n_1\approx n_2$,则得

$$\frac{d\beta}{dk_0}\approx\left(b+\frac{V}{2}\frac{db}{dV}\right)(N_1-N_2)+N_2\approx\frac{d(bV)}{dV}(N_1-N_2)+N_2 \tag{8.3-16}$$

式(8.3-16)中的后一等式用到了近似条件,当 db/dV 较小时,$b+(V/2)(db/dV)\approx d(bV)/dV$。于是,式(8.3-12)写成

$$\tau\approx\frac{1}{c}\left[(N_1-N_2)\frac{d(bV)}{dV}+N_2\right] \tag{8.3-17}$$

可见,比群延 τ 是频率的函数。于是,单一模式光脉冲的各频率分量产生的群延时差,即脉宽为

$$\Delta\tau_g=L\cdot\Delta\tau=L\cdot\frac{d\tau}{d\omega}\Delta\omega=L\frac{d^2\beta}{d\omega^2}\Delta\omega \tag{8.3-18}$$

或用波长 λ_0 表示为

$$\Delta\tau=\frac{d\tau}{d\lambda_0}\Delta\lambda_0 \tag{8.3-19}$$

式中,$d\tau/d\omega$(或 $d\tau/d\lambda_0$)就是式(8.3-3)中的光纤色散 d。

大多数实际光源(如发光二极管或激光二极管)的谱宽远比信号脉冲的傅里叶谱宽大得多,这时式(8.3-18)或式(8.3-19)中的 $\Delta\omega$(或 $\Delta\lambda_0$)应用光源谱宽代替。利用式(8.3-17),考虑到纤芯和包层折射率的色散特性相差不多,取 $dn_1/dk_0\approx dn_2/dk_0$,则得

$$\begin{aligned}\Delta\tau&\approx\frac{1}{c\lambda_0}\left[\lambda_0\frac{dN_2}{d\lambda_0}-(N_1-N_2)V\frac{d^2(bV)}{dV^2}\right]\Delta\lambda_0\\&\approx\frac{1}{c\lambda_0}\left[\lambda_0\frac{dN_2}{d\lambda_0}-(n_1-n_2)V\frac{d^2(bV)}{dV^2}\right]\Delta\lambda_0\end{aligned} \tag{8.3-20}$$

式中,第一项为材料色散,第二项为波导色散(又称为模内色散),相应的脉冲展宽记为 $\Delta\tau_n$ 和 $\Delta\tau_W$。对于多模光纤,各模式的群延时不同,取其最大值与最小值之差即得到群延差,称为多模群延时离散。因此,多模波导中光脉冲的总群延差应为

$$\Delta\tau=[(\Delta\tau_m)^2+(\Delta\tau_n+\Delta\tau_W)^2+(\Delta\tau_{其他})^2]^{1/2} \tag{8.3-21}$$

式中,$\Delta\tau_m$、$\Delta\tau_n$ 和 $\Delta\tau_W$ 分别表示多模群延时离散、材料色散和波导色散对脉冲展宽的贡献。

下面分别估计这三种色散的大小。

1. 材料色散

在弱导条件下($n_1\approx n_2\approx n$),设纤芯和包层折射率的色散特性相差不大($dn_1/d\lambda_0\approx dn_2/d\lambda_0\approx dn/d\lambda_0$),则材料色散引起的脉冲展宽由式(8.3-20)右边第一项决定,即

$$\Delta\tau_n\approx-\frac{1}{c}\lambda_0\frac{d^2n}{d\lambda^2}\Delta\lambda_0 \tag{8.3-22}$$

由经典光学可知,材料的色散特性可以写成

$$n^2-1=\sum_i\frac{B_i\lambda_{0i}^2}{\lambda_0^2-\lambda_{0i}^2} \tag{8.3-23}$$

式中，λ_0 为光波波长，λ_{0i} 为振子的固有谐振波长，B_i 是一个与谐振波长有关的材料常数。因此得到

$$\frac{dn}{d\lambda_0}=\frac{1}{2n}\frac{d(n^2-1)}{d\lambda_0}=-\frac{\lambda_0}{n}\sum_i\frac{\lambda_{0i}^2B_i}{(\lambda_0^2-\lambda_{0i}^2)^2} \tag{8.3-24}$$

$$\frac{d^2n}{d\lambda_0^2}=\frac{1}{n}\sum_i\frac{\lambda_{0i}^2(3\lambda_0^2+\lambda_{0i}^2)B_i}{(\lambda_0^2-\lambda_{0i}^2)^3}-\frac{1}{n}\left(\frac{dn}{d\lambda_0}\right)^2 \tag{8.3-25}$$

将其代入式(8.3-22)，则得到

$$\Delta\tau_n\approx-\frac{\lambda_0}{cn}\left[\sum_i\frac{\lambda_{0i}^2(3\lambda_0^2+\lambda_{0i}^2)B_i}{(\lambda_0^2-\lambda_{0i}^2)^3}-\left(\frac{dn}{d\lambda_0}\right)^2\right]\Delta\lambda_0 \tag{8.3-26}$$

以熔融石英为例，采用两个谐振频率的模型：$\lambda_{01}=0.1\mu m$，$\lambda_{02}=0.9\mu m$，$B_1=1.0995$，$B_2=0.9$，$n=1.4623(\lambda_0=0.5\mu m)$，则由式(8.3-23)得

$$n^2-1=\frac{1.0955\lambda_0^2}{\lambda_0^2-(0.1)^2}+\frac{0.9\lambda_0^2}{\lambda_0^2-(0.9)^2} \tag{8.3-27}$$

由式(8.3-27)算得的色散特性如图 8.3-6 所示，曲线 $\Delta\tau/\Delta\lambda_0$-$\lambda_0$ 在 $\lambda_0=1.27\mu m$ 处与零轴相交，这是 SiO_2 材料的一个重要特性。在该波长($\lambda_0=1.27\mu m$)处，光纤的传输带宽非常大。同时，在材料色散为零的红外波长处，瑞利散射损耗已低于 1dB/km，且光电探测器仍能正常工作。这个模型还说明，欲使材料色散为零，材料至少要有两个谐振频率(一个在红外，另一个在紫外)。在光导纤维中常用掺杂的 SiO_2，色散特性稍有改变，但零色散点仍在 $\lambda_0=1.3\mu m$ 附近。例如，采用 GaAs 半导体激光器，工作波长 $\lambda_0\approx0.8\mu m$，$\Delta\lambda_0\approx2\times10^{-3}\mu m$(2nm)，由图 8.3-6 可算出 $\Delta\tau_n\approx0.3ns/km$。

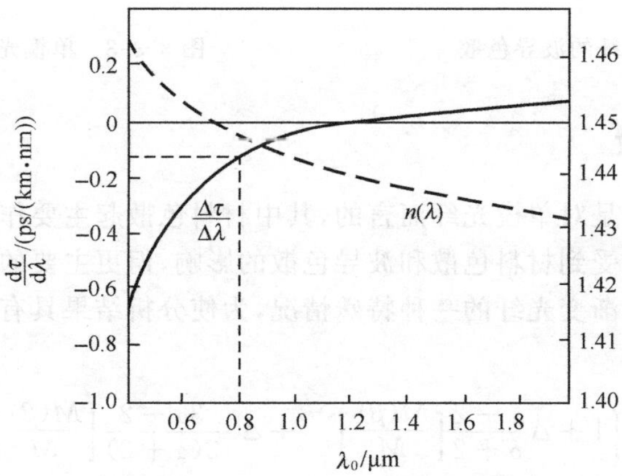

图 8.3-6　熔融石英的材料色散特性

2. 波导色散

考虑式(8.3-20)右边第二项，得到波导色散对脉冲展宽的贡献为

$$\Delta\tau_W\approx-\frac{1}{c\lambda_0}(n_1-n_2)V\frac{d^2(bV)}{dV^2}\Delta\lambda_0 \tag{8.3-28}$$

式中，$V(d^2(bV)/dV^2)$ 随 V 的变化总为正值，如图 8.3-7 所示。因此，$\Delta\tau_W$ 恒为负值。对于

HE_{11}模，取$V=2\sim2.4$，$V(d^2(bV)/dV^2)\approx0.2\sim0.1$，$(n_1-n_2)\sim0.015$，光源谱宽$\Delta\lambda_0/\lambda_0\sim0.0025$。由式(8.3-28)式算得$\Delta\tau_W\approx-25$ps/km，虽然它比材料色散要小得多，但适当减小$V$值可使$\Delta\tau_W$的负值变大。

图8.3-8是根据式(8.3-20)画出的单模光纤的色散特性。虚线代表纯材料色散，实线代表HE_{11}模的色散，分别取了三个不同的芯径a。当$V=1.8$时，三曲线分别交于零轴。由图可见，当a较大($a>5\mu$m)时，曲线几乎与材料色散重合，表明波导色散变得非常小；当取较小的芯径时，由于$\Delta\tau_W$对$\Delta\tau_n$的抵消作用，可使零色散点偏移到$\lambda_0=1.55\mu$m处，这正好是掺Ge熔融石英光纤的损耗最小点。利用这种原理制成的光纤称为零色散位移光纤。

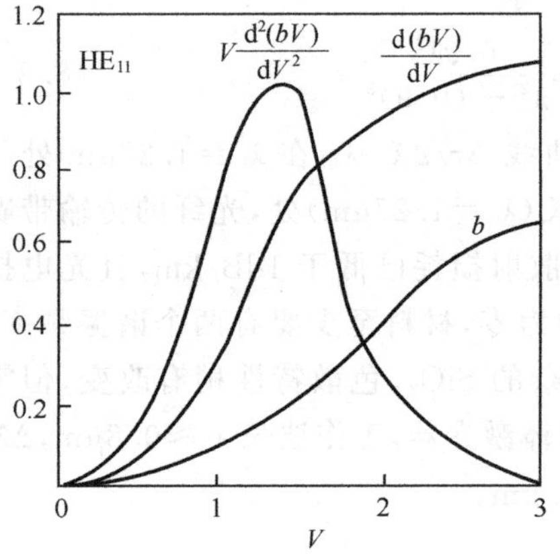

图8.3-7 单模光纤的波导色散

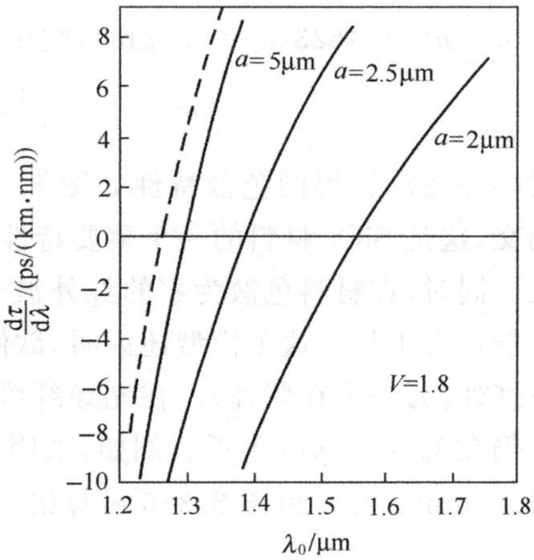

图8.3-8 单模光纤的色散特性

3. 多模群延时离散

前述两种色散主要是对单模光纤而言的，其中材料色散起主要作用。在多模光纤中，每个模式的延时固然也受到材料色散和波导色散的影响，但更主要的是模间群延时离散。

既然阶跃光纤只是渐变光纤的一种特殊情况，为使分析结果具有普遍意义，从渐变光纤的比群延出发，有

$$\tau=\frac{N_1}{c}\left\{1+\Delta\frac{\alpha-2}{\alpha+2}\left[\frac{M(\beta)}{M}\right]^{\frac{\alpha}{\alpha+2}}+\Delta^2\frac{3\alpha-2}{2(\alpha+2)}\left[\frac{M(\beta)}{M}\right]^{\frac{2\alpha}{\alpha+2}}\right\}\tag{8.3-29}$$

式中，$M(\beta)$是传播常数为β的模式数目，M是总模式数目。对于最低阶模，显然如果$M(\beta)/M\to0$，则$\tau\approx N_1/c$。而对于最高阶模，则$M(\beta)/M\to1$，由式(8.3-29)求得最高阶模与最低阶模的群延差为

$$\Delta\tau=\begin{cases}\dfrac{N_1}{c}\dfrac{\Delta^2}{2} & (\alpha=2)\\[2ex] \dfrac{N_1}{c}\left(\dfrac{\alpha-2}{\alpha+2}\right)\Delta & (\alpha\neq2)\\[2ex] \dfrac{N_1}{c}\Delta & (\alpha\to\infty)\end{cases}\tag{8.3-30}$$

式(8.3-30)表明，当 $\alpha=2$ 时，$\Delta\tau>0$，说明高阶模落后，而当 $\alpha<2$ 时，$\Delta\tau<0$，高阶模超前。

以上讨论说明，比群延的大小和折射率分布(α 值)密切相关。为使群延差最小，最佳折射率分布应使得 α 接近 2 但不等于 2。这时，式(8.3-29)中的第二、三项均不可忽略，相应的群延差为

$$\Delta\tau=\frac{N_1}{c}\left[\Delta\frac{\alpha-2}{\alpha+2}+\Delta^2\frac{3\alpha-2}{2(\alpha+2)}\right] \tag{8.3-31}$$

如令 $\Delta\tau=0$，则由上式解得

$$\alpha\approx 2(1-\Delta) \tag{8.3-32}$$

即当折射率分布满足此条件时，最高阶模与最低阶模同步。但是居两者之间的中间模式并不一定与之同步。由式(8.3-29)不难证明，当 $\left[\frac{M(\beta)}{M}\right]^{1/2}=\left[\frac{\alpha-2}{(2-3\alpha)\Delta}\right]^{\frac{\alpha+2}{\alpha}}$ 时，由这些中间模产生的最大群延差为

$$\Delta\tau_m\approx-\frac{N_1}{c}\frac{\Delta^2}{8} \tag{8.3-33}$$

如果忽略材料色散，取 $N_1\approx n_1$，对于石英光纤 $n_1=1.5$，Δ 通常为 0.01 量级，从式(8.3-30)算得阶跃多模光纤中由模间群延时离散引起的脉冲展宽 $\Delta\tau_m$ 约为 50ns/km，它比材料色散引起的 $\Delta\tau_n$ 要大 1～2 个量级。若采用平方律渐变光纤，则脉冲展宽减小为阶跃光纤的 $\Delta/2$，即小约两个数量级。而当 $\alpha=2(1-\Delta)$ 时，脉冲展宽又为平方律渐变光纤的 1/4。由此可见，采用渐变多模光纤对增大光纤传输带宽具有极其重要的意义。

4. 单模光纤的折射率分布与零色散波长迁移

为了制作出性能令人满意的单模光纤，提出了各种折射率分布结构。所谓满意的性能，主要是指：

(1) 芯径尽量大，以便于耦合接续；

(2) 由于结构造成的损耗要小，尤其是弯曲损失；

(3) 光纤内部应力要小，以免影响传输性能和机械强度；

(4) 制造工艺容易，便于生产；

(5) 具有优良的色散特性，尤其是零色散波长能处于小衰减波长(1.55μm)处。

对单模光纤最基本的要求就是保证单模传输。在保证单模传输的条件下尽量增大纤芯半径 a。根据单模传输的条件

$$V=\frac{2\pi}{\lambda}an_1\sqrt{\Delta}\leqslant 2.4$$

可知，选用过大的 a 要求折射率差 Δ 变小，但过小的 Δ 会导致弯曲损耗增大。因此，一般选取纤芯半径 $a=4\sim8\mu$m，选取 $\Delta\approx0.5\%$，结构如图 8.3-9(a)、(b)、(c)所示。

在图 8.3-9(a)的结构中，包层为纯石英。过厚的纯石英包层熔点太高，熔炼拉丝困难。通常掺锗(Ge)以提高纤芯的折射率，但掺 Ge 过多会增加散射损耗。改用掺磷(P)也可以提高折射率，但 P 有吸水性，会降低光纤寿命，并使 1.55μm 波长处衰减略有增加。

对于图 8.3-9(b)的结构，掺 Ge 较多，衰减略大。

图 8.3-9(c)是双包层下凹型光纤，具有较好的性能。它的内包层掺氟(F)，使折射率差 Δ^- 为负值，可使纤芯中掺较少的 Ge 就得到较大的折射率差 Δ^+。总折射率差 $\Delta=\Delta^-$

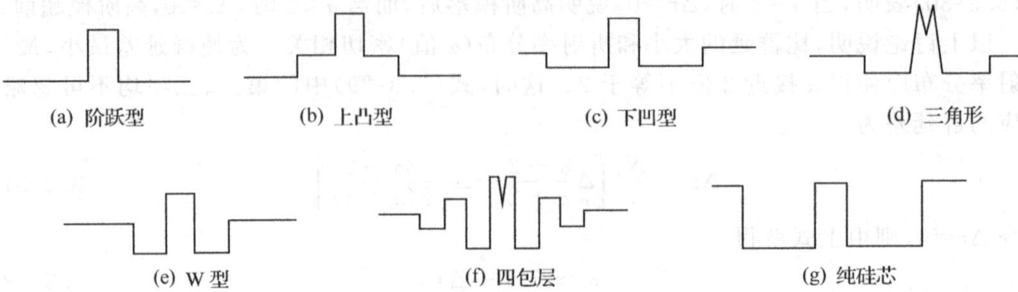

图 8.3-9 单模光纤折射率分布

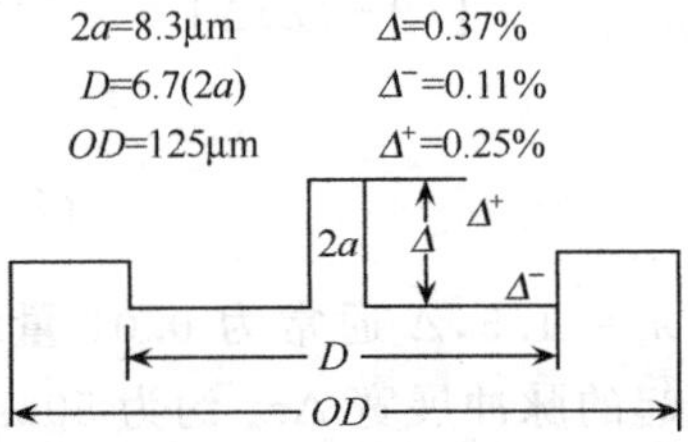

图 8.3-10 下凹型单模光纤的折射率分布

$+\Delta^+$。它基本满足(1)～(4)项性能要求。现在绝大多数工厂生产这种结构的单模光纤。典型的下凹型单模光纤折射率分布如图 8.3-10 所示。

以上光纤在波长为 1.3μm 左右有零色散。但那里衰减不是最小。在波长 1.55μm 处衰减最小。为了实现长距离大容量光纤通信，需要设法制作零色散波长移位光纤。

图 8.3-9(e)所示的 W 型光纤可以使零色散移到波长 1.55μm 处。主要是利用折射率分布形成的负波导色散抵消正的材料色散。控制折射率分布可使 W 型光纤具有两个零色散波长(1.4μm 和 1.7μm)，并在 $\lambda=1.2\sim1.9\mu$m 范围内具有小于2ps/(km·nm)的色散，如图 8.3-11 所示。W 型光纤的损耗较大，尤其是弯曲损失。在零色散波长移位时，必须保证在波长 1.55μm 处衰减不增加，或增加很少，否则得不偿失。

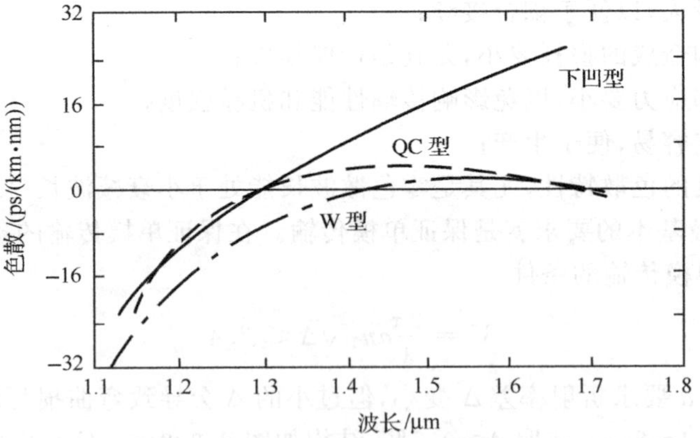

图 8.3-11 几种单模光纤的色散

图 8.3-9(d)所示为三角形折射率分布光纤，若将其零色散波长移到 1.55μm 处，则衰减增加极少。在波长 1.55μm 处，衰减仅为 0.24dB/km，如图 8.3-12 所示。这种光纤制作方便，在实际使用中已取得良好效果。

图 8.3-9(f)所示为四包层单模光纤(QC)，它可以在大范围内具有低色散，并在波长

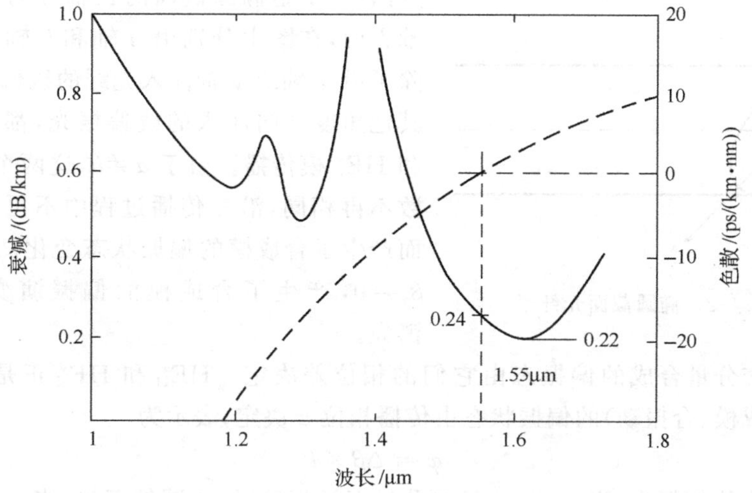

图 8.3-12　三角形折射率分布光纤的衰减和色散

$1.3\mu m$ 和 $1.55\mu m$ 两处为零色散，但这种光纤生产工艺要求较高，接续也比较困难，尤其是不宜采用电弧熔接法，但可以用粘接法。它在 $\lambda = 1.55\mu m$ 处，衰减为 0.4dB/km，尚未实用。

图 8.3-9(g)所示为纯硅芯光纤。即纤芯是纯石英(SiO_2)，没有掺杂，而包层掺氟使折射率下降以构成折射率差 Δ。这种光纤在波长 $1.6\mu m$ 处，衰减低达 0.16dB/km，是目前衰减最低的光纤。它的色散与普通的单模光纤相似，零色散波长 $\lambda_0 = 1.27\mu m$。

8.4　单模光纤的偏振和双折射

8.4.1　单模光纤的偏振特性

理想单模光纤的模式是 HE_{11} 模，它是线偏振的，偏振方向为光纤的径向。在光纤截面上建立 x-y 直角坐标系后，任一径向的偏振可用两个独立的偏振分量 HE_{11}^x 和 HE_{11}^y 来表示。在理想条件下，这两个偏振分量的传播常数相等，即 $\Delta\beta = \beta_x - \beta_y = 0$。在传播中两个分量始终保持同相，始终合成为原来的径向偏振状态。也就是说，HE_{11}^x 和 HE_{11}^y 模是简并的，如图 8.4-1 所示。由于这两个模式是独立的，所以互不影响。例如，在光纤端面只沿 x 轴激励 HE_{11}^x 模时，光纤中不会出现 HE_{11}^y 模，反之亦然。如果沿 x，y 轴之间的方向激励 HE_{11} 模，则光纤中始终存在着 HE_{11}^x 和 HE_{11}^y 模，它们的幅值比沿光纤不变。

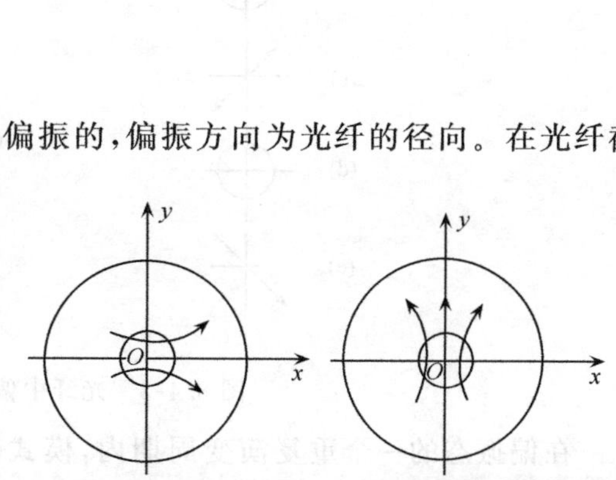

图 8.4-1　单模光纤中基模的两种偏振态

对任何实际光纤，理想条件(圆截面、笔直和无缺陷)很难存在。为便于说明问题，研究呈椭圆形截面的均匀笔直光纤，如图 8.4-2 所示。在这种情况下，将有两个优先的偏振

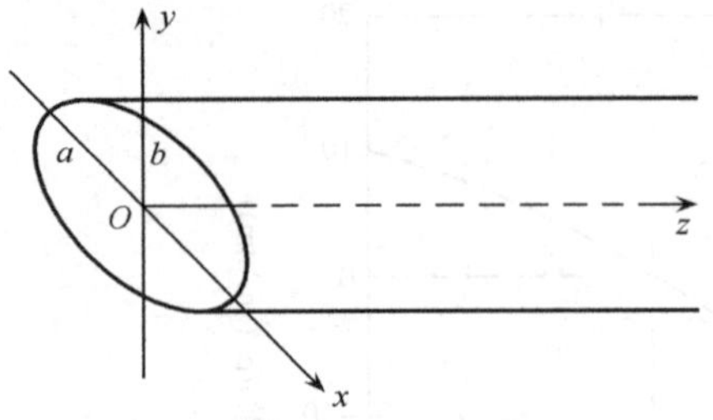

图 8.4-2　椭圆截面光纤

方向：一个是椭圆截面的长轴方向，另一个是短轴方向，在图中分别由 a 轴和 b 轴表示。显然，除了沿 x 轴或 y 轴注入光纤的线偏振光以外，按其他角度方向注入的线偏振光，都将以 HE_{11}^{x} 模和 HE_{11}^{y} 模传播。由于 $a \neq b$，这两个模的传播常数不再相同，沿 z 传播过程中不再保持同相，从而产生了合成模的偏振状态变化。即 $\Delta\beta=\beta_x-\beta_y\neq 0$，产生了合成模的偏振演变，简并状态消失。

两个正交分量合成的偏振态由它们的相位差决定。HE_{11}^{x} 和 HE_{11}^{y} 正是两个正交分量，显然，合成模(合振动)的偏振状态由传播相位 φ 决定，表示为

$$\varphi = \Delta\beta \times l \tag{8.4-1}$$

当 $\varphi=0$ 时，为线偏振光；当 $\varphi=\pi/2$ 且二分量振幅相等时，为圆偏振光；当 $\varphi=\pi$ 时，变为线偏振光，但偏振方向转过 $\pi/2$ 角度；当 $\varphi=3\pi/2$ 时，又变为旋转方向相反的椭圆偏振光。当 $\varphi=2\pi$ 时，恢复到原线偏振状态，如图 8.4-3(a)～(e)所示。在 $\Delta\beta$ 沿光纤保持不变，即均匀双折射条件下，上述偏振演变过程将周期重复下去。显然，这个重复周期反映了椭圆截面光纤的固有特性。

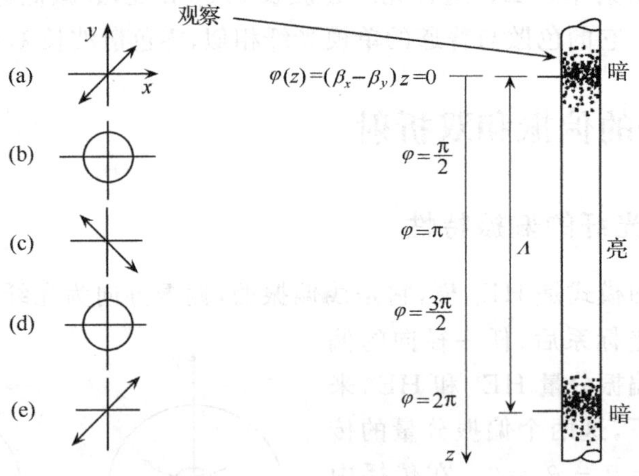

图 8.4-3　光纤中偏振光的双折射现象

在偏振态的一个重复演变周期内，模式传输所走过的距离 Λ 定义为单模光纤的拍长，即

$$\Lambda = 2\pi/\Delta\beta \tag{8.4-2}$$

可见，$\Delta\beta$ 越小，则 Λ 越大。如果光纤中的光强足够强，以致在暗室内也能用肉眼看到纤芯-包层的散射光的话，那么就能观察到这种散射光光强沿光纤长度的明显周期性变化，如图 8.4-3 右边图形所示。当 $\varphi=0$ 或 2π 时，为暗区；当 $\varphi=\pi$ 时，为亮区。暗区之间的距离就是拍长 Λ。根据电磁理论中电偶极子的辐射图可以说明这一现象：在偏振方向上(等效为电振动偶极子方向)辐射最小，垂直于偏振方向上的辐射最强，所以，在 $\varphi=0$ 或 2π 处

最暗，而在 $\varphi=\pi$ 处最亮。

以上是认定 $\Delta\beta$ 为常数时单模光纤偏振演变的情况。实际上问题要复杂得多，特别是在一些随机扰动因素的影响下，$\Delta\beta$ 是随机变化的，从而使模式偏振发生随机变化。下面讨论 $\Delta\beta$ 产生随机变化的原因，然后给出控制 $\Delta\beta$ 的方法和特殊光纤的概念。

8.4.2　单模光纤的双折射

光的偏振与光的双折射是介质光学各向异性的两种表现。简单地说，单模光纤的双折射是指两个本来简并的模式的传播常数出现差异的现象。双折射的表示方法有多种，最简单的方法是用 $\Delta\beta$ 或参数 B（归一化双折射系数）表示，即

$$B=\frac{\Delta\beta}{\beta_{\text{av}}}=\frac{n_x-n_y}{n_{\text{av}}} \tag{8.4-3}$$

式中，n_{av} 表示单模光纤的平均折射率。如果用 B 表示拍长 Λ，则

$$\Lambda=\frac{2\pi}{\Delta\beta}=\frac{2\pi}{\beta_{\text{av}}B} \tag{8.4-4}$$

通常拍长 Λ 在 10cm～2m 之间，这给实际应用带来困难。

产生双折射的主要因素有以下几点。

(1) 单模光纤截面椭圆度。制造工艺或光纤对称两侧受压都会使光纤截面产生非圆度（或称椭圆度）。这种几何畸变可以等效为光纤折射率的畸变，从而产生双折射。

(2) 单模光纤弯曲。光纤被弯曲时的三种效应都会产生双折射：①轴线弯曲；②弯曲引起纤芯椭圆度；③在光纤内部形成内应力和内应变，从而导致折射率变化，即所谓光弹效应产生的应力双折射。

(3) 单模光纤扭转。扭转作用不仅使光纤产生几何形变，而且也产生光弹效应。

(4) 单模光纤电（磁）光效应。在强电场或磁场作用下，由于电光、磁光效应也会产生双折射。

从上述可见，产生光纤双折射的原因很多，这对于将光纤用于敏感元件时既有利也有害。例如，在相位干涉型传感器中，希望偏振保持不变，不希望产生双折射效应；在偏振型光纤传感器中，希望双折射效应明显，不希望光纤内双折射产生干扰。于是，出现了偏振型单模光纤技术。

8.4.3　偏振型单模光纤

在光纤传感技术中，根据应用的原理不同，对单模光纤的偏振特性提出了不同的要求。下面介绍几种具有不同特性的偏振型单模光纤，这对于应用中如何选择合适的光纤很有用。

1. 低双折射单模光纤

光纤制造工艺不完善造成纤芯椭圆度和内应力将引起光纤双折射效应。显然，如果设法改善工艺水平，使纤芯椭圆度和内应力减小到最低限度，那么应力双折射和几何双折射都将降到很低水平，相应的拍长 Λ 将达到百米以上，这种光纤称为低双折射光纤。目前已有的低双折射光纤有两种：理想圆对称光纤和旋转光纤。

(1) 理想圆对称光纤。研究表明，一般光纤包层的热膨胀系数比纤芯的大，再加上芯

子有椭圆度，因此在横截面上两个横向坐标方向的应力不同，从而产生应力(光弹效应)双折射，这种双折射比椭圆度几何双折射要大得多。基于这种认识，人们采用热膨胀系数相等的包层和纤芯材料，在制造中严格控制纤芯椭圆度，并使整个光纤的机械性能相同，具有均匀相等的应力。例如，纤芯用 GeO_2-SiO_2 材料，包层用 B_2O_3-SiO_2 材料，它们的热膨胀系数相等，相对折射率差为 0.34%，在 0.63μm 波长处偏振面旋转仅为几度每米，拍长达百米以上。此值比普通单模光纤的双折射低约三个数量级，适用于偏振型光纤传感器。

(2) 旋转光纤。这是一种新型光纤。它仍选用热膨胀系数相等的纤芯和包层材料，控制坯棒快速旋转，使光纤固有的双折射和应力双折射沿长度方向周期变化。这样，虽然每一小段光纤的双折射较高，但就整根光纤平均而言并没有双折射，接近于一根均质光纤。例如，以 GeO_2-SiO_2 为纤芯，B_2O_3-SiO_2 为包层的坯棒，拉丝时其转速为 1000r/min，可得到双折射几乎为零的旋转光纤。

2. 高双折射单模光纤

这里与低双折射光纤正好相反，需要尽可能高的双折射。与低双折射光纤一样，要使光纤双折射比普通光纤双折射高很多，也是不容易的。通常要求 B 值在 $10^{-3}\sim10^{-4}$ 数量级范围，这相当于光纤拍长 Λ 在毫米量级。由于光纤的刚性足以经受毫米量级的外干扰，所以提高光纤的双折射使其拍长降低到毫米量级，由外界扰动产生的耦合作用也就很小。这样，在较长距离内光纤就具有线偏振态传输模的特点。因为线偏振态传输模基本不变，所以高双折射光纤又称为偏振保持光纤，简称保偏光纤。

从总体上说，高双折射光纤又分两类，一类是利用非轴对称结构产生高的双折射，如椭圆芯光纤、边坑、边隧道型光纤，如图 8.4-4(a)、(b)、(c)、(d)所示；另一类是利用各向异性分布产生的应力双折射，如椭圆包层型、熊猫型、领结型、扁平包层型光纤等，如图 8.4-4(e)、(f)、(g)、(h)所示。

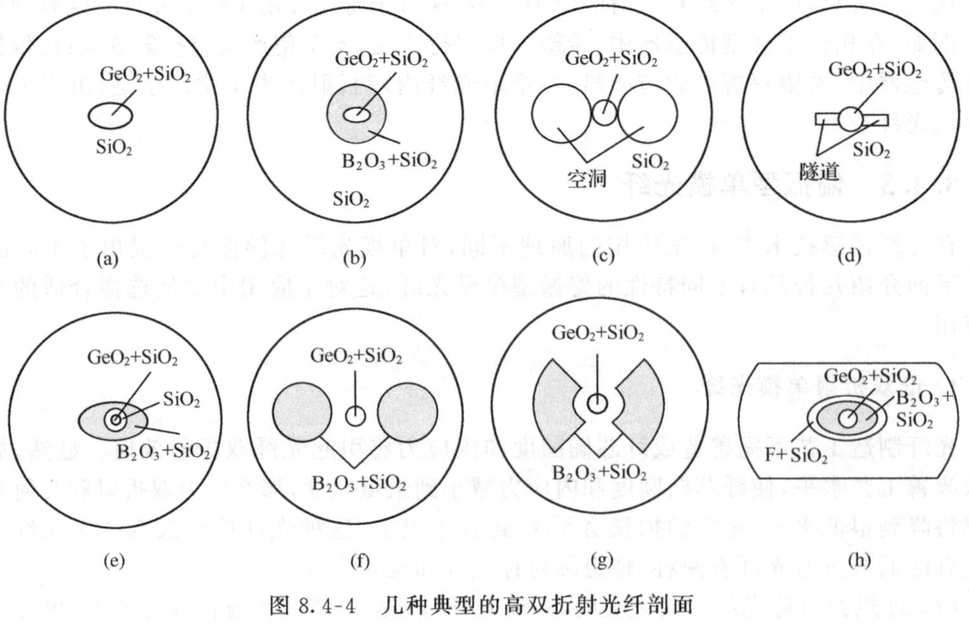

图 8.4-4 几种典型的高双折射光纤剖面

8.5　光纤中的非线性效应——光纤孤子

从第 7 章非线性光学技术已经知道，从本质上讲，所有介质都具有光学非线性，光纤当然也不例外。特别是在光纤通信系统中，随着高强度激光源和超低损耗单模光纤的使用，光纤中非线性光学效应的影响变得越来越严重。因为光纤中的场主要约束在纤芯内，光纤的芯径又很小，所以纤芯中的场强非常高；光纤的低损耗又导致这种高光强可以保持很长的距离。这两点使得光纤中的非线性光学效应变得非常明显，进而导致通信系统中信号的附加衰减，相邻信道之间的串扰和物理损伤，影响系统的传输性能，限制了发送光功率和传输距离。但是，也可以利用这种效应构成许多有用的信号传输和处理器件(如放大器、激光器)、调制器，还可应用于光孤子通信全光变换等。

光纤的非线性效应包括：受激拉曼散射(SRS)、受激布里渊散射(SBS)、自相位调制(SPM)和光学孤子(soliton)等。这里主要介绍后两种效应的基本概念。特别是光学孤子传输，在远程超大容量光纤网传输系统中它将是一种有前途的无畸变传输技术。

8.5.1　光学孤子的物理概念

孤子在早期称为孤立波。1834 年，英国造船工程师罗素发现了一个奇妙的现象：两匹马拉着的船在运河中前进，当船突然停止时，有一巨大的水峰离开船头并快速前进，前进中保持形状不变。罗素称之为孤立波。直到 1895 年，人们才提出了能够解释孤立波存在的 KdV 方程。1965 年，美国贝尔实验室用数值方法求解 KdV 方程，得到高阶孤子的特性，并研究了两个不同速度的孤立波之间的碰撞过程，发现除了相位外两个波的幅度、形状及运动特性都不变，表现为粒子性。1976 年，拉姆从理论上证明，自感应透明是典型的光孤子现象。1980 年，人们从实验上证明短脉冲在光纤中也能以孤子的形式传播，称为光纤孤子(光孤子)。光孤子 10Gb/s 脉冲无畸变传输距离已达 106km，光孤子放大器、激光器也已问世。

简单地说，光孤子是能量或物质的一种特定的传播形式，是一种特殊的电磁波，可以长距离地无畸变传输，而且互相碰撞之后各自保持独立。

光纤中光孤子产生的机理是光纤色散与光纤自相位调制(SPM)两种因素制约的结果。色散效应使一个脉冲波形散开，该波形的不同频率分量的传播速度不同；而光纤的非线性效应又使脉冲的前沿变慢、后沿变快。二者互相制约，就可能使脉冲波形保持不变地传播，形成光孤子。

现考虑一个光脉冲在光纤中的传播，如图 8.5-1(a)所示。由于非线性光学克尔效应，光纤的折射率可写成

$$n = n_1 + n_2 I \tag{8.5-1}$$

式中，I 为光强，$n_2 \approx 3.2\times10^{-16}\,\mathrm{cm^2/W}$。虽然 n_2 值很小，但由于光纤中的光波约束在极小截面的纤芯中传播，所以光场相当强，这种非线性光学效应导致光的“自相位调制”现象，经传播距离 L 后，光脉冲产生附加相位移为

$$\Delta\varphi = \frac{2\pi}{\lambda_0} n_2 IL \tag{8.5-2}$$

可见,不同强度的脉冲分量的相速度不同,相位偏移不同。显然,脉冲前沿部分红移,频率降低;而脉冲后沿部分蓝移,频率增高,即脉冲频域加宽。图 8.5-1(b)表示发生的频率偏移 δ_ω。

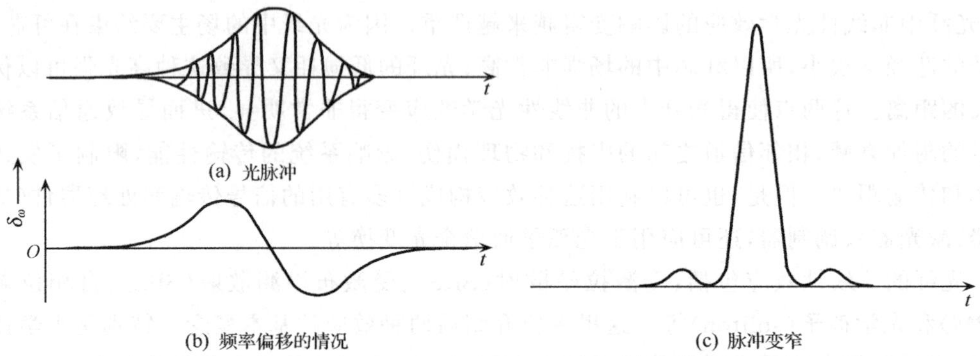

图 8.5-1 光纤中光学孤子的形成

现在再考虑色散的影响。当光纤具有负色散时,$\partial v_g/\partial\lambda_0<0$(即群速随频率的升高而增大),频率较高的脉冲后部将超前,而频率较低的脉冲前部将滞后,将导致脉冲变窄,如图 8.5-1(c)所示。

上述模型虽然能定性解释简单的脉冲变窄现象,但不足以说明奇异的脉冲形成过程和光学孤子。因此,还必须写出并求解描述脉冲包络形状演变的非线性微分方程。

8.5.2 色散介质中的双曲方程

首先考虑单色平面波在单模光纤中的传播。单模光纤中存在互相正交的线偏振模 HE_{11}^x 和 HE_{11}^y,实际的传输模式的偏振性质由输入激发光所决定。假设输入激发光的模式是 x 向偏振的,其空间关系可写为

$$E_x = a(z)E(x,y) \tag{8.5-3}$$

式中,$E(x,y)$为功率归一化的本征模场分布,$a(z)$为其相位振幅系数,表示为

$$a(z) = A e^{-j\beta(\omega)z} \tag{8.5-4}$$

传播常数 β 是光波频率 ω 的函数。于是,可以写出关于 $a(z)$的微分方程为

$$\frac{\partial a}{\partial z} = -j\beta a \tag{8.5-5}$$

现在再考虑一个光脉冲在单模光纤中的传播。假如输入激发光具有一窄的谱宽,其中心频率为 ω_c,则可将传播常数 $\beta(\omega)$在 $\omega=\omega_c$ 附近展开为

$$\beta(\omega) = \beta(\omega_c) + \frac{d\beta}{d\omega}(\omega-\omega_c) + \frac{1}{2}\frac{d^2\beta}{d\omega^2}(\omega-\omega_c)^2 \tag{8.5-6}$$

则式(8.5-5)写成

$$\frac{\partial a(z,\omega)}{\partial z} = -j\left[\beta(\omega_c) + \frac{d\beta}{d\omega}(\omega-\omega_c) + \frac{1}{2}\frac{d^2\beta}{d\omega^2}(\omega-\omega_c)^2\right]a(z,\omega) \tag{8.5-7}$$

$a(z,\omega)$的时空关系由傅里叶变换得到，为

$$a(z,t)=\int_{-\infty}^{\infty}a(z,\omega)\mathrm{e}^{\mathrm{j}\omega t}\mathrm{d}\omega \tag{8.5-8}$$

如果 $a(z,\omega)$的频谱很窄，则可方便地将其表示成$(\omega-\omega_c)$的函数，并引进一个快变的空间相位因子 $\mathrm{e}^{-\mathrm{j}\beta(\omega_c)z}$。于是，$a(z,\omega)$表示为

$$a(z,\omega)=A(z,\omega-\omega_c)\mathrm{e}^{-\mathrm{j}\beta(\omega_c)z} \tag{8.5-9}$$

式中，$A(z,\omega-\omega_c)$是波的复包络，它是 z 的缓变函数。取式(8.5-9)的傅里叶变换就可得到时空关系的包络函数 $A(z,t)$，即

$$\begin{aligned}a(z,t)&=\int_{-\infty}^{\infty}a(z,\omega)\mathrm{e}^{\mathrm{j}\omega t}\mathrm{d}\omega\\&=\int_{-\infty}^{\infty}A(z,\omega-\omega_c)\mathrm{e}^{-\mathrm{j}[\beta(\omega_c)z-\omega_c t]}\mathrm{e}^{\mathrm{j}(\omega-\omega_c)t}\mathrm{d}(\omega-\omega_c)\\&\overset{\mathrm{def}}{=}A(z,t)\mathrm{e}^{-\mathrm{j}[\beta(\omega_c)z-\omega_c t]}\end{aligned} \tag{8.5-10}$$

利用式(8.5-10)定义的复包络 $A(z,\omega-\omega_c)$，从式(8.5-7)得到

$$\frac{\partial}{\partial z}A(z,\omega-\omega_c)=-\mathrm{j}\left[\frac{\mathrm{d}\beta}{\mathrm{d}\omega}(\omega-\omega_c)+\frac{1}{2}\frac{\mathrm{d}^2\beta}{\mathrm{d}\omega^2}(\omega-\omega_c)^2\right]A(z,\omega-\omega_c) \tag{8.5-11}$$

再利用傅里叶变换关系式

$$\mathrm{j}(\omega-\omega_c)^n A(z,\omega-\omega_c)=\mathscr{F}\left[\frac{\partial^2}{\partial t^2}A(z,t)\right] \tag{8.5-12}$$

得到式(8.5-11)的反傅里叶变换为

$$\left(\frac{\partial}{\partial z}+\frac{1}{v_g}\frac{\partial}{\partial t}\right)A(z,t)=\frac{\mathrm{j}}{2}\frac{\mathrm{d}^2\beta}{\mathrm{d}\omega^2}\frac{\partial^2 A(z,t)}{\partial t^2} \tag{8.5-13}$$

式中，$v_g^{-1}=\mathrm{d}\beta/\mathrm{d}\omega$ 是群速度的倒数。如果式(8.5-13)右边项为零，包络 $A(z,t)$将以群速 v_g 传播而不发生畸变；若这一项不为零(即 $\mathrm{d}^2\beta/\mathrm{d}\omega^2\neq0$)，则由于它是虚数，将影响波的传播相位，使脉冲产生畸变。式(8.5-13)就是著名的双曲方程，这是研究光脉冲在色散线性介质中传输的基本方程。依据这一方程，可解释超短脉冲在传播中的展宽或压缩问题。

8.5.3　非线性薛定谔方程

现假设单模光纤的介电常量受到某种扰动，使纤芯折射率 n_1 变为 $n=n_1+\Delta n$，则传导模式的传播常数将相应地改变 $\Delta\beta$。在远离截止条件下，$\beta\approx k_0 n_1$，则

$$\beta'(\omega)=\beta(\omega)+\Delta\beta(\omega)\approx k_0(n_1+\Delta n)=\beta(\omega)\left(1+\frac{\Delta n}{n_1}\right) \tag{8.5-14}$$

则

$$\Delta\beta=\beta(\omega)\frac{\Delta n}{n_1} \tag{8.5-15}$$

因此，传播常数的展开式(8.5-6)中应加进这一项，即得

$$\beta=\beta(\omega_c)+(\omega-\omega_c)\frac{\mathrm{d}\beta}{\mathrm{d}\omega}+\frac{1}{2}(\omega-\omega_c)^2\frac{\mathrm{d}^2\beta}{\mathrm{d}\omega^2}+\beta(\omega_c)\frac{\Delta n}{n_1} \tag{8.5-16}$$

这里，将 ω 代换为 ω_c，将 $\beta(\omega)$代换为 $\beta(\omega_c)$。仿照式(8.5-6)～式(8.5-13)的推导，引进包络函数 $A(z,\omega-\omega_c)$，并利用式(8.5-12)进行傅里叶变换，得到非线性方程

$$\mathrm{j}\left(\frac{\partial}{\partial z}+\frac{1}{v_g}\frac{\partial}{\partial t}\right)A(z,t)=-\frac{1}{2}\frac{\mathrm{d}^2\beta}{\mathrm{d}\omega^2}\frac{\partial^2 A(z,t)}{\partial t^2}+\beta(\omega_c)\frac{\Delta n}{n_1}A(z,t) \tag{8.5-17}$$

在上述推导过程中,并没有指明折射率的扰动是怎样产生的。现假设 Δn 是由于光脉冲通过光学克尔效应引起的,即

$$\Delta n = n_2 \mid A(z,t) \mid^2 \tag{8.5-18}$$

则式(8.5-17)变为

$$\mathrm{j}\left(\frac{\partial}{\partial z}+\frac{1}{v_g}\frac{\partial}{\partial t}\right)A(z,t) = -\frac{1}{2}\frac{\mathrm{d}^2\beta}{\mathrm{d}\omega^2}\frac{\partial^2 A(z,t)}{\partial t^2}+\beta(\omega_c)\frac{n_2}{n_1}\mid A(z,t)\mid^2 A(z,t) \tag{8.5-19}$$

再做变量代换

$$\tau = t-\frac{z}{v_g},\quad \xi = z,\quad K=\beta(\omega_c)\frac{n_2}{n_1} \tag{8.5-20}$$

则式(8.5-19)变为标准的非线性薛定谔方程

$$\mathrm{j}\frac{\partial A}{\partial \xi}-\frac{1}{2}\frac{\mathrm{d}^2\beta}{\mathrm{d}\omega^2}\frac{\partial^2 A}{\partial \tau^2}+K\mid A\mid^2 A = 0 \tag{8.5-21}$$

式中,第二项为色散项,第三项为非线性项。

在负色散(即 $\mathrm{d}^2\beta/\mathrm{d}\omega^2<0$)条件下,式(8.5-21)的允许解可以是稳定的双曲正割型脉冲。由于光纤色散所引起的脉冲展宽由介质的非线性折射率变化抵消,因而该脉冲在传播过程中不会改变形状,即形成光学孤子,如图 8.5-2(a)所示。图 8.5-2(b)、(c)是用计算机求出的式(8.5-21)的几个高阶解。为获得第一个高阶孤子,输入脉冲振幅必须增大到基孤子相应输入振幅的两倍(或功率增大为 4 倍)。光脉冲形状在传播过程中周期性变化,在半周期处,脉宽压窄到最小,经过一个整周期后又恢复到它原来的形状。对于下一

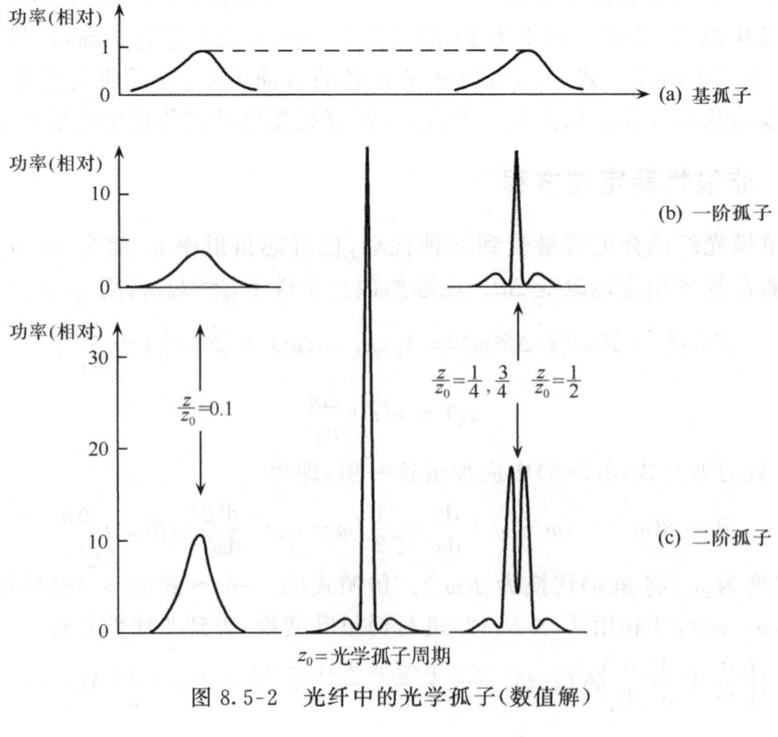

图 8.5-2 光纤中的光学孤子(数值解)

个高阶孤子，要求输入脉冲振幅增大 3 倍（或光功率增大 9 倍）。最佳脉冲压窄大约发生在 1/4 周期处，然后在半周期处分裂为两个相等的脉冲。更高阶孤子的变化情况就更加复杂些。

在正色散（即 $d^2\beta/d\omega^2>0$）条件下，式（8.5-21）的允许解可以是稳定的双曲正切型脉冲，称为暗孤子。暗是指背景是亮的，有一个“黑暗”的脉冲以特定形式传播。相对而言，负色散条件下的光孤子称为“亮孤子”，即背景是暗的，有一个亮的光脉冲以特定形状传播。

8.6　光纤连接耦合技术

本节介绍光纤与光纤的连接、光源与光纤的耦合技术。

8.6.1　光纤的处理与连接

1. 光纤的切断方法

光纤与光源或探测器耦合时，为了提高耦合效率，光纤端面应该抛光成镜面，且垂直于纤芯轴线。进行这种光纤端面切割的简便方法是使用光纤切割刀具，如图 8.6-1 所示。将裸光纤放置在半径为 R 的（一般为几厘米）刚体上，金刚刀在垂直于光纤的方向将光纤压一切痕，然后对光纤施一张力（拉紧伤痕光纤），切痕产生的裂纹在弯曲应力和张力的作用下将逐渐扩大，结果光纤就能平整如镜面般地被切断。不可用一般剪钳来切断光纤，因为这样会由于石英的脆性而断裂成高低不平的断面，无法使用。

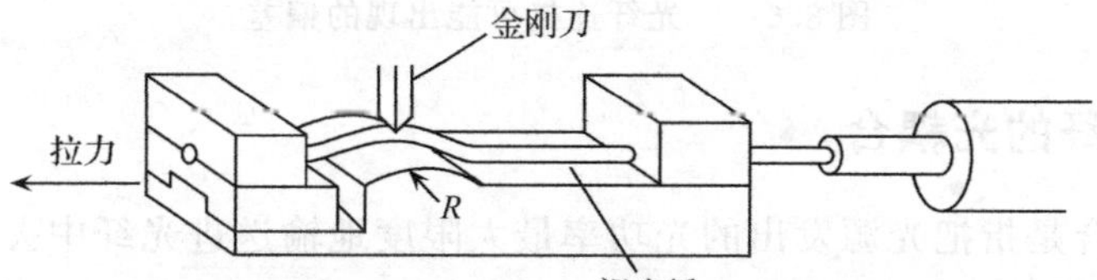

图 8.6-1　切断裸光纤的方法

2. 光纤与光纤的连接

光纤之间的连接分为永久性连接和活动性连接两种。永久性连接一般分为粘接剂连接和热融连接两种方式。不管哪一种方式，都需用 V 型槽或精密套管，将两光纤轴心对准，再加进粘接剂并使之固化；或用二氧化碳激光器、电弧放电等热源熔融光纤对接部分，冷却后光纤就可连接起来，如图 8.6-2 所示。这种接头损耗已达到 0.1dB 水平。

顺便指出，在光纤连接中，出现图 8.6-3 中所示的任何一种连接偏差，都会引起连接损耗。图 8.6-3 中（a）、（c）、（f）、（g）引入的插入损耗最大。在有关书籍或资料中可查到有关计算公式或实验数据。

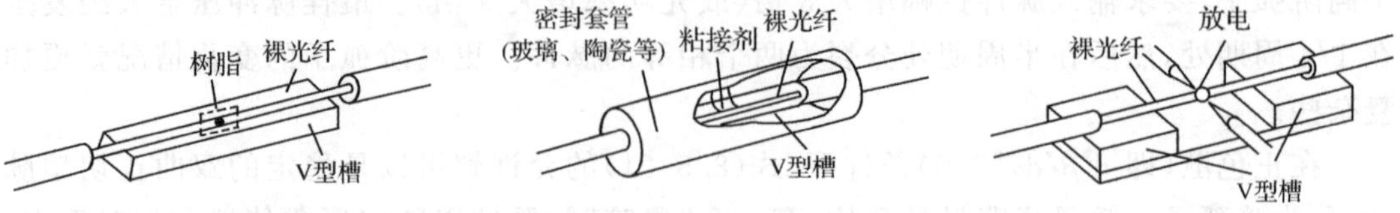

(a) V型槽法　　(b) 套管法　　(c) 热融法

图 8.6-2　光纤永久性连接

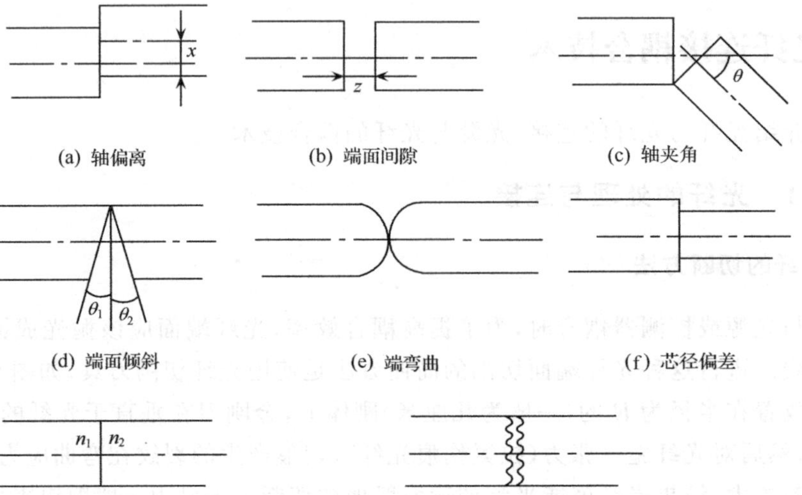

(a) 轴偏离　　(b) 端面间隙　　(c) 轴夹角

(d) 端面倾斜　　(e) 端弯曲　　(f) 芯径偏差

(g) 折射率不匹配　　(h) 端面粗糙

图 8.6-3　光纤连接可能出现的偏差

8.6.2　光纤的光耦合

光纤的光耦合是指把光源发出的光功率最大限度地输送进光纤中去。这是一个比较复杂的问题,涉及光源辐射空间分布、光源发光面积、光纤收光特性和传输特性等因素。这里仅介绍一些耦合方法及相关实用性技术。

1. 直接耦合

直接耦合是指把一根端面为平面的光纤直接靠近光源发光面放置,如图 8.6-4 所示。

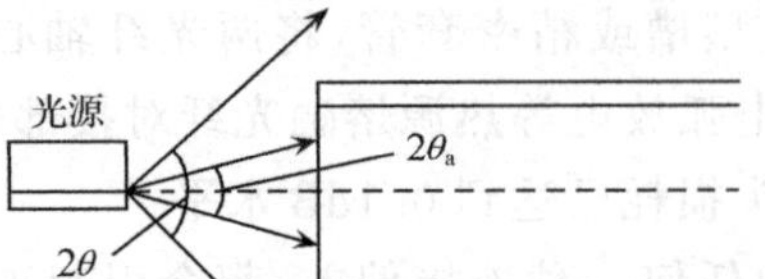

θ-光源发光张角　θ_a-光纤接收角

图 8.6-4　光纤与光源直接耦合

在光纤一定的情况下,耦合效率与光源种类关系密切。如果光源是半导体激光器,因其发光面积比光纤端面面积小,所以只要光源与光纤面靠得足够近,激光器所发出的光都能照到光纤端面上。考虑到光源光束的发散角和光纤接收角的不匹配程度,一般耦合效率为 20%,而 80%都浪费了。如果光源是发光二极管,则情况更严重。因为发光二极管的发散角更大,其耦合效率基本上由光纤的接收角

决定，即

$$\eta = \frac{P}{P_0} \approx \mathrm{NA}^2 \tag{8.6-1}$$

例如，NA＝0.14，则 $\eta=2\%$。

为了提高耦合效率，一种办法是在光源与光纤端面之间插入一个透镜，称为透镜耦合。

2. 透镜耦合

透镜耦合方法可能提高耦合效率，也有可能无法提高。这里有一个耦合效率的概念。对于朗伯型光源（如发光二极管），不管中间加什么样的光学系统，它的耦合效率都不会超过一个极大值，即

$$\eta_{\max} = a\frac{S_f}{S_e}(\mathrm{NA})^2 \tag{8.6-2}$$

式中，a 为系数。上式表明，当发光面积 S_e 大于光纤接收面积 S_f 时，加任何光学系统都没有用，最大耦合效率可以用直接耦合的方法得到。当发光面积 S_e 小于光纤接收面积 S_f 时，加上光学系统是有用的，可以提高耦合效率，而且发光面积越小，耦合效率提高得越多。在这个准则下，有如下一些透镜耦合方式。

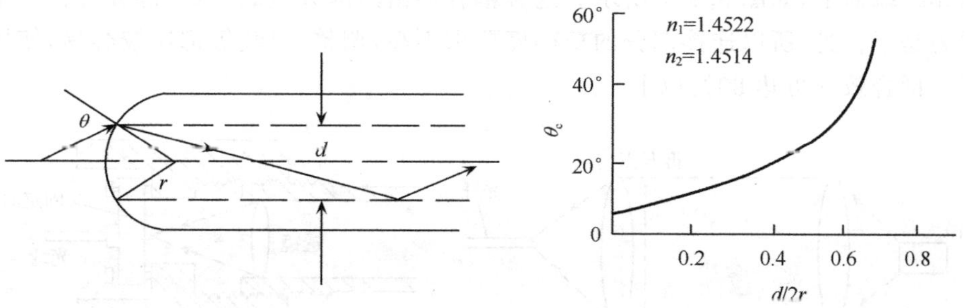

(a) 端面球透镜示意　(b) 等效接收角θ_c与$d/2r$的关系

图 8.6-5　端面球透镜耦合

（1）光纤端面球透镜耦合

加透镜最简单的方法是将光纤端面做成一个半球形，使它起到短焦距透镜的作用，如图 8.6-5 所示。从图可见，端面球透镜的作用是提高光纤的等效接收角，因而耦合效率提高了。一些实验结果如表 8.6-1 所示。从表中可见，这种耦合方法对阶跃型光纤效果较好，对折射率梯度型光纤则差些。

表 8.6-1　端面球透镜耦合效率

光纤编号		类型	NA	芯径/μm	平端耦合效率/%	球镜端面耦合效率/%
1	$B:SiO_2$	阶跃型	0.1707	55	24	63
2	$B_2O_3:SiO_2$	部分梯度型	0.148	50	13	19
3	$GeO_2:SiO_2$	梯度型	0.1707	46	17	26
4	$B_2O_3:SiO_2$	梯度型	0.162	42	10	15

(2) 柱透镜耦合

半导体激光器所发出的光在空间是不对称的,在平行于 pn 结方向上光束比较集中($2\theta_{//}$为 5°～6°),在垂直于 pn 结方向上发散较大($2\theta_{\perp}$ 为 40°～60°),所以直接耦合时效率不高。如果设法使垂直于 pn 结方向上的光束压缩,整个光斑从细长的椭圆形变为接近圆形,然后再与圆形截面的光纤耦合,那么耦合效率就会有很大提高。

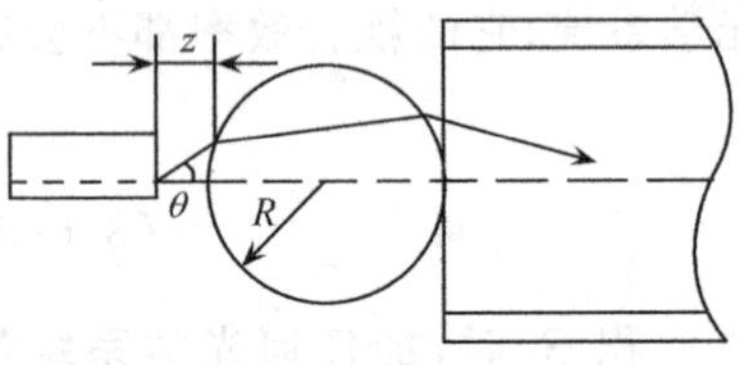

图 8.6-6 圆柱透镜耦合

利用圆柱透镜可以达到上述目的。装置如图 8.6-6所示。详细研究表明,当柱透镜半径 R 与光纤半径相同,激光器位于光轴上,且镜面位于 $z=0.3R$ 时,可得到最大耦合效率,约为 80%。如果激光器的位置在轴向有偏离,则耦合效率明显下降。也就是说,这种耦合方式对激光器、圆柱透镜和光纤的相对位置的精确性要求很高。

(3) 凸透镜耦合

先将光源放在凸透镜的焦点上,使光变为平行光,然后再用另一个凸透镜将此平行光聚焦到光纤端面上,如图 8.6-7 所示。这种耦合器由两部分组成,每一部分各含一个凸透镜。因为是平行光,所以连接部分的精确度要求不高,调整、组装等都比较容易,使用也比较方便。耦合效率可达 80%以上。

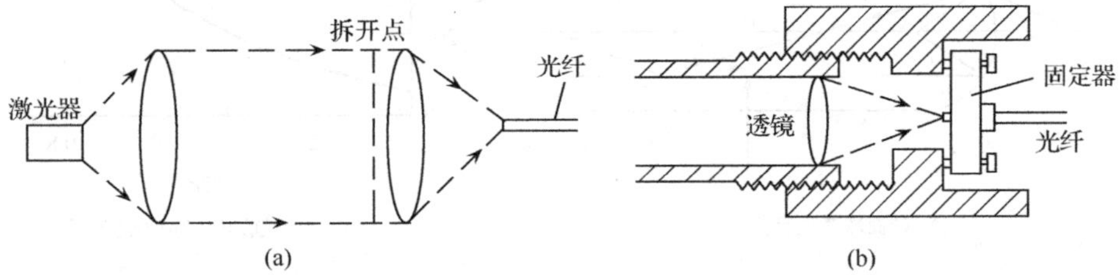

图 8.6-7 凸透镜耦合

(4) 自聚焦透镜耦合

用一段长度为 $\Lambda/4$(Λ 为拍长)的自聚焦光纤代替图 8.6-7 所示的凸透镜,也可构成耦合器。一般是将光纤与自聚焦光纤透镜胶合在一起,平行光进入自聚焦透镜,经聚焦全部进入光纤,如图 8.6-8 所示。这种耦合形式,结构紧凑,稳定可靠,是较好的耦合形式。

(5) 圆锥形透镜耦合

将光纤的前端用腐蚀的办法做成如图 8.6-9(a)所示的逐渐缩小的圆锥形,或者用烧熔拉细的办法做成如图 8.6-9(b)所示的圆锥形,前端半径为 a_1,光纤自身半径为 a_n。光从前端以 θ' 角入射进光纤,经折射后以 γ_1 角射向界面 A 点,如图 8.6-9(c)所示。因界面为斜面,所以 $\gamma_2<\gamma_1$。如果锥面的坡度不大,也就是说,圆锥形的长度 $l\gg a_n-a_1$ 时,近似有

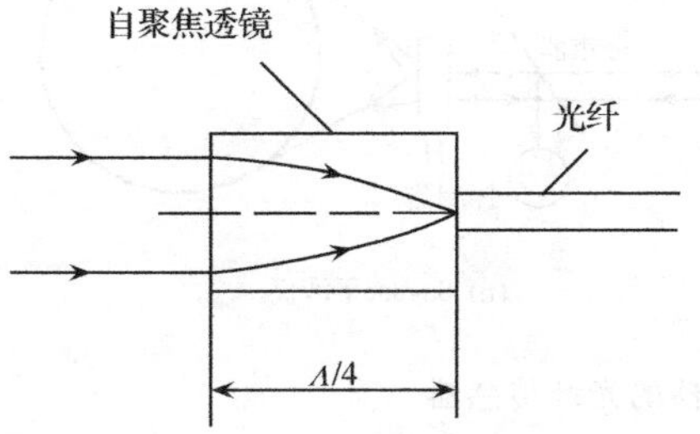

图 8.6-8　自聚焦透镜耦合

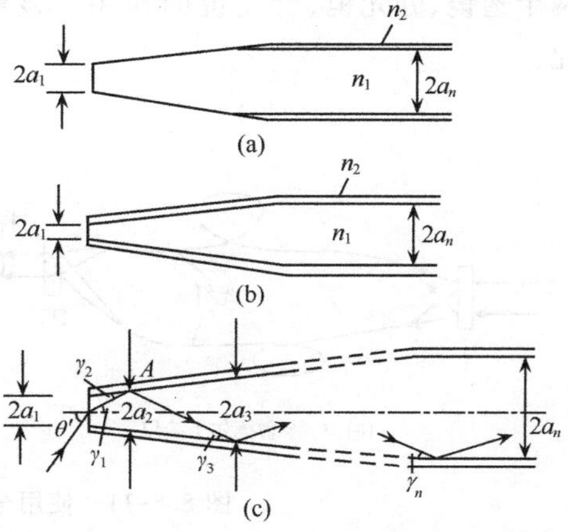

图 8.6-9　圆锥形透镜耦合

$$\frac{\sin\gamma_{n-1}}{\sin\gamma_n}=\frac{a_n}{a_{n-1}} \tag{8.6-3}$$

可以证明，有圆锥时光纤的接收角 θ_c' 与平端光纤时的接收角 θ_c 之间有如下关系：

$$\frac{\sin\theta_c'}{\sin\theta_c}=\frac{a_n}{a_1} \tag{8.6-4}$$

式(8.6-4)表明，有圆锥透镜的光纤的数值孔径是平端光纤的 a_n/a_1 倍。

只要前端面直径 $2a_1$ 比光源面积大，这种耦合方式的耦合效率可高达 90%以上。

3. 光纤全息耦合

由于光全息片可以将光的波前互相变换，所以可以用来作为一种光纤耦合器。全息耦合的制作方法如图 8.6-10(a)所示。激光经过光纤后成为发散光，作为物光 I_F，而由 M 镜反射的直射光作为参考光，用重铬酸明胶或卤化银照相乳胶片作为全息记录介质。这个全息片就是一个光纤耦合器，如图 8.6-10(b)所示。使用时，用与记录全息图时的参考光相共轭的激光束照射，会聚光束被再现出来，并耦合进光纤中去。原则上讲，这种耦合方式的耦合效率是非常高的，但是，由于全息片的衍射效应的影响及衰减损耗，实际耦合效率与透镜相比并不优越。不过，它的最大优点是，可以作为多功能的光学元件来应用。图 8.6-11 所示为使用全息耦合器件的光纤传感器系统。在图 8.6-11(a)中，H_1 起两个透镜和一个分束器的作用，H_2 起两个透镜和一个合光器的作用。在图 8.6-11(b)中，H

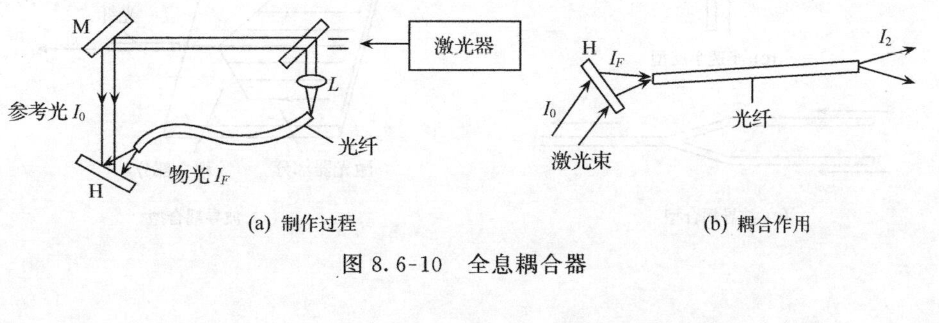

图 8.6-10　全息耦合器

起两个透镜、分光镜、合光镜的作用。显然,全息耦合器可使常规光纤传感器系统大为简化。

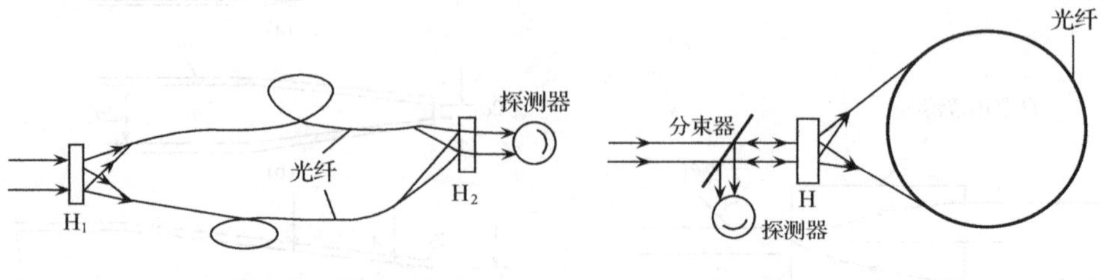

(a) 马赫-曾德尔干涉仪　(b) Sagnac干涉仪

图 8.6-11　使用全息耦合器的光纤传感器

8.6.3　光纤的分光与合光装置

光纤将光束由一束变为两束或由两束变为一束,起这种作用的装置称为分光器或合光器。光纤分光与合光装置有助于光学系统的初步集成化。图 8.6-12 所示为一些光纤分光、合光装置示意图,其中 SL 表示自聚焦透镜。

图 8.6-12(a)和(b)所示为光束聚焦型,合光损耗在 3dB 左右;图 8.6-12(c)和(d)所示为半透半反型,损耗在 3.7dB 左右;图 8.6-12(e)和(f)所示为波导耦合型,损耗在 5dB 左右;图 8.6-12(g)所示为分布耦合型,损耗在 3.7dB 左右;图 8.6-12(h)和(i)所示为部分反射型,损耗在 4.7dB 左右。

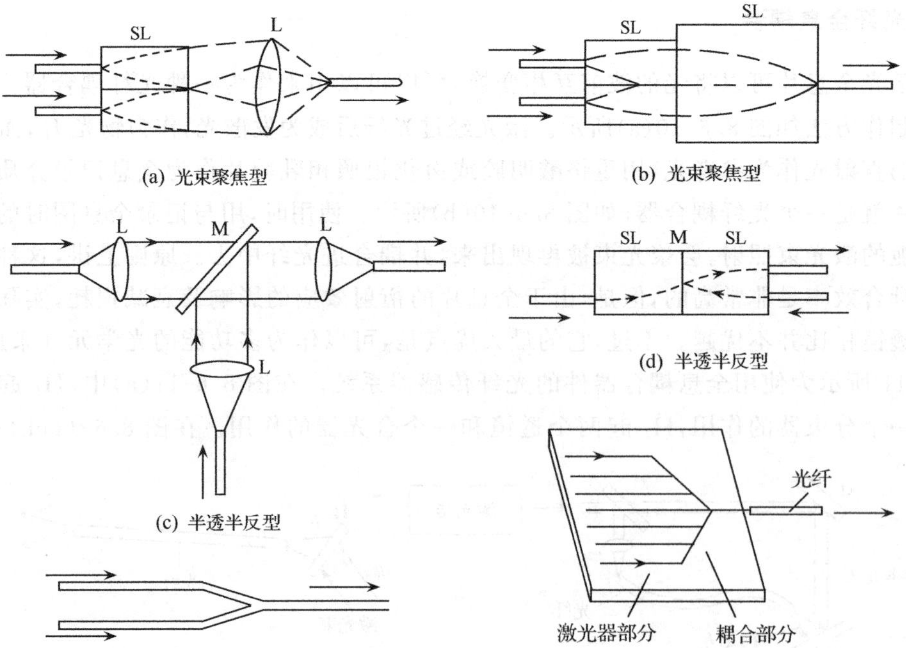

(a) 光束聚焦型　(b) 光束聚焦型

(c) 半透半反型　(d) 半透半反型

(e) 波导耦合型　(f) 波导耦合型

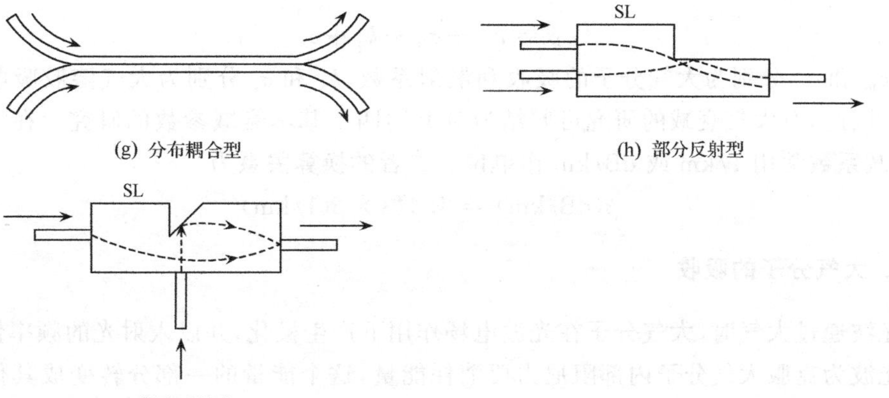

(g) 分布耦合型　(h) 部分反射型　(i) 部分反射型

图 8.6-12　光纤分光与合光装置的典型构造

8.7　激光在大气和水下的传输

大气和水下激光通信、探测等技术通常是以大气和水下为信道。与光纤相比，这些信道的传输特性更为复杂和不稳定。与微波波段相比，这些问题变得更为突出，使激光应用中许多优势的发挥和利用受到限制。因此，激光在大气和水下传输特性的研究已成为一个专门的研究领域。本节简要介绍一些基本概念和问题。

8.7.1　大气衰减

激光辐射通过大气时，由于大气中存在着各种气体和微粒（如灰尘、烟雾等），以及刮风、下雨等气象变化，部分光辐射能量会被吸收而转变成其他形式的能量（如热能），部分光辐射能量则被散射而偏离原来的传播方向（即辐射方向重新分配）。吸收和散射的总效果使传输的光辐射强度受到衰减，这就是大气衰减。

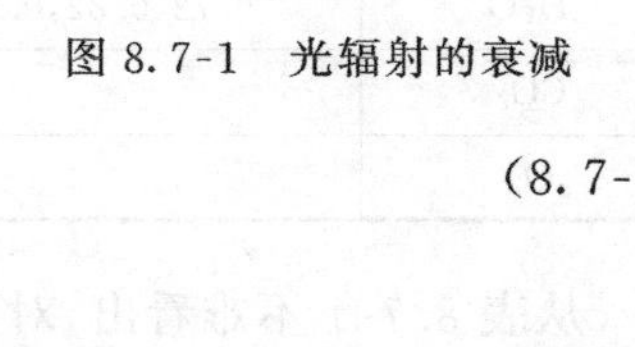

图 8.7-1　光辐射的衰减

设强度为 I 的单色光辐射，通过大气中厚度为 $\mathrm{d}l$ 的薄层，如图 8.7-1 所示。在出现非线性效应之前，其衰减量 $\mathrm{d}I$ 正比于 I 及 $\mathrm{d}l$，即 $\mathrm{d}I/I=(I'-I)/I=-\beta\mathrm{d}l$。积分后，得

$$T = I/I_0 = \exp\left(-\int_0^L \beta \mathrm{d}l\right) \tag{8.7-1}$$

假定上式可简化为

$$T = \exp(-\beta l) \tag{8.7-2}$$

式中，T 为传输距离 L 上的大气透过率（%），I_0 与 I 分别为通过距离 L 前、后的光强，β 为大气衰减系数（1/km）。这就是描述大气衰减的朗伯定律，它表明光强度随传输光程的增加呈指数规律衰减。因为衰减系数 β 包含吸收和散射两种独立的物理过程，所以，β 可表

示为

$$\beta = k_m + \sigma_m + k_a + \sigma_a \tag{8.7-3}$$

式中，k_m 和 σ_m 分别为大气分子的吸收和散射系数，k_a 和 σ_a 分别为大气溶胶吸收和散射系数。因此，对大气衰减的研究可归结为对上述四个基本衰减参数的研究。在工程应用中，衰减系数常用 1/km 或 dB/km 作单位。二者的换算关系为

$$\beta(\text{dB/km}) = 4.343 \times \beta(1/\text{km}) \tag{8.7-4}$$

1. 大气分子的吸收

光波通过大气时，大气分子在光波电场作用下产生极化，并以入射光的频率作受迫振动。光波为克服大气分子内部阻尼力要消耗能量，这个能量的一部分转变成其他形式的能量(如热能)，表现为大气分子的吸收。当入射光的频率等于大气分子固有频率时则发生共振吸收，大气分子吸收出现极大值。分子的固有吸收频率由分子内部的运动形态决定。极性分子的内部运动一般由分子内电子运动、分子振动和分子绕其质量中心的转动所组成，由此而导致的分子共振吸收频率分别与光波的紫外和可见区、近红外和中红外区及远红外区相对应。因此，分子的吸收特性强烈地依赖于光波频率。

由于分子各自的结构不同，从而表现出完全不同的光谱吸收特性。构成大气的多原子分子除 N_2 外，多为极性分子，其中 O_2 分子具有永久磁偶极矩，其余分子均具有永久电偶极矩。大气中 N_2、O_2 分子虽然含量最多(约 99%)，但它们在可见光和近红外区几乎不表现吸收。N_2 是无极性分子，没有转动结构，仅仅由于大气压的作用，对 4.0μm 表现出微弱的压强感生吸收。O_2 分子虽有磁偶极矩，但仅对紫外区(0.2μm 附近)及 0.7μm 附近的光呈现微弱吸收，对远红外和微波波段才呈现出很大的吸收。因此，在可见光和近红外区，一般不考虑其吸收作用。除 H_2O、CO_2 之外的分子，虽然在可见光和近红外区有可观的吸收谱线，但因它们在大气中的含量甚微，一般也不考虑其吸收作用。只是在高空处，因其余衰减因素都已很微弱，才考虑该处 O_2 的吸收作用。H_2O 和 CO_2 分子，特别是 H_2O 分子，在近红外区有宽广的振动-转动及纯转动结构，因此是可见光和近红外区最重要的吸收分子。这是激光在晴朗天气衰减的主要因素。H_2O、CO_2 和 O_2 分子的一些主要吸收谱线的中心波长如表 8.7-1 所示。

表 8.7-1　H_2O、CO_2 和 O_2 分子在可见光和近红外区的主要吸收谱线

吸收分子	主要吸收谱线中心波长/μm
H_2O	0.72,0.82,0.93,0.94,1.13,1.38,1.46,1.87,2.66,3.15,6.26,11.7,12.6,13.5,14.3
CO_2	1.4,1.6,2.05,4.3,5.2,9.4,10.4
O_2	4.7,9.6

从表 8.7-1 不难看出，对某些特定的波长，大气呈现出极为强烈的吸收，光波几乎无法通过。根据大气的这种选择吸收特性，把近红外区分成八个区段，而将透过率较高的波段称为“大气窗口”，如图 8.7-2 所示。在这些窗口内，大气分子呈现弱吸收。目前常用的激光波长都处于这些窗口之中。

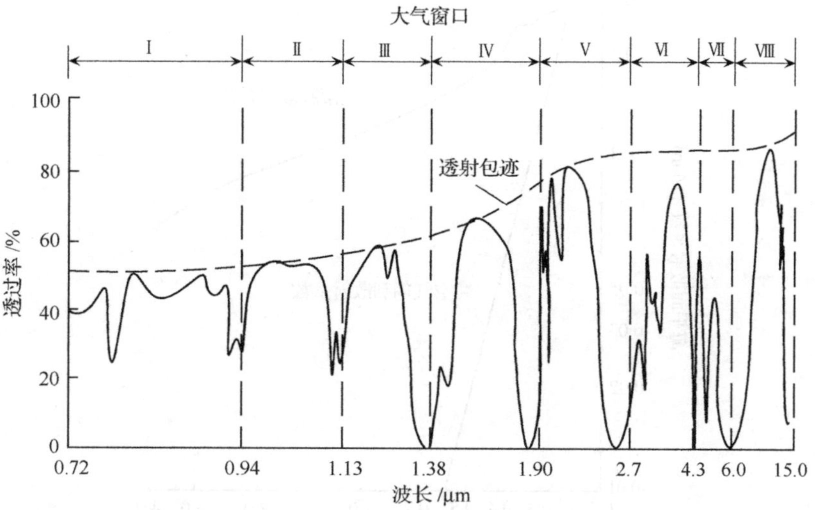

图 8.7-2　大气透过率及大气窗口

2. 大气分子的散射

当光通过大气时，大气分子的吸收和散射使透射光强减弱，而光波的电磁场使大气分子产生极化，形成振动的偶极子，从而发出次波。若大气光学均匀，这些次波叠加的结果，使光只在折射方向继续传播，在其他方向上则因次波的干涉而互相抵消，所以没有光出现。然而，大气中总存在着局部的密度与平均密度统计性的偏离——密度起伏，破坏了大气的光学均匀性，使次波的相干性遭到破坏；另外，由于大气中存在各种微粒，所以一部分辐射光会向其他方向传播，从而导致光在各个方向上的散射。

因为大气分子的线度很小(10^{-8} cm)，所以在可见光和近红外波段，辐射波长总是远大于分子的线度，在这一条件下的散射通常称为瑞利散射。瑞利散射定律指出，散射光的强度与波长的四次方成反比。因而分子散射系数也与波长的四次方成反比。

瑞利散射系数的经验公式为

$$\sigma_m = 0.827 \times N \times A^3/\lambda^4 \tag{8.7-5}$$

式中，σ_m 为瑞利散射系数(cm^{-1})，N 为单位体积中的分子数(cm^{-1})，A 为分子的散射截面 (cm^2)，λ 为光波长(μm)。由此可知，分子散射系数与分子密度成正比，与波长的四次方成反比。波长越长，散射越弱；波长越短，散射越强烈。故可见光比红外光散射强烈，蓝光又比红光散射强烈。在晴朗天空，其他微粒很少，因此瑞利散射是主要的，又因为蓝光散射最强，故晴朗的天空呈现蓝色。分子散射系数与光波长的关系如图 8.7-3 所示。

3. 大气气溶胶的衰减

实际上，大气中除大气分子外，还会有大量的粒度在 0.03μm 到 2000μm 之间的固态和液态微粒，它们大都是尘埃、烟粒、微水滴、盐粒和有机微生物等。其中，大多数固态微粒不但直接使大气混浊(称为霾)，而且也是水蒸气的凝结中心，对于形成云、雾、雨、雪具

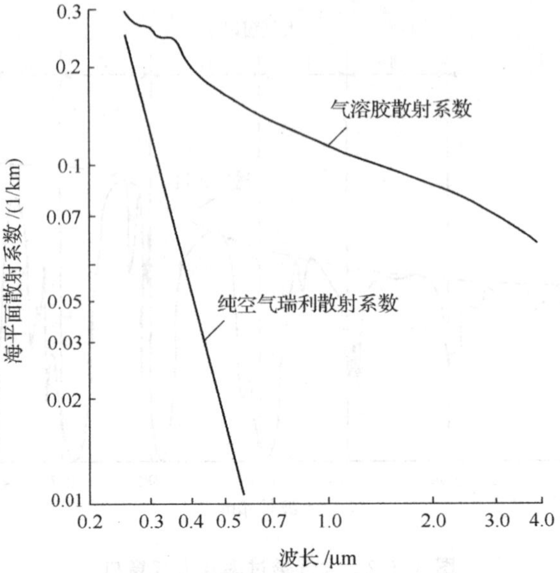

图 8.7-3 标准晴朗大气海平面水平传输大气散射系数(计算值)与光波长的关系

有很大作用。由于这些微粒在大气中的悬浮呈胶溶状态,所以通常又称为大气气溶胶。

气溶胶对光波的衰减包括气溶胶的散射和吸收。光的散射定理指出,当光波长远大于散射微粒尺寸时,即产生瑞利散射;当光波长相当于或小于散射微粒尺寸时,即产生米氏散射。瑞利散射和光波长有强烈的关系,而米氏散射则依赖于气溶胶微粒尺寸、密度的分布和气溶胶的折射率等特性,与光波长的关系远不如瑞利散射强烈,如图 8.7-3 所示。

气溶胶微粒的尺寸分布极其复杂。一般同时存在瑞利散射和米氏散射的作用。但经测量表明,气溶胶微粒的线度远大于大气分子的线度。如在能见度特别好且湿度低的晴天里,气溶胶微粒的半径大部分为 0.1～1μm,少量为 1～10μm;在阴霾天气,气溶胶(主要是固态微粒)是由半径为 0.03～0.2μm 的微粒组成;各种浓度的雾粒子的半径为 3～60μm;云粒子的半径为 2～30μm;雨粒子的半径则更大些,一般为 60～2000μm。因此,对气溶胶来说,瑞利散射作用一般可不予考虑,而主要应考虑米氏散射作用。

(1) 晴朗、霾、雾情况下大气的衰减

就工程应用而言,用大气能见度来估算大气气溶胶衰减值更为方便实用。这是因为限制能见度的主要原因不是大气分子而是大气气溶胶。所以,把能见度和气溶胶衰减联系起来是很自然的。特别是对于晴朗、阴霾和雾天气,此法更为有效。

气象上将能见度定义为:在白日水平天空背景下,对于 0.55μm 的光(人眼视觉最灵敏的波长),可分辨足够大的绝对黑体(目标物)的最远视程。视程的确定取决于目标物与背景的归一化对比及人眼的视感阈。在距离 R 处观察时,若目标物视亮度为 N_{TR},背景视亮度为 N_{bR},则目标物与背景的对比 C_R 为

$$C_R = (N_{TR} - N_{bR})/N_{bR} \tag{8.7-6}$$

当 $R=0$ 时,$C_0 = (N_{TR} - N_{b0})/N_{b0}$,称为目标与背景物的固有对比。而 C_R 与 C_0 之比

($\varepsilon=C_R/C_0$)称为目标物与背景的归一化对比,即观察者的视感度。正常人眼的视感阈 $\varepsilon=0.02$,意为正常人眼看远处足够大目标物时,在最远可分辨距离下的视感度。显然,若 $\varepsilon>0.02$,则能从背景中分辨出目标物;若 $\varepsilon<0.02$,则不能从背景中分辨出目标物。因此,满足条件 $C_{R=V}/C_0=0.02$ 的视程 $R=V$ 就称为能见度。按照能见度的高低,可以把大气状况大致分成十个等级,如表 8.7-2 所示。但这样分级太粗糙,所以实际工程应用中直接用 V 值来表示能见度。例如,标准晴朗天气是指 $V=23.5\text{km}$,相对湿度小于 20%的大气状态。

表 8.7-2　能见度等级

能见度等级	白日能见距离/m	白日不能见距离/m	说　明
0	<50	≥50	浓雾
1	≥50　<200	≥200	厚雾
2	≥200　<500	≥500	中等雾
3	≥500　<1000	≥1000	轻雾
4	≥1000　<2000	≥2000	薄雾
5	≥2000　<4000	≥4000	霾雾
6	≥4000　<10000	≥10000	轻霾
7	≥10000　<20000	≥20000	晴朗
8	≥20000　<50000	≥50000	很晴朗
9	≥50000		特别晴朗

根据单色辐射衰减的朗伯定律,在大气水平均匀条件下,只考虑气溶胶衰减,式(8.7-2)可改写为

$$T_\lambda = \exp(-\beta_{a\lambda}L) \tag{8.7-7}$$

式中,λ 为单色激光波长,L 为水平传输距离。因为 $\beta_{a\lambda}$ 是波长倒数的函数,所以 $\beta_{a\lambda}$ 可写成

$$\beta_{a\lambda} = A\lambda^{-q} \tag{8.7-8}$$

两边取对数得 $\ln\beta_{a\lambda}=\ln A-q\ln\lambda$。可见,$-q$ 是 $\ln\beta_{a\lambda}$ 对 $\ln\lambda$ 直线的斜率,q 值可通过实验确定。

此外,从 $C_{R=V}/C_0=0.02$ 可知,若目标物(辐射源)的视亮度在任何观察距离上均远大于背景视亮度,即 $N_{TR}\gg N_{bR}$,且背景视亮度不随观察距离变化,即 $N_{b0}=N_{bR}$,则 $C_{R=V}/C_0=0.02$ 所代表的物理意义就是大气透过率 $T_{0.55}=0.02$。因此

$$T_{0.55} = \exp[-A(0.55)^{-q}V] = 0.02$$

式中,0.55 是对 0.55μm 波长而言的。经运算可求得 $A=(3.91/V)\times(0.55)^q$。代入式(8.7-8)有

$$\beta_{a\lambda} = (3.91/V)\times(\lambda/0.55)^{-q} \tag{8.7-9}$$

式中,V 为能见度(km),λ 为激光波长(μm),q 为与波长和能见度密切相关的常数。

对于可见光,$\lambda=0.55\mu\text{m}$,故有 $\beta_{a\lambda}=3.91/V(\text{km}^{-1})$。

对于近红外光,

$$q=\begin{cases}1.6 & (\text{当 } V \text{ 很大时})\\ 1.3 & (\text{中等能见度})\\ 0.585V^{1/3} & (\text{当 } V\leqslant 6\text{km})\end{cases}$$

为了形象直观，根据式(8.7-9)和 $\beta_{a\lambda}=3.91/V$，分别绘制了图 8.7-4 和图 8.7-5，图中还标明了相应天气的大致情况。

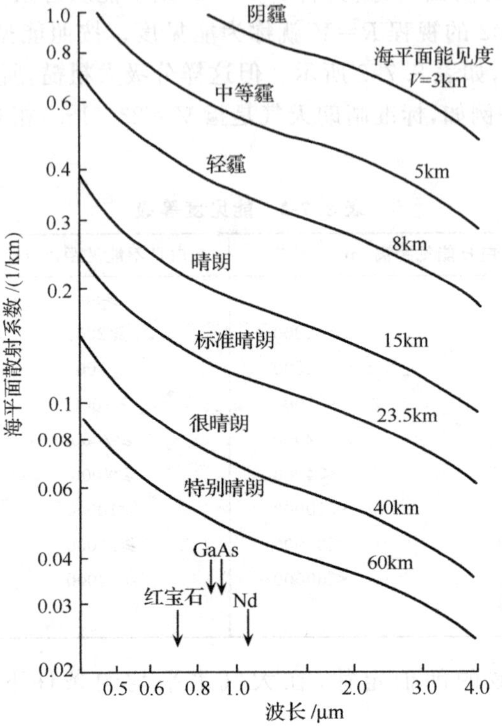

图 8.7-4 不同海平面水平能见度下，气溶胶散射系数与波长的关系

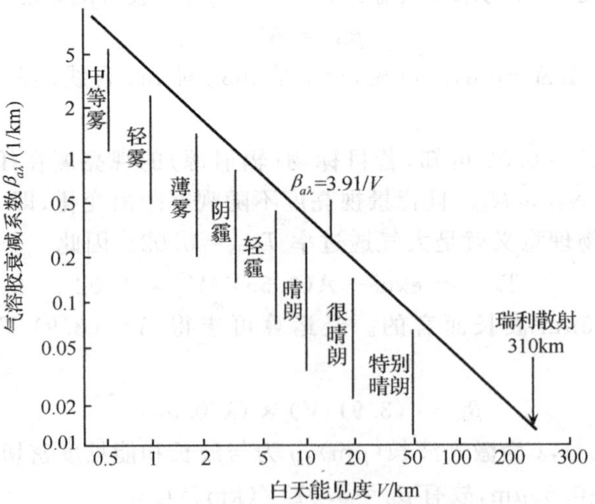

图 8.7-5 可见光波段，气溶胶衰减系数与能见度的关系

波长为 1.06μm 和 10.6μm 的激光目前应用较多，现将式(8.7-9)对这两个波长的适用性进行简要说明。对于 1.06μm 激光波长，几乎不存在分子吸收($<10^{-6}\text{km}^{-1}$)，分子散射也比气溶胶衰减小 1～2 个数量级，主要的衰减是气溶胶的散射和吸收，许多实际测

量结果证实用式(8.7-9)来估算 1.06μm 波长的衰减是很适用的；对于 10.6μm 激光波长，通常分子散射可以忽略，主要的衰减是分子吸收和气溶胶衰减。在晴朗天气下，分子吸收占优势。随着天气条件变坏，气溶胶衰减的作用越来越大。因此，对阴霾和雾天气，在工程应用上也常用式(8.7-9)来估计其衰减值。实际测量和理论分析都指出，在霾、雾气溶胶体系中，10.6μm 波长光的衰减比可见光和近红外波段激光的衰减要小一个数量级，辐射波长越长，气溶胶衰减越小。随着气溶胶粒子尺度的逐渐增大(例如粒子半径大于 10μm)，衰减与波长这种明显的依赖关系也趋于消失。所以，10.6μm 激光具有良好的穿雾、霾的能力。这一波段是一种比较理想的传输波段。然而在厚雾中，例如当能见度为 200m 和 50m 时，10.6μm 激光的衰减系数可分别大到 20dB/km 和 150dB/km 左右。可见，雾对激光的衰减仍是相当严重的。

(2) 雨和雪的衰减

雾与雨的差别不仅在于降水量不同，而主要是雾粒子和雨滴尺寸有很大差别。研究表明，虽然下雨天大气中水的含量(若为 1.0g/m^3)一般比浓雾(若为 0.1g/m^3)大 10 倍以上，可雾滴半径(微米量级)仅是雨滴半径(毫米量级)的千分之一左右，雨滴间隙要大得多，故能见度较雾高，光波容易通过。加之雨滴的前向散射效应强，将显著地减小对直射光束的衰减。因此，雨的衰减系数比雾小两个数量级以上。

由于雪的物理描述难度较大，又缺乏雪的折射率资料，所以还很难做出定量计算。一些实验研究表明，激光在雪中的衰减与在雨中相似，衰减系数与降雪强度有较好的对应关系。不同波长的激光在雪中的衰减差别不大，但就同样的含水量而言，雪的衰减比雨的大，比雾的小。

表 8.7-3 列举了 0.5μm、1.06μm 和 10.6μm 三个波长光在晴朗、霾、雾、雨和雪中的预计衰减数据，以供参考。

表 8.7-3　三种不同波长的光在不同气象条件下的衰减

气象条件	波长/μm	衰减系数/(dB/km)
明朗天气	0.5 和 1.06	≈0.06
(20%湿度)	10.6	0.54
霾	0.5 和 1.06	1.4
0.5～10μm 大小，0.5mg/m^3	10.6	0.66
薄雾	0.5 和 1.06	9
0.5～10μm 大小，0.5mg/m^3	10.6	0.9
能见度≈2km		
雾	0.5 和 1.06	18
0.5～10μm 大小，0.5mg/m^3	10.6	1.9
能见度≈0.5km		
雨：5mm/h	0.5 和 1.06	0.6
25mm/h	0.5 和 1.06	4.2
75mm/h	0.5 和 1.06	7
雨(1000mm，50mg/m^3)	10.6	1.2
雪：小雪	0.5 和 1.06	1.9
大雪	0.5 和 1.06	6.9

8.7.2　大气湍流与非线性传播效应

1. 大气湍流效应

以上讨论了大气组分通过吸收、散射作用使光波能量产生衰减的问题,讨论中没有涉及大气组分的动态特性。实际上,大气始终处于一种湍流状态,即大气的折射率随空间和时间作无规则的变化。这种湍流状态将使激光辐射在传播过程中随机地改变其光波参量,使光束质量受到严重影响,出现光束截面内的强度闪烁、光束的弯曲和漂移(亦称方向抖动)、光束弥散畸变和空间相干性退化等现象,这些统称为大气湍流效应。例如,光束闪烁(亦称大气闪烁)将使激光信号受到随机的寄生调制而呈现出额外的大气湍流噪声,使接收信噪比减小。这将使激光雷达的探测率降低、漏检率增加,使模拟调制的大气激光通信噪声增大,使数字激光通信的误码率增加。光束方向抖动则将使激光偏离接收孔径,降低信号强度,而光束空间相干性退化则会使激光外差探测的效率降低等。因此,激光大气湍流效应的研究越来越受到人们的重视。

在大气物理学中,将地表直到距地面上千公里的高空,分为对流层、平流层、中间层、热层和外逸层 5 层。其中,对流层(0～15km,占大气总量的四分之三)的最低层(0～2km)称为大气边界层。它也是一个多层结构,特别是从地表到大约 100 米(称为近地面层)的空间范围内,大气运动呈明显的湍流性质,而且与气象要素的日变化明显相关,对激光传输影响非常大。

从实验研究得知:在气体或液体的某一容积内,当惯性力与此容积边界上所受的黏滞力之比超过某一临界值时,液体或气体的有规则的层流运动就会失去其稳定性而过渡到不规则的湍流运动,这一比值就是表示流体运动状态特征的雷诺数,即

$$Re = \rho \Delta v_l l / \eta \tag{8.7-10}$$

式中,ρ 为流体密度(kg/m^3),l 为某一特征线度(m),Δv_l 为在 l 量级距离上运动速度的变化量(m/s),η 为流体黏滞系数(kg/(m·s))。雷诺数 Re 是一个无量纲的数。

当 Re 小于临界值 Re_{cr}(此值由实验测定)时,流体处于稳定的层流运动,而大于 Re_{cr} 时为湍流运动。由于气体的黏滞系数 η 较小,所以气体的运动多半为湍流运动。

通过大量的实例可证实大气的湍流运动,如透过地表面处被太阳晒热的空气观察物体时,会看到“物体的颤动”现象。其形成和发展过程大致如下:在大气层流运动过程中,在太阳照射、地表辐射及气流与地面(亦称“下垫面”)的摩擦作用的激励下,在某一局部范围内,气流速度发生剧烈变化,层流失去稳定性,产生最大涡流(称为一级湍流)。但其雷诺数 Re 较大(Δv_l、l 均较大),很容易满足 $Re > Re_{cr}$ 条件,运动极不稳定,所以大漩涡又分解成较小的漩涡(称为二级湍流)。这时,其相应的尺度 l 和速度变化 Δv_l 都较前一级小,但雷诺数还较大,仍满足 $Re > Re_{cr}$ 条件,运动还是不稳定,所以又继续分解为更小的漩涡。如此继续,直至最小漩涡(或最小湍流气团)不再满足 $Re > Re_{cr}$ 条件为止。此过程实质上是一种能量传递。随着漩涡逐渐变小,气体黏滞系数的影响(即热能损耗)越来越大,当小漩涡所获得的能量都供给了由于黏滞性存在所产生的热能损耗时,漩涡就不再分解而成为湍流运动中的最小漩涡。

大气湍流气团的线尺度 l 显然有一个上限 L_0 和下限 l_0，即 $L_0>l>l_0$，L_0 和 l_0 分别称为湍流气团的外尺度和内尺度（见图 8.7-6）。在近地面附近，l_0 通常是毫米量级，L_0 则是观察点（如激光传输光路）离开地面的高度。

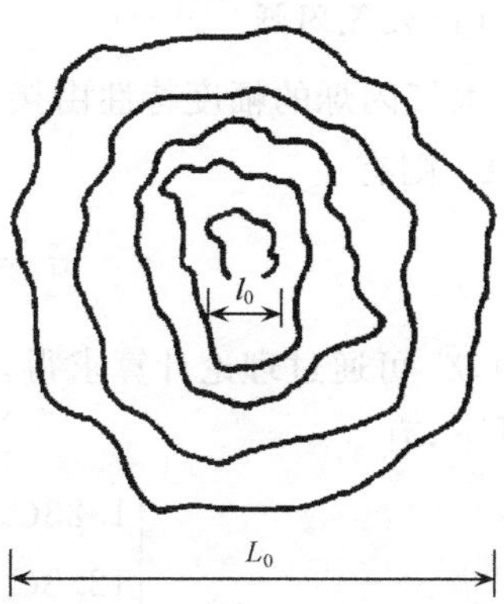

图 8.7-6　大气湍流的微结构

大气湍流运动的结果，使得大气的运动速度、温度、折射率在时间和空间上随机起伏。其中，折射率起伏场直接影响激光的传输特性，所谓激光的大气湍流效应，实际上是指激光辐射在折射率起伏场中传输时的效应。

大气湍流理论表明，大气速度、温度、折射率的统计特性服从“2/3 次方定律”，即

$$D_i(r)=\overline{(i_1-i_2)^2}=C_i^2 r^{2/3}\quad (l_0<r<L_0) \tag{8.7-11}$$

式中，i 分别代表速度(v)、温度(T)和折射率(n)，D_i 为相应场的结构函数，r 为考察点之间的距离，C_i^2 为相应场的结构常数，利用热丝温度脉动仪、光强闪烁仪、超声波风温仪等仪器可以测量。

大气湍流折射率的统计特性直接影响激光束的传输特性，通常用折射率结构常数 C_n^2 的数值大小表征湍流强度，即

弱湍流　　$C_n^2\leqslant 10^{-16}(\mathrm{m}^{-2/3})$

中等湍流　　$C_n^2\approx 10^{-14}(\mathrm{m}^{-2/3})$

强湍流　　$C_n^2\geqslant 10^{-12}(\mathrm{m}^{-2/3})$

激光束是一种有限扩展的光束。大气湍流对光束传播的影响，与光束直径 d_B 和湍流尺度 l 之比密切相关。当 $d_B/l\ll 1$，即光束直径比湍流尺度小很多时，湍流的主要作用是使光束整体随机偏折。在远处接收平面上，光束中心的投射点（即光斑位置）以某个统计平均位置为中心，发生快速的随机性跳动（其频率可由数赫到数十赫），这种现象称为光束漂移，在数值上可以用漂移量或漂移角（漂移量与传输距离之比）来表示。此外，若将光束视为一体，经过若干分钟会发现，其平均方向明显变化，这种慢漂移也称为光束弯曲。当 $d_B/l\approx 1$，即光束直径与湍流尺度相当时，湍流使光束波前发生随机偏折，在接收平面上形成到达角（到达角定义为波法线与光轴接收平面法线之间的夹角）起伏，致使接收透镜的焦平面上产生像点抖动。当 $d_B/l\gg 1$，即光束直径比湍流尺度大很多时，光束截面内包含有多个湍流漩涡，每个漩涡各自对照射其上的那部分光束独立地散射和衍射，从而造成光束强度在时间和空间上随机起伏，光强忽大忽小，即所谓光束强度闪烁。同时，还产生光束扩展和分裂，即使在湍流很弱而大气又很稳定时，仍可观察到光斑形状及内部花纹结构发生畸变、扭曲等变化。

由于湍流尺度 l 在 l_0 和 L_0 之间连续分布，光束直径在传播过程中又不断变化，故上述湍流效应总是同时发生，其总效果是使光束的时间和空间相干性明显退化。一些主要研究结果如下。

(1) 大气闪烁

大气闪烁的幅度特性由接收平面上某点光强 I 的对数强度方差 σ_I^2 来表征。考虑到 $I=A^2$,则有

$$\sigma_I^2 = \overline{\left(\ln\frac{I}{I_0}\right)^2} = 4\overline{\left(\ln\frac{A}{A_0}\right)^2} = 4\,\overline{\chi}^2 \tag{8.7-12}$$

式中,$\overline{\chi}^2$ 可通过理论计算求得,而 σ_I^2 则可由实际测量得到。在弱湍流且湍流强度均匀的条件下,有

$$\sigma_I^2=4\overline{\chi}^2=\begin{cases}\left.\begin{array}{ll}1.23C_n^2(2\pi/\lambda)^{7/6}L^{11/6} & (l\ll\sqrt{\lambda L}\ll L_0)\\ 12.8C_n^2(2\pi/\lambda)^{7/6}L^{11/6} & (l\gg\sqrt{\lambda L}\gg L_0)\end{array}\right\}\text{对平面波} & (8.7\text{-}13)\\ \left.\begin{array}{ll}0.496C_n^2(2\pi/\lambda)^{7/6}L^{11/6} & (l\ll\sqrt{\lambda L}\ll L_0)\\ 1.28C_n^2(2\pi/\lambda)^{7/6}L^{11/6} & (l\gg\sqrt{\lambda L}\gg L_0)\end{array}\right\}\text{对球面波} & (8.7\text{-}14)\end{cases}$$

式中,λ 为激光波长;L 为水平传输距离;l_0 和 L_0 分别为湍流内、外尺度,$l_0^2/\lambda\gg L$ 表示在近场区接收,$l_0^2/\lambda\ll L$ 则表示在远场区接收。由式(8.7-13)和式(8.7-14)可知,平面波和球面波的闪烁特性除系数值不同外,其规律相同。不同的系数值表明平面波的闪烁比球面波大。但总地来说,闪烁大小与湍流强度成正比,与波长的 7/6 次方成反比,波长短,则闪烁强,波长长,则闪烁小;同时,还与传输距离的 11/6 次方成正比。

然而,理论和实验都表明,当湍流强度增强到一定程度或传输距离增大到一定限度时,闪烁方差就不再按上述规律继续增大,却略有减小而呈现饱和,故称为闪烁的饱和效应。

此外,类似于无线电信号,由于折射率的随机起伏,大气闪烁也具有频率特性。其峰值频率 f_0 取决于平均风速在光束传播方向上的垂直分量 $v_\perp$,即

$$f_0 = v_\perp/\sqrt{2\pi\lambda L} \tag{8.7-15}$$

(2) 光束的弯曲和漂移

光束弯曲和漂移现象亦称为天文折射,主要受制于大气折射率的起伏。弯曲表现为光束统计位置的慢变化,漂移则是光束围绕其平均位置的快速跳动。如果忽略湿度影响,则在光频段大气折射率 n 可近似表示为

$$n-1 = 79.10^{-6}P/T \quad (\text{或 } N = (n-1)\times 10^6 = 79P/T) \tag{8.7-16}$$

式中,P 为大气压强,T 为大气温度(K)。根据折射定律,在水平传输情况下不难证明,光束曲率为

$$c = \frac{1}{R_0} = -\frac{\mathrm{d}N}{\mathrm{d}h} = -\frac{79}{T}\frac{\mathrm{d}P}{\mathrm{d}h} + \frac{79P}{T^2}\frac{\mathrm{d}T}{\mathrm{d}h} \tag{8.7-17}$$

式中,R_0 为光束弯曲的曲率半径,并且规定光束向下弯曲时曲线 c 为正;$\mathrm{d}N/\mathrm{d}h$ 为大气折射率垂直梯度。在海平面条件下,将 $P=101325\text{Pa}$,$\mathrm{d}P/\mathrm{d}h=-12100\text{Pa/km}$,$T=20℃$代入式(8.7-17),则 $c=32.2+0.93\mathrm{d}T/\mathrm{d}h(\mu\text{rad/km})$。由此可知,当温度垂直梯度 $\mathrm{d}T/\mathrm{d}h=-35℃/\text{km}$ 时,$c=0$,光束不发生弯曲;当 $|\mathrm{d}T/\mathrm{d}h|<35℃/\text{km}$ 时,c 为正,光束向下弯曲;当 $|\mathrm{d}T/\mathrm{d}h|>35℃/\text{km}$ 时,c 为负,光束向上弯曲。实验发现,一般情况下白天光斑升高,

光束向上弯曲；晚上光斑降低，光束向下弯曲。不难证明，在水平距离 L 处光斑位置偏离原始位置的距离为

$$l = 0.5cL^2 \qquad (L \gg l) \tag{8.7-18}$$

对于光束漂移，理论分析表明，其漂移角与光束在发射望远镜出口处的束宽 W_0 关系密切，漂移角的均方值 $\sigma_a^2 = 1.75C_n^2LW_0^{-1/3}$。由此可见，光束越细，漂移就越大。采用宽的光束可减小光束漂移。实验发现：光束漂移同闪烁一样，也呈明显的周日变化；当 $C_n^2 > 92.25\times10^{-14}\text{m}^{-2/3}/\text{h}$ 时，c 值约为 $40\mu\text{rad}$，不再按式 $\sigma_a^2 = 1.75C_n^2LW_0^{-1/3}$ 变化，表明漂移亦有饱和效应；漂移的频谱宽度一般不超过 20Hz，其峰值在 5Hz 以下；漂移的统计分布服从正态分布。例如，测得 $\sigma_a = 40\mu\text{rad}$（相当于 8″），其物理意义是：当激光水平射击时，由于大气湍流影响，命中目标误差小于 8″的概率是 68%，误差小于 16″的概率为 95%。

上述讨论表明，光束弯曲与漂移二者不能混同。在中午前后，光束漂移很剧烈，光斑的平均位置却相对地稳定；反之，在温度梯度的转折点（即光束改变弯曲方向的转折点）前后，光斑平均位置变化很快，但这时光束漂移却很小。

(3) 与空间相位起伏相关的湍流效应

接收面如果不是一个靶面，而是通过一个透镜并在其焦平面上接收，就会发现有像点抖动。这可解释为在光束产生漂移的同时，光束在接收平面上的到达角也因湍流影响而随机起伏，即与接收孔径相当的那一部分波前相对于接收面的倾斜产生随机起伏。

2. 大气非线性传输效应

上面提到的大气湍流效应，属于在低功率水平下激光大气传输的一种线性传输效应，没有考虑激光能量作用对大气状态所产生的反作用，即大气状态并没有因为激光传输而改变原来的湍流参量。当激光能量足够大时，情况就会发生重大变化，即大气的自然湍流状态将发生明显变化。由于这种变化是高能激光束引起的，因此，高能激光束的光束质量在传输过程中不仅会受到低能激光束所遇到的线性传输效应的影响，同时还会受到高能激光束引发的一系列非线性传输效应的影响。

大气非线性传输效应主要是指高能激光束在大气传输中出现的热晕及大气击穿阻塞现象。由于激光强度对大气状态产生了明显影响，因此，描述光传播的基本方程变成了非线性方程，故称为非线性传输效应。由于非线性问题比较复杂，这里只介绍几种基本现象。

(1) 大气热晕

在线性传播情况下，大气的吸收和散射造成激光能量的衰减。在高能激光条件下，大气的吸收过程明显加强，使大气局部加热，形成气体压强的增量，原来的气体热平衡状态受到破坏。气体为了重新达到热平衡而以声速膨胀，导致气体密度的改变，进而导致局部折射率的变化，引起光束传播特性的改变。当这种折射率变化积累到一定程度时，大气变得像一个不均匀的发散透镜，传播光束的轮廓发生明显畸变。如果是会聚光束情况，那么焦平面上的光斑尺寸明显增大，照度明显下降。这种现象称为大气热晕现象。显然，大气热晕效应限制了高能激光束保持高质量地传播。

需要指出,热晕也是一种湍流现象,但不是大气本身的温度梯度形成的湍流,而是光束能量被传播路径上介质吸收而形成的一种特殊的湍流。热晕现象存在热晕阈值 P_{th}。

从大气热力学可以证明,在横向流动气体中出现热晕的阈值功率为

$$P_{th} \approx \frac{\pi}{4} \cdot \frac{\gamma p_0}{\gamma - 1} \cdot \frac{1}{\alpha(n_0 - 1)} \cdot \frac{\lambda^2 v}{a} \tag{8.7-19}$$

式中,p_0 为大气压强;n_0 为初始大气折射率;α 为大气吸收系数;$\gamma = C_p/C_v$,C_p 和 C_v 为大气定压、定容摩尔比热;v 为横向风速;a 为光束横向尺度。上式表明,连续激光辐射的热晕阈值功率正比于大气压强、波长的平方和横向风速,反比于吸收系数和光束横向特征长度。因此,在其他条件相同的条件下,短波长、线性吸收系数大的激光辐射更容易出现热晕;如果是会聚光束,则热晕总是先在焦点处出现。

对于 10.6μm 的 CO_2 激光,取 $p_0 = 10^5\ \mathrm{N/m^2}$,$n_0 - 1 = 3 \times 10^{-4}$,$\gamma = 1.4$,$\alpha = 3 \times 10^{-9}/\mathrm{m}$,$a = 10^{-2}\mathrm{m}$,$v = 0.3\mathrm{m/s}$,则 $P_{th} \approx 10^3\mathrm{W}$。

理论分析和实验研究均证明,在连续波稳态热晕情况下,光束轮廓发生畸变,其形状呈"月牙形",如图 8.7-7 所示。图中圆形虚线表示无热晕影响的初始光斑,实线图形表示畸变光束的等强度轮廓线。从图可见,当激光功率超过热晕阈值时,光束的横截面形状明显扩散且畸变,畸变光束的重心从初始 O 点偏向 O' 点,即向横向风的方向偏斜。如果将这样的光束聚焦,那么焦平面上的光斑同样畸变,而且照度明显下降。

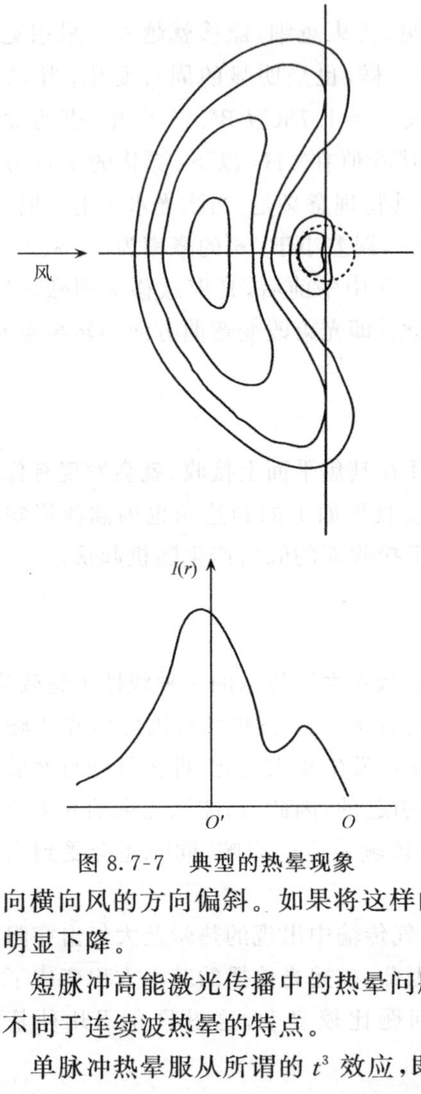

图 8.7-7 典型的热晕现象

短脉冲高能激光传播中的热晕问题,涉及热晕建立的瞬态过程,情况更为复杂,有一些不同于连续波热晕的特点。

单脉冲热晕服从所谓的 t^3 效应,即单脉冲对大气加热而引起的大气压缩率 S 正比于 t^3(t 为作用时间)。在脉冲很短的情况下,压缩率很小,热晕阈值功率很高,热晕效应比较弱。

多脉冲传播时,在脉冲重复率很高且脉冲列较长条件下,会出现类似于连续波的热晕。这是因为虽然单脉冲本身的热晕较弱,但由于积累效应,后续脉冲的热晕会变得严重起来。

(2) 大气击穿

在更高功率激光情况下,激光束在大气中的传播,不但是对大气加热产生热晕的问题,而且光束中的电场极强,会产生光致大气电离现象,这称为大气击穿。大气被击穿本

身是以损耗激光能量为代价的，已击穿的大气通道上形成等离子体分布，激光束与等离子体的进一步作用，将使等离子沿光束传播的径向和纵向迅速扩展，这将更多地损耗激光能量。当激光能量的 90%被等离子吸收、散射而损耗掉时，称为传播的通道阻塞。

研究表明，大气击穿主要是激光束同大气气溶胶相互作用的结果，而不是同大气中的 N_2、O_2、CO_2 等气体分子相互作用的结果。大气击穿首先是气溶胶击穿，激光与气溶胶等离子体的进一步作用，最终导致洁净大气击穿。对大气击穿起主要作用的气溶胶粒子是水滴和固态粒子。一般能量的激光束同气溶胶粒子的作用是线性的，即光的吸收和散射过程，不改变粒子的自身状态。也就是说，在热晕条件下，虽然粒子的分布状态发生了变化，但粒子的自身状态仍未改变。只有在更高功率激光的作用下，气溶胶粒子自身状态才会发生变化(即电离)。形成电离的过程大致是：在高能激光辐照下，水滴先是被加热，吸收的热能使水滴汽化，进而产生压力膨胀、粉碎、扩散，同时伴以冲击波和爆鸣波。水蒸气同周围空气混合，继续吸收能量，形成光致等离子体。

研究表明，洁净大气(不含 0.1μm 以上尺寸粒子的大气)的击穿阈值功率与微波击穿理论的计算值一致，大致是 $3\times10^9\,W/cm^2$。水滴的击穿阈值要比洁净大气的低二三个数量级，主要取决于水滴的尺度和激光脉宽。

8.7.3 激光水下传输特性

在水中传播的各种波中，纵波(声波)的衰减最小，因而声纳技术被广泛采用。而横波(电磁波)的衰减一般都很严重，以致在陆地上广为应用的无线电波和微波在水下几乎无法应用。然而光波却例外，相对于微波而言，其衰减较小，特别是激光的出现，使得在水下的有限距离之内进行测距、准直、照明、摄影等成为可能。不过由于水下传输特性的影响，这些应用仍受到很大限制，并与陆地上有不同的特点。本节仅就激光水下传输的某些特点作一简略的介绍。

1. 衰减特性

若传输距离较短，与大气传输一样，一束单色平行光束在水中的衰减规律也服从朗伯指数定律，即

$$P = P_0\exp(-\beta L) \tag{8.7-20}$$

式中，P_0 和 P 分别为传输距离为 0 和 L 时的激光功率(W)；β 是包括吸收和散射在内的衰减系数(m^{-1})。

习惯上，还用衰减长度 L_0 来表示水下衰减的大小，定义 $L_0=1/\beta$(m)。其物理意义是：在一个衰减长度距离上，激光束的功率将减小到初始值的 $1/\beta$。显然，衰减越大，衰减长度就越短。

衰减系数 β 与激光波长有密切关系。表 8.7-4 所示为在水池中对自来水测得的各激光波长上的衰减系数值，自来水的衰减包括纯水(蒸馏水)吸收和微粒散射。图 8.7-8 所示为蒸馏水的光谱吸

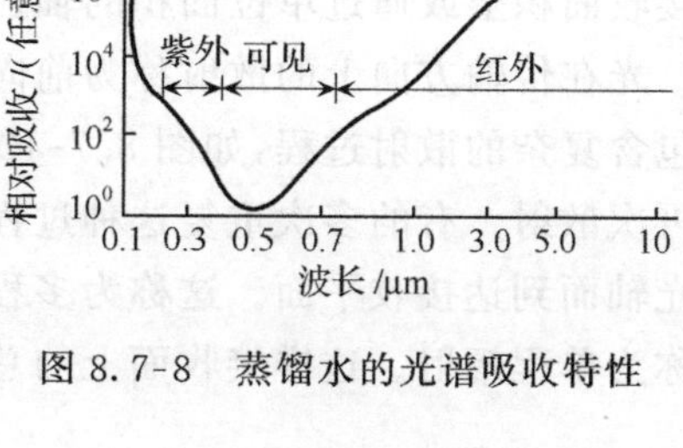

图 8.7-8 蒸馏水的光谱吸收特性

收特性。不同的水质衰减特性差异很大。图 8.7-9 所示为不同海区中衰减长度随波长的变化情况。

表 8.7-4 自来水衰减系数

波长/μm \ 衰减系数	自来水衰减系数 β/m^{-1}	蒸馏水吸收系数/m^{-1}	微粒散射系数/m^{-1}
0.4900	0.086	0.037	0.049
0.5200	0.099	0.041	0.058
0.5650	0.115	0.060	0.055
0.6000	0.243	0.197	0.046
0.6943	0.545	0.513	0.032

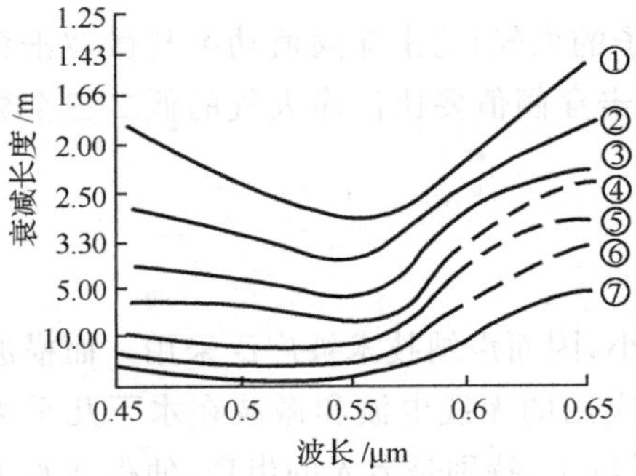

图 8.7-9 不同海域的衰减情况

从上述图表可知，紫外和红外波段的光的衰减很大，在水下无法应用。在整个可见光波段，蓝绿光的衰减最小，故常称该波段为“水下窗口”。从表 8.7-4 所示数据不难求得 0.4900μm 和 0.6943μm 波长光的衰减长度分别为 11m 和 2m。这说明蓝光比红光的传输性能要好得多。将式(8.7-20)进行简单变换，可得到光脉冲的作用距离方程为

$$L=-\frac{1}{\beta}\ln\left(\frac{P}{P_0}\right)=\frac{2.3}{\beta}\ln\left(\frac{P_0}{P}\right) \tag{8.7-21}$$

如果把式中的 P_0 和 P 分别理解为发射功率和探测器的最小可探测功率，则 L 就是光脉冲在水下所能传输的最远距离。取 $P_0=10^6$ W，$P=10^{-14}$ W，对于 0.4900μm 波长的光，其作用距离可达 500m；对于 0.6943μm 波长的光，其作用距离仅为 80m，可见红宝石激光很难在水下应用。此外，水质不同，其衰减特性差异很大。从图8.7-9可知，远海区海水清洁，衰减长度较大；近海岸区海水浑浊，衰减长度大为减小。

2. 前向散射

如果增大测量距离，并适当加大接收面积，则测量数据将显著地偏离用式(8.7-21)计算的值，所接收的功率将大于按该式所预计的值。原因是在式(8.7-21)中没有考虑前向散射的作用。为讨论方便，用照度来表示接收面上光辐射的大小。照度定义为，落在单位接收面积上或通过单位面积的辐射功率(单位是W/m^2)。

光在传输方向上的散射称为前向散射，而在相反方向的散射称为后向散射。前向散射包含复杂的散射过程，如图 8.7-10 所示。首次散射而偏离光轴的辐射又被另外的散射体再次散射。有的多次重复这种过程，其中相当一部分辐射重新进入光轴方向或稍为偏离光轴而到达接收平面。这称为多程辐射，而初始的平行光束中直接到达接收平面的辐射称为单程辐射。这样接收面上的总照度 H_r 应为单程照度 H_r^0 和多程照度 H_r^* 之和，即

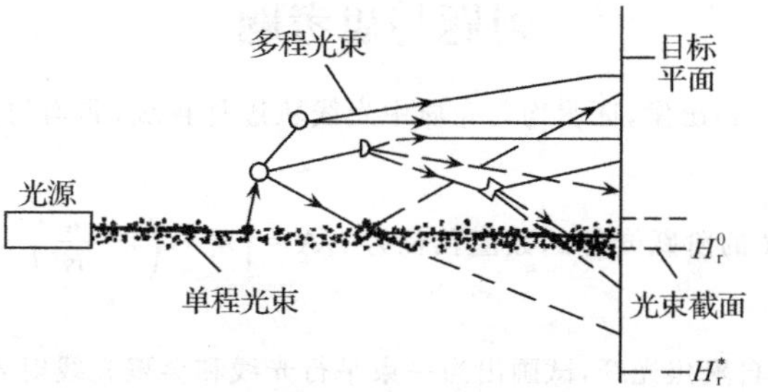

图 8.7-10　前向散射示意图

$$H_r = H_r^0 + H_r^*$$

式中

$$H_r^0 = (J/L^2)\exp(-\beta L)$$

$$H_r^* = [(JK)/(4\pi L)]\exp(-KL)$$

式中,J 为辐射强度(W/sr),K 为多程衰减系数(m^{-1}),L 为传输距离(m)。有人用 0.5300μm 绿光在湖水中测得 $\beta=0.66m^{-1}$,$K=0.187m^{-1}$。由此可知:前向散射使光束传输距离明显增大,距离越远,前向散射的贡献也就越大。这种效应对激光照明可能有利,但对激光扫描或摄影不利,它使扫描分辨率或目标背景反衬度降低。

3. 后向散射

后向散射比前向散射要强烈得多,这是水下传输的一个显著特点。例如,有经验的驾驶员在大雾天中行车时,总是开亮尾灯而关闭前灯,他借助前车的尾灯便能清楚地看见前车。但若打开前灯行车,那么大雾强烈的后向散射光会使他什么也瞧不见,这就有力地说明了后向散射的影响。在水下后向散射更为强烈,功率越大,后向散射光就越强。强大的后向散射往往使接收器饱和而接收不到任何信息。因此,在水下测距、电视、摄影等应用中,主要是要设法克服这种后向散射的影响,措施如下。

(1)妥善地使用滤光片和检偏器,以分辨无规则偏振的后向散射和有规则偏振的目标反射。

(2)尽可能地分开发射光源和接收器。

(3)最有效的方法是采用距离选通技术,如图 8.7-11所示。当一激光脉冲向目标传播时,接收器的快门关闭。在此期间,朝向接收器的连续后向散射光便无法进入接收器。当水下目标反射的光脉冲信号返回到接收器时,接收器快门突然打开,并记录下目标信息。这样就能有效地克服水下后向散射的影响。

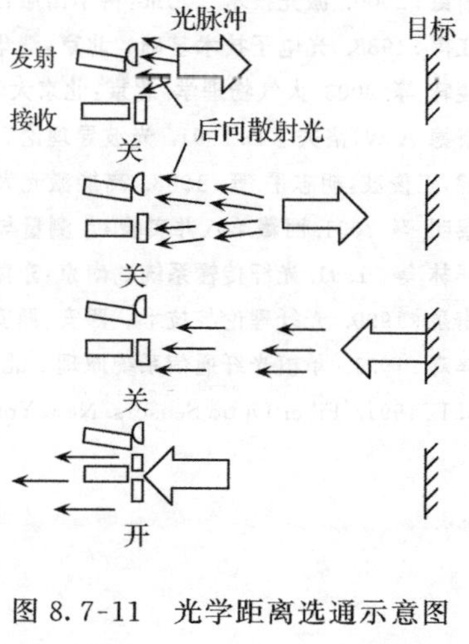

图 8.7-11　光学距离选通示意图

习题与思考题

1. 从光线方程式(8.2-1)出发,证明均匀介质中光线轨迹是直线,非均匀介质中光线一定向折射率高的地方偏斜。

2. 证明弯曲半径为 R 的阶跃光纤的数值孔径为 $\mathrm{NA}=\left[n_1^2-\left(1+\frac{a}{R}\right)^2 n_2\right]^{1/2}$,并讨论 R 对 NA 的影响,式中 a 为纤芯半径。

3. 有一个 $L=\Lambda/4$ 的自聚焦光纤,试画出当一束平行光线和会聚光线射入其端面时,光纤中和输出端面上的光线图,并说明为什么?

4. 已知波长 $\lambda_1=0.63\mu\mathrm{m}$,$\lambda_2=1.3\mu\mathrm{m}$,$\Delta=0.02$,$n_1=1.46$,求单模条件。

5. 光纤色散、带宽和脉冲展宽之间有什么关系?对光纤传输容量产生什么影响?

6. 综述 1.3μm 和 1.55μm 光纤传输系统的优势何在?

7. 什么是单模光纤的双折射?光纤双折射现象对光纤传输系统产生什么影响?

8. 什么是保偏光纤?其保偏特性是如何实现的?

9. 什么是光学孤子?其形成机理是什么?它有什么用途?

10. 讨论光纤与探测器耦合时应考虑什么问题?如何实现有效耦合?

11. 什么是大气窗口?试分析当光谱位于大气窗口内时光辐射的大气衰减因素。

12. 什么是大气湍流效应?2/3 定律是什么意思?大气湍流对激光传输产生什么影响?

13. 大气热晕效应是怎样产生的?它对激光传输产生什么影响?

14. 激光水下传输有哪些特殊问题?

参考文献

蓝信钜.2000. 激光技术.北京:科学出版社

彭江得.1988. 光电子技术基础.北京:清华大学出版社

盛裴轩 等.2003.大气物理学.北京:北京大学出版社

斯奈德 A W,洛夫 J D.1991. 光波导理论.周幼威等译.北京:人民邮电出版社

吴健,王俊波,胡志平 等.1988. 高能激光大量线性传播——理论与技术.成都:电讯工程学院出版社

肖黎明 等.2001.西藏羊八井实验 C_n^2 测量与分析.量子电子学学报,18(6)

杨祥林 等.1991.光纤传输系统.南京:东南大学出版社

曾甫泉.1990. 光纤理论与技术.西安:西安交通大学出版社

赵梓森.1991. 单模光纤通信系统原理.北京:人民邮电出版社

Udd E. 1991. Fiber Optic Sensors. New York:John Wiley & Sons,Inc